HISTOIRE

DE

VERDUN

ET DU PAYS VERDUNOIS

HISTOIRE

DE

VERDUN

ET DU PAYS VERDUNOIS

PAR

M. L'ABBÉ CLOUËT

BIBLIOTHÉCAIRE DE LA VILLE
CHEVALIER DE LA LÉGION-D'HONNEUR, OFFICIER ET ANCIEN
PROFESSEUR DE L'UNIVERSITÉ

TOME I

VERDUN

IMPRIMERIE DE CH. LAURENT, ÉDITEUR

1, RUE DES GROS-DEGRÉS, 1

1867

PRÉFACE

~~∞⊙⊗⊙∞~~

L'Histoire de Verdun est longue, et nous la croyons intéressante; mais elle est en même temps compliquée et fort difficile à mettre en ordre. Elle remonte dans l'antiquité à la période gallo-romaine; elle commence à prendre de la vie et de la couleur sous les rois mérovingiens; puis, sans de trop vastes lacunes, elle descend à travers les siècles jusqu'aux dernières années de la Révolution française. Sur ce long trajet, elle présente les points de vue et les aspects les plus variés : nous sommes tantôt en France, tantôt dans l'Empire germanique; nous assistons aux guerres, aux rivalités des deux nations; l'Allemagne nous entraîne dans sa tragédie des Investitures; la France prélude par l'occupation des Trois-Evêchés à l'extension de ses frontières vers la Meuse, la Moselle et le Rhin; et dans ce milieu si agité, la cité parcourt lentement toutes les phases de son existence municipale. L'état n'est pas grand; mais sa constitution est singulière. Le prince féodal est un évêque, comte d'Empire, tenant ses droits régaliens des empereurs d'Allemagne; la ville n'est point non plus une Commune ordinaire, c'est une cité impériale. Ce moyen-âge a un aspect particulier; on y trouve autre chose que les

monotones et éternelles petites batailles de la féodalité
guerroyante; et notre histoire se diversifie encore par
ses nombreux rapports avec celle des principautés voisines, les deux autres évêchés souverains, Metz et Toul,
la Lorraine, le Barrois, le Luxembourg, par lequel nous
fûmes entraînés dans la lutte des rois de France et des
ducs de Bourgogne. Une telle multiplicité de relations
et d'événements donne de l'attrait à nos annales, mais
augmente beaucoup le travail de l'historien.

On a dit de l'histoire qu'elle était un voyage dans les
temps anciens, et que les livres historiques ressemblaient
à des relations de ce que leurs auteurs avaient vu, ou
cru voir, dans l'immense région du passé. La comparaison n'est malheureusement qu'à demi juste, car les
peuples étrangers visités par les voyageurs subsistent; on
peut les revoir; ils peuvent répondre à de nouvelles
questions; tandis que le passé historique ne se conserve
que dans des documents auxquels il est impossible de
faire prononcer un mot de plus que ce qui est écrit dans
leur texte.

Ces documents sont les chroniques, les chartes, les
renseignements divers laissés par les anciens témoins des
faits : c'est là ce qu'on appelle en critique les textes
originaux, les sources, on disait autrefois les Preuves de
l'histoire. On ne peut aller au-delà; mais il faut aller
jusque là; et, les documents découverts, il faut les
rapprocher les uns des autres, afin qu'ils se contrôlent
et se complètent réciproquement; puis présenter du tout
un compte-rendu fidèle, de bonne foi, clair, et, s'il se

peut, agréable. Telle est la tâche que nous avons entreprise. Sans nous arrêter à d'inutiles préambules, nous
commencerons sur-le-champ notre voyage avec nos
lecteurs en leur disant quels sont ces documents dont
nous venons de leur parler, et qui nous dirigeront sur
la route longue, et malheureusement fort mal frayée, que
nous avons à parcourir.

DES MATÉRIAUX ET DES ÉCRIVAINS
DE L'HISTOIRE VERDUNOISE.

L'origine des trois cités de Metz, Toul et Verdun est
antérieure à l'histoire ; il n'y a que les villes modernes,
ou du moins relativement peu anciennes, qui possèdent
des documents sur leur fondation et leurs premiers
temps. Mais on étend pour nous la période d'obscurité
beaucoup trop loin quand on dit que Bertaire, notre
premier chroniqueur, n'ayant écrit que vers l'an 900,
il ne reste plus de ce qui précède que de vagues traditions.
C'est là une appréciation superficielle; car des étrangers,
et ceci fait peu d'honneur au zèle de nos écrivains
locaux, ont recueilli ce qu'on laissait tomber en oubli
chez nous : Grégoire de Tours nous a rendu ce service
pour les temps mérovingiens; puis viennent d'autres
documents, notamment les Annales carlovingiennes, sans
lesquelles nous ignorerions l'histoire du fameux traité
de 843, et quantité d'autres choses importantes. On se
tromperait beaucoup si l'on s'imaginait que, pour faire
notre ancienne histoire, on n'a qu'à traduire nos chroniques locales; la grande difficulté est au contraire de
rassembler les indications éparses dans les écrits les plus
divers.

Bertaire, le vieil auteur dont le nom figure en tête de
la liste des écrivains verdunois, nous apprend lui-même

comment, vers la fin du ixe siècle, il fut élevé dans l'école de la cathédrale, sous l'évêque Bérard, et comment les archives ayant été incendiées, en 917, on s'adressa à lui, grand lecteur de chartes et de manuscrits, pour qu'il composât un petit livre des choses qu'il se rappelait avoir lues dans les parchemins brûlés. Il se prêta de bon cœur à ce désir; mais il n'est pas besoin de dire que, dans les conditions où il se trouvait, son travail, fait de mémoire, dut laisser beaucoup à désirer. Il serait injuste de le lui reprocher : ses omissions sont nombreuses, la plupart involontaires et de simple oubli; mais quelques-unes, dans les temps voisins de lui, semblent parfaitement volontaires, et suggérées par des considérations de pru-dence. Ni lui, ni beaucoup d'autres historiens n'eurent le courage de suivre sans fléchir la règle sévère : *Ne quid falsi audeat scribere, ne quid veri non audeat.* Malgré ce défaut, son opuscule est précieux, à cause de l'antiquité des souvenirs qu'il conserve; le style latin n'est pas trop barbare, et l'auteur paraît avoir joui de l'estime de ses contemporains; car une charte, de l'an 920 environ, mentionne, parmi les dignitaires de l'église de ce temps, le princier Euvenard, le doyen Bertaire, et le chancelier Sarrovard. Dom Cajot a donné, dans son Almanach de 1775, une traduction française de cette chronique.

A Bertaire, après une interruption d'environ soixante ans, succèdent les chroniqueurs de Saint-Vanne, qui conduisent l'histoire depuis le milieu du dixième siècle jusqu'à la grande guerre de la Commune et de l'évêque Guy de Melle, en 1246. Tous, sauf Laurent de Liége, sont extrêmement médiocres; l'histoire qu'ils racontent est celle de leur couvent plutôt que celle du pays; et, en leur qualité de gens retirés du monde, ils se dispensent de grande attention aux choses profanes, même les plus notables. C'est ce dont on peut se convaincre en com-

parant, par exemple, leur maigre et inexact récit du
siége de Verdun en 984, avec les curieux détails qu'on
trouve sur cet événement dans Richer de Reims et dans
les lettres de Gerbert. Quant à Laurent, surnommé de
Liége, parce qu'avant d'être à Saint-Vanne, il avait
habité le couvent Saint-Laurent de Liége, il est très-
supérieur à ses confrères; c'est un écrivain bien instruit des faits, les racontant avec des détails instructifs,
et méritant nos éloges par le calme et la modération de
son récit, au milieu de la tempête des Investitures. Le
siècle qu'il décrit, de 1050 à 1150 environ, est celui de
la féodalité à son apogée : le moyen-âge atteignit alors
son développement complet; et Laurent, en éclairant
cette période, répand par là même la lumière sur les
temps qui la précédèrent et la suivirent. — Toutes ces
chroniques, dont les manuscrits existent encore à la
bibliothèque de la Ville, ont été imprimées en 1675, à la
suite de Bertaire, dans le tome XII du grand recueil
que les Bénédictins publiaient alors sous le titre de
Spicilége; elles furent reproduites dans d'autres collections analogues, notamment dans les Preuves de l'Histoire
de Lorraine de dom Calmet. On eût bien fait d'y joindre
le document dit *Excerptum* de Jean de Sarrebrück, sorte
de catalogue annoté des évêques de Verdun, que ce prélat
fit rédiger, au commencement du XVe siècle, pour le mettre
en tête de son beau livre Pontifical; ces annotations, bien
que fort courtes, renferment des particularités qu'on ne
trouve point ailleurs. En somme, nos chroniques épiscopales font, dans les Preuves de l'Histoire de Lorraine,
meilleure figure peut-être que les ouvrages de ce genre
qu'on a pour Metz et pour Toul; mais elles sont fort au-
dessous de l'Histoire de l'église de Reims de Flodoard,
qui malheureusement n'atteint qu'au Xe siècle, et du
Gesta de Trèves, qui fut continué jusqu'aux derniers

temps, comme on le voit dans l'édition de Wyttenbach et Müller. Nous devons mentionner Flodoard et le *Gesta*, pour les nombreux renseignements qu'ils nous ont fournis.

Hugues de Flavigny, aussi moine de Saint-Vanne, occupe une place à part parmi nos écrivains. Son ambition littéraire, beaucoup plus haute que celle du commun des chroniqueurs, alla jusqu'à lui faire entreprendre une histoire générale, dont la première partie, simple compilation, n'a pas paru aux modernes digne d'être imprimée; mais la seconde, celle qui renferme le XIe siècle, époque de l'auteur, est, en beaucoup de passages, un document original. Dans ce grand récit, on voit ressortir les événements verdunois d'une manière peu conforme aux règles de la perspective historique, dont il paraît qu'on ne tenait pas grand compte alors; un autre défaut, c'est que Hugues est déclamateur et rhéteur : les fleurs de sa rhétorique et le vide pompeux de ses grandes phrases fatiguent, malgré l'éclat assez brillant de son style latin; enfin cet auteur, très exalté contre les Investitures, outrage sans mesure ses adversaires, à commencer par l'évêque Thierry, qu'il traite de bête féroce; mais il démentit ses écrits par sa conduite, car il changea de parti dans ses dernières années, et se fit impérialiste pour obtenir la crosse de Saint-Vanne. La localité de laquelle il tire son surnom n'est point Flavigny près Nancy; c'est un autre bourg de Flavigny, non loin de Semur-en-Auxois, dans la Bourgogne. La chronique de Hugues a été imprimée en 1657, sous le titre de *Chronicon Virdunense*, dans le tome Ier de la *Nova bibliotheca manuscriptorum*, du père Labbe.

Dans le XIIIe siècle, les chroniques cessent; et nous passons aux Cartulaires. On appelle ainsi des recueils de chartes transcrites en volumes, de peur de perte ou de dispersion des originaux. La précaution était bonne; et il est à regretter que les villes du moyen-âge ne l'aient pas prise pour les archives municipales. Nous n'avons d'autres cartulaires que ceux des corps ou établissements ecclésiastiques : d'abord celui de Saint-Vanne, dont la première charte est de Pépin d'Héristall, en l'an 700; viennent ensuite les cartulaires de l'évêché, de la cathédrale (Chapitre), et de Saint-Paul, tous écrits à la fin du XIIIe ou au commencement du XIVe siècle, ainsi que les fragments qui subsistent de celui de Saint-Nicolas-du-Pré; enfin celui de Saint-Airy, qui descend jusqu'à l'an 1350. Dans plusieurs de ces manuscrits se trouvent des titres assez récents, transcrits sur des pages laissées en blanc par les premiers copistes. La plus ancienne charte verdunoise, le testament d'Adalgise, de l'an 634, n'existe dans aucun de ces recueils; elle fut découverte dans les archives de Trèves. Au siècle dernier, on fit à Saint-Vanne et à Saint-Airy, de nouvelles transcriptions des chartes, d'après les titres des archives : le cartulaire nouveau de Saint-Airy subsiste en deux beaux volumes in-folio; mais il ne reste qu'un seul tome de celui de Saint-Vanne; de sorte que, pour cette abbaye, on est réduit au cartulaire primitif, fort ancien, assez peu considérable, et n'existant plus qu'en copies où les noms propres des localités sont extrêmement défigurés, comme on peut le voir dans la publication partielle qu'a faite de ce document M. Guérard, à la suite de son Polyptique de Saint-Remy de Reims, imprimé en 1853. Les plus importantes chartes de Saint-Vanne furent communiquées à Baluze, à Mabillon, à Calmet, aux bénédictins du *Gallia christiana*. Du cartulaire de l'évêché, il ne reste non plus que des copies; l'original passe pour avoir été perdu à la Chambre royale de Metz, qui le fit venir, en 1680, lors des fameux arrêts de réunion. Quant aux

cartulaires de la cathédrale et de Saint-Paul, on les a
encore dans leur état primitif, chacun en un épais manuscrit in-quarto sur parchemin : le premier est divisé en
titres correspondants aux diverses prévôtés des domaines
du Chapitre; mais beaucoup de pièces ayant été omises
d'abord, ou ne rentrant point dans ces divisions, la dernière moitié du volume est remplie d'un mélange confus
de chartes « vaguant en dehors » du corps de l'ouvrage
c'est là le titre des « Extravagantes du registre de l'église, »
que Wassebourg cite assez souvent. — Il y a dans ces
divers recueils de bonnes pièces historiques; la plupart
des titres toutefois ne concernent que les propriétés,
dîmes, serfs, droits seigneuriaux et utiles des églises, et
n'offrent à glaner que des détails d'intérêt secondaire (1).

Des Cartulaires nous rapprocherons les Inventaires, où
les pièces des archives, au lieu d'être intégralement copiées, ne sont données qu'en analyse. Ce sont des cata-
logues, en ordre plus ou moins bon, avec sommaires des
documents catalogués; sommaires dont il faut bien se
contenter quand la pièce est perdue. Le plus ancien de
nos manuscrits de cette espèce est le « Livre contenant
inventaire des chartres, titres, papiers, escriptures et

(1) Les Nécrologes fournissent aussi quelques renseignements. Ils étaient
rédigés en forme de calendriers où, après les noms des saints de chaque
jour, on lisait ceux des bienfaiteurs et des membres de la communauté
morts à pareil jour du mois; malheureusement ils ne donnent que ces
dates de jours de mois, sans y joindre celles des années. Le plus important
de nos Nécrologes est celui de la cathédrale, écrit au milieu du XIIIᵉ
siècle, après la mort de Raoul de Torote, au onze des calendes de mai
(21 avril 1245), car ce nom est le dernier de l'écriture première; celui de
l'élu Jean d'Aix est déjà d'une main plus récente; mais le copiste a transcrit textuellement un autre nécrologe plus ancien, comme le prouve ce
passage: *Quarto kalendas maii* (1089), *obiit Theodericus episcopus, qui hanc
novam condidit ecclesiam;* phrase qui suppose que la cathédrale bâtie par
Thierry subsistait encore. Nous n'avons trouvé dans ce vieux manuscrit
qu'une seule date d'année : « L'an 1147, dit-il, le 3 des ides de novembre
(11 novembre), fut faite la dédicace de la cathédrale, par le pape
Eugène III. »

muniments touchant et concernant les affaires, droits,
autorités et priviléges, tant du spirituel que du temporel,
de l'évesché et comté de Verdun, fait le XXII° jour de
février mil v° soixante cinq, par commandement de monseigneur Nicolas Psaulme, évesque et comte de Verdun. »
Cet inventaire est mauvais, confus, sans analyses instruc-
tives; la négligence y est poussée jusqu'à omettre les
dates de la plupart des pièces, ce qui le rend presque
inutile pour l'histoire. En 1638, l'évêché étant sous la
main du Roi, par la rébellion du prince François de
Lorraine, on chargea Mathieu Husson l'Escossois, dont
nous parlerons tout à l'heure, de dresser un autre inventaire, qui, bien qu'un peu succinct, est assez instructif;
la plus récente des pièces qu'il mentionne est une lettre
de Louis XIII, du 2 mai 1638. En 1733, les chanoines
archivistes Guerrier et Guédon rédigèrent avec soin l'inventaire de la cathédrale : on n'en a que le premier volume, grand in-folio; le tome second, moins important et
concernant les villages des prévôtés, ou ne fut point
exécuté, ou se perdit. A la Ville, on mentionne d'anciens
inventaires de 1419, 1502 et 1625, qui ont disparu, ainsi
que celui dont le Conseil ordonna l'exécution en 1575 (1);
on a (peut-être pour cacher les traces de quelque sous-
traction de pièces) coupé aux ciseaux beaucoup de feuillets dans celui de 1779, bon travail du secrétaire Mondon;
de sorte qu'il ne reste plus d'ancien que celui de 1700,
médiocre et inachevé. On trouvera plus de détails sur ce
sujet dans la brochure intéressante publiée en 1855, par
M. Ch. Buvignier, sur nos archives municipales.—Ajou-
tons l'article Verdun, du grand Inventaire de Lorraine,

---

(1) « MM. ont ordonné que tous les titres du Trésor seront visités, pour
en faire inventaire bien ample, portant, au bref, la substance de chacune
lettre. » *Registre de la Ville*, 11 *mai* 1574. — Ordre aux particuliers de rapporter, sous serment, tous les papiers concernant la cité. *Ibid.*

dressé en 1697 et 1698, d'après les ordres du ministre
Pont-Chartrain, par Caille du Fourny, conseiller des
comptes de Paris; ce volumineux travail, en treize tomes
in-folio, est aux archives impériales, et se trouve en copies
aux bibliothèques de Metz et de Nancy.

Les Registres, soit du Chapitre, soit de la Ville, sont
d'autres précieux documents manuscrits. Au Chapitre, il
y eut, dès le XIIIᵉ siècle, un *Liber Capituli;* mais alors
on n'y inscrivait que les statuts notables et les choses
d'importance durable; ce ne fut qu'en 1428 qu'on commença à tenir journal régulier des séances ordinaires.
Le plus ancien des registres capitulaires actuellement
existants est intitulé «Papier des menues conclusions de
Chapitle de Verdun, escriptes par moy Pierre le Fievey,
clerc dudit Chapitle, on mois de janvier M. CCCC. XXX. IIII
(1434), comme il sensuit. » Ces anciens cahiers, de format
petit in-folio, hauts sur très-peu de largeur, sont des
mains-courantes, d'écriture hâtée et difficile à lire : la
série en est fort incomplète; mais, au siècle dernier,
l'archiviste Guédon, dont nous avons déjà parlé, voyant
qu'on n'y recourait plus, soit à cause de la difficulté de les
déchiffrer, soit parce que les choses dignes de remarque
y étaient comme perdues au milieu d'un chaos d'affaires
insignifiantes, en rédigea un très instructif et volumineux
extrait, sous ce titre : *Précis des conclusions faites en Chapitre, depuis l'année 1428 jusqu'en l'année 1550,* énorme
in-folio, de près de mille pages. Il y manque quelques
feuillets, à l'article des chapitres généraux de réforme,
qui étaient les séances où on chapitrait les délinquants.
Sans doute la vénérable corporation, dans ses derniers
temps, fit ôter ces pages, de crainte que des malveillants
n'y trouvassent de quoi jeter sur elle du ridicule, ou
broder à ses dépens des chroniques scandaleuses. — On
doit encore au chanoine Guédon une copie des épitaphes

qui se lisaient à la cathédrale et au cloître, avant 1755 ;
un plan joint à ce manuscrit indique la position des
tombes et monuments qu'on détruisit alors.

Quant aux Registres de la Ville, ils constituent, dans
la longue série d'années qu'ils embrassent, un document
de premier ordre. Les plus anciens sont les plus instructifs, parce qu'ils remontent au temps où Verdun gardait
encore son titre de cité impériale et de nombreux vestiges
de son organisation communale du moyen-âge. On lit, en
tête du premier volume, ce titre : « Livre et Registre
contenant toutes les ordonnances, conclusions et dépens
du Conseil de la cité impériale de Verdun, depuis le
quatrième jour de novembre mil Dᶜ septante et quatre,
rédigé par escrit par moy maistre Jean Boucart, pour
ledit temps syndic et substitut du procureur en ladite
cité, commis par messieurs dudit Conseil à l'exercice de
l'état de secrétaire. » Il existe des registres de comptes
et de contrôle plus anciens; pour le livre du Conseil, il
va du 4 novembre 1573 jusqu'à nous, sauf trois lacunes:
la première et la plus longue, comprend dix années, entre
la fin de 1613 et le milieu de 1622 (1); la seconde est de
six mois seulement, à la fin de 1642; la troisième inter-
rompt l'histoire de la Révolution, du 20 février 1790 au
14 octobre 1792. La tradition est que cette dernière lacune
vient de ce qu'un registre fut jeté au feu avant l'entrée
des Prussiens, de crainte qu'ils ne s'en servissent pour
commettre des vexations. — On trouvera, dans la Note
déjà citée de M. Ch. Buvignier, des renseignements sur
les débris d'archives qui existent encore à l'Hôtel-de-
Ville.

_____

(1) Cette perte est ancienne : Lemoine la remarqua en visitant les archives de la Ville, vers le milieu du siècle dernier.—Il y a eu des Registres
du Conseil antérieurs à ceux qui subsistent; car, au 4 mai 1592, on trouve
un renvoi au « Livre de 1560. »

Dès le milieu du XVIᵉ siècle (date ancienne pour un livre de ce genre), parut, non en mince et futile volume, mais en un docte in-folio, l'histoire imprimée de notre pays, sous ce titre : *Les antiquités de la Gaule Belgique, royaume de France, Austrasie, Lorraine, Brabant, Ardenne, etc., extraites soubs les Vies des évesques de Verdun, ancienne cité d'icelle Gaule, par M. Richard de Wassebourg, archidiacre en l'église de Verdun. Avec plusieurs épithomes et sommaires ès vies des papes, empereurs, rois et princes, depuis Jules César jusques'à présent. Fut achevé d'imprimer* (à Paris), *le 13 de novembre 1549.* Quand on considère le petit nombre et le peu de mérite des livres alors existants, et la difficulté de se procurer les manuscrits, on trouve Wassebourg digne de grands éloges ; mais la science historique a bien changé depuis son temps. Sans reprocher à cet auteur d'avoir cru aux fables communes et admises par tout le monde, à son époque, nous signalerons d'autres fables, dont il est le seul coupable, qu'il a introduites dans nos annales, et qui s'y sont perpétuées jusqu'à présent. Il fait souvent des conjectures, et ceci est excusable ; mais, ce qui ne l'est pas, c'est qu'il donne ses conjectures pour des faits, les fondant et les intercalant dans son récit, de telle sorte qu'on ne peut les distinguer du reste. Par exemple, trouvant, dès l'an mil, l'évêque Heimon en possession des droits régaliens, il suppose que ces droits avaient dû être cédés au prélat par l'ancienne maison des comtes de Verdun ; et il raconte d'un ton historique la donation du comté à l'église par le pieux comte Frédéric. En parlant des origines de la Commune, il dit, de son chef, que la somme pour laquelle l'évêque Raoul de Torote engagea sa vicomté, en 1236, fut payée par les trois familles lignagères La Porte, Azanne et Estouf : bien plus, il insère, encore de son autorité privée, ces trois noms dans le récit de la

première guerre communale, en 1208; et il donne ainsi
une base, en apparence historique, aux prétentions des
trois lignages. Peut-être ne fit-il que répéter les traditions
des lignagers eux-mêmes; mais il aurait dû avertir que,
ni en 1208, ni en 1236, les documents ne disent pas un
mot de leurs ancêtres. Ce sont encore des suppositions
de Wassebourg que le gouvernement de la ville par
quatre notables citoyens, sous Albéron de Chiny; et il en
est de même du prétendu assassinat en trahison d'Albert
de Hirgis. Comme le texte de nos chroniques ne fut
imprimé qu'à la fin du XVIIe siècle, et comme d'ailleurs
il n'y eut jamais que peu de lecteurs se donnant la peine
de remonter aux originaux, toutes ces inventions passèrent; Roussel les reproduisit d'après Wassebourg,
Calmet d'après Roussel, et tous les écrivains étrangers
d'après Roussel et Calmet, historiens locaux qui étaient
censés connaître les sources; et, si quelque lecteur
soupçonneux s'avisait de demander où était la garantie de
Wassebourg lui-même, on lui répondait que c'était un
vieil auteur, qui savait les traditions. Ainsi se faisait la
critique chez nos indulgents anciens; et de cette manière, à peu près, se formèrent les légendes du moyen-
âge.

La biographie de Wassebourg étant peu connue, nous
en placerons ici quelques détails. Il était de Saint-Mihiel,
comme il le dit lui-même, en racontant la fondation de
l'abbaye Saint-Michel, de cette ville. En 1482, son père
suivit en Italie le duc René II, avec cent hommes d'armes
et mille hommes de pied, « tous vaillantes gens, et bien
à point », dit notre auteur; néanmoins l'expédition ne
réussit pas. Il rapporte encore de son père qu'il se
trouvait parmi les gens du duc René, lorsque ce prince,
excité par madame de Beaujeu, donna un soufflet au duc
d'Orléans (Louis XII) au jeu de paume de l'hôtel de Nesle.

Pour Wassebourg lui-même, il fit ses études à Paris, comme boursier du collége de La Marche, « où j'arrivai, dit-il, en ceste mesme année que furent faites honorablement et triumphamment les obsèques du roy Charles huitiesme, que je vei rapporter de son chasteau d'Amboise à Saint-Denys-en-France. » Ce fut l'an 1498 ; et, comme Wassebourg était alors écolier entrant aux études, on peut induire de là approximativement sa date de naissance. En 1522, étant principal de ce même collége de La Marche, il obtint un canonicat de Chartres, qu'il s'empressa de permuter contre le doyenné de Verdun, possédé par Elie Le Bral ; puis, sans se faire installer au doyenné, il le permuta en séance capitulaire du 11 novembre 1522 (1) avec Gérard Gerbillon, contre l'archidiaconat de la Rivière, qui lui donnait juridiction ecclésiastique sur sa chère ville de Saint-Mihiel. Il y allait souvent en visite archidiaconale, logeant chez sa mère, dans la maison de laquelle lui arriva l'aventure, qu'il raconte à la fin de son livre, de ce mauvais moine furieux qui voulut lui donner un coup de poignard, parce qu'en qualité d'archidiacre, il refusait d'exécuter un rescrit de Rome suspect de faux. Les Registres de l'église ne nous apprennent rien de bien mémorable sur Wassebourg : il vivait retiré, occupé de son grand ouvrage, se délassant dans une maison de plaisance, ou, comme on disait alors, dans une Folie, qu'il avait au Pré, et qu'il légua au Chapitre ; ce fut lui qui fit faire, à la cathédrale, la sculpture que l'on voit en face de l'autel de Notre-Dame : elle a été mutilée pendant la Révolution ; mais il s'en

(1) *Quia magister Richardus de Wassebourg, principalis collegii Marchiæ almæ Universitatis Parisiensis, canonicatum et prebendam ecclesiæ Carnotensis, pro canonicatu et præbendâ ac decanatu ecclesiæ Virdunensis, et iterùm dictum decanatum pro archidiaconatu de Ripariâ, quos tunc dominus Elias Le Bral et dominus Gerardus Gerbillon respectivè obtinebant, ex causâ permutationis, etc.* Registre, au 14 novembre 1522.

trouve une gravure, au trait, dans le livre des Antiquités
de la Gaule-Belgique. Ce savant personnage n'était point
tellement absorbé par l'étude qu'il oubliât sa famille,
car le Registre mentionne, le 27 septembre 1531, un
canonicat conféré à Pierre Wassebourg, lequel étant mort,
l'année suivante, eut pour successeur, le 5 octobre 1532,
Jean Chollet, neveu de notre historien, et ensuite son
résignataire dans l'archidiaconat; Jean Chollet, à son
tour, résigna à son neveu Richard, et Richard à son
neveu Jean Cordier. Ainsi se faisaient les choses, au temps
des permutations, résignations, nominations par le tournaire, et autres procédés perdus aujourd'hui dans les
antiquités canoniques; et il résulte encore des épitaphes
de l'ancienne cathédrale, que la principalité du collége
de La Marche passa aussi successivement aux deux
Chollet (1). Wassebourg mourut le 18 août 1556, et fut
inhumé à la cathédrale. Il a poussé son récit historique
jusqu'à la fin de l'épiscopat de Wary de Dammartin, en
1508, ajoutant ce qu'il appelle des épithomes, c'est-à-dire
des abrégés sommaires sur les temps suivants, jusqu'à
l'avénement de Psaulme, en 1548 : « et si, dit-il, lais-
serai-je, après ma mort; entre les fragments de mon
estude, aucuns mémoriaulx contenant les choses faites
durant le temps desdits évesques, et que j'ai veues, pour
aider en la déduction et continuation de la chronique,
tant en choses bonnes, prospères et vertueuses que
difficiles et pernicieuses, selon le descours et disposition
du temps. » Tel est son style gaulois, non dépourvu d'un
certain agrément, et valant mieux, à notre avis, que la
prose monotone et terne de Calmet et de Roussel.

(1) *Hic jacet venerabilis Joannes Cordier, Sammiellanus* (de Saint-Mihiel),
*hujus ecclesiæ canonicus, juxtà venerabiles dominos Richardum de Wasse-
bourg, Joannem et Richardum les Cholets, archidiaconos de Riparià, collegii
Marchiæ Parisiensis primarios, suos avunculos : qui sexagesimo primo suæ
ætatis anno diem clausit extremum,* 18 *septembris* 1623.

Sous le règne de Louis XIII, nos archives, ainsi que celles de Metz et de Toul, furent examinées, visitées, fouillées et dépouillées par les commissaires chargés de la recherche des titres à faire valoir par la couronne de France sur les Trois-Evêchés. Cette recherche, à laquelle s'attachait alors de l'importance politique, fut confiée, par lettres royaux des 13 et 16 novembre 1624, aux trois conseillers d'état Càrdin-le-Bret, de Lorme et Pierre Dupuy; celui-ci publia, dans son Traité des droits du Roi, les inventaires des documents qu'il jugea utiles à son but dans nos trois villes. Dans les années suivantes, le prince François de Lorraine, qui avait titre d'évêque de Verdun, s'étant enfui en Allemagne, et le temporel de l'évêché ayant été mis sous la main du roi, un personnage verdunois, grand fureteur d'archives, Mathieu Husson l'Escossois, conseiller au nouveau baillage royal de Verdun, s'offrit pour achever le travail des premiers commissaires, et, au besoin, pour faire prendre et enlever les titres. Sa note est instructive en ce qu'elle explique comment tant de pièces de nos anciens dépôts se trouvent aujourd'hui à Paris : « Pour le bien du service du Roy « et affermir son autorité à Verdun, Husson, conseiller, « donne advis qu'il seroit expédient, voire nécessaire, de « retirer de là les titres et actes authentiques advan- « tageux à la France, lesquels se trouvent en bon nombre, « quoique délaissés et incogneus, dans les archives et « trésors des chartes de l'évesché, du Chapitre, et de la « maison de Ville. Qu'il y a beaucoup de ces titres qui « prouvent certainement l'autorité souveraine du Roy, et « que Verdun n'est pas de l'Empire. Que la recherche de « ces titres étant faite à Verdun, on pourroit en faire « autant ailleurs, le temps ne pouvant jamais estre plus « favorable pour rechercher les droits de la Couronne « ès frontières du royaume. Le susdit donnera inventaire

« certain de toutes les pièces, et déclarera les lieux, où
« elles se trouvent. Que, s'il est à propos de remettre sous
« la presse l'histoire de Wassebourg, avec notes et
« observations sur les fautes de l'auteur, lesquelles sont
« infinies, et quelquefois fort préjudiciables à la France,
« surtout dans les généalogies des maisons illustres, ledit
« Husson offre de donner le travail qu'il a fait sur ladite
« histoire, vérifiant par bons titres, et à propos, le pouvoir
« et authorité que les roys de France ont eu de tout temps
« en ladite ville. » En marge de cette note est écrite la
date de 1643 : et il n'est pas douteux que l'offre n'ait
été acceptée; car nous trouvons les vacations de Husson
taxées, en 1646, par l'intendant de Lorraine Beaubourg (1),
sur autorisation accordée par le chancelier de France
Pierre Séguier, auquel notre zélé travailleur dédia ainsi
son œuvre : « Monseigneur, la France, abondante en tou-
« tes choses, n'a pas besoin, etc.; mais, puisque ses
« ennemis, songeant toujours sur leurs vieux projets et
« prétentions sans raison, veulent détacher de sa couronne
« les villes de Metz, Toul et Verdun, ses anciens héri-
« tages, je me vois sensiblement obligé et porté à la
« défense de celle de Verdun qui m'a nourri, et à pro-
« curer qu'elle soit maintenue et conservée dans son état
« heureux, sous l'autorité favorable de nos rois. Voici
« donc un magasin de pièces, pour ruiner leur dessein...;
« elles s'adressent à vous, monseigneur, comme au plus
« savant de leur portée, pour être mises et conservées
« en contre-batterie, en lieux avantageux, etc., etc. » Ce
qu'il y eut de curieux fut que le prince François étant
rétabli par le traité de Münster, Husson lui persuada
qu'il n'avait travaillé que pour le bien de l'évêché, demanda récompense, et obtint, pour lui, ou ses ayants

(1) Dans les Preuves de Roussel, p. 86.

cause, pendant quinze ans, la charge de garde du tabellionage et du sceau de l'évêché et comté (1).

Cet auteur ne fit rien imprimer, sauf le Simple Crayon
de la noblesse, dont il sera parlé tout à l'heure. On
a de lui, en manuscrits, d'abord l'ouvrage qu'il dédia au
chancelier Séguier, sous ce titre : « Inventaire des actes
et pièces authentiques des archives et trésors des chartes
de l'évêché, des Chapitres, monastères, maison de Ville,
et autres lieux de la cité de Verdun, servant à l'histoire,
et à montrer qu'elle a été sujette à nos rois dès l'établissement de la monarchie. » Ce n'est point un Inventaire;
c'est une véritable histoire, commençant au xive siècle par
les lettres de garde et protection accordées à la ville sous
le roi Louis Hutin, en 1315, et finissant aux arrêts du conseil
de 1634, le tout précédé d'une fort médiocre introduction
sur les temps anciens. 2° Les Notes sur Wassebourg, de
peu de valeur pour le haut moyen-âge, mais donnant, à
partir du xiiie siècle, des pièces importantes tirées des
archives de la Ville, où Wassebourg n'avait pu pénétrer.
3° La Continuation de Wassebourg, grand manuscrit

---

(1) François de Lorraine, par la grâce de Dieu et du saint-siége apostolique évesque et comte de Verdun, grand prévost et doyen de Cologne,
Magdebourg et Strasbourg, lieutenant-général au pays et évesché dudit
Strasbourg, à tous, etc. Notre cher et bien amé Mathieu Husson, grand
moyeur de notre abbaye Saint-Vanne, nous a représenté qu'en suivant
les inclinations de ses père et aïeul au bien de notre évesché et comté,
il auroit vacqué fort longtemps à la recherche des titres, registres,
mémoires et enseignements concernant le domaine de notre dit évesché,
etc., etc. ; de tous lesquels travaux et dépenses il n'a pas tiré grand fruit...,
et nous auroit supplié vouloir lui témoigner notre gratitude. A quoi inclinant
(suit la concession du tabellionage pour quinze ans), sans que ledit Husson,
ou sesdits hoirs et ayants cause puissent estre tenus d'en payer aucune
chose, ni rendre aucun compte, à charge qu'il fera observer les ordonnances et réglements faits par nos prédécesseurs et nous, et que tous les
contrats seront passés sous notre nom et autorité, et non autrement, et
scellés du scel de notre évesché et comté, suivant le serment qu'il en a cejourd'huy presté entre nos mains. Donné à Paris, le 18e jour de mars 1656.
François de Lorraine. Par l'altesse de monseigneur. P. Bach; et scellé des
armes de Sadite Altesse.

in-folio, contenant l'histoire de l'évêque Psaulme, avec
insertion textuelle des documents, notamment de la précieuse correspondance de ce prélat avec le cardinal
Charles Ier de Lorraine. Husson avait aussi composé, ou
du moins ébauché les Vies des évêques suivants; car
il reste des fragments de cette dernière partie de son
travail. On cite encore de lui des histoires abrégées de la
ville et des évêques de Verdun, une histoire spéciale de
l'abbaye de Châtillon, une autre de celle de Saint-Paul,
des mémoires sur Anne d'Escars, cardinal de Givry,
évêque de Metz, quelques écrits non relatifs à notre pays;
enfin nous mentionnerons à part son seul ouvrage imprimé, le « Simple Crayon, utile et curieux, de la
noblesse des duchés de Lorraine et de Bar, des évêchés
de Metz, Toul et Verdun, avec les armes, blasons, filiations
et alliances, » volume in-quarto, daté de 1674, et fort
recherché des amateurs de choses nobiliaires.—Cet actif
et laborieux chercheur eut la chance de venir en un temps
où les archives étaient encore presque entières; toutes
lui furent ouvertes, de par le Roi et le chancelier; et il
tira bon parti de ces travaux pour notre instruction, aussi
bien, s'il faut l'ajouter, que pour ses intérêts, se poussant
de toutes ses forces aux emplois dans le nouvel ordre
de choses créé à Verdun par Louis XIII, entrant ensuite
aux finances, sous Fouquet, qui le fit en 1654, contrôleur
général de la ferme de Charente et comptablie de Bordeaux,
le chargea, sous les ordres du comte d'Estrades, de la
dépense de reconstruction des châteaux Trompette et du
Ha, puis l'appela à Paris pour mettre en ordre et garder
les papiers de la surintendance; ce qui lui valut le titre
d'intendant des chartres de Sa Majesté : il fut aussi conseiller secrétaire, puis avocat du roi au bureau des trésoriers
de France en la ville et généralité d'Amiens; employé, en
1661, au rétablissement de la recette de la subvention dans

les Evêchés, conseiller et garde des sceaux au baillage de Verdun, intendant subdélégué du Verdunois, etc. C'était, comme on le voit, un personnage quelque peu intrigant. Il naquit à Verdun, le 15 février 1599, de Jacques Husson, secrétaire du Chapitre, et de Nicole l'Escossois, fille d'un prévôt de l'évêché à Mangiennes. Il se distingua, en sa jeunesse, comme brillant élève de nos Jésuites, puis de ceux de Paris et de Pont-à-Mousson; ensuite il étudia à l'école de droit de Bourges; son épitaphe, autrefois dans l'église des Jacobins de Verdun, donnait pour date de sa mort l'an 1677.

A raison de la connexité du sujet, et aussi parce que le Trésor des chartes de Lorraine intéresse les Trois-Evêchés, nous dirons un mot des désastres que ce grand dépôt eut à subir, à peu près en même temps et pour les mêmes causes que nos propres archives. Le Trésor de Lorraine, soigneusement arrangé par le président des comptes de Nancy Thierry Alix, entre 1570 et 1580, se trouvait encore entier au commencement de 1634, lorsque le duc Charles IV fit emporter au château fort de La Mothe de nombreuses pièces, qu'il crut important de soustraire à la connaissance des Français; mais la forteresse ayant été prise, elles tombèrent entre leurs mains, et furent reportées à Nancy, où le cardinal de Richelieu envoya l'un de ses plus savants diplomatistes, Théodore Godefroy, pour en faire l'examen. Cette opération commença le 18 septembre 1634. Bientôt le docte explorateur transmit au ministre une note annonçant « qu'on pouvoit « reconnoître en ces titres les droits de souveraineté, « jurisdiction et féodalité de nos Rois sur plus de cent « cinquante villes, bourgs et villages, lesquels on tient que « les ducs de Lorraine se sont efforcés d'usurper en « divers temps et manières; que lesdits titres pouvoient « aussi servir contre l'Empire, pour les frontières, contre

« le roi d'Espagne, pour les limites du Luxembourg et de
« la comté de Bourgogne (Franche-Comté), ainsi que
« contre l'archevêque de Trèves, les ducs de Deux-Ponts,
« les évêques et Chapitres de Metz et de Verdun......
« Enfin, ajoutait-il, on y trouvera visiblement les intelli-
« gences et conspirations des derniers ducs de Lorraine
« avec les rois d'Espagne, pour semer et entretenir en
« France des divisions et guerres civiles, sous prétexte
« de religion, ruiner la maison royale, et ensuite s'ap-
« proprier le royaume, en tout, ou en partie. » Ceci dut
émouvoir le cardinal, qui n'avait point oublié les Guise
et les lorrains de la Ligue. « Desquelles choses, continuait
« le rapporteur, n'étant expédient que les officiers du
« duc aient une si particulière connoissance, est à propos,
« après une légère description, faire seulement parapher
« les pièces par lesdits officiers, à dessein de les emporter
« à Paris, pour en être l'inventaire exactement continué
« par ledit sieur Godefroy. » Sur cet avis, furent transférées au trésor des chartes du roi, à la Sainte-Chapelle
de Paris, non-seulement les pièces prises à La Mothe,
mais encore toutes celles qu'on trouva bon de prendre à
Nancy; et Godefroy les ayant étudiées avec soin, apprit
le premier au public la véritable origine de la maison de
Lorraine, « que l'on veut, dit-il, nous faire accroire estre
« issue de Charlemagne, pour lui attribuer droit au
« royaume de France sur celle de Hugues Capet, au lieu
« qu'elle vient d'un Gérard, comte d'Alsace, investi du
« duché de Lorraine par l'empereur Henri III, en 1048. »
Ces pièces lorraines de la Sainte-Chapelle se trouvent
copiées, en grande partie, dans le recueil Séguier, dont
nous parlerons tout à l'heure : beaucoup intéressent le
Verdunois. Quant au reste du trésor des chartes, Louis XIV,
à la fin de 1670, en ordonna le transport à la citadelle de
Metz, où, en 1697 et 1698, Du Fourny, par ordre du

ministre Pont-Chartrain, dressa ce grand inventaire en douze volumes in-folio, que nous avons déjà mentionné pour l'article qu'il contient sur Verdun ; enfin, après la paix de Riswick, le dépôt de Metz, rendu au duc Léopold, fut réintégré à Nancy; mais, vers 1740, la France y fit encore prendre tout ce qu'elle trouva à sa convenance, et le dernier duc de Lorraine, François III, en emporta à Vienne les papiers concernant sa famille.

La plupart des documents dont nous venons de raconter la translation à Paris sont aujourd'hui conservés aux manuscrits de la bibliothèque impériale et aux archives de l'empire. Réunis en volumes, ils forment ces Recueils dits de Dupuy, de Brienne, de Séguier, etc., si fréquemment cités et transcrits dans les pièces justificatives de nos derniers historiens, lesquels n'ont eu garde de négliger ces sources, abondantes surtout pour les temps rapprochés de la période moderne. La collection Dupuy, fort volumineuse, contient, entre autres pièces, celles dont il a donné lui-même l'inventaire, aux articles Metz, Toul et Verdun de son Traité des droits du Roi, imprimé à Paris, en 1655, in-folio. Celle de Séguier, que Husson enrichit de nombreuses pièces verdunoises, ne forme pas moins de quarante in-folios. Ce vaste recueil passa par héritage du chancelier Séguier, qui l'avait formé, à M. de Coislin, évêque de Metz, lequel le donna aux bénédictins de Saint-Germain-des-Prés de Paris; et ce fut dans la bibliothèque de cette abbaye que Roussel et Calmet en eurent communication (1).

Ce que dom Calmet a écrit sur Verdun, dans sa grande Histoire de Lorraine, n'est guère qu'une reproduction de Wassebourg et de Roussel, celui-ci lui ayant communiqué

----

(1) Calmet, article Séguier, dans le catalogue alphabétique des écrivains, en tête du tome 1er. Roussel, note de remerciement, après la table, tout à la fin du volume.

son manuscrit dès avant 1728 (V. Calmet, 1re édit. tom. i.
p. xcvi); mais les Preuves des deux éditions de l'Histoire
de Lorraine sont importantes pour les titres qu'elles
renferment, et qui ne sont pas tous les mêmes dans l'une
et dans l'autre. Personne n'ignore combien de faits et de
documents sont consignés dans ce vaste ouvrage. Dom
Calmet, infatigable pour recueillir, n'avait pas le même
talent pour disposer et juger : sa critique est faible, et son
style traînant.

L'ouvrage de Roussel, imprimé à Paris, en 1745, parut,
de format in-quarto, sous le titre « d'Histoire ecclésiastique et civile de Verdun, avec le Pouillé, la carte du diocèse
et le plan de la ville, par un chanoine (de la Madeleine)
de la même ville. » Ce livre n'est guère qu'un Wassebourg
remis à neuf, continué jusqu'en 1720, expurgé des erreurs
devenues palpables, rectifié en un certain nombre de
points de détail; mais les fautes graves et moins aisées
à découvrir sont reproduites. En général, Roussel n'a pas
le coup-d'œil critique très perspicace; on peut voir, par
exemple, comme il s'embrouille et se perd, au milieu des
documents, dans l'histoire de l'évêque Thierry. Malgré
la promesse de son titre, il néglige l'histoire civile; et on
serait fort en embarras pour se faire, d'après lui, une
idée de l'ancienne Commune : c'est au point qu'il prend la
Charte de Paix, qui remonte à la seconde moitié du xiiie
siècle, pour « un célèbre accord conclu le 1er avril 1498,
« entre Guillaume de Haraucourt et les habitants de
« Verdun » (pag. 405). En le voyant citer de temps en
temps les Notes de Husson, on s'étonne qu'il n'en ait
pas tiré meilleur parti pour l'histoire municipale; mais
c'est qu'il n'en avait pas le véritable texte, car il les
représente (pag. xiii de sa Préface) comme « quelques
notes que Mathieu Husson avait mises aux marges de son
exemplaire de Wassebourg. » Ce n'en pouvait être qu'un

extrait fort succinct; car les véritables notes ne tiendraient
sur les marges d'aucun exemplaire. Nous ne voyons pas
non plus qu'il se soit jamais servi des registres de la
Ville, ni de ceux du Chapitre, ni qu'il cite les cartulaires
autrement que d'après les passages déjà insérés dans Wassebourg; en un mot, ses seuls matériaux neufs et importants paraissent puisés dans les grands recueils de Paris.
Nos anciens le savaient; témoin ces paroles de dom Cajot:
« On affecte trop de rebattre que M. Roussel cite à tout
« propos les archives de Saint-Vanne, dont il n'obtint
« jamais l'entrée, etc....; mais la bibliothèque du roi
« n'est-elle pas ouverte à tous les gens de lettres; ne
« renferme-t-elle pas le cartulaire de cette abbaye,
« etc., etc.; » et c'était en effet à la bibliothèque royale
et à celle de Saint-Germain-des-Prés que notre historien
avait trouvé ces « actes et manuscrits tirés des archives de
l'évêché, des Chapitres, des monastères, et de l'Hôtel de
cette ville » dont il parle dans sa préface. Nos antiques
et vénérables corporations n'aimaient point qu'on fouillât
dans leurs papiers : la défense de montrer « le livre du
Chapitre » *(Quòd nullus videat librum Capituli)* était de
droit commun; ainsi l'exigeaient d'abord la dignité et le
décorum des choses ; en outre, dans ces temps de longs
procès, il était à craindre que, sous prétexte de recherches historiques, on ne parvînt à exhumer des pièces
et des renseignements pour les dossiers des avocats.
Avec ces difficultés, Roussel eut à subir les tribulations
de la censure, fort sévère en ce temps, à en juger du
moins par le caractère assez inoffensif des passages
qu'elle biffa à notre auteur. Le principal, que l'on peut
voir vers la fin de son manuscrit, à la bibliothèque de
la Ville, est relatif à la petite agitation janséniste qui
troubla un instant Verdun, sous l'épiscopat de M. de
Béthune. On s'étonnait que Roussel, qui avait vu ces

scènes de ses yeux, n'en eût pas dit un mot dans son livre; et on trouvait sa discrétion rare, et sa prudence vraiment extraordinaire; mais, en réalité, il avait parlé; c'était la censure qui avait supprimé ses paroles, parce qu'elles étaient d'un ton, ou du moins d'une nuance quelque peu janséniste; et comme l'auteur ne voulut pas dire autrement, le passage demeura absolument retranché. —En tenant compte à Roussel de ces obstacles, on doit dire qu'il fut un laborieux et estimable écrivain, qu'il fit tout ce qu'il était possible de faire dans les circonstances et le milieu où il vivait; qu'il recueillit tout ce qu'il put de traditions et de renseignements; et nous souscrivons volontiers aux éloges que lui donne dom Cajot, tout en trouvant sa narration pâle, et ses monotones panégyriques d'évêques trop semblables à des sermons. Sa biographie ne présente rien d'intéressant : né au petit hameau de Bertrameix, aujourd'hui de l'arrondissement de Briey, dans le département de la Moselle, il obtint, en 1691, d'un tournaire de la Madeleine, nomination à un canonicat de cette église; et il garda cette prébende jusqu'à sa mort, à la fin de 1750 (1).

Mentionnons enfin les « Almanachs historiques de la ville et du diocèse de Verdun, pour les années 1775, 76, 77, » par dom Jean-Joseph Cajot, bénédictin de Saint-Airy, mort dans cette abbaye, en 1779. Ces Almanachs, qu'on trouve

_____

(1) Pour mémoire seulement, nous mentionnerons la longue préface historique sur Verdun, que l'abbé Lionnois a mise en tête de sa « Maison de Saintignon, » imprimée à Nancy en 1778. Cette préface, sur laquelle nous reviendrons dans l'histoire des lignages, n'est qu'une compilation de passages de Wassebourg, Roussel et Calmet, suivie de la réimpression d'un long factum du bailliage contre M. d'Hocquincourt qui prétendait que la juridiction régalienne de l'évêché devait être maintenue, d'après le traité de Münster. En réimprimant cette pièce, Lionnois aurait dû au moins avertir que les auteurs du factum ne connaissaient point nos chroniques et nos chartes originales, encore inédites à cette époque : de sorte qu'en relevant, non sans sagacité, plusieurs fautes de Wassebourg, ils tombent eux-mêmes, en sens contraire, dans des erreurs non moins graves.

ordinairement reliés en un seul volume, de format petit
in-12, font, à la lecture, quelque peu l'effet de la conversation d'un vieillard bon et instruit, aimant à parler,
surtout de la ville d'autrefois, et causant, sinon sans
agrément, du moins sans grand ordre, et sans se gêner
en aucune manière à chercher des transitions oratoires
ou chronologiques. Assez faible sur la haute antiquité,
l'auteur nous apprend, en revanche, sur les choses moins
anciennes mille petits détails curieux, dont on lui sait
gré de s'être souvenu. Dom Cajot conservait dans sa
vieillesse les goûts d'un enfant, flânant dans les rues,
quand il sortait, s'arrêtant aux boutiques, aux marion-
nettes; il s'était permis d'écrire, sans licence ni congé
des supérieurs majeurs, une Histoire critique des coque-
luchons, qui causa une certaine rumeur dans le monde
monacal, et que l'on imprima clandestinement, en 1762,
sous la fausse indication de Cologne. Cet excellent homme
s'était imaginé qu'il porterait un grand coup à Jean-
Jacques, en montrant qu'avant lui, on avait dit en grec et
en latin, et qu'on trouvait dans Plutarque, Montaigne et
Rabelais, tout ce qu'il y avait de bon dans l'Emile : tel
est le but du livre des « Plagiats de Jean-Jacques, » imprimé
en 1766. Comme auteur, il avait débuté par des recherches
sur les antiquités de Metz, et sur l'origine des Médiomatriciens, qui parurent en 1760 : l'ouvrage fut alors trouvé
savant; mais il est bien dépassé aujourd'hui. — Il y eut
un autre dom Cajot, du prénom de Charles; celui-ci,
neveu du précédent, et né à Verdun, en 1731, publia, en
1786, un livre estimé sur les écoles qui existèrent, au
moyen-âge, dans les monastères bénédictins : il n'oublie
pas ceux de notre province, Saint-Vanne, Saint-Mihiel,
Saint-Arnoul de Metz, Gorze, etc. Il fut le dernier directeur
des dames du Paraclet, au diocèse de Troyes ; à la Révolution, il revint à Verdun, où il mourut en décembre 1807,

léguant sa bibliothèque à la Ville. On voyait chez lui un miroir métallique, que la légende du Paraclet disait avoir été à l'usage d'Héloïse.

Tels sont les principaux auteurs et recueils à consulter sur notre ancienne histoire. Des documents particuliers existent pour différents points de détail : nous les ferons connaître, à mesure que l'occasion s'en présentera.

Il nous reste, et c'est pour nous un devoir agréable à remplir, à remercier M. Ch. Buvignier des grands services qu'il a rendus à notre publication. Avec le tact d'un vrai connaisseur, il avait rassemblé de toutes parts, notamment dans les collections de la bibliothèque impériale, d'excellents matériaux : au moment où il se disposait à les mettre en œuvre, d'autres occupations sont venues l'enlever à cette tâche. Nos lecteurs apprendront avec plaisir que le fruit de ses longues recherches ne sera pas perdu : il nous a laissé ses documents; et nous en ferons jouir le public dans les volumes qui vont suivre. Il est juste de dire que, si M. Ch. Buvignier n'a pas écrit lui-même l'Histoire de Verdun, il est du moins celui qui nous a fourni le plus de secours pour l'écrire. A M. Vielliard, d'Etain, nous devons également la communication de plusieurs pièces intéressantes, découvertes par lui, dans ses recherches, à Paris.

HISTOIRE

DE

VERDUN

CHAPITRE Ier

ORIGINE DE VERDUN.
ÉTAT DE LA VILLE SOUS LA DOMINATION ROMAINE, ANTÉRIEUREMENT A LA
PRÉDICATION DU CHRISTIANISME.

Au temps de la conquête romaine, le pays verdunois faisait partie de la grande région que César nomme Belgique, et qu'il représente comme habitée par le peuple le plus brave, mais le moins civilisé des Gaules (1). Cette vaste contrée était le domaine d'une nation qui se vantait d'être d'origine germanique, et d'avoir conservé le courage indomptable et les coutumes de ses sauvages ancêtres. Dans cette ancienne Belgique, on ne voyait encore aucune ville; il n'y avait que de petits villages épars au milieu des campagnes; les maisons, ou plutôt les cabanes, étaient séparées les unes des autres par de grands intervalles; et on rencontrait çà et là des souterrains ou des cavernes naturelles, dont on cachait soigneusement les entrées, afin qu'on pût y déposer les provisions, s'y mettre en sûreté,

(1) *Horum fortissimi Belgæ : à cultu atque humanitate Provinciæ* (Provence) *longissimi absunt.* (César, 1. 1.) — *Plerosque Belgas ortos esse à Germanis.* (Id. 11. 4.) — *Treveris et Nerviis affectatio originis germanicæ, quâ ab inertiâ Gallorum separentur.* (Tacite, Germ. 28.)

ou s'y abriter pendant les hivers rigoureux (1). Le sol était
la propriété commune de la peuplade ; tous les ans les chefs
assignaient à chaque famille la portion qu'elle devait cultiver (2) ; et, pour lieux de réunion, ou places de défense militaire, chaque tribu avait des endroits naturellement forts,
qu'on appelait *mag* dans la langue celtique (3), et que les
Romains conquérants nommèrent *oppida*. César, qui vit
ces grossières forteresses, dit qu'elles étaient faites de
pierres brutes entremêlées de longues pièces de bois (4),
et que les abords en étaient défendus par des fossés, des
marécages, ou des fourrés de broussailles. Chaque Mag
avait d'ordinaire un nom propre, tiré de sa situation naturelle ; et la plupart s'élevaient sur des rochers escarpés.
Presque inhabités en temps de paix, ils servaient, pendant
la guerre, de refuge aux familles et aux troupeaux ; et les
diverses tribus en possédaient un nombre plus ou moins
considérable, suivant l'étendue de leurs territoires. En
Gaule méridionale, il y avait déjà de véritables villes ; on
commençait même à en voir dans les régions du centre ;
mais ce que raconte César de sa campagne en Berry *(Bituriges)* prouve que la plupart des lieux nommés villes
(urbes) par les Romains n'étaient là encore que de simples
Mags, car le conquérant prit et brûla vingt de ces villes
en un seul jour ; et les Bituriges s'en consolèrent dans l'es-

(1) *Nullæ Germanorum populis urbes : colunt discreti ; solent et subterraneos
specus aperire, suffugium hiemi et receptaculum frugibus, etc.* (Tacite,
Germanie, ch. 16.)

(2) *Neque quisquam agri modus certus : sed magistratus et principes in annos
singulos attribuunt.* (César, vi, 22.) — *Arva per annos mutant, etc.* (Tacite,
Germ., 26.)

(3) De là la syllabe *Mag*, qui se trouve dans beaucoup de noms de villes:
Noviomagus, Nimègue et Noyon ; *Rothomagus*, Rouen ; *Juliomagus*, Beauvais ;
Borbethomagus, Worms, etc. Quelquefois cette syllabe se trouve au commen-
cement du nom : ex. Maguelonne, Mayence, *Maguntia*,

(4) *Muris gallicis hæc forma est. Trabes directæ perpetuæ in longitudinem,
distantes inter se binos pedes : intervalla grandibus in fronte saxis, etc.*
(César, vii. 23.) — Juste Lipse a expliqué ce passage dans son *Poliorceticon*,
l. 3. dialogue 5, à la fin.

poir de les rétablir très-promptement (1). Quant à la Gaule Germanique du nord, la structure barbare de ses *oppida* la caractérisait tellement que César, retrouvant ces mêmes constructions dans la Grande-Bretagne, en conclut que les Bretons des côtes étaient Belges d'origine (2).

Verdun n'était probablement, à son origine, qu'une de ces enceintes fortifiées, dans lesquelles des Gaulois à demi-sauvages retiraient le butin fait dans leurs courses, et se défendaient eux-mêmes contre les incursions de leurs ennemis. Bâtie sur des rochers dont la Meuse baigne le pied, la ville-haute nous représente encore à peu près le tracé du Mag primitif; quelques fossés, naturellement indiqués par des ravins sur l'autre pente de la colline, suffisaient pour le fermer, et l'art avait peu à ajouter à l'œuvre de la nature. Grâce à cette position avantageuse, la forteresse verdunoise servit de point de ralliement au peuple de toute la contrée ; et, quand le séjour des Romains eut civilisé ce pays, elle devint une petite ville qui s'étendit peu à peu dans la plaine le long des bords du fleuve.

Origine probable de Verdun.

Le nom de Verdun avait sans aucun doute un sens dans la langue celtique; car il fut donné à un certain nombre de localités. Outre notre Verdun-sur-Meuse, on connaît Verdun en Bourgogne, au confluent du Doubs et de la Saône, Verdun-sur-Garonne, et Rivière-Verdun, au comté de Comminges; on mentionne encore un très-ancien village de Verdun dans l'Ariége; et, à Neuf-Château en Vosges, ville qui n'est nouvelle que par son nom, il y avait une rue Verdunoise, adossée, le long des bords de la petite rivière de Mouson, à l'éminence sur laquelle le fort fut construit. Tous ces lieux ont ceci de commun qu'ils forment des en-

---

(1) César, vii, 15. Mais ce qu'il ajoute sur l'*Avaricum* des Bituriges prouve que cet endroit exceptionnel était déjà quelque chose de semblable à une vraie ville.

(2) *Britanniæ maritima pars ex Belgio.* (César, v. 12.) — *Oppidum (mag) autem Britanni vocant, cùm silvas impeditas, vallo atque fossâ, incursionis vitandæ causâ, munierunt.* (Ibid. 21.)

droits d'une certaine importance, sur des collines, près d'anciens passages, ou gués de rivières ; et, comme la finale *dun* désigne incontestablement une hauteur, il semble qu'on peut traduire le mot celtique Verdun par hauteur ou fort sur le gué. Selon d'autres interprétations, le mot viendrait soit du latin *vir*, en l'honneur du courage attribué aux Verdunois, soit du mot vert, à cause de la verdure des grandes prairies de la Meuse, soit enfin du nom d'un prétendu lieutenant de César qui aurait, par ses ordres, fait le siége de notre ville ; mais il est inutile de discuter ces étymologies, qui n'ont aucune vraisemblance archéologique (1).

Conquête romaine. Ce fut vraisemblablement après la défaite des Belges, l'an 57 avant notre ère, que les Romains s'emparèrent de Verdun. Alors notre territoire n'était encore qu'une subdivision de celui des Messins (Médiomatriciens), dont il formait la limite occidentale, vers les terres de Reims : et César, qui néglige les détails, n'a rien dit de ce canton verdunois. On a depuis longtemps fait la remarque que des cités antiques, et beaucoup plus considérables que la nôtre, Rouen par exemple, ne figurent point dans ses récits, parce que sans doute il n'avait fait en ces lieux rien qui lui parût digne d'être raconté. Ses contemporains nous apprennent qu'il se vantait d'avoir, dans ses dix campagnes des Gaules, subjugué trois cents peuples et pris plus de huit cents villes (2) ; en supposant même quelque exagération en ces nombres, il s'ensuivrait toujours que, dans son propre récit des Commentaires, il omet plus de la moitié des particularités. Néanmoins, et malgré ce silence, notre ancien chroniqueur Laurent de Liége a donné une relation intéressante, et de vraie couleur antique, du siége de Verdun par César ; mais c'est l'histoire de la prise d'Uxellodu-

---

(1) Suivant le P. Bach (*Origine de Metz, Toul et Verdun*, p. 105), la syllabe Ver signifiait *grand* chez les Gaulois. Verdun voudrait donc dire la grande hauteur, la grande colline ; mais cette désignation ne convient guère à la localité. — Yverdun, en Suisse, l'ancien *Eberodunum* romain, est situé au bord d'un lac, sur une dune qui s'étend à travers un terrain tourbeux.

(2) Dans Plutarque, *Vie de César*, ch. 15.

num en Querci (1) qu'il prend pour celle du siége de Verdun. La méprise paraît forte, et on a d'abord peine à se l'expliquer; toutefois l'étonnement diminue à l'examen. Le nom d'Uxellodunum est écrit par abréviation *Vlodunum* dans beaucoup de manuscrits (2); César dépeint cette forteresse comme bâtie sur des rochers au pied desquels coule une rivière dont il est impossible de détourner le cours (VIII, 40); et dans les chapitres qui précèdent et qui suivent, il parle des Belges et des Trévirois. A ces indices, Laurent crut reconnaître Verdun; et, comme on découvrit de son temps, sous la ville-haute, un souterrain romain qui pouvait passer pour un aqueduc, il ne manqua pas d'y voir le canal dont César (VIII, 41, 43) avait détourné l'eau. Tout le monde le crut alors (3); et nous aurions tort de critiquer trop amèrement ces vieilles erreurs, nous qui lisons si aisément César dans des textes bien corrects et bien complets, avec éclaircissements de notes de tout genre. La scène sanglante des bras coupés aux défenseurs d'Uxellodunum (VIII, 44), fut transportée sur notre pont Brachieux, ou bien au village de Bras; et on prétendit que le nom de Charny venait de ce que les morts de ces batailles avaient été enterrés en cet endroit. Telle était la popularité de ces histoires que Wassebourg, bien qu'il sût parfaitement « que Laurentius Léodiensis prenait une bataille et victoire que Jule César obtint près de Cahors en Aquitaine pour

(1) Montagne, aujourd'hui déserte, sur les confins du Querci et du Limousin. On l'appelle, dans le patois du pays, Puech d'Usselou, et, en français, Puy d'Issolu. — Le passage copié par Laurent dans César a été omis comme fabuleux dans l'édition que D. d'Achery a donnée de nos anciennes chroniques (*Spicilége*, tom. XII, p. 276); mais D. Calmet l'a rétabli dans les Preuves de son tom. II, p. 19, 2ᵉ édit.)

(2) Il y en a encore de tels à la bibliothèque impériale. (V. le *César* de Lemaire, t. I, p. 451, notes). Sans aucun doute, le mot était ainsi écrit dans le manuscrit qu'avait Laurent de Liége; car il ajoute immédiatement : *Tunc istud oppidum Vlodunum aut Veredunum scriptis vocatum invenimus.*

(3) *Publica porrò est omnium sententia quòd, vestri pontificatûs diebus (Alberonis. 1131-1156), dùm intrà urbem in operibus foderetur, ipse meatus occultus aquæ jàm exhaustæ, de quo hîc (i. e. in Cæsare) sermo est, de sub terrâ inventus sit.* (Laurent de L., ibid.)

celle dudit Verdun, » n'osa cependant se dispenser de reproduire ce récit traditionnel (p. XV verso, XVI).

Territoires de Metz et de Verdun séparés.

On ignore l'époque précise de la séparation des territoires de Verdun et de Metz. Les géographes Strabon et Ptolémée qui vivaient, l'un au premier siècle de notre ère, l'autre au second, continuent à donner les Médiomatriciens comme limitrophes des Rémois. De là nos érudits concluent généralement qu'alors le Verdunois ne formait point encore une division distincte; mais cette conclusion est incertaine, à cause des erreurs de détail où tombent assez souvent ces écrivains grecs, sur des pays si éloignés d'eux. D'Anville, dans sa savante *Géographie des Gaules*, se plaint du désordre de plusieurs de leurs indications et de l'imperfection de leurs renseignements, auxquels il a été obligé d'apporter bien des rectifications d'après la connaissance des localités, de sorte, dit-il, que nous serions par eux assez mal instruits sur la Gaule, si la Gaule n'était devenue la France (p. VI-VIII). Il est probable que la politique romaine opéra de bonne heure des divisions de territoires qui brisèrent les forces des peuples gaulois les plus puissants : peut-être même ces divisions étaient-elles déjà à demi-faites avant les Romains; car, quand on disait de César qu'il avait conquis trois cents peuples en Gaule, on devait compter pour peuples distincts beaucoup de ceux que les Commentaires comprennent en une seule nation.

Médaille gallo-romaine de Verdun.

A défaut des historiens, la numismatique nous vient en aide pour ces temps reculés. Dans le courant du premier siècle de notre ère, et vraisemblablement avant l'an 80, il fut frappé à Verdun une monnaie de tout point semblable à celles qu'émettaient au même temps les autres cités gallo-romaines. On y lit, d'un côté, le nom de la ville VIRODV (*Virodunum*), et de l'autre celui de TYROMA, le chef qui la gouvernait alors. Au sujet de cette pièce, que nos anciens auteurs n'ont point connue, et qui est d'une grande rareté, il est à dire qu'à la différence des colonies romaines du

midi des Gaules, qui marquaient leurs espèces d'empreintes purement latines, les Celtes et les Belges y inscrivirent,
pendant quelque temps, les noms de leurs chefs et de leurs
cités autonomes, tout en se conformant d'ailleurs au
modèle du denier consulaire. Les antiquaires ont fait graver dans leurs livres une longue série de ces médailles,
dont plusieurs sont tellement anciennes qu'on y lit les
noms de chefs mentionnés dans les Commentaires de César.
On ne sut d'abord à quel peuple rapporter notre denier,
parce qu'on n'en connaissait qu'un exemplaire, où les lettres VIRO étaient seules demeurées lisibles (1); mais,
depuis qu'on en a des empreintes mieux conservées, portant l'inscription VIRODV, bien distincte, les numismates
s'accordent à l'attribuer à notre ville (2). C'est un denier
d'argent, du poids de 37 à 38 grains, du diamètre de 15
millimètres, imitant les deniers consulaires, avec la tête
de la déesse Rome, couverte d'un casque ailé ; au revers est
un cavalier en course, armé d'une lance ; et au-dessous, le
mot TVROCA. La médaille de Lisieux, à inscription un peu
moins laconique, nous apprend que les noms ainsi mis au
revers sont ceux des chefs de cités, car le titre de Vergo-
bret y est joint au nom propre de Cisiambius Cattus (3).
Quant au chef verdunois Turoca, ou Turocanus, ce devait
être un ami et un partisan des Romains (4); mais nous

(1) Sur l'exemplaire de Paris, on ne peut, au contraire, lire que ODV.
Celui du cabinet impérial de Vienne est bien complet, ainsi que le nôtre.
Duchalais, p. 269, 270, classe parmi les médailles incertaines toutes celles
où on ne voit que les syllabes VER, VIR, VIRO.

(2) Eckhel, tom. I, p. 75, édit. Leipsig. — Duchalais, p. 226, 438. —
Mionnet, Gaule-Belgique, n° 252. — Robert, Numismatiq. du nord-est, p. 81.
— Le Bas, Dict. de France, (art. Trois-Evêchés), etc. — Le signe de doute?
qu'on voit au nom de Turoca dans la liste des chefs gaulois de Duchalais,
p. 467, indique seulement qu'on pourrait prendre ce mot pour un nom de
lieu, comme dans la médaille incertaine CONA, attribuée aux Leuques ;
mais, que Turoca soit un nom d'homme ou un nom de lieu, Duchalais
n'hésite jamais à entendre VIRODV de Verdun.

(3) Cisiambios Cattos Vergobretos.

(4) On ne peut entendre ce mot Turoca de la cité de Tours, soit parce
qu'il n'est pas du côté de la médaille où se met d'ordinaire le nom de la

ignorons ce qui se passa sous son gouvernement; et le monnayage gaulois ayant été interdit après le règne d'Auguste (1), nous n'aurons plus d'autre renseignement à tirer de ses produits pendant la période gallo-romaine.

Pline l'ancien, que l'on compte aussi parmi les géographes, à cause de la description sommaire qu'il a faite du monde connu de son temps, place des *Veruni liberi* (2) dans la Gaule-Belgique, non loin des Rémois, des Tréviriens, des Médiomatriciens et des Leuques (Toulois). Ce renseignement est fort digne d'attention, parce que Pline connaissait beaucoup mieux que Strabon et Ptolémée la Gaule du nord, où il avait passé les années 48 à 52 à guerroyer contre les Germains; mais on n'est pas certain que la mention des *Veruni liberi* vienne de Pline lui-même, car elle manque dans beaucoup de manuscrits. Les éditeurs primitifs, ceux de la fin du XVᵉ siècle, la trouvèrent dans les leurs, et la reçurent dans le texte : les éditions de l'âge moyen, celles de Dalechamp et de Hardouin, la rejetèrent; enfin, de nos jours, Walkenaer, auteur d'une très-savante Géographie de la Gaule, propose de la rétablir, et ainsi avait déjà fait, avant lui, le rédacteur de la table géographique du César de Lemaire (3). A cause de ces hésitations, nous ne parlerons des *Veruni liberi* que pour renseignement, tout en observant que la médaille dont il vient d'être parlé appuie la leçon des éditeurs primitifs. L'épithète de

ville, soit parce que la cité de Tours a ses monnaies constamment marquées TVRONOS, et ses chefs nommés Cantorix, Triccus.

(1) On n'en connait qu'un exemple après Auguste : c'est la pièce incertaine *Germanus Indutilii*, évidemment copiée des petits bronzes de cet empereur. La conjecture qui a prévalu attribue cette monnaie à Trèves. Il s'ensuivrait que le monnayage autonome aurait persisté un peu plus longtemps qu'ailleurs dans la province de Trèves, à laquelle appartenait Verdun.

(2) Pline, IV, 31. En général, le texte de Pline laisse beaucoup à désirer, et on n'en a pas encore d'édition vraiment critique. (V. Schœll, Littérat. rôm., tom. II, p. 462.)

(3) Walkenaer, Géogr. anc. des Gaules, tom. I, p. 524. — *Habebant Mediomatrici ad occasum Verunos*. Index géogr. du César de Lemaire, t. IV, p. 311.

« libres » indique un peuple auquel Rome avait laissé une certaine autonomie, parce que, sans doute, il s'était déclaré pour elle, et que d'ailleurs elle le craignait peu. Walkenaer, trouvant des *Veruni* dans les peuples germaniques mentionnés par Ptolémée et par Tacite (German. 40), conjecture que les Verdunois de la Gaule-Belgique provenaient d'une migration de Germains : ce qui s'accorde avec l'indication générale de César : *Plerosque Belgas à Germanis.* II, 4.

Le nom de Verdun parait pour la première fois d'une manière certaine dans l'Itinéraire qui porte le nom de l'empereur Antonin : document dont on peut se faire une idée approximative en le comparant à nos anciens livres de poste où, pour toute information, on trouvait la direction des grandes routes, les noms des localités qu'elles traversaient, et la distance d'un endroit à l'autre. Le voyageur qui suivait cet itinéraire, partait de Durocortorum, ou Reims, passait par Basilia, Axuenna, arrivait à *Virodunum*, puis traversait Fines et Ibliodurum, avant d'atteindre Divodurum, ou Metz. Tous ces noms, sauf ceux de Reims, de Verdun et de Metz, sur lesquels n'existe aucun doute, ont fourni matière aux dissertations de nos antiquaires. Il est d'abord à dire que Durocortorum et Divodurum sont de vieux noms celtiques, et qu'aucune trace des dénominations moins anciennes de Reims et Metz ne paraît encore. C'est un indice que notre passage n'est point de ceux qui furent modifiés à mesure qu'on établit de nouveaux chemins ou de nouvelles stations; de là nous pouvons conclure que la mention de Verdun appartient à la rédaction primitive, faite vers l'an 138, lorsque le réseau des grandes voies romaines commença à s'achever en Gaule. Une seconde observation importante, c'est qu'il existait sur la route de Verdun à Metz un lieu dit Frontières *(Fines)* : ceci prouve que dès-lors le Verdunois était séparé du territoire de Metz, quoi qu'il ait pu en être auparavant, dans les temps inconnus. Le *Fines* de l'Itinéraire devait, d'après le calcul

Verdun
dans l'itinéraire
d'Antonin.

des distances, être aux environs du village actuel de Marchéville (1), dont le nom, dérivé de Mark, frontière, en
langue germanique, représente encore l'ancienne dénomination romaine. Beaucoup de médailles antiques, de Néron
à Commode, ont été trouvées en 1812 sur le territoire de
cette commune. On place Ibliodurum près d'Hannonville-
au-Passage : la finale *dorum* ou *dore* veut dire eau, en
langue celtique ; de sorte qu'Ibliodurum signifie l'eau de
l'Iblium, aujourd'hui l'Iron. Quant à Axuenna, entre
Reims et Verdun, ce nom indique un endroit voisin de
l'Aisne, rivière qui s'appelait en latin Axona : et on croit
qu'Axuenna est Vienne-la-Ville, ou, comme l'écrivaient
nos anciens, et comme nous devrions l'écrire nous-mêmes,
Viaixne, *via Axonæ*. César disant, II, 5, que l'Aisne forme
la limite extrême du pays de Reims, il est probable que le
Verdunois antique s'étendait en largeur de Vienne-la-Ville
à *Fines*, vers Marchéville (2).

Metz,
Toul, Verdun,
dans la Notice
des provinces.

Le dernier document que nous ayons des temps romains
date de la fin du IVᵉ siècle, et représente l'état des choses
au moment de la chute de l'Empire. A cette époque, l'ancienne Belgique de César était divisée en deux provinces
ressortissant, l'une à la métropole de Trèves, l'autre à celle
de Reims; et la province de Trèves, dite Première Belgique, se composait des trois cités de Metz, Toul, Verdun,
chacune avec son territoire. On reconnaît là notre ancienne
province des Trois-Evêchés, sous la métropole ecclésiastique de Trèves; et cette division territoriale subsista ainsi
jusqu'à la fin du siècle dernier, telle à peu près que
l'avaient établie les Romains, en ces termes :

Provincia Belgica prima :
Metropolis : Civitas Treverorum.
Civitas Mediomatricorum : Mettis.
Civitas Leucorum : Tullo.
Civitas Verodunensium.

(1) D'après les recherches de M. l'instituteur Brizion, l'endroit précis
du *Fines* serait vers Manheulles.

(2) D. Cajot prend pour Verdun le *Vironum* de la Table Théodosienne;

On appelle « Notice des provinces » ce catalogue des
métropoles et de leurs cités suffragantes, que firent dresser
les derniers empereurs d'Occident (1). L'inscription d'une
ville sur cette liste est chose importante pour son histoire,
car il s'ensuit que cette ville était un chef-lieu gallo-
romain; or ce fut en ces chefs-lieux que s'établirent les
évêchés, et que se perpétua l'organisation municipale
romaine.

C'était un usage très-commun chez les nations de la   *Urbs Clavorum*
Gaule antique, que la ville chef-lieu d'un territoire portât
un autre nom que celui du peuple auquel elle servait de
capitale : ainsi, pour n'en citer que l'exemple le plus connu,
Paris, cité des *Parisii*, s'appelait, non point Paris, mais
Lutèce des Parisiens : *(Lutetia Parisiorum);* et ainsi écrivent encore les érudits, quand ils veulent parler latin suivant les formes. On disait de la même manière chez nous,
Divodure des Médiomatriciens, au lieu de Metz, et Durocort
des Rémois, pour Reims (2). D'ordinaire, le nom du peuple
passa, dans la suite, au chef-lieu; mais d'autres fois, et
assez souvent, ce fut au contraire le nom du chef-lieu qui
passa au peuple : ainsi les Leuques s'appelèrent les Toulois, du nom de leur cité Toul; et les Eduens, Autunois,
du nom d'Autun. Une très-vieille tradition nous apprend
que quelque chose d'analogue arriva dans le pays verdunois : l'ancien peuple gaulois s'y serait appelé les Claves;
de sorte qu'à l'origine, on aurait dit Verdun des Claves,
comme on disait Toul des Leuques. Cette tradition a des
documents fort anciens; ainsi saint Saintin, le premier
évêque de Verdun, prit au concile de Cologne, en 346, la
qualification d'évêque des Claves (3); et, bien que les actes

mais ce *Vironum*, placé sur la route de Reims à Bavay, est Vervins; et
l'*Auxuenna*, mentionnée non loin de lui, est un autre passage de l'Aisne,
différent du nôtre. V. d'Anville, aux mots *Verbinum* et *Axuenna*, n° 2.

(1) Au temps d'Honorius, suivant l'opinion commune.

(2) Autres exemples, fort nombreux, dans le tom. XIX, p. 509, de
l'ancienne Acad. des Inscr. in-4°.

(3) *Sanctinus Articlavorum*, porte le texte du P. Hardouin, Concil. t. I, p. 651,

de ce concile ne soient point d'authenticité incontestable, leur rédaction remonte, dans toute hypothèse, à une époque peu éloignée des temps gallo-romains. Au xie siècle, les chroniqueurs parlaient encore de la ville des Claves, dite Verdun (1), et l'évêque Thierri fit inscrire ce nom sur ses monnaies. Dans la suite, le vrai sens du mot se perdit; et Laurent de Liége, ce même chroniqueur qui prit Uxellodunum pour Verdun, écrivit que notre ville s'était appelée autrefois *urbs Clavorum*, à cause de grands clous ou broches de fer qui en auraient hérissé les murs et les portes, ou bien parce que, lors d'un siége, on aurait parsemé la campagne de chausse-trappes à pointes fortes et aiguës, ou bien enfin de ce qu'il y aurait eu à Verdun de grands ateliers de forgerons (2); néanmoins, tout en donnant ces explications, que l'on trouvait savantes, au moyen-âge, il avoue que l'opinion commune était encore de son temps, que ce nom de Claves avait été celui des premiers habitants du pays (3). Cette opinion, qu'il traite de vulgaire,

---

Sanctinus à Laticlavo, lit Sirmond, dans les *Concilia Galliæ*. Ce sont des fautes de copistes : car les actes de Cologne sont connus par la vie de saint Servais de Tongres; or Bertaire, qui avait de cette Vie un manuscrit plus ancien que les nôtres, y lisait *urbis Clavorum*, au lieu d'*Articlavorum*. (Spicilége, tom. xii, p. 252.) Il faut corriger le mot d'après Bertaire, au lieu d'imaginer que saint Saintin portait le Laticlave romain (M. Desgodins, anc. maire de Verdun, dans une brochure) ou que les Verdunois s'habillaient de tuniques à bandes purpurines en losanges. (P. Bach, p. 121.)

(1) *Urbem quoque Clabrorum, quæ Virdunus dicitur*. Sigebert, à l'an 1047. —Sur les monnaies de Thierri, on lit : *Theodoricus episcopus.—Urbs Clavorum.*

(2) A l'appui de cette étymologie, on a dit qu'au moyen-âge le mot Verdun signifiait une courte épée, destinée à pointer, *Affiloient cimeterres..., espées, verduns, estocs* (Rabelais, Prolog. du liv. iii); et Marot, dans l'épître du camp d'Attigny, parle de manier la pique et le verdun. En ce sens, le mot dérive de *veru*, broche, d'où l'on a fait *verutum* et *verutunum*. Aulu-Gelle, écrivain du temps de Marc-Auréle, mentionne déjà cette arme, x, 25. Il est très-peu probable qu'il faille chercher cette étymologie dans un nom de ville de France; mais, en ce cas même, on devrait plutôt songer à Verdun-sur-Garonne, d'après l'inventaire des armes de Louis-le-Hutin (dans du Cange), où il est parlé de sept fers de glaives de Toulouse.

(3) *Quamvis incolas loci Clabos, urbemque Claboniam, vel Clabiam, gentiliter fuisse vocatam vulgaris opinio sit.* (Laurent de L. Spicil. t. xii. p. 276.)

était la véritable; et il aurait dû s'y tenir, au lieu d'imaginer des explications arbitraires. D'autres conjectures, qui ne valent pas la peine de les mentionner, ont été faites à propos de ce mot, qui trouve une explication très-simple dans les coutumes de la Gaule antique.

Dans la Belgique romaine, le pays verdunois occupait en largeur de l'ouest à l'est, une douzaine de lieues, entre l'Aisne et le *Fines* vers Marchéville : c'est à peu près la largeur du département actuel de la Meuse. Au midi, il confinait au pays des Leuques, dont le Barrois moderne marque à peu près les limites; mais il s'étendait assez loin au nord, et jusqu'à des lieux qu'on ne peut préciser aujourd'hui. On sait par un document remontant au XIe siècle ou au XIIe, que les doyennés dits Wallons, c'est-à-dire ceux d'Yvois, de Juvigny, de Longuyon, de Bazailles et d'Arlon avaient, dans l'antiquité, appartenu au Verdunois; ils passèrent ensuite au pays de Trèves, où, pendant assez longtemps ils ne furent regardés que comme une extension ou appendice du diocèse (1). En remontant plus haut, on trouve une charte datée de la douzième année de Dagobert, an 634, où les lieux dits aujourd'hui Ugny et Montigny-sur-Chiers sont indiqués comme étant du pays de Verdun (2). Ces limites du nord étaient incertaines : elles se perdaient, dit César (VI, 31), parlant de celles des Eburons (Liégeois), soit dans la forêt d'Ardenne, soit dans des marécages; et César augmenta encore la confusion en exterminant les Eburons, qu'il traite de race scélérate, à cause de la révolte d'Ambiorix, et en laissant s'établir à leur place des Tongres errants, venus de Germanie. Non loin de nos frontières méridionales était la ville de Nasium des Leuques, dont a parlé Ptolémée, et qui fut détruite de

Limites
du Verdunois
gallo-romain.

_____

(1) *Ivodii, quod Trevericæ diœcesis appenditium est.* Gesta Trevir, ch. 68. — Le document relatif aux doyennés wallons est le tracé des anciennes limites du comté de Verdun. Il paraît avoir été rédigé à l'époque où le comté devint épiscopal : nous en parlerons en cet endroit.

(2) Cette charte est le testament d'Adalgise, dont il sera parlé en son lieu.

fond en comble pendant les invasions barbares; ce lieu, dont le petit village de Nais a conservé le nom, est célèbre dans notre archéologie locale par le grand nombre d'objets antiques qui en ont été exhumés. Quelques antiquaires supposent qu'une station appelée *Caturigis* dans l'Itinéraire, et *Caturices* dans la Table théodosienne, sur la route de Reims à Toul, a été l'origine de la ville de Bar-le-Duc; et d'Anville mentionne cette conjecture sans improbation (1). Il y a, à Bar, une rue des Romains; mais cette dénomination est moderne, et vient de la position de cette rue sur le trajet de la chaussée antique. Avant le milieu du moyen-âge, on ne vit en notre pays d'autres villes, au sens actuel du mot, que les trois cités de Metz, Toul et Verdun.

Accroissement de la ville.

Ce fut pendant la période romaine que Verdun commença à s'étendre autour de la forteresse primitive de nos vieux ancêtres gaulois. Sous les murs de cette forteresse, transformée en *castrum* par les Romains, passait la route dont parle l'Itinéraire, et des habitations déjà nombreuses bordaient ce chemin, principalement aux endroits que la proximité de la Meuse rendait commodes pour la navigation ou l'exercice de quelque industrie. Le Castrum s'appela, au moyen-âge, Châtel, et Ancienne Fermeté (2) : la ville-haute en représente à peu près l'enceinte; et la voie romaine longeait le bas de ses murs, depuis la rue que nous appelons Montgaud, jusqu'à la place Mazel. On entrait par trois portes : celle de Châtel, en haut; celle qu'on appela, au moyen-âge, du Princier ou de la Princerie, sur la place d'Armes moderne; enfin, celle de Mazel, vers les Petits-Degrés. La porte Châtel conduisait, à travers

(1) D'Anville, p. 218. — D. Calmet, *Notice*, art. Nais, met Caturigis à Châtrices, où fut dans la suite l'abbaye de ce nom, sur l'Aisne, à une lieue au sud-est de Sainte-Ménehould; mais les distances, si elles sont marquées exactement dans le texte actuel de l'Itinéraire, s'accordent mal avec cette supposition.

(2) Toujours *Castrum* dans les actes latins, jusqu'à la fin du moyen-âge : *Canonici extrà Castrum commorantes nullum faciunt stagium*, dit un statut du Chapitre de 1321.

l'emplacement de l'esplanade actuelle de la Roche et celui de la citadelle, à un petit bois consacré aux divinités champêtres, vers le lieu longtemps appelé Champ-des-Gentils (1) : là les païens faisaient des sacrifices, avec libations et réjouissances, qui firent, dit-on, appeler ce côté de la colline, montagne de la joie, ou *mons gaudii*, d'où viendrait le nom de la rue Montgaud. La place Mazel tire le sien du *macellum*, marché aux comestibles des Romains. Après elle, venait le pont de la Meuse, dont parle Grégoire de Tours lorsqu'il raconte l'assassinat de la fille de Deutérie, et, à partir de là, s'étendait, en suivant la route, un long faubourg aboutissant à Ozomont, autrefois Oyseulxmont, où était, disent nos étymologistes, un bosquet fréquenté par les gens de plaisir et les fainéants : ce qui fit appeler ce lieu *otiosus mons*, ou Ozomont (2). Quoi qu'il en soit, le long faubourg dont nous parlons forma l'axe de la ville-basse actuelle ; et il est la partie la plus ancienne de Verdun, après le Châtel. Il est parlé très-anciennement du Brachicul *(braceolum)*, ou petit bras de la Meuse ; et on peut croire, vu la faible pente du terrain dans les prairies aux abords de la ville, que la division des eaux se fit naturellement ; du moins aucun document n'en mentionne l'établissement.

Ce qu'était le Castrum de Verdun au temps des Romains ne peut être connu que par les renseignements généraux qu'on a sur les places de guerre de ce temps : il devait y avoir un temple pour y déposer les enseignes militaires, une sorte de tribune appelée *suggestus*, où montait le commandant pour haranguer ses troupes, donner ses ordres, et recevoir le serment des soldats ; on devait aussi y trouver un arsenal, que les Latins appelaient *armamentarium*.

(1) *Quòd gentiles rusticani ibi Faunis et Satyris vota solvebant, et sacra celebrabant*, dit Hugues de Flavigny. — Cajot (1777, p. 91, 92), dit que le Champ-des-Gentils était aux environs de l'ermitage Saint-Barthélemy.

(2) Ce petit bois était mentionné dans un titre du cartulaire de Saint-Airy, dont parle D. Cajot, (1776, p. 100.) Après le défrichement, ce lieu s'appela Trix, c'est-à-dire friche, en vieux langage verdunois.

Des édifices non militaires occupaient sans doute le reste de l'enceinte : ce qui n'empêchait point qu'elle ne fût un Castrum ; car on donnait aussi ce nom à des casernes fortes dans l'intérieur des villes (1). La constante préoccupation des Romains, tant qu'ils dominèrent en Gaule, fut la crainte des invasions germaniques. Pour s'en mettre à l'abri, ils exécutèrent sur nos frontières de grands travaux de défense, dont les restes, encore subsistants, sont appelés par le peuple camps de César ; mais, comme tous les empereurs prenaient le titre de césars, il faut entendre simplement par là des camps de troupes impériales. La plupart de ces retranchements ne remontent qu'au temps de Valentinien III, en 369. A cette époque, on adopta un système consistant à rattacher aux vraies places fortes, à garnisons permanentes, à magasins d'armes et de provisions, telles que devaient être Metz et Verdun, des camps dits de station *(castra stativa)*, que l'on plaçait sur les hauteurs, et dans les lieux de bonne défense naturelle. On y faisait des fossés, des élévations de terres, des retranchements et des travaux divers. On n'y entretenait que de petits postes pendant la paix ; mais l'ennemi, s'il s'avançait, trouvait tous les passages difficiles de sa route garnis de défenseurs avantageusement placés, et à portée de se secourir d'un camp à l'autre. Nous laissons aux archéologues le soin de décrire les camps romains de notre pays : le seul qui intéresse l'histoire est le *castrum Vabrense*, ou camp de Woëvre, où se passèrent, au temps de la reine Brunehault, des événements tragiques, que nous raconterons dans la période mérovingienne.

La religion gauloise est peu connue, parce que les Romains l'abolirent à cause de la barbarie de ses sacrifices humains, et aussi pour briser le pouvoir de la caste sacerdotale des Druides. On doit lire le beau passage de Lucain, sur la forêt druidique, et sur l'horreur qui saisissait l'âme

Camps romains.

Vestiges celtiques.

---

(1) Ainsi il y avait à Rome les *castra Gentiana, Gyptiana, Misenatium, Peregrina, etc.* V. Montfaucon, Antiq. expliq. tom. IV, 1re part., p. 133.

quand on pénétrait en ce lieu affreux. (1) Il n'est pas
douteux que notre forêt d'Ardenne n'ait vu des rites semblables : les Gaulois l'adoraient sous le nom d'Arduina;
de cette Arduina les Romains firent une Diane, à laquelle
ils érigèrent, dans leur Panthéon, une statue avec cette
inscription : *Deanœ Arduinœ*. Il y avait encore, au vɪᵉ siècle,
une statue colossale de la déesse Ardenne sur le mont dit
aujourd'hui Saint-Walfroi, aux confins des territoires de
Trèves et de Verdun : c'était probablement quelque grand
tronc d'arbre, façonné à la manière des Barbares; nous
verrons comment cette idole fut détruite par l'anachorète qui
a laissé son nom à la montagne. Les Gaulois adressaient
aussi leur culte aux belles sources d'eaux vives, dans lesquelles ils voyaient un emblème frappant de la force toujours active de la nature ; de là viennent, chez nous, les
noms des villages de Dieue et de Somme-Dieue, *Diva,
Summa Divœ*, arrosés par une eau jadis divinisée (2). La
rivière divine qui fit donner à Metz le nom de Divodorum
était la Seille, à laquelle la saveur légèrement salée de ses
eaux attirait une vénération particulière : les nations germaniques prenaient la salure des eaux pour un indice
qu'elles avaient une origine surnaturelle (3). Bel ou
Belen, le soleil divin des Druides, qui devint le Bélénus,

(1) Lucain, Pharsal, ɪɪɪ, 399. — *Druidarum relligionem, dirœ immanitatis,
penitùs sustulit*, dit Suétone dans la Vie de Claude, ch. 25. Auguste avait
déjà déclaré la profession de la religion druidique incompatible avec la
qualité de citoyen romain : *civibus interdictam*. (Ibid.) Cependant ces édits
ne purent complètement extirper le druidisme; car Lampride, racontant
l'assassinat de l'empereur Alexandre Sévère, en 235, parle encore d'une
mulier druias, quæ eunti exclamavit, gallico sermone, etc.

(2) *Div*, en sanscrit, le brillant, le ciel, a formé dans cette langue (mère
de toutes les nôtres), le mot Dewa, dieu; d'où sont venus Theos en grec;
Deus, divus, en latin; Dieu, en français; *Duis* ou *Deutsch* dans l'ancien allemand (*Tuisconem Deum, originem gentis*, Tacit. German., 2; de sorte que
Deutsch veut dire un descendant de Duis) etc. V. Em. Burnouf. — On a dit
que *Divodurum* signifiait seulement double rivière, savoir la Moselle et la
Seille; mais alors comment expliquer les autres noms, par exemple celui
de la Divona de Bordeaux, dont parle Ausone.

(3) *Flumen gignendo sale fecundum..... relligione insitâ*, etc. (Tacit.
Annal. xɪɪɪ, 57.)

ou Apollon gaulois des Romains, a dû, suivant les conjectures de nos antiquaires, avoir un autel au lieu de Montblainville *(montis Beleni villa)*, dénomination analogue à celle du *mons Belenatensis* en Auvergne, dont parle Grégoire de Tours; et c'est peut-être au culte de cette divinité qu'il faut rapporter l'origine de plusieurs noms locaux commençant par les syllabes Bal, Bel ou Boul. Si nous connaissions mieux la langue celtique, elle nous révélerait le sens que durent avoir à l'origine les noms de beaucoup de nos villages; mais les mots celtiques connus d'une manière certaine sont en petit nombre. Nous avons dit que *dun* voulait dire hauteur; *nant*, marais (Nançois, Nantillois, Nancy, Nantes), et *dore* courant d'eau : de ce dernier mot sont venus les noms des rivières Dordogne, Durance, Doire, les noms celtiques de Reims et de Metz, Durocort, Divodure; et nous pouvons aussi expliquer par là les noms terminés en *dorum* dans nos plus anciennes chartes, comme Brieulles, *Briodorum*, et Manheulles, *Manhodorum* (1). Nos anciens appelaient fontaine Dore (mot mal à propos écrit d'or, par quelques-uns), la belle source qui sort du bas d'une colline, dans les bois de Moulainville, près Verdun. Nous n'en dirons pas plus sur ce sujet, de peur de justifier à nos dépens la définition de l'étymologiste : *vir bonus, delirandi peritus*.

Vestiges romains.   Le polythéisme romain a laissé des traces plus nombreuses et plus aisées à reconnaître. Il n'est pas besoin d'être antiquaire pour découvrir le nom de Mars dans Marville, Mars-la-Tour, Marats *(Martis ara,* comme Jouarre, *Jovis ara)*, celui d'Hermès dans Herméville, celui de Mercure dans Mécrin *(Mercuringa)*, celui de Jupiter dans Jouy *(Joveum)*, Jupile *(Jovis pila)*, et autres semblables. Au temps de dom Cajot (I, 29), on trouva une statue de Priape, entre Damloup et Douaumont (Dewamont, *divus mons)*;

(1) *Briodorum*, pont sur l'eau; *Manhodorum*, pierre près de l'eau. Du moins *men* pût. signifier pierre, comme dans le fameux mot men-hir.

une assez belle tête de Bacchus a été découverte, il y a
quelques années, près de Dombras, sous de vieux chênes;
et il y avait des débris assez considérables de sculptures
gallo-romaines dans les fondations d'une des tours de
Saint-Vanne, démolie après 1831. A Paul-Croix, tout
près de Verdun, était un autel de Mercure, érigé par
Attilius Carus, à la gloire et à la prospérité de la maison
impériale (1). On mentionne une petite statue de Vesta,
tirée en 1768, de la rivière par un tanneur, et surtout une
précieuse intaglie, ou pierre gravée, qu'on trouva également dans la Meuse, à Verdun, en 1784. Elle représentait,
au témoignage de ceux qui l'ont vue, Mutius Scévola, une
main dans le brasier qui brûlait sur l'autel de Mars, l'autre
tenant le glaive dont il venait de frapper le secrétaire de
Porsenna; ce bijou avait 18 lignes de longueur sur 13 de
largeur. De nos jours, on a exhumé du sol des environs de
Verdun, une lampe antique, en bronze, et plusieurs belles
statuettes du même métal, un sénateur ou décurion gallo-
romain vêtu de la toge, une Diane, et un empereur pronon-
çant une allocution. La barbarie des anciens temps a
détruit la plupart des objets semblables, qu'on a dû trouver
en assez grand nombre pendant le moyen-âge; ceux qui
restent témoignent suffisamment que le goût des arts
n'était point étranger aux Verdunois de l'époque romaine (2).

Pendant toute la durée de cette période, nos villes n'ont
point d'histoire; et aucun de leurs citoyens ne songea à
écrire ce qui se passa dans son pays. La Gaule absorbée,

(1) L'inscription portait : *Mercurio numini, in H. D. D. (in honorem domûs divinæ), Attilius Carus V. S. L. M. (votum solvit liberâ mente, ou lubens meritò)*. Nous devons la connaissance de cette découverte à l'auteur d'un *Essai* (ébauché et inachevé) sur l'Hist. politique de Verdun. Il n'y a à ce manuscrit ni date, ni nom d'auteur; mais il est de la seconde moitié du siècle dernier, puisqu'on y cite les Annales de l'Empire, par Voltaire.

(2) D. Cajot, I. 28, considérait comme gallo-romaines des sculptures gros-sières qu'on voit encore aujourd'hui sur une maison de la rue Ozomont; mais elles ne valent pas la peine qu'on les mentionne.

confondue dans le grand Empire, cessa d'être elle-même :
on lui fit parler la langue latine, on supprima ses druides et
ses chefs indigènes; et tout passa sous le niveau de l'administration impériale. Afin de briser les alliances des antiques cités entre elles, on établit de nouvelles circonscriptions territoriales. Auguste créa d'abord les quatre grandes

Les
quatre grandes
provinces
subdivisées.

provinces de Narbonaise,. d'Aquitaine, de Lyonnaise et de
Belgique; on fit après lui une division en sept, enfin, au IVe
siècle, commença le fractionnement en dix-sept provinces,
tel qu'on le voit dans la Notice dons nous avons cité l'extrait
qui nous concerne. Ce fut encore Auguste qui ordonna la
construction de nos premières voies romaines, qui furent
d'abord au nombre de quatre, partant toutes de Lyon.
Celle du nord aboutissait à Coblentz *(Confluentes)* sur le
Rhin, en passant par Langres, Metz et Trèves; on ajouta
successivement des embranchements de métropole à métropole, et de cité à cité; des bornes miliaires indiquè-
rent sur chaque chemin la distance du chef-lieu; et
l'Itinéraire, qui nous a fourni un renseignement important,
fut rédigé pour la première fois à l'achèvement du grand
réseau, vers l'an 140, sous l'empire d'Antonin.

En l'an 69, les légions des frontières de Germanie, ayant
proclamé empereur leur général Vitellius, marchèrent sur
l'Italie, ravageant, au passage, les villes qu'elles soupçon-
naient d'attachement au parti contraire. Metz fut alors saccagé ; on y égorgea quatre mille hommes; et le commandant Fabius Valens ne put qu'à grande peine, et à force de
prières, empêcher des furieux de mettre le feu à la ville.
Ce terrible massacre effraya tellement les autres cités que,
partout où l'armée passait, les magistrats et le peuple venaient au-devant d'elle; les femmes et les enfants proster-
nés sur la route, en suppliants. Arrivée au pays des Leuques, cette dangereuse soldatesque reçut la nouvelle du
meurtre de Galba et de l'élection d'Othon à Rome (Tacit.,
Hist. I. 63, 64).

Aucun autre fait relatif à notre province ne se lit dans

les anciens auteurs avant les premières invasions germaniques. Mais alors le christianisme avait commencé à
s'établir dans nos villes; et l'histoire de ses premiers
missionnaires doit être exposée dans le chapitre qui va
suivre.

CHAPITRE II

ÉTABLISSEMENT DU CHRISTIANISME A VERDUN.
— SAINT SAINTIN ET SES PREMIERS SUCCESSEURS. — LES HUIT SAINTS INCONNUS
ET L'ANALOGIUM DE SAINT VANNE.

C'était la croyance universelle du moyen-âge que, dès le
premier siècle de notre ère, des disciples de saint Pierre
étaient arrivés de Rome dans les Gaules, et avaient, par
délégation de cet apôtre, érigé les églises épiscopales de
nos principales cités. Ainsi, disait-on, étaient venus saint
Eucher à Trèves, saint Clément à Metz, les saints Sixte et
Sinice à Reims, et Memmius, ou saint Menge à Châlons (1);
mais, bien qu'en chaque diocèse cette légende fût demeurée
la même au fonds, on la modifiait dans les détails pour
l'adapter aux traditions et aux circonstances de la localité.
A Paris, et dans les chrétientés d'origine parisienne, elle
avait revêtu une forme particulière qu'on désigne sous le
nom d'aréopagitisme, parce que, suivant cette version,
saint Denys, le premier évêque de Paris, aurait été la même
personne que Denys l'aréopagite qui crut à la parole de
saint Paul, lorsque celui-ci prononça devant l'aréopage

*Légende
des disciples
de saint Pierre.*

(1) *Treveris, sancti Eucharii, discipuli beati Petri. — Remis, sancti Xysti,
discipuli beati Petri, qui ab eo primus ejusdem civitatis episcopus consecratus,
sub Nerone martyrii coronam accepit. — Catalauni, sancti Memmii, civis romani,
qui à sancto Petro illius civitatis episcopus consecratus, etc.* (Martyrologe
romain, 8 décembre, 1er septembre et 5 août.)

4

d'Athènes le discours rapporté aux Actes des Apôtres (1).
Ce fut sous cette forme que la légende pénétra chez nous,
à cause de notre tradition certaine et constante que saint
Saintin, le premier prédicateur de l'évangile à Verdun, avait
été un missionnaire parisien, disciple soit immédiat, soit
médiat de saint Denys. En conséquence, la première date
de notre histoire religieuse dépend de la question de savoir
si ce saint Denys fut vraiment l'aréopagite du premier
siècle, ou s'il ne vint en Gaule que vers l'an 250, comme
l'a dit Grégoire de Tours, le plus ancien écrivain de l'histoire de France. Autrefois tout bon Français, et tout bon
catholique se faisait un point d'honneur de soutenir que
l'église gallicane était la fille aînée de saint Pierre et que,
dès l'origine du christianisme, elle avait brillé parmi les
chrétientés d'Occident. De nos jours encore, quelques auteurs s'efforcent de rétablir cette vieille croyance, qui n'est
peut-être pas dénuée de tout fondement pour quelques
grandes villes de nos provinces méridionales, au voisinage
de l'Italie.

Paul diacre
l'apporte à Metz.

Quant à nos cités du nord, le premier écrivain qui y répandit cette opinion fut un exilé italien, Paul diacre, auteur
assez célèbre d'une grande histoire des Lombards. Etant
venu à Metz, vers la fin du VIIIe siècle, avec son roi de
Lombardie Didier, détrôné par Charlemagne, il y écrivit,
à la prière de l'évêque Angelrame, une courte chronique
épiscopale messine, qui commence par cette phrase, où l'on
voit poindre, adapté à notre pays, le système de l'origine
apostolique : « Les saints apôtres, dit-il, s'étant partagé
l'œuvre de la conversion du monde, chacun d'eux se rendit au lieu qui lui avait été assigné. Pierre alla d'abord à
Antioche, puis à Rome ; et, quand il eut définitivement établi le siége romain, il envoya aux autres villes ses disciples
les meilleurs et les plus instruits, Apollinaire à Ravenne,

_____

(1) Actes des Ap. ch. 17. — *Dionysius, ab apostolo Paulo primus Athenien-
sium episcopus est ordinatus, deindè Romam veniens, à beato Clemente in Gal-
lias directus, etc.* (Martyrol. rom., 9 octobre).

Lucius à Brindes, Anatole à Milan, Marc (l'évangéliste)
à Aquilée, puis à Alexandrie : et, comme la grande cité
des Médiomatriciens appelée Metz sur la Moselle était dès
lors fort peuplée, il lui destina Clément, en compagnie duquel partirent d'autres missionnaires, ainsi que nous l'apprenons d'une antique relation (1). » Paul eût bien fait de
dire quelle était cette antique relation qu'il allègue; car,
d'Aquilée et d'Alexandrie à Metz la transition est brusque,
et on se demande quel fil conducteur lui permet de franchir
si rapidement un tel intervalle. Peut-être découvrirons-
nous ce fil en rapprochant du passage précédent celui où
il parle des origines nationales des Francs. « Saint Arnoul,
dit-il, appela un de ses fils Anségise, en l'honneur d'An-
chise, père d'Enée : car les Francs descendent des Troyens,
ainsi que le dit la tradition des anciens (2). » A coup sûr,
la tradition des anciens ne disait rien de tel , car alors on
pouvait encore se souvenir du temps où les Francs barbares étaient venus de Germanie ; mais ces phrases révèlent le système historique de Paul diacre. Cet auteur
croyait l'histoire de la Gaule analogue à celle de l'Italie, et
il donnait pour traditions universelles d'Occident celles
qui avaient cours à Rome et dans les environs. Comme dès
lors les Francs n'aimaient pas qu'on leur rappelât que leurs
ancêtres avaient été des Germains sauvages, et que d'ailleurs les Carlovingiens tenaient à illustrer Metz, à cause de
saint Arnoul, le père de leur dynastie, on fit grand accueil
aux découvertes du savant italien ; et le système de l'origine troyenne des Francs, aussi bien que celui de l'origine
apostolique des églises, passa peu à peu dans tous les livres.
Wassebourg savait encore quels avaient été les rois des
Gaules depuis le déluge, et comment le fondateur de la

(1) *Sicut antiqua tradit relatio* (Préambule de Paul diacre). Dans D.
Calmet. (Preuves).

(2) *Cujus Anschisi nomen ab Anschise patre Æneæ... Nam gens Francorum,
sicut à veteribus est traditum, à Trojanâ prosapiâ traxit exordium.* (Ibid.)

nation française, Francus, fils d'Hector, les avait subjugués
après la ruine de Troie.

Vestiges
de croyances
plus anciennes.

Mais, sous ces traditions apocryphes, subsistèrent quelques vestiges plus anciens, que la critique peut retrouver
aujourd'hui, à peu près comme on rétablit un édifice antique, dont on découvre les restes sous des constructions
modernes. Nous allons faire ce travail pour Verdun; mais
auparavant nous prendrons dans la grande Chronique, ou
Gesta, de Trèves un exemple fort propre à éclaircir le sujet.
Cette chronique est la plus importante de la province; à
raison de son étendue même, elle a mieux gardé qu'aucune
autre la trace des retouches successives. De toute antiquité, on connaissait les trois premiers évêques de Trèves,
Eucher, Valère et Materne ; venait ensuite, pour quatrième,
Agrèce, dont on savait la date par celle d'une assemblée
d'Arles, à laquelle il assista en 314 : et cette succession de
quatre évêques, aboutissant à l'an 314, ne pouvait guère
remonter plus haut que le milieu du troisième siècle.
Quand fut inventé le système de l'origine apostolique, la
métropole jugea qu'elle ne devait pas elle-même être moins
ancienne que son église suffragante de Metz ; en conséquence on reporta Eucher, Valère et Materne au premier
siècle ; mais il fallut laisser Agrèce au quatrième, à cause
de sa date fixe de 314. On supposa alors, pour combler
l'intervalle, que les persécutions païennes avaient fait
vaquer le siége, ou perdre les noms des évêques, pendant
deux cents ans ; et, en cet état des choses, fut modifiée,
une première fois, l'ancienne rédaction du *Gesta*, en ce
sens qu'Agrèce était bien le quatrième évêque, mais seulement le quatrième de ceux dont les noms étaient connus (1). Ensuite, les progrès de la science historique, telle
qu'on l'entendait alors, finirent par amener la découverte

____

(1) *Quartus episcoporum quorum nomina cognita habemus.* (Gesta, ch. 67.)
— *Ducentos annos cessavit sedis hujus episcopatus, inter Maternum et Agritium,
paganis civitatem obtinentibus.* (Vie d'Agrèce, dans les Bollandistes, janvier,
tom. I, p. 775.)

des noms des évêques inconnus : ils étaient au nombre de vingt-trois ; et le catalogue qu'on en avait retrouvé remplissait heureusement la lacune de deux cents ans (1). Agrèce n'était donc plus le quatrième évêque, ni même le quatrième de ceux dont les noms étaient connus : il devait descendre au 27° rang dans l'ordre chronologique ; mais les anciennes phrases étaient écrites, et on ne pouvait aller dans toutes les bibliothèques les supprimer des manuscrits ; de sorte qu'elles subsistent encore aujourd'hui, comme des débris mal effacés de la croyance primitive. Il arriva autre chose à Reims, la seconde métropole de la Gaule Belgique : son savant chroniqueur Flodoard (mort en 966) supposa aussi, conformément à l'opinion de son siècle, que saint Sixte avait été envoyé par saint Pierre, et que l'évêché avait vaqué depuis l'an 100 jusqu'à Constantin ; mais on découvrit dans l'ancien manuscrit de la vie de saint Sixte que ce missionnaire était venu au temps de Dioclétien ou de Maximien-Hercule (2). Toutes ces indications, s'accordant d'ailleurs avec le témoignage de Grégoire de Tours sur l'arrivée de saint Denys et de ses compagnons en 250, motivent l'opinion que les évêchés ne furent établis dans la Gaule du nord qu'à la fin du troisième siècle, ou au commencement du quatrième, quand la tolérance de Constance-Chlore, père de Constantin, eût fait cesser les persécutions. On arrive encore à ces dates moyennes, en prenant dans chaque diocèse le catalogue des évêques historiquement connus, et en calculant la durée probable de la vie de chacun d'eux, sans suppositions arbitraires de grandes lacunes au catalogue, de longévité extraordinaire des évêques, ou d'autres palliatifs inventés pour le besoin de la cause ; mais nous dirons en même temps que le christianisme doit être plus ancien chez nous que les siéges épiscopaux,

---

(1) *Gesta*, ch. 27, où ces vingt-trois noms sont insérés.

(2) *Tempore quo Diocletianus et Maximianus, tyrannicâ dominatione*, etc. (Vie de saint Sixte, dans les Bolland. septembre, t. ɪ, p. 121). — C'est un écrit du vɪɪ° siècle.

et que ceux-ci ne furent sans doute érigés que lorsque des missionnaires obscurs eurent constitué en chaque ville une société déjà nombreuse de fidèles (1).

Légendes. Principes de critique.

Aucun de nos diocèses ne possède l'histoire authentique et détaillée de ses premiers évêques ; et il en est ainsi, non-seulement pour nos cités médiocres et provinciales, mais pour les plus illustres métropoles. A Rome même, on n'a que de vagues renseignements sur saint Pierre et sur ce qu'il fit pendant la longue durée attribuée à son pontificat. On a coutume de dire que les documents authentiques de nos premiers temps chrétiens ont péri ; peut-être vaudrait-il mieux reconnaître qu'ils n'ont jamais existé. En ces temps reculés, on n'écrivait point de chroniques locales : la tradition seule gardait les souvenirs ; mais le temps l'altéra, et elle périt presque entièrement dans le grand cataclysme de l'invasion barbare. Cependant les fidèles des nouvelles générations ne pouvaient se résoudre à ignorer complètement les histoires des saints qui avaient apporté l'Evangile dans le pays ; en conséquence les écrivains du moyen-âge recueillirent de tous côtés tout ce qui pouvait passer pour renseignement des temps primitifs ; mais ils se firent les échos de rumeurs populaires, et commirent de lourdes fautes contre l'histoire et la chronologie. Ce sont ces récits qu'on a appelés légendes, et que Wassebourg, et autres auteurs sans critique, allèguent sous le nom d'anciens manuscrits. Ces écrits sont effectivement anciens par rapport à nous ; et nous leur devons attention et confiance pour les faits dont leurs auteurs étaient contemporains ; mais ils sont modernes, et très-modernes, par rapport aux siècles romains. La tâche de la critique est de démêler ce qu'ils peuvent renfermer de véritable. Nous ne devons ni

---

(1) La principale objection est le passage de saint Irénée de Lyon, vers l'an 200 : *Quæ in Germaniis sunt fundatæ ecclesiæ.* Ces Germanies sont probablement les contrées de l'Allemagne voisines de l'Italie ; d'autant plus que Tertullien, qui dit la même chose, avec son emphase ordinaire, ajoute immédiatement les Sarmates et les Daces.

les suivre aveuglément, ni non plus les rejeter en masse, car un fait ne laisse pas d'être vrai au fond, quoique les détails en aient été altérés par des additions fabuleuses.

En examinant d'après ces principes les traditions relatives à saint Saintin, nous admettrons que cet apôtre de notre pays vint à Verdun dans la première moitié du quatrième siècle, et qu'il sortait de la chrétienté parisienne, pleine encore des souvenirs de saint Denys. Il s'appelait en latin Sanctinus; nom de forme bien romaine ou gallo-romaine, et que l'on trouve sur des inscriptions antiques (1). On croit que l'église de Paris le destina d'abord au pays chartrain; mais ensuite il changea de direction, alla à Meaux, et s'avança enfin jusqu'à Verdun. Meaux se rattachant encore alors au diocèse de Paris (2), saint Saintin ne paraît point y avoir été évêque titulaire; mais un document qui, dans toute hypothèse, est antérieur à l'époque où l'arianisme s'éteignit en Gaule, peu après l'an 600 (3), nous autorise à le considérer comme ayant été vraiment

Histoire de saint Saintin.

(1) *In H. D. D. (in honorém domûs divinæ) genium plateæ novi vici, cum ædiculâ et arâ Titi Flavii, Sanctinus miles legionis* xxii, *etc., dono dederunt. Agricolâ et Clementino consulibus (an 250).* Inscription au musée de Wiesbaden.

(2) La séparation des diocèses de Meaux et de Paris ne remonte que vers l'an 375, suivant l'historien de Meaux, dom Toussaint du Plessis, t. I, p. 4, 551, 613, etc. — Le diocèse de Reims comprit celui de Laon jusque au temps de saint Remy.

(3) Ce document est le concile de Cologne, de l'an 346, au sujet duquel on a fait quantité de dissertations, parce que les évêques qui y sont mentionnés se trouveraient avoir une date certaine, si l'authenticité de ces actes était incontestable. Sans entrer dans ces longues discussions, nous dirons seulement que ce concile, ayant pour objet la condamnation d'un évêque arien, ne peut, s'il n'est pas authentique, avoir été supposé qu'à une époque où l'arianisme inquiétait encore les orthodoxes ; par conséquent la rédaction en remonte, au plus tard, à la première moitié du viie siècle. Nous pensons qu'il y eut effectivement, vers l'an 346, une assemblée épiscopale contre les Ariens, et que saint Saintin y assista ; mais les actes, tels qu'ils sont aujourd'hui, ne furent rédigés, ou rétablis, qu'à une époque postérieure, peu éloignée toutefois, car le style est bien gallo-romain, et les indications des noms d'évêques supposent dans le rédacteur des souvenirs encore précis, puisqu'il a fallu toute la sagacité de la critique moderne pour y découvrir quelques inexactitudes.

évêque de la cité des Claves, ou de Verdun. Les détails de
ses travaux évangéliques sont inconnus; l'histoire de
Meaux est, relativement à lui, aussi pauvre que la nôtre. Il
fit construire notre première église, hors et près de la ville,
sur la hauteur où est aujourd'hui la citadelle; cette église
fut par lui dédiée aux saints apôtres Pierre et Paul, et devint
dans les siècles suivants l'abbaye Saint-Vanne, lieu célèbre
dans les annales bénédictines. Ce fut notre cathédrale
primitive, où siégèrent les évêques pendant plus d'un
siècle, et où une ancienne coutume prescrivit longtemps
d'inhumer leurs restes mortels. Saint Saintin se partageait
entre ses fidèles de Meaux et de Verdun, lorsqu'une réaction païenne étant survenue dans la première de ces villes,
probablement au temps de Magnence ou de Julien, on le
jeta en prison, où il mourut dans une vieillesse avancée.
Sur sa tombe fut bâtie, peu après, une petite église qui
subsista très-longtemps, et garda ses reliques jusqu'au XIᵉ
siècle, époque à laquelle on croit qu'elles furent apportées
à Verdun, dans l'église Saint-Vanne, d'où, à la Révolution,
elles passèrent à la cathédrale. Rien autre chose n'est historiquement plausible au sujet de l'apôtre du Verdunois.

Légende
de saint Saintin.

Nos lecteurs nous sauront peut-être gré d'ajouter ici
l'ancienne légende de saint Saintin qui, pendant des siècles,
a édifié nos bons et pieux ancêtres. A ce titre, elle est elle-
même un document; et, comme le souvenir s'en perd chaque jour, ainsi, du reste, que celui de la plupart de nos
traditions, elle paraîtra nouvelle dans notre siècle oublieux.
En voici un extrait :

« Saint Saintin fut un de ceux qui accompagnèrent saint Denys
l'aréopagite dans sa grande mission en Gaule. Les anciennes histoires parlent diversement de sa famille et de sa patrie : quelques-unes
le mettent au nombre des soixante et douze disciples que Notre-
Seigneur donna pour aides aux douze apôtres ; d'autres disent qu'il
vint avec saint Denys d'Athènes à Rome ; enfin, selon une troisième
version, il n'aurait suivi ce maître que lorsque celui-ci partit de
Rome. En toute supposition, il est indubitable que, s'il n'entendit pas

le Sauveur lui-même conversant avec les hommes, il vit du moins les apôtres, et reçut d'eux la foi qu'il nous apporta. Dans tous ses voyages, il allait avec un ami, du nom d'Antonin, qui l'aida dans ses divers travaux. Saint Denys l'envoya d'abord à Chartres ; puis il lui confia l'église de Meaux, où il gagna beaucoup de païens à la cause de l'Evangile. Cependant le cruel empereur Domitien, fidèle imitateur de Néron, excita une grande persécution, et saint Denys fut arrêté par les licteurs du magistrat de Paris. Comprenant que l'heure du martyre était arrivée pour lui, il manda en hâte Saintin et Antonin, et les chargea d'écrire la relation de sa mort, puis de la porter au pape, pour que celui-ci lui nommât un successeur. Les deux fidèles disciples partirent après le supplice de leur maître, pour exécuter son ordre ; mais, sur la route, les anges protecteurs de notre ville de Verdun leur apparurent, comme avait fait quelque temps auparavant l'ange de Macédoine à saint Paul, et ils les prièrent de se détourner un peu de leur chemin, pour passer par le pays verdunois. Ne se croyant pas permis de désobéir à un tel avis du ciel, ils se dirigèrent aussitôt du côté de Verdun. Dès que Saintin aperçut la ville, du haut de la colline qui la domine à l'occident, il s'agenouilla et pria Dieu de bénir son entreprise (1) : alors trois colombes volèrent sur des arbres que les païens avaient consacrés là aux Faunes et aux Satyres. Encouragés par ce signe, les deux missionnaires traversèrent ce bosquet plein d'idoles, et entrèrent dans la ville où, la grâce du Seigneur aidant, ils eurent bientôt de nombreux prosélytes. Quand leur sainte victoire fut complète, ils érigèrent, à l'endroit même du bosquet des païens, une église en l'honneur de saint Pierre et de saint Paul ; Saintin la dédia lui-même ; et c'est un lieu particulièrement vénérable, à cause de lui et des anciens pasteurs et fidèles qui y reposent, nous pouvons maintenant dire, près de lui ; car on a eu le bonheur d'y rapporter de Meaux ses reliques. Cette église fut dédiée l'an 98 de l'Incarnation, qui était la treizième année du règne de Domitien (2).

(1) C'était une vieille croyance populaire que l'ermitage Saint-Barthélemy occupait la place même où saint Saintin avait fait cette prière.

(2) *Basilica hæc in honore sancti Petri est antiquitùs constructa, quæ etiàm, pro antiquâ dignitate, habet multa corporum sepulcra : et proptereà à fidelibus cunctis multùm est veneranda.* Bertaire, art. de saint Vanne. — *Ab ipso viro Dei Sanctino dedicata : in quâ etiàm atrium benedixit, et cœmeterium Virdunensis ecclesiæ esse constituit.* Hugues de Flavigny, dans Labbe, *Nova biblioth.* tom. 1. p. 80.

« L'obéissance due aux dernières volontés de saint Denys n'ayant
pas permis à nos deux apôtres de demeurer plus longtemps à Verdun,
ils prirent congé de leurs nouveaux fidèles, et marchèrent en hâte
vers l'Italie. Antonin, étant tombé dangereusement malade de
fatigue, pria son ami de le laisser aux soins de l'hôtelier, en continuant lui-même son voyage, de crainte que le pape n'attendît trop
longtemps la missive qu'on était chargé de lui porter. Saintin partit
donc seul, laissant à l'hôte de l'argent et tout ce qu'il fallait pour
soigner le malade; mais le perfide garda l'argent, laissa mourir
Antonin, et cacha son corps dans un fumier. Saint Saintin en eut
révélation par un songe surnaturel; il revint aussitôt sur ses pas, et
demanda à l'hôte ce qu'était devenu le malade qu'il lui avait tant
recommandé. Le fourbe répondit, en soupirant hypocritement, que
ce malade était mort, et qu'on lui avait donné une sépulture décente.
— Vous mentez, enfant du diable, interrompit Saintin; vous avez
laissé mourir mon ami, et jeté son corps dans un fumier! On exhuma
le cadavre, et saint Saintin lui parlant comme s'il eût pu
l'entendre : Frère, lui dit-il, vous avez désobéi à saint Denys! Il
vous avait commandé d'aller avec moi à Rome, et même de m'accom-
pagner jusqu'à la fin de mes travaux; et vous vous êtes arrêté ici!
A ces mots, le mort se lève : « Me voici, répondit-il, prêt à obéir;
remercions Dieu, et mettons-nous en route. » On arrive à Rome, où
siégeait le pape Anaclet : l'écrit lui est remis; et les deux envoyés le
prient de le faire aussi transmettre à Athènes, aux anciens amis du
martyr de Paris. Ils dirent ensuite comment, pendant leur voyage,
ils avaient fondé une nouvelle église à Verdun, ajoutant qu'il leur
serait bien difficile de soigner, sans nouveaux aides, cette nais-
sante chrétienté, en même temps que celle de Meaux; c'est pourquoi
le pape, ayant sacré Saintin évêque de Verdun, lui adjoignit trois
nouveaux missionnaires, au nombre desquels était saint Maur, qui
allait bientôt devenir notre second évêque. En les congédiant,
Anaclet leur donna un anneau des chaînes de saint Pierre, que l'on
conserve à Rome en souvenir de l'Apôtre ; et il les chargea d'en
faire présent, de sa part, aux Verdunois, afin qu'ils demeurassent
toujours attachés à saint Pierre et à ses successeurs (1).

(1) Cet anneau, ou ce qu'on donnait pour tel, est mentionné, jusqu'aux
derniers temps, dans les inventaires des reliques de Saint-Vanne. Le petit
livre de prières, imprimé en 1734, pour les fidèles de cette église, renferme
une oraison à saint Pierre « dont on a un demi-chaînon. » Il est probable
que cette relique ne disparut qu'à la Révolution.

« De retour à Verdun, Antonin raconta l'histoire de sa résurrection, et joignit au récit de ce grand miracle des exhortations qui
affermirent la foi des néophytes; puis Saintin, ayant présenté Maur
à l'église, lui en confia le soin pour quelque temps, et partit lui-
même pour visiter ses disciples de Meaux. Mais, pendant son
absence, les païens de cette ville s'étaient soulevés contre les chrétiens, et une grande tribulation était tombée sur les fidèles. Notre
saint évêque, qui ne craignait point la mort, alla trouver le chef des
persécuteurs, et lui adressa une vive exhortation pour qu'il mît un
terme à ses cruautés; mais on le chargea lui-même de chaînes, et on
l'enferma en prison. Alors il connut que son grand âge et la
méchanceté de ses ennemis rendaient sa fin imminente; il écrivit
pour la dernière fois à ses chères ouailles de Verdun, leur disant
qu'il ne les reverrait plus qu'au ciel, et qu'il fallait désormais
écouter saint Maur comme on l'avait écouté lui-même. Quelques-uns
disent que les persécuteurs de Meaux lui tranchèrent la tête : on
affirme même que son crâne, conservé dans les reliques, porte la
trace d'un coup d'épée (1); du moins il est certain que ce bon
pasteur ne sortit point de sa prison, et qu'il mourut dans la souffrance, l'an 118 de Jésus-Christ (2). »

Cette légende est dévote et belle, comme on les aimait
au moyen-âge; et nous ne blâmerons point les moines de
l'avoir composée pour l'édification des fidèles, qui se
fussent scandalisés du vide et des lacunes de l'histoire
authentique. Peu de personnes y croyaient, au moins
depuis le siècle dernier; et elle ne passait que pour un
roman pieux; mais elle avait eu, à l'origine, des prétentions
beaucoup plus hautes. C'était une des pièces fabriquées à
la fin du IX⁰ siècle, pour appuyer la doctrine, alors nouvelle, de l'aréopagitisme; et elle parut, dans sa forme

Critique
de la légende de
saint Saintin.

(1) *Sectio gladii materialis, ità ut media pars capitis... quasi gladio secta et
divisa.* Hug. Flav. p. 82.
(2) Martyrologe de la cathédrale, au 11 octobre : « *Quinto idus Octobris, in
suburbio Virdunensi* (à Saint-Vanne), *depositio sancti Sanctini, episcopi et
confessoris, qui primus in eâdem urbe, missus Romæ à sancto Dionysio parisiensi,
verbum Dei gentibus prædicavit, multisque virtutum operibus insignis, vitæ præ-
sentis cursum, cum digno certamine consummavit.*—Au 30 septembre : *Neldis,*
(à Meaux) *sancti Antonini, quem beatus Sanctinus à mortuis suscitavit.*

première, sous le nom du célèbre Hincmar de Reims (1).
Quand des moines grecs, chassés de Constantinople par
les Iconoclastes, furent venus dire aux Parisiens que leur
saint Denys n'était autre que l'aréopagite d'Athènes, dont
ils apportaient avec eux des écrits d'une théologie sublime,
on s'étonna d'abord qu'une chose aussi glorieuse pour
Paris et pour son abbaye de Saint-Denys, ne fût point
connue en France. A cette objection fut faite la réponse
ordinaire, que les Barbares des invasions avaient détruit
les manuscrits; mais, ajoutait-on, il s'en est conservé, soit
à Rome, soit à Athènes, des duplicata exacts; et ces pièces
ont été portées à Rome par un disciple même de saint
Denys, qui avait assisté à son martyre. Ce disciple était
saint Saintin, dont l'histoire fut ainsi choisie pour être
adroitement interpolée, de manière à en faire une pièce
justificative de la nouvelle opinion; et on prétendit avoir
découvert cette Vie de saint Saintin dans les manuscrits
d'Hincmar, après la mort de ce savant prélat. L'interpola-
teur, n'ayant d'autre but réel que d'expliquer comment les
prétendus actes de saint Denys, censés perdus en France,
s'étaient retrouvés, suivant lui, à Rome et en Grèce, avait
tout à fait négligé ce qui concerne Verdun (2). C'est en cet

(1) Elle se trouve, sous la forme d'une lettre adressée par Hincmar à
Charles le Chauve, dans Surius, au 9 octobre, dans les *Analecta* de Mabillon,
p. 212, in-fol., et dans les *Areopagitica* de Launoy, tom. III de ses Œuvres,
p. 407. Sirmond, soit qu'il ne la connût pas, soit qu'il la jugeât fausse, ne
l'a point insérée dans son édition d'Hincmar.

(2) A cause de cette omission, quelques auteurs, tout en reconnaissant
la fausseté de la prétendue lettre d'Hincmar, en ont néanmoins gardé l'impression générale que l'épiscopat de saint Saintin est plus certain à Meaux
qu'à Verdun ; et c'est ce que semble dire D. Calmet, dans sa très-médiocre
dissertation sur les premiers évêques de Verdun. Mais tel n'est pas l'avis de
l'historiographe de Meaux lui-même. « On ne peut, dit-il, disconvenir de
l'épiscopat de saint Saintin à Verdun, parce qu'outre la tradition constante,
il a en sa faveur l'indication résultant des Actes de Cologne de 346, tandis
qu'à Meaux, nous n'avons qu'une tradition, respectable, il est vrai, etc. »
(Du Plessis, tom. I, p. 614, 615). Le *Gallia christiana* dit qu'il n'y a rien de
certain sur l'épiscopat de saint Saintin à Meaux. (tom. VIII. p. 1597. —
Meldenses nullum habent Sanctini sui testimonium Carolo Magno antiquius, dit
Launoy (tom. II, p. 412); et Tillemont est d'avis analogue, dans sa 16e note
sur saint Denys de Paris.

état que la légende arriva aux mains de notre chroniqueur
Bertaire, au commencement du xe siècle. Celui-ci, surpris
à bon droit du silence qu'elle gardait sur notre ville, et
n'osant d'un autre côté s'inscrire en faux contre une
histoire que tant de savants hommes de ce temps certifiaient
conforme aux manuscrits grecs et latins, objecta timide-
ment que « néanmoins on lisait » *(legitur verò)* dans la Vie
de saint Servais et dans le concile tenu à Cologne pour
déposer le prélat arien Euphratas, que saint Saintin était
évêque de la ville des Claves; puis il essaya de tout
accorder en supposant que le Saintin de la légende avait
passé par Verdun en allant à Rome, ou en en revenant; et
les autres légendaires motivèrent ce détour en faisant
apparaître des anges. Vint ensuite la difficulté chronologique : comment un disciple de saint Denys l'aréopagite
pouvait-il s'être trouvé évêque de Verdun, au temps de
l'affaire d'Euphratas, en 346? Ici Laurent de Liége ne
trouva rien de mieux à dire, sinon que probablement il y
avait eu chez nous deux évêques Saintin, l'un au premier
siècle, l'autre au quatrième. Tels furent les embarras
inextricables où l'on se jeta, par suite de l'insertion d'une
fausse légende dans l'histoire. Il faut dire que le prétendu
voyage de Saintin et d'Antonin à Rome est, du moins en la
forme que lui donne cette légende, une fable inventée, avec
beaucoup d'autres, par les partisans de l'aréopagitisme; et
on doit remarquer soigneusement la phrase de Bertaire,
témoignant la surprise que lui causa cette publication :
« Cependant, on lit qu'au temps d'Euphratas, Saintin était
évêque de la ville des Claves; » phrase qui est pour nous le
pendant de celle du *Gesta* de Trèves : « Agrèce, le
quatrième des évêques dont les noms sont connus; » car
on voit, dans ces passages, percer les vestiges de la
croyance établie avant les retouches faites aux documents,
lors de l'invention du système aréopagitique. En résumé,
et comme nous l'avons dit, tout ce qu'on sait avec certitude
de saint Saintin, c'est qu'il sortit de la chrétienté fondée à

Paris par saint Denys, à la fin du iiie siècle, qu'il prêcha d'abord à Meaux, ville appartenant encore alors au territoire parisien ; et que, s'étant ensuite avancé plus loin à l'orient, il convertit les Verdunois et établit leur évêché, sous le règne de Constantin.

Martyrs leuques. Le christianisme fit peu de progrès chez nous dans les années qui suivirent la mort de saint Saintin. Les païens reprirent courage à l'assassinat de Constant, fils de Constantin, par Magnence, en 349 ; et ils triomphèrent à l'avènement de Julien, en 362. Alors furent égorgés, dans le pays des Leuques, près des anciennes villes de Gran et de Solimariaca (Soulosse, Vosges), les martyrs Eucaire et Elophe, leur sœur Libaire, et d'autres fidèles, dont les écrits du moyen-âge exagérèrent le nombre jusqu'à plus de deux mille. C'est l'histoire de ces victimes qui ouvre les annales ecclésiastiques du diocèse de Toul. De semblables cruautés ne furent point commises par nos païens **Saint Maur.** verdunois : ils se bornèrent à chasser saint Maur, le successeur de saint Saintin, et, avec lui, tous les citoyens connus pour leur attachement à la religion nouvelle. C'est une tradition fort ancienne que les fugitifs se retirèrent dans de grands bois, au lieu dit alors Flabasium, que l'on croit être le village de Flabas, du canton actuel de Damvillers : on voit encore, près de ce village, la fontaine de Saint-Maur ; l'église est dédiée au même patron, et un ancien ermitage est encore mentionné, en 1519, à propos des méfaits d'un ermite que le Chapitre de la cathédrale, seigneur régalien du lieu, fit arrêter (1). Saint Amon, le successeur de saint Mansuy à Toul, fut aussi obligé de s'enfuir dans une forêt qui a gardé son nom, au pays de Saintois. Si les païens de ces temps eussent tenu des chroniques, nous y lirions probablement de curieux détails

---

(1) Registre, aux 18 janvier, 16 et 17 octobre 1519. Ordre d'abattre l'ermitage qui est sur la fontaine Saint-Maur, à Flabaix, et de mener prisonnier à Belleville, l'ermite accusé d'avoir pris un porc, et d'être coutumier du fait.

sur ce qu'ils firent pour rétablir le culte des anciens dieux; mais l'obscurité la plus profonde couvre cette lutte; et nous n'en avons d'autres souvenirs que ceux qui vinrent à la connaissance des légendaires du moyen-âge.

On ne sait si c'est encore une légende que la tradition qui dit de saint Maur que, quand il put reparaître à Verdun, il bâtit, sur le ruisseau d'Escance, un baptistère ou chapelle de Saint-Jean-Baptiste, et habita là, hors de la ville de ce temps. Ce ruisseau d'Escance, détourné aujourd'hui dans la campagne, coulait autrefois vers notre porte de France. On est d'abord tenté de prendre cette histoire pour un trait imaginé afin de rattacher le souvenir du saint à l'abbaye des dames bénédictines construite sous son nom, en cet endroit même, peu après l'an mil; mais les actes de cette fondation prouvent qu'il y eut réellement là une chapelle de Saint-Jean-Baptiste (1), qui fut probablement le baptistère de la cathédrale primitive, au temps où le baptême se donnait par immersion. Quoi qu'il en soit, saint Maur et ses successeurs furent inhumés en ce lieu; et on voyait encore, en 1790, derrière le grand autel de l'abbaye, les cercueils de pierre où leurs restes avaient été trouvés. Mabillon et Ruinart, lorsqu'ils passèrent à Verdun, en 1696, visitèrent ces tombes, dont ils parlent dans la relation de leur voyage à la recherche des antiquités et des manuscrits (2). Au Val-de-Grâce de Paris, se trouvaient, dans un beau reliquaire d'ébène à feuillages d'argent, provenant du roi Louis XIII, et donné par Anne d'Autriche, des reliques de saint Maur, envoyées de Verdun, au mois de décembre 1643 (3). — On ne connaît que les noms des

(1) *Locum in suburbio Virdunensi, juxtà rivulum Scantiæ situm, et in honorem sancti Joannis-Baptistæ, et sancti Joannis evangelistæ consecratum, ubi sanctorum Mauri, Salvini, atque Aratoris corpora venerantur.* Bulle de 1049 pour Saint-Maur. — Même chose dans une bulle plus ancienne, adressée à l'évêque Raimbert par Jean XIX, aliàs XX.

(2) *Iter litterarium*, dans le tom. III de leurs Œuvres posthumes, p. 427.

(3) Actes de cette translation, dans les Preuves de Roussel, p. 86. — *Virduni, sancti Mauri episcopi, de quo relliquiæ ad Sanctam-Mariam in Valle-*

saints Salvin et Aratéur, comptés l'un pour le troisième, l'autre pour le quatrième des évêques de Verdun.

Les huit saints
inconnus.
Légende de
l'Analogium.

Ici se plaçait dans l'histoire, telle que l'avaient faite ceux qui mettaient saint Saintin au premier siècle, la période des huit saints inconnus. C'étaient des personnages fabuleux, servant à combler la grande lacune de plus de deux cents ans où l'on tombait entre saint Arateur, censé mort vers 220, et saint Pulchrone, qui vivait aux environs de l'an 450. Cette lacune n'existe pas quand on connaît la vraie date de saint Saintin ; et les deux évêques Arateur et Pulchrone se succèdent immédiatement dans la première moitié du ve siècle ; nous rapporterons néanmoins ce qu'on disait des saints inconnus, parce que c'était une assez belle légende verdunoise, à laquelle se rattachait l'histoire de leur Analogium, ou mausolée commun, à Saint-Vanne. Cette légende portait qu'après saint Arateur, mort dans l'exil et la misère, personne n'osa prendre le titre d'évêque de Verdun, à cause de la fureur des persécutions païennes. La pauvre et fugitive chrétienté se donna successivement pour chefs huit vieillards, qu'on appela les sénateurs, c'est-à-dire les anciens (seniores), ou les maîtres (doctores) ; on cachait soigneusement aux idolâtres leur titre et leurs fonctions, et on évitait de rien écrire qui pût les faire découvrir, de sorte qu'après eux, leur mémoire se perdit entièrement. Ces hommes vénérables avaient été inhumés sans pompe et comme furtivement, l'un près de l'autre, autour de la basilique en ruines de saint Saintin. Comme ils reposaient oubliés là depuis des siècles, il arriva, après l'an mil, que le bon abbé Richard, faisant remuer des terres et creuser des fondations, découvrit une grande dalle qui lui sembla indiquer une sépulture fort ancienne et de personnages non vulgaires. Sachant d'ailleurs que là avait été le cimetière des premiers chrétiens de Verdun, il ordonna que cette tombe fût transférée avec

---

Gratiæ, ab Annâ Austriacâ, reginâ Franciæ, piè depositæ sunt. Martyrologe de Paris, imprimé en 1727, au 8 novembre.

respect, et qu'en attendant qu'on l'ouvrît, le lendemain, des moines passeraient près d'elle la nuit en prières. Mais, au milieu de cette nuit même, les frères furent réveillés par un grand prodige. Il sortit de la tombe un fantôme en habits pontificaux, qui, se tenant debout, prononça ces paroles d'une voix distincte : « Allez dire à Richard qu'il nous laisse ici attendre en paix le jour du jugement ! Nous sommes les huit anciens pasteurs qui vous sont inconnus, et nous voulons demeurer tels ; seulement vous pouvez, pour avoir la certitude, ouvrir notre tombe, demain matin, vous y trouverez que chacun de nous a conservé, sans corruption, sa main droite posée sur la poitrine, et couverte d'un gant blanc (insigne épiscopal). » Après un tel miracle, personne ne songea plus à remuer la tombe; et Richard, craignant que dans la suite quelqu'un de ses successeurs n'y touchât, par ignorance, la fit couvrir d'une autre dalle, élevée sur de petits piliers; et il mit au-dessus une toiture pour la préserver des injures du temps. C'est ce petit mausolée que les moines appelaient Analogium, c'est-à-dire, en grec, une tombe renfermant les ossements de plusieurs personnes. Telle est la légende des huit inconnus, que l'on appelait vulgairement les Huit Dormants de Saint-Vanne. Le monument érigé par l'abbé Richard fut réparé en 1453; et il subsista avec ses inscriptions jusqu'aux derniers temps, dans les jardins du monastère, journellement visité, dit Wassebourg, en l'honneur de Dieu, par les bonnes et dévotes gens de notre cité de Verdun (1). Mais l'incrédulité moderne avait grandement diminué le nombre de ces bonnes et dévotes gens; on prétendit que l'Analogium n'était que le charnier d'un ancien cimetière, et que la pieuse légende elle-même ne représentait que le rêve d'un moine visionnaire. C'était la traiter d'une manière bien prosaïque et bien anti-poétique. En examinant le trait qui s'y rapporte, soit dans Hugues

_____

(1) Wassebourg, p. 40, où se trouvent aussi les inscriptions.

de Flavigny, soit dans la Vie de l'abbé Richard, on voit qu'elle commença à se former à propos de sépultures d'anciens évêques, mises au jour en creusant des fondations; ceux de ces morts qui furent reconnus reçurent chacun une nouvelle tombe; mais ceux dont on ne put trouver les noms demeurèrent confondus sous un pavé de pierres carrées, sans que personne s'avisât encore alors de les prendre pour personnages d'antiquité fabuleuse (1). Ce pouvaient être nos évêques du VIIᵉ siècle, Gisload, Gérébert et leurs successeurs, tous élèves de l'abbaye de Tholey, qui persévérèrent dans l'épiscopat à garder les observances monastiques, et durent, suivant l'usage d'alors, être inhumés dans l'église primitive de Verdun.

Saint Pulchrone. Laissant les Huit Inconnus dans les limbes de la légende, nous passons immédiatement de saint Arateur à saint Pulchrone, dont la date est fixée par cette circonstance qu'il fut disciple de saint Loup de Troyes (2), célèbre par sa conduite courageuse au temps de l'invasion d'Attila, en 451.

Construction de la cathédrale. Les Huns passèrent aussi par Verdun; et lorsque la ville se releva des ruines qu'ils avaient faites, saint Pulchrone, profitant de l'occasion, fit ériger la cathédrale au lieu qu'elle occupe encore sur le haut de Châtel. Telle est du moins l'opinion commune; et nous ne contesterons pas cette date de la première construction de notre temple, bien que les anciens documents ne soient pas du tout explicites à ce sujet. Ni Bertaire, qui était doyen du Chapitre,

(1) Hugues de Flavigny rapporte le fait de la découverte des tombes, sans aucun prodige (Dans Labbe, t. I, p. 165). La vie de saint Richard, écrite vers 1130, environ 30 ans après Hugues, raconte déjà l'apparition, mais ne dit point que les Inconnus fussent des pasteurs du temps des persécutions romaines (Dons Mabillon, *Acta SS. sæc.* VI, *pars* 1, p. 522). Les inscriptions du monument ne le disaient point non plus formellement. Il paraît que Wassebourg émit le premier cette conjecture que, selon son habitude, il donna pour fait historique. — L'analogium est décrit dans les *Acta SS.*, de Mabillon, *ibid.* p. 516, et, avec moins d'étendue, dans l'*Iter litterarium*, déjà cité, p. 430.

(2) Vie de saint Loup, dans les Bollandistes, tom. VII de Juillet. Bertaire la cite, et en transcrit le passage relatif à saint Pulchrone.

au commencement du x⁰ siècle, ni le Martyrologe de la cathédrale elle-même, écrit au XII⁰, ne donnent à saint Pulchrone la qualité de fondateur (1) ; et Hugues de Flavigny prétend que cette église fut dédiée par saint Saintin lui-même à la fin de son pontificat (2). Cela, il est vrai, est peu probable ; car alors, à cause des païens trop nombreux, il n'y avait point de grandes basiliques dans l'intérieur des cités ; mais l'assertion de Hugues prouve du moins que de son temps, vers l'an 1100, la tradition ne parlait point comme aujourd'hui sur la fondation de la cathédrale. On peut néanmoins en laisser l'honneur à saint Pulchrone, parce que le fait est possible et probable en lui-même, et qu'on n'a rien de mieux à dire ; mais, en réalité, Wassebourg a le premier précisé cette date, en donnant, suivant sa coutume, ses conjectures pour de l'histoire ; et, comme tous nos modernes, suivant leur mauvaise coutume aussi, copient son récit de confiance, la chose est admise et convenue. Quoi qu'il en soit, il est certain que Notre-Dame de Verdun est d'antiquité immémoriale ; car, dès l'an 625, peut-être même un siècle auparavant, cette église, avec son nom, était considérée comme existant de tout temps déjà (3). L'image ou statue de cette Notre-Dame verdunoise était assise et couronnée, comme on la voit, en style assez barbare, sur le grand sceau du Chapitre, du XIII⁰ siècle, et sur les sculptures moins anciennes, que l'on appelle le monument de Wassebourg, à la cathédrale ;

Image de
Notre-Dame.

(1) *De quorum memoriâ nihil aliud scimus, nisi quòd eorum merita fuerint Domino grata ; et inter cives sanctorum sint annumerati.* Bertaire. — Le martyrologe : XIII *kal. Martii, in suburbio Virdunensi* (à Saint-Vanne), *sancti Pulchronii, ammirandæ sanctitatis viri.*

(2) *Et, quia prima ecclesia non sufficiebat, nova ædificatur..., et à beato pontifice (Sanctino), in honore Dei genitricis consecratur, anno Incarnationis* CIV. Flavigny, p. 82.

(3) La légende de saint Désiré de Bourges, mort vers 550, dit que ce saint, passant à Verdun, y guérit un énergumène *apud sanctæ Dei genitricis Mariæ oratorium* : ce qui toutefois parait copié de la Vie de saint Ouen, où le même fait est rapporté comme arrivé dans une église de Verdun dont on ne dit pas le nom. V. Bolland. 8 mai et 24 août.—*Sanctæ Mariæ in Virduno,* dit, pour la première fois, Bertaire, à propos d'un fait arrivé l'an 625.

sculptures fort mutilées par les fous furieux de 1793 ; mais
on en trouve la gravure au frontispice du livre de Wassebourg lui-même (1). Il nous apprend que c'était là la
véritable Notre-Dame de saint Pulchrone, à laquelle
il avait dédié ce monument pour que ce vrai type ne se
perdît jamais ; mais, malgré ses précautions et recommandations, les gravures et statues actuelles ne sont plus du
tout la véritable image consacrée par la tradition. Il y
avait sur l'évêque Pulchrone une légende disant que son
tombeau avait longtemps existé le long de la voie publique (2) ; (et telle était en effet la coutume des Romains) ;
qu'on avait ensuite érigé là une petite chapelle, devenue
l'église paroissiale Saint-Amant ; et qu'enfin les restes du
pontife, tirés de ce lieu, avaient été portés à Saint-Vanne en
une belle châsse, dans laquelle on les conservait autrefois.

Pour qu'il n'y ait point de lacune dans la liste que nous
donnons de nos évêques, nous nommerons ici saint Possesseur et saint Firmin, dont nous n'avons guère autre
chose à dire, sinon qu'ils se succédèrent l'un à l'autre,
après le milieu du vᵉ siècle. Saint Firmin, qu'on appelait
vulgairement saint Frémy, avait aussi une légende dont le
trait principal était la charité qu'il déploya envers les
pauvres pendant une grande famine. Au xᵉ siècle, les
moines de Saint-Vanne transférèrent son corps dans leur
prieuré de Flavigny-sur-Moselle (3), et dressèrent de cette
longue procession une relation pleine de récits de prodiges
incroyables, mais précieuse pour l'ancienne topographie du
pays. S. Firmin mourut le jour même de l'entrée de Clovis
à Verdun ; évènement important, auquel nous allons conduire le lecteur en reprenant la suite de l'histoire politique.

(1) Le personnage agenouillé sur le devant, et portant l'aumusse au bras
droit, est Wassebourg lui-même. Ce monument était, avant 1755, attaché
à un pilier, au-dessus de la tombe de Wassebourg ; nous en reparlerons en
décrivant l'ancienne cathédrale.

(2) *Juxtà viam publicam.* Hug. Flav. p. 85.

(3) A quatre lieues, au sud de Nancy. Il ne faut pas le confondre avec
Flavigny en Bourgogne, dont notre chroniqueur Hugues a tiré son surnom.

CHAPITRE III

INVASION DES BARBARES. — PRISE DE VERDUN PAR CLOVIS.

Au commencement du v⁰ siècle, l'empire attaqué de tous côtés par les Barbares, et miné par les vices de son administration intérieure, marchait rapidement à sa ruine. Sous Valentinien I⁰ʳ, en 365, il fit, sur le Rhin, sa dernière défense heureuse : puis il essaya de se mettre à l'abri, en fortifiant les bords du fleuve par des tours et des camps retranchés ; mais ces précautions furent vaines, et, quarante ans plus tard, toutes les frontières étaient franchies. Rome elle-même se vit contrainte, en 409, d'ouvrir ses portes à Alaric, et toutes ses anciennes conquêtes passèrent aux mains de ses ennemis.

Nos provinces, exposées les premières au choc des Germains, furent, pendant plus d'un siècle, foulées aux pieds de toutes les hordes qu'ils déchaînèrent sur la Gaule. Quand le chaos des premières invasions se fut un peu dissipé, on put, sans tenir compte des Barbares qui, comme les Vandales, n'avaient fait que traverser le pays, reconnaître que trois principales nations s'y établissaient à demeure. C'étaient, au nord, les Francs, entre la Meuse et l'Escaut ; à l'est, les Burgondes, qui ont donné leur nom à la Bourgogne ; enfin au sud, les Visigoths, qui prirent les pays d'au-delà de la Loire. Ceux-ci étaient moins sauvages que les autres ; et la cour de leurs rois de Toulouse donna asile aux derniers restes de la civilisation romaine. Au centre, entre la Loire et la Somme, restaient les Gallo-Romains non subjugués : leurs chefs portaient toujours des titres impériaux ; mais, au lieu de se rattacher à l'em-

Etablissement des Francs, des Burgondes et des Visigoths.

pereur et à l'empire, ils ne cherchaient qu'à devenir
indépendants, comme les nouveaux rois leurs voisins. Le
Aëtius. plus illustre de ces chefs romains fut Aëtius, qui jeta
encore quelque éclat de victoire sur l'agonie de l'empire
d'Occident. Il battit, près de Reims, les Francs commandés
par le chef Clogio, le roi Clodion de nos anciennes histoires; il refoula jusqu'en Savoie les Burgondes, qui s'étaient
avancés jusqu'à Toul; et il alla même à Narbonne, dont il
força les Visigoths de lever le siége. Mais la Gaule se rem-
plissant de plus en plus de barbares, il fallut que Rome
cherchât des défenseurs dans leurs rangs. Dans ce but elle
reconnut les conquêtes déjà faites, et traita les envahisseurs en nouveaux sujets venant repeupler ses provinces.
De hautes dignités impériales furent décernées à leurs
rois; on profita de leurs jalousies et de leurs dissensions
réciproques; on exploita leur avarice par des distributions
d'argent et de terres; et on crut qu'ainsi rattachés aux
Césars, ils défendraient les frontières contre de nouveaux
assaillants. Ces mesures prolongèrent quelque temps la
domination romaine; mais les Barbares sentaient leur
force, et ne se laissaient point prendre à ces concessions
arrachées par la nécessité.

Attila. Tandis que les Romains et les nations germaniques se
disputaient ainsi la Gaule, Attila, avec ses Huns, tomba
comme une effroyable avalanche au milieu du désordre
général. La terreur suspendit un instant toutes les dissensions; et les guerriers de tous les camps se réunirent
contre ce formidable ennemi commun. Les Huns étaient de
hideux sauvages, de race tartare, dont Ammien et Jornandès ont fait un portrait qui témoigne, par ses exagérations
mêmes, de l'effroi qu'ils inspiraient. Attila, leur chef,
quitta, en 450, les bords de la mer Noire, à la tête d'une
armée que les évaluations les plus modérées portent à
cinq cent mille combattants; jamais pareille masse
d'hommes ne s'était ébranlée dans le monde grec et
romain. Après une année entière employée à traverser la

Germanie, l'épouvantable invasion atteignit la Gaule,
en 451, et y pénétra sur trois colonnes qui ravagèrent tout
le pays depuis Tongres (environs de Liége) jusqu'à Langres, sur une largeur de plus de quarante lieues. Près de
Tongres, les Huns tombèrent sur les Francs et leur tuèrent
neuf mille hommes, tandis qu'une autre de leurs bandes
écrasait le roi des Burgondes Gondicaire. Attila commandait en personne au centre; il déboucha par Trèves, et
arriva à Metz, où la force des remparts l'arrêta quelque
temps. Pour occuper ses troupes pendant le siége, il
envoya des détachements qui détruisirent Scarpone, brûlèrent Toul et ruinèrent Nasium. Enfin, la veille de
Pâques 451 (1), les murs de Metz cédèrent; les Huns   Prise de Metz.
mirent le feu à la ville, massacrèrent les habitants, et
emmenèrent en esclavage tous les hommes dont ils crurent
pouvoir tirer service. Ces captifs, au nombre desquels était
l'évêque lui-même, saint Auteur, furent dirigés sur le
campement de la bande qui assiégeait Decem-Pagi (vers
Dieuze); mais ils s'échappèrent presque tous, parce que,
dit la légende, Dieu répandit des ténèbres miraculeuses
sur le chemin, ou, pour parler moins poétiquement, parce
que, sans doute, au milieu du désordre des hordes
indisciplinées, ils parvinrent à tromper la surveillance de
leurs gardiens. Une autre légende rapporte qu'un des
chefs messins, saint Livier (Livarius) paya de sa vie la
résistance qu'il opposa à la férocité des Barbares. Il périt
sur la montagne qui a gardé son nom, entre Marsal et
Salival; et il devint un saint fort populaire en notre pays.
Une des anciennes paroisses de Metz lui était dédiée; il
avait une chapelle en l'abbaye Saint-Maur de Verdun; et le
moyen-âge, qui le prenait pour un chevalier, lui fit une
légende dans le style des romans de chevalerie (2).

(1) *In ipsá sanctæ Paschæ vigiliá..., nec remansit in eá locus inustus præter
oratorium beati Stephani.* Grégoire de Tours, 2, 6. — Saint-Etienne, cathédrale de Metz.

(2) Cette légende est dans la Revue d'Austrasie, 1842. — Le martyrologe

Marche des Huns
depuis Verdun.
Quelques jours après, l'armée d'Attila atteignit Verdun.
La chronique dit ici, sans entrer dans aucun détail, qu'il
laissa notre ville dans l'état d'un champ « retourné par les
sangliers et les bêtes sauvages (1). » De Verdun, les Huns
se divisant, allèrent les uns à Reims, où ils égorgèrent
l'évêque saint Nicaise (2), les autres vers Langres et
Auxerre. Châlons et Troyes échappèrent, sauvés, dit la
légende, par leurs évêques saint Alpin et saint Loup,
auxquels on attribue le même trait de courage qui honora,
l'année suivante, saint Léon à Rome ; peut-être ces villes
ne se trouvaient-elles point sur l'itinéraire des dévasta-
teurs. Sainte Geneviève rassura les Parisiens, en leur
apprenant, comme par révélation divine, que les Barbares
marcheraient vers la Loire. Ils entreprirent en effet de la
passer à Orléans ; mais là, ils trouvèrent une résistance
inattendue : la ville était forte ; et les Orléanais reçurent
avis que les armées des Gaules commençaient enfin à
s'ébranler. Il avait fallu du temps pour les réunir ; car les
Burgondes et les Francs avaient été mis en déroute dès le
premier choc ; les Visigoths du sud ne comprirent la
grandeur du péril que quand ils virent Attila sur la Loire ;
et Aëtius, avec ses milices romaines du centre, ne pouvait
seul arrêter une aussi formidable invasion. Ce fut à lui,
comme au meilleur général, que l'on décerna le commandement. Les Huns, apprenant qu'une forte armée se
rassemblait sur leurs derrières, revinrent sur leurs pas
jusque aux grandes plaines de Châlons, que les anciens
appelaient les Champs-Catalauniques, terrain favorable au

met la mort de saint Livier au 24 novembre. Si cette indication est exacte,
elle prouve que les captifs messins ne furent délivrés qu'après la défaite
d'Attila dans les champs Catalauniques.

(1) *Ab Attilà, rege Hunnorum qui, ut singularis aper de silvà devastavit,
ista urbs excisa et eversa... : quo tempore sanctum episcopum Pulchronium
fuisse volunt.* Laurent de Liége.

(2) Suivant une autre version, saint Nicaise aurait été égorgé par les
Vandales, en 407. Les dates sont vagues dans ces temps reculés. C'est à
Saint-Nicaise de Reims qu'on voyait le fameux pilier tremblant.

développement de leur innombrable cavalerie (1). Là se livra une des plus terribles batailles dont l'histoire ait conservé le souvenir. Cent soixante-deux mille hommes, selon Jornandès, périrent des deux côtés; Idace, auteur contemporain, et saint Isidore de Séville portent le nombre des morts à 300 mille; et on ajoute qu'un ruisseau qui traversait le champ de bataille fut gonflé par le sang; exagérations qui indiquent du moins un massacre effroyable. A cette bataille prirent part les Francs, sous leur chef Mérovée, aïeul de Clovis, et le roi des Visigoths Théodoric y fut tué; enfin les Huns, contraints de fuir, repassèrent, vers la fin de septembre 451, par les villes qu'ils avaient déjà ravagées, Verdun, Metz, Trèves, et suivirent la vallée de la Moselle jusqu'au confluent du Rhin. Aëtius les suivait, et choisissait, chaque soir, son campement de manière à ne pas les perdre de vue.

Défaite d'Attila aux Champs-Catalauniques.

Dans ce siècle d'affreuses calamités disparurent de notre sol plusieurs cités antiques, sans que l'histoire ait rapporté les circonstances de leur ruine; de sorte que nous ignorons à laquelle des invasions barbares il faut attribuer ces désastres. Telles furent Scarponne et Decem-Pagi, chez les Médiomatriciens; Nasium, Gran et Solimariaca, chez les Leuques; toutes villes dont nous avons déjà rencontré les noms dans les récits qui précèdent. Scarponne était au lieu dit aujourd'hui Serpenne, ou Charpeigne, sur la Moselle, en face de Dieulouard (Meurthe); ce fut un endroit très-fréquenté, puisque une des portes de Metz en a tiré le nom de porte Serpenoise; mais l'antique Scarponne ne se releva jamais bien de ses ruines; et la construction du château de Dieulouard, à la fin du xe siècle, en amena l'abandon définitif. Ce bourg de Dieulouard, dont on devrait écrire le nom Dieu-lou-ward (Dieu le garde), dépendait autrefois

Villes ruinées par les Barbares.

(1) Le camp dit d'Attila est à quatre lieues au nord de Châlons, entre les villages de Cuperly et de La Cheppe. Le camp de la Lune, célèbre dans l'histoire de l'invasion prussienne de 1792, en est à environ deux myriamètres de distance.

du temporel épiscopal de Verdun, et était le chef-lieu de l'une des huit prévôtés de l'évêché. Decem-Pagi, confondu longtemps avec Dieuze (Duosa), se trouvait à quelque distance de cette petite ville, en une presqu'île de l'étang de Lindre sur la Seille, là où les archéologues en ont retrouvé les débris, près d'un petit village dit Tarquinpol, par corruption des mots allemands Teichen Pfuhl, qui signifient la mare où le bourbier de l'étang. Solimariaca, lieu célèbre dans la numismatique gallo-romaine, à cause des nombreuses pièces marquées de ses initiales SOLIMA, est maintenant Soulosse, dans l'arrondissement de Neuf-château (Vosges). A Gran, dans ce même arrondissement, se voient les vestiges d'un vaste amphithéâtre, et d'autres monuments. Quant à Nasium, où les ruines semblent recouvrir d'autres ruines, nos archéologues pensent qu'il fut saccagé deux fois : la première par les Barbares que repoussa Julien, vers 355; la seconde par les Huns d'Attila. Il en resta quelque temps une petite forteresse, dont il est parlé en 612, à propos d'une guerre de la Bourgogne contre l'Austrasie (1); aujourd'hui ce n'est plus que l'humble village de Naix, du canton de Ligny (Meuse). Après toutes ces dévastations, Metz, Toul et Verdun demeurèrent les seules cités de la province, dont elles étaient déjà les chefs-lieux gallo-romains, mentionnés aux derniers temps de l'empire, dans la Notice déjà citée.

L'état du pays dans la dernière moitié du v⁰ siècle fut incertain et précaire; et les obscurités, les contradictions même abondent dans les récits des écrivains. La campagne était pleine de bandes armées, qui cherchaient des établis-sements; les Francs, qui allaient bientôt conquérir la Gaule, étaient divisés en deux tribus, celle des Ripuaires

(1) *Nasio castro capto, Tullum civitatem perrexit,* Frédégaire, ch. 38. — En 956 encore, il est parlé de Nasium (*juxtà civitatem Nasium)* dans une charte de saint Gauzelin de Toul; mais il est bien probable que ce mot *civitas* demeurait, comme demeurent tant d'autres dénominations de lieux, en souvenir de choses n'existant plus.

et celle des Saliques; et au milieu de ce chaos se maintenaient encore des légions romaines, jusque à la Meuse, ou
jusque à la Marne, sous le commandement du comte
Ægidius, puis de son fils Syagrius, que Grégoire de Tours
appelle les rois des Romains, parce qu'ils étaient en effet
aussi indépendants de l'empire que les chefs des barbares
eux-mêmes. Dans les villes, Rome, qui avait fondé la cité
légale; se défendait par la puissance des habitudes, et par
la majesté des souvenirs. Le régime municipal établi par
elle se conservait; les mœurs et les traditions demeuraient
romaines; et les citoyens flottaient indécis entre les
anciens maîtres et les nouveaux conquérants.

Quelques années après la défaite d'Attila, les Francs
Ripuaires, ceux dont Clovis fit dans la suite assassiner les
rois, prirent possession de Trèves; et il est vraisemblable
que la conquête de la métropole fit tomber en leur pouvoir
une grande partie de la province. Quant aux Saliques, ils
avaient alors pour roi Childéric, fils de Mérovée, qui avait
combattu contre les Huns, dans l'armée d'Aëtius. Ce Childéric, qui fut père de Clovis, se fit chasser par ses leudes,
irrités de son libertinage effréné; et il s'enfuit en Thuringe
où, persistant dans ses honteuses habitudes, il paya l'hospitalité du roi en séduisant la reine Bazine. Pendant son
absence, ses sujets mirent à sa place le comte Ægidius,
maître des milices romaines; c'est lui que nos vieilles chroniques appellent Gilles ou Gilon. On a trouvé étrange que
les Francs aient ainsi choisi un romain pour chef; mais,
outre que le fait est formellement attesté par Grégoire de
Tours (1), il y avait déjà longtemps que les Francs s'étaient
mis en relation avec les commandants romains, avaient
marché avec leurs troupes, et vu leurs propres rois décorés
du titre de patricés impériaux. Cependant les amis de Chil-

(1) *Franci, Childerico ejecto, Ægidium magistrum militum..., unanimiter
regem adsciscunt.* Grég. Tur. ii. 12. — Ce roi Childéric est celui dont le
tombeau, découvert à Tournay, en 1654, est devenu si célèbre chez les
archéologues.

déric préparaient son retour. Le plus fidèle d'entre eux était Wéomade, avec lequel le roi, au moment de sa fuite, avait brisé une monnaie d'or, en convenant que, quand Wéomade lui renverrait l'autre moitié, ce serait le signe du moment favorable pour le retour. Sept années s'écoulèrent ainsi; enfin la pièce brisée revint aux mains de l'exilé, lequel s'empressa d'accourir, se fit acclamer dans la forteresse de Bar, et, en don de ce joyeux avènement, remit aux habitants du lieu tous leurs impôts de cette année. Tel est le récit de Frédégaire, dans son abrégé de Grégoire de Tours; et l'abréviateur a dû parler ici d'après des renseignements particuliers; car Grégoire lui-même n'avait point nommé le lieu où fut reçu Childéric (1). Tous nos auteurs modernes s'accordent à prendre cette forteresse de Bar pour Bar-le-Duc; et il est en effet probable que, peut-être à la suite du désastre de Nasium, une population assez nombreuse s'aggloméra en cet endroit; car, dès l'an 709, l'acte de fondation de l'abbaye Saint-Mihiel mentionne, sinon Bar lui-même, du moins le pays Barrois, qui devait tirer ce nom de quelque localité déjà importante; néanmoins, comme il existe aux environs de notre province plusieurs endroits nommés Bar, tels que Bar-sur-Seine, Bar-sur-Aube, Barr en Alsace (2), il reste quelque incertitude sur la position du *Barrum Castrum* de Frédégaire. On donne l'an 468 pour date approximative de cet évènement.

Barrum castrum de Frédégaire.

Vers le même temps se place l'origine de Sainte-Ménehould, dans la partie du territoire de Châlons contiguë à celui de Verdun. Cette ville porte le nom de

---

(1) Frédégaire ajoute encore une autre circonstance, dont il est surprenant que Grégoire de Tours n'ait pas eu connaissance. Suivant lui, Childéric, chassé de Thuringe, après la séduction de la reine, serait allé à Constantinople où, par ses fourberies, il aurait obtenu de l'empereur Maurice commission de prendre la place d'Ægidius; et ce serait sur cette commission qu'on l'aurait proclamé à Bar.

(2) Sans compter Beer, en Campine, où Berthollet, Hist. de Luxemb., place la scène du Barrum Castrum.

l'une des sept filles de Sigmar, comte de Perthois, qui furent toutes, suivant la légende, voilées comme religieuses par saint Alpin de Châlons. Quoi qu'il en soit, leurs noms germaniques autorisent à les considérer comme les prémices des fidèles donnés par les nations barbares à l'église dans notre pays. Sainte Ménehould, dont le vrai nom est sainte Manéhilde, était la plus jeune des sept sœurs ; et, comme il n'y avait point alors de couvents, elle habitait un château dominant le cours de l'Aisne, aux extrémités du Perthois, gouverné par son père ; plus loin, on entrait dans la forêt d'Ardenne, appelée en cet endroit forêt d'Argonne. Elle mourut vers l'an 500, retirée, dit-on, à Bienville-sur-Marne. Sa sœur sainte Hilde, vulgairement sainte Hould, est connue par le monastère de religieuses qu'on lui dédia, au XIIIᵉ siècle, près de Bar-le-Duc.

En 481, Clovis, fils de Childéric, devint, par la mort de son père, chef de la peuplade Franke des Saliques, établie à Tournay. On sait l'histoire de ses conquêtes en Gaule, et comment, par des assassinats odieux, il parvint à se faire reconnaître seul roi des Francs. Pour attaquer les Romains, il pénétra, en 485, dans la Gaule centrale, en traversant les forêts d'Ardenne et d'Argonne, qui couvraient sa marche jusqu'au territoire de Châlons. A Soissons, il défit Syagrius, le dernier des commandants romains dans le pays ; et Soissons, poste avancé, d'où les maîtres de la milice impériale surveillaient auparavant les Barbares, devint la capitale, ou pour mieux dire le quartier-général du vainqueur. Saint Remy qui, à quelques années de là, devait baptiser les Francs, négocia le traité par lequel la cité de Reims se soumit à eux ; les autres villes suivirent cet exemple, et on ne mentionne aucune autre résistance que celle qui amena le siège de Verdun, dont nous avons maintenant à parler.

Pour le fonds, l'évènement est certain, bien que la plupart des auteurs y aient fait peu d'attention, et l'aient laissé se perdre dans la confusion de l'histoire générale de ce

Prise de Verdun par Clovis.

temps. Nous en avons une relation provenant de l'un des
personnages qui y eurent un rôle, saint Maximin, vulgairement saint Mesmin (Mémin), frère de saint Vanne et
neveu de saint Euspice; mais sa vie n'ayant été écrite qu'un
siècle après lui, et dans le pays d'Orléans, où il s'expatria
après la prise de Verdun, il reste quelque incertitude sur
les détails et sur la date des choses racontées. Aimoin, dans
son *Gesta Francorum*, et nos chroniqueurs locaux Bertaire
et Hugues de Flavigny, sont les autres garants de ce que
nous allons dire (1).

Il est impossible de savoir précisément aujourd'hui ce
qui put attirer sur les Verdunois les armes de Clovis irrité.
Peut-être les milices gallo-romaines, après leur défaite à
Soissons, se rallièrent-elles autour de Verdun, où les reçurent les citoyens, pour lesquels Clovis n'était encore alors
qu'un nouvel envahisseur, païen et barbare, comme tous
ceux qui l'avaient précédé; et la Vie de saint Mesmin, qui
est ici le plus ancien de nos documents, favorise cette conjecture en disant que Clovis marcha sur Verdun au commencement même de son règne (2); mais l'auteur ajoute
un fait qui s'accorde mal avec cette date, en disant que le
roi, après sa victoire, alla en remercier Dieu dans notre
église cathédrale : ce qui suppose que Clovis était déjà
chrétien, ou du moins près de le devenir. Aimoin rapporte
les mêmes choses; mais dit qu'elles arrivèrent après la
bataille de Tolbiac, vers 496. Cette date est fort vraisemblable; car, en cet instant critique, l'empire des Francs
parut chanceler; la terreur arracha à leur chef le vœu de
se faire chrétien : et ses nombreux ennemis durent s'agiter,
dans l'espoir d'une prochaine délivrance. Il est très-possible que les Verdunois aient été poussés par ces conspira-

(1) La vie de saint Maximin se trouve dans les *Acta Sanctorum* de Mabillon,
Ier siècle bénédictin, p. 582. Mabillon en appelle l'auteur *auctor anonymus
perantiquus*; et il le rapporte au VIIe siècle. Le passage d'Aimoin est au
livre Ier, ch. 16, 17 de son *Gesta Francorum*.

(2) *Inter ipsa regni ejus auspicia.*

teurs à se révolter, dans le moment où Clovis était aux prises avec les Allemands, sur le Rhin (1). Quoi qu'il en soit de la circonstance, l'espoir des ennemis du roi fut trompé : il revint victorieux et plus puissant que jamais; et, pendant un court séjour qu'il fit à Toul, au retour de Tolbiac, il annonça sa résolution bien arrêtée d'embrasser le catholicisme. L'évêque, s'empressant d'accueillir un tel néophyte, lui désigna sur le champ pour catéchiste un prêtre nommé Vedastus qui, pour récompense de ses leçons, obtint l'évêché d'Arras, où la fameuse abbaye Saint-Waast (Saint-Vâ) portait son nom, en langue populaire. Nous pouvons croire que ce fut après, ou avant ce passage à Toul que Clovis assiégea Verdun.

Pour tout renseignement sur ce siége, les documents disent que les Francs investirent la ville, et en battirent les remparts en brèche par le bélier (2). Contre une telle armée, la résistance n'était possible aux citoyens qu'à condition de recevoir de l'extérieur de puissants renforts; mais il n'en vint point; et on dut songer à demander pardon, aux meilleures conditions qu'il serait possible d'obtenir. Les intercesseurs de ce pardon étaient tout naturellement désignés; car Clovis, qui voulait employer l'influence de l'église à la ruine des ariens Visigoths et Burgondes, affectait très-ostensiblement la plus grande déférence pour les évêques. Malheureusement celui de Verdun, saint Firmin, était mort le jour même de l'arrivée des

_____

(1) Huges de Flavigny, p. 87, supposant que Verdun était du royaume des Francs Ripuaires, donne pour cause à l'insurrection verdunoise les crimes commis par Clovis, lorsqu'il assassina les rois Ripuaires. Dans cette hypothése, il faudrait reculer la date du siége jusque vers la fin du règne de Clovis, contrairement aux autres témoignages, plus croyables ici que Hugues, qui ne parle que par conjecture. Il n'est guère vraisemblable qu'on se soit révolté à Verdun pour ce motif, tandis que, dans le pays même des princes égorgés, on se soumettait au perfide meurtrier.—Wassebourg dit que Syagrius fut accueilli à Verdun après sa défaite de Soissons. Ceci est de son invention : ce vaincu s'enfuit chez les Visigoths du midi.

(2) *Sed et murorum firmitas arietibus atque aliis machinis jam cedere videbatur*. Vie de saint Mesmin.—*Cùm jam admoti arietes alta murorum pulsarent.* Aimoin, l. I. c. 17.

Francs. On députa à sa place, vers le roi, saint Euspice l'ancien du clergé, vieillard vénérable, qui implora la clémence du barbare par un petit discours que le biographe de saint Mesmin a tâché de reproduire. Sa démarche fut couronnée de succès : Clovis, fidèle à son système de politique religieuse, accorda au vieux pasteur ce que nul autre n'eût peut-être obtenu, en des circonstances où il pouvait sembler nécessaire qu'on effrayât les mécontents des Gaules par un exemple terrible. Le lendemain, le roi entra, tenant Euspice par la main; et le clergé le conduisit à l'église cathédrale, où il fit sa prière, après laquelle fut publié le pardon accordé. Deux jours de réjouissances célébrèrent son séjour dans nos murs; la chronique ajoute que les Francs fêtèrent leur triomphe par les libations dont ils avaient l'habitude (1). Ces évènements, tombés presque en oubli pendant le moyen-âge, furent remis en grand honneur au XVIIe siècle, lorsque la ville rentra sous la souveraineté de la France; le Chapitre crut alors plaire à Louis XIII en décorant la cathédrale d'un grand tableau où l'on voyait des chanoines, l'aumusse au bras, s'incliner devant un Clovis fleurdelisé; et, au-dessous, se lisait une longue inscription latine disant, entre autres choses, que là le premier des rois Très-Chrétiens avait, pour la première fois peut-être, fait sa prière dans une église chrétienne :

Hic poplitem flexit Clodovæus,
Primus regum Christianissimus, etc.

Malgré la soumission et le bon accueil des Verdunois, Clovis ne crut pas prudent de laisser à leurs suffrages le choix de l'évêque qui devait remplacer saint Firmin ; et il déclara qu'Euspice était l'homme qu'il voulait voir appelé à ce poste éminent, dès lors le premier de la cité. Le moment eût été mal choisi pour réclamer l'ancienne liberté de l'élection (liberté que les Mérovingiens foulèrent aux pieds

(1) *Ad curanda corpora, juxtà morem, regalibus epulis.., quibus biduo indulgens, recreatum exercitum vidit.* Flav. p. 88.

de toutes les manières); d'ailleurs le mérite d'Euspice, et l'important service qu'il venait de rendre, ne laissaient prise à aucune objection. Il fut donc élu par acclamation; mais il s'excusa d'accepter, à cause de son grand âge, qui ne lui laissait d'autre désir que celui de terminer ses jours dans la paix du cloître; puis, présentant saint Vanne, l'un de ses deux neveux, il attesta qu'il était digne de la charge à laquelle on avait voulu l'élever lui-même. Le roi, le voyant décidé à la retraite, lui donna la terre de Micy, près d'Orléans, où loin de tout embarras d'affaires, il établit un monastère champêtre et paisible; genre d'établissement que notre pays ne connaissait point encore. Euspice, se rendant en cet endroit, y fut accompagné de son autre neveu saint Maximin, celui-là même dans la Vie duquel s'est conservée la relation que nous venons de reproduire.

Ici se termine la période gallo-romaine de notre histoire. Après la mort de Clovis, Verdun fut compris dans le royaume d'Austrasie, l'un des quatre auxquels donna naissance le partage des états du conquérant entre ses fils. Nous entrons dans une nouvelle période, qui se terminera à la chute des Mérovingiens d'Austrasie, par l'assassinat de saint Dagobert dans les bois de Stenay, en 680.

FIN DE LA PÉRIODE GALLO-ROMAINE.

LA VOIE ROMAINE, AUX ENVIRONS DE VERDUN.

Il en subsista des traces fort apparentes jusque au xviie siècle. On la suivait encore alors, l'espace d'une lieue, entre Dom-Basle et la côte au-dessus du faubourg de Glorieux (1). La carte de Cassini l'indique entre Brabant-en-Argonne et Sivry-la-Perche; elle reparaissait, non loin de la porte Saint-Victor, et se dirigeait vers un bois où elle se perdait; on en retrouvait des vestiges dans les bois de Manheulles, puis à la sortie de Mars-la-Tour; et de là, elle

(1) Mémoire de Husson, cité par D. Cajot, I. 29.

continuait, presque sans interruption, jusque au village de Rosé-
rieulles, près Metz. (Bén. H. de Metz, I. 178.)

La partie la mieux conservée aujourd'hui se trouve dans la forêt
d'Argonne, où le sol n'a pas été remué depuis des siècles. Des
arbres plus que séculaires ont été abattus sur l'emplacement de la
voie ; et ils n'étaient pas les premiers qui eussent crû sur ce terrain.
On la rencontre à deux kilomètres environ de La-Chalade, se
dirigeant à l'est, sur une longueur de 5,460 mètres, jusque au lieu
dit la Croix-de-Pierre ; là elle tourne un peu au sud-est, longe, sur
670 mètres environ, la forêt du Claon, qu'elle sépare en partie des
bois de Neuvilly, puis continue, sur 2,000 mètres à peu près, pour
disparaître dans des ravins. Il est probable que de là elle descendait
dans la plaine. Plus loin, on en retrouve des traces dans les bois de
Brabant et dans le bois entre Jouy et Frana.

Ce chemin paraît avoir été établi sur 10 mètres environ de largeur ;
mais peut-être des éboulements sur les côtés le font-ils paraître plus
large qu'il ne l'était réellement. Ordinairement un des côtés est à
peu près de niveau avec le sol, tandis que l'autre, à cause de la
pente du terrain, s'élève de 1 à 2 mètres, suivant les lieux. Autant
qu'on peut le reconnaître, la superficie était formée par un lit de
gravier de rivière, sous lequel était un lit de pierres dures, cassées
comme celles qu'on étend sur nos routes ; ces deux couches, confondues en une seule, forment encore, au milieu du chemin, une
épaisseur d'environ 20 centimètres. Au-dessous est un lit de la
pierre dite morte, dans le pays ; les morceaux en sont de moyenne
grosseur, posés à plat, sur une épaisseur d'environ 15 centimètres.
Puis vient une couche de 55 centimètres d'épaisseur, formée de
grosses pierres placées de champ et un peu inclinées dans le sens de
la direction du chemin ; parmi elles s'en trouvent de plus petites,
destinées à soutenir les autres. Ensuite une autre couche, également
de 55 centimètres d'épaisseur, laquelle consiste en fragments de
pierres de différentes grosseurs, mélangées de terre, vulgairement
chalin, provenant sans doute des carrières d'où l'on tirait la pierre.
Enfin une couche du sable du sol de la forêt.

Outre cette grande voie de Reims à Metz, il y avait des voies
secondaires, conduisant de Verdun à différents points du territoire ;
elles sont indiquées, t. VI, p. 55 des Mémoires de la Société philomatique.

PÉRIODE MÉROVINGIENNE

DEPUIS LA PRISE DE VERDUN PAR CLOVIS,

VERS L'AN 500,

JUSQUE A LA CHUTE DES MÉROVINGIENS D'AUSTRASIE,

VERS 680.

CHAPITRE Ier

ÉTAT DU PAYS ;
CHANGEMENTS OPÉRÉS PAR LA CONQUÊTE.

La mort prématurée de Clovis, en 511, brisa l'unité du pouvoir royal, lorsque l'établissement des Francs dans les Gaules flottait encore dans toutes les incertitudes d'une domination nouvelle. Les quatre fils du conquérant, trop jeunes encore pour saisir d'une main ferme le sceptre de leur père, se partagèrent les provinces de son empire. Théoderic, ou Thierry, leur aîné, que son âge et quelques exploits élevaient déjà au-dessus de ses frères, eut dans son lot la France orientale et les pays possédés par les Francs au-delà du Rhin. Ce nouveau royaume prit le nom d'Austrasie, ou de royaume de l'est ; et on appela Neustrie les provinces de l'ouest, qui furent l'héritage des autres fils de Clovis. La France, ou le pays conquis par les Francs, ne comprenait alors que l'Austrasie et la Neustrie (1) ; car

Austrasie,
Neustrie.

(1) *Austrasia, Neustria* sont la forme latine donnée aux mots germaniques Oster-Reich (d'où vient aussi le nom de l'Autriche), et Neu-Wester-Reich, l'épithète *neu*, nouveau, ayant sans doute été ajoutée à l'occasion de quelque nouveau partage. En Angleterre, les Saxons avaient aussi leur Essex et leur Wessex ; les Goths se divisaient en Ostrogoths et Visigoths.

la Bourgogne, et toutes les contrées qui l'avoisinent à l'o-
rient appartenaient aux Burgondes; et l'Aquitaine, au midi
de la Loire, formait le royaume des Visigoths. Dans la
France elle-même, il y avait une grande différence entre
les provinces austrasiennes et la région de l'ouest; en Austrasie, les Francs étaient beaucoup plus nombreux; ce
pays touchait d'ailleurs à la Germanie; et tous les jours les
Barbares d'Outre-Rhin, qui n'avaient pas fait partie de l'invasion primitive, passaient le fleuve et venaient rejoindre
leurs frères. Au contraire, en Neustrie, les Gallo-Romains
formaient la masse de la population; les conquérants plus
dispersés, plus séparés de leur ancienne patrie, ne semblaient qu'une colonie de barbares transplantés au milieu
d'une nation demeurée romaine par la civilisation. La prééminence appartint d'abord à la Neustrie, où s'était établi
Clovis avec la tribu Salique, alors la première; mais bientôt
la France romaine céda à l'ascendant de la France germanique; et l'avénement des Carlovingiens au trône fut le
résultat définitif de la victoire remportée par celle-ci sur sa
rivale.

Il est difficile, on peut même dire impossible, de déterminer exactement les limites respectives de ces deux Frances,
au milieu des guerres, des partages et des usurpations qui
augmentèrent ou diminuèrent tour à tour le territoire de
chacune d'elles. Sans entrer dans les détails compliqués de
ces fluctuations, il nous suffira de dire, d'une manière générale, que le Rhin et la Meuse servaient de frontières assez
indécises à l'Austrasie proprement dite, tandis que la Neustrie comprenait les provinces situées entre ce dernier
fleuve et la Loire; mais à l'Austrasie se rattachèrent des
contrées bien éloignées du centre de cet empire. Au-delà
du Rhin, elle domina sur la Thuringe, la Bavière et une
partie de la Saxe; et Thierry, son premier roi, lui donna
dans la Gaule méridionale l'Auvergne, le Rouergue, avec
quelques autres pays conquis par lui sur les Visigoths, du
vivant de Clovis. Cette conquête explique l'origine des pos-

sessions qu'eurent en Rouergue, pendant les temps mérovingiens, nos cathédrales de Metz et de Verdun. De la première dépendit, en cette contrée lointaine, un petit pays que Grégoire de Tours nomme *Arisidium*, ou *Arisitum*, aujourd'hui le Larsat (1) ; la seconde jouit de la même manière de l'abbaye Saint-Amant, près Rodez, dont notre évêque Bérenger disposa, au xᵉ siècle, en faveur des moines de Saint-Vanne, lesquels, pour cette raison, donnèrent le nom de Saint-Amant à la paroisse qu'ils fondèrent sur leur territoire en notre ville. Pendant les grandes famines des années 1030 à 1033, ils engagèrent leur domaine de Saint-Amant en Rouergue au comte de Rodez, lequel, malgré des bulles de Rome, ne le leur rendit jamais, et finit par tellement ruiner cette abbaye, qu'elle devint un simple prieuré de Saint-Victor de Marseille. Il est probable que ces terres vinrent originairement à nos églises d'une donation du roi Thierry, à son avénement à la couronne d'Austrasie.

Trèves, l'ancien chef-lieu romain de notre province, ne fut point choisie pour capitale du nouveau royaume. Dévastée quatre fois par les Barbares, elle se trouvait dans un état de décadence qui détermina les rois d'Austrasie à lui préférer la ville de Metz, située aussi sur la Moselle, dans une contrée fertile et d'aspect riant. On n'est pas certain toutefois que cette prérogative de capitale ait été reconnue à Metz dès l'origine de l'empire austrasien ; car, dans le passage où Grégoire de Tours mentionne les chefs-lieux des quatre royaumes des fils de Clovis, Paris, Soissons, Orléans, il nomme Reims comme la quatrième ville royale (2) ; et il est vraisemblable qu'elle le fut en effet

Metz capitale.

(1) Sur ce pays de Larsat, voir Acad. des Inscr. tom. v. pag. 536. Bulletin monumental, tom. iii. pag. 9. — Sur Saint-Amant, note de Ruinart sur Grégoire de Tours, pag. 1160, dans les *Vitæ patrum*, et Bollandistes, Octobre, tom. ii. pag. 512.

(2) Ainsi portent, disent Ruinart et Bouquet, tous les manuscrits de Grégoire de Tours, à l'exception de celui de saint Arnoul de Metz. V. le Grégoire de Tours de dom Ruinart, pag. 163, note. Le *Gesta Francorum*,

dans les premiers temps, lorsque la Neustrie étant encore prépondérante, les affaires publiques appelaient souvent le roi austrasien à ses frontières de l'ouest. Mais, dans la suite, Metz fut incontestablement la première cité de nos provinces ; Frédégaire, abréviateur et continuateur de Grégoire de Tours, n'hésite jamais à la désigner comme telle ; et sa prééminence était tellement reconnue que, dans l'usage commun, le royaume d'Austrasie s'appelait royaume de Metz. Il ne faut pas croire d'ailleurs que, dans ces anciens temps, le titre de capitale eût l'importance qui s'y attache aujourd'hui ; car, outre qu'il n'existait encore aucune centralisation administrative, les Francs, long-temps fidèles aux mœurs germaniques, préféraient au séjour des villes celui des grandes terres qu'ils s'étaient, après la conquête, partagées dans les campagnes. Au roi avaient été réservés beaucoup de ces domaines, alors la principale source du revenu de la couronne ; le monarque allait sans cesse de l'un à l'autre, s'y faisait suivre par sa cour et ses ministres, y tenait des assemblées nationales, y érigeait des palais et des églises, donnait en un mot l'importance de résidences royales à des lieux aujourd'hui simples villages, dont on lit avec surprise les noms obscurs dans le texte des vieilles chartes, ou sur les empreintes des monnaies. Au-delà de la Meuse seulement, on a compté 123 grandes terres appartenant ainsi aux pre-miers Carlovingiens. Il résulta de ce séjour des rois à la campagne que les villes furent à peu près laissées à elles-mêmes pour leur administration intérieure ; et telle fut la première cause du maintien du régime municipal romain dans nos cités antiques.

Trèves
métropole.

Quant à l'église, rien ne fut changé à son organi-sation dans la province. Trèves demeura métropole de ses trois évêchés suffragants, Metz, Toul et Verdun, et

ouvrage du viiᵉ siècle, nomme aussi Reims comme ville royale de Thierry : *Clodoveus..... Theuderico, quem ex concubinâ genuerat, Remis civitatem indulsit.*

garda cette prérogative jusqu'à la grande révolution de la fin du siècle dernier. Néanmoins l'influence de cette métropole baissa chez nous; et, sauf pour les affaires ecclésiastiques, l'antique chef-lieu devint presque étranger à la partie française de son ressort. La cause en fut qu'un si grand nombre de Germains s'étaient fixés dans le pays trévirois qu'on finit par le considérer comme une région devenue presque entièrement barbare. On avait cessé d'y parler latin; et l'idiome teutonique, alors dans toute sa rudesse, paraissait tellement sauvage que personne n'essayait même d'en écrire les mots, aux sons inouïs pour les oreilles romaines. Cette langue, disait au IXᵉ siècle encore le moine Ottfried de Weissembourg, qui mit alors les évangiles en vers allemands, est un parler tout à fait indisciplinable aux règles de la grammaire, ses consonnes étant même inexprimables par les lettres de l'alphabet classique (1). Ce fut une grande douleur pour les lettrés que d'apprendre que la langue de Cicéron se perdait à Trèves : *Sermonis pompa Romani Rhenanis abolita terris;* et Sidoine pressa vivement son ami le comte Arbogaste de s'opposer à une telle abomination; mais la force des choses prévalut; et, sur le territoire même de notre province, s'opéra cette division de langage qui sépare encore aujourd'hui la Lorraine française de la Lorraine allemande. De là l'épithète de *Lotharenos bilingues* (2), traduite par nos détracteurs en ce sens que les Lorrains sont gens à double parole. Quand la région de chaque idiome fut bien fixée, l'archevêque de Trèves dut établir un official particulier pour la *Romance-*

---

(1) *Theotiscæ linguæ barbaries inculta et indisciplinabilis, atque insueta capi freno grammaticæ artis..., et etiam difficilis, propter litterarum congeriem et incognitam sonoritatem.* Dans Schilter, *Thesaur. antiquit. teuton.* t. I. p. 11.

(2) C'est l'expression de Guillaume le Breton, dans sa Philippide. Du Chesne, tom. v. p. 249.

Terre (1), ou pays roman, c'est-à-dire français; car notre langue s'appelait alors romane, ou romaine, par opposition au teutonique, ou allemand, langue des Deutsches. Clovis et Charlemagne parlaient cette langue teutonique; et nous lisons, dans le grand testament de saint Remi, que le premier de ces rois appelait, dans son langage, Piscofesheim (Bischoffsheim) les terres dont il avait fait présent à l'évêque de Reims.

Comté de Verdun.

Dans ce royaume d'Austrasie, le pays verdunois, comme toutes les circonscriptions territoriales de quelque importance, devint un comté, et fut administré par des comtes, délégués amovibles du roi pour le représenter dans l'exercice de tous les droits de la souveraineté. Il y eut toujours un comté et des comtes de Verdun, depuis les temps mérovingiens jusqu'en 1790; mais ces titres, aux différents siècles, représentèrent des choses très-différentes. On eut d'abord des comtes royaux non héréditaires, pendant les temps mérovingiens et carlovingiens; ensuite, au temps de la grande féodalité, les comtes héréditaires de la puissante maison d'Ardenne, dont le dernier et le plus illustre fut Godefroi de Bouillon; puis les évêques, lorsqu'ils devinrent princes, établirent des comtes épiscopaux, qu'on appela les Avoués ou les grands Voués de l'évêché; enfin nos prélats se réservèrent à eux-mêmes le titre de comte, avec la réalité du pouvoir, tant qu'ils furent princes d'Empire, et, en dernier lieu, comme simple qualification honorifique, depuis Louis XIV. C'est en cet état d'existence purement nominale que la dignité de comte de Verdun s'éteignit, par la suppression de l'ancien évêché. Nous n'avons à la considérer en ce chapitre que dans sa première période, celle des comtes royaux non héréditaires. C'étaient de grands fonctionnaires, nommés par le roi, et qu'il

(1) Cette Romance-Terre était le pays de Stenay, de Montmédy et des environs. V. le P. Delahaut, Hist. d'Ivois-Carignan, p. 73 et 94.

choisissait d'ordinaire parmi ses leudes; de sorte qu'étant étrangers au pays, et changés d'ailleurs assez fréquemment, ils ont laissé peu de souvenirs dans les villes qu'ils gouvernèrent. Ils représentaient les magistrats territoriaux que les Germains appelaient Grafs; ils conservèrent même ce nom germanique dans les premiers temps de la conquête; car les plus vieilles chartes mérovingiennes les appellent *Graphiones*, en latinisant légèrement leur nom; mais, comme ce mot était barbare, les gallo-romains, qui connaissaient déjà des comtes, ou compagnons de l'empereur *(comites)*, c'est-à-dire des membres de la cour impériale délégués pour diverses fonctions, appelèrent ainsi les Grafs Francs qui, en leur qualité de leudes, étaient aussi les compagnons du roi. Le comte mérovingien devait tenir, trois fois par an, une assise ou plaid, qu'on appelait Mall, ou Mallus (1), auquel assistaient les habitants notables du comté; là se prononçaient les jugements, se faisaient les convocations pour la guerre, se promulguaient les décrets et réglements; on y passait aussi les actes de vente, d'affranchissement, et autres, dont la publicité était alors la seule garantie (2).

(1) *Ut nullus de liberis hominibus ad Mallum venire cogatur, prœter ter in anno.* Capitulaires. V. la table de l'édition Baluze, au mot *Mallus;* en rapprochant les passages indiqués dans cette table, on trouvera que le Mall était un plaid d'ordre supérieur, tenu par le comte pour les affaires importantes. Les trois *plaids annaux,* dont parlent si souvent les chartes des Avoueries et des Seigneuries sont, comme on le voit, d'institution mérovingienne.

(2) *Ut omnis populus ibidem commanentes, tàm Franci, Romani, Burgundiones quàm reliquas nationes, sub tuo regimine moderentur, secundùm legem et consuetudinem eorum*, dit la Formule I. 8. de Marculfe, dans Baluze, tom. II. p. 580. — Ainsi tout homme libre avait droit d'être jugé par le comte suivant la loi particulière de la nation à laquelle il appartenait; et les plaideurs étaient, en conséquence, tenus de déclarer tout d'abord quelle était cette loi; *lege Salicâ vivens; lege Romanâ vivens*, etc. — La Formule de Marculfe ajoute, sur les devoirs du comte : « *Viduis et pupillis maximus defensor appareas; latronum et malefactorum scelera à te severissimè reprimantur; et quidquid de ipsâ actione in fisci ditionibus speratur, per temetipsum, annis singulis, nostris ærariis inferatur.* »

On élisait encore en la cour du comte les centeniers, magistrats inférieurs préposés aux centènes, subdivisions territoriales, dont chacune avait une population évaluée à cent familles; c'est de ce mot centène que dérive celui de canton; et la division du territoire en centènes se maintint fort longtemps chez nous; car nous la verrons encore très-usitée au XIᵉ siècle; enfin chaque centène se subdivisait en dizaines, surveillées chacune par un dizenier, ou doyen *(decanus)*. L'étendue du comté de Verdun fut primitivement la même que celle de l'ancien pagus gallo-romain; mais les limites exactes de sa circonscription ne furent notées avec quelque soin que vers le temps où il devint principauté épiscopale; nous ferons connaître alors le document appelé charte des limites, où se trouve marqué tout le circuit de nos frontières à cette époque. Quant aux noms des premiers comtes, ils ne sont pas plus connus dans notre ville que dans les autres; cependant, d'après de très-anciens documents, on a cité, comme comtes de Verdun, Walchise, père de saint Wandrille, qui fonda Jumiége en Normandie, au VIIᵉ siècle; Mactigisile, au commencement du VIIIᵉ; enfin Anselin ou Lancelin, qui usurpa l'évêché sous Charles Martel; mais ce dernier est un personnage fabuleux, que Wassebourg a pris dans le vieux roman poëme de Garin le Loherain.

La Woëvre. Le comté de Verdun était compris dans la Woëvre, ou Woivre, contrée alors fort étendue entre la Moselle et la Meuse, bornée au sud par le ruisseau dit Rû de Mad, et s'étendant au nord jusqu'à la Chiers, ou même jusqu'à l'Alzonce, ou Elz, qui passe à Luxembourg (1).

(1) Il semble même résulter de diplômes d'Aubert le Mire et de Butkens (Trophées de Brabant, Preuves, p. 71, 80), que la forêt de Woëvre s'étendait jusque à Malines et Anvers; *Quod tamen totum Wawerwald appellatur, in comitatu Gozilonis comitis, qui Antwerf dicitur, situm.* Charte de l'an 1008. — *In nemore verò quod Wawera dicitur, dominus dux habet venationem.* Transaction de 1238, entre Henri II, duc de Brabant, et Gauthier Berthold, voué

Cette Woëvre ancienne, à laquelle un diplôme de Charlemagne donne le titre de duché, se divisait en trois comtés : ceux de Verdun, de Scarpone, et de Castrei, celui-ci aujourd'hui inconnu (1). On ignore l'étymologie de ce nom de Woëvre, qui se dit en latin *Vepria, Vabria, pagus Wabrensis* ou *Wawrensis*, et, en allemand, *Wawer, Wawart* et *Wawerwald*. Quelques-uns ont cru que ce pays tirait son nom du *castrum Vabrense*, mentionné par Grégoire de Tours, non loin de Verdun ; mais il est peu probable qu'une région aussi étendue que l'ancienne Woëvre ait été dénommée d'un simple camp. Il résulte de diverses chartes citées par Du Cange que, dans la basse latinité, on appelait *Vaura* et *Veura*, ou *Vavra* et *Vevra*, un terrain à broussailles et à petits bois ; de là nous conjecturons que les défrichements de la forêt d'Ardenne, ayant commencé par notre Woëvre, qui en était l'extrémité méridionale, le pays se trouva longtemps coupé de clairières et d'arbres, qui firent appeler *Vepres* (broussailles), cette lisière de l'Ardenne, par opposition à la grande forêt ; et de ce mot serait venu celui de Woëvre, que l'on écrivait autrefois Woipvre. Quoi qu'il en soit, la Woëvre actuelle a conservé les mêmes limites méridionales que l'ancienne ; mais elle a perdu toute la partie de sa plaine qui s'étendait au nord dans l'arrondissement actuel de Montmédy. Elle commence à l'ouest, à la petite chaine de montagnes dite les Côtes, non loin de Verdun, et se termine dans le département de la Moselle, dont elle forme la partie occidentale, jusqu'aux côtes de Lon-

de Malines. Il y a encore, non loin du trop célébre lieu de Waterloo, un endroit nommé Waweren. Mais l'ancienne forêt de Woëvre pouvait s'étendre au-delà du pagus proprement dit. De celui-ci on peut dire, avec Ruinart, note sur Grégoire de Tours, IX. 9 ; *Pagum Vabrensem ad ripas Alisontiæ, Ornæ, et Cari fluminum jacere accepimus, Mosam inter et Mosellam.*

(1) Mabillon, Diplomatique, l. IV, n° 128, p. 323, place ce comté de Castrei vers La-Tour-en-Woëvre, ou Mars-la-Tour ; mais c'est une pure conjecture. — Ne pas confondre avec Castrice, qui est le pays de Mézières.

guyon au nord. Son nom paraît dans les documents dès le milieu des temps mérovingiens.

L'Argonne. L'Argonne, l'autre subdivision de notre pays, était à l'occident de la Meuse, comme la Woëvre à l'orient; et Verdun, avec ses environs, se trouvait entre les deux. Il est parlé pour la première fois de l'Argonne dans la Vie de saint Rouin de Beaulieu, au VIIᵉ siècle (1); elle s'appelait alors Argoenne; ce qui paraît être le nom même d'Ardenne, *Arduenna*, un peu défiguré dans la prononciation. Il est probable, en conséquence, qu'on appela Argoenne ou Argonne, l'extrémité sud-ouest de la grande forêt dont les restes subsistent encore aux environs de Clermont, de La-Chalade et de Beaulieu. Aujourd'hui le pays d'Argonne, d'une largeur fort inégale, s'étend sur une longueur d'environ vingt lieues, de Beaumont près Mouson jusqu'aux extrémités méridionales du Clermontois et des terres de l'abbaye de Beaulieu, qui en faisaient aussi partie; il comprend les villes et les bourgs de Sainte-Ménehould, de Triaucourt, de Clermont, de Varennes, de Dun, de Montfaucon; et les diocèses de Reims, de Châlons et de Verdun s'en sont partagé le territoire, la principale partie en étant restée à celui de Verdun. Au civil, l'Argonne est divisée à peu près de la même manière, entre la Meuse, la Marne et les Ardennes. Il résulte des documents qu'à une époque fort ancienne, le territoire argonnais s'accrut en absorbant les anciens pays ou *pagus* d'Astenay et de Dormois. Le premier était vers Sainte-Ménehould (2); le second, plus au nord,

---

(1) *Saltum ingreditur Argoennæ solitudinis*. Dans Mabillon, *Acta SS. Sæc.* IV, pars 2, p. 533. Cette Vie n'a été écrite qu'au XIᵉ siècle; mais elle paraît faite sur de bons documents, où les anciennes dénominations étaient conservées, comme on le voit par celle de Vaslogium (Waly), dans le passage même auquel nous renvoyons.

(2) C'était le pays même de Sainte-Ménehould, de l'archidiaconé d'Astenay, au diocèse de Châlons. Ville-Hardouin parle, en 1204, de Renard de Dampierre en Estenois aujourd'hui Dampierre-le-Château. On a dit, sans

avait, au xᵉ siècle encore, un comte titulaire (1); et l'on disait alors Montfaucon-en-Dormois, comme on a dit ensuite Montfaucon-en-Argonne. Ce vieux nom de Dormois s'emploie encore aujourd'hui pour déterminer quelques villages, tels que Cernai-en-Dormois, Fontaine-en-Dormois, et plusieurs autres. Nos archéologues se sont donné beaucoup de peine pour retrouver les circonscriptions des anciens pays; mais il est difficile d'y réussir, parce que, dès le xᵉ siècle, ces divisions tombèrent en désuétude, l'établissement de la féodalité ayant été cause que chaque fief prit le titre de son possesseur, de sorte qu'on ne connut plus que des duchés, des comtés, des baronnies, formés et agrandis sans aucun égard aux anciennes circonscriptions. Le vestige le moins effacé des antiques *pagi* se conserva dans les titres des archidiaconés des diocèses; c'est ainsi qu'à Châlons, il y avait l'archidiaconé d'Astenay, et chez nous ceux d'Argonne et de Woëvre, séparés par la Princerie, laquelle occupait d'abord tout le milieu du diocèse, le long des bords de la Meuse, mais dont on détacha ensuite le quatrième et le moins ancien de nos archidiaconés, celui de la Rivière, qui s'étendait sur la Haute-Meuse, jusqu'à Saint-Mihiel.

Les rois d'Austrasie établirent à Verdun un de leurs ateliers monétaires, où ils faisaient frapper ces pièces que les antiquaires appellent sols d'or et tiers de sols

Monnaies frappées à Verdun.

fondement, que Sainte-Ménehould s'était originairement appelée Astenay, et que ce nom d'Astenay venait de la ville de Stenay (Meuse), dont le territoire se serait étendu jusqu'à Sainte-Ménehould; ce qui est tout à fait improbable. Bonamy, s'appuyant sur un Capitulaire de 853, pense que l'Astenay était dans les territoires de Vitry et de Sainte-Ménehould. Ancienne Acad. des Inscr. tom. xxi. Hist. p. 187.

(1) Marc, comte de Dormois, dans la Vie de saint Juvin. Ce nom de Dormois paraît venir de la Dorme ou Dormoise, petite rivière qui se jette dans l'Aisne. En latin *pagus Dulmiñsis*, *Dolominsis*, *Dulcomensis* : ce dernier nom vient peut-être de *Dulcomum*, aujourd'hui Doulcon, vis-à-vis de Dun. — *Abbatia quæ vocatur Montis-Falconis, quæ est in honore sancti Germani...*, *in comitatu Dolmensi*. Charte dite Mémorial de l'évêque Dadon, de la fin du ixᵉ siècle.

d'or, ou *triens* : laide et affreuse monnaie, dont on se procurait le métal en fondant, avec barbarie, de magnifiques pièces romaines. Le seul mérite de ces monnaies mérovingiennes est qu'elles portent toujours le nom, ou du moins les initiales du nom de la localité où elles furent frappées; ce qui fournit quelques renseignements à nos histoires de provinces. A en juger par les produits que l'atelier de Verdun nous a laissés, il était important : et il dut subsister pendant toute la période mérovingienne; car beaucoup de monétaires successifs inscrivirent leurs noms sur ces pièces; et il est bien probable que nous ne les connaissons pas toutes. C'est une chose singulière à notre point de vue, mais dont nous dirons tout à l'heure la raison, que les espèces mérovingiennes portent rarement le nom du souverain dont elles sont censées représenter l'effigie, tandis qu'on y lit toujours le nom de l'officier préposé à la Monnaie qui les frappa; de là vient que les numismates les distinguent en pièces royales et pièces des monétaires. Les premières sont les plus rares; celles qu'on frappa à Verdun sont d'abord le sol d'or de Théodebert (534-547), marqué des initiales VI, qui ne peuvent, comme l'ont cru quelques-uns, désigner Vienne en Dauphiné, ville qui n'était point du royaume d'Austrasie (1), et le triens ou tiers de sol d'or de Dagobert Ier, où les mots *Virdunum civitas* se lisent en toutes lettres (2). Nous reviendrons sur ce mot ci-

---

(1) Ce sol d'or, dont il y a un exemplaire au musée de Metz, est décrit par M. Robert, Etudes numismat. p. 95, 96. Il pèse 4,39 grammes. — Il y a un autre sol d'or de Théodebert, où on lit à l'exergue CLAV: lettres qui peuvent indiquer soit Laon, *Lugdunum Clavatum*, soit Verdun, *urbs Clavovum*. M. Robert, qui le décrit, au même endroit, observe que la seconde interprétation a l'avantage de conserver leur ordre naturel aux lettres qui forment le monogramme.

(2) Téte à droite: DAGOBERTVS. Revers : croix haussée sur un globe : VIRIDVNVM CIV. Robert. ibid. p. 107, 108, et planche III. fig. 7. — Il y a un triens de Clotaire II, marqué VIREDIVCV. Ibid. Très-probablement, il faut lire VIREDV. CIV. Ces transpositions de lettres n'ont rien de surprenant dans une fabrication aussi barbare.

vitas, ou cité, qui est important. Quant aux monétaires de Verdun, leurs *triens* sont nombreux, et on y voit les noms des chefs de notre atelier; mais ce sont des noms barbares et inconnus, tels que Fragiulf, Dodon, Ottolène, Ranulf, Ambrovald, Undeniacus, Selenus, Tassalon, Eicilaud, tous sans aucune indication chronologique. Pour marque de lieu, la plupart portent seulement : *Viriduno*, ou *Vereduno fit*, ou même *fitur*, barbarisme de langage, digne de la barbarie du travail; mais le monétaire Tassalon a mis tout au long l'inscription *Viridunum civitas;* et le revers de sa pièce présente un calice surmonté d'une croix, offrant un spécimen de la forme des vases sacrés de cette époque (1). — Les sols d'or mérovingiens sont frappés à l'imitation de ceux des empereurs de Constantinople; ils pèsent environ quatre grammes et demi; et on conjecture que leur valeur commerciale équivalait à peu près à cent de nos francs actuels; de sorte que le triens, ou tiers de sol, avait la même puissance que 33 francs d'aujourd'hui, bien que son poids ne soit pas même celui d'une de nos pièces de cinq francs d'or. Les Mérovingiens frappèrent très-peu d'argent, et si peu de cuivre que beaucoup d'antiquaires considèrent les rares échantillons de leurs pièces en ce métal comme de la fausse monnaie, dont le temps a fait disparaître la dorure ou l'argenture. La monnaie romaine d'argent et de bronze continuait à circuler; elle suffisait sans doute aux besoins du commerce peu actif de cette époque.

Les inscriptions des monétaires mérovingiens nous révèlent l'existence d'un très-grand nombre d'ateliers de monnayage disséminés d'une manière bizarre dans toutes les provinces, placés souvent dans des localités peu importantes, et quelquefois très-rapprochées les

(1) Tête à droite : TASSALO MO *(monetarius)*. Revers : calice surmonté d'une croix : VIRIDVNVM CIV.

unes des autres. Ces faits semblent d'autant plus étranges que la Gaule romaine n'avait eu d'autres Monnaies
que celles d'Arles, de Lyon et de Trèves, avec quelques succursales. Un savant numismate de nos jours,
M. Robert, a très-heureusement expliqué cette singulière répartition des ateliers mérovingiens. On voit par
divers passages de Grégoire de Tours et de la Vie de
saint Éloy, que le roi faisait percevoir les impôts,
ainsi que les revenus du domaine, par des agents
subordonnés au Grand Domestique du palais; et il est
très-probable que ces officiers, avant de porter au Trésor ce qu'on leur avait remis en chaque localité, man-
daient le monétaire du lieu, chargé de convertir en
tiers de sol d'or les sommes perçues. Cela fait, il
suffisait de compter les *triens* marqués du nom de
chaque circonscription fiscale pour s'assurer que cette
contrée avait payé son contingent; et le monétaire,
responsable de la fabrication des pièces, était tenu de
mettre son nom sur chacune d'elles. D'après cette
explication fort plausible, les ateliers monétaires auraient été des centres, ou, comme nous dirions aujour-
d'hui, des bureaux d'encaissement des revenus du
trésor; et, quand nous trouvons des ateliers très-voisins
les uns des autres, c'est que le fisc tirait des revenus
considérables de ces lieux. On en a un exemple dans
le pays Saunois, *pagus Salinensis,* où sont les salines
appelées depuis salines de Lorraine. Là les Monnaies
semblent entassées les unes sur les autres, à Marsal, à
Vic-sur-Seille *(Bodesius vicus),* à Moyen-Vic, à Dieuze
(Dosus vicus, Duosa), à Salone. C'est qu'on avait voulu
distinguer par une monnaie particulière les produits
de chaque puits salin, afin de vérifier aisément les
comptes des agents qui exploitaient cette branche importante du revenu public (1).

(1) V. Robert, Considérations sur la Monnaie à l'époque romane et Études
numismatiques, p. 130-150.

Les cités gallo-romaines furent, après la conquête, réputées domaines royaux, et ne tombèrent point, comme les campagnes, dans les lots que l'on assigna aux chefs Francs pour leur part dans la terre conquise. Elles durent à cette circonstance de ne reconnaître d'autres magistrats que le comte royal; de sorte qu'elles gardèrent leur organisation municipale, et que leurs citoyens ne cessèrent jamais d'être hommes libres, tandis que les paysans cultivateurs, déjà colons sous les Romains, devinrent serfs, parce qu'ils furent la propriété des seigneurs de la terre. Or le régime intérieur des cités et les détails de leur administration ne passaient en ce temps que pour affaires d'intérêt privé, où le roi n'avait point à intervenir; et ces choses municipales lui étaient tellement indifférentes qu'on ne trouve, ni dans la législation mérovingienne, ni même dans les Capitulaires carlovingiens, aucun règlement de quelque importance à leur sujet. Le comte ne s'occupait que du ban public, c'est-à-dire des affaires du ressort de la souveraineté, telles que la grande justice et la sûreté du territoire, la répression des crimes, la levée du contingent militaire et celle des impôts du fisc. C'est à cette ancienne distinction des choses municipales ou bourgeoises, considérées comme privées, et des intérêts publics administrés par le comte, qu'il faut remonter pour s'expliquer comment toutes les anciennes villes possédaient un siége de justice pour les affaires particulières de leurs citoyens. A Verdun, cet antique siége municipal était Sainte-Croix, dont les jugements formèrent notre coutume civile, tandis que la Vicomté, dite ensuite justice temporelle, jugeait au criminel et à la grande police, comme juridiction émanée du comte royal. Il faut noter soigneusement cette distinction, qui remonte aux temps mérovingiens, et sans laquelle il serait difficile de comprendre l'organisation de notre Commune du moyen-âge.

Conservation du régime municipal.

7

On divise, au point de vue historique, les villes de France en *cités*, anciens municipes romains, ayant eu sénat ou curie, avant la conquête mérovingienne, et *communes*, qui furent propriétés des seigneurs, et dont la franchise ne remonte qu'à une charte octroyée ou conquise pendant le moyen-âge (1). Verdun était une cité ; car son nom *(civitas Verodunensium)* se trouve dans la Notice romaine des provinces, parmi ceux des chefs-lieux ; nos monnaies mérovingiennes et carlovingiennes portent également *Virdunum civitas ;* et Grégoire de Tours, lorsqu'il parle des Verdunois, les appelle toujours *cives* (2) : de là le nom de citeins de Verdun, si cher à notre bonne bourgeoisie du moyen-âge. Ces titres ne se donnaient jamais aux habitants des lieux tombés dans le domaine des seigneurs ; les gens ainsi assujettis étaient les hommes « de pôté » *(homines potestatis)*, c'est-à-dire sous la puissance et domination d'autrui. On trouve à Verdun trace bien visible de corporation municipale antérieurement à la Commune du moyen-âge, établie au commencement du XIIIe siècle. Quand l'évêque Thierri chassa de Saint-Vanne les moines qui prenaient le parti de Grégoire VII contre l'empereur, il fit, dit un témoin oculaire, assembler chez lui tout « le Sénat » de la cité pour prononcer ce jugement (3). Vers 1125, il est parlé d'une députation envoyée par la Ville, de concert avec le clergé, contre l'évêque Henri de Winchester (4) ; et une charte

(1) Liste des cités dans Le Bas. Annal. de France, t. i. p. 155. Verdun y est compris.

(2) *Hoc apud Viridunum civitatem actum est.* Greg. Tur. iii. 26. — *Antedictos cives Virdunenses divites effecit.* Ibid. iii. 34. — *Cives Virdunensis oppidi defectionem dicuntur meditati.* Vie de saint Mesmin, déjà citée.

(3) *Capti cum exprobratione et improperio, conspectui Virdunensis illius bestiæ* (Thierry) *præsentati sunt : quò totus senatus urbis convenerat.* Flavigny, dans Labbe, t. i. p. 235. — L'événement est de l'an 1085.

(4) *Quamobrem, urbs et clerus ad deponendum eum consurrexit, ad Legatos, ad ipsum quoque papam.* Laurent de Liége. Spicil, t. xii. 307. — Le même

impériale, de l'an 1142, mentionne formellement le droit et les coutumes de la cité de Verdun, que l'empereur Conrad III autorise, non-seulement pour les Verdunois eux-mêmes, mais encore pour les étrangers qui voudront aller demeurer en leur ville, et qu'il exempte, pour ce cas, de toute réclamation de la part des Voués de ses terres (1). L'évêque Richer, érigeant en 1094 l'ancienne paroisse Saint-Sauveur, déclare qu'il agit ainsi à la demande des principaux personnages, soit de l'église, soit du Palais (2); ce Palais, que l'on distingue ainsi de l'église, ne pouvait être que le siége de la corporation municipale. Il est fréquemment parlé du palais de Verdun. Vers 1060, le duc Godefroi le Breux vint y siéger (3); nous avons encore des sentences qui y furent prononcées au XIIᵉ siècle (4); et les juges de Sainte-Croix s'appelèrent, jusqu'à leur suppression, les échevins du Palais. Or, dit l'historien du droit municipal Raynouard, la seule existence d'un palais de cité prouve l'existence d'un corps administrant au civil (5). Quelques noms de doyens et d'échevins de cette ancienne époque nous

chroniqueur, ibid. p. 281, parle de l'*urbis Advocatus*, au temps de l'évêque Heimon, vers l'an mil; mais c'était le Sous-Voué urbain du comte, ou vicomte.

(1) *Ab omni placito* (plaid) *Advocatorum liber erit, jusque civitatis et consuetudinem habebit.* — Nous reparlerons ailleurs de cette charte.

(2) *Intercedentibus primoribus qui circà me esse videbantur, tàm in ecclesiâ quàm in palatio.* Charte du Cartul. de Saint-Airy, t. I. p. 19.

(3) *Ego dux et marchio Godefridus, Virduni palatio sedens, diebus sanctis Pentecostes.* Charte des Assises de 1060 environ, dans les Preuves de Roussel et de Calmet. — Des gens peu connaisseurs ont entendu les mots *majore potestatis* et *scabinis,* qui sont dans cette charte, du maire et des échevins de Verdun; mais il est évident qu'il s'agit des maires et échevins des seigneuries rurales *(potestatis),* qui doivent tenir les trois plaids annaux avec le Sous-Voué.

(4) *Actum est hoc anno tertio episcopatûs domini Alberti* (de Mercy, 1159), *in palatio Virdunensi, xv Kal. Decembris.* Charte, dans le ms. de Bertaire, in-4°, p. 115.

(5) Tom. II. p. 237. Raynouard mentionne deux fois Verdun comme cité, tom. I. p. 347, et tom II. p. 156, édit. 1829.

ont même été conservés; ainsi Robert, premier échevin, est nommé après l'évêque, le comte et l'Avoué
dans une charte de l'an mil environ; Bernacer, doyen,
et Raynaud, échevin, figurent, après Gocelon, juge, et
Haybert, avoué, dans un titre de Saint-Paul, de l'an
1126, relatif au cours de l'eau d'Escance; une autre
charte, dont la date tombe entre les années 1172
et 1180, mentionne Guillaume Ligneul, doyen de la
cité, et Giraud, échevin (1). Tels sont, sommairement
présentés, les vestiges de municipalité que l'on trouve
à Verdun antérieurement à la révolution communale;
ce sont les seules preuves qu'on puisse avoir en cette
matière; et aucune cité n'en possède d'autres, comme on
peut s'en convaincre par le savant ouvrage de Raynouard.
Nous admettrons, en conséquence, que notre corps municipal remonte, à travers diverses modifications, jusqu'à la Curie romaine; il se composa d'abord des
décurions ou sénateurs gallo-romains; puis il devint
échevinat dans les temps carlovingiens; puis Commune
moyen-âge, après l'an 1200; enfin, au XVIIᵉ siècle, cette
Commune elle-même fit place à l'Hôtel-de-Ville moderne.

L'histoire des anciens temps est trop pauvre pour
nous instruire de tout ce qu'il serait intéressant de
connaître sur la municipalité primitive. Nous savons,
par les documents généraux, que le gouvernement des
Francs, loin d'amoindrir le rôle des curies des cités,
fut au contraire pour elles la cause indirecte d'un
accroissement d'importance, parce qu'aux plaids, ou
assises du comte, siégeaient toujours, comme asses-

(1) Charte de l'an 995, du cartulaire de Saint-Vanne, insérée dans
Wassebourg, p. 208. — Charte de 1126, dans la Chronique de Saint-Paul,
p. 147-150. — La troisième charte est de l'élu Arnoul de Chiny, 1172 à
1180; original sur parchemin : *Subnotatis nominibus eorum qui viderunt et
audierunt; Guillielmus Ligniolum, civitatis decanus, Giraudus scabinus, Balduinus, Theodericus.* — On a cité, d'après Hugues de Flav. p. 135, Bernier, prévôt
de la ville, au Xᵉ siècle; mais, en lisant avec soin le texte, on trouve que ce
Bernier était prévôt, ou princier de la cathédrale, et, comme tel, archidiacre
de la ville.

seurs, les plus notables citoyens, c'est-à-dire les Curiales eux-mêmes qui, sous les noms d'échevins, de prud'hommes, d'hommes Bons, de riches bourgeois (*reichenbourg*), se trouvèrent ainsi associés à l'autorité du magistrat supérieur. En leurs assemblées, ils rendaient des jugements, et faisaient les actes judiciaires desquels résultèrent peu à peu les coutumes locales. Ils homologuaient les actes de vente, d'échange, de donation, de testament, et les autres, que reçoivent aujourd'hui les notaires, mais qui alors devaient être présentés à la Curie pour devenir authentiques par son approbation, sa publicité et les signatures de quelques-uns de ses membres. On appelait allégations ces enregistrements municipaux : *gestis municipalibus allegata; gestorum allegatione roborata*, disent les Formules de Marculfe; et il fallait, pour les obtenir, que les habitants du territoire recourussent, soit à la cité, soit au comte en son plaid. Les échevins carlovingiens étaient institués par le comte, avec l'assentiment du peuple (1); et il est très-probable qu'il en était de même des magistrats analogues dans les temps mérovingiens.

Dans les campagnes, les Barbares prirent pour eux plus de la moitié des terres; et l'on a calculé qu'en Gaule, du moins chez les Visigoths et les Burgondes, il ne resta guère que le tiers du sol pour les anciens habitants. On commença alors à appeler les villages du nom des chefs dont ils devinrent la propriété; ainsi, chez nous, on dit la terre, ou villa de Thierri, *Theuderici villa*, aujourd'hui Thierville; la terre d'Haldein, ou Haudainville; la cort de Triald, *Trialdi cortis*, Triaucourt; ce mot celtique *cort* signifiait à peu près la même chose que *villa*, en latin. De là proviennent les dénominations locales si nombreuses qui se ter-

Etat
des campagnes.

---

(1) *Ut Missi nostri, ubicumque malos Scabinos inveniunt, ejiciant, et totius populi consensu in locum eorum bonos eligant, et, cum electi fuerint, jurare eos faciant*, etc. Capitulaires.

minent en *ville* ou en *court*; toutes les fois que ces terminaisons sont précédées d'un nom propre, à forme germanique, il y a lieu de croire que la terre ainsi désignée fut le lot d'un chef Franc, après la conquête. Ce que nous appelons maintenant une ferme ou une métairie, se nommait alors un manse, et, par corruption, un meix; ainsi Foameix ou Fouaumeix, *Foaldi mansus*, Palameix, étaient les exploitations rurales de Foald, ou de Palame. Le manse mérovingien était, en général, la quantité de terre que pouvait cultiver une famille de serfs; et on distinguait les manses serviles et les manses dominicaux, ou indominiqués, dont le seigneur s'était réservé la jouissance pour lui-même, soit qu'ils tinssent à son habitation, soit pour d'autres motifs. Le manse servile se divisait en livrées, souldrées et denrées, c'est-à-dire en portions dont le revenu était une livre, un sol ou un denier; la denrée, à Verdun, valait vingt verges; et on parle encore dans nos campagnes de jours *(juger)* par cinq denrées, qui sont cent verges, et de jours par six, qui en valent cent vingt; ce dernier jour fait à peu près 33 ares modernes.

Tombeaux Francs. Quelques tombeaux des anciens chefs Francs ont été découverts dans notre pays; l'un des plus remarquables est celui que l'on trouva, en 1740, près de Verdun, sur la route de Metz : les antiquités qu'il renfermait furent envoyées par l'intendant des Trois-Evêchés De Creil à Shœpflin de Strasbourg, lequel les décrivit et les fit graver dans son *Alsatia illustrata*, sous le nom de *Thesaurus sepulchralis Virodunensis*. On voit, en cette gravure, un casque de fer, une sorte de couronne et des cercles d'airain, la framée, la haste, la francisque, une lame de sabre, et un angon, ou pique de jet, qui paraît avoir été spéciale aux Francs (1). En 1828, on aplanit;

(1) La gravure de cet angon a été reproduite dans le Magasin pittoresque, du mois de mars 1861, p. 76. Schœpflin, qui ne reconnut point cette arme, dit vaguement que c'était un *exesum scabrâ rubigine telum*.

à Herméville, un tertre, ou monticule *(tumulus)*, ayant encore plus de trois mètres de hauteur, sur cent vingt-cinq de tour. Vers le milieu de la profondeur fut découvert un grand cercueil de pierre, contenant un squelette, près duquel étaient une épée et un poignard caraxés, une large agrafe en fer damasquiné d'argent, un peigne en fer (insigne de longue chevelure, et par conséquent de grande noblesse Franke), long de 17 centimètres, et à dents d'un seul côté, une paire de grands ciseaux en fer, une hache d'armes ressemblant à celle du roi Childeric dans le tombeau de Tournay, une petite urne en terre, contenant des résidus desséchés, et une médaille de Postume. Autour du grand cercueil gisaient une douzaine de squelettes, avec fers de flèches, boucles et garnitures de ceinturons, sabres caraxés, et urnes funéraires, la plupart en terre ; il s'en trouva une petite en verre vert, incrustée dans une pierre carrée, et contenant des cendres, des charbons, avec des débris d'ossements brûlés. Ce tombeau était probablement celui d'un grand chef Franc, du temps du paganisme ; et nous avons cru devoir le décrire avec quelque détail, parce qu'il n'a été mentionné dans aucun recueil archéologique. On appelait ce tertre Châtelet ; et la contrée voisine, au nord, s'appelait portes du Châtelet ; au midi, on découvrit les débris d'une sorte de portail en pierres sculptées, portant des traces de couleur rouge, et il y avait des vestiges encore visibles de fossés dans lesquels l'eau était conduite par un aqueduc en moellons. Ces diverses circonstances portent à croire que le tumulus d'Herméville servit de Motte, ou de forteresse seigneuriale dans les premiers temps de la féodalité, vers le XIᵉ siècle. Dans les croyances populaires, ce lieu passait pour être hanté nuitamment par les fées. Une autre sépulture très-remarquable des derniers temps mérovingiens, était celle du comte Wolfang, fondateur de

Saint-Mihiel ; elle a été décrite par nos auteurs, et nous
en dirons quelque chose à l'article de ce personnage,
qui vivait dans la première moitié du VIIIᵉ siècle.

Domaines
seigneuriaux.
Noblesse.

La manière dont les Francs prirent possession du
pays commença l'ordre de choses dont les développements amenèrent peu à peu la féodalité. Le roi, déjà
souverain des villes, prit encore dans les campagnes
quantité de grands domaines; puis il distribua à ses
Leudes beaucoup de vastes territoires, soit en propriété,
soit en jouissance, mais toujours à charge de service
à l'armée. A leur tour, les Leudes établirent sur leurs
terres leurs propres hommes, qui se rattachaient à eux
comme ils se rattachaient eux-mêmes au roi ; et tous
devaient se rassembler avec promptitude lors de la
convocation du ban. Ce nom de Leudes, dérivé de
l'allemand *Leute,* se donnait aux chefs relevant directement de la couronne *(die Leute des Kœnigs);* c'étaient
les compagnons, ou les hommes du roi par excellence ;
les chroniqueurs latins les nomment aussi Antrustions,
ou *homines de truste regis,* parce qu'ils avaient contracté
avec le monarque l'alliance germanique de *Trutz und
Schutz,* offensive et défensive, à la vie et à la mort.
La fidélité à cet engagement était, chez les Germains,
le premier point d'honneur militaire; on regardait la
félonie comme la plus grande de toutes les hontes;
et la Truste particulière de chaque grand Leude forma
ce qu'on appela, dans la suite, les arrière-vassaux. Cette
organisation maintint la nationalité des Francs, et les
empêcha de se perdre dans les populations gallo-romaines, au milieu desquelles ils étaient disséminés (1). La
vaste étendue des concessions territoriales faites aux
principaux chefs nous étonne aujourd'hui. Ce comte
Wolfang, dont nous venons de parler, possédait pres-

(1) Voir, sur la Truste germanique, Mém. de la Société philomatique de
Verdun, tom. vi. p. 123.

que tout le pays vers Saint-Mihiel, sur les frontières du Verdunois et du Barrois. C'était, il est vrai, un très-grand personnage; mais il n'y avait guère de Leudes qui eussent moins que le territoire d'une ou de plusieurs de nos communes actuelles. C'est qu'alors la terre, si longtemps ravagée et dépeuplée par les Barbares, avait peu de valeur. Les possessions de ces seigneurs jouissaient dès lors des priviléges qui, dans la suite, constituèrent le domaine noble; elles ne payaient point d'impôts, parce que l'homme Franc ne devait à son roi que le service des armes, et des présents volontaires, qu'il apportait au Champ-de-Mars; et, comme les Leudes royaux ne relevaient que du roi, la juridiction des comtes ne s'étendait pas, directement du moins, sur leurs terres. Ils y faisaient rendre, en leur propre nom, la justice haute, moyenne et basse, c'est-à-dire criminelle, civile et de police; ces justices seigneuriales subsistaient encore en 1789, quoique fort amoindries. On appela fiefs les domaines de cette espèce, quand ils devinrent héréditaires; auparavant, c'étaient des Bénéfices de la couronne. Ils étaient inaliénables; et, dans les successions, les enfants ne se les partageaient point; car le monarque qui les avait accordés devait toujours pouvoir les retrouver entiers, et en mains capables de service militaire. De là vint le droit d'aînesse, qui était la loi du partage noble, comme l'égalité des portions était celle du partage roturier. Telles furent les institutions qui donnèrent naissance à l'ancienne noblesse. Il n'est pas exact de dire que tous les Francs devinrent nobles, et les gallo-romains roturiers; car les rois mirent assez souvent au rang de leurs Antrustions des gallo-romains influents; et, d'un autre côté, bien des Francs, soit qu'ils n'eussent pas reçu de terre à titre permanent, soit qu'ils eussent perdu celle qu'on leur avait accordée, tombèrent dans les rangs du peuple; mais c'est néanmoins un principe que la noblesse remonte, dans sa source, aux Leudes et aux arrière-Leudes de la conquête, représentés ensuite par les familles possédant héréditairement des fiefs militaires, à droits seigneuriaux, et ne payant d'autre impôt que celui du sang. Ces conditions ne se trouvaient que dans les maisons d'ancienne chevalerie, ou gentils-hommes de nom et d'armes; aussi ces chevaliers estimaient-ils peu les noblesses dites de robe et de cloche, c'est-à-dire celles qu'on acquit, dans la suite, par les offices de judicature, ou par les charges municipales (cloche, beffroi de commune); et ils affectaient envers les anoblis des airs de hauteur qu'ils ne prenaient point à l'égard des simples roturiers sans prétention.

Servitude ; main-morte.

Quant au peuple des campagnes, il tomba, après la conquête, dans la servitude de la glèbe, autrement dite de main-morte, qui existait déjà, et même avec plus de rigueur, sous le nom de colonat dans les domaines des grands propriétaires romains. Cette servitude attachait le serf à la terre ou, comme on disait alors, à la glèbe de son seigneur; il était pour ainsi dire incorporé à elle, comme immeuble par destination, ne pouvant quitter le sol, et étant vendu ou transmis avec lui. La cause de cet asservissement fut la rareté des cultivateurs dans les campagnes, après les grands massacres du siècle des invasions : la terre avait perdu toute valeur quand on ne possédait point d'hommes pour l'exploiter ; aussi les seigneurs employèrent-ils tous les moyens de retenir et d'accroître la chétive population qu'ils trouvèrent établie sur leurs territoires. Ils accordèrent à chaque famille la possession perpétuelle, et même héréditaire en ligne directe, d'une ou de plusieurs de ces portions de terre qu'on appelait manses; (mot qui s'est conservé, sous la forme de meix (maisse) dans notre langue populaire, où il signifie un grand jardinage) ; mais ces possesseurs, simples usufruitiers, ne pouvaient ni vendre, ni grever le fonds, qui devait faire retour, franc et quitte, au seigneur, quand le serf cultivateur mourait

sans enfants, ou, comme disait la loi, « sans hoirs procréés de son corps. » Dans la suite des siècles, on perdit
de vue l'origine de ce droit de retour ; de sorte qu'il sembla
que les seigneurs s'emparaient de l'héritage de pauvres
paysans ; ce qui rendit la main-morte fort odieuse, surtout
après le pamphlet de Voltaire sur les serfs de Saint-Claude
au Mont-Jura ; et une autre circonstance aggravante de ce
droit était que, sous son empire, il était impossible aux
gens libres de rien acquérir en ban main-mortable. Dans
la crainte de voir leurs paysans s'échapper, les seigneurs
établirent les droits dits de forfuyance et de formariage :
en vertu du premier, ils pouvaient poursuivre et ramener
à la glèbe tout serf qui s'était enfui ; et, par le second, il
était défendu aux paysans de se marier avec des gens d'une
autre seigneurie, à moins que les seigneurs respectifs des
deux époux ne se fussent entendus pour échanger leurs
sujets, ou pour partager les enfants à naître dans la lignée
serve. Ces lois amenèrent quantité de discussions entre les
seigneurs et les villes, parce que celles-ci donnaient asile
aux forfuyants, et les recevaient même à bourgeoisie, après
quelque temps de séjour. Dans ce mot main-morte, *main*
signifie puissance ; un homme libre avait la main ferme,
c'est-à-dire pouvait validement contracter, et disposer de
sa personne et de ses biens, tandis que la main du serf
était morte pour toutes ces choses. Malgré les affranchissements accordés depuis le XIIIe siècle, quelques villages
des terres du Chapitre demeurèrent en servitude jusque
en 1789 : tels étaient, entre autres, Sivry-la-Perche et Belleville, près Verdun ; mais le droit de main-morte, bien
qu'il eût perdu son ancienne rigueur, était si mal vu dans
l'opinion que, lorsqu'on imprima la coutume de Sainte-
Croix, en 1678 et en 1743, on omit dans l'édition le passage
qui la concernait. Il était ainsi conçu, dans l'original, jadis
conservé à l'évêché :

« Gens de condition servile sont hommes de corps, adscrits et
comme attachés à la terre du territoire ; ne peuvent aller demeurer

ailleurs sans licence et congé du seigneur, qui les peut poursuivre et vendiquer comme siens ; ni se marier dehors le territoire et seigneurie, ni à personne d'autre condition ; autrement le seigneur les peut châtier corporellement, et confisquer leurs biens, par droit de forfuyance et de formariage. Sont aussi lesdits hommes de corps, de main-morte, auxquels les seigneurs succèdent, s'ils décèdent sans hoirs procréés de leurs corps, exclus tous autres parents, tant en meubles, lesquels, quelque part qu'ils soient situés, suivent la personne, qu'immeubles situés au ban de main-morte ; car, en franc ban, les frères et autres parents succèdent. Et est le seigneur de l'homme de corps saisi par la Coutume des biens de main-morte, n'était qu'ils fussent affranchis de ladite main-morte, par terrage ou autre redevance. »

Nous reviendrons sur se sujet, lorsque le cours de l'histoire nous amènera aux institutions du moyen-âge, et à la période des affranchissements.

Domaines ecclésiastiques. Il nous reste à parler du clergé des temps mérovingiens. Dans l'ordre politique, le seul que nous ayons à considérer ici, les évêques furent mis au rang des grands Leudes, ou Antrustions ; ce qui leur donna, dans les terres de leurs cathédrales, la même puissance que la haute noblesse Franke avait dans ses seigneuries. A dater du milieu du VIIe siècle, il y eut, dans tous les diplômes mérovingiens pour les évêchés et les abbayes, une clause, de style ordinaire, qui exempta ces territoires de toute juridiction des juges publics, c'est-à-dire royaux, ainsi que des impôts du fisc (1) ; or, par cela seul qu'un territoire était soustrait à la juridiction commune, il devenait terre noble, régie par les officiers du seigneur. Il est essentiel, dans l'histoire de l'évêché de Verdun, de bien distinguer cette seigneurie simple de la principauté qu'eurent les évêques après l'an mil : la différence consistait en ce que la seigneurie, dé-

---

(1) *Ad petitionem apostolico viro domno N., urbis N. episcopo, talem, pro æternâ retributione, emunitatem visi fuimus indulsisse. Ut in villabus ecclesiæ domûs illius, nullus judex publicus ad causas audiendum, aut freda undique exigendum, nullo unquàm tempore præsumat ingredere : sed hoc ipse pontifex, vel successores ejus, sub integræ emunitatis nomine, valeant dominare, etc.* Marculfe liv. 1. Formul. 3, dans Baluze, Capitulaires, tom. II.

rivée de la seule qualité de propriétaire noble, était ren-
fermée dans l'enceinte des possessions du seigneur, tandis
que la principauté représentait le haut domaine du roi, et
s'étendait sur tous les habitants du pays. Le seigneur avait
les droits féodaux; le prince le pouvoir régalien. L'évêque
de Verdun ne fut jamais seigneur de la ville, qui était
libre ; mais la ville releva de lui quand il fut prince d'Empire ; et, lorsque la réunion du pays à la France, sous les
rois Louis XIII et Louis XIV, eut réduit la principauté
épiscopale à n'être plus qu'un titre honorifique, le prélat
redevint simple seigneur des domaines temporels de l'é-
vêché.

Les campagnes étant encore à demi païennes, au temps   Paroisses
de la conquête, et fort dépeuplées par les invasions bar-   rurales.
bares, on n'y voyait que très peu d'églises paroissiales,
qu'on appelait alors églises publiques, ou *plebes;* et chacune de ces paroisses avait une circonscription territoriale
fort étendue. Peu à peu les seigneurs firent construire
dans les villages de leurs propriétés des chapelles, d'abord
simples églises privées, mais qui devinrent ensuite des
paroisses nouvelles, où le seigneur fondateur, ses héritiers   Droit
ou ses représentants, avaient droit de nommer le prêtre.   de patronage.
C'est ce qu'on appelait autrefois le patronage, ou le droit
de collation. Dans cet ordre de choses, qui subsista
jusqu'en 1790, l'évêque ne nommait qu'aux cures qui représentaient les anciennes églises publiques, ou à celles
que ses prédécesseurs avaient fondées, comme seigneurs,
dans les terres de l'évêché; la collation des autres, qui
étaient de beaucoup les plus nombreuses, appartenait aux
représentants des autres fondateurs, soit Chapitres, soit
abbayes, soit seigneurs laïques. Des femmes pouvaient
jouir de ce droit : ainsi la paroisse Saint-Médard, l'une des
principales de l'ancien Verdun, était conférée par la Dame
abbesse de Saint-Maur. L'évêché était tenu d'instituer les
prêtres ainsi nommés, s'il n'avait contre eux un grief canonique, dont on pouvait lui demander la preuve ; alors

le collateur, qui avait présenté un sujet canoniquement indigne ou incapable, perdait, pour cette fois, son droit de nomination, qui arrivait par dévolu à l'évêque.

Monastères, clergé. Les premiers moines de notre pays furent ceux qu'établirent saint Balderic, à Montfaucon, et saint Rouin à Beaulieu, avant le milieu du VIIᵉ siècle ; mais les moines de Montfaucon s'étant, dans les temps carlovingiens, transformés en chanoines séculiers, Beaulieu demeura le plus ancien monastère du diocèse. Venait ensuite, dans l'ordre chronologique, celui de Saint-Mihiel, fondé au commencement du VIIIᵉ siècle, non dans la ville de ce nom, qui n'existait point encore, mais dans un lieu désert, comme les deux abbayes précédentes. Les moines primitifs s'éloignaient des villes, et cherchaient des solitudes où, loin des bruits du monde, ils pussent, après leurs longues psalmodies, vaquer aux travaux de l'agriculture, que leur prescrivaient les anciennes règles. On ne vit de moines à Verdun qu'au Xᵉ siècle, après que l'évêque Bérenger eût donné aux bénédictins, en 952, l'antique église de Saint-Vanne ; vingt ans après, on fonda Saint-Paul ; puis, au siècle suivant, Saint-Airy ; enfin, vers 1220, Saint-Nicolas-des-Prés ; et, pour les femmes, il y avait Saint-Maur, dont l'origine remontait aux environs de l'an mil. C'étaient là les seuls monastères de Verdun qui eussent titre d'abbayes ; les autres n'étaient que des couvents de divers ordres, moins anciens, et assez pauvres, ou même mendiants. Les abbayes possédaient de grandes terres, où elles avaient la justice et les autres droits seigneuriaux ; mais, bien que leurs abbés portassent la crosse et la mitre, elles ne venaient, dans l'ordre des préséances, qu'après le Chapitre de la cathédrale et celui de la Madeleine, qu'on appelait la Collégiale, et qui était la seconde église du diocèse. Les principales paroisses étaient Saint-Pierre-l'Angelé, Saint-Amant, Saint-Médard et Saint-Sauveur, les deux premières d'antiquité immémoriale, ainsi que Saint-Victor, les deux autres du XIᵉ siècle ; mais, sauf Saint-Amant, qui avait une belle église, démolie en 1625 pour la construction de la citadelle, tous les autres temples paroissiaux étaient chétifs. Ainsi s'était organisé l'ancien clergé verdunois, dans le cours des siècles.

Aux temps mérovingiens, la corporation de la cathédrale, dite depuis Chapitre, représentait à peu près tout ce clergé. On la nommait alors presbytère; ses membres habitaient en commun au cloître, d'où ils allaient desservir les autres églises, soit de la ville, soit des campagnes environnantes; et, à l'imitation de ce grand corps, il y avait dans les églises publiques, ou paroisses primitives, des corporations qui devinrent des Chapitres secondaires. Dans la suite, le Chapitre par excellence, celui de la cathédrale, fut seigneur régalien de ses terres, composées d'environ cinquante villages, qu'il répartit en cinq prévôtés, l'évêché ayant divisé les siens en huit. Pour dignitaires, il avait les quatre archidiacres, le doyen ou archiprêtre, le chancelier (secrétaire), le trésorier, le grand chantre, l'écolâtre, ou scholastique, dont l'école subsista jusqu'au XVIe siècle. Les archidiacres, qui étaient les diacres, ou ministres spirituels de l'évêque, avaient juridiction ecclésiastique en première instance, et territoire d'archidiaconé, où ils visitaient les paroisses et installaient les curés : ils ressemblaient aux grands-vicaires actuels, sauf qu'ils étaient inamovibles, comme dignitaires de Chapitre, et qu'ils avaient chacun dans le diocèse un district particulier (1). Le premier archidiacre était le Princier, qui présidait le Chapitre, et avait pour territoire la ville et toute la partie centrale du diocèse, le long de la Meuse; le second était l'archidiacre d'Argonne, prévôt de Montfaucon; le troisième l'archidiacre de Woëvre,

Chapitre;
archidiacres.

_____

(1) A Trèves, les archidiacres étaient appelés les évêques de la campagne, *Landsbischœffe*; ce qui est la traduction du mot chorévêque, usité dans les diocèses d'Orient. (Χωρα, pays, campagne, en grec).—A cause des visites rurales des archidiacres, par des routes souvent impraticables, nos anciens disaient, comme proverbe, *crotté en archidiacre.*

prévôt du Chapitre de la Madeleine; enfin le quatrième archidiacre, celui de la Rivière, moins ancien que les autres, avait un territoire démembré de la Princerie, sur la haute Meuse, et était prévôt du petit Chapitre d'Hatton-Châtel, transféré à Saint-Mihiel, en 1707. Dès le commencement du xe siècle, nos chartes mentionnent trois archidiacres (1); à la fin du xive, le Chapitre, autorisé par bulles d'Avignon, supprima la Princerie, en réunit tout le revenu à sa mense, et se réserva la juridiction du grand archidiaconé, qu'il fit exercer, soit par son Official, soit par ses présidents électifs. Nous reviendrons sur ce sujet, en parlant des institutions du gouvernement diocésain, pendant le moyen-âge. Le doyen, autre dignitaire important, mais sans juridiction à l'extérieur, n'avait que des fonctions spirituelles, étant considéré comme le prêtre, ou le curé de tout le clergé attaché à la cathédrale. Aux temps très-anciens, la règle prescrivait à tout chanoine entrant au corps capitulaire, de faire donation à l'église de ses immeubles, sauf à s'en réserver l'usufruit viager. Ce statut fut écrit pour le Chapitre de Metz par saint Chrodegand, sous Pépin-le-Bref (2); et il était, depuis longtemps, mis en pratique à Verdun, comme le prouve l'histoire du riche diacre Adalgise qui, ayant été reçu, vers l'an 630, dans la communauté de la cathédrale, abandonna à ses vénérables confrères son beau domaine de Fresnes-en-Woëvre, avec beaucoup d'autres terres, dont nous parlerons plus loin.

Plusieurs rois mérovingiens, entre autres Chilpéric de Neustrie, l'époux de Frédégonde, trouvèrent que le

---

(1) Le princier Euvenard, les archidiacres Leufroy et Odilon. *Préambule du Pouillé de Sarrovard*, vers 920.

(2) *Non ad hæredum nostrorum carnalium atque parentum, sed ad ecclesiam de cujus rebus stipendia habemus, loco hæreditario relinquamus... Igitur qui ad hunc ordinem canonicorum se sociare voluerit, de rebus quas habet solemniter donationem per præsentem donet, etc.* Regula Chrodogandi, ch. 31. — *Sacrosanctæ ecclesiæ Virdunensi, quæ me strenuè de suis stipendiis enutrivit, villam meam, etc.* Charte d'Adalgise.

clergé devenait trop riche; en conséquence on inventa différents moyens de faire refluer ses biens en mains séculières. Le premier fut l'établissement des Défenseurs, qu'on appela dans la suite les Avoués ou Voués; c'étaient des laïques puissants, chargés d'exercer, au nom des seigneurs ecclésiastiques, les fonctions de justice et de milice dont ceux-ci ne pouvaient convenablement s'acquitter en personne; et, comme ce ministère de Défenseur était loin d'être gratuit, ceux qui l'exerçaient se firent de très-belles parts, soit dans le domaine, soit dans le revenu clérical. La législation des Capitulaires généralisa et déclara obligatoire cette intervention des Défenseurs, qui prirent alors le nom d'Avoués; et nous n'aurons que trop d'occasions de parler, dans la suite de cette histoire, des usurpations et vexations énormes commises, soit par les grands Voués de l'évêché, soit par les Sous-Voués de chacune des prévôtés rurales. Ce ruineux ordre de choses subsista chez nous dans toute sa rigueur jusqu'au milieu du XIIᵉ siècle, où l'évêque Albéron, ne pouvant autrement chasser son Voué Renauld de Bar, prit d'assaut la forte tour que cet oppresseur avait fait construire à Verdun; mais il fallut ensuite composer avec les Sous-Voués des terres, et l'on ne put empêcher qu'ils ne gardassent pour eux bien des parcelles du domaine; de sorte qu'il y avait encore, en 1789, plusieurs seigneuries laïques titrées Avoueries. Pour avoir la paix, l'évêché abandonna le Clermontois aux comtes de Bar, à la seule condition qu'ils lui en feraient hommage lige. On peut juger par cet exemple des pertes que les Avoueries firent subir au clergé. Une autre invention fiscale, spécialement dirigée contre le bien des moines, fut la commende, qui prit aussi naissance sous les rois mérovingiens. Ils l'introduisirent d'abord dans les abbayes de fondation royale. Quand l'abbé d'un de ces riches monastères venait à mourir, le roi disait qu'il ne se trouvait, pour le moment, aucun moine

capable de remplir la dignité vacante; puis, sous ce
prétexte, il adressait à l'une de ses créatures une commission intérimaire pour gérer l'abbaye, en attendant
qu'on pût lui trouver un titulaire. Cette commission
s'appelait une *commende*, du mot latin *commendare*,
recommander, parce que le bénéfice n'était point conféré,
mais simplement recommandé à une personne censée
capable de le maintenir en bon état pendant la vacance;
et, comme ces commissions étaient lucratives et profi-
tables, les abbés ayant pour leur part les deux tiers
du revenu, la cour trouvait toujours des motifs d'ajourner
indéfiniment les élections canoniques; de sorte que la
commende se perpétuait, comme grasse et riche siné-
cure établie sur le bien des moines, au profit des serviteurs du roi. Pépin le Bref poussa le scandale jusqu'à
nommer une de ses maîtresses commendatrice d'une
abbaye de bénédictins en Bourgogne (1); ce qui indigna tellement les moines qu'ils quittèrent leur maison.
Charles Martel commenda très-largement à ses compagnons d'armes les abbayes et les évêchés eux-mêmes.
Hugues-le-Blanc, père de Hugues Capet, fut surnommé
l'abbé, à cause des grands revenus ecclésiastiques qu'il
possédait de cette manière. Dans la suite, on réforma
ce qu'il y avait de plus criant dans ces abus; mais la
commende subsista toujours, soit sous sa forme directe,
au profit des évêques et des abbés de cour, soit sous
forme de pension sur les abbayes, au profit des laïques.
Elle absorbait plus de la moitié du revenu des moines
en France : car, malgré les doléances des bénédictins,
les rois l'avaient étendue peu à peu à presque tous les

(1) L'abbaye de Bèze. *Quia ejus stupro potitus fuerat,* dit la chronique de
ce cloître, en parlant de la commendatrice nommée par Pépin. Spicil. tom. I.
p. 503. — *Abbates laïci, cum suis uxoribus, et filiis et filiabus, cum suis mili-
tibus morantur et canibus... Et, si forsàn oblatus fuerit codex regularum, res-
pondent : Nescio litteras !* Concile, dans Sirmond, tom. III. p. 541. — *Melius
esset ut ignis ibi accenderetur, quia si pagani (Normanni) locum ipsum crema-
verint, terram tamen secum non tollent.* Spicil. tom. III. p. 212.

monastères rentés; de sorte qu'il était devenu très-rare
de voir un abbé régulier mitré. A Verdun, il n'y en
avait plus d'autre, en 1789, que celui de Saint-Airy,
laissé ainsi parce que l'abbaye était d'ailleurs chargée
d'une grosse pension; mais on savait que cet abbé serait
le dernier, et qu'après sa mort, la commende serait
établie à Saint-Airy, comme ailleurs.

Telles furent les principales institutions politiques,
civiles et religieuses qui se fondèrent, ou dont le germe
fut déposé en France, sous les rois Mérovingiens. En
se développant, elles formèrent ce qu'on appelle l'ancien régime, dont le souvenir s'efface de plus en plus,
et qu'il faut néanmoins connaître pour bien comprendre les événements qui se succédèrent pendant sa longue durée.

CHAPITRE II

DE CLOVIS A DAGOBERT Ier. ANS 500 A 628.

Le commencement de notre période mérovingienne est
encore un temps d'incertitudes et de ténèbres. Compara-
tivement au siècle précédent, cette époque fut un âge de
paix et de calme; car le flot des invasions s'arrêta; et les
Francs, bien qu'ils ne fussent pas moins barbares que les
autres envahisseurs, prenaient néanmoins la défense du
sol, par cela seul qu'ils voulaient s'y établir, et s'opposaient
à ce qu'on y fît de nouvelles ruines. Mais tout le grand
système de l'administration romaine se trouvait brisé : il
n'en resta que ce qui pouvait subsister isolément dans le
régime municipal des cités, l'anarchie régnant sur tout le
reste du territoire, où les Francs établissaient leurs

bandes, se partageaient les terres, et asservissaient les
populations.

Comme renseignement propre à dépeindre les violences
et la confusion de ces premières années de la conquête,
nous rapporterons l'histoire d'Attale et de sa fuite de
Trèves à Reims, à travers notre pays. Cet événement est, il
est vrai, peu important en lui-même; mais les détails en sont
intéressants, et ils nous laissent entrevoir quelques traits
des mœurs de ces temps inconnus. Grégoire de Tours, qui
rapporte cette histoire, la connaissait par ses traditions de
famille, son bisaïeul Grégoire de Langres s'étant trouvé
mêlé à l'incident. Peu après la mort de Clovis, les rois
Childebert et Clotaire ayant égorgé de leurs propres mains
les fils de leur frère Clodomir, il arriva, par suite de ces
événements, que Childebert envoya de Paris à notre roi
Thierry de Metz, des ôtages que celui-ci dissémina dans les
environs de Trèves, sous la garde de Francs, qui les firent
esclaves, dès que la paix fut rompue. Au nombre de ces
malheureux était Attale, neveu de l'évêque Grégoire de
Langres, auparavant comte d'Autun ; et, sans égard pour la
condition de ce jeune homme, on l'employait à garder les
chevaux d'un leude du pays trévirois. Son oncle envoya
un prêtre de Reims, nommé Paulellus, pour le racheter;
mais on exigeait jusqu'à dix livres d'or pour la rançon ; de
sorte que la ruse parut le meilleur moyen de délivrer le
captif. L'évêque Grégoire possédait un excellent cuisinier,
dont les ragoûts étaient renommés dans le pays : tout en
regrettant ce bon serviteur, il convint avec lui qu'on irait le
vendre comme esclave dans la maison du maître d'Attale,
et que là, quand il aurait gagné les bonnes grâces des Barbares par les séductions de son art, il travaillerait à la délivrance du prisonnier. Il fut facile de prendre les Francs à
ce piége; car ils étaient grands amis de la bonne chère ,
bientôt le cuisinier Léon devint leur favori, et ils ne pouvaient se passer de lui dans les banquets de leur jour du
soleil (*sonntag*), c'est-à-dire, en langage chrétien, du di-

manche (1). Alors le rusé personnage complota de s'enfuir avec Attale, une nuit de grand repas, lorsque les Francs dormiraient, la tête appesantie. En ce festin même, s'il faut en croire ce que racontèrent les fugitifs, un Barbare, égayé par le vin, s'avisa de demander à Léon si quelque jour il ne lui prendrait pas fantaisie de retourner en son pays, où les Romains de l'église devaient fort regretter ses talents : « Je compte, dit l'esclave en riant, m'enfuir cette nuit même, et sur votre propre cheval, que je vous volerai. — Courage, et bon succès, s'écrièrent les convives, riant à leur tour ; mais nous ferons bonne garde pour t'empêcher de rien emporter ! » Ces paroles ne sont probablement qu'un embellissement de récit ; mais, en réalité, Attale et Léon s'échappèrent nuitamment, sur les chevaux et avec les armes de leurs seigneurs. Ils se dirigèrent vers Reims, où habitait Paulellus ; toutefois ils ne prirent pas le chemin direct, de peur d'être arrêtés. Arrivés au pont de la Meuse (2), en un endroit que Grégoire de Tours ne nomme pas, mais qui doit être Verdun, ils trouvèrent des gardes qui parurent vouloir s'informer qui ils étaient, et s'ils ne prenaient point de faux noms ; ces incommodes surveillants furent cause qu'ils perdirent la journée à chercher des prétextes : enfin, ils passèrent à la nage pendant les ténèbres, et gagnèrent des bois où ils se nourrirent de fruits sauvages. Ces bois étaient sans doute la forêt d'Argonne ; car Grégoire remarque qu'ils entrèrent ensuite en Champagne (*ingressi sunt iter Campaniæ*) : paroles où se trouve pour la première fois le nom moderne de cette province. En avançant, ils ouïrent de loin le trot de plusieurs chevaux ; et, s'étant couchés à terre dans des broussailles, ils

(1) *Dies solis : sic enim vocitare dominicum barbaries solet. Greg. Tur.* III. 15. — M. Aug. Thierry a rapporté tout au long cette histoire d'Attale, dans sa 8ᵉ lettre sur l'hist. de France.

(2) Il y a la Moselle dans le texte de Grégoire de Tours ; mais c'est une faute évidente ; car, après avoir passé la Moselle, on n'est point en Champagne, comme le porte la suite du récit. V. la note de D. Ruinart, p. 120 de son Grégoire de Tours.

reconnurent leur maître, qui disait, en jurant par son salut,
que, s'il prenait ces scélérats, il ferait pendre l'un et ha-
cher l'autre en morceaux. Il revenait déjà de Reims, où il
avait questionné Paulellus, et recommandé d'arrêter les
deux fuyards. Ceux-ci, n'osant se montrer, se glissèrent
avant le jour dans la ville, parmi des gens qui allaient aux
matines du dimanche; enfin ils furent reçus par Paulellus,
et demeurèrent cachés chez lui, jusqu'au moment où ils
purent regagner en sûreté leur patrie. Cette vieille anecdote méritait d'être recueillie, du moins comme renseignement sur l'état du pays et sur les dangers auxquels était
alors exposée la liberté des hommes.

Saint Vanne.   A cette époque, notre chronique épiscopale fait l'éloge
de saint Vanne, l'évêque élu par ordre de Clovis, de la
manière que nous avons racontée à la fin de la période
précédente. L'histoire de ce pontife est encore à demi
légendaire ; et, du temps de Bertaire, il ne se trouvait plus
d'écrit ancien à son sujet (1). Pour tout document, il nous
reste aujourd'hui un sermon prononcé le jour de sa fête
par le bon abbé Richard, au XIᵉ siècle; mais ce pieux
panégyriste était trop éloigné du temps de son héros pour
que ses paroles fassent autorité historique : et il ne le
prétend pas lui-même. De ce qu'on sait d'une manière
générale, il résulte que saint Vanne fut l'un des grands
saints de son époque ; qu'il extirpa chez nous les restes de
l'idolâtrie; que, sous son administration, et grâce sans
doute à la faveur de Clovis, l'évêché commença à devenir
le pouvoir prépondérant à Verdun; enfin que son épiscopat dura environ vingt-cinq ans, au commencement du
VIᵉ siècle. Son nom latin était Vidennus; et nos anciens le
prononçaient toujours saint Venne, bien que les chroniqueurs latins l'écrivent ordinairement Vitonus. Il mourut
en telle odeur de sainteté que l'ancienne basilique où il

(1) *Vitam autem beatissimi Vitoni à multis audivi se vidisse descriptam : sed
hactenus à nobis est invisa.* Bertaire.

reposait, à côté de la plupart de ses prédécesseurs, ne fut bientôt plus connue que sous son nom, à cause de l'affluence du peuple qui venait de loin prier à son tombeau. Cette église conserva jusqu'en 1790 les reliques de son patron, dans une châsse d'argent où les avait transférées, en 1147, le pape Eugène III en personne, lorsqu'il vint faire la dédicace de la cathédrale, reconstruite par l'évêque Albéron de Chiny. On nous a décrit cette châsse comme un coffret d'argent doré, orné à l'extérieur de figurines et de joyaux simulant des pierreries. Ce reliquaire avait la forme d'une petite église; et, comme il avait été endommagé, soit par le temps, soit par des accidents dans les longues processions d'autrefois, on l'avait mesquinement réparé avec des plaques de cuivre, dont l'oxidation produisait un effet désagréable. Il portait une inscription en vers latins, mentionnant ainsi la translation des reliques par le pape Eugène, en présence de tous ses cardinaux :

> *Anno milleno centeno bisque vigeno,*
> *Atque simul sexto (1146), nato de Virgine Christo,*
> *Eugenius papa, Romanâ astante coronâ,*
> *Lipsana sacra Patris veniens transvexit in urnâ.* (1).

L'histoire légendaire attribue à saint Vanne d'avoir délivré le pays d'un Dragon, ou grand serpent, qui avait établi son repaire dans les rochers sur lesquels s'élève aujourd'hui la citadelle, s'élançant de là sur les hommes et les animaux, et répandant au loin la mort par son souffle empesté. On essaya vainement de le détruire; on chanta des messes et des psaumes; enfin saint Vanne, prenant avec lui quelques fidèles, marcha hardiment à la caverne du monstre. Le peuple le regardait de loin, et priait Dieu.

Dragon de Saint-Vanne.

(1) La date 1146, donnée par cette inscription, est en désaccord avec les documents, qui indiquent l'an 1147 ; nous reviendrons sur ce point en racontant la venue d'Eugène III à Verdun. — Les figures qui ornaient cette châsse étaient celles des douze apôtres, chacune dans une bordure en forme de cadre oblong. La châsse était exposée tous les ans, à la seconde fête de la Pentecôte, et le 9 novembre, jour de la fête du saint.

On le vit pénétrer seul dans le lieu d'horreur; et, quelque temps s'étant écoulé dans une anxiété générale, on craignait déjà qu'il ne sortît plus de cet antre, lorsque enfin il reparut, tirant par son étole le hideux reptile, qu'une puissance invisible semblait dompter à ses pieds ; et il le traîna ainsi jusqu'à la Meuse, où l'effroyable bête se jeta et disparut pour toujours. « De ce, dit Wassebourg, écrit et témoigne le bienheureux Richard, homme de grande doctrine et sainte vie : *Ricardus Virdunensis, gravi pietate et piâ gravitate discretus*, comme dit Sigebert en son histoire : et partant, tout ce qu'on trouve par écrit dudit Richard doit être reçu en grande crédence de foi, *et cætera*. Et le lieu de la caverne est encore présentement (1549) désigné et spécifié par une colonne de pierre portant l'effigie de la croix. » En mémoire de ce fameux miracle, on représentait dans les tableaux saint Vanne avec un Dragon ailé, qu'il tenait par une chaîne; et une figure de l'animal fantastique était portée, chaque année, aux processions des Rogations. A Paris, où semblable histoire était racontée de saint Marcel, on montra longtemps, dans l'église du bourg Saint-Marceau, le cadavre du monstre lui-même : c'était, disent les descriptions, un cétacé empaillé (dauphin ou marsouin), fort horrible par des cornes de bœuf qu'on lui avait attachées à différents endroits du corps. Rabelais étant à Metz, en 1547, vit aussi promener par les rues, aux Rogations, une effigie épouvantable qu'on appelait le Grauli de saint Clément : on en trouve la gravure dans l'Histoire de Metz des Bénédictins (I. 261); et Rabelais lui-même n'omit pas de le décrire, parmi toutes les caricatures dont il a rempli ses livres (1). On connaît quantité d'autres objets semblables, dits tantôt Gargouille de saint

_____

(1) « Effigie ridicule et terrible aux petits enfants, ayant la tête plus grosse que le corps, avec larges, amples et horrifiques mâchoires, bien endentelées, tant en-dessus qu'au-dessous, lesquelles, avec l'engin d'une petite corde, on faisait l'une contre l'autre terrifiquement cliqueter. » *Pantagruel*, IV. 59.

Romain de Rouen, tantôt Vermine de sainte Radegonde de
Poitiers, ailleurs Bailla de Reims, Vuivre, Lézarde, et
autres noms populaires. Ces légendes étant partout à peu
près les mêmes, quelques auteurs en ont conclu qu'il y
avait eu en effet de grands reptiles, croissant et multipliant
en paix dans nos campagnes, désertes après l'invasion des
Barbares; mais il est impossible que de tels animaux
s'acclimatent hors des régions tropicales; et les débris de
ceux qu'on trouve en France sont des fossiles, d'époques
géologiques bien antérieures à l'histoire. On expliquera
plus heureusement ces choses en prenant les Dragons pour
des figures allégoriques, représentant le démon sous la
forme d'un animal hideux et plein de venin : cet emblème,
bien que moins usité qu'autrefois, n'a pas néanmoins cessé
d'être employé dans les tableaux de saint Michel et de saint
George, ainsi que dans les statues de Notre-Dame, écrasant
la vipère sous ses pieds. L'idolâtrie étant regardée comme
le culte des puissances infernales, on célébra partout le
triomphe du christianisme comme la défaite du Dragon de
l'enfer; et c'est ce que signifie notre légende, dont le sens
historique est que saint Vanne fit abattre les idoles qui
existaient encore sur la colline où le récit fabuleux place
le théâtre de son prodige; mais nous ignorons pourquoi la
cérémonie des Rogations avait été choisie pour exposer
ainsi le Démon à la dérision du peuple. L'usage de porter
le Dragon de saint Vanne à la procession se maintenait
encore à Verdun au milieu du siècle dernier, comme le
prouve un cérémonial liturgique écrit à cette époque;
mais, peu après, on supprima ce singulier emblème, qui ne
fut regretté de personne, sauf peut-être du porteur, qui
recevait, devant chaque boulangerie, un petit pain dans la
gueule béante de son monstre.

Ce fut dans le cours du VIᵉ siècle que l'on fit disparaître
du sol de la Gaule tous les monuments du paganisme. A
notre point de vue d'artistes et d'antiquaires, on eût mieux
fait de les conserver, du moins les plus beaux; mais alors

Destruction
des monuments
païens.

on ne songeait pas à établir des musées, et les idoles recevaient d'autres hommages que ceux des amis des arts. Les
derniers empereurs, par des lois qu'on trouve au code
Théodosien (1), en avaient déjà ordonné la destruction;
mais ces ordonnances ayant été mal exécutées, surtout
dans les campagnes, le roi Childebert infligea, en 554,
peine d'emprisonnement et de fustigation à quiconque
garderait encore dans ses propriétés ce que cette loi
appelle des simulacres diaboliques, ou s'opposerait à leur
renversement par les officiers de l'église (2). Alors on brisa
et on enfouit sous le sol ces sculptures gallo-romaines que
le soc de la charrue ramène quelquefois au jour : on
répandit des histoires pleines d'effroi et de mystère sur les
vieux bâtiments romains, qui passèrent pour hantés par
les fées; on mit des statues des saints et des Notre-Dames-
des-Bois aux endroits consacrés par d'anciennes superstitions, afin d'en effacer peu à peu le souvenir. Les derniers
païens reçurent le sobriquet de rustres et de paysans : c'est
ce que signifie le mot païen, *paganus*, dans son sens
propre ; et, comme sans doute on surprit plus d'une fois
de nuit des campagnards dansant et sacrifiant un bouc à
quelque idole de Faune au pied fourchu, qu'ils tiraient de
quelque cachette, on prétendit qu'ils invoquaient le diable
et faisaient des sabbats en son honneur.

Une scène des plus étranges, et dont il serait difficile de
trouver ailleurs l'analogue, accompagna chez nous la

(1) *Simulacra, si quæ etiàm nunc in templis fanisque consistunt.., suis
sedibus evellantur; ædificia ipsa templorum ad usum publicum vindicentur;
aræ locis omnibus destruantur... Episcopis quoque hæc ipsa prohibendi eccle-
siasticæ manûs tribuimus facultatem.* Code Théodos, liv. xvi. tit. 10. loi 19,
et autres.

(2) *Ut quicumque admonetus de agro suo, ubicumque fuerint, simulacra vel idola
dæmoni dedicata, non statim abjecerint, vel sacerdotibus distruentibus prohi-
buerint..., si servilis persona est, centum ictus flagellorum ut suscipiat jubemus :
si vero ingenuus aut honoratior, districtâ inclusione in pœnitentiam redigendus.*
Edit de Childebert, dans Baluze, t. i. p. 7. Il fut lu dans les églises et
tous les lieux publics : *data per ecclesias sacerdotum, et omni populo*, porte le
titre.

chute de la déesse Ardenne, ou Diane ardennaise, au mont Saint-Walfroy. Cette Diane, dont nous avons déjà parlé, était un grand tronc d'arbre dégrossi, à la manière des Druides : *cæsis informia truncis* (Lucain); et autour de cette figure colossale, on en voyait quantité d'autres de même matière, mais plus petites (1). Les Gaulois n'habitaient jamais près de ces redoutables enceintes sacrées; seulement le peuple s'y rendait quelquefois pour adorer ses Dieux, et leur porter des offrandes. Tel était, au milieu du VIe siècle encore, et malgré l'édit de Childebert, l'état de cette montagne, lorsqu'arriva saint Walfroy. C'était un zélé et enthousiaste anachorète, originaire de Lombardie, disciple de saint Yrieix *(Aredius)* de Limoges, puis pèlerin du tombeau de saint Martin de Tours; enfin il s'était décidé à chercher la plus reculée solitude du désert, pour y vivre en ermite. On peut juger quelles furent sa surprise et son horreur quand, en parcourant notre forêt, il y trouva, au lieu de paisibles ombrages à défricher, un véritable pandémonium d'idoles. Il abattit d'abord les plus petites, sans que les païens, intimidés par le clergé et par les édits, recherchassent trop curieusement les causes de ces accidents; mais, pour le colosse de Diane, il était si grand et si lourd qu'il ne put s'attaquer seul à lui. Il imagina alors de tailler en forme de colonne un autre grand arbre qui se trouvait vis-à-vis; et, quand il voyait venir des idolâtres, il montait sur cette chaire d'un nouveau genre, pour leur prêcher l'Evangile. Il voulut même, sans réfléchir à la différence des climats, imiter le Siméon stylite des Orientaux : de sorte que, pendant un rude hiver, on le vit un jour debout sur sa colonne, la barbe couverte de glaçons qui pendaient sur sa poitrine comme de petites stalactites (2). Bientôt le

(1) *Reperi Dianæ simulacrum, quod populus hic incredulus quasi Deum adorabat..., simulacrum immensum, quod elidere virtute propriá non poteram...; reliqua sigillorum, quæ faciliora fuerant, ipse confregeram.* Dans Grégoire de Tours, VIII. 15.

(2) *In quá columná, cum grandi cruciatu, sine ullo pedum stabam tegmine. Cùm hiemis tempus advenisset, ità rigore glaciali urebar ut ungues pedum*

peuple, frappé de ce spectacle étrange, le prit lui-même
pour un miracle vivant : et il eut enfin la satisfaction de
voir les paysans, convertis par son éloquence, tirer avec
des cordes le grossier monument de la superstition des
Druides. Cependant les évêques, dont aucun n'avait encore
osé se montrer en·ces lieux profanes, commencèrent à
trouver bizarre *(non œqua)* la vie aérienne du nouveau
stylite; et ils vinrent lui dire de descendre de sa colonne,
qu'ils firent jeter bas en son absence. Saint Walfroy, qui
croyait que les pontifes s'étaient réunis pour l'encourager
dans ses austérités, fut péniblement surpris, et pleura
amèrement; mais, de peur de désobéir aux prêtres du Seigneur, il n'entreprit pas de rétablir ce qu'ils avaient
renversé; et il se borna aux pratiques ordinaires des cénobites, dans un monastère qu'il dédia à saint Martin, sur la
place même de la Diane. Ce fut là qu'il reçut la visite de
Grégoire de Tours qui, vers l'an 585, recueillit de sa
bouche même les détails que nous venons de transcrire :
l'humble saint avait exigé la promesse du secret; mais,
bien que Grégoire s'y fût engagé, il ne laissa pas de tout
raconter au long en son livre, en mentionnant même la
promesse qu'il tenait si mal. Il n'a point nommé les
évêques qui firent abattre la colonne : ce durent être ceux
de Trèves et de Verdun, dont les diocèses confinaient en ce
lieu. Le monastère de saint Walfroy fut détruit par les
flammes, en 979; l'église Saint-Martin de Montmédy, située
à deux lieues de là, passe pour l'avoir remplacé; mais il
resta sur la montagne une petite chapelle, jadis entretenue
par l'abbaye d'Orval, et maintenant encore ouverte aux
pèlerins. On dit qu'il y eut là une forteresse romaine, que
l'on appela la Fraite ou la ruinée *(fracta)*; et on découvrit

---

*meorum sœpius vis rigoris excuteret, et in barbis meis aqua gelu connexa, can-
delarum more dependeret. Ibid..* — Il y a sans doute ici quelque exagération.
Les évêques eurent grandement raison de désapprouver une dévotion aussi
outrée; mais ils parlèrent un peu rudement à saint Walfroi : *Descende,
ignobilis*, etc.

sur cette hauteur vingt-cinq cercueils de pierre, posés de file, qui prouvent du moins l'existence d'un ancien cimetière : c'était peut-être celui du couvent incendié en 979.

Nous reprenons la suite de l'histoire, selon l'ordre chronologique des rois d'Autrasie. Théoderic, ou Thierry Ier, régna de l'an 511 à l'an 534. C'était le fils aîné de Clovis, d'une autre mère toutefois que ses trois frères, fils de Clotilde, avec lesquels il partagea le royaume. Il tint à Châlons une grande assemblée nationale pour la réforme de la législation des Francs (1); mais, n'ayant pu extirper toutes leurs coutumes mauvaises et païennes, la réforme fut poursuivie par ses successeurs, et terminée enfin par « le très-glorieux Dagobert, » vers l'an 630. C'est ce que nous lisons dans une préface mise à la fois en tête des lois Saliques et Ripuaires. Ces codes reconnaissaient aux hommes des autres nations le droit d'être jugés suivant leurs propres lois, de sorte qu'ils n'abrogèrent point le droit romain, qui demeura celui de l'Eglise et d'une grande partie du peuple.

Assemblée de Châlons pour la réforme des codes.

L'évêque Désiré, successeur de saint Vanne, vers l'an 525, figure dans les récits de Grégoire de Tours comme ayant été dénoncé au roi Thierry par un personnage puissant, du nom de Sirivald, qui vraisemblablement était le comte de Verdun. L'affaire fut grave ; car le prélat, mandé à la cour, y reçut d'amers reproches, puis fut emprisonné, et vit tous ses biens confisqués (2). L'histoire n'a point dit le motif d'une si éclatante disgrâce ; mais on entrevoit, à l'ensemble des circonstances, qu'il s'agissait d'une accusation de complicité dans quelque trame dont le vieux roi soupçonnait son fils Théodebert ; du moins celui-ci, dès

Saint Désiré. Sirivald.

(1) *Theudericus rex, cùm esset Catalaunis, etc... Hoc decretum est apud Regem et apud principes ejus, et cunctum populum christianum qui infrà regnum Merwungorum* (des Mérovingiens) *consistunt.* Dans Baluze, Capitul. t. i. p. 25. — Cette préface ne donne point la date de l'assemblée de Châlons, sous Thierry.

(2) *Desideratus, Virdunensis episcopus, cui Theudericus rex multas inrogaverat injurias, exilia et damna... non solùm spoliatus, verùm etiàm suppliciis affectus, etc.* Grej   vr. III. 54 et 35.

son avénement en 534, traita Désiré comme un homme qui
avait souffert pour sa cause, le rétablit sur son siége, et le
dédommagea de ses tribulations. Sirivald s'enfuit alors : et
l'évêque, dont les partisans avaient été appauvris et ruinés
par cet oppresseur, ne voulant point profiter seul de la faveur royale, alla en cour demander un prêt d'argent pour
ses citoyens. Théodebert accorda sept mille pièces d'or,
dont la corporation des marchands se fit caution, et qu'elle
s'engagea à rembourser, avec les intérêts légaux, aussitôt
qu'elle aurait rétabli ses affaires (1). Ces sept mille pièces
étaient probablement des tiers de sol, la monnaie d'or la
plus commune à cette époque; et la somme vaudrait environ deux cent mille francs aujourd'hui. Quand on vint la
rapporter, le roi, voulant faire un nouveau plaisir à
l'évêque, la refusa, en disant aux débiteurs, agréablement
surpris, qu'il était assez payé, puisqu'il avait pu obliger à
la fois son ami et son peuple. C'était une très-belle réponse,
surtout pour un roi de ce temps, où tout le système finan-
nancier des princes consistait à amasser un trésor, c'est-à-
dire un monceau d'or qui fût dans leurs coffres, et qu'ils
pussent dire à eux : gouverner et régner, ce n'était souvent
pour eux que grossir ce monceau le plus possible, et
n'importait comment. Ces marchands de Verdun, ajoute
Grégoire après avoir raconté cette anecdote, devinrent
dès-lors fort riches; et ils le sont encore aujourd'hui (2) :
paroles qui prouvent que le commerce florissait dans notre
ville aux temps mérovingiens.

Le même auteur parle d'un crime fort tragique qui fut
alors commis sur le pont de la Meuse à Verdun (3). La coupable fut une femme, ou maîtresse du roi, nommée Deu-

Don de Théodebert aux commerçants de Verdun.

Assassinat de la fille de Deutérie.

(1) *Si pietas tua habet aliquid de pecuniâ, quâ cives nostros relevare valeamus: cùmque hi negotium exercentes in nostrâ civitate responsum præstiterint, pecuniam cum usuris legitimis reddemus.* Ibid.

(2) *At illi negotia exercentes divites effecti sunt, et usquè hodiè magni habentur..., et Theudebertus nihil exigens, antedictos cives divites effecit.* Ibid.

(3) *Hoc apud Viridunum civitatem actum est, etc.* Greg. Tur., III. 26.

térie qui, déjà mère avant de lui appartenir, jalousait sa fille, qu'elle craignait de voir un jour devenir sa rivale. Elle prit des mesures pour faire disparaître cette séduisante personne, en sauvant les apparences, et de manière que le crime ne parût qu'un simple accident malheureux. Apprenant que la jeune fille allait à Verdun, elle aposta des gens pour disposer sur le pont un embarras de voitures ; et, quand la basterne de la belle voyageuse approcha, on eut soin d'en remplacer les bœufs tranquilles et lents par des taureaux, que les perfides conducteurs irritèrent au mauvais passage. La basterne fut ainsi précipitée dans la rivière ; et les secours ayant été exprès mal dirigés, la malheureuse jeune fille périt dans l'eau; mais, malgré les précautions des coupables, leur odieux secret transpira, et Deutérie fut répudiée, quoique déjà mère d'un fils qui succéda au trône de son père. Ce fut peut-être à cette occasion que, personne n'osant reprocher au roi la licence de ses mœurs, saint Nicet de Trèves lui fit dire, en pleine cathédrale, de très-désagréables vérités par l'organe d'un possédé du diable ; le malin esprit, qui était censé parler par la bouche de cet homme, dit les choses que les simples mortels n'osaient hasarder (1) ; et cette scène étrange effraya tellement Théodebert et sa cour libertine qu'ils s'amendèrent pour quelque temps.

Ce qui ajoutait beaucoup à la barbarie du siècle, c'étaient les vengeances privées, qui s'exerçaient encore suivant l'ancienne rigueur germanique, avant l'usage des compositions pécuniaires (2). Ceux-là étaient des lâches et des gens sans cœur qui se laissaient outrager; et plus la réparation était sanglante, plus on en tirait de gloire. Il sembla, en conséquence, aux Verdunois qu'il était de l'honneur de leur ville de ne point laisser impuni le tyran

Vengeances privées; assassinat de Sirivald.

---

(1) *Adreptus à dæmone, cœpit validâ voce crimina regis confiteri, etc.* Greg. Tur. *De Nicetio episcopo,* dans les *Vitæ Patrum,* ch. XVII. nº 2.

(2) Sur ce droit de vengeance privée, voir Pardessus, Loi Salique, dissert. XII. p. 651.

Sirivald, qui jouissait paisiblement de ses rapines en sa
belle terre de Floriacum, du territoire de Dijon, où il
s'était réfugié dès l'avénement de Théodebert. Syagrius,
fils de l'évêque, déclara publiquement qu'il se ferait le
vengeur de son père; et il trouva quantité de gens de
bonne volonté pour le suivre dans son expédition. On partit
en petite troupe bien armée; on marcha sans bruit; et on
s'arrangea de manière à arriver à Floriacum par une nuit
sombre. De la villa ainsi investie sortit d'abord un homme
que, dans l'obscurité, les meurtriers prirent pour Sirivald,
et qu'ils assommèrent, en se félicitant du prompt succès de
leur coup de main; mais ils s'étaient trompés; et un
homme du pays, qui avait lui-même à se venger, les avertit
sur le champ de leur erreur : alors ces forcenés revinrent,
enfoncèrent les portes, et eurent enfin la joie cruelle de
verser le sang de leur ennemi. Hugues de Flavigny dit que
ce crime ne fut commis qu'après la mort de l'évêque Désiré; mais, dans le passage de Grégoire de Tours (III. 35),
il y a « après la mort du roi Thierry » : ce que toutefois
Grégoire lui-même semble contredire, en ne racontant
l'assassinat de Sirivald qu'après la fin de Désiré et l'élection de saint Airy. Quoi qu'il en soit, les forfaits de ce genre
n'étaient point rares alors : à Trèves, après Théodebert,
on égorgea, d'une manière encore plus atroce, Parthénius,
son ministre des finances et impôts. Le clergé, pour le
soustraire à la fureur publique, le cacha dans un grand
coffre, où l'on serrait les ornements de la cathédrale; mais
le malheureux fut découvert en ce réduit; et les séditieux
l'en ayant tiré, le traînèrent par les rues, au milieu des
injures, des coups et des crachats; puis ils le garottèrent
à une colonne, et l'assommèrent à coups de pierres. En
recueillant les rumeurs de ces vieux temps, on trouve que
dès lors les ministres des rois étaient en butte à des haines
furieuses : c'étaient, disait-on, des sangsues, des voleurs,
des traîtres et des lâches. On racontait de Parthénius qu'il
y avait toutes les nuits dans sa maison d'épouvantables

apparitions de spectres, demandant vengeance pour leur sang répandu et leurs biens confisqués : ainsi ont été diffamés, à toutes les époques, les objets de la haine publique. Pour adoucir, s'il était possible, ces mœurs sauvages, les codes réformés par Thierry établirent des wehrgeld, ou compositions pécuniaires fort élevées, afin d'engager l'offensé à renoncer à son droit de se faire justice à lui-même ; tel fut aussi le but des asiles d'églises, où le coupable, à l'abri de la première fureur de son ennemi, pouvait attendre qu'il acceptât la composition.

Les actes des conciles nous apprennent que l'évêque Désiré assista aux assemblées épiscopales d'Arvernum, ou Clermont en Auvergne, en 535, et d'Orléans en 539 ; mais aucun document ne donne la date de sa mort, qu'on place, par approximation, vers le milieu du VIᵉ siècle. Il est probable qu'il ne mourut point à Verdun : du moins nos anciens auteurs ne disent rien de sa sépulture. A cause du don qu'il obtint de Théodebert pour les Verdunois, il mérite d'être compté parmi les bienfaiteurs de la ville. Son titre hagiographique n'est point fixé : les Rituels l'appellent saint, comme ses prédécesseurs ; mais le calendrier liturgique ne lui décerne pas cet hommage. Ce qu'a écrit Wassebourg de la haute naissance de cet évêque en Thuringe, de la manière dont il fut pris par les Francs, et de ses entretiens avec sainte Radegonde de Poitiers est un roman, que nous ne rapporterons pas, parce qu'il n'a aucune garantie de documents anciens ; mais il résulte de l'histoire que Désiré n'avait point été élevé pour l'église, puisque, avant son épiscopat, il était marié, et que nos chroniques parlent de son fils Syagrius.

Après Théodebert, mort en 547, régna le fils que lui avait donné Deutérie, Théodebald, ou Thibauld, enfant de treize ans, qui mourut en 553. Avec ce jeune prince s'éteignit la descendance masculine de Thierry ; et l'Austrasie, passée sous le sceptre des autres Mérovingiens, appartint successivement à Childebert, puis à Clotaire

9

qui, en 559, réunit un moment sur sa tête toutes les couronnes des Francs. Thibauld laissait deux sœurs; néanmoins l'historien byzantin Agathias remarque que Childebert et Clotaire devaient lui succéder, comme étant ses plus proches parents mâles : c'est la première application connue de la célèbre loi qui exclut les femmes du trône de France. Bientôt après, en 562, Clotaire lui-même, le dernier des fils de Clovis, rendit, dans le palais de Compiègne, son âme chargée de cinquante ans de règne et de forfaits. Ses fils le portèrent au tombeau, à Saint-Médard de Soissons, puis partagèrent son héritage; mais la mort prématurée du roi de Paris Caribert nécessita bientôt de nouveaux arrangements, qui se firent avec une violente jalousie, et au milieu d'intérêts tellement complexes que d'interminables discussions en résultèrent dès l'origine. C'est sur cette scène que nous allons voir paraître les deux fameuses reines Frédégonde et Brunehault.

Brunehault.   Le plus noble et le plus généreux des princes de cette famille était Sigebert, auquel échut le royaume d'Austrasie. Prenant en dégoût la méprisable conduite de ses frères, qui vivaient avec des femmes de basse condition, il voulut, comme Clovis, épouser une princesse; et il choisit Brunehilde, la plus jeune fille d'Athanagilde, roi des Goths d'Espagne. Cette reine Brunehilde est celle qu'on nomme ordinairement Brunehault. Nos évêques, toujours pleins de zèle orthodoxe, s'empressèrent de lui faire abjurer l'arianisme; et le mariage se fit avec une telle pompe que Chilpéric, tout confus à Soissons de n'avoir pour femmes que des servantes, demanda la main d'une autre fille d'Athanagilde; mais il laissa bientôt assassiner sa reine par la jalouse Frédégonde, qu'il épousa à sa place; et ce crime fut la première cause des haines implacables des deux maisons royales. Ces événements se passèrent entre les années 565 et 568.

Pendant dix ans, Sigebert et Brunehault régnèrent heureusement. Ils firent baptiser leur premier enfant, Childebert II, par l'évêque de Verdun saint Airy (1), voulant honorer cet évêque, qu'ils avaient en haute estime ; quelques-uns ont cru, à cause de ce baptême, que le roi Childebert était né à Verdun. Brunehault, pendant cette période de prospérité, se montra grande, mais ambitieuse, dure et despotique. Elle voulut gouverner les Francs suivant le système oppressif de l'administration romaine, restauré en Espagne par les rois goths ses ancêtres ; elle fit réparer par corvées les forteresses, les ponts et les routes, de sorte que beaucoup de chemins s'appelèrent longtemps chaussées Brunehault, ou chaussées la Reine ; et elle dédaigna les cabales et les murmures. Il y eut ainsi beaucoup de mécontents ; et le vulgaire, toujours stupide, crut à une prophétie de sibylle où on lisait : *Brune viendra d'Ibérie, pour la ruine du peuple* (2).

En 575, la cause de Chilpéric et de Frédégonde sembla perdue. Sigebert, après plusieurs victoires, entra à Paris ; et les Leudes neustriens lui promirent de le proclamer dans leur camp. Ils le firent en effet, mais avec perfidie ; car, au moment même où il descendit du pavois, deux assassins le percèrent de couteaux empoisonnés (3), et le laissèrent mort sur la place. Brunehault, qui attendait à Paris son mari et sa nouvelle couronne, fut prise, ayant à peine eu le temps de confier son enfant Childebert à un fidèle Austrasien, le duc Gondebauld, qui emporta le jeune roi à Metz, où Gontran,

---

(1) *Agericus, Virdunensis episcopus, qui erat regis pater ex lavacro.* Greg. Tur., IX. 8.

(2) *Veniet Bruna de partibus Spaniæ, antè cujus conspectum multæ gentes peribunt.* Frédégaire, *Epitomata*, ch. 59.

(3) *Scramasaxos*, dit Grégoire de Tours, IV. 52. C'étaient ce que les antiquaires nomment des lames caraxées, portant en creux des rainures par lesquelles s'écoulait du poison.

roi de Bourgogne, déclara qu'il prenait sa tutelle. Le nouveau gouvernement réclama la reine, que les Neustriens rendirent à contre-cœur, et parce qu'ils craignaient de voir l'Austrasie et la Bourgogne s'unir contre eux. Elle avait, pendant sa captivité, ensorcelé, dirent ses ennemis, le propre fils de Chilpéric, Mérové qu'on lui avait donné pour geôlier, et qui l'épousa au lieu de la garder, à la grande colère de son père, par ordre duquel on le poursuivit jusque dans l'asile de Saint-Martin de Tours, où le célèbre évêque Grégoire l'historien, qui détestait Chilpéric et Frédégonde, refusa de le livrer.

Brunehault, devenue régente d'Austrasie au nom de Childebert II, continua ce que les Francs appelaient ses tyrannies : de sorte qu'en 587, quatre des premiers ducs conjurèrent de l'assassiner, ainsi que son fils et le roi de Bourgogne, son fidèle allié. Ces ducs étaient Gontran, surnommé Bose, ou le méchant, Ursion, Berthefroi, et Raucingue, qui se disait fils de Clotaire Ier. Ils complotèrent, avec une malice infernale, d'égorger le roi un jour où des citoyens de Tours et de Poitiers (villes dépendantes alors de l'Austrasie) devaient venir au palais, puis de charger de ce crime les malheureux étrangers; mais la trame fut éventée, et la cour disposa de son côté des piéges pour prendre les traîtres. Le plan qu'elle adopta fut d'arrêter d'abord Bose, sous un prétexte non politique, et de telle sorte que son arrestation ne donnât pas l'éveil à ses complices. Comme c'était un scélérat, il fut facile de lui trouver des crimes; celui qu'on allégua fut une violation de sépulture commise par ses gens qui furent surpris, ou se firent surprendre, dans une église de Metz, dépouillant un mort de ses joyaux; ils dénoncèrent leur maître, et révélèrent ses autres forfaits; mais, comme il était un seigneur de première qualité, on dut réserver sa cause au jugement des Francs, et on le conduisit vers Bel-

Conspiration
des
quatre ducs.

sonancum en Ardenne (1), où le prochain plaid était indiqué. Sur la route, il s'évada et s'enfuit à Verdun, dans l'asile de la cathédrale, où il implora l'intercession de saint Airy, espérant que le roi ne rejetterait point la prière de celui qu'il appelait son père de baptême. L'évêque alla en effet demander la grâce du fugitif et sa démarche causa quelque embarras à la cour. On lui répondit que, par égard pour lui, on voulait bien ne pas faire comparaître Bose au plaid de Belsonancum ; qu'on s'en rapporterait sur cette affaire au jugement du roi de Bourgogne, et qu'en attendant l'accusé resterait à Verdun, sévèrement gardé, par ordre royal, et sous la responsabilité de l'évêché (2).

Ce premier traître mis ainsi hors d'état de nuire, on laissa arriver Raucingue à Metz, où il vint de lui-même, aux approches du jour fixé pour l'exécution du complot. Childebert, prétextant avoir à lui faire quelque communication urgente, l'envoya brusquement chercher ; et le coupable, craignant de se trahir en refusant d'obéir, suivit les gens du roi. Pendant l'audience, on plaça à la porte de l'appartement deux bourreaux qui, lorsqu'il se présenta pour sortir, le renversèrent sur le seuil, la moitié du corps dans la chambre, puis lui broyèrent la tête à coups de massue, son sang et son cerveau rejaillissant sur les meubles ; puis le cadavre fut jeté par les fenêtres. C'était un spectacle horrible ; mais, dit Grégoire de Tours (v, 3), le scélérat méritait son sort ; car il était le plus méchant des hommes. Il se divertissait, pendant ses repas, à brûler les membres des esclaves qui lui tenaient le flambeau ; et un jour il fit enterrer vifs, dans la même fosse, deux mal-

(1) On croit que ce lieu est Bastogne, dans le Luxembourg.

(2) Grégoire de Tours, IX. 8, raconte ainsi cette audience : « Bose entra dans la chambre du roi, sans armes, et tenant saint Airy par la manche de l'habit ; car il n'osait se séparer de ce protecteur ; puis il dit humblement à Childebert : Je t'ai offensé, toi et ta mère ; j'ai méprisé vos ordres ; j'ai agi contre le bien public ; maintenant, je vous supplie, pardonnez-moi les maux que j'ai faits. »

heureux serfs, mariés sans son consentement, et tirés d'un
asile, sous promesse jurée à l'autel qu'on ne les séparerait
jamais. On trouva beaucoup d'or sur lui ; et les huissiers
qui allèrent saisir ses biens en rapportèrent plus de
richesses qu'il n'y en avait dans le trésor même du palais.

Pendant que la cour austrasienne rendait ainsi sa haute
justice à Metz, les deux autres conjurés, chargés d'amener
sans bruit des troupes pour le coup de main, s'avançaient
dans la Woëvre ; et déjà ils avaient dépassé Verdun, lorsqu'ils apprirent que tout était découvert, et que le sang de
leur complice avait déjà coulé. A cette effrayante nouvelle,
ils s'arrêtèrent sur le lieu même où ils se trouvaient, dans
une terre du domaine d'Ursion, dite de son nom *Ursionis
villa*. Là était une montagne escarpée, sur laquelle les Romains avaient autrefois établi un camp, qu'ils appelaient
Castrum Vabrense, ou camp de Woëvre ; mais ces antiques
retranchements n'existaient plus : et le lieu n'avait guère
d'autre force que celle qu'il tirait de sa position naturelle.
Néanmoins, il y avait sur la hauteur une église de Saint-
Martin, que l'on pouvait par quelques travaux transformer
en poste de défense. On se mit en hâte à ces travaux ; on
commanda les hommes de la villa d'Ursion, qui était au
bas de la côte ; on occupa l'église, où l'on mit l'argent qui
devait soudoyer les rebelles, et on chercha à se rallier les
ennemis du gouvernement ; mais bientôt arrivèrent les
troupes royales, envoyées de Metz sous le commandement
de Godégisile, gendre de Loup, duc de Champagne.
Brunehault, qui était marraine de la fille de Berthefroi,
avait donné des instructions secrètes pour qu'on épargnât
la vie de ce rebelle. Dans ce but, Godégisile, au lieu de
donner sur le champ l'assaut, se mit à ravager les terres
d'Ursion, espérant que celui-ci accourrait à leur défense ;
mais les assiégés n'eurent garde de sortir, attendant qu'il
leur vint du secours soit de Neustrie, soit d'ailleurs. Il
fallut en conséquence que les Austrasiens escaladassent la
montagne et missent le feu à l'église. Ursion s'élança,

Combat du camp
de Woëvre.

l'épée à la main, et vendit chèrement sa vie : Trudulfe, comte du palais, périt sous ses coups; mais enfin il fut accablé par le nombre. En le voyant tomber, Godégisile, fidèle à la recommandation de Brunehault, s'écria : « Voici le grand ennemi de nos maîtres mort! Faisons la paix ; et que ce Berthefroi devienne ce qu'il pourra! » En même temps, il laissa les soldats piller l'église, pour que son protégé pût s'échapper. Il n'y manqua pas : et, sautant à cheval, il courut à toute bride jusqu'à Verdun, où il se réfugia dans l'asile du cloître, sous la protection de saint Airy.

C'est un grand sujet de discussion parmi nos antiquaires que de savoir où était précisément ce mémorable *Castrum Vabrense,* théâtre d'un si sanglant combat. Cette recherche présente quelque intérêt; mais les savants, suivant leur usage, ne sont point tombés d'accord dans leurs conjectures. Comme il s'agit en ce débat de trouver une localité réunissant tous les caractères de celle qu'indique Grégoire de Tours, nous transcrirons, avant de dire notre avis, le passage même de cet historien, tel qu'il se trouve dans les chapitres IX et XII du livre IX de l'*Histoire des Francs :*

Conjectures sur l'endroit de ce camp.

« Jàm enim Ursio atque Berthefredus, collecto exercitu veniebant : sed audientes quòd tali interitu fuisset adfectus Rauchingus, adauctâ adhùc secum multitudine hominum quæ ad eos pertinere videbatur, infrà Castrum Vabrense, quod villæ Ursionis propinquum erat, cum rebus omnibus se muniunt (ch. 9)... Childebertus verò rex, collecto exercitu, ad locum dirigi jubet. Erat enim villa in pago Vabrensi, cui imminebat mons arduus : in hujus cacumine, basilica in honore sancti ac beatissimi Martini. Ferebant ibi castrum antiquitùs fuisse : sed nunc non structurâ, sed naturâ tantùm munitum erat. In hâc ergo basilicâ, cum rebus atque uxoribus et familiâ, se antedicti concluserunt. Commoto ergò exercitu, homines, antequàm ad eos accéderent, villas aut res eorum incendio ac prædæ tradiderunt : accedentes autem ad hunc locum, ad montem se proripiunt, et basilicam cum armis vallant : cùmque eos extrahere de basilicâ non valerent, ignem adplicare nituntur... Quod cernens Godegesilus (Ursionem occisum), clamare cœpit : Fiat nunc pax ! eccę maximus inimicus dominorum nostrorum ruit : hic verò Berthefredus vitam habeat ! » Hæc eo dicente, cùm omnis populus ad direptionem rerum quæ in basilicâ adunatæ fuerant inhiaret, Berthefredus, ascenso equite, ad Viridunensem urbem dirigit, ibique in oratorio quod in domo ecclesiasticâ erat se tutari putans, præsertim cùm et ipse pontifex Agericus in hâc domo resideret... (ch. 12).

Il résulte de ce passage que le camp de Woëvre était entre Metz et Verdun, et assez près de cette dernière ville, puisque Berthefroi franchit la distance d'un galop de cheval ; en outre, il était situé sur une montagne escarpée, portant sur sa hauteur une église de Saint-Martin, et des vestiges de camp romain. Voici, sur ce lieu, les opinions qui méritent d'être mentionnées.

Saint-Walfroy. Adrien Valois, dans son livre de la Notice des Gaules, ouvrage fort savant pour son temps, dit, à l'article *Vabrensis*, que le camp existait sur la montagne de Saint-Walfroy, au-delà de Montmédy ; et, comme ce livre a longtemps servi de dictionnaire de la Gaule antique, la plupart des auteurs y ont pris cette indication. Elle semble, au premier coup-d'œil, très-admissible. Saint-Walfroy est sur la crête d'un plateau assez étendu, se terminant au nord et au nord-ouest par une pente abrupte, qui s'adoucit aux bords de la Chiers et du ruisseau d'Orval : il y eut là une église de Saint-Martin, construite par l'anachorète stylite dont nous avons parlé ; cette église est mentionnée par Grégoire de Tours lui-même, dans un autre passage (VIII, 15-17) ; enfin la tradition est que les Romains eurent sur cette crête une forteresse, qu'on appela, après sa destruction, la Fraite, ou la ruinée *(fracta)*. Mais les autres particularités de l'endroit ne cadrent pas avec les détails du récit. Si les conjurés eussent été à Saint-Walfroy, les troupes de Childebert, venues de Metz, seraient arrivées par le plateau, et n'auraient pas eu à escalader la montagne : en outre, et ceci semble encore plus décisif, elles se fussent trouvées entre les rebelles et Verdun, de sorte que Berthefroi, pour fuir en notre ville, aurait eu à faire 50 ou 60 kilomètres, à travers un pays où il pouvait à chaque instant rencontrer l'ennemi. Il est bien probable que, dans une telle position, il se serait, de préférence, dirigé à l'ouest, vers le royaume de Chilpéric, son allié. A cette invraisemblance s'en ajoute une autre, qui paraît également très-forte. Grégoire de Tours, grand amateur d'histoires d'églises et de couvents, connaissait parfaitement l'anachorète Walfroy et sa montagne : il avait passé là deux nuits, en 585, au retour de son ambassade à Coblentz; le solitaire lui avait raconté l'histoire de sa colonne et de la fondation de son monastère; et, pendant leur long entretien, était survenue une aurore boréale, qu'ils ne manquèrent pas de prendre pour un présage de grands et sinistres événements. Cependant, deux ans plus tard, en 587, ce même Grégoire, racontant au long l'assaut du camp de Woëvre, que l'on suppose avoir été en ce lieu même de Saint-Walfroy, ne révèle, ni par mention expresse, ni par la plus légère allusion, l'identité de la localité : il ne parle ni de Walfroy, ni de ses religieux, qui durent cependant se trouver en grande confusion, si les conjurés soutinrent un assaut dans leur propre église, et si les Austrasiens y mirent le feu, et la pillèrent. L'omission d'une telle circonstance est étrange : et, quand on compare les deux passages de l'historien, on demeure convaincu qu'ils ne s'appliquent pas au même endroit.

En Woëvre, on est généralement persuadé que la bataille se livra sur la côte des Hures ou des Heurs (H aspirée), près de Fresnes : on veut même que ce nom de Heurs, qu'il faudrait, dit-on, écrire Heurts, dérive du verbe heurter, et indique le choc du combat. Cette côte des Heurts n'est séparée que par une gorge de celle de Saint-Martin, sur laquelle exista l'église, jusqu'à la Révolution (1).

Côte des Heurts.

(1) Saint-Martin-des-Eparges; *de Spargiis* ou *Pargiis*. On trouve ce même mot dans la charte de mise à assises de Parois, en 1223 : *sed pargia villa adhuc remanet secundùm mores antiquos*, c'est-à-dire n'est pas affranchie. Une

Saint-Martin est aussi une montagne haute et escarpée,
mais sur laquelle n'existe aucun vestige de poste militaire,
son sommet peu spacieux et dominé ne la rendant pas propre à un tel établissement. On suppose, en conséquence,
que le Castrum fut aux Heurts, et que Grégoire de Tours,
en le mettant sur la même montagne que l'église, a été
trompé par la contiguité des lieux. Cette opinion est plus
admissible que la précédente; mais elle a l'inconvénient
de faire un peu violence au texte original.

Châtillon-
en-Woëvre.

Il nous semble que la position de Châtillon-les-Côtes,
autrement dit Châtillon-en-Woëvre, satisfait plus heureusement aux conditions du problème. Le nom même du lieu
rappelle celui de Castrum Vabrense; car, ainsi que nous
l'avons dit, en parlant de la ville-haute de Verdun, le mot
Castrum se traduisait par Châtel, dont Châtillon est un
diminutif. La carte du dépôt de la guerre indique les vestiges d'un camp romain sur la hauteur dite Châtelet, qui
domine à la fois Châtillon et Watronville, où l'on peut
croire qu'était la villa d'Ursion. La hauteur elle-même est
escarpée; et la paroisse de Châtillon qui, de toute antiquité,
est dédiée à saint Martin, représente l'église incendiée sur
la montagne par les Austrasiens. Une course de cheval suffisait pour transporter de là Berthefroi à Verdun; car la
distance n'est que d'une dizaine de kilomètres. Nous pen-
chons donc pour Châtillon : mais, sans insister; car nous
savons que les archéologues changent rarement d'avis; et,
comme d'ailleurs il importe peu à l'histoire que l'événement se soit passé sur une de nos montagnes, ou sur une

---

parge, ou pargie (parc) était un grand enclos pour la pâture du bétail; et
on appelait amende de pargie l'amende encourue par ceux qui, au lieu de
mettre leur bétail en parge, le laissaient vaguer aux dépens d'autrui. *Les
bancs brisiés, et les pargies des bestes qui iront eins preis* (prés) *et eins bleifs,*
dit le livre des droits de Verdun, vers l'an 1300. — Saint-Martin-des-Eparges,
dont l'ancienne circonscription renfermait les Eparges, Trésauvaux, Cham-
plon et Saulx (jusqu'en 1750), était un exemple de ces grandes et anciennes
paroisses dites *plebes,* ou églises publiques, dont nous avons parlé ci-dessus, p. 109.

autre, nous ne pousserons pas plus loin cette discussion (1).

On ne peut s'empêcher ici de remarquer avec peine et surprise combien les faits, même très-mémorables, se perdent aisément dans les traditions orales. De tout ce que nous venons de raconter, Bertaire, au commencement du Xe siècle, ne savait plus rien autre chose, sinon « qu'un certain homme très-noble, que le roi avait condamné à mort pour des crimes, se réfugia chez saint Airy, lequel lui sauva la vie par son intercession; et ce seigneur, ajoute le chroniqueur, donna à notre église ce qu'elle possède à Arc et à Amance. » C'était là tout ce que la tradition avait conservé du grand récit de Grégoire de Tours, que l'on ne connaissait pas chez nous à cette époque. On peut juger à ce trait de la quantité de souvenirs qui se perdirent dans le cours des siècles; et de pareilles lacunes sont fréquentes dans toutes les histoires de villes et de provinces. Au reste, Bertaire se trompait en croyant que saint Airy avait sauvé « l'homme très-noble condamné; » cet homme, ainsi que ses complices, étaient de trop redoutables personnages pour que l'intercession d'un évêque pût arrêter le cours de la justice politique : et nous allons voir, en reprenant le récit, comment périrent Berthefroy et Gontran-Bose.

On apprit bientôt à la cour d'Austrasie les événements du camp de Woëvre; et Childebert sut qu'on avait laissé échapper Berthefroy. Comme il ne partageait point pour ce traître la pitié de Brunehault, il s'écria, plein de colère : « Si Berthefroy m'échappe, Godégisile ne m'échappera pas! » Celui-ci, craignant pour sa tête, rassemble sur le champ ses soldats, et

Berthefroy tué dans l'asile de Verdun.

(1) Wassebourg met le Castrum Vabrense à Hatton-Châtel; Mabillon, à la Tour-en-Woëvre; M. Denis, l'ancien rédacteur du *Narrateur de la Meuse*, voulait qu'il eût été à Montsec. Ces opinions n'ont point de probabilité. — On lit, dans quelques ouvrages écrits sans soin, que saint Airy soutint, avec Ursion et Berthefroy, le siége dans le Castrum: C'est une méprise ; le texte de Grégoire de Tours suppose évidemment le contraire.

marche à Verdun, où il cerne l'asile. Le clergé, alléguant la sainteté du lieu, refusa d'ouvrir les portes;
et saint Airy pria et supplia, en donnant sa parole
qu'il irait lui-même apaiser le roi; mais les Austrasiens, peu rassurés sur les effets de cette promesse,
montèrent avec des échelles sur les combles de la cathédrale, découvrirent le toit; et, comme les basiliques
de ce temps n'étaient point voûtées, ils lancèrent d'en
haut tant de flèches, de pierres et de tuiles que Berthefroy fut tué près de l'autel qu'il embrassait; et trois
autres réfugiés de sa suite périrent avec lui. Quand
le roi sut comment on avait exécuté ses ordres, il
regretta que de telles choses fussent arrivées dans l'é-
glise même de son père de baptême; et il lui envoya
des présents pour le consoler; mais le pontife demeura
fort chagrin d'avoir vu son autel teint du sang de ceux
pour lesquels il intercédait; et ce qui se passa ensuite
au sujet de Gontran-Bose augmenta encore sa tristesse.
(Grég. de Tours, IX, 12).

**Procès
de Gontran-Bose**
Ce dernier des quatre révoltés était, comme nous
l'avons dit, resté prisonnier à Verdun, sous la garde
et la responsabilité de l'évêché, qui avait promis de le
représenter au jugement des rois d'Austrasie et de
Bourgogne. Vers la fin de l'an 587, les deux monarques, voulant terminer cette affaire, se réunirent à An-
delot, au pays de Langres, ou, selon d'autres, à Andlaw
en Alsace, près des Vosges. Ceux qui vinrent chercher
le prisonnier à Verdun dirent que le roi souhaitait
que l'évêque ne l'accompagnât pas : à cette défense, il
devint clair que l'on allait agir à la rigueur, et que la
cour ne voulait point être troublée en sa justice par
les supplications et lamentations des prêtres. Saint Airy,
exclu de l'assemblée, ne put faire autre chose que de
prier le métropolitain Magneric de Trèves d'intercéder
à sa place pour les coupables. Il ne fut pas difficile
de convaincre Bose d'une infinité de parjures et d'at-

tentats ; mais le scélérat se voyant près d'être condamné
à mort, s'enfuit chez Magneric, et, tirant l'épée contre
lui, s'écria avec désespoir : « Sauve-moi, saint père,
ou bien nous périrons ensemble ! » Fort embarrassé
d'un tel assaut, l'évêque répondit : « Eh ! que puis-je
faire, si tu me retiens ici ? Laisse-moi du moins sortir,
pour demander miséricorde au roi. — Non, reprit Bose ;
envoie tes prêtres et tes hommes de confiance ; et, s'ils
ne me délivrent, tu mourras avec moi ! » Les envoyés
éperdus s'exprimèrent de telle sorte que les rois crurent que Magneric travaillait à faire évader l'accusé ;
alors Gontran de Bourgogne, fort violent dans le premier feu de la colère, s'écria : « Allez ! mettez le feu
à la maison ; et, si l'évêque ne veut sortir, qu'il périsse
lui-même avec le traître ! » L'ordre fut exécuté ; les
clercs, voyant la maison en flammes, en tirèrent leur
évêque ; mais Bose, qui s'élançait sur leurs pas, tomba
sous une telle grêle de traits que, quand il fut mort,
son cadavre, soutenu par les javelots, ne touchait pas
le sol. Ses biens furent confisqués, et ses enfants réduits
à la misère. Saint Airy se chargea de ces orphelins,
qu'il fit élever sous ses yeux ; et leur présence, lui
rappelant de pénibles souvenirs, il leur disait souvent
avec larmes : Hélas, je n'ai pu arracher votre père au
supplice ! (Grég. de Tours, IX, 10 et 23.)

Childebert II, sachant que cet évêque, qu'il aimait
et honorait, vieillissait ainsi dans le chagrin, vint, peu
après, le voir à Verdun, et lui dit les nécessités politiques qui n'avaient point permis d'accueillir ses demandes en faveur des conspirateurs. C'est pendant cette
visite royale que notre légende place le fameux miracle du baril de saint Airy. Les Francs, dit-elle, étaient
grands buveurs ; chaque seigneur du cortége avait amené
avec lui beaucoup d'hommes ; et, comme on n'attendait point ces hôtes, les provisions de la maison épiscopale se trouvèrent bientôt épuisées. Le cellérier vint,

*Baril
de saint Airy.*

fort en peine, annoncer qu'il ne restait plus dans la
cave qu'un seul baril, ou petite tonne ; on ne pouvait
d'ailleurs trouver en ville du vin digne de tels convives,
parce qu'alors il n'y avait point de vignoble à Verdun.
Force fut donc de s'en rapporter à la Providence. On
monta le baril dans la salle du repas ; et saint Airy
l'ayant béni, avec tout ce qu'on devait servir, on vit
avec surprise qu'il était intarissable. La même chose
arriva les jours suivants, et tant que le roi fut à l'évêché : en vain les Francs étonnés puisaient à pleines
coupes, tant plus ils en tiraient, dit Wassebourg, tant
plus il en sortait ; et on fit largesse de ce vin merveilleux à tous ceux qui en demandèrent. Bertaire parle
aussi d'un tonneau qui se trouva plus plein au départ
du roi qu'à son arrivée. Ce furent peut-être les Francs
eux-mêmes qui arrangèrent cet incident, afin de faire
quelque diversion à la mélancolie de leur hôte vénérable. Le roi, apprenant par ce prodige que l'évêché
manquait de vignes, lui fit présent de deux «*Amandus*»,
au pays messin ; ce mot, suivant les savants, signifie
une pièce de vigne produisant assez de vin pour remplir un de ces gros tonneaux dits alors Hama, aujour-
d'hui foudres ; et, en partant, il laissa une charte de
munificence royale accordant à l'église, en considération
de son excellent pasteur (*pro reverentiâ tanti præsulis*),
les terres de Sampiniacum (Sampigny), Commenariæ
(Cumnières), Hairici-Villa (Harville), et, tout près de
Verdun, Carnacum (Charny), avec Nova-Villa (Champ et
Neuville). (1). Telle fut l'origine de l'opulence de notre
cathédrale. Cette belle donation fit dire au peuple, dans
son langage familier, que le roi, en quittant l'évêché,
y laissa les tonneaux plus pleins qu'ils ne l'étaient à
sa venue ; et ce mot, dont un vestige subsiste encore

---

(1) Bertaire nomme en outre Marccium et Mercast-villam, lieux qu'on ne
connaît pas bien ; et il ajoute : « *item quidquid infrà Luceium et Bavam est,
et omne quod subtùs Treviris habemus.* »

dans le passage de Bertaire cité plus haut, fut peut-
être l'origine de la légende. D'autres prennent cette
histoire pour une tradition indiquant l'époque de la
plantation de notre premier vignoble; quoi qu'il en soit,
le baril est, dans les tableaux, l'attribut de saint Airy,
comme le Dragon est celui de saint Vanne.

La grande et tragique affaire de la conjuration des Procès de Gilles
quatre ducs se termina par le procès du métropolitain de Reims.
Gilles de Reims (*Ægidius Remensis*). Depuis longtemps
on suspectait ce prélat qui, dès le commencement des
troubles, avait laissé les Neustriens entrer dans sa ville;
mais, soit que sa finesse habituelle l'eût empêché alors
de se compromettre, soit que la politique de la cour
attendît pour s'attaquer à lui la ruine de ses complices,
on l'avait laissé en paix. Enfin le roi déclara qu'il avait
acquis la preuve de sa félonie : il le fit arrêter à Reims
même, et ordonna aux évêques de s'assembler à Verdun pour le juger. La session était indiquée pour les
premiers jours d'octobre; mais le haut clergé employa
tous les moyens qu'il put pour entraver la procédure.
Il fut dit d'abord, en son nom, que l'arrestation d'un
métropolitain par la seule autorité du bras séculier était
illégale; qu'en conséquence, et pour réparation de l'é-
norme préjudice ainsi porté aux immunités de l'Eglise,
l'accusé serait remis en son palais de Reims, où on lui
enverrait la citation canonique. Le concile ayant été
pour cette cause ajourné au milieu de novembre, les
prélats s'excusèrent de venir, disant qu'il était tombé
de grandes pluies, que les rivières débordaient, et qu'on
ne pouvait voyager par des boues et des chemins impraticables. Saint Airy, venant en aide à ces réclamations, demandait de son côté que la session ne se tînt
point à Verdun; la manière dont Bertaire rapporte sa
demande semble indiquer que ces sortes d'assemblées
étaient regardées comme onéreuses aux habitants des
lieux où on les tenait. Le roi répondit qu'il n'y avait

en ces divers inconvénients aucun titre de dispense légale, et persista dans ses ordres; mais, s'apercevant
bientôt de la mauvaise volonté des évêques réunis à
Verdun, il transféra leur concile à Metz, afin de les
avoir sous ses yeux. Là les procédures se firent comme
l'entendait la cour; les griefs du roi furent déduits et
prouvés par son mandataire le duc Ennodius; et l'accusé n'ayant pas paru se justifier d'une manière claire,
le concile gémit de voir un si haut dignitaire de l'Eglise
impliqué dans de telles intrigues. On le déposa, en demandant pour lui grâce de la vie; et il fut relégué
dans la ville que les Romains nommaient Argentina ou
Argentoratum, nom que les Barbares avaient déjà
changé en celui de Strasbourg (Grég. de Tours, x, 19).

Saint Louvent.
Rembercourt.

La dernière victime de ces tragédies politiques fut
chez nous saint Louvent (*Lupentius*), auquel est dédiée
la belle église de Rembercourt-aux-Pots, sur les confins
du Barrois et du Verdunois. Ce saint périt fort loin de
son pays; car il avait pour patrie le Gévaudan, l'une
de ces contrées de la Gaule méridionale, que les anciennes conquêtes du roi Thierry sur les Visigoths
avaient soumises à l'Austrasie; mais Brunehault triomphante poursuivait ses ennemis jusque dans les provinces les plus reculées de la monarchie; et partout on
recherchait les gens suspects d'avoir été du parti des
conspirateurs. La porte ayant été ainsi ouverte à une
infinité de délations et de calomnies, Innocent, comte
du Gévaudan, accusa Louvent, abbé de Saint-Privat de
Javouls, d'avoir tenu des propos contre la Reine; et ce
religieux cénobite fut mandé à la cour pour y rendre
compte de sa conduite et de ses paroles. Il se justifia,
et obtint permission de retourner; mais, soit qu'il y
eût ordre secret de le mettre à mort, soit haine personnelle du comte Innocent, il fut assassiné de nuit,
pendant le voyage, sur les bords de l'Aisne. Pour empêcher qu'on ne le reconnût, les meurtriers lui cou-

pèrent la tête, qu'ils cousirent dans un sac plein de pierres, puis la jetèrent ainsi à l'eau; mais le cadavre fut découvert par des bergers; et on se mit fort en peine de savoir quel était ce corps dont on n'avait que le tronc. Alors, suivant Grégoire de Tours (VI, 37), un aigle qui planait dans le ciel descendit tout à coup sur la rivière, et en tira le sac qui contenait le chef coupé. A la vue de ce miracle, on ne douta point que ces restes ne fussent·ceux d'un saint; on érigea sur le champ un tombeau, puis une chapelle, où brilla une lumière céleste, et où Dieu rendit la santé à de nombreux malades. Cette chapelle est maintenant l'église Saint-Louvent de Rembercourt, que l'on croit construite à l'endroit même où l'aigle déposa la tête du martyr : l'édifice actuel ne remonte qu'au XVe siècle; mais l'érection du premier monument est attribuée à Brunehault et au comte Innocent lui-même, qui voulut, dit-on, expier son crime lorsque la reine, par une promotion assez scandaleuse, l'eût nommé à l'évêché de Rodez, (Grégoire de Tours, VI, 37, 38).

Venance-Fortunat, le dernier poëte, ou plutôt le dernier versificateur qui ait écrit en latin, lorsque cette langue était encore vivante, vint à Verdun, au temps de saint Airy, et paya par une pièce de vers, dont quelques-uns sont assez gracieux, l'hospitalité qu'il reçut chez notre pontife :

Venance-Fortunat à Verdun

> *Urbs Virduna, brevi quamvis claudaris in orbe,*
> *Pontificis meritis amplificata places.*
> *Agerice sacer, cujus sermone colente*
> *Ecclesiæ segetes fertilitate placent.*
> *In templis habitando piis, sic purus haberis*
> *Ut tua corda, pater, sint pia templa Dei.*
> *Doctiloquum flumen salienti ex ore refundis,*
> *Et satiat populos hinc cibus, indè fides.*
> *Templa vetusta novas pretiosiùs, et nova condis,*
> *Cultior est Domini, te famulante, domus.*
> *Ad nova templa avidè concurrunt undiquè plebes,*
> *Et, si sol fugiat, hic manet arte dies.*

Sumit pauper opem, tristis spem, nudus amictum,
Omnia, quidquid habes, omnibus esse facis.
Hic (Deus) tibi longa salus maneat lux indè futura,
Atque diù pastor pro grege vota feras (Carm. l. 3.)

Nous passons quelques vers faibles, et une comparaison de mauvais goût entre saint Airy et le soleil ; en général Fortunat délaie sa pensée en lieux communs, et sa muse ne fut jamais celle de la beauté simple. Il peint saint Airy comme un homme de parole éloquente et d'œuvres encore meilleures : on écoutait avidement ses discours ; et ses épargnes passaient pour le bien des pauvres. Le poëte admira la beauté des illuminations de la cathédrale aux offices de la nuit; il nous apprend encore qu'on venait alors de réparer à Verdun les anciennes églises et d'en construire de nouvelles. Wassebourg savait que ces neuves églises étaient celles de Saint-Médard, depuis paroissiale, et celle qui porta dans la suite le nom de saint Airy lui-même; près de celle-ci, ajoute-t-on, était la maison paternelle du bon évêque, qu'il transforma en hôpital et qui, sous le nom de Sainte-Catherine, conserve encore sa charitable destination ; mais les anciens auteurs ne sont point entrés dans ces détails. Dans une autre de ses poésies, Fortunat parle de la Meuse comme d'une rivière agréable *(dulce sonans)*, poissonneuse, aux bords peuplés d'oiseaux sauvages : et il vit quantité de bateaux en sillonner le cours (1); cette dernière indication, rapprochée du passage où Grégoire de Tours mentionne le négoce florissant des Verdunois à la même époque, porte à croire que leur commerce était de ceux qu'on appelait, dans les anciens temps, marchandises par eau. En ce même petit poëme, Fortunat, célébrant les exploits des chasseurs de l'Ardenne, fait connaître diverses espèces de bêtes fauves et noires qui ont disparu aujourd'hui de notre pays : on pouvait alors tuer

_____

(1)   *Aut Mosa dulce sonans, quà grus, ganta, anser, olorque est,*
          Triplice merce ferax, alite, pisce, rate. (Carm. vii. 4.)
Grus, grue ou héron, *ganta, anser,* oies et canards sauvages, *olor,* cygne.

dans nos forêts et nos plaines, non-seulement le cerf, le chevreuil et le sanglier, mais encore l'élan *(elix, cervus alces),* l'ours, le buffle et l'auroch, ou taureau sauvage, le plus grand et le plus redoutable des animaux de l'ancienne Gaule (1). Telles étaient les chasses qu'on faisait avant saint Hubert; et il y avait dès lors, dans les forêts, des gardes chargés de réprimer les braconniers qui s'approvisionnaient de venaison aux dépens du roi ou des seigneurs (2).

Une célébrité d'un autre genre attirait alors à Verdun la foule crédule : c'était une sibylle ou pythonisse, que l'on venait consulter de très-loin pour retrouver les objets volés ou perdus; et la renommée de cette femme fut telle que Grégoire de Tours parla d'elle dans son histoire des Francs (VII, 44). C'était, dit-il, une jeune fille, d'abord esclave, qui avait fait la fortune de ses maîtres par ses consultations, et qui, ayant obtenu sa liberté, exerçait pour son propre compte l'art divinatoire. Elle était ainsi devenue très-riche; et elle ne paraissait en public qu'avec un costume magnifique et imposant. Saint Airy soupçonna qu'elle était possédée du diable ; en conséquence il la fit venir, lut sur elle les exorcismes de l'église, et lui fit sur le front une croix avec de l'huile sainte. Différents indices trahirent alors la présence du malin esprit; mais on eut beau réi-

Sibylle de Verdun.

(1)　　*Ardennæ et Vosagi, cervi, capræ, elicis, ursi*
　　　　Cæde sagittiferâ silva fragore tonat.
　　　　Seu validi bufali ferit inter cornua campum,
　　　　Nec mortem differt ursus, onager, aper.

Cervus, le cerf, *capra,* le chevreuil, *elix,* l'élan (en celtique Elk ou Elch, d'où les noms latins *elix* et *cervus alces*), *ursus,* l'ours, *buffalus,* le buffle, *aper,* le sanglier. Comme il n'est pas probable que Fortunat ait parlé deux fois des ours dans une si courte énumération, nous croyons qu'au dernier vers, au lieu de *ursus,* il faut lire *urus,* l'auroch, Auer Ochs, bœuf des prairies, en allemand. Quant à l'onagre, nous ne savons quel animal Fortunat a pu désigner par ce nom, à moins que ce ne soient des chevaux ou des ânes retournés à l'état sauvage pendant les invasions barbares. — Voir le passage de César sur les bêtes de la forêt d'Hercynie, VI. 26. 27. 28.

(2). *Guntchramnus rex* (Gontran), *dùm per Vosagum silvam venationem exerceret, vestigia occisi bubali deprehendit. Cùmque custodem silvæ arctius distringeret, quis hoc in regali silvâ gerere præsumpsisset, etc.* Greg. Tur. x. 10.

térer les prières et les exorcismes, l'obstiné démon réfusa
de sortir ; et il fallut laisser aller la jeune fille, qui néanmoins demeura décréditée par cette cérémonie, parce
qu'elle passa dès lors pour un organe de l'enfer. Elle quitta
la ville, et alla porter son art maudit à la cour de Frédégonde. Ceci n'est malheureusement point un trait de
mœurs caractéristique du VIe siècle ; et il n'est pas nécessaire de remonter jusque là pour trouver des exemples
analogues de charlatanisme et de crédulité (1).

Mort
de saint Airy.

Saint Airy mourut le 1er décembre de l'an 591. C'est ici
la première date précise que nous rencontrons dans l'Histoire de Verdun : encore ne se lit-elle point ainsi dans les
anciens auteurs ; et on ne l'a obtenue qu'au moyen de sup-
putations et combinaisons qui pourraient bien laisser
quelque prise à l'erreur. On sait, par la relation des derniers moments de ce saint, qu'il décéda un jour de samedi ;
d'un autre côté, les martyrologes et calendriers ont, de
toute antiquité, placé sa mort au 1er décembre ; enfin cette
mort est antérieure à celle de Grégoire de Tours, qui
mourut lui-même en novembre 595, ayant déjà mentionné
le nom du successeur de saint Airy : or l'année 591 est la
seule qui satisfasse bien à cette indication d'avoir eu, peu
avant la mort de Grégoire de Tours, un samedi pour premier
jour de décembre. Nous rapportons cette petite discussion
pour montrer au lecteur ce qu'est la chronologie de l'ancienne histoire, quand on veut entrer dans les détails. Pour
date initiale, on peut donner à l'épiscopat de saint Airy les
environs de l'an 560 : et des nombreux souvenirs laissés par
son administration, on doit induire qu'elle fut de longue
durée. Il s'appelait en latin *Agericus*, mot qui signifie
homme champêtre : ce qui a fait dire à la légende qu'il

---

(1) Hugues de Flavigny nomme cette jeune fille Childuide. Ce nom est de
forme vraiment mérovingienne ; ce qui peut faire penser que le souvenir
de la sibylle se conservait encore au temps de Hugues. Il décrit avec emphase comment cette fille fut délivrée du démon par les exorcismes de saint
Airy, bien que Grégoire de Tours dise formellement qu'elle ne le fut pas.

naquit dans les champs, où sa mère l'aurait enfanté pendant des travaux d'agriculture ; et, à cause d'une autre homonymie, on a supposé que ces champs étaient ceux de Harville, village dont le nom vient, dit-on, de *Agerici villa,* bien que Bertaire, qui appelle toujours saint Airy *Agericus,* nomme Harville *Hairici villa,* dans le passage même où il raconte le miracle du baril. Tout ce que nous savons de certain, c'est que saint Airy, au moment de son ordination, était citoyen de Verdun : *unus de istis civibus,* écrit le même Bertaire. Il fut inhumé dans l'église qui porta dans la suite son nom, et qu'il avait fait construire pour la ville-basse, sous le titre patronal des saints André et Martin. En langue vulgaire, on prononça successivement son nom Agric, Agry, Arry, et enfin Airy.

Son successeur Caraimère, référendaire royal, c'est-à-dire garde du sceau, fut nommé par la cour à notre évêché, vers l'an 592. Il avait pour concurrent un certain Bucciovald, abbé ou supérieur des clercs de la cathédrale ; mais on écarta ce candidat, sous prétexte qu'il était orgueilleux, et que le peuple le nommait par dérision *Bucca valida,* trompette sonore. Ce motif, du moins, fut allégué à l'appui du choix royal ; et nos chroniqueurs des temps suivants le prirent pour bon, bien qu'il nous semble peu probable que saint Airy eût confié une de ses grandes charges ecclésiastiques à un homme du caractère que l'on attribue au candidat éconduit. (Grég. de Tours, IX, 23).

Peu après, en 596, mourut Childebert II, âgé seulement de vingt-cinq ans ; et Brunehault fut une seconde fois régente, au nom de ses deux petits-fils Théodebert et Thierry. Le premier, devenu roi d'Austrasie, chassa son aïeule, que les Leudes détestaient ; elle s'enfuit en Bourgogne, chez Thierry, dont les troupes, après de longs combats, la ramenèrent triomphante à Metz, en 612. Un des événements de ces guerres fut la prise, dont nous avons déjà parlé, du fort de Nasium, reste de cette ville antique. Cette victoire fut le dernier et le plus court des succès de la Reine; Thierry mourut l'année suivante; et les grands d'Austrasie, frémissant de porter encore une fois le joug, appelèrent Clotaire II, fils de Frédégonde, et héritier de toutes les haines de sa mère. Le sort trahit Brunehault dans une bataille livrée près de Châlons : elle fut prise; et ses ennemis, après lui avoir reproché la mort de dix princes, dont Frédégaire donne la liste (ch. 42), la condamnèrent à être mise en pièces par un cheval indompté, en présence de toute l'armée des Francs. Quelques serviteurs fidèles recueillirent ses membres, et les portèrent à l'abbaye Saint-Martin, qu'elle avait fondée à Autun. Il est difficile de la justifier de toutes les accusations qui pèsent sur sa mémoire; on peut croire néanmoins que ces accusations furent exagérées par les écrivains qui flattèrent la race triomphante de Frédégonde. Ceux qui égorgèrent Brunehault n'étaient certainement pas moins barbares qu'elle; et ils n'avaient point son génie.

Pendant ces troubles, l'histoire de Verdun présente une lacune, qui s'étend de l'évêque Caraimère, vers 592, à saint Paul, vers l'an 630. Après Caraimère, il y eut Hermenfroy, dont Bertaire ne put savoir autre chose, sinon que son nom se lisait au catalogue épiscopal; et ce catalogue lui-même, demeuré ici notre seul document, n'est pas complet; car on n'y trouve pas Godon, mentionné comme évêque de Verdun dans les actes du concile de Reims de l'an 625 (1). Telle était la négligence des chroniqueurs de ce temps qu'ils laissèrent perdre, non-seulement le nom d'un évêque de Verdun, mais même celui d'un roi d'Austrasie, Dagobert II, qui clôt notre seconde période mérovingienne,

___

(1) Pour cette omission de Godon au catalogue épiscopal, on a supposé qu'il n'assista au concile de Reims que comme délégué de l'évêque Hermenfroi. Mais les actes du concile, tels que les donne Flodoard, II. 5, ne mettent aucune différence entre Godon et les autres évêques présents.

Marginal note: Fin tragique de Brunehault.

commençant à son homonyme Dagobert Ier. L'histoire des cinquante années comprises entre ces deux Dagobert sera le sujet du chapitre suivant.

Imp. Ch. Lemercier, Verdun

Voir ci-dessus, pag 141

CHAPITRE III

DÉCADENCE ET FIN DES MÉROVINGIENS D'AUSTRASIE.—DE DAGOBERT Iᵉʳ, EN 628,
A DAGOBERT II, ASSASSINÉ EN 680.

Après la mort de Brunehault, toute la nation des
Francs se trouva réunie sous le sceptre de Clotaire II
comme elle l'avait été, un demi-siècle auparavant, sous
celui de Clotaire Iᵉʳ; mais, tandis que la première unité
de l'empire avait à peine duré trois ans, la seconde
se maintint pendant vingt-cinq années, sous les règnes
du second Clotaire et de son fils Dagobert. La France,
délivrée des guerres civiles, reprit alors quelque vigueur.
Les Mérovingiens, instruits par l'expérience de leurs
luttes sous Frédégonde et Brunehault, semblèrent vouloir chercher la paix en abolissant la distinction des
deux royaumes: le titre même de roi d'Austrasie fut
supprimé; et Clotaire II, qui résidait à Paris, fit gouverner nos provinces par un simple maire du Palais
nommé Radon. Mais l'orgueil austrasien ne tarda pas
à se sentir humilié; et il fallut, après sept années de
cette sorte d'interrègne, que Clotaire nommât roi de
Metz son fils Dagobert, à peine âgé de quinze ans. Il
lui donna pour ministres Pépin de Landen, appelé
aussi Pépin le Vieux, et saint Arnoul, évêque de Metz:
c'étaient deux hommes du premier mérite; et sous leur
administration, le gouvernement du jeune roi fut excellent; mais leurs noms seuls nous annoncent l'approche d'une révolution nouvelle; car la dynastie carlovingienne sortit du mariage d'un fils de saint Arnoul
avec une fille de l'ancien Pépin.

Dagobert, devenu roi des Francs, en 628, par la mort de son père, alla régner à Paris; et la royauté austrasienne s'éclipsa encore pendant quatre ans, après lesquels le roi en rétablit de nouveau le titre, en faveur de son fils Sigebert, qu'on appelle chez nous saint Sigisbert. Ce jeune prince n'eut point d'abord pour ministre Pépin de Landen; car Dagobert qui, pendant sa royauté à Metz, avait vu de près la redoutable influence de ce personnage sur le pays, l'avait emmené à Paris, sous le prétexte honorable de s'éclairer de ses conseils; mais Dagobert étant mort en 638, le maire Pépin revint; et de son retour date chez nous la décadence de l'autorité royale. L'hérédité, qui commençait à envahir les grands emplois, s'introduisit dans la mairie; une nouvelle dynastie s'établit de fait; et les descendants de Clovis, réduits peu à peu à la nullité politique, disparurent enfin de la scène du monde.

A la décadence mérovingienne commence, pour les lettres et l'histoire, l'époque de la grande barbarie qui dura jusqu'à Charlemagne. Au VIe siècle encore, beaucoup de traditions demeuraient de la culture et de la civilisation antiques; mais ces vestiges s'effacèrent dans la sauvage ignorance des deux siècles suivants. Avec Grégoire de Tours s'éteint la lumière incertaine et vacillante que ses récits projetaient sur l'anarchie mérovingienne; et l'histoire, tombée aux mains de Frédégaire, puis continuée jusqu'à Charlemagne par des moines inconnus, perd tout intérêt et toute couleur. Telle est la sécheresse de style et la pauvreté des narrations de ces auteurs qu'on ne s'aperçoit pas, en passant de l'un à l'autre, que la plume a changé de mains. Ces inhabiles écrivains ne sont touchants que dans leurs humbles aveux de faiblesse et de nullité profonde. Le monde, disent-ils, se fait vieux; l'intelligence des hommes s'émousse; et personne de nos jours ne peut, ni même ne croit pouvoir égaler les doctes

Barbarie des temps de la décadence mérovingienne.

des générations précédentes; néanmoins, comme il faut
que quelqu'un raconte les guerres des rois et les ver-
tus des saints, nous entreprenons cette tâche, bien que
la débilité de notre esprit soit grande, et la rusticité
de notre style extrême (1). Ces lamentables paroles ne
sont malheureusement que l'exacte vérité.

Ce que peuvent être les chroniques locales en une période où l'histoire de France elle-même manque d'écrivains,
est facile à concevoir. Les auteurs font complétement défaut; et les seuls personnages de cet âge de ténèbres que
l'oubli n'ait point entièrement engloutis, furent les hommes qui laissèrent d'assez longs souvenirs pour que leur
mémoire subsistât encore lorsque l'on recommença à
écrire. C'est à travers ces déserts historiques que nous
avons à conduire le lecteur pendant une période de plus
d'un siècle jusqu'à Charlemagne.

Saint Paul
et Adalgise.

Sous le règne de Dagobert, nos traditions verdunoises
mentionnent l'évêque saint Paul et le riche diacre Adalgise, son ami et son disciple. Paul était originaire du pays
de Trèves, où il ne fut d'abord qu'un simple moine, instruit et éloquent, tandis qu'Adalgise appartenait à la plus
haute noblesse Franke, comptait des ducs dans sa famille (2), et même, suivant notre chroniqueur Bertaire,
était lié de parenté avec le roi. Comme tous les grands
leudes, il possédait une immense fortune territoriale,
située partie dans le Trévirois, partie aux environs de Longuyon, qui paraît avoir été sa patrie; mais, dès sa jeunesse,
il prit en dégoût les palais mérovingiens, où se succédaient chaque jour des scènes de perfidie, de violence et

(1) *Mundus senescit : prudentiœ acumen in nobis tepescit; nec quisquam potest hujus temporis, nec præsumit, prudentibus præcedentibus esse similis. Ego
tamen, ut rusticitas et extremitas sensûs mei valuit, etc.* Prologue de Frédégaire.

(2) *Villam Fatiliago* (Failly)... *quam nepoti meo Boboni duci vendere cœperam*
Testament d'Adalgise. — Adalgise s'appelait aussi Grimon. Au viie siècle,
l'usage des doubles noms pour distinguer les personnes, comme par un
surnom, devint assez commun.

dé débauche ; et il fit construire, dans sa terre tréviroise de Taulegium, ou Tholey, un beau monastère qu'il visitait souvent, pour s'édifier de la pieuse conversation des cénobites. Ce fut là qu'il connut Paul qui, jeune et plein de zèle, avait, au mont Keven, près Trèves, détruit la dernière idole du pays : cette idole était un Bélénus, ou Apollon, qu'il précipita dans la Moselle ; et, depuis cette action mémorable, la montagne s'appela, dans la langue du pays, Paulsberg, c'est-à-dire montagne de Paul (1). S'étant ensuite retiré au nouveau monastère de Tholey, il y devint l'un des maîtres dont Adalgise aimait à écouter la parole ; on le produisit à la cour, où il fut connu de saint Arnoul, le premier ministre : il se lia particulièrement avec le trésorier d'Austrasie Didier, qui fut nommé à l'évêché de Cahors, en même temps que Paul lui-même à celui de Verdun ; et ces deux prélats demeurèrent en correspondance épistolaire jusqu'à la fin de leur vie. On a conservé les pièces officielles de la nomination de Didier (2) ; elles peuvent nous servir de renseignement sur ce qui se passa de semblable, à la même date chez nous, et en général sur les promotions épiscopales des temps mérovingiens. De l'ancienne forme élective, il restait au clergé et au peuple de l'évêché vacant le droit de présenter, par députation au roi, un candidat, avec acte de délibération commune en sa faveur ; on suggéra aux Verdunois de demander Adalgise ; et le roi s'empressa d'agréer cette demande, dont il était probablement l'instigateur. Ainsi se passaient ordinairement les choses, la cour trouvant toujours des gens pour appuyer ses choix, et, au besoin, se passant de la délibéra-

(1) *Claruit Paulus super montem Cebennam, qui ex ejus nomine hactenus Pauli mons* (Paulsberg) *vocatur.* Gesta Trevir. ch. 57. — Keven, mont, en celtique : d'où Cévennes, Genève, *Gebenna*, etc. — Saint Paul ne fut point abbé de Tholey. *Excepto nomine pastoris, colebatur vice magistri*, dit son biographe. Bolland. Février, t. II. p. 176.

(2) Elles sont dans Baluze, Capitul. t. I. p. 141. Voir aussi la Formule de Marculfe, I. 7 : *suggerendo piissimo domino regi commune à servis vestris, quorum subscriptiones vel signacula subtùs tenentur insertæ...; ut instruere dignemini illustrem virum N cathedræ illius successorem.*

tion des citoyens ; mais le modeste Adalgise fit écrire le nom de Paul à la place du sien, dans la charte de précep- tion ou injonction royale, formulée alors en ces termes : « Notre piété, approuvant la demande des prêtres et des citoyens de Verdun en faveur de Paul, nous mandons et ordonnons qu'il soit sacré, aux acclamations de ce clergé et de ce peuple. Chrodebert, chancelier, a écrit la présente lettre; Dagobert roi l'a signée, l'an VIII de son règne. » En même temps, on expédia un avis (*indiculus*) « au seigneur et père apostolique » Modoalde de Trèves, pour qu'il assemblât sans retard les évêques de la province, afin de bénir et de sacrer leur nouveau collègue : c'était alors ce concile provincial qui conférait l'autorité spirituelle à l'élu. Ainsi arriva saint Paul à Verdun, vers l'an 630.

La vie de cet évêque fut écrite vers le XIe siècle par Thi- bauld des Voues, prêtre d'Argonne; mais cet ouvrage, en forme de panégyrique, n'est point de date assez rappro- chée des faits pour avoir l'autorité d'un document origi- nal (1). Bertaire, plus ancien que cet auteur, est fort suc- cinct, suivant son habitude : il nous apprend toutefois que, de son temps, on voyait encore peints sur les murs de nos églises des traits d'histoire et de légende relatifs à saint Paul ; mais il négligea de raconter les choses figurées en ces tableaux; de sorte que, pour tous renseignements de

Lettres de saint Paul. ce temps, il ne nous reste que deux lettres, assez courtes, écrites par Paul lui-même à son ami Didier de Cahors (2), et le testament d'Adalgise, daté de Verdun, la douzième année de Dagobert en Austrasie, c'est-à-dire environ l'an 634. Ces écrits sont les plus anciens des archives de notre pays; et les deux lettres sont intéressantes comme corres- pondance de bonne amitié et de petites nouvelles locales,

---

(1) Cette vie est dans les Bollandistes, Février, tom. II. p. 175. Dans le *Commentarius prævius*, § 3, ils montrent qu'on ne peut mettre l'arrivée de saint Paul à Verdun antérieurement à l'an 630.

(2) Ces deux lettres sont dans Du Chesne, *Historiæ Francorum scriptores*, tom. I. p. 885.

telles, par exemple, que les suivantes : Le roi est venu à Verdun, peu avant les fêtes de Noël (de l'année 638); il est parti
de là pour Reims ; j'ai pris grand soin de cette illustre
mère de famille Bobilane, que vous m'avez recommandée ;
l'évêque Chainoald de Laon est mort; j'ai reçu votre excellent Falerne (vin de Languedoc); mais vous me comblez de
vos largesses; je n'avais demandé qu'une amphore de ce
vin, et vous m'en expédiez dix grands vaisseaux, ou, pour
mieux dire, dix pleines tonnes (*tunnas decem elegantissimi
Falerni*); vous ajoutez encore d'autres présents ; je ne sais
comment vous remercier : et autres semblables détails familiers. Tout cela est dit avec agrément, et d'un style aussi
bon qu'il pouvait l'être au VIIe siècle; il y a même, pour
ornement littéraire, une allusion aux vers du poëte, c'est-
à-dire de Virgile ; mais c'est un Virgile mis en petits vers
rimés à la mode nouvelle (1) : ce qui indique que l'oreille,
devenue barbare, ne reconnaissait déjà plus les vers qu'à
la rime.

Des renseignements plus importants nous sont fournis
par le testament d'Adalgise, pièce fort longue, et datée,
comme nous venons de le dire, de Verdun, le 3 des calendes de Janvier, an XII du très-glorieux Dagobert, c'est-à-dire
du 30 décembre de l'an 634 ou 635, Dagobert ayant commencé son règne d'Austrasie en 622. On ne peut louer ce document, comme les lettres précédentes, pour le bon style;
car Adalgise parlait et écrivait le latin en grand seigneur
Franc, le barbarisme s'étalant à toutes ses lignes, et pour
ainsi dire à tous ses mots. Cet écrit est un triste et curieux
échantillon de la manière outrageuse dont les Francs traitaient la belle langue romaine, alors réduite par eux à son
extrême décadence, et sur le point de périr ; mais, quelque
étrange que puisse paraître notre assertion, ces énormes
solécismes sont précieux dans notre charte, parce qu'ils

Testament d'Adalgise.

(1) *Si lingua sonet ferrea, Centena sint spiramina.* C'est le passage de Virgile, Enéid. vi. 625, défiguré : *Non mihi si linguæ centum sint, oraque centum,
Ferrea vox, etc.*

garantissent qu'elle est dans son texte primitif, et n'a point, comme plusieurs autres, été refaite dans les cartulaires des moines où, en corrigeant le style, on se permit plus d'une fois de modifier aussi les choses. Cette pièce n'est connue que depuis peu d'années : auparavant elle était ensevelie dans les archives de Trèves, où, sans aucun doute, Hontheim l'avait vue ; mais il se garda de la publier parce qu'elle constatait clairement les droits de l'évêché de Verdun, et par conséquent ceux de la France, depuis le traité de Münster, sur le territoire de Tholey.

Ce qui frappe d'abord en ce testament, c'est l'immensité des terres qui appartenaient au testateur, bien qu'il eût déjà amoindri sa fortune par le magnifique cadeau qu'il avait fait à notre cathédrale de sa terre de Fresnes-en-Woëvre, pour laquelle, dit Bertaire, l'église se souviendra éternellement de lui. Il usait noblement de cette opulence ; car nous lisons, dans le testament même, qu'il avait fondé, pour les pauvres de son domaine de Longuyon, deux hôpitaux, l'un à Sainte-Agathe de cette ville, l'autre à Mercy; et l'acte renferme quantité de legs aux établissements de religion et de bienfaisance des diocèses de Verdun, de Metz, de Trèves et de Tongres : ce dernier est celui de Liége, ville où saint Hubert transféra le siége épiscopal en 708. On trouve en cette pièce le nom romain de Longuyon, *Longagio;* ce qui prouve l'antiquité de cette ville, ainsi que celle de son église Sainte-Agathe, qui devint le titre de l'un des cinq archidiaconés du diocèse de Trèves; mais alors Longuyon était de celui de Verdun, dans les doyennés wallons; et ceci explique comment Adalgise, originaire de ce pays, se considérait comme Verdunois, et destina ses plus beaux présents à notre clergé. « Je veux, dit-il, « remercier par ces dispositions la sacro-sainte église de « Verdun de m'avoir honorablement entretenu de sa pré- « bende ecclésiastique (1); » phrase remarquable, qui

Longuyon.

_____

(1) *Sacro-sanctæ ecclesiæ Virdunensi, quæ me strenuè de suis stipendiis enutrivit.*

prouve qu'Adalgise vécut dans le presbytère d'alors, absolument comme les autres clercs, étant censé pauvre, et tirant sa nourriture du revenu commun. Ceci devait être de discipline générale; car, cent ans plus tard, sous Pépin-le-Bref, Chrodegand, évêque de Metz, écrivit dans les règlements de son Chapitre que les membres de ce clergé feraient donation de tous leurs immeubles à la corporation, sauf, s'ils le voulaient, à s'en réserver l'usufruit pour de bonnes œuvres; et de tels statuts durent, sans aucun doute, fort enrichir l'église à la longue, bien qu'il fût rare qu'elle trouvât des clercs semblables à Adalgise en richesse et en munificence. Il est possible que notre charte ne soit qu'une donation de cette espèce; car, dans le latin du VIIᵉ siècle, le mot *testamentum* a souvent ce sens; ainsi on appelle testament de Wulfoade les chartes de fondation de Saint-Mihiel par ce comte, l'an 709. . .

Les amateurs d'archéologie ecclésiastique remarqueront encore les paroles du testateur, au sujet de sa sœur la défunte diaconesse Ermegonde qui, dit-il, m'a laissé l'usufruit du domaine d'Hogregia, légué par elle à la cathédrale de Verdun (1). L'institution des diaconesses est de la haute antiquité chrétienne; et elle tombait en désuétude au moment où nous en trouvons encore ce vestige chez nous.

Une autre particularité digne d'attention est le legs pour la léproserie de Verdun, alors au mont Saint-Vanne : en faveur de cet établissement, le testateur dispose de sa terre dite Sur-Thonne : *Basilicæ sancti domni Petri et domni Vitoni, oppidi Virdunensis, ubi leprosi resident, villam meam ad Tautinna.* Il y a, près de Mont-médy, plusieurs villages dits Thonne; et nous voyons aussi par ce passage que l'ancienne basilique de Saint-

Léproserie
à Verdun.

---

(1) *Villa Hogregia, quam germana mea Ermegundis, quondam diacona, etc.* —Hogregia devait être sur un ruisseau de même nom, affluent de la Chiers : *in prato sito super Caro et Hogregia*, dit un autre passage du testament.

Pierre, dédiée par saint Saintin, commençait à joindre au nom de son patron primitif celui de saint Vanne, le seul qu'elle ait gardé ensuite. L'acte renferme d'autres legs pour les léproseries de Metz et de Maestricht; ce qui prouve que la lèpre existait chez nous bien avant les croisades, qui ne furent que l'époque de la plus grande extension de cette hideuse maladie.

Abbaye de Tholey.

Le titre des droits de l'évêché de Verdun sur Tholey se trouvait dans ce testament, en un article que nous citerons encore, parce qu'il est souvent parlé dans notre histoire de ce monastère de Tholey, qui fut la haute école du clergé verdunois pendant tout le siècle de la décadence mérovingienne. Il était situé dans la région tréviroise des Vosges, chaîne à laquelle les anciens rattachaient les montagnes qui la suivent jusqu'au Palatinat moderne. « Je donne et lègue, porte le texte, mon Castrum Taulegium, ou Doma en Vosges, et tous les saints lieux que j'y ai fait construire; je donne ce domaine en toute étendue et avec toutes dépendances, terres et champs, prés, bois, serfs, maisons, villages : dès l'instant de ma mort, ladite église pourra le faire administrer par ses officiers. » Cette belle donation fut lue en Chapitre, où assistaient l'évêque saint Paul, avec l'archidiacre Gisloald, qui fut son successeur, et les autres membres du Presbytère, que l'acte nous fait connaître : Haderic ou Bestilon, prêtre, Meroald, diacre, Ancemond et Magnoald; enfin le diacre Ernulf, qui tenait la plume. Ces vénérables personnages, craignant sans doute que l'évêque de Trèves, ne vînt leur réclamer quelque chose, parce que le lieu était de son diocèse, engagèrent Adalgise à dicter, en post-scriptum, cette nouvelle clause : « Il me convient encore de dire que si, sous prétexte que les saints lieux de Tholey ont été autrefois, à ma demande, immatriculés *(titolata sint)* au diocèse de Trèves, l'évêque prétend à ce titre exiger quelque cens ou redevance de l'église de Verdun, celle-ci n'est tenue envers lui à rien autre chose qu'à un honoraire de trente-une pièces (triens) d'or, pour la distribution annuelle du saint-chrême (1). » Cet honoraire est considérable; mais le territoire donné était vaste. Notre évêché, ainsi devenu seigneur et maître de Tholey, y établit sa haute école ecclésiastique, trouvant sans doute que l'avantage d'une possession aussi étendue compensait l'inconvénient de la distance des lieux : d'ailleurs il y avait déjà à Tholey une école où Adalgise et saint Paul s'étaient connus dans leur jeunesse, tandis que les abbayes de Montfaucon et de Beaulieu, que fondaient près de nous, en ce temps même, saint Balderic et saint Rouin, n'étaient que de simples colonies de moines défricheurs, encore dans les embarras de leur premier établissement. Les ténèbres de l'histoire mérovingienne ne nous permettent pas de dire quel fut l'enseignement à Tholey : nous savons seulement que, depuis cette époque jusqu'au règne de Pépin-le-Bref, les évêques et les dignitaires ecclésiastiques de Verdun furent élèves de ce cloître. Pour ne plus revenir sur son histoire, nous en mettrons ici les choses les plus notables. Sous Lothaire, fils de Louis-le-Débonnaire, un courtisan nommé Adelelme s'empara de l'abbaye; mais on parvint à chasser cet intrus; et l'évêché se maintint au droit de principauté pendant tout le moyen-âge, de telle sorte que l'abbé des moines ne pouvait prendre possession de son temporel sans l'investiture de nos évêques. On trouve dans Wassebourg une de ces demandes d'investiture, datée de l'an 1280 (2); nous avons encore de l'an 1422,

---

(1) *Locum verò cognominante Doma et castrum Teulegio, sectum (situm) in Vogaso, ubi, pro Dei reverentiâ, loca sanctorum œdificavi, cum pratis, campis, silvis, etc., etc., ipsa ecclesia Virdunensis in suo jure ac dominatione retineat, ab ipsius ecclesiæ actores, in Dei nomine, possidendum.* Post-scriptum : *Et adhùc mihi convenit scribendum si, pro eo quòd ab episcopo Treverensi ipsa loca sancta Doma vel Toleio, me petente, titolata sint... nihil aliud nisi exsenium (xenium) XXXI in auro, ad baptisandum chrisma, annis singulis, dissolvat.*

(2) *Quatenus temporalia à vobis recipere teneatur*, dit cette pièce dans Wassebourg, p. 384, verso. — Il l'a transcrite du cartulaire de la cathédrale, p. 110 *bis*, verso, où elle porte bien la date 1280, quoi qu'en dise, tout à fait mal à propos, Roussel, p. 314, qui ne veut pas admettre de vacance de l'évêché entre les deux évêques Granson.

une lettre de l'abbé Thomas de Sotteren, priant le Chapitre d'informer l'évêque Louis, cardinal de Bar, qu'on avait incendié le couvent, et demandant secours contre les incendiaires et autres malfaiteurs. Mais peu à peu nos prélats perdirent ce domaine, parce que le testament d'Adalgise n'existant plus à Verdun, leurs titres de possession se réduisirent à une prescription qu'il fallait prouver par des usages antiques et des traditions immémoriales : les ducs de Lorraine et les électeurs de Trèves contestèrent et usurpèrent; enfin les rois de France, étant aux droits de ces ducs, ainsi qu'à ceux de nos princes-évêques, terminèrent les contestations avec l'électeur, en lui abandonnant, par traité de 1778, Tholey en échange d'autres lieux, pour la rectification des frontières. Ce bourg était chef-lieu du petit pays de Schaumbourg, d'environ cinq lieues d'étendue; le monastère fondé par Adalgise subsista jusque à la Révolution, incorporé à la congrégation des bénédictins allemands de Bursfeld; et on montrait encore alors dans ses salles plusieurs portraits, que l'on disait être ceux de très-anciens évêques de Verdun, jadis disciples de l'école.

Pain de saint Paul.

Le reste de l'histoire de saint Paul n'est connu que par des légendes. Chaque année, le 8 février, jour de sa fête, la riche abbaye qui portait son nom à Verdun distribuait une sorte de pâtisserie sèche, qu'on appelait le pain de saint Paul; un pain figurait également dans le blason du monastère, et était l'attribut du saint dans les peintures : c'était sans doute un souvenir de sa bienfaisance envers les pauvres, pendant quelque famine; mais la légende avait défiguré ce trait par des inventions bizarres et de mauvais goût. A Trèves, on rapportait à Paul l'origine de la coutume de lancer chaque année, le jour des Brandons, (premier dimanche de carême) une roue enflammée du haut du Paulsberg dans la Moselle; cette roue figurait, disait-on, la chute de l'idole qu'il avait autrefois précipitée de cette mon-

Roue flamboyante.

tagne; mais les savants voyaient dans les roues flamboyantes, dont la coutume était assez générale en ces
contrées, un vestige des cérémonies druidiques relatives au cours du soleil (1).

Saint Paul mourut avant l'an 650; car son successeur Gisloald est mentionné parmi les fidèles du roi
Sigebert dans une charte que l'on rapporte à l'an 648,
et qui a pour objet la fondation de Stavelo, au pays
de Liége. Il fut le dernier de nos évêques élevés selon
les traditions gallo-romaines; et c'est ainsi que nous
entendons le passage où son biographe, le louant de
son instruction, dit qu'il avait reçu l'éducation des
nobles d'autrefois. C'est par anachronisme que Bertaire le suppose frère de saint Germain de Paris. On
l'inhuma en une chapelle qu'il avait fait construire hors
de la ville, dans la prairie voisine de la porte de
France actuelle; ce lieu est l'endroit qu'on appelle
Vieille-Saint-Paul, où l'on érigea, au xᵉ siècle, une
magnifique abbaye, qui fut démolie de fond en comble, en 1552, sous prétexte que, si Charles-Quint prenait
Metz, dont il faisait alors le siége, il viendrait peut-
être ensuite à Verdun, et se servirait peut-être alors
de ces grands édifices contre nos remparts : après cette
ruine, le monastère fut reconstruit dans l'intérieur de
la ville, où nous voyons encore ses bâtiments, devenus
palais de justice et hôtel de sous-préfecture. La chapelle primitive qui portait, dit-on, le nom de Saint-
Saturnin, fut détruite par les Normans; et le tombeau
de saint Paul demeura quelque temps abandonné dans
les décombres. Le bruit s'étant répandu alors qu'on
en voyait couler des larmes, les moines de Tholey s'in-

---

(1) Bontheim vit encore cette cérémonie, à la fin du siècle dernier.
M. Teissier, ancien sous-préfet de Thionville, a donné, dans le tome v des
Antiquaires de France, une dissertation sur les roues flamboyantes; et, en
zélé archéologue, il alla lui-même mettre le feu à celle du village de Basse-
Kontz.

dignèrent de l'abandon où on laissait leur ancien maître;
ils vinrent, sous couleur de pèlerinage, ouvrirent la
tombe pendant la nuit, et emportèrent les reliques;
mais saint Paul refusa de quitter Verdun; et sa puissance invisible arrêta les ravisseurs dans des bois voisins de la route de Metz. Une croix et un ermitage
furent élevés en l'honneur de ce miracle, à l'endroit
qu'on nomme encore aujourd'hui Paul-Croix.

Après saint Paul, et pendant plus d'un siècle jusqu'à
saint Madalvé, la chronique épiscopale de Verdun devient
muette, comme l'histoire civile. On ne connaît que les
noms des évêques Gisloald, Gérébert, Armonius, et de
six de leurs successeurs (1); ces noms, auxquels ne se
rattache presque aucun souvenir, signalent la période
la plus pauvre de toute notre histoire.

Moines primitifs.   Peu avant le milieu du VIIe siècle, des moines, conduits par saint Balderic à Montfaucon et par saint Rouin
à Beaulieu, nommé alors Wasloge, opérèrent les premiers
défrichements de la forêt d'Argonne. Ces cénobites primitifs étaient plus laborieux, mais moins instruits que
ceux des temps modernes; simples paysans, pour la
plupart, ils continuaient dans le cloître la vie agricole;
de sorte qu'une des plus utiles entreprises qu'on pût
faire alors était la fondation d'un grand monastère dans
les déserts des forêts et des campagnes. Cet établissement devenait un centre attirant peu à peu à lui les
hommes paisibles et laborieux, qui travaillaient là de
concert, protégés par leur réunion même, et par le
respect qu'inspiraient alors les choses religieuses; respect mélangé, il est vrai, de superstitions, car la religion des moines était loin d'être toujours fort éclairée;

(1) Voici les noms de ces évêques, et leurs dates approximatives : Gisloald, de 648 à 665. Gérébert, 665. Armonius, 689. Agrebert, 702. Bertalame,
708. Abbon, 715. Peppon, 716. Volchise, 722. Agrone, 730. Interrègne sous
Charles Martel. Saint Madalvé, vers le temps de Pépin-le-Bref.

mais nous aurions tort de les juger sur nos idées; ils pensaient et agissaient comme nous l'aurions probablement fait nous-mêmes, si le cours des générations nous eût fait naître en ces temps. Il y avait parmi ces anciens moines deux classes de personnes : les *Domni (domini)*, ou Doms, c'est-à-dire les seigneurs du cloître, comme l'abbé, les prieurs, ou premiers après l'abbé *(priores)*, les sous-prieurs, et autres dignitaires réguliers, les prêtres qu'on attirait dans la maison pour les messes et les sacrements, et en général tous les religieux qui, par leur instruction, leurs talents ou leur naissance sortaient du commun et formaient l'aristocratie de l'Ordre. Les autres, de beaucoup les plus nombreux à l'origine, étaient les simples frères, dits frères lais ou laïques, et frères convers, c'est-à-dire convertis à la vie religieuse : ils composaient la multitude dans les couvents primitifs d'agriculteurs et de défricheurs; et ce n'est point un trait purement légendaire que ce qu'on dit, dans les chroniques, des centaines de religieux qui peuplèrent les premiers cloîtres. D'ordinaire, ces grands monastères champêtres avaient plusieurs églises, dans la principale desquelles un certain nombre de frères désignés se succédaient nuit et jour pour chanter la psalmodie perpétuelle, dite *laus perennis*, qui était l'honneur de ces couvents. Charlemagne ordonna que tous suivissent la règle de saint Benoît, jugée avec raison la meilleure et la plus sage; de là vient que toutes les abbayes de grande ancienneté étaient bénédictines; mais il y avait eu auparavant des règles diverses, notamment, chez nous, celle d'Agaune, ou de Saint-Maurice en Valais, observée à Tholey du temps de saint Paul; et on reconnaît qu'un ancien monastère suivit cette règle quand il a saint Maurice pour patron. Ainsi, le titre patronal de Saint-Maurice de Beaulieu indiquait à nos antiquaires que le Wasloge de saint Rouin avait été fondé sous cette discipline d'Agaune.

Ces notions sommaires servent à comprendre la primitive histoire des moines en Gaule.

Saint Balderic, le premier qui créa chez nous un grand établissement monastique, ne nous est connu que par ce qu'a écrit de lui Flodoard, en sa grande chronique de Reims, achevée vers l'an 950; par conséquent à une date déjà fort éloignée de notre anachorète. Balderic passait alors pour avoir été fils, ou petit-fils de l'un des rois d'Austrasie du nom de Sigebert (1); et la légende racontait que, dans une de ses chasses de jeune seigneur, un faucon l'avait conduit de Reims jusque aux confins du Verdunois; là l'oiseau, décrivant de vastes cercles dans les airs, s'arrêta au-dessus d'une haute montagne boisée et déserte, et finit par se poser sur le tertre qui en formait le sommet. La même chose s'étant renouvelée le jour suivant, Balderic ne douta pas que ce ne fût un miracle; il appela la montagne Montfaucon, manda ses gens de Reims, érigea un autel à l'endroit où l'oiseau merveilleux s'était posé; on abattit le bois aux environs; et bientôt s'éleva sur cette cime un beau monastère à plusieurs églises. La principale fut dédiée à saint Germain d'Auxerre; elle devint dans la suite collégiale, et elle subsiste encore, reconstruite à la fin du XVIe siècle; la seconde, nommée Saint-Laurent, servit de paroisse au bourg jusque à la Révolution; la troisième, Saint-Pierre, n'est connue que par le récit de Flodoard. Les moines ayant continué les

---

(1) *Qui regali genere exorti fuisse referuntur, patre scilicet Sigeberto rege,* dit Flodoard, iv. 38. Ce mot *referuntur* indique qu'il ne se tenait pas bien sûr de la vérité de cette tradition. — Sigebert Ier, l'époux de Brunehault, eut plusieurs enfants, dont Grégoire de Tours parle sans les nommer, iv. 52 et v. 1; il est possible que Balderic ait été de leur nombre. Sigebert II, que la plupart des historiens ne comptent pas, fut égorgé en bas âge par Clotaire II. Quant à Sigebert III, le maire Grimoald, qui fit disparaître son fils Dagobert II, n'eût pas laissé chez nous un frère de sa victime. — Il y a, dans les Bollandistes, au 24 Avril (tom. iii de ce mois, p. 285) une Vie des saintes Beuve et Dode, sœurs de saint Balderic : c'est un écrit peu ancien, et sans intérêt historique.

défrichements, l'abbaye se trouva en possession d'un vaste domaine seigneurial, représenté à peu près par l'ancienne prévôté capitulaire, composée des villages de Chasarges, appelé ensuite Septsarges, Cuisy, la grande paroisse, comprenant Epinonville et Ivoiry, son annexe, Gesnes, annexe de Cierges (celui-ci n'étant point de la prévôté, bien que le Chapitre eût la nomination à la cure), Gercourt et Drillancourt, Eclisse-Fontaine, Esmorieux. La paix du cloître naissant de Balderic fut troublée par le roi Dagobert, sous prétexte qu'on avait reçu sans sa permission, Vandregisile, fils de Walchise, très-noble personnage de Verdun, qui était parent des Pépin, et probablement comte de notre ville ; mais Vandregisile s'enfuit jusque à Rouen, où saint Ouen *(Audoënus)* lui conféra les ordres, vers l'an 640 ; circonstance qui donne l'année 630 pour date approximative de l'origine de Montfaucon (1). Vandregisile ou, comme on l'appelle d'ordinaire, saint Wandrille fut lui-même fondateur de plusieurs monastères au territoire de Rouen ; et le trait que nous venons de rapporter prouve qu'il fallait le congé du roi pour qu'un de ses leudes entrât dans un couvent. Quant à saint Balderic, il se retira dans sa vieillesse à Reims, où il mourut près de sa sœur Bova, dite sainte Beuve ; mais on rapporta son corps à Montfaucon ; et la légende raconte que les cloches sonnèrent d'elles-mêmes à son arrivée. C'est la première fois qu'il est parlé de cloches en notre pays ; on les appelait en latin *signa,* ou signaux ; de là le vieux mot français *sain,* qui s'est conservé dans tocsin (2). Des histoires de cloches sonnant toutes seules reviennent assez souvent dans les légendes de Flodoard ; il est probable qu'on avait quelque mécanisme pour émerveiller le peuple par ce bruyant et innocent prodige. L'abbaye demeura déserte pendant l'occupation militaire des biens d'église

---

(1) Vie de saint Wandrille, dans Mabillon, *Acta SS. sœc.* 2. *p.* 554.
(2) Qui donc oït les sains partout sonner. *Garin le Loherain.*

sous Charles-Martel ; et la tradition rapporte que Charlemagne l'ayant vue en ruines, pendant une chasse
qu'il fit dans la forêt voisine, ordonna de la réparer ;
de là vient qu'on en attribue quelquefois la fondation
à ce prince, et qu'on a dit, par anachronisme, que
saint Balderic vécut de son temps ; mais, lors du rétablissement, ce furent des clercs, et non des moines
qui reprirent possession ; de sorte que la vieille abbaye
mérovingienne devint l'insigne église collégiale Saint-
Germain de Montfaucon, la première d'Argonne, avec
un Chapitre riche et nombreux, dont le premier dignitaire, ou princier, s'appelait grand-prévôt *(præpositus)*,
et fut, pendant tout le moyen-âge, archidiacre d'Argonne en la cathédrale de Verdun. Il y avait un autre
prévôt laïque, préposé à l'administration de la justice
seigneuriale dans la terre capitulaire.

Montfaucon est connu dans l'histoire de France par la
grande victoire qu'y remporta le roi Eudes sur les Normans, en 888 ; et nous parlerons de cette bataille à sa date,
ainsi que du traité de 986, en vertu duquel Verdun, un
moment conquis par le roi Lothaire, fut restitué à l'Empire ;
mais nous placerons ici quelques particularités locales,
que l'ordre strictement chronologique laisserait trop dissé-
minées dans le cours des temps. Sous Charles-le-Chauve,
Héric d'Auxerre, moine qui recherchait les antiquités et
les traditions relatives à saint Germain, vint à Montfaucon,
qu'il appelle un lieu célèbre et miraculeux : *locum nobilem
et frequentem virtutibus :* puis, continuant son voyage, il

Côte
Saint-Germain. arriva à la côte Saint-Germain, non loin de Dun. Il vit sur
cette montagne une église, et un castel, ou châtelet, qu'on
appelait castel d'Adrien ; ce lieu dépendait de Montfaucon ;
mais le Vidame ou Voué du Chapitre commettait des usurpations et des tyrannies, pour lesquelles le saint l'avait
déjà plusieurs fois frappé de miracles vengeurs ; et, à
cause de ces miracles, on avait fait croire au bon peuple,
et même passer en proverbe, que quiconque toucherait

aux biens de Saint-Germain serait infailliblement dévoré
des loups, ou, pour le moins, tomberait dans la rivière (1).
Héric ajoute qu'au pied de cette côte existait un village
appelé Aux-Lions. L'aspect des lieux a bien changé depuis
ce temps : l'église a disparu, ainsi que le castel d'Adrien,
qui s'élevait sans doute sur les débris de quelque fortification romaine; mais on connaît toujours le village *Ad
Leones*, qui est Lions-devant-Dun. Il est encore parlé du
Lion de Montfaucon dans la charte des limites du comté
de Verdun, au XIᵉ siècle; c'est même de ce lion que la
charte fait partir le tracé des limites, et c'est à lui qu'elle
revient après le circuit. On peut croire que quelque
ancienne statue de lion exista là : peut-être marquait-elle
les bornes de la seigneurie capitulaire, avant que le Voué
eût usurpé la côte Saint-Germain. Les anciens croyaient
que le lion dort les yeux ouverts; et ils prenaient cet
animal pour emblème d'un gardien veillant nuit et jour.
Nos chroniques des temps suivants parlent d'une forteresse
construite à Montfaucon par Godefroy de Bouillon, au
temps de sa guerre contre l'évêché; il en ordonna lui-
même la destruction lorsqu'il partit pour la Terre-Sainte;
mais ce fort fut rétabli dans la suite, et subsista jusqu'au
règne de Henri IV.

Les frontières des pays de Reims et de Verdun se con-
fondant vers ces lieux dans la forêt d'Argonne, on ne peut
dire auquel des deux territoires appartenait Montfaucon à
l'origine. Des abus, dont parle Hincmar, dans un écrit de
874, résultèrent de cette confusion : notre évêché y mit un
terme, à son profit, en obtenant de l'empereur Arnoul,
vers 890, donation de Saint-Germain de Montfaucon et de

___

(1) *Id apud cunctos loci incolas certissimum expertumque est, et versatur in
ore tanquàm proverbium, eum qui sancto non timuerit violentus esse Germano,
aut trucibus luporum dentibus conteri, aut Mosæ fluminis rapido gurgite incunc-
tanter absumi... Audiant hæc sæculi potestates, discantque damnum ecclesiis non
inferendum !* Heric, *De reverentiâ cœnobii quod Monsfalconis dicitur*, dans Labbe,
Nova bibliotheca, tom. I. p. 552.

toutes ses dépendances (1); puis, pour consolider cette
belle conquête et prévenir le retour des désordres, l'évêque
de Verdun attribua au prévôt de ce Chapitre l'archidiaconat de la contrée : ceci dut avoir lieu dès le commencement
du xᵉ siècle ; car la charte dite Pouillé de Sarrovard mentionne déjà, à la cathédrale, deux archidiacres, avec le
princier. De là vint que notre archidiacre d'Argonne pré-
cédait son collègue de Woëvre, qui n'avait été prévôt capitulaire qu'après la fondation de la Madeleine au xıᵉ siècle :
il était premier dignitaire de l'église, après le princier,
archidiacre de Verdun. Nous verrons, peu après l'an 900,
l'évêque Dadon établir à Montfaucon une petite colonie de
savants religieux anglais, qui vinrent lui demander asile ;
en 1060, le prévôt de Saint-Germain parut, avec les autres
dignitaires, aux Assises du comté, tenues au palais de Verdun ; en 1156, l'empereur Frédéric Barberousse comprit
Montfaucon dans l'énumération qu'il fit, en sa bulle au
sceau d'or, des fiefs de notre principauté épiscopale ; et
l'évêché jouissait paisiblement de ce haut domaine lorsque,
en 1272, les chanoines, voyant la puissance de la France,
à laquelle leur territoire était contigu par la Champagne
rémoise, associèrent en pariage, c'est-à-dire pour moitié,
le roi Philippe le Hardi à tous leurs droits seigneuriaux.
On eut beau, du côté de Verdun, faire faire, en 1288, enquête constatant l'ancien état de la frontière, le Chapitre
de Montfaucon renouvela, en 1319, avec Philippe le Long,
son traité de pariage, qui devint dès lors définitif, la justice
du Chapitre ressortissant en appel au baillage de Reims, et
de là au parlement de Paris. Ainsi se détacha ce petit territoire, du Verdunois demeuré pays d'Empire. Ce changement en entraîna un semblable dans l'ordre ecclésiastique ;

(1) *Dedit gloriosissimus rex Arnulfus... abbatiam quæ vocatur Montis-Falconis,
quæ est in honore sancti Germani, in comitatu Dolminsi.* Charte de 893, dite
Mémorial de Dadon, dans Roussel, Preuves, p. 1. — L'abus dont parle Hincmar consistait en ce que des prêtres de son diocèse prenaient des prébendes à Montfaucon, et réciproquement des chanoines de Montfaucon, des
paroisses dans son diocèse.

Montfaucon passa au diocèse de Reims, où il demeura jusqu'à la Révolution, gardant néanmoins quelques vestiges de son ancienne dépendance de celui de Verdun (1), auquel l'organisation moderne l'a rendu. Malgré l'union diocésaine à Reims, le grand-prévôt de Montfaucon demeura titulaire de notre archidiaconat d'Argonne jusqu'à la fin du XVIIe siècle, où l'évêque Monchy d'Hocquincourt, sans formalités canoniques, et de fait, désunit les deux dignités en nommant à l'archidiaconat une autre personne que le grand prévôt : il eût bien voulu agir ainsi pour l'archidiaconat de Woëvre; mais il ne le put, à cause d'une charte donnée par l'évêque Thierry au Chapitre de la Madeleine. Les sceaux de l'ancienne officialité d'Argonne existent encore à Verdun, au nombre de deux, l'un en argent, fort ancien et de sculpture barbare, représente saint Balderic et son faucon perché sur un arbre que le saint abat avec une hache; l'autre, plus élégant, et fait sans doute par ordre de quelque archidiacre chasseur, porte la figure d'un bras étendu, le faucon au poing, avec un chien tenu en laisse, de la même main : et ces deux grands cachets ont pour inscription : *Sigillum curiæ domini præpositi Montis-falconis.* Nous trouvons encore, sur un parchemin de 1534, l'acte d'un hommage féodal que se fit rendre le grand-prévôt par Philippe de Villers pour le village de Nantillois (2). En 1685, le Chapitre, ayant racheté la part de seigneurie

(1) Dans l'inventaire des biens du Chapitre de Montfaucon, en 1790, on trouve, à l'article des charges : « Item, au séminaire de Verdun, pour la contribution du Chapitre à l'entretien dudit séminaire, trente livres. » Il était connu, au temps de Roussel (Notes, p. 157) qu'au XVIIe siècle, les livres liturgiques de Verdun étaient encore en usage à Montfaucon.

(2) Nicol Gobert, évesque de Panéade *(in partibus)*, commendataire perpétuel de Saint-Vanne, grand-prévost de l'église collégiale Saint-Germain de Montfaucon, et archidiacre d'Argonne en l'église de Verdun... Cejourd'huy, honorable homme Phelippe de Villers, escuyer, prévost et receveur de Varennes, nous ait donné les foi et hommaige que tenu nous est faire, à cause de la dignité de grand-prévost de ladite église de Montfaulcon, pour ce qu'il tient de nous en fief à Nantillois... Donné en Verdun, soubz notre scel..., l'an mil cinq cent trente-quatre, le dix-septiesme jour du mois de juillet.

cédée au roi par le traité de Pariage, redevint et demeura
seul seigneur, jusque à la Révolution (1).

**Abbaye
de Beaulieu.**

    Vers l'an 640 (2), et presque en même temps que Mont-
faucon, fut établie l'abbaye de Beaulieu, sur un autre défrichement de la forêt d'Argonne, du côté du Verdunois.
Les traditions relatives à l'origine de ce grand monastère
ne furent recueillies qu'après l'an mil, par Richard, abbé
de Saint-Vanne (3). Il résulte de son écrit que Wasloge,
que l'on commençait au temps de Richard à appeler Beaulieu, eut pour fondateur un étranger nommé Rodingue, ou
Chrodingue, vulgairement saint Rouin, venu des Iles-Britanniques (4), d'abord à Tholey, où il connut saint Paul,

(1) Moyennant 6180 livres, plus le tiers pour l'amortissement. On voit, en
cet acte, passé par devant Aumont, notaire au Châtelet, que les seigneurs
de Dannevoux avaient acheté depuis assez longtemps déjà la prévôté du roi
à Montfaucon; ce fut avec l'un de ces seigneurs, Pierre Saillet, que le Chapitre traita directement.

(2) Il faudrait beaucoup reculer cette date, si l'on prenait à la lettre le
passage de Bertaire : *Gerebertus, Armonius, Agrebertus, episcopi : hujus tempore, sanctus Grodingus Waslogium monasterium construxit, etc.;* car Agrebert
vivait au commencement du viiie siècle. Mais la vie de saint Rouin nous apprend qu'il obtint pour son monastère une charte du roi Childéric II, qui
mourut en 673; et, comme Bertaire ne connaissait que les noms des évêques
dont il parle en ce passage, comme d'ailleurs il commet, en ces tempsmêmes,
un anachronisme considérable, en faisant saint Paul frère de saint Germain
de Paris, on peut aisément rejeter son autorité.

(3) Il est certain que Richard écrivit une Vie de saint Rouin : *cujus ipse
vitam honorifico sermone conscripsit,* lit-on en la *Vita Ricardi,* dans Mabillon,
sæc. vi. *pars.* 1. *pag.* 525. D'un autre côté, le même Mabillon, *(sæc.* iv. *pars.* 2.
pag. 531) dit que le manuscrit où il trouva la Vie de saint Rouin était vieux
de 600 ans (en 1680); en conséquence, il était à peu près du temps même
de Richard. Cependant, les Bollandistes, par scrupule, ont mis en tête de
leur texte : *auctore fortè Ricardo* (17 septembre : Sept. tom. v. p. 513). Il
existe une autre Vie, moins ancienne, et *ex vulgi traditione qualicumque con-
sarcinata,* dit Mabillon; *cui lubens assentior; et certum est populares in eâ
fabellas contineri,* ajoutent les Bollandistes. Dom Pierre Baillet, critique médiocre, puise indifféremment dans les deux pour sa Chronique de Beaulieu
(manuscrite), qu'il rédigea au commencement du xviiie siècle.

(4) *Et in Scotiâ* (l'Irlande alors), *pontificali officio insignitus,* dit la Vie par
Richard. *Verum,* objectent Mabillon et les Bollandistes, *hoc episcopi titulo
donantur plerique qui ex Angliâ vel Hiberniâ in has regiones commigrârunt,
quos nunquam fuisse episcopos existimo.* — Wassebourg, qui n'avait point de
documents, invente (p. 113, verso) que saint Rouin fut un prince de Gaule,
élevé avec « ledict évesque Agrebertus, et qui fonda de ses biens paternels,
un monastère appelé Waslogium. »

puis à Verdun, quelque temps après que son ami en eût
été fait évêque; mais l'anachorète ne se plaisait point dans
les villes: et il résolut de retourner au désert, pour y conquérir sur la solitude un nouveau territoire de culture monastique. Peu s'en fallut que ce louable projet n'échouât
dès le début. Pour trouver un endroit entièrement désert,
saint Rouin s'était enfoncé dans la profondeur des bois
jusqu'à un lieu dit alors grande ou vaste forêt, *vastus lucus ;*
mots que la langue vulgaire, qui commençait à naître du
latin, prononçait tantôt Vasleu ou Vâleu, tantôt Wasloge :
c'est ce lieu que nous nommons aujourd'hui Waly; mais
il se rencontra malheureusement que ce terrain était du
domaine d'Austrèse, seigneur d'Autrécourt, village qui
conserve encore le nom de son ancien maître *(Austresii
curtis).* Austrèse trouva mauvais qu'on abattît ses arbres,
et fit fustiger les défricheurs (1). Ceux-ci quittèrent la
place; puis saint Rouin, qui aimait à voyager, s'en alla, de
pèlerinage en pèlerinage, jusque à Rome. Là, comme il
priait au tombeau des apôtres, il crut ouïr une voix qui lui
disait : « Retourne en ton désert; tu y as été battu de
verges; mais le Christ ne l'a-t-il pas été plus que toi dans
sa douloureuse Passion! » Ce miracle le décida au retour.
En arrivant, il trouva Austrèse et sa famille tombés, par
punition divine, en très-dangereuses maladies; il les
guérit, reçut de leur reconnaissance le don de Vas-leu, et
eut la joie de les voir travailler de leurs propres mains aux
bâtiments du monastère, que l'on se mit sur le champ à
construire. Plus de 300 frères vinrent des contrées environnantes, et même du lointain pays de saint Rouin, pour
vivre dans la piété et le travail, sous la discipline de cet
homme vénérable : l'étendue des défrichements opérés
sous lui est évaluée à 770 manses (2); et ses successeurs ac-

(1) *Jussit eos flagellis cœdi, et cum magno dedecore de silvâ expelli. Quod
ministri diaboli perpetrârunt.* Vie par Richard.

(2) *Procerum largâ liberalitate, vel pecuniarum profusione, usquè ad septin-
gintos septuaginta mansos excreverat fundus noviter incœptæ abbatiæ.* Ibid.

crurent encore ce fonds, sur lequel s'établirent peu à peu les dix-huit villages qui composaient le domaine seigneurial de Beaulieu.

Les légendes racontent que saint Rouin, étant parvenu à un âge fort avancé, se retira en un lieu très-solitaire, que l'on ne fit pas connaître aux moines, de crainte qu'ils n'allassent l'y troubler, mais d'où les supérieurs disaient qu'il revenait souvent la nuit observer son couvent, en se guidant, pour les heures, sur les étoiles, dont il savait l'astronomie, comme la plupart de ses compatriotes (1) : puis, quand ce bon vieillard reparaissait, aux messes des dimanches et des fêtes, on le faisait parler, selon ce qu'il était censé avoir remarqué. Ce moyen de maintenir la discipline ayant eu d'excellents effets, on continua longtemps de recevoir les visites nocturnes d'un personnage mystérieux : de sorte que les moines crurent que saint Rouin avait vécu 117 ans (2), et prirent pour le jour de sa mort celui de son inhumation à l'abbaye. Son corps y demeura, en reliques et en grande vénération, jusqu'à ce qu'en l'an 1297, Henri III, comte de Bar, ayant saccagé et brûlé le couvent, en emporta non seulement la Notre-Dame d'argent, mais encore saint Rouin lui-même, qu'il mit dans l'église Saint-Maxe de Bar ; nous verrons, à cette date, comment il paya fort cher ces énormes attentats. Au temps de Flodoard,

_____

(1) *Noctibus locum revisere solebat, ut, si quid actitari negligentiùs inveniret, corrigeret. Cùmque ad intuitum Arcturi, seu ortum Bosphori* (Phosphori, Lucifer, l'étoile du matin), *seu certorum siderum, auroram propinquare sentiret, à nemine visus, in solitudinem redibat ; erat enim, ut sunt plurimi nationis Scotorum, astrologiæ peritus .. Diebus etiàm festis ad monasterium recurrens, ac missarum solemnia peragens, fratres spiritualis alloquii pabulo reficiebat, etc.* Ibid.

(2) Au sujet de cette tradition, qui est consignée dans la 2ᵉ Vie du saint, Le Cointe (Annal. eccles. t. iv. an 686, nº 25), suppose que, par transposition de la lettre C, le chiffre xcvii sera devenu cxvii ; mais cette conjecture tombe parce que l'auteur de cette Vie dit ailleurs que saint Rouin, âgé de cent douze ans, se retira, après s'être désigné pour successeur Etienne. Les dates sont incertaines. Saint Rouin mourut, dans une grande vieillesse, vers la fin du viiᵉ siècle.

Xe siècle, l'abbaye s'appelait encore Wasloge (1) ; elle prit
son nom moderne au XIe, à l'occasion d'une reconstruction
faite par l'abbé Richard et par son délégué Poppon (2) : la
beauté de son site et l'agrément de ses magnifiques jardins
justifiaient cette dénomination, qui inspira à un poëte
latin moderne les vers suivants :

> Silva, domus, templum, tot sunt miracula montis :
> Quam benè de bello sunt ea dicta situ!
> Ad montem veniat naturæ quisquis amator,
> Quisquis amans artes, artificumque manus. (de Plaine).

Depuis l'abrogation des anciennes règles d'Agaune, vers
le temps de Charlemagne, Beaulieu appartint aux bénédictins qui, en vertu d'une bulle de Boniface VIII, en 1301,
l'incorporèrent à leur congrégation de Cluny, puis y
mirent, en 1610, la réforme de Saint-Vanne; mais l'incrédulité du XVIIIe siècle ayant empêché saint Rouin de continuer ses inspections, ses enfants se négligèrent beaucoup, et finirent par tomber en réputation de sainteté des
plus médiocres, tellement qu'au dire de nos anciens, qui
les avaient vus dans leurs derniers temps, la Congrégation
de Saint-Vanne eût sagement fait de mettre chez eux une
nouvelle et salutaire réforme. Bien que ce monastère fût
le premier en date du diocèse, il n'y avait rien de fort
ancien, ni dans ses archives, plusieurs fois brûlées, ni dans
ses bâtiments, que l'on reconstruisait splendidement, à la
moderne, au moment de la Révolution. Le nom de saint

---

(1) *Deferuntur... sanctus Kodincus de Waslogio*, dit Flodoard, IV. 41, parlant
de la procession de Jouy. Bertaire ne connaît non plus Beaulieu que sous
le nom de Wasloge.

(2) *Quam Sancti-Mauritii abbatiam, Wasloi dictam... majori elegantiâ recædifi-
cavit; atque, pristino nomine mutato, ex honestate sui sitûs, Beloacum denomi-
nari dictavit.* Vie de Poppon, dans les Bolland. 25 janvier. Mais, ce fut Richard
qui ordonna cette reconstruction, comme on le voit dans sa Vie (Mabillon,
sæc. VI. *pars* 1. pag. 525); et il est probable que ce fut également lui qui
changea le nom du lieu ; car il dit, au commencement de son écrit sur saint
Rouin : *Locum cui antiquitas vocabulum indidit Waslogium..., quem moderni,
mutato nomine, Bellum-Locum, ob pulcherrimum loci situm, vocari maluerunt.*

Rouin est encore aujourd'hui porté par un ermitage qui fut, selon dom Baillet, le lieu de la retraite et de la mort du vénérable fondateur : cette particularité intéressante se découvrit postérieurement, sans doute, à l'abbé Richard; car celui-ci avoue son ignorance sur ce point (1). En cette année même 1866, on a fait la bonne œuvre de rendre un caractère religieux à cet ancien lieu, qui avait longtemps servi de rendez-vous de chasse.

Les droits seigneuriaux de Beaulieu remontaient à une charte du roi Childéric II qui, à la demande de saint Rouin, avait déclaré le territoire de Wasloge franc et libre de toute dépendance des autorités extérieures, sauf de la spiritualité de l'évêque de Verdun (2). Ainsi, du moins, résume cette charte l'abbé Richard; et elle n'existe plus que dans son résumé : nous la croyons néanmoins authentique, parce qu'elle est, en substance, de même teneur que celles dont furent gratifiés, à la même époque, les fondateurs des abbayes des Vosges, pour favoriser les défrichements ; d'ailleurs Richard emploie des termes vraiment mérovingiens : il intitule cet acte *præceptum gloriosi Childerici regis;* et il en tire encore une autre indication mérovingienne, celle des 770 manses de la terre de Wasloge, qui se trouvait par conséquent divisée en centènes et en dizènes, comme l'étaient nos campagnes, sous les rois de la première race. Pour ces motifs, nous préférons le témoignage de Richard à celui de Bertaire, qui semble le contredire (3), ayant probablement confondu, par erreur de mé-

(1) *Incertum quippè est ubi habitaverit.* Vie par Richard.

(2) *Præceptum auctoritate gloriosi Childerici... ipsam abbatiam regiâ defensione munitam, ab omni prorsus éxterno servitio liberam et immunem, reservato Virdunensi pontifici sacrorum ordinum et benedictionis respectu.* Vie par Richard. Cette phrase résume la longue formule des diplômes mérovingiens : *Ut nullus judex publicus in has terras præsumat ingredi, etc.* : v. ci-dessus, p. 108. Le *Præceptum* renfermait en outre donation d'une *villam quamdam Ermeriacam nuncupatam,* ou *Domeriacam,* suivant une autre manière de lire.

(3) *Sanctus Grodingus Waslogium, sub ditione ecclesiæ nostræ posuit.* Puis, sous Charles Martel : *Perdidit ista ecclesia Waslogium, et Tiliacum et Stagnum.* Les souvenirs de Bertaire sont ici vagues : car nous verrons par les chartes

moire des faits différents. On se fera une idée juste de la
charte primitive de Beaulieu en lisant dans les preuves de
Calmet celle du même roi Childeric, en 661, pour le monastère de Senone en Vosge : c'est une exemption des juges
ordinaires et des impôts du fisc; par conséquent une autorisation au seigneur d'avoir, en son territoire, ses officiers
jugeant et administrant en son propre nom; mais, pour les
choses dépassant l'intérieur de la seigneurie, subsistait le
haut domaine du roi, représenté par le comte royal. Ainsi
s'expliquent les faits relatifs à Beaulieu dans nos chartes
du haut moyen-âge. En 1060, l'abbé vint aux assises du
comté, dans le palais de Verdun, demander règlement
pour ses sous-avoueries (1); un siècle après, vers
1175, l'évêché étant devenu régalien, ce fut à la demande de l'évêque Arnoul de Chiny que le comte de
Bar Henri Ier se chargea de la défense et protection de
l'abbaye : ce que Henri accepta, dit la charte, pour le
salut de son âme (2), et peut-être aussi parce qu'il
espérait faire de cette avouerie ce que ses prédécesseurs
avaient fait de celle de Saint-Mihiel, c'est-à-dire en
agrandir le Barrois aux dépens des moines. Dans un
acte de 1241, nous voyons l'abbé Nicole et tout son couvent
se reconnaître contribuables à la Fermeté (fortification) de
Verdun pour une part déterminée, disent-ils, par l'ancienne coutume (3). Enfin, en 1288, les moines ayant à

qu'Etain *(Stagnum)*, n'appartint, ni alors, ni dans la suite, à la cathédrale. Il
en est très-probablement de même de Wasloge; Bertaire, s'embrouillant
dans ses réminiscences des archives brûlées, a peut-être transporté à saint
Rouin, ami de saint Paul, comme Adalgise, ce que celui-ci avait fait pour
Tholey; puis il aura mis les prétendues pertes sur le compte des pillards
de biens d'église sous Charles Martel.

(1) Charte dans Roussel, Preuves, p. 6. Il a mis *Sancti Mauri* pour *Sancti
Mauritii*; erreur évidente, puisque, dans la même phrase, est mentionnée
plus loin l'abbesse de Saint-Maur.

(2) *Ego Henricus..., interventu domini Arnoldi, Virdunensis episcopi..., pro
remedio animæ meæ..., recepi sub tutelâ meâ montem Belli-Loci, et omnes domi-
nicaturas..., appositione sigilli sancti Mauritii, etc.* Charte, ibid. p. 15.

(3) « Je Nicholes abbés, et tout li convent de Biauleu en Argonne, fasons
cognissant etc., que nos devons la porture à la Fermetei de Verdun, quant

l'exemple du Chapitre de Montfaucon, appelé le roi de France, et celui-ci menaçant d'intervenir, Thibauld II, comte de Bar, vint à Verdun dire en Chapitre, le siége vacant, qu'attendu qu'il tenait Beaulieu en fief de l'évêché, il sommait l'église de requérir pour lui la protection de l'Empire (1). Ces faits semblent prouver qu'on ne doutait point chez nous que cette abbaye, avec son domaine, ne fût d'ancienneté, inféodée aux comtes de Bar, sous la suzeraineté épiscopale; mais, après les désastres et l'emprisonnement du comte Henri III par Philippe-le-Bel, le parlement de Paris, revenant sur la géographie et sur les dispositions adoptées par lui dans un premier arrêt de 1287, jugea, le 9 août 1318, que le roi, à raison de sa couronne de France, *ut rex Franciæ, et ratione Franciæ*, était gardien de Beaulieu, « au-delà des frontières de Champagne, vers Verdun (2) : » arrêt d'excellente politique, qui, quoi qu'il en fût du reste du pays, et en supposant même la résurrection du comté de Champagne (chose encore possible en 1318, et même légale, en certaines éventualités, à cause de la succession féminine), mettait sous la main du roi un territoire notable, au milieu des pays contestés.

mestier (besoin) serai, selon l'antienne coustume, c'est assavoir celle partie don mur qui est entre la porture notre peire l'évesque de Verdun, et la porture de l'abbei de Saint-Mihier, et douze sous pour la warde, à paier chacun an, à feste saint Remei en vendange; et, por que ce soit seure chose et certaine, messire Raul (Raoul de Torote), par la grâce de Dieu évesque de Verdun, a mis en ces lettres son seiel, par nos requestes, avec les nos seiaus, en tesmoignage de veritei : et ce fut fait en l'an de grâce que li miliaires corroit par mil dous cens quarante et un, le venredi avant la dominique que on chanté Reminiscere (2ᵉ dimanche carême 1242), en mois de mars. » — Cette charte n'est ni dans dom Baillet, ni dans les auteurs imprimés.

(1) *Notum facimus*, etc., *nobilis vir Th. comes Barrensis..., in Capitulo personaliter accessit, et proposuit quòd rex Franciæ, in ecclesiâ Belli-Loci, etc., etc..., dicens quòd omne illud quod habebat in dictâ ecclesiâ, in feodum tenebat ab episcopo Virdunensi, etc.* Mercredi avant *Lætare* 1287, c'est-à-dire avant le quatrième dimanche de carême 1288. Dans Calmet, Preuves, II. 525. 1ʳᵉ édit.

(2) *Ultrà terminos comitatûs Campaniæ, versùs Verdunum*. Olim de Beugnot, tom. III. 2ᵉ part. pag. 1304. — L'arrêt de 1287, dans Boutaric, Archiv. de l'empire, tom. 1. p. 406, nᵒ 642. Nous parlerons de ces arrêts dans l'histoire.

Cette garde royale fut confiée au bailli de Châlons: et de là vint que, l'ordre des juridictions ayant pris son assiette, les sentences du baillage de l'abbaye allaient en appel à Châlons, et de là au parlement de Paris. De l'arrêt de 1318 il résultait encore que ce territoire n'était, ni Evêchés, ni Barrois, ni Champagne, mais indépendant de ces provinces, sous la protection immédiate du roi : ce fut sans doute ce qui donna, dans la suite, aux abbés de Beaulieu, l'idée de qualifier leur seigneurie de comté, et de se titrer eux-mêmes de comtes; nous ne voyons toutefois ce hochet paraître qu'après les premiers abbés commendataires, que l'on avait appelés comtes; parce qu'ils étaient de la maison de La Marck. Il est inutile de dire qu'on ne manqua pas de mettre une si riche abbaye en commende, au profit des gens bien en cour : le dernier abbé régulier fut dom Claude de Dinteville, mort vers l'an 1500. On tient, par tradition, que l'ancien chef-lieu de la seigneurie était le village d'Esvre (1); mais cet endroit ayant été ruiné (*villa eversa*), l'abbé Garnier, en 1254, fit Triaucourt neuve-ville, c'est-à-dire l'érigea en commune, sous la loi de Beaumont, et y transféra le siége de la temporalité. Triaucourt devint bourg, sous Henri III; on y construisit un château abbatial à la fin du XVIIe siècle; et le cardinal de La Roche-Aymon, l'avant-dernier commendataire, y commença l'établissement d'un hôpital (2). Au hameau de Courupt (*collis rupta*), était une verrerie établie en 1555 : c'était la seule du terri-

(1) La mesure de la seigneurie de Beaulieu s'appelait, au commencement du XIIIe siècle, mesure d'Esvres : *ad mensuram Apri*, dit la charte de mise à assises de Voulliers (Marne), en 1216, dans dom Baillet. Ce passage n'appuie pas l'étymologie *villa eversa*.

(2) Il y eut, à Triaucourt, un autre château, dit Vieux, construit en 1582 par Jean de Nettancourt-Vaubecourt, sur permission de messire Charles de Roucy, évêque de Soissons, comte abbé de Beaulieu, qui se réserva tous droits de justice haute, moyenne et basse, ainsi que l'hommage féodal des possesseurs de ce château. — Parmi les plus singulières coutumes féodales était l'hommage rendu par le maire, ou syndic de Lavoie, au cuisinier de Beaulieu. Cela venait de ce que les gens de Lavoie, ayant voulu s'affranchir de l'hommage qu'ils devaient à l'abbé pour leurs bois, furent condamnés à le rendre au dernier domestique du couvent.

toire de Beaulieu ; mais il y en avait plusieurs autres sur
le domaine de La-Chalade, autre abbaye dont nous verrons
la fondation dans l'histoire du XIIe siècle. En 1789, Beaulieu, comme ayant territoire distinct, fit son cahier spécial
pour les États-Généraux, sur lettre transmise au couvent
par le grand bailli d'épée au bailliage royal de Châlons.
Tels sont les principaux faits de l'histoire de ce célèbre
monastère.

Sainte Lucie
de Sampigny.
A côté des austères figures de saint Balderic et de saint
Rouin, nos anachorètes du VIIe siècle, la légende place
sainte Lucie, l'humble bergère de Sampigny, qui fut la
sainte Geneviève de nos contrées. Cette vierge, comme saint
Rouin, naquit dans les Iles-Britanniques ; et on la nomme
quelquefois sainte Lucie d'Ecosse ; elle quitta, avec beaucoup de ses compatriotes, son pays dévasté alors par les
Barbares ; et, après un pénible voyage, elle trouva asile
dans nos campagnes, chez un riche cultivateur nommé
Thibauld, qui la prit pour garder ses moutons. Telle fut,
dans cet humble emploi, sa modeste simplicité qu'on ne
soupçonna jamais sa haute naissance, qu'elle tirait, comme
on le découvrit ensuite, de l'un des rois, c'est-à-dire de
l'un des chefs de clans de sa patrie. Elle conduisait d'ordinaire son troupeau sur la montagne au midi de Sampigny,
où était une grotte dans laquelle elle aimait à se retirer ;
elle filait, et on admirait sa quenouille, d'un beau bois bien
poli, et d'agréable senteur : on n'en connaissait point de
pareil chez nous ; et il provenait du pays de la sainte. Un
jour qu'elle avait, pour quelque dévote oraison, interrompu son travail de fileuse, et planté en terre cette jolie
quenouille, elle fut bien surprise, après sa prière, de la
trouver changée en un arbre verdoyant, couvert de fleurs
blanches, et environné de vigoureux rejetons, qui ne tardèrent pas à le multiplier dans toute la contrée. Tel est le
poétique miracle auquel nous devons le bois de sainte Lucie, que les botanistes ont appelé cerasus ou *prunus maha-
leb*, mais qui, malgré cette savante dénomination, a gardé

partout le nom populaire de notre sainte : ce bois est de couleur noire rougeâtre, et d'un grain fin et serré; il ne perd jamais sa bonne odeur, quelque vieux qu'il soit; on en fait de petits ouvrages de tour et de tabletterie, ainsi que des étuis à épingles; et sa vogue vient de nos anciens pèlerins, qui emportaient ces petits objets en souvenir de leur voyage (1). La tradition ajoute que Thibauld, plein d'estime pour sa bergère, lui laissa son bien, qu'elle employa à faire construire l'église dite, après elle, Sainte-Lucie-au-Mont, où elle fut inhumée, et où l'on conservait sa châsse pendant l'été, l'usage étant de la reporter l'hiver à l'église du bourg : cette châsse, en cuivre doré et sculpté, était un présent de l'évêque Henri d'Apremont à sa terre de Sampigny, du domaine de l'évêché, depuis la donation de Childebert II à saint Airy. Cette légende est simple et belle; mais, dans la suite, on la gâta en imaginant, nous ne savons sur quels motifs, que sainte Lucie pouvait faire avoir des enfants aux « bréhaignes, » c'est-à-dire aux femmes stériles; et il s'établit un pèlerinage assez bizarre de ces femmes, qui entraient dans la grotte de la sainte, et s'y asseyaient sur une sorte de fauteuil taillé dans la pierre. Ainsi fit, vers 1612, Marguerite de Gonzague, duchesse de Lorraine, qui voulait un héritier mâle; et on ouvrit la châsse pour elle; mais sainte Lucie n'accorda rien à cette illustre cliente, qui fut obligée de se contenter des deux filles qu'elle avait déjà. En 1632, la reine Anne d'Autriche, non encore mère de Louis XIV, alla aussi à ce pèlerinage, dont elle avait ouï parler à Verdun, lorsque elle y vint avec Louis XIII (2). L'église Sainte-Lucie-au-

(1) Les livres de botanique, se copiant ici les uns les autres, disent que le nom de ce bois vient de l'abbaye de Sainte-Lucie en Vosges. Mais il n'y avait pas d'abbaye de ce nom dans les Vosges; et la statistique de ce département n'y mentionne non plus aucun village ainsi appelé. M. Doisy a eu tort de reproduire cette erreur dans sa Flore de la Meuse, p. 445.

(2) Roussel, Hist. de Verdun, p. 531, et clxiv. Il ne donne pas la date de ce pèlerinage d'Anne d'Autriche. Le Registre du Chapitre constate que Louis XIII arriva à Verdun, le 11 février 1632, et la reine dans l'après-midi du jour suivant.

Mont était la paroisse-mère de Sampigny : le Chapitre de
notre cathédrale, curé-primitif (1), y établit, en 1502,
quatre chapelains; puis, en 1626, il céda ce sanctuaire à
des Minimes, qui y établirent un couvent chétif. Nous
aurons occasion de reparler plusieurs fois de Sampigny,
dans la suite de cette histoire.

L'époque à laquelle nous conduit le cours des événements est celle qui vit les maires d'Austrasie usurper le
pouvoir, et fonder, dans le palais même des enfants de
Clovis, la dynastie qui devait leur arracher la couronne.
En 638, mourut Dagobert, le dernier des Mérovingiens
illustres; et Pépin de Landen, que la politique du roi défunt avait éloigné de notre pays, y revint sans obstacle,
reprenant de plein droit ses fonctions de maire, et les
exerçant avec tant d'autorité qu'à sa mort, arrivée dès
l'année suivante, il les transmit à son fils Grimoald, sans

Saint Sigisbert. que le jeune roi Sigebert II paraisse avoir pris part à cet
acte important. Ce timide et pieux monarque se laissait
docilement conduire : son palais, à la grande différence de
celui de ses prédécesseurs, était un véritable cloître
habité par des saints; et il mettait toute sa paisible et
pacifique gloire à bâtir de belles églises. Il fonda ainsi
jusque à douze, ou même, selon d'autres traditions, vingt
grands monastères, parmi lesquels était Saint-Martin-lez-
Metz, où on l'inhuma en 656, et où il reposa jusqué aux
désastres de l'an 1552. Cette abbaye Saint-Martin, ayant
alors été détruite, le cardinal Charles de Lorraine, et son
père le duc Charles III, qui désiraient faire ériger un évêché à Nancy, obtinrent qu'on transférât en cette ville les
dépouilles mortelles du pieux mérovingien, qui devint dès
lors, sous le nom de saint Sigisbert, et est encore aujour-
d'hui le premier patron de la Lorraine.

(1) Par cession de 1185 des Dames de Saint-Maur, desquelles la cure dépendait auparavant. *Ad Sanctam-Luciam, altare unum,* ou *Ad Sampiniacum,
ecclesiam unam,* portent la charte de l'évêque Thierry et la bulle de Léon IX,
en 1049, pour Saint-Maur.

Après lui, en 656, l'ambitieux maire Grimoald crut les destins de la race de Clovis accompli, et osa faire disparaître l'enfant qui, sous le nom de Dagobert II, était l'unique héritier de la couronne. On répandit le bruit de la mort de ce jeune Dagobert; on lui chanta dans les églises un service des morts; et les gens du maire l'ayant enlevé secrètement, le conduisirent au fond de l'Angleterre, dans un couvent des environs d'York. Là ils dirent aux moines que c'était un fugitif de haute naissance, qu'on emmenait au loin pour lui sauver la vie; qu'il ne fallait pas qu'il reparût jamais dans le monde, et qu'on ne devait l'occuper d'autre chose que des pensées de son salut éternel. Cependant, en Austrasie, Grimoald voulut mettre sur le trône son propre fils, qu'il prétendait adopté par Sigebert; mais les leudes, jaloux de l'élévation de cette famille, se révoltèrent contre elle, et livrèrent le prétendu roi, avec son père, au maire Erchinoald, ou Archambauld, de Neustrie. Alors les monarques fainéants de Paris régnèrent nominalement sur nos provinces, jusqu'en l'an 673, où saint Wilfrid, évêque d'York, informa les Austrasiens que leur vrai roi était enfermé dans un cloître de son diocèse. Dagobert revint alors, appuyé d'un fort parti, qui se servait de son nom; mais son éducation monastique l'avait mal préparé aux redoutables périls dont il se trouva bientôt entouré. La fière maison de Pépin de Landen avait eu ses jours de douloureuse humiliation, et sa descendance masculine avait péri avec le maire Grimoald; mais elle se relevait dans un petit-fils de saint Arnoul, qui se trouvait en même temps, par sa mère, petit-fils du vieux Pépin, et qui reprenait le nom et les projets du chef de cette race. Ce second Pépin, distingué de ses homonymes par le surnom d'Héristall, fut père de Charles Martel, et aïeul de Pépin le Bref : avec lui commença de fait en nos provinces la dynastie carlovingienne; et l'assassinat de

Enlèvement
de
Dagobert II.

Dagobert II, dans la forêt de Stenay, en 680, fut le
dernier souvenir laissé chez nous par les descendants
de Clovis.

Ce tragique assassinat, qui fut la catastrophe de la
race mérovingienne d'Austrasie, se dérobe aujourd'hui
à nos yeux, comme dans un obscur et sanglant nuage.
Non-seulement l'histoire, muette à cette époque, n'en
a dit ni les causes, ni les circonstances; mais le nom
même de la royale victime se perdit; et ce ne fut qu'à
la fin du xviie siècle que Dagobert II, ressuscité en
quelque sorte par les recherches de l'érudition moderne,
revint prendre sa place dans le catalogue de nos anciens rois. Il semble que, dès l'origine, la crainte de
sonder trop profondément un horrible mystère de noire
politique ait, chez nous, fermé toutes les bouches;
un moine étranger, Edd de Canterbury, qui traversa
alors notre pays, osa seul rompre, loin de l'Austrasie,
ce silence universel et sinistre; mais son récit, malheureusement fort incomplet, ne représente que le coup
d'œil d'un voyageur, passant en hâte au milieu du
désordre causé par un grand attentat. « En revenant
de Rome, dit cet auteur, après le concile où j'étais
allé avec saint Wilfrid (l'an 680), nous arrivâmes au
pays des Francs, où nous trouvâmes notre pieux et
fidèle protecteur Dagobert, assassiné par une conjuration de Ducs, à laquelle (chose pénible à dire) s'étaient
joints plusieurs évêques (1). Au lieu de la gracieuse
bienvenue que nous attendions chez ce bon prince, nous
rencontrâmes une armée de rebelles qui, si Dieu ne
nous fût venu en aide, nous auraient faits prisonniers,
avec notre saint père Wilfrid, qu'ils voulaient conduire,
comme un criminel, au jugement du duc Erfruin (Ebroin).
Il y avait, en cette troupe furieuse, un évêque qui

(1) *Ibique nuper amico fideli Daegberto rege, per dolum Ducum, et consensu
episcoporum (quod absit!) insidiose occiso*, etc. Vie de saint Wilfrid, dans Mabillon, *Acta sanctorum*, sæc. iv. pars 1. p. 695.

apostrophant outrageusement le bienheureux, s'écria :
« Ton audace est grande d'oser encore paraître chez les
Francs, toi qui leur as envoyé de ton île un tyran,
ennemi du peuple et de l'église, un nouveau Roboam,
exacteur d'impôts et contempteur des sages ! Va voir
maintenant son cadavre; et sache que tu mérites de
périr toi-même de cette manière ! ». Le saint répondit
humblement : « Ecoutez-moi, excellent évêque; et croyez
que je dis la vérité : j'en atteste le Christ et saint Pierre,
que je viens de visiter à Rome. Ce n'est point pour
nuire aux Francs que j'ai autrefois accueilli Dagobert;
c'est pour obéir au Seigneur, qui a dit par Moïse de
faire du bien à l'exilé sur la terre étrangère. J'ai toujours donné à votre roi de bons et pieux avis, pour le
soulagement de son peuple et la protection des églises.
Votre Sainteté voudrait-elle refuser l'hospitalité à un
de nos princes, si quelqu'un d'eux venait demander
asile à ce pays?. » Cette bonne et douce réponse calma
le personnage auquel elle s'adressait; et il laissa aller
Wilfrid, en lui souhaitant la bénédiction de Dieu et
celle de saint Pierre. Telle est la seule relation de ce
drame tragique que nous aient laissée les contemporains. On sait, par ce témoignage, que Dagobert II
périt en trahison *(per dolum, insidiosè)*, que le crime
fut commis entre le voyage de saint Wilfrid à Rome,
en 679, et son retour, en 680; enfin qu'après le meurtre du roi, la faction d'Ebroïn prit les armes, et par-
courut le pays, pour profiter de l'attentat. Il est probable
qu'elle proclama alors Thierry III de Neustrie, sous le
nom duquel régnait Ebroïn lui-même.

Dix siècles s'écoulèrent ensuite, sans qu'aucun écrivain parlât du dernier roi d'Austrasie : et son souvenir
s'effaça complètement de l'histoire. Un seul lieu en
France, le canton reculé de l'ancienne forêt de Woëvre où il avait succombé, vers Stenay et Mouzay, gardait
quelque trace de son nom, dans la dénomination po-

pulaire de Forêt-Saint-Dagobert. Il y avait, dans le
pays verdunois, de vagues traditions rapportant qu'en
ce lieu, et à une époque fort ancienne, un roi juste
et pieux avait été égorgé par des traîtres : le martyrologe gothique de la cathédrale de Verdun annonçait

Traditions
sur
saint Dagobert.

tous les ans, à la date du 4 dés ides de septembre,
(10 septembre) «la Passion de saint Dagobert, roi et
martyr; » et on trouvait quelques détails sur cette Passion dans d'autres martyrologes, soit à Liége, soit à
l'abbaye de Gorze, de laquelle dépendait le prieuré de
Stenay. Ces textes, fort succincts, donnaient pour théâtre du crime un lieu dit Scortia, du territoire de
Mouzay : Dagobert, suivant ces indications, aurait été
assailli là près d'une fontaine Arfays (fays, hêtres); et
le coup mortel serait parti de la main de son propre
filleul, nommé dans ces documents, tantôt Jean, tantôt
Grimoald (1); mais les savants tenaient ces légendes
pour suspectes, parce qu'on ne trouvait dans l'histoire
aucun roi auquel elles pussent s'appliquer. Ces incertitudes durèrent jusqu'à ce que l'on découvrit, en Angleterre, la relation des compagnons de saint Wilfrid:
alors nos traditions se trouvèrent confirmées par des
documents authentiques; le Mérovingien assassiné reprit
sa place dans l'histoire de France; et son identité avec
le patron de Stenay fut reconnue. C'est ce qu'on a
appelé la restauration de Dagobert II; pacifique restauration, qui toutefois ne s'accomplit pas sans allumer
entre les auteurs de la découverte et les conservateurs
du système reçu, une petite guerre de plume.

   Edd, le seul auteur contemporain, accuse du crime
le maire de Neustrie, en disant que les séditieux qui

_____

(1) _In saltu Wavrensi, in loco qui dicitur Scortias, tribus millibus à fisco
Sathaniaco, à filiolo Joanne._ Martyrologe de Saint-Laurent de Liége — _In
nemore quod Wepria vocatur, juxtà fontem Arphays, in fine de Mousaïo, à Gri-
moaldo, filiolo suo : et in capellâ beati Remigii, in villâ de Sathanaco, venerabiliter fuit sepultus._ Manuscrit de Gorze, dans D. Calmet, tom. II. Preuves, p.
cccxli.

arrêtèrent saint Wilfrid le menacèrent de la prison et
du jugement du duc *Erfruin*. On ne peut guère douter que cet Erfruin ne soit Ebroïn, dont le moine
anglais défigure le nom, comme presque tous les noms
étrangers qu'il rencontre (1) ; et ce témoignage est grave,
comme provenant d'un homme impartial par position,
écrivant en Angleterre, loin des Mérovingiens et des
factions de notre pays. Néanmoins la plupart des modernes émettent des soupçons contre Pépin d'Héristall,
dont l'avénement suivit le trépas de Dagobert : celui-
là, disent-ils, est présumé l'auteur d'un fait qui en
profite ; et ainsi parle la vieille maxime de jurisprudence : *Is fecit cui prodest*. On peut répliquer qu'Ebroïn
n'avait pas moins d'intérêt que Pépin à faire disparaître le roi, qui formait le seul obstacle à ce qu'il régnât
lui-même sur toute la France, au nom de Thierry III.
Il faut cependant reconnaître que l'affectation des continuateurs de Frédégaire à taire, non-seulement l'assassinat, mais l'existence même de Dagobert, forme un
préjugé défavorable à Pépin. Le premier de ces continuateurs termine son récit au temps même où périt le
monarque, sans aucune mention de lui ; le second entre
vaguement en matière, en disant qu'après le *trépas* des
rois (Dagobert et son fils Sigebert : *defunctis regibus)*
et la *mort* du duc Wulfoade (le maire de Dagobert,
probablement assassiné avec lui), il y eut une guerre
entre les Austrasiens et les Neustriens. Ces réticences
sont étranges dans l'hypothèse où Ebroïn seul aurait
été coupable. Ce célèbre maire devint, peu après, le
grand ennemi de l'Austrasie et de ses ducs ; ceux-ci
par conséquent eussent dû s'empresser de proclamer
le crime de leur adversaire ; mais, loin de là, nos historiens, qui écrivaient sous leur domination, gardent un
silence que l'on dirait commandé par la crainte de

(1) *Atque pastorem sanctum nostrum, anxiatum in custodiâ, usque ad Erfruini ducis reservare judicium.* Vie de saint Wilfrid, ibid.

réveiller des souvenirs pénibles à la nouvelle race royale.
Autant qu'on peut conjecturer à la distance où nous
sommes, il est vraisemblable que les deux factions
s'unirent contre Dagobert; et que la guerre commença
entre elles, quand chacune s'aperçut que l'autre voulait
s'emparer du trône rendu vacant par le succès de la
conspiration.

Par les vociférations dont les rebelles poursuivirent saint
Wilfrid, on voit qu'ils accusaient leur malheureuse victime de tyrannie, d'avarice et d'entêtement à ne point
suivre les avis des sages, c'est-à-dire probablement ceux
que les révoltés lui avaient donnés eux-mêmes, pour diri-
ger le gouvernement à leur profit. Mais la vénération populaire qui dès lors s'attacha à Dagobert, et le fit plus tard
appeler saint, proteste contre ces haineuses imputations.
Il est plus conforme à la marche des événements de sup-
poser que ce prince, arraché à sa vie paisible pour occuper un trône déjà miné et ébranlé, vit la trahison et la
violence agiter le royaume, comme elles l'avaient fait
avant lui; qu'il ne sut pas dominer les partis; et qu'entraîné par nécessité, ou par inexpérience, dans leur terrible jeu, il vit enfin les deux plus puissantes factions se
réunir pour lui arracher la couronne et la vie.

Stenay
et Mousay.

C'est à l'occasion de ces événements que notre histoire
parle pour la première fois de Sténay. Cet endroit, agréablement situé sur la Meuse, près de l'ancienne forêt de
Woëvre, était alors une terre du domaine royal (*fiscus
Sathaniacus*), avec un de ces palais champêtres dont nos
rois des deux premières races aimaient le séjour, parce
que là leur passion pour la chasse trouvait d'inépuisables
jouissances. On dit que le nom de Stenay vient d'une ancienne idole de Satben ou Sathorn, que l'on croit être la
même divinité que Saturne; mais il n'existe pas de renseignement positif à ce sujet. Au VIIe siècle, il y avait en ce
lieu une église de Saint-Remy, où fut inhumé l'infortuné
Dagobert, et qui prit bientôt son nom. D'anciennes chartes

attestent que Stenay et Mousay se crurent redevables à ce patronage d'avoir été préservés des terribles Normans (1). En 872, l'archevêque Hincmar de Reims exhuma saint Dagobert, et mit ses ossements en châsse : à la même date, Charles le Chauve fit rebâtir l'église, et y fonda un Chapître, que le duc Godefroy le Breux remplaça, en 1069, par des moines tirés de Gorze : ce qui mit la fondation dans la dépendance de cette grande abbaye, du diocèse de Metz (2). Alors, comme on le voit par cet acte, Stenay appartenait aux princes de la maison d'Ardenne, comtes de Verdun, et il arriva, après la mort de Godefroy le Bossu, en 1076, que sa veuve, la fameuse Mathilde de Grégoire VII, prétendit que ce domaine, ainsi que celui de Mousay, faisaient partie de son douaire ; de sorte qu'en vertu de la donation qu'elle fit, vers 1077, de tous ses biens au Saint-Siége, les deux terres auraient dû entrer dans le domaine temporel du pape ; mais, par charte de 1086, dont l'original, muni d'un beau sceau d'or, se voyait encore, au siècle dernier, dans les archives de notre cathédrale, l'empereur Henri IV confisqua ces fiefs sur Mathilde, en punition de son papisme, et les donna à son fidèle évêque Thierry de Verdun. Godefroy de Bouillon réclama alors, disant que les terres dont il s'agissait étaient de son héritage, et non du douaire de Mathilde : et il s'éleva à ce sujet entre lui et l'évêque Thierry une petite guerre, suivie d'autres démêlés, auxquels l'évêque Richer mit un terme, en transigeant à prix d'argent avec Godefroy, lorsque celui-ci partit pour sa célèbre croisade de 1096. Stenay et Mousay entrèrent alors dans la principauté épiscopale, mais n'y restèrent qu'un instant, l'évêque Richard de Grand-Pré ayant été

(1) *A nefandorum gente Normannorum defensi sunt omnes qui sub patrocinio beati martyris Dagoberti morabantur, in fisco Sathanacense atque Mousense. Pro quâ re, dignas Deo grates rependere debet unusquisque fidelis sanctæ ecclesiæ.* Charte de Régnier, premier duc bénéficiaire de Lorraine, vers l'an 900 ; elle paraît avoir été refaite dans le cartulaire de Gorze ; mais elle atteste des traditions anciennes. Dans Calmet, tom. II. Preuves, p. cxliv.

(2) Cartulaire de Gorze, dans Calmet, ibid. p. cccxli.

forcé par d'autres troubles de les engager, en 1107, à
Guillaume de Luxembourg; puis Henri de Winchester, se
voyant odieux à son clergé et à son peuple, les engagea de
nouveau, en 1124, à Renauld de Bar, dit le Borgne, le
fameux Voué, que l'évêque Albéron eut ensuite tant de
peine à chasser. Cette seigneurie passa ainsi de la maison
d'Ardenne à l'évêché, de l'évêché au Barrois, puis du Barrois à la Lorraine; enfin, au milieu du XVIIe siècle, après
beaucoup d'autres incidents, qu'il serait long de dire, et
que nous verrons dans l'histoire, elle fut conquise par la
France, et mise dans l'apanage de la maison de Condé, où
elle était encore au moment de la Révolution. Quant à
l'église Saint-Dagobert, les Huguenots, en 1591, la pillèrent
et enlevèrent sa châsse d'argent, ornée de fleurs de lis
d'or : et le prieuré, dont on évaluait le revenu à quinze
mille livres, suivit la fortune de l'abbaye de Gorze, à laquelle Godefroy le Breux l'avait uni. A la fin du XVIe siècle,
les biens de ce très-riche monastère furent, à la demande
des princes lorrains, attribués en grande partie, soit aux
Jésuites de Pont-à-Mousson, soit au Chapitre, dit Primatial,
que le duc Charles III établissait à Nancy, où il voulait
faire créer un évêché : projet dont la France empêcha
alors l'exécution. Pour doter cette Primatie, on prit, entre
autres choses, Saint-Dagobert, en vertu de bulles de Rome,
obtenues en 1602, par le cardinal Charles II de Lorraine,
évêque de Metz, commendataire de Gorze, et en cette qualité, prieur de Stenay. Il eût dû être le défenseur du Bénéfice dont il était titulaire ; mais, comme la nouvelle Primatie était érigée en sa faveur, il s'empressa de consentir à
l'union : pour ce motif, et d'autres encore, on considérait
autrefois cette bulle de 1602 comme assez irrégulière (1).

Prieuré
Saint Dagobert.

(1) Les ducs de Lorraine avaient obtenu de Rome, pour leur Primatie, non
seulement l'union de Saint-Dagobert, mais encore celle de la mense abbatiale de Gorze tout entière, par bulles de 1621 ; mais, en 1661, la France les
obligea de renoncer à cette dernière union : et le roi eut la nomination au
titre d'abbé de Gorze. Cet abbé prétendait nommer le prieur de Saint-
Dagobert : le prince de Condé le prétendait aussi, en vertu de son domaine

Quoi qu'il en soit, elle était le titre en vertu duquel l'évêque de Nancy, lorsque enfin cet évêché fut créé en 1777,
était censé prieur de Saint-Dagobert, et nommait comme
tel à la cure de Stenay.

Après la mort de Dagobert II, l'histoire de notre pays
n'a plus rien de commun avec celle des Mérovingiens.
L'avénement de Pépin d'Héristall au duché d'Austrasie,
en 680, ouvre, chez nous, l'ère de la dynastie carlovingienne.

à Stenay; enfin le Primat de Nancy, qui jouissait du revenu, s'opposait à ces
prétentions, en vertu de sa bulle de 1602. Il y avait là ample matière à procès. On voit tous ces détails dans un Factum manuscrit, où il est dit qu'Ar-
mand-Jules de Rohan, archevêque duc de Reims, abbé de Gorze, avait nommé
au prieuré Saint-Dagobert Louis-Constantin de Rohan; que Louis-Henri de
Bourbon, prince de Condé, y avait, de son côté, nommé Jean-Baptiste Le-
franc, lequel avait cédé, par transaction, ses droits à Louis de Rohan : de
sorte que le procès n'était plus qu'entre celui-ci et Marc de Beauvau, primat de Nancy, intimé, et jouissant du revenu du prieuré, en vertu de ladite
bulle, dont le procureur général du Roi demandait la cassation, comme abu-
sive. Ce factum est de 1730, à peu près.

FIN DE LA PÉRIODE MÉROVINGIENNE.

Voir page 171.

BEAVLIEV, ABBAYE COMTE EN ARGONNE

PÉRIODE CARLOVINGIENNE

CHAPITRE Ier

LES CARLOVINGIENS ANTÉRIEURS A PÉPIN-LE-BREF. — PÉPIN D'HÉRISTALL,
CHARLES MARTEL, CARLOMAN, DUCS D'AUSTRASIE.

Les Carlovingiens sont la dynastie nationale d'Austrasie,
issue, comme nous l'avons déjà dit, de l'évêque de Metz
saint Arnoul et du maire Pépin de Landen, les deux ministres qui relevèrent le royaume, entraîné un instant dans
la chute de la reine Brunehault. Le second fils de saint
Arnoul, Anségise, épousa Begga, fille du maire : et leur
fils Pépin d'Héristall se trouva l'unique héritier des deux
familles, après l'extinction de la branche aînée de chacune
d'elles. Au moment où nous sommes parvenus, la descendance masculine du vieux Pépin avait déjà péri, dans la
personne du traître Grimoald, qui avait enlevé et relégué
au fond de l'Angleterre le jeune Dagobert II; mais la branche aînée de saint Arnoul subsistait, représentée par le
duc Martin, cousin germain de Pépin d'Héristall. Dagobert II, de retour de l'exil, se sentit menacé par la puissance de ces hommes redoutables : il les éloigna de sa
cour; mais il ne put empêcher qu'ils ne dominassent la
marche des choses, et n'eussent le royaume entier dans
leurs mains, quand le mystérieux assassinat, raconté à la
fin de notre période précédente, mêla, dans la forêt de

13

Stenay, le sang du dernier roi à celui du dernier maire d'Austrasie (1).

Martin et Pépin d'Héristall, ducs d'Austrasie

Après cette catastrophe, rien ne semblait plus éloigner les nouveaux chefs du trône, objet des longues convoitises de leurs ancêtres. La race de Clovis, il est vrai, se maintenait en Neustrie; mais Ebroïn y régnait sous le nom de Thierry III; et l'exécration qui s'attachait à cet odieux ministre portait au comble la vieille antipathie des deux royaumes. Néanmoins, quelque violente que fût l'animosité, les Austrasiens ne songèrent pas même à donner à leurs nouveaux maîtres le titre royal : car le droit de la dynastie mérovingienne était encore sacré pour tous. Cette vieille souche ne produisait plus que des rejetons desséchés et sans vigueur; mais ses racines se confondaient avec celles du peuple Franc lui-même; son droit était plus ancien que l'histoire; et jamais homme d'autre race n'avait été porté sur le pavois. En attendant qu'il fût possible de fouler aux pieds cette suprême prérogative, Martin et Pépin se firent proclamer ducs d'Austrasie ; et leur avénement à ce titre, en 680, fut l'acte décisif qui mit le pouvoir aux mains des ancêtres de Charlemagne.

Assassinat de Martin.

Pendant les premiers jours de cette révolution, et tant que dura la lutte qu'elle fit naître, la France fut plus que jamais une arène où toutes les passions se déchaînèrent. Les Neustriens, conduits par Ebroïn, triomphèrent dans un premier combat, livré aux environs de Laon : et Martin périt alors, victime d'une trahison infâme et sacrilége, à laquelle on accusa les évêques Egilbert de Paris et Rieul de Reims d'avoir prêté leur concours, en jurant sur une châsse dont le maire de Neustrie avait fait secrètement ôter les reliques. Il n'est pas prouvé que les deux prélats aient juré de mauvaise foi, et su que la châsse était vide; mais ce trait prouve la grossière superstition des hommes qui

(1) Landen, d'où le premier Pépin tire son nom, est un bourg de Brabant, aux environs de Louvain. Héristall, ou Herstall, sur la Meuse, près de Liége, est une terre qui eut titre de baronnie jusqu'à la Révolution.

s'imaginèrent pouvoir, par une telle ruse, échapper à l'indignation des saints. L'année suivante 681, Ebroïn périt, assassiné par un de ses ennemis; et dès lors le génie de Pépin domina seul les événements. En 687, les armées des deux royaumes se rencontrèrent de nouveau, au lieu nommé Testry, entre Péronne et Saint-Quentin, où fut livrée la bataille qui décida du sort des Mérovingiens. Le roi Thierry s'enfuit à Paris, qu'il ne sut pas défendre : il fut pris; et on l'enferma dans la maison de campagne de Maumagus sur l'Oise, où Pépin traita avec lui, non-seulement parce qu'il ne pouvait encore persuader aux Francs de ne plus reconnaître les fils de Clovis; mais encore parce qu'il avait besoin d'un fantôme royal pour commander aux grands leudes, dont par lui-même il n'était que l'égal. Depuis ces arrangements, le roi ne vint plus en Austrasie; Pépin affecta également de ne point aller en Neustrie, où sa présence eût réveillé les tristes souvenirs de la défaite; mais il dirigea toutes choses; et la royauté s'effaça de plus en plus devant son génie, ses exploits et sa fortune. Il régna ainsi pendant plus de trente ans; et il fut le vrai fondateur de la dynastie carlovingienne, bien que cette race n'ait pas gardé son nom.

Nos traditions locales rattachent quelques souvenirs au duc Martin, l'un des personnages qui figurent dans les événements dont nous venons d'esquisser l'histoire. On lui attribue la fondation de Longwy, ville qu'il fit, dit-on, construire, ou fortifier pour remplacer le camp romain du Titelberg, situé deux lieues plus loin, et communiquant, par une route militaire, avec un autre camp dont on voit les restes près de Briey. Ce nom de Titelberg, qui signifie montagne de l'inscription (*mons tituli*), vient sans doute de quelque remarquable inscription antique, qui exista là : les nombreuses médailles qu'on trouve en ce lieu attestent que les Romains y séjournèrent depuis les premiers empereurs jusqu'aux invasions barbares; et les débris des constructions portent des traces évidentes d'incen-

Longwy.
Castrum
du Titelberg.

die (1). Comme le duc Martin représentait la branche aînée de saint Arnoul, on fit remonter jusqu'à lui l'origine de plusieurs familles princières, entre autres de celle des Capétiens, par une généalogie fabuleuse, que l'on opposa aux princes lorrains, quand, au temps de la Ligue, ils se prétendirent issus de Charlemagne (2).

Evêques de Verdun.

A Verdun, l'histoire de la fin du VII⁰ siècle et du commencement du VIII⁰, se borne à mentionner les noms des évêques Armonius, Agrebert, Bertalame et Abbon, tous personnages fort obscurs, qui furent partisans de la nouvelle dynastie, et s'attirèrent, pour ce motif, la malveillance des hommes du parti contraire. C'est ce que nous verrons tout à l'heure, en racontant la fondation de Saint-Mihiel. Pépin d'Héristall et sa femme Plectrude adressèrent, en 701, à l'évêque Armonius, une charte où, ne prenant eux-mêmes d'autre qualité que celle de gens illustres, ils datent leur acte de la septième année de règne du seigneur roi Childebert III : *anno septimo regni domini nostri Childeberti regis :* formule qui prouve qu'ils reconnaissaient la royauté nominale des Mérovingiens, même pour l'Austrasie. Cette charte, signée de huit comtes, a pour objet la donation à Saint-Vanne de la terre de Parois et de la forêt dite aujourd'hui la Noue-Saint-Vanne, près des Islettes (3);

(1) Près de Longwy est le mont Saint-Martin, où fut un prieuré donné, au XI⁰ siècle, à Saint-Vanne de Verdun, et uni, dans la suite, au collège des Jésuites de cette ville, lesquels nommaient à la cure de Longwy, en qualité de représentants du prieur. Cette cure, aujourd'hui du diocèse de Metz, était sous l'invocation de saint Dagobert.

(2) On trouve cette généalogie des Capétiens dans Roberti, *Historia Sancti Huberti,* p. 549, et dans Valadier, *Auguste basilique de Saint-Arnoul,* tableau placé à la fin du volume, etc.

(3) La charte, indiquant elle-même que les limites qu'elle marque (*terminationes silvæ*) sont celles de cette forêt, aujourd'hui fort réduite, on a eu tort de croire qu'elle parle d'Herbeuville et de Saint-Maurice. Ce dernier nom indique la limite du côté des bois de Beaulieu, abbaye très souvent désignée par son titre patronal de Saint-Maurice : quant à *Herberica villa,* ce doit être Aubréville. *Birenna* n'est point non plus Varenne : ce mot est une faute de copiste pour *Biesma,* la Biesme; et il faut traduire la phrase : *per Perfuni-*

le latin en est plus barbare encore, s'il est possible, que celui du testament d'Adalgise (1); et l'acte n'a plus guère aujourd'hui d'intérêt que de nous faire connaître les noms anciens de quelques localités, entre autres celui de Parois, *Pararicum*. — De l'évêque Bertalame, Wasse-bourg dit que ce fut lui qui, à cause d'une fameuse apparition de saint Michel, dont tout le monde parlait alors, consacra à cet archange la côte qui porte son nom près de Verdun, côte qui s'appelait auparavant Maubert-Mont; et il ajoute qu'une chapelle, avec ermitage, fut alors érigée vers le sommet de cette montagne. Cet ermitage exista, en effet, jusque en 1755; mais il avait été fondé par d'anciennes Dames de Saint-Maur; et la côte s'appelait encore Maubert-Mont au XIe siècle (2).

Bertalame; côte Saint-Michel.

L'événement mémorable de nos premiers temps carlovingiens fut la fondation par le comte Wolfang, ou Wulfoade, en 709, de la grande abbaye Saint-Michel, que nous nommons Saint-Mihiel, près de laquelle se forma la ville qui porte encore ce nom. On a les chartes de ce comte, ainsi que la légende des premiers moines; mais, pour l'intelligence des faits, il faut ajouter à ces documents une circonstance importante, qu'ils passent sous silence : c'est que Wolfang voulut, non-seulement bâtir un monastère en ce lieu, mais aussi y avoir une forteresse, pour recevoir les ennemis du

Fondation de Saint-Mihiel.

Rivo usquè Birenna par : en suivant le ruisseau de Parfonru jusqu'à la Biesme. On trouve ce ruisseau de Parfonru, et cette même limite encore marqués, au siècle dernier, dans un aménagement du bois du Grand-Fays, au prince de Condé. Si l'on connaissait les noms des nombreuses fontaines des environs de la Noue-Saint-Vanne, on retrouverait probablement la limite du côté indiqué à *Luponis Fontana usque domus Fontana.*

(1) *Illuster viro Pippino, ejusque illustra matrona Plectrude, apud apostolico viro Armonio, episcopo Virdunensis urbis, seu venerabili viro Angleberto archidiacono, qui in ecclesiâ Sancto Videno, ubi suus pretiosus corpus requiescit, præest, etc.* — La charte est tout entière dans D. Calmet, tom. II. Preuves. p. LXXXIII. 2ᵉ édit.

(2) *Bella-Villa, cum banno, centenâ et Malberti-Monte.* Bulle de Léon IX pour la cathédrale, en 1049.

gouvernement carlovingien : *castello ibidem volebat œdi-*
ficare, ad nostros inimicos recipiendum, dit, en latin barbare, une charte de Pépin-le-Bref, datée de 755 (1).
De là vient, très-probablement, que l'emplacement choisi
fut, non celui de la ville actuelle, mais une montagne,
fort incommode pour tout autre objet que la défense
militaire, et que les moines furent obligés d'abandon-
ner, environ un siècle après leur établissement : on donna
alors à cette hauteur le nom de côte du Vieux-Moutier; mais auparavant elle s'appelait Castellio : nom qui
fait présumer qu'elle avait été fortifiée dans l'antiquité (2). Il semble qu'on voie percer, dès l'origine,
dans les projets du fondateur, une arrière-pensée de
rébellion politique, qui se décèle surtout dans les précautions suspectes et exorbitantes qu'il prit, comme nous
le dirons tout à l'heure, pour soustraire son monastère à toute surveillance des autorités légales du pays.

Légende
de Saint-Mihiel.
Les légendes rattachent cette fondation aux apparitions d'anges que l'on vit, en 706, sur les côtes de
Neustrie. En souvenir de ces beaux miracles, on avait
construit, non loin d'Avranches (Normandie), l'abbaye
du mont Saint-Michel, sur un rocher maritime, appelé
auparavant la Tombe, ou le Péril de mer : et des pèlerins de nos provinces visitaient journellement ce saint
temple; quelques-uns des plus zélés s'en allaient même,
en passant par Rome, jusque dans l'Italie méridionale,
au mont Saint-Ange, le Garganus des Romains, où
était un sanctuaire plus anciennement célèbre, que le
chef de la milice céleste avait honoré de sa première
apparition en Occident. Wolfang fut de l'un de ces
pèlerinages, et y fit vœu d'ériger en Austrasie un monastère à saint Michel. Pour l'encourager en cette pieuse

(1) Elle est dans Felibien, Hist. de Saint-Denys, Preuves. p. xxv, xxvi.
(2) *In pago Virduneusi, in loco qui dicitur Castellionis, in fine Windiniacâ,*
ubi, ab ipsâ radice montis, consurgit fluviolus (ruisseau) *qui dicitur Narsupia....*
Facta est donatio in ipso monasterio, multorum conventu bonorum hominum, anno
xv *domini nostri Childeberti regis.*

résolution, les prêtres du mont Gargan lui donnèrent des reliques à mettre sous l'autel qu'il avait promis de faire bâtir; et le noble comte, voulant que son vœu lui demeurât toujours en mémoire et que la bénédiction divine l'accompagnât partout, ordonna que ces reliques seraient portées à sa suite, jusqu'à ce qu'un signe du ciel révélât l'endroit où elles devaient être déposées. Ce signe parut bientôt, d'une manière aussi merveilleuse qu'inattendue. On était à la chasse, sur la montagne de Castellio : la nuit vint; et, dans la précipitation du départ, on oublia le reliquaire, que l'on avait suspendu aux branches d'un arbre. Le lendemain, lorsqu'on vint le reprendre, on vit avec surprise que la branche fuyait les mains qui cherchaient à la saisir; le reliquaire s'élevait même en l'air, quand on voulait monter sur l'arbre. A la vue de ce miracle, tous s'écrièrent que le choix de l'archange se manifestait, et qu'on avait enfin trouvé le lieu béni où il voulait être honoré : l'arbre fut abattu; on posa sur le champ à sa place la première pierre de l'autel; le reliquaire descendit immédiatement de lui-même; puis Wolfang traça sur le sol le plan de la basilique qu'il avait vouée, et celui d'une autre plus petite, qu'en généreux donateur il ajouta pour saint Pierre; enfin la comtesse Adalsinde, ne voulant point le céder en piété à son mari, traça de son côté l'enceinte d'une troisième église, en l'honneur de Notre-Dame. Les racines du tronc miraculeux repoussèrent; et il en sortit de vigoureux rejetons qui, s'échappant à travers les murs, tapissèrent de leurs verdoyants rameaux les pierres du saint édifice : c'était un nouvel arbre de vie, planté dans un autre paradis terrestre; il y naissait des fruits qui rendaient la santé aux malades; et la chronique attesta, pendant des siècles, les heureux effets de ce remède divin (1). Tels furent

(1) *Ipse truncus sub altari sepultus adhuc usque hodiè* (xiᵉ siècle) *se vivere manifestat, dùm per murum stipitem foràs emittens, ramorum densitate muros*

les prodiges du Vieux-Moutier de Saint-Mihiel, sur sa
montagne de Castellion : on trouva cette légende si belle
qu'elle passa dans les Vies de plusieurs saints ; et Flodoard en enrichit, entre autres, celle de saint Morand
de Rennes.

Charles
de Wolfang.

D'aussi brillantes fleurs de poésie ne se trouvent point
dans les chartes authentiques, dites Testament de Wulfoade ; mais ces diplômes, de style officiel, énumèrent en
termes clairs et précis les domaines du fonds dotal,
c'est-à-dire ceux qu'assigna à l'abbaye l'acte même de sa
fondation. Environ vingt villages, encore subsistants pour
la plupart, et reconnaissables à leurs noms, composè-
rent cette riche dotation ; tous faisaient partie du Verdunois, à l'exception de deux, Condé sur la Chée *(Condatum
super fluvium Callo)*, et Cousance *(Cussiliacum)*, qui sont
indiqués comme appartenant au Barrois : c'est l'une des
plus anciennes mentions que l'on connaisse de ce pays.
On remarque encore, en ces textes, le passage donnant aux moines, dans les salines de Vicus Marsallus,
droit de seau et de chaudière, c'est-à-dire droit de puiser
l'eau salée, et d'en extraire le sel par évaporation (1).
Ces largesses, bien énumérées, et spécifiées en bonne
forme, Wolfang, prenant le style de la chancellerie royale,
termina par la remarquable disposition qui suit : « Il
me plaît encore d'écrire que, ni le juge, ni l'évêque de
Verdun, ni aucun magistrat du territoire verdunois n'en-
treront en ce monastère pour y ordonner, requérir ou
exiger quoi que ce puisse être ; et nul n'a à contredire
à cet acte de ma volonté, attendu qu'il s'agit d'un éta-

---

extrinsecùs vestit, et in nuces fructificat quœ œgris multoties profuisse probantur.
Chronique de Saint-Mihiel, dans Mabillon, *Vetera Analecta*, tom. II. p. 374.

(1) *Similiter donamus, in Vigo Marsallo, inno ad sal faciendum, cum manso,
casâ, sesso, cum omne adjecentiâ ad se pertinente.*— *Inno*, chaudière d'airain,
par corruption du mot *Æneum* ; *sesso*, place à puiser l'eau avec un seau. —
En 1842, on a trouvé à Marsal une inscription des *vicani Marosslenses*,
en l'honneur de Tibère.

blissement créé de mes propres biens, à mes propres frais, et par mes propres soins (1). » Lorsque les bâtiments furent achevés, vers l'an 709, ces chartes furent lues en assemblée des notables du pays (multorum conventu bonorum hominum), dans le monastère même, en présence de Wolfang, de sa femme Adalsinde, de Garibald, évêque de Toul, son parent, et d'autres grands personnages : puis l'évêque de Toul fit la cérémonie de la dédicace, sans s'inquiéter du diocésain de Verdun, qui ne parut pas.

Cette exemption de toute juridiction ordinaire, soit spirituelle, soit temporelle, que Wolfang décerna de son autorité au monastère de Saint-Mihiel, choque les critiques : non que les clauses que nous venons de transcrire soient en elles-mêmes insolites, car on en voit de pareilles dans les Formules de Marculfe, et dans les diplômes royaux des fondations de cette époque ; mais les Formules, ainsi que les chartes, supposent l'exemption temporelle accordée par le roi, et la spirituelle par l'évêque. Il est vrai que les grands leudes, tels qu'était Wolfang, jouissaient, en leur qualité de seigneurs relevant immédiatement du roi, de toute juridiction dans leurs terres ; mais comme, en les cédant ou en les donnant, ils ne pouvaient transmettre aux acquéreurs ou aux donataires la qualité de leudes, ces fonds retombaient dès lors sous la juridiction des magistrats du comté. L'illégalité est encore plus flagrante en ce qui concerne l'exemption spirituelle : car un laïque, quelque grand seigneur qu'il fût, ne pouvait priver l'évêque de son autorité sur aucun territoire diocésain (2).

Critique
de la clause
d'exemption.

(1) *Quia in ipso prædio nostro, proprio sumptu ac labore, ædificavimus.* — *A novo fundamento, in jure proprietatis nostræ, visi fuimus ædificare.*

(2) On a supposé que, pour favoriser les fondations, l'église tolérait alors ces atteintes à la juridiction diocésaine. Mais la Formule *Qui monasterium in proprio ædificat, qualiter chartam faciat* suppose que, même en ce cas (qui est celui de Wolfang), l'exemption est accordée *cum consensu Galliarum pontificum.* Cette Formule est dans Mabillon, *Acta SS. sæc. 4. pars* I. p. 743. — Les moines des Vosges ne se crurent exempts de l'évêque de Toul qu'en vertu

Wassebourg a tranché ces difficultés en substituant le nom d'Agrebert de Verdun à celui de Garibald de Toul, dans l'extrait qu'il donne des chartes de Saint-Mihiel; et Roussel, notre second historiographe, variant le même système, accuse les moines d'avoir falsifié leur charte, au XI⁰ siècle, lorsque, molestés par l'évêque Thierry, ils voulurent se donner au diocèse de Toul. Ces explications sont inadmissibles en présence du témoignage de Mabillon, qui vit à Saint-Mihiel même l'original de la charte, et en publia le texte avec le nom de Garibald (1). On doit dire que ce texte est authentique, mais que le privilége qu'il accorde est illégal et nul, par défaut de pouvoir. Ni nos évêques, ni même l'abbaye de Saint-Mihiel ne trouvèrent ce privilége valable : car on lit formellement dans la chronique monastique, que l'abbé élu allait demander à l'évêché de Verdun la bénédiction abbatiale et la charge d'âmes (2). Quant à l'exemption temporelle, Charlemagne la reconnut, il est vrai, et la confirma; mais il se garda de la déduire de la charte de fondation : elle vient, dit-il, de la grâce de notre seigneur et père le roi Pépin, de bonne mémoire (3). Ainsi les rois ne reconnurent d'autre exemption que celle qu'ils avaient accordée eux-mêmes, après l'an 755. Ce que nous avons dit des complots politiques du comte Wolfang explique les vrais motifs de son acte illégal : il ne fallait point que les mécontents, auxquels la forteresse de Cas-

---

d'une charte du métropolitain Numérien de Trèves; et, si cette charte est fausse, elle n'en prouve que mieux qu'on ne croyait pas pouvoir se passer d'autorité épiscopale en cette matière, puisque, à défaut d'un titre vrai, on se serait vu obligé d'en fabriquer un faux.

(1) Mabillon, Annál. bénédict. t. II. p. 21. et *Iter litterarium*, dans les Œuvres posth. tom. III. p. 434.

(2) *Virdunense pontifice præsente, à quo suscipiens curam animarum, benedictionis apice congruenter sublimatus est.* Chroniq. de Saint-Mihiel, dans les *Analecta* de Mabillon, tom. II. p. 391. — Il s'agit de l'abbé Nantaire, au commencement du XI⁰ siècle.

(3) *Sicut bonæ memoriæ dominus et genitor noster Pippinus, quondàm rex, fecit, ut nullus judex publicus, etc.* Charte de Charlemagne, dans les Preuves de l'Hist. de Saint-Mihiel de dom de l'Isle. p. 427.

tellio devait servir d'asile, fussent exposés aux visites de l'évêque ou des magistrats carlovingiens de Verdun : et nul prétexte n'était meilleur que l'établissement d'un monastère, pour tenir à distance ces surveillants incommodes. Comme le fondateur de Saint-Mihiel était un seigneur de premier rang, qui prenait, aussi bien que Pépin d'Héristall lui-même, la qualité d'illustre (1), alors premier titre après celui du roi, auquel on disait Votre Gloire, il fallut que nos prélats et dignitaires verdunois tolérassent ce qui se passait au nouveau monastère : et les choses demeurèrent ainsi jusqu'à ce que Pépin-le-Bref fit arrêter Wolfang, comme nous le raconterons plus loin.

Etain parait dans notre histoire ; à peu près à la même Etain en 707. date que Saint-Mihiel. Cette petite ville, dans une contrée agréable et fertile de la Woëvre, était, en 707, un domaine rural, du patrimoine de l'évêque saint Ludwin de Trèves qui, par charte des calendes de Février, an XII du roi Childebert III (1er Février 707), en fit don au monastère de Saint-Euchaire, dit ensuite Saint-Mathias, au faubourg de sa cité épiscopale. Dans cette charte, Etain (dont le nom vient de *stagnum*, étang) est appelé *villa de Stain* : son finage est décrit comme compris entre ceux de Longawa (cense de Longeau), d'un lieu dit Alehne ou Mehne, d'Herminville et de Warch ; et, parmi les signataires de l'acte, on voit, entre autres personnages, le fils et successeur de saint Ludwin, Milon, diacre, dont nous aurons bientôt ample sujet de parler (2). Rien de remarquable n'existant alors à Etain, cet écrit ne renferme point de renseignements intéressants ; mais il est suivi d'un état du revenu que Saint-Euchaire tirait de ce domaine, au moment où il le céda à la Madeleine de Verdun, en 1222 : et nous ferons connaître cet état, parce qu'il est instructif sur la condi-

(1) On voit son seing, ainsi mis à la fin de la charte : Sign. † *V. inls. (viri inlustris) Wlfoado, qui islud testamentum donationis ficri rogavit.* Ce n'était point un titre qu'il s'arrogeât ; car Charlemagne le lui reconnait dans la charte citée, note précédente.

(2) Sa signature porte : *Ego Milo, in Christi nomine, signo diaconus.*

tion des populations rurales à l'époque où les affranchissements commençaient, sous forme de mises à assise, c'est-à-
dire de redevances fixes, assises sur les serfs, au lieu de la
taille et corvée à merci du seigneur, comme dans la
rigueur primitive :

« Ce sont les droits que la terre de Stain paie annuellement aux
Frères de cette église. On compte, en cette terre, vingt-cinq manses,
dont quatre ne sont point à notre usage. Les autres nous doivent, à
Pâque, vingt poules, cent œufs, et vingt charretées (*carradas*) de
bois : autant à la Saint-Martin (11 novembre), et à Noël. A la Saint-
André (30 novembre), huit sols de cens. A la Saint-Remi (1er octobre), cent malt de froment (1) : ce même jour, les hommes sont
tenus, à notre choix, ou de nous voiturer 184 malt du même grain,
jusqu'à Dietenhoven (Thionville), ou de nous payer onze onces et
cinq deniers (2). En Février, chaque manse nous doit sept jours et
demi de service (corvée), et autant en Mai, si nous en avons besoin.
Les gens de Stain sont tenus, une année d'enlever le fumier de
notre cort, une autre de nous fournir 180 tuiles et de réparer nos
toitures (3), la troisième de nettoyer et de réparer le canal du moulin. De nos granges, ils nous paient annuellement, à Pâque, sept
sous, et vingt poules. Au jour de Saint-Pierre-ès-liens (1er Août), ils
nous donnent, pour les prés, dix sols et seize poules. A la Saint-
Martin, les femmes paient le cens : les unes donnent six deniers,
d'autres trois ; enfin les autres sont taxées équitablement par notre
intendant (*villicus*), ou notre envoyé (*nuntius*). Le cens de capitation des hommes se paie de la même manière, au mois de Mai : les
uns donnent vingt deniers, les autres cinq ; les autres, ce qu'on
peut exiger d'eux, suivant leurs moyens. Pour le service de l'abbé,

(1) Le malt, ou maldre, était une mesure de grains assez usitée dans la
Lorraine septentrionale. A Thionville, il valait deux hectolitres et un peu
plus de 12 litres.

(2) D'argent sans doute. Le Capitulaire de Metz, de l'an 756, régla que,
dans une livre d'argent, pesant 15 onces (460 grammes), on taillerait 22 soli-
des, ou sous, le monétaire gardant le 22e pour son travail ; et qu'un de ces
sous vaudrait 12 deniers. — *Dietenhoven*. Ce serait ici la plus ancienne mention de Thionville, si le passage était contemporain de saint Ludwin. Cette
ville est nommée, pour la première fois, par le continuateur de Frédégaire,
en 753.

(3) Ce passage prouve qu'il y avait dès lors des tuileries aux environs
d'Etain.

l'intendant doit cinq sous, le doyen autant, et les gardes des bois pareille somme : ces redevances s'acquittent le jour de la fête Saint-Euchaire. »

Pour avoir Etain, la Madeleine donna, en contre-échange, sa terre de Makeren, dite ensuite Kœnigs-Makeren, sur la Moselle, dans l'ancien duché de Luxembourg; les actes de ces arrangements sont de l'an 1222, où nous en rapporterons quelques détails. Il n'est plus parlé d'Etain dans nos chroniques jusqu'au milieu du XIIe siècle, où on le retrouve dans une sentence de l'évêque Albéron de Chiny contre des Voués coupables d'exactions.

En 714, Pépin d'Héristall étant dans sa dernière maladie, au château de Jupile, près Liége, la duchesse Plectrude lui persuada de déshériter Charles Martel, né d'Alpaïde, femme illégitime, ou considérée comme telle. La duchesse fut appuyée en cette démarche par tout le parti ecclésiastique, qui suspectait Charles d'indévotion, et accusait Alpaïde d'avoir, quelques années auparavant, fait assassiner l'évêque saint Lambert, duquel elle avait reçu un affront, à la table même de Pépin. A la place du prince déshérité, Plectrude mit son propre fils Grimoald, dont elle avait préparé l'élévation, en le faisant nommer maire de Neustrie : de sorte qu'il était déjà fort puissant, et gérait la royauté neustrienne, au nom des monarques fainéants. Dès qu'il arriva à Jupile, pour être proclamé unique héritier, il affecta d'aller en grande pompe visiter à Liége, l'église de saint Lambert, le nouveau martyr, qu'avait fait Alpaïde; mais là, tandis qu'il semblait par sa prière appeler la vengeance du ciel sur cette femme et sur sa race, il reçut un coup de poignard qui l'étendit mort sur place. On arrêta à l'instant un Frison païen, sur lequel les amis de Charles rejetèrent le crime : néanmoins la cour demeura persuadée qu'il partait de plus haut; et il y eut ordre de Pépin mourant d'emprisonner Charles, d'exiler toute sa parenté maternelle, et de reconnaître pour héritier le fils unique du prince assassiné. C'était un en-

Mort de Pépin d'Héristall.

Charles Martel déshérité.

fant de six ans, dont la naissance n'était pas plus légitime
que celle de Charles lui-même, et qu'il fallut mettre en
tutelle sous la régence de son aïeule Plectrude. Par cet
impolitique testament, Pépin faillit ruiner en un instant
tout l'édifice de grandeur qu'il avait mis trente années à
construire. Le roi Chilperic II, profitant de l'occasion
de secouer le joug honteux où on le tenait, nomma pour
maire Rainfroy, marcha avec lui contre les Austrasiens,
les battit, à cause de l'incapacité de leurs généraux, et les
réduisit à aller, vers la fin de 716, tirer de prison le vaillant Charles, comme seul en état de les conduire de nouveau à la victoire.

**Guerre
de Rainfroy.**

**Charles Martel
accueilli
à Verdun.**

En ce moment, tout le pays jusqu'à la Meuse se trouvait
au pouvoir des Neustriens victorieux (1); et il paraît
que l'évêché de Verdun les craignait fort; car, dès que
Charles parut, l'évêque Peppon l'accueillit comme un
sauveur, et s'empressa de lui ouvrir les portes de la
ville. Sensible à un si bon accueil, dans ces commen-
cements incertains de son règne, le prince récompensa
ce dévoué serviteur par le don de la terre de Chaumont (2) : puis il marcha sur Reims, où il espérait
que l'évêque Rigobert, son père de baptême, se pro-
noncerait également pour lui; mais il fut déçu de cet
espoir; et Rigobert, qui était l'un des grands saints du
temps, lui fit dire qu'il entendait demeurer neutre.
Néanmoins les troupes austrasiennes s'avancèrent jusqu'à la porte Basilicaire de Reims; et, la trouvant fermée,

(1) *Ragenfridus usquè ad Mosam fluvium Austrasios vastavit, etc. Annales
Metenses*, dans Du Chesne, III, 268.

(2) Et non Clermont, comme le disent la plupart des notices, en repro-
duisant une faute d'impression de Wassebourg, bien qu'il l'eût corrigée lui-
même, dans son errata. *Et quia Peppo partibus Caroli favit, tempore seditionis
(Rainfredi)... obtinuit Calmontem villam,* etc. dit Bertaire. Il y a Chaumont-
sur-Aire et Chaumont-lez-Damvillers. L'évêque Heimon donna le premier à
Saint-Maur, en fondant cette abbaye; le second demeura à l'évêché, dans la
prévôté de Mangiennes. Quant à Clermont, il fut conquis sur un seigneur
par l'évêque Thierry, dans le XIe siècle, puis mis au XIIe, dans l'avouerie des
comtes de Bar, à charge d'hommage.

crièrent avec leur chef « Seigneur Rigobert, faites-nous
ouvrir; nous voulons aller prier Notre-Dame dans votre
église! » Aucune réponse ne venant, et les clameurs
redoublant, l'évêque parut enfin sur le rempart, et
dit, à voix haute : « Dieu jugera entre vous et vos adversaires : pour moi, j'attends son arrêt; et je le prie
de donner la victoire au plus digne (1). » Ces paroles
blessèrent vivement Charles; et il jura, sur sa tête,
que, s'il revenait victorieux, on saurait pour qui les
portes de la cité de Reims seraient closes à l'avenir.
Le saint mit son espoir dans la Providence, et pria le
ciel de détourner ces menaces; mais ses vœux ne furent
point exaucés. Les Austrasiens gagnèrent les batailles
de Vincy et de Soissons (717 et 719); le maire Rainfroy fut déposé; et Chilperic, qu'on laissa fainéant sur
le trône, devint incapable de défendre ceux qui avaient
appuyé sa cause perdue.

Charles Martel, guerrier redoutable et invincible, mais
peu religieux, ne pardonna jamais aux prêtres d'avoir
traité sa mère de concubine, et de s'être opposé à ce
qu'on le reconnût lui-même pour fils légitime de Pépin (2).
C'étaient là de mortelles injures : car elles l'avaient fait
renier par son père; et peu s'en était fallu qu'au lieu
du trône ducal, il n'eût trouvé que l'exil et la pros-
cription. Aussi, pendant tout son règne, l'église fut-elle
traitée en vaincue; et le prince lui rendit au centuple
les maux qu'il l'accusait d'avoir préparés contre lui.
De toutes les saintes œuvres de son temps, il ne favorisa
que les missions germaniques, parce que la conversion
des païens de Frise et de Saxe ouvrait, en ces pays, la
porte à la domination des Francs; mais, à l'intérieur,
le clergé fut accablé de misères et de tribulations. On
se mit partout à dire qu'en présence des Saxons et

(1) Vie de saint Rigobert, dans les Bollandistes, Janvier, tom. i. p. 176.
(2) *Ex ancillæ stupro natus.* Flodoard, ii. 12.

des Musulmans, il fallait à la chrétienté des soldats, et non des moines ; que d'ailleurs les biens d'église s'accroissaient outre mesure, et que, chaque jour, les monastères s'emparaient des héritages, au moyen de mille ruses

Les biens d'église mis en Précaires.

perverses (1) ; en conséquence, la cour établit sur les domaines ecclésiastiques ce qu'on appelait alors des Précaires, c'est-à-dire des usufruits au profit de la noblesse militaire, qui jouissait ainsi du revenu, en attendant qu'elle pût s'emparer du fonds. Aux prélats qui se plaignirent, le Duc répondit qu'il ne tenait qu'à eux de maintenir leurs terres franches, tout en se couvrant eux-mêmes d'honneur dans la belliqueuse nation des Francs ; ils pouvaient venir en personne à l'armée, à la tête des hommes de leurs Bénéfices ; et, s'ils ne voulaient point servir ainsi, ils ne devaient pas trouver mauvais qu'on prît sur leurs revenus de quoi subvenir à cette charge nationale. Beaucoup jugèrent l'avis bon, et le suivirent, aux applaudissements de Charles et de ses leudes ; de

Clergé militaire.

sorte qu'il se forma en Austrasie un haut clergé militaire, transgressant et tournant en dérision les obligations canoniques, à tel point que le grand apôtre de Germanie, saint Boniface, quand il venait à la cour, où le Duc lui faisait toujours excellent accueil, avait scrupule de visiter ces profanes, craignant de participer aux nombreuses excommunications dont il les supposait, non sans motif, chargés et anathématisés pour leurs violences et leur conduite licencieuse (2). Au milieu

(1) *Sub nomine Dei, aut cujuslibet Sancti, eos qui simplicioris naturæ sunt, et minùs docti atque cauti, suis rebus exspoliant, etc.* Bref Capitulaire de 811, dans Sirmond, Concil. tom. II. p. 262, et dans Baluze, Capitul. t. I. p. 480. — Donnoit sa terre, et rentes, et molins, Aus moines noirs, que saint Bénéoist fit, etc. *Garin*, au commencement. — Le biographe de saint Boniface, au temps même de Charles Martel. : « *Multi, tàm clerici quàm laïci, dicere solent : Quid prosunt tot cœnobia, vel tanta monachorum agmina..., qui inutiliter saginantur, etc.* Dans Mabillon, *Acta SS. sæc.* 3. *pars* 2. *pag.* 50.

(2) Il écrivit même à Rome, pour demander quelle conduite il devait tenir envers ces personnages, dont il fait une peinture affreuse. Voir sa lettre dans Sirmond, Concil. tom. I. p. 530.

de ce désordre, on cessa entièrement de penser aux choses de l'esprit : les clercs chassés de leurs cloîtres interrompirent la rédaction des annales et des légendes ; et la barbarie atteignit sa limite extrême. La gloire de Charles en souffrit ; car personne n'écrivit ses exploits : et il fallut tout l'éclat de sa grande victoire de Poitiers pour sauver son nom de l'oubli.

Un des plus étranges personnages de ces temps étranges était l'évêque Milon de Trèves, qui fut ministre en Austrasie, pendant toute la durée du règne. Il exécuta, en cette qualité, les mesures rigoureuses prises par le gouvernement contre les moines et les églises ; ce qui lui valut dans leurs chroniques orthodoxes, de très-dures épithètes, dont les moins désagréables furent celles de tyran, d'impie et d'intrus. Afin qu'aux yeux de la postérité, il méritât complètement ces odieuses qualifications, on effaça de l'ancien texte du *Gesta* le passage où il était dit de lui qu'ayant succédé, vers l'an 713, à son père saint Ludwin, il se comporta d'abord en bon pasteur ; et on écrivit, à la place de cette phrase, qu'il avait, dès le commencement, usurpé l'évêché en tyran et par voies de fait (1). Quoi qu'il en soit sur ce point, il est certain que Charles Martel, dès son avénement, éleva en honneur Milon, qui sans doute se fit remarquer par son empressement à adopter les mœurs militaires, et à seconder la nouvelle marche qu'on voulait imprimer aux choses. Vers 723, la cour ayant décidé qu'on ne laisserait point à Reims l'évêque Rigobert, qui s'était montré peu dévoué à l'Austrasie, lors de la guerre de Rainfroy, et qui d'ailleurs était trop saint pour se prêter aux idées du jour, Milon alla lui intimer ordre de partir en exil pour l'Aquitaine : puis, sans jugement et sans forma-

Milon,
ministre de
Charles-Martel.

Saint Rigobert
chassé de Reims.

(1) L'ancien texte du *Gesta*, tel que l'a publié dom d'Achery, dans le Spicilége, tom. XII. p. 211, porte : *Primò quidem imitator patris Ludwini ; deindè tyrannus*. Dans l'édition ordinaire : *Non, ut quidam aiunt, ecclesiasticâ electatione, sed tyrannica invasione*.

14

lités canoniques (1), il s'empara du temporel de Reims,
qu'il joignit à celui de Trèves; et il administra ces immenses Bénéfices, au nom, et conformément aux plans du
Duc. On prétendit, pour le rendre plus odieux, qu'il
avait laissé ses soldats piller les églises de Reims, mettre
à l'encan ce qu'ils ne purent emporter, et même descendre les cloches, pour les vendre comme métal; saint
Rigobert, ajoute-t-on, reconnut, dans son exil de Gas-
cogne *(Vasconiæ regionis)*, deux de ces cloches, que leur
faible poids avait permis de transporter en ces contrées
lointaines (2). Après ces grandes confiscations, on établit
sur les biens des deux métropoles, quantité de Précaires
pour les hommes d'armes; le *Gesta* de Trèves (ch. 38)
énumère les saintes congrégations qui furent alors expulsées, et que l'on ne put rétablir; et Hincmar dit que
la tyrannie de Milon ayant duré quarante ans, on ne
pouvait nombrer les maux qu'elle avait faits. Quand je
voulus, ajoute-t-il, écrire la Vie de mon illustre prédécesseur saint Remy, je trouvai les livres de la bibliothèque déchirés par de pauvres et ignorants clercs, qui
étaient demeurés à Reims pendant ces calamités, et
qui, obligés de faire quelque négoce pour vivre, avaient
arraché les feuillets des livres, afin d'envelopper leur
argent; les chartes et les manuscrits s'étaient ainsi perdus, les uns pourris sous les gouttières, les autres rongés
des souris; de sorte qu'il ne restait de l'ancienne histoire
de saint Remy que quelques pages éparses et lacérées (3).

L'évêché de Verdun résista quelque temps à cette furieuse tempête, protégé par le bon souvenir que Charles
avait gardé du dévouement de l'évêque Peppon, au temps
périlleux de la guerre de Neustrie : il paraît même que ce

(marginal note) Envahissement de l'évêché de Verdun.

(1) *Sine ullo episcoporum judicio, et solummodò quia non consensit in parte Karoli.* Lettre du pape Adrien, dans Du Chesne, i. 790.
(2) Vie de saint Rigobert. Bolland., Janvier. i. 177.
(3) Hincmar, Préface de la Vie de saint Rémy. Dans Surius, i. 279, édit.
1576.

prélat obtint une sorte de charte de protection (1), de sorte qu'après sa mort, vers 725, on vit encore deux évêques, Volchise et Agrone, dont le pontificat fut court, et qui durent se plier, plus ou moins, aux mœurs du temps; mais, après Agrone, survint une longue vacance (*multis diebus fuit episcopatus vacuus*), dont Bertaire n'explique ni la cause, ni les circonstances. Wassebourg dit avoir lu « ès vieilles histoires de Metz » qu'il y eut alors un comte Anse-   Comte Anselin. lin, usurpateur et tyran militaire de notre évêché : et il mentionne ce personnage comme réel, tout en remarquant « qu'en icelles histoires de Metz se trouvent plus de fables et mensonges que de vérités. » La remarque est à propos : car le livre dont il parle en ces termes n'est autre que le roman-poëme de Garin le Lôherain, ouvrage entièrement fabuleux, et bon seulement pour connaître d'une manière générale les mœurs chevaleresques du XIIe siècle. Les Bollandistes s'aperçurent les premiers que ce vieux roman était la source où Wassebourg avait puisé son histoire du comte Anselin (2), reproduite par nos auteurs modernes; ce comte est le personnage appelé dans le roman, tantôt riche Lancelin de Verdun, tantôt évêque Lancelin : il est impossible de reconnaître l'original de cette figure, à cause du travestissement complet que le romancier fait subir à l'histoire et à la chronologie. Ce qu'il y a de plus probable à dire sur le sort de l'évêché de Verdun, depuis le milieu du règne de Charles Martel, c'est qu'il fut mis, comme ceux de Trèves et de Reims, sous la main de Milon, afin de défrayer les hommes de guerre : la chose perce clairement dans le passage où Bertaire déplore que quelques-unes des terres envahies par les « satellites » de Charles, n'aient pu encore être récupérées. Quant au spirituel, on le fit administrer à Reims par les chorévêques Landon et

---

(1) *Postquàm verò Carolo Deus solidavit Francorum regnum, dedit ecclesiæ nostræ Pontem-Petrium, et suo scripto nobis eum solidavit.* Bertaire.

(2) Bolland., dans la Vie de saint Madalvé, Octobre, tom. II. p. 506, 507.

Amalbert,
chorévêque.

Abel, et à Verdun par un autre chorévêque nommé
Amalbert, qu'une transposition commise par les copistes du manuscrit de Bertaire a fait mal à propos placer
sous Charlemagne. Cet Amalbert administra pendant
douze ans, et vécut fort retiré près d'un oratoire des
Apôtres, que Wassebourg (p. 137) dit avoir existé sur
l'emplacement du Vieux-Chœur de la cathédrale. De là
il assista tristement aux désastres de son évêché ; et
ce fâcheux état de choses se prolongea jusqu'à l'épiscopat de saint Madalvé sous Pépin le Bref.

Peu de temps avant l'invasion musulmane, Milon alla
en Aquitaine, où il rencontra l'exilé saint Rigobert,
auquel il permit de revenir à Réims, à condition qu'il
ne s'y occuperait que du spirituel. L'objet de ce voyage
du ministre était de prévenir la défection du duc Eudes,
dont la trahison, en ce moment critique, eût créé un
immense danger : Milon le détourna d'une action aussi
indigne, et lui fit même promettre de joindre ses troupes à celles des Francs, quand ceux-ci paraîtraient dans
le Midi, pour livrer bataille aux Sarrasins. Par ces conventions fut préparée la victoire de Poitiers, où Charles
sauva la France et la chrétienté. Cette glorieuse bataille
dura sept jours, au mois d'octobre 732; et ce fut là
surtout que le Duc mérita le surnom de Martel, qu'on
lui donna, dit Hincmar, parce que son bras frappait
comme un marteau et une massue, et que jamais il ne
rencontra d'obstacle qu'il ne brisât : *quia, sicut malleo
tunduntur ferramenta, ità ipse contrivit.* Ce célèbre prince,

Mort
de
Charles-Martel.

usé de bonne heure par les fatigues de son héroïque
carrière militaire, mourut à Quiercy-sur-Oise, le 22 octobre 741, dans la cinquantième année de son âge, et
fut inhumé à Saint-Denys. Très-probablement, il était
sur le point de prendre le titre de roi; car lorque la
mort vint l'atteindre, il s'était non-seulement rapproché du pape Grégoire III, qui même lui avait solennellement envoyé les clefs du tombeau de saint Pierre,

en implorant son secours contre les Lombards d'Italie (1), mais, depuis l'an 737, il laissait vaquer le trône, sans que personne osât réclamer contre une telle innovation.

Cette grande famille austrasienne qui, depuis trois générations déjà, marchait à la tête des Francs, dans les circonstances difficiles comme dans les périodes heureuses, vit alors son unité se briser. Le funeste principe du partage du royaume entre les fils du souverain défunt était une loi nationale; et Charles Martel, non content d'avoir divisé ses états entre ses deux fils légitimes Carloman et Pépin-le-Bref, voulut encore créer un troisième duché pour le bâtard Griphon. Il fallut plusieurs années, et de nouvelles faveurs de la fortune pour rétablir la monarchie. Les vieilles dissensions de l'Austrasie et de la Neustrie reparurent; les peuples germaniques secouèrent le joug; la révolte se propagea chez les Aquitains de la Gaule méridionale; et Griphon entama une guerre civile pour revendiquer son apanage. Ces choses se passaient en présence des Musulmans toujours prêts à profiter des désastres de la chrétienté. Au milieu de ces périls, les deux ducs Carloman d'Austrasie et Pépin de Neustrie ne se laissèrent ni diviser, ni affaiblir. Ils enfermèrent Griphon dans une forteresse des Ardennes (2); ils firent face aux rébellions étrangères; mais, à l'intérieur, leur gouvernement fut obligé de reculer sur un point de grande importance. La Neustrie était toujours mérovingienne; et il fallut pour la satisfaire, élever encore une fois sur le trône un descendant de Clovis. On proclama Childéric III, prince qui ne fut qu'une ombre évoquée d'un tombeau. Les Austrasiens ne la reconnurent pas;

Carloman
duc d'Austrasie.

(1) *Sacratissimas claves Confessionis sancti Petri, quas vobis ad regnum direximus. Ne præponas amicitiam regis Langobardorum amori principis apostolorum!* Lettre de Grégoire III, dans Sirmond, Concil. I. 526.

(2) Sainte-Ménehould, suivant Buirette, p. 50. Les textes désignent l'endroit sous le nom de *Novum Castrum*. Il y a Neuf-Châtel, au pays de Luxembourg; mais le même auteur dit que cette localité n'existait pas encore. Il ne cite pas de textes anciens.

et, pour ne point l'appeler roi et seigneur dans les actes publics, ils commencèrent à les dater des années de Jésus-Christ, d'après l'ère que nous nommons vulgaire, laquelle, dès l'avénement de Carloman fut employée, pour la première fois chez nous, en cette forme : « L'an de l'Incarnation du Seigneur 742 ; » mais il s'écoula encore longtemps avant qu'elle fût d'usage général.

Dès le début de son règne, ce prince, qui était fort pieux, se prononça pour la réforme religieuse, et tint à honneur de répudier toute solidarité dans les anciens scandales. Malheureusement la question du temporel ecclésiastique le mit bientôt aux prises avec la partie la plus turbulente et la plus irritable de la nation. Les biens d'église étaient, pour la meilleure part, aux mains des guerriers ou des prêtres militaires, gens d'audace et de violence, qui pouvaient briser à coups d'épée tous les canons des conciles. Sans trop réfléchir au danger de braver de tels hommes, saint Boniface et les réformateurs leur firent ordonner par le Duc, dans la première assemblée de son règne, celle dite de Germanie, où se trouve la date de 742, que nous venons de remarquer, de faire restitution complète de ce qu'ils détenaient ainsi (1); mais il s'éleva de telles clameurs qu'on n'osa point insister sur l'exécution de ce décret. L'année suivante, à l'assemblée de Lestines en Hainault, Carloman vint dire, avec quelque embarras, que, de l'avis des serviteurs de Dieu, vu l'imminence de très-périlleuses guerres, et en demandant humblement pour ce point l'indulgence divine, il maintiendrait encore les Précaires, sauf à les rendre quand les temps deviendraient moins difficiles (2); néanmoins il accorda restitution de quel-

---

(1) *Fraudatas pecunias ecclesiarum ecclesiis restituimus*, etc. Concile de 742, canon I.

(2) *Cum consilio servorum Dei, propter imminentia bella, sub precario et censu, in adjutorium exercitûs nostri, cum indulgentiâ Dei, aliquanto tempore*, etc. Lestines, 743, canon II.

ques-uns ; et tel était alors le déplorable état des choses ecclésiastiques, que le pape Zacharie, se félicitant de cet arrangement, écrivit à saint Boniface qu'il fallait remercier Dieu de ce que « la tempête de la tribulation n'avait pas absolument éteint en Austrasie les luminaires des saints (1). »

Milon, qui détenait les évêchés de Trèves et de Reims, ainsi que très-probablement celui de Verdun, formait le principal obstacle au rétablissement de l'ordre dans l'église : aussi les premières tentatives des réformateurs furent-elles dirigées contre lui. On l'attaqua par l'évêché de Reims, dans lequel il n'avait aucun titre épiscopal, et qu'il ne gouvernait que comme administrateur du temporel, saisi sur saint Rigobert : le chorévêque Abel reçut de Rome les insignes archiépiscopaux, et fut reconnu pour pasteur, au concile de Soissons de 744; mais les menées des réfractaires le forcèrent bientôt à se retirer (2). Il s'en alla évangéliser les païens de Germanie : et Milon demeura dans sa haute position, les fils de Charles Martel ne voulant point déposséder ce zélé ministre de leur père, et ayant d'ailleurs eux-mêmes besoin de ses services. En vain le pape chargea-t-il des délégués de le prêcher et de l'exhorter : il demeura sourd à tout ce qu'on put lui dire pour sa conversion (3); et Pépin, son protecteur, ayant en cette affaire déçu l'espoir des orthodoxes, fut l'objet d'une légende racontant que saint Remy était venu, en apparition, le fustiger rudement pendant la nuit (4). Ce Duc mon-

(1) *Et hoc, gratias Deo, quia potuisti impetrare, ut, dum Dominus donaverit quietem, augeantur luminaria sanctorum, etc.* Sirmond, Concil. 1. 559.

(2) *Constituimus archiepiscopos Abel* (à Reims) *et Ardobertum* (à Sens)... Concile de Soissons, de 744. — *Archiepiscopus Remensis, Abel nomine,.... ibi permanere permissus non fuit, sed, contrà Deum, ejectus est.* Lettre du pape Adrien; dans Flodoard, II. 16.

(3) *De Milone autem, et ejusmodi similibus, qui ecclesiis Dei plurimùm nocent, prædica opportunè, importunè, ut à tali opere nefario recedant, etc.* Lettre du pape Zacharie, en 751, dans Sirmond. Concil. I. p. 580.

(4) *Flagellavit eum sanctus Remigius satis acriter, ità ut livores in corpore ejus parerent.* Flodoard, I. ch. 20.

trait alors beaucoup de tiédeur religieuse, parce qu'il croyait de bonne politique de se rattacher les mécontents que la dévotion de son frère faisait en Austrasie.

Carloman se retire au Mont-Cassin. Carloman, découragé et dégoûté par tant de désordres, abdiqua, en 747; et, fuyant notre pays, alla se faire moine en Italie, dans le désert du Mont-Cassin, au monastère célèbre qui avait été le berceau de tout l'Ordre bénédictin. Pareil exemple de religion était inouï en France; car, dans la maison de Clovis, nul n'avait subi la tonsure que pour échapper à la mort. On fit beaucoup de commentaires sur les motifs de la retraite du Duc : les uns dirent qu'il n'avait pas voulu participer à la catastrophe, alors imminente de la famille mérovingienne ; d'autres parlèrent de ses remords pour des actes cruels commis pendant les guerres, et supposèrent qu'il désirait quitter une position nécessitant de telles choses, ou provoquant à s'en rendre coupable. Quoi qu'il en fût, Pépin aida, de la manière la plus bienveillante, son frère dans l'accomplissement de son pieux dessin ; puis il se consola de sa perte en venant siéger à sa place dans le palais de Metz : *in civitate Mettis, in palatio regio*, dit une de ses chartes, datée de 748. Pas un duché, pas un comté ne fut réservé aux fils de Carloman : loin de là, on trouva bientôt des prétextes de les enfermer dans des cloitres, de peur qu'ils ne voulussent un jour recouvrer le rang où leur naissance les appelait. Avant d'abdiquer, Carloman, se repentant de la spoliation autrefois commise au préjudice de Griphon, le troisième fils de Charles Martel, avait exigé qu'on le remît en liberté et qu'on lui rendît son apanage ; mais Pépin ne tarda pas à accuser ce prince de sédition, et à prononcer sa déchéance définitive. Par ces mesures peu scrupuleuses, il se trouva, après l'an 750, seul maître de l'empire; et il résolut d'exécuter enfin le grand projet de transférer la couronne dans sa famille.

CHAPITRE II

La déchéance des Mérovingiens fut proclamée, en 752, au Champ-de-Mars de Soissons, dans le lieu même où, deux cent soixante ans auparavant, Clovis avait fondé la monarchie. Tel était encore le prestige que cette famille tirait de son origine qu'il fallut, pour effacer son caractère, faire intervenir les autorités les plus sacrées aux yeux des hommes. Pépin, imitant le roi David, élevé par l'onction d'un prophète au trône d'Israël, se fit sacrer par « les bienheureux pontifes des Gaules, » et saluer roi par les Francs, en conséquence d'une réponse qu'il attribuait au pape Zacharie, mort quelques mois auparavant. Cet oracle, apporté par Fulrade, abbé de Saint-Denys et chapelain de la cour, disait qu'il n'était point bon que le titre de roi fût séparé de l'autorité réelle : ce qu'on interpréta en ce sens que la couronne devait être donnée à Pépin. Ses serviteurs allèrent, en conséquence, enfermer Chilpéric III dans l'abbaye de Sithieu, ou Saint-Bertin à Saint-Omer, où cet infortuné périt bientôt de chagrin. Après sa mort, on jugea à propos, en 754, de réitérer le sacre et de faire venir, pour le célébrer, le pape Etienne III en personne, afin qu'il suppléât à tout ce qui avait pu manquer, du temps de son prédécesseur, et qu'il versât l'huile sainte non seulement sur le nouveau roi, mais aussi sur toute sa famille. La reine Berthe, et les princes Charles (Charlemagne) et Carloman furent alors oints à Saint-Denys : puis le pape, après une solennelle bénédiction du noble peuple Franc, maudit à jamais les traîtres qui, soit dans la génération présente, soit dans les siècles futurs, attenteraient de se donner des rois non issus de la race sacrée. Ainsi fut inaugurée la dynastie carlovingienne. On écrivait si peu en ce temps que la seule relation que nous ayons de cette imposante cérémonie s'est retrouvée transcrite par un moine, témoin oculaire, sur une page demeurée blanche dans un Grégoire de Tours, copié à Saint-Denys (1):

Le pape Etienne III à Ponthyon.
La famille royale était à Thionville, lieu dont il est parlé ici pour la première fois dans l'histoire, lorsqu'on lui annonça l'arrivée du pape Etienne. Elle envoya sur-le-champ au-devant de lui le prince Charles; puis elle s'avança elle-même jusqu'à Ponthyon-en-Perthois, aujourd'hui pauvre village du département de la Marne, mais alors château célèbre, dans la chapelle duquel, le jour de l'Epiphanie 754, la cour de Rome parut en suppliante, implorant le secours des Francs contre les Lombards. Il n'est point dit dans les documents que le pape soit allé plus loin vers notre province : néanmoins on montrait autrefois, au Vieux-Moutier de Saint-Mihiel, une inscription attestant « qu'au 24 juillet de l'an 754, avait été dédiée ceste présente église de Vieil-Mostier, par le très-sainct père Estienne III, assisté de XXIV, tant archevésqs quévesqs, de Pépin, père de Charlemagne, et multitude de prélats, princes et gentilshommes; icelui Estienne accordant sept ans de pardon à tous ceulx qui, durant l'octave, visiteront ladicte église; » mais cette inscription ne remontait qu'au XVIe siècle; et nous allons voir, en racontant des choses bien différentes de celles qu'elle mentionne, d'où était venue l'erreur qu'elle semblait consacrer.

Révolte de Wolfang.
L'événement réel de ce lieu et de cette époque fut, non point la dédicace de Vieux-Moutier par le pape Etienne, mais sa prise et sa confiscation par Pépin. Sur sa montagne de Castellion, Wolfang avait, comme nous l'avons dit, érigé

(1) On la voit dans le Grégoire de Tours de dom Ruinart, p. 991, à la place même où le moine l'avait écrite.

une forteresse, que le monastère couvrait de son exemption illégale, et mettait à l'abri de toute surveillance du comté de Verdun. En ce château, il osa, peu après le sacre, déclarer qu'il ne reconnaîtrait point les usurpateurs du trône de Clovis : et les mécontents politiques répondirent à son appel; mais Pépin, voulant étouffer sur-le-champ une insurrection de dangereux exemple, accourut avec son armée, s'empara du fort, et ordonna que Wolfang, prisonnier, serait conduit au plaid des Francs, pour y subir le jugement national. Cette assemblée le déclara traître et digne de mort. Alors se présentèrent, en suppliants, Fulrade, abbé de Saint-Denys, et tout le couvent de cette maison : ils demandèrent pour le coupable grâce de la vie, et offrirent au roi, en son nom, l'abandon du domaine où la révolte avait eu son foyer. L'offre fut acceptée; et Saint-Mihiel demeura confisqué, au profit de Pépin-le-Bref, lequel en fit présent, peu après, aux moines de Saint-Denys, afin qu'ils y maintinssent les fondations religieuses du comte dépossédé. Ces choses furent écrites dans les termes suivants, en une charte qui s'est conservée dans les archives de la royale abbaye :

Saint-Mihiel donné à Saint-Denys.

« Pépin, roi des Francs, homme illustre.... Sachent tous les fidèles que, par ces présentes, et pour l'amour de Dieu, nous avons fait donation à saint Denys, notre spécial patron, d'un franc-aleu du pays de Verdun, lieu dit au mont Saint-Michel archange, sur le ruisseau de Marsoupe : terre que nous a abandonnée Wulfoade, pour racheter sa vie, après qu'il eût été condamné, au jugement des Francs, comme ayant voulu bâtir là une forteresse, pour recevoir nos ennemis. A la prière de Fulrade et de sa congrégation, nous voulons qu'il ait la vie sauve; mais, pour racheter nos péchés, ainsi que pour l'âme de notre seigneur et père Charles, nous donnons ledit château, avec tous ses biens, appartenances et dépendances, et avec les clercs qui le desservent, audit monastère de Saint-Denys, où nous avons été élevé; Fulrade nous ayant promis que notre nom y

serait chaque jour lu à la messe des moines, et dans les
oraisons spéciales qu'ils font au sépulcre de leur saint.
Donné, d'heureuse manière, au nom de Dieu, à Compiègne,
le 4 des calendes d'août, an IV de notre règne. » (29 juillet
756) (1).

Aucun autre document ne nous est resté sur ce
sujet ; et nos moines n'en écrivirent jamais rien, parce
que, sans doute, ils ne voulurent pas faire savoir
que leur bienfaiteur avait été condamné à mort, et
qu'ils s'étaient vus eux-mêmes dans la dépendance
d'une abbaye étrangère. Il existe une charte de l'an
840, constatant que ce fut Saint-Mihiel même, et non,
comme on l'a voulu prétendre, quelque château du voisinage (2), qui fut donné par Pépin à Saint-Denys ;
et comme, selon les observances liturgiques, la maison
sujette devait à sa maison mère un office de Dédicace,
il résulta de là une confusion entre la Dédicace du Vieux-
Moutier et celle de Saint-Denys, qui avait en effet été
célébrée par le pape Etienne III, le 28 juillet 754. C'est
à cette circonstance qu'il faut attribuer la méprise
historique de l'inscription dont il a été parlé tout à
l'heure. Saint-Mihiel se releva de ces désastres sous Charlemagne, qui lui rendit, en 772, son exemption temporelle,
en la supposant émanée de Pépin-le-Bref (3) ; mais il
ne suit pas de là que le monastère ait recouvré alors
son indépendance ; car Saint-Denys, tout en le dominant, et précisément parce qu'il le possédait, devait
tenir à le conserver en cette franchise ; et la charte,

(1) Cette charte, déjà citée ci-dessus, p. 197,98, est dans Felibien, loc. cit.
D. Calmet l'a reproduite, tome II. Preuves, p. xcvi, 2ᵉ édit.

(2) Heudicourt, suivant D. de l'Isle, Disc. prélim. de l'Hist. de Saint-Mihiel.
p. IV, V. Mais la charte de l'empereur Lothaire dit formellement, en 840 :
abbatia Sancti-Michaëlis, quæ in pago Virdunensi consistit, olim ad præfatum
locum Sancti-Dionysii delegata esse dinoscitur. Dans Calmet, Preuves, tom. II.
p. CXXXI. D'ailleurs les termes de la charte de Pépin, de 756, désignent
clairement la montagne du Vieux-Moutier : loco aleco (aleu), in pago Virdu-
dense, ad munte sancto Micaëlo archangelo, super fluvio Marsupiœ.

(3) Charte ci-dessus, p. 202, note 3.

déjà citée de l'empereur Lothaire, en 840, prouvé qu'alors la dépendance existait encore.

Charlemagne, en l'une des chartes que nous venons de citer, nous a transmis les derniers renseignements que nous ayons sur le fondateur de Saint-Mihiel (1). Autant qu'on peut l'induire de ce document, Wolfang vivait encore en 771 ou 772 : on lui avait rendu son titre d'homme illustre; et les derniers jours de sa vieillesse s'écoulaient dans les pratiques de dévotion, à côté des cénobites fondés par lui. L'une des églises du Vieux-Moutier était considérée, dans les traditions monastiques, comme celle qui avait été à son usage spécial. Ce fut là qu'en 1734, on découvrit son corps, avec celui de la comtesse Adalsinde. Ils étaient tous deux vêtus de soie, étoffe de luxe presque royal aux temps mérovingiens; des lames d'or servaient d'agrafes à leurs robes; et le comte portait au doigt un gros anneau de même métal, ayant en son chaton une cornaline antique, sculptée d'une figure qui parut être celle du dieu Mars. A ses pieds se trouvait son épée; et la tombe renfermait encore plusieurs objets, que nos antiquaires prirent pour les signes du droit du prince à porter la longue chevelure qui distinguait la haute noblesse chez les Francs (2). Dès que l'air pénétra dans ce caveau, ces squelettes, qui reposaient là depuis près de mille ans, tombèrent en poussière. Les moines furent fort choqués de l'audace des maçons qui, sans y être autorisés, avaient ouvert le sépulcre des fondateurs; ils soupçonnèrent ces hommes d'avoir dérobé des objets précieux, dont on ne put leur

(1) Charte dans D. de l'Isle, Preuves, p. 426.

(2) Un peigne en ivoire, et de grands ciseaux, ou forces. Pareils objets furent trouvés, en 1855, dans un cercueil de pierre, à Saint-André, canton de Souilly. Des ciseaux, grands et petits, existaient aussi dans les sépulcres découverts, au nombre de trente, en 1817, à Baslieu-en-Matois, près Longwy. On montrait à Juvigny des forces dites ciseaux de sainte Scholastique. — Les figures sont dans Calmet, Notice de Lorraine, tom. 1. planche 6, et dans Montfaucon, Monarchie française, tom. 1. pl. 31.

faire rendre compte; et ils écrivirent dans la chronique
qu'aucun des coupables n'avait survécu plus de deux
ans à ce sacrilége (1). On a décrit et gravé plusieurs
des objets exhumés de cette tombe; mais il n'existe
aucune description archéologique du Vieux-Moutier, qui
a été détruit au commencement de notre siècle. Ce qui
restait des ossements fut transféré, le 14 octobre 1808,
dans l'église paroissiale de Saint-Mihiel.

Personne ne renouvela chez nous la tentative de révolte
dont nous venons de raconter la malheureuse issue;
tous, au contraire, accoururent au pied du nouveau trône,
et rivalisèrent de zèle pour son affermissement. L'évêque
de Metz Chrodegand, et le duc Aucher d'Ardenne, l'Ogier
le Danois des romans carlovingiens (2), s'offrirent, au
temps du sacre, pour aller chercher le pape Etienne à
Rome; et ils l'escortèrent, comme ambassadeurs de
France, jusqu'à son arrivée au château de Ponthyon.
Dans cette bonne harmonie entre l'empire et le sacer-
doce, et au milieu de si brillantes pompes religieuses,
il devenait impossible de laisser plus longtemps encore
nos grands évêchés en Précaires, sous le bras séculier
de Milon; et il est très-probable que le vieux ministre
de Charles Martel était sur le point d'être renversé par
la réaction des choses, lorsque, vers l'an 753, une mort

Mort de Milon.

---

(1) D. de l'Isle, p. 417. — Le plan du Vieux-Moutier est dans l'Hist. de
Saint-Mihiel, par M. Dumont, tom. IV, p. 231. — La translation des restes d'ossements, en 1808, est relatée au n° 335 du *Narrateur de la Meuse*. La chapelle
de Vieux-Moutier existait encore alors; car on y célébra une messe de *Requiem*
au départ du cercueil; et les Vêpres des morts furent chantées à la paroisse
de la ville, à son arrivée.

(2) *Autcarius dux*, dit Anastase, en ses Vies des papes : et le moine de
Saint-Gall, parlant d'événements postérieurs, l'appelle *unus de primis prin-
cipibus, nomine Oggerus.* — Dans l'ancien français, *en* se prononçait *an*, comme
encore aujourd'hui dans les mots Caen, Rouen; femme, sens, etc. : en outre,
on adoucissait les *r*, sauf au commencement des mots (ainsi *chanteux, por-
teux, piqueux, gâs, gâçon* : et Lafontaine fait encore rimer *fiers* avec *volontiers).* Ainsi Ogier l'Ardennois devait se prononcer Ogier l'Adanois. Dans
les romans carlovingiens, la Danemarche est, non le Danemark, mais l'A-
danne-Marche, c'est-à-dire la frontière d'Ardenne.

soudaine délivra de lui l'église et la nouvelle cour. Nos chroniques, voulant montrer par son exemple comment le châtiment du ciel atteint tôt ou tard les impies, racontent qu'il périt d'une manière terrible, éventré à la chasse par un sanglier. Ses amis érigèrent, à l'endroit même de son trépas, une colonne de style barbare; le peuple donna son nom à un bois et à une fontaine (1); mais, à l'église, on ne parla plus de lui qu'en l'appelant le tyran Milon. On le remplaça à Trèves par Wéomade, et à Reims par Tilpin: celui-ci est le fameux archevêque Turpin, dont on montrait jadis l'épée dans le trésor de Saint-Denys, et auquel le moyen-âge attribuait le roman de Charlemagne, de Roland et des douze pairs de France (2); mais les moines, qui n'aimaient pas les histoires de chevalerie errante, nous ont caché la meilleure partie de la gloire de ce vaillant prélat.

L'évêché de Verdun, délivré de l'oppression en même temps que ces deux illustres sièges, se trouvait alors tellement ruiné qu'il n'excita la convoitise d'aucun noble personnage, et qu'il fallut, à la manière des temps apostoliques, lui chercher un titulaire n'ambitionnant d'autre grandeur que celle du travail et des bonnes œuvres. Ce bon pasteur fut saint Madalvé, le dernier de nos évêques au nom duquel on joigne cette épithète de saint, que décernait alors la voix populaire. Il était pauvre, et sans ressources personnelles, de naissance presque servile; son histoire ne dit nulle part qu'il ait été en faveur auprès des

Saint Madalvé.

(1) Meilenwald. — *Non longè à civitate, juxtà fontem Milonis,* dit le *Gesta*, ch. 101. — Sur la colonne de Milon. V. Wyttenbach et Müller, notes sur le ch. 39 du *Gesta*, p. 23, à la suite du tom. i^{er} de leur édition.

(2) *Spatha, seu gladius ejus, à San-Dionysianis Parisiensibus adhuc exhibetur, in prædictæ historiæ monumentum. Marlot.* — Voici l'oraison funèbre de Turpin dans la chanson de Roland :

Mort est Turpin, au service Charlon. (Charlemagne)
En grant bataille, et en grant oraison:
Contre païens fut tous temps champion.
Diex (Dieu) li ottroie sainte bénéïçon !

grands : de sorte qu'il sembla destiné à montrer ce que peut la vertu seule, sans autre appui que la Providence. La bassesse de son origine a été notée par Bertaire (1), afin sans doute de montrer que l'église verdunoise, même à une époque de désastres, avait su tirer de ses propres domaines et de son propre sein un excellent pasteur, sans recourir à l'école de Tholey, qui était en possession, depuis saint Paul, de fournir au diocèse les hauts dignitaires de son clergé. On ignore les circonstances de la promotion de Madalvé : il est probable que, pendant les temps de confusion du règne de Charles Martel, il avait été le soutien de notre église, et qu'après la mort de Milon, les réformateurs l'élevèrent à l'épiscopat, dont il portait la charge depuis les jours difficiles. A peine commençait-il à réparer les anciens malheurs que de nouvelles calamités fondirent sur son peuple, par un terrible incendie qui dévora la cathédrale et la ville presque entière. Tout lui manquait après cette catastrophe; mais l'adversité ne l'abattit pas : et, faute d'autres secours, il prit le bâton de pèlerin, pour aller quêter en Gaule et en Italie les dons de la charité chrétienne. Grâce à son dévouement héroïque, on put, non-seulement relever les ruines laissées par les flammes, mais même rendre quelque splendeur aux édifices sacrés. Il fut alors béni de tous; et on se souvint très-longtemps de lui, comme du meilleur des pasteurs et des pères : *Evidens pater et episcopus istius civitatis extitit*, disait-on encore de lui, au temps de Bertaire; *et ecclesias valdè benè construxit, et clerum ac populum venerabiliter ordinavit.*

Son voyage en Terre-Sainte. Un des traits remarquables de sa vie, c'est qu'il fut l'un des premiers qui entreprirent chez nous le long et péril-

(1) *Domnus Madelveus, qui fuit de familiâ istius ecclesiæ.* On a traduit « qui fut chanoine de cette église. » Mais le sens de cette expression *de familiâ ecclesiæ* est révélé par un passage du concile de l'an 816 (dans Sirmond, tom. II. p. 591), qui blâme certains évêques de ne prendre leurs clercs que dans « la famille de l'église, » afin qu'à la moindre plainte faite par ces malheureux, on pût les fustiger ou les renvoyer à la servitude.

leux voyage de la Terre-Sainte. Il passa par la Grèce, et
aborda à Japha, l'ancienne Joppé ; mais il n'écrivit point
de relation : et on doit le regretter, parce que très-peu de
personnes faisaient alors ce pèlerinage, la Palestine étant
tombée sous le joug des Musulmans. Nous lisons, dans l'un
des continuateurs de Frédégaire (1), qu'en l'an 767, l'Austrasie eut le spectacle extraordinaire d'ambassadeurs du
calife, que Pépin fit loger, pendant l'hiver, au palais de
Metz, et qu'il renvoya, au printemps suivant, par Marseille, lorsque la mer fut redevenue navigable. Ordre fut
donné de les recevoir partout très-honorablement (venerabiliter recepti), parce que, disait-on, ils représentaient Amormuni, roi des Sarrazins. Cet Amormuni était le calife, que
les Musulmans saluaient du titre d'Emir-al-moumenim,
c'est-à-dire de commandeur des croyants : et ce fut sans
doute la première fois que l'on ouït parler chez nous de ce
personnage, devenu depuis si célèbre, sous le nom de
Miramolin, dans les romans de chevalerie. Comme Pépin
dut renvoyer à l'Emir des ambassadeurs et des présents,
en échange de ceux qu'il avait lui-même reçus, il est
possible et vraisemblable, vu le rapprochement des dates,
que saint Madalvé ait profité de cette ambassade pour
satisfaire sa pieuse curiosité de voir de ses yeux la terre
sacrée où s'étaient accomplies les merveilles de la Bible
et de l'Evangile. Bertaire n'ajoute autre chose, sinon
que l'évêque rapporta des reliques et un magnifique
calice de cristal, donné par le patriarche de Jérusalem, et
qu'admirèrent fort nos ancêtres, auxquels l'art de tailler le verre était inconnu. Wassebourg savait de plus
que, parmi les reliquaires qui arrivèrent alors à Verdun,
était celui de sainte Marie-Madeleine, que l'on voyait
autrefois dans notre église collégiale de ce nom ; mais il
n'appuie son dire sur aucun document ; et on ne sait rien
sur cette église de la Madeleine, antérieurement au XIe
siècle.

(1) A la suite de Grégoire de Tours, dans l'édition de dom Ruinart, p. 701.

15

Pendant ses longues excursions, saint Madalvé visita l'abbaye Saint-Amant en Rouergue, ainsi que les autres terres données à l'évêché par le roi Thierry Ier, lors des conquêtes mérovingiennes dans le midi des Gaules : et il y laissa des copies d'histoires et de légendes sur saint Vanne, saint Airy et saint Paul, afin que ces vénérables pontifes fussent connus en ces pays lointains, et que le respect pour leur mémoire garantît les droits de leurs successeurs. Bertaire, qui se faisait une haute idée de ces documents et manuscrits, essaya en vain de les recouvrer quand, après l'incendie de 917, il lui fallut reconstruire la chronique sur le seul souvenir de ses lectures. Sur Madalvé lui-même, il ne trouva que des traditions devenues déjà un peu vagues par un laps de plus de cent années. Hugues de Flavigny, au XIIe siècle, et Wassebourg, au XVIe, ont beaucoup ajouté au récit de leur ancien devancier ; ces additions, de peu d'autorité historique, ont été reproduites sans critique par les auteurs modernes (1). Pour tout écrit du temps de saint Madalvé lui-même, nous n'avons que la signature de cet évêque, mise en cette forme aux actes de l'assemblée d'Attigny, de l'an 765 : *Madalfeus episcopus civitatis Virdunis.* Par une charte du cartulaire de Saint-Vanne, on a la preuve qu'il existait encore en 776, VIIIe année de Charlemagne (2). Il mourut pendant une visite

---

(1) Même par le *Gallia christiana*. Le travail des Bollandistes, au 4 octobre, est meilleur, mais d'une prolixité fatigante ; et la chronologie en est erronée.

(2) Les Bollandistes mettent la mort de saint Madalvé en 762, et sont obligés, en conséquence, de prétendre qu'il y eut deux assemblées d'Attigny, la première en cette année même 762, la seconde (la seule que l'on connaisse) en 765. Ce sont là des suppositions arbitraires. Hugues de Flavigny avait déjà cité la charte de 776 (*Nova biblioth.* de Labb. t. I. p. 113) ; mais les Bollandistes prétendirent qu'il se trompait, et que la charte ne pouvait être, comme il le disait, datée de la 8e année de Charlemagne (Octobre, tom. II. p. 524). Ils se trompaient eux-mêmes ; car cette charte est bien ainsi datée dans le cartulaire de Saint-Vanne, et elle porte que *domnus et in Christo pater Madalveus ad præsens præsse videtur.* Il est vrai que les Bollandistes n'avaient point ce cartulaire ; mais ils pouvaient du moins connaître la charte imprimée dans Baluze, Capitulaires, tom. II. p. 824, qui prouve que saint Madalvé existait encore la 3e année de Carloman, c'est-à-

pastorale, au lieu dit Neuville, très-près de Verdun : proximité qui indique la localité de Champ-et-Neuville, plutôt que celle de Neuville-en-Verdunois. Deux blanches colombes suivirent ses funérailles, depuis cet endroit jusqu'à Saint-Vanne où, quarante ans après sa mort, son corps fut trouvé sans corruption. Ici se terminent les légendes des saints, dans l'histoire de nos évêques. Au moyen-âge, le nom populaire de celui-ci était saint Mauvé ou saint Mauvy : et on allait souvent prier, soit à son mausolée, à l'entrée des anciennes cryptes de Saint-Vanne, soit devant la chasse où ses restes furent ensuite conservés jusqu'à la Révolution.

Mort
de saint Madalvé.

Vers la fin du règne de Pépin-le-Bref, fut assassiné, au château de Varennes, saint Gengulf, noble et pieux seigneur qui, après avoir suivi l'armée royale dans toutes ses guerres, périt au retour, par les mains de sa femme et de l'amant qui l'avait séduite. Nos auteurs placent le théâtre de ce crime à Varennes-en-Argonne (1), bourg célèbre dans l'histoire moderne par l'arrestation de Louis XVI ; il est plus probable, d'après les indications du récit, qu'il s'agit de Varennes près Langres : néanmoins nous mentionnerons ici cette mort tragique de saint Gengulf, parce que cet événement est considéré, à tort ou à raison, comme se rattachant à nos traditions locales. On dit que la femme adultère, ayant été soumise à l'épreuve de l'eau, dans une fontaine miraculeuse, eut le bras tellement brûlé que les chairs se détachèrent en partie des os. Répudiée alors, elle exigea de son amant le meurtre de son époux ; et ce forfait eut, dans toutes nos contrées, un

Saint Gengulf
de Varennes.

dire en 771. Roussel met arbitrairement la mort de cet évêque en 765. — Les chartes dont nous parlons dans cette note étant de peu d'importance historique, quant à leur contenu, nous ne les mentionnons que pour les dates qu'elles fournissent à la chronologie.

(1) D. Calmet, Notice de Lorr. art. Varennes, et Malteau, curé de Chépy, dans une dissert. faite au siècle dernier. Les Bollandistes, Mai, tom. II. p. 644, considèrent cette opinion comme inadmissible : et, en effet, le prieuré Saint-Gengoult était à Varennes, à quatre lieues de Langres. V. Baugier, Mém. de Champagne, tom. II. p. 290.

retentissement immense, soit à cause du haut rang de
la victime, soit parce que l'assassin était un clerc,
du nombre sans doute des mauvais ecclésiastiques du
temps de Charles Martel. En expiation de ce crime, on
fonda, à Varennes même, un prieuré : on donna à Gengulf
le titre de martyr; et il se fit, en France et en Allemagne,
quantité de légendes et de complaintes, dont la plus belle
fut celle qu'écrivit, au x⁰ siècle, la nonne poétesse Ros-
witha de Gandesheim. Il y a, à Toul, une église de Saint-
Gengoult, dont le cloître est renommé pour la beauté de
son architecture gothique ; et l'une des paroisses de Metz
portait aussi le nom de ce saint. Varennes-en-Argonne était
autrefois du diocèse de Reims, dans l'archidiaconé de
Champagne.

Pépin-le-Bref mourut en 768, à Saint-Denys-en-France.
Conformément à sa dernière volonté, on l'inhuma devant
la porte de la basilique, la face contre terre : *pronus*
et non supinus, pro peccatis suis et Karoli patris, disent
les chroniques. Charlemagne fit couvrir sa tombe d'un
porche; puis, dans la suite, on transféra cette sépulture dans l'église, où elle demeura, à côté de celles de
Charles Martel, de la reine Berthe, et de plusieurs Méro-

Charlemagne
et Carloman.
vingiens jusqu'en 1793. Avant de mourir, Pépin avait,
dans une diète solennelle, partagé le royaume entre Charlemagne et Carloman, ses fils : ce partage était exigé
par les antiques coutumes; mais le roi, craignant le
démembrement de la monarchie, prit soin de former
les deux territoires de manière qu'on ne pût aisément
les séparer ; et il effaça, autant qu'il le put, la vieille
distinction de l'Austrasie et de la Neustrie. Verdun fut
mis dans le lot de Carloman, comme le prouve une
de nos chartes datée de l'an III de ce roi : *anno tertio*
regnante Karlomanno rege, c'est-à-dire de l'an 771 (1).
Mais ce prince mourut prématurément, cette année même:

_____

(1) Cette charte, du cartulaire de Saint-Vanne, est dans Baluze, Capitulaires, tom. II. p. 824.

et une grande défection, indice probable de trames déjà
ourdies pour le détrôner, éclata dans toutes nos cités
contre sa famille. Tous nos prélats, tous nos seigneurs
coururent en foule à Corbeny, dans les Ardennes, entre
Laon et Reims; et là, sans prendre la peine d'ouïr la
veuve et les fils de leur roi, sans stipuler aucune réserve
en leur faveur, ils se hâtèrent de proclamer l'avénement de Charlemagne. Celui-ci demeura quelque temps
dans le pays, pour y recevoir l'hommage de ses nouveaux sujets : il tint sa cour de Noël au palais d'Attigny,
non loin de la ville actuelle de Vouziers; celle de Pâque, à Héristall, près Liège; puis il partit pour ses
campagnes de Saxe, qui ouvrent l'histoire des grands
exploits de son règne.

Sous Charlemagne l'Austrasie, perdue dans l'immense
empire qui s'étendait de l'Elbe jusqu'à l'Ebre, se vit
ôter, avec son importance spéciale, le titre de royaume
qu'elle tenait des fils de Clovis. La résidence royale fut
reportée vers la Germanie; le palais d'Aix-la-Chapelle
s'embellit des marbres et des colonnes antiques arra-
chés aux monuments romains de Trèves; et nos villes,
sauf Metz, que le souvenir de saint Arnoul recomman-
dait aux Carlovingiens (1), furent négligées et oubliées.
On laissa tomber leurs fortifications; leurs évêchés
demeurèrent plusieurs fois vacants, pour les besoins du
fisc; celui de Verdun subit même la honte d'être donné
en récompense à un traître italien. Cette blâmable
promotion, dont Charlemagne lui-même ne tarda pas à
avoir sujet de se repentir, ferait tache à sa gloire, s'il
n'était pas trop grand pour être jugé sur de si minces
détails. Nos chroniques racontent ainsi les faits.

(1) La tradition de Metz était que Charlemagne avait fait construire, de
chaque côté du chœur de la cathédrale, deux tours, qui furent démolies à
la fin du xve siècle; mais il n'existait pas de documents à l'appui de cette
croyance. Quoi qu'il en soit, l'évêché de Metz, après la mort d'Angelrame,
en 791, fut laissé très-longtemps vacant, au profit du fisc ; et pareille chose
arriva aussi à Reims, après Tilpin, mort vers le même temps.

Après la destruction de la monarchie lombarde d'Italie, les Francs emmenèrent en exil dans nos cités beaucoup d'illustres vaincus, du nombre desquels étaient le roi détrôné Didier lui-même, et son secrétaire Paul diacre: on confina celui-ci à Metz, tandis que Didier fut détenu à Liége, sous la garde de l'évêque Agilfroi. Quelques Austrasiens espérèrent alors revoir la veuve et les fils de Carloman, leurs anciens princes, qu'on avait faits prisonniers à Vérone; mais on se garda de rappeler ces fugitifs dans le pays dont ils étaient les souverains légitimes. En même temps que les tristes bannis de Lombardie, arriva un personnage qui ne paraissait nullement partager leur infortune : c'était un clerc nommé Pierre, ou Pétrone, fort en faveur à la cour, parce qu'il avait livré, les uns disaient Pavie, les autres Trévise, sous promesse d'un évêché dans le royaume de Charlemagne (1). La chose passa pour constante, quand on le vit nommé à celui de Verdun. Cette déplorable profanation du siége que venait de rétablir le zèle du saint pasteur Madalvé fit gémir tous les gens de bien : le traître étranger fut mal accueilli; et, dès son entrée en possession, il eut en perspective les tribulations que l'on réserve aux hommes peu estimés. On observa ses démarches; on les interpréta avec défaveur; enfin, l'aigreur s'accrut au point qu'on le dénonça, comme suspect de trames avec les ennemis de l'état. Il y eut en effet alors plusieurs complots malheureux : celui de Tassilon, ancien duc de Bavière, où entrèrent plusieurs exilés italiens; celui de Hartrade, en Allemagne, et celui de Pépin le Bossu en France; mais aucune preuve décisive de complicité, ni dans les uns, ni dans les autres, ne put être produite contre l'évêque de Verdun. Néanmoins les indi-

L'évêque Pierre d'Italie.

---

(1) *Nàm, cùm esset exercitus Francorum circà Papiam* (Pavie, en 774), *ab isto, ut fertur, tradita est : et ob hoc, à Karolo magno de isto episcopatu honoratus est.* Bertaire. — Au lieu de Pavie, Hugues de Flavigny met Tharavisa, Trévise.

ces recueillis parurent suffisants pour lui attirer une défense ignominieuse de paraître devant le roi. Il passa, disent nos chroniques, douze années entières dans cette disgrâce, dont ne manquèrent pas de profiter amplement les envahisseurs des biens de l'église; et Bertaire remarque avec douleur qu'en ce temps beaucoup de Précaires furent perdus, pour toujours. Enfin l'évêque, ne pouvant demeurer en cette misérable situation, résolut d'en sortir, par toutes les voies que la législation d'alors permettait d'employer. A la grande assemblée de Francfort, en 794, où Charlemagne devait amnistier Tassilon, il présenta, en son propre nom, requête exposant qu'aucune preuve légale n'ayant été faite contre lui, il avait droit d'être réhabilité, en prêtant le serment canonique; et, sur cette supplique, fut rendu, en diète plénière, le décret suivant :

Son procès, à l'assemblée de Francfort.

« Il est décidé par le roi et le saint synode que l'évêque Pierre jurera sur son sacre, devant Dieu et les anges, qu'il n'a conspiré ni la mort du roi, ni la perte du royaume, ni aucune autre trahison. Deux ou trois de ses collègues, où au moins son archevêque, devront l'assister en ce serment. »

Malheureusement notre prélat ne put trouver personne qui voulût ainsi jurer avec lui : ce qui semble prouver que le soupçon était grand et la renommée de l'accusé petite. Force lui fut donc de renoncer à se disculper de cette manière; car la loi exigeait absolument des « conjurateurs » c'est-à-dire, comme on parlait alors, des pairs de l'accusé, jurant avec lui qu'ils ne le croyaient pas coupable : cela s'appelait *jurare tertiâ, jurare duodecimâ manu,* selon le nombre de ceux qui levaient la main; et des dispositions semblables se trouvent encore au XIIIe siècle dans nos chartes (1). Pierre invoqua alors une autre loi permettant

(1) Notamment dans la loi de Beaumont, qui servit de modèle aux chartes d'affranchissement. *Et, si testimonio convinci non possit, testimonio septem burgensium se purgabit. — Et, si verberatus testes non habuerit, alter duorum legitimorum virorum, et suo se juramento purgabit.* — Des dispositions sem-

de recourir aux épreuves judiciaires, quand la partie ad-
verse ne voulait point recevoir le serment (1). Sur cette
nouvelle demande, ainsi que sur les suites qu'elle avait
eues, il fut statué en ces termes :

« Ni le roi, ni le synode n'ayant autorisé l'épreuve, elle n'a point
été précédée du serment sur l'évangile et les reliques. Cependant
l'accusé ayant déclaré que, faute de trouver des conjurateurs, il voulait envoyer son homme au jugement de Dieu, et cet homme en étant
sorti sain et sauf, le roi, dans sa clémence, rend ses bonnes grâces à
l'évêque Pierre, le rétablit en ses anciens honneurs, et ne veut plus
qu'il demeure dans l'abaissement, puisqu'il n'a pas démérité par le
crime qu'on lui imputait. » *Capitulaire de Francfort, in plenâ sy-
nodo, de l'an 794.* (Dans Baluze, tom. I. p. 265).

On voit par ce passage que, bien que l'autorité hésitât à
approuver formellement le recours au Jugement de Dieu,
cependant elle ne laissait pas d'avoir égard au résultat des
épreuves. Sur ce point, l'opinion flottait indécise : les
hommes instruits blâmaient ces procédures ; l'archevêque
Agobard de Lyon écrivit contre elles dans son livre
sur la loi Gombette; mais elles se maintenaient par
l'effet de l'ignorance et de l'attachement aux coutumes. Le
Capitulaire que nous venons de citer ne dit point quelle
fut l'épreuve choisie par notre évêque, s'il envoya son
champion se battre, ou si l'on se contenta du fer rouge, de
l'eau bouillante, ou de quelque autre des ordalies autori-
sées par les lois barbares. Quoi qu'il en soit, il revint de
Francfort légalement justifié; mais Charlemage ne cessa
point de le tenir pour suspect; et il ne lui accorda jamais
aucune faveur. Ce prélat mourut, après vingt-cinq ans
d'épiscopat, dans les premières années du IXᵉ siècle (2).

blables se trouvent dans la Charte de Paix de Verdun : l'accusé d'homicide
non prouvé par témoins jurera « lui vingtième » — En cas de voies de fait
« lui tiers, » etc.

(1) *Si duodecim hominum sacramenta recipere noluerit, aut cruce, aut sculo
et fuste contrà eum decertet.* Capitulaire *de lege Ripuarense,* dans Baluze, I.
p. 597.

(2) Bertaire, qui ne connaissait point le Capitulaire de Francfort, parle

Quelques embarras chronologiques arrêtent ici la marche de notre histoire, à cause des douze années du chorépiscopat d'Amalbert, que Bertaire place entre saint Madalvé et Pierre d'Italie. D'après une charte de Saint-Vanne déjà citée, le premier de ces pontifes existait encore en 776 ; pour le second, on le trouve mentionné au cartulaire de Saint-Denys, dans un acte de 782 (1). Entre ces deux dates, il n'est pas possible d'intercaler les douze années du chorépiscopat ; aussi les avons-nous reportées sous Charles Martel, en abandonnant ici Bertaire, dont les indications, données de mémoire, ne peuvent prévaloir contre deux chartes authentiques. L'avénement de Pierre d'Italie eut lieu entre 776 et 782 ; et les vingt-cinq années de son administration nous conduisent aux environs de l'an 800.

Hugues de Flavigny raconte de cet évêque que ses menées et ses complots irritèrent tellement Charlemagne que ce prince fit raser les anciennes fortifications de Verdun ; et il ajoute qu'on en tira d'énormes pierres qui, transportées par eau, furent employées à d'autres ouvrages publics. C'est en ce passage qu'il parle des broches de fer qui, suivant lui, hérissaient nos murs, et furent cause qu'on appela notre ville *Urbs Clavorum* (2). Bien qu'il n'ait vécu qu'à la fin du XIe siècle, il décrit ces anciens remparts, et leurs fortes tours couvertes en plomb, comme s'il eût vu les choses de ses propres yeux : puis, moralisant sur cette catastrophe, il la donne à ses contemporains pour un exemple terrible des châtiments dont Dieu frappe les pré-

---

ici d'une manière assez vague : et, en outre, il y a des mots omis dans son texte imprimé, qu'il faut corriger ainsi, d'après le manuscrit : *Et, ob hoc, per duodecim annos imperatorem viscere non est ausus : sed à filiis istius ecclesiæ coràm principe rectè purgatus est ; posteà illius ad presentiam adivit. Multas Precarias inutiles fecit ; et in diebus illius, multæ res ab istâ ecclesiâ substractæ sunt.*

(1) *Petrone, episcopo Virdunense.* Charte, dans les Preuves de l'Hist. de Saint-Denys de Felibien, p. XL.

(2) *Turrium solidissimo ambitu, lapide, plumbo, ferroque conserto munita : undè et nomen sortita est ut diceretur Urbs clavorum.* Dans Labbe, 1. p. 117. — Hugues compare ce désastre à celui de l'invasion d'Attila.

lats qui, à la manière de Pierre d'Italie, vont demander à la cour les dignités sacrées. Cette réflexion s'adresse sans aucun doute à l'évêque Thierry, et aux autres partisans de l'empereur Henri IV, qui soutenaient les investitures impériales, et que notre auteur veut effrayer par le sombre tableau de la ruine de Verdun, sous un pasteur nommé par le roi; mais ce tableau est fantastique, comme on le reconnaît aisément à l'exagération des traits. Il est impossible que Bertaire, beaucoup plus rapproché de ces temps, n'ait rien su d'un tel désastre, dont le souvenir se fût certainement gardé plus d'un siècle. Ce qu'il peut y avoir de vrai, c'est qu'à Verdun, comme en d'autres villes, on ne se fit pas faute alors d'exploiter, comme carrières, les murs des forteresses gallo-romaines : ainsi, à Reims, vers l'an 825, les remparts fournirent des matériaux pour la reconstruction des églises. Flodoard (II. 19) dit à ce sujet que la paix intérieure était si profonde et la puissance de l'empire si grande, qu'on croyait n'avoir plus besoin de ces défenses : et nous savons par d'autres historiens qu'après la conquête de l'ancienne Saxe, on crut la source des invasions barbares tarie pour toujours. Malheureusement on se trompait; et les Normans châtièrent rudement l'imprudence des cités qui avaient laissé ruiner leurs fortes enceintes.

L'évêque Austranne. Après les calamités du pontificat de Pierre l'Italien, Verdun eût pour pasteur un clerc de la chapelle royale nommé Austranne, que l'on s'empressa de demander, afin de rentrer en grâce à la cour (1). C'était là un moyen sûr de plaire à Charlemagne qui, comme le disent toutes les histoires de son temps, aimait à promouvoir ses chapelains, quand il leur reconnaissait du mérite. Pour découvrir ce mérite, il les mettait à l'épreuve, tantôt par des questions et des commissions imprévues, tantôt en les observant silencieusement dans les circonstances de toute espèce que

(1) *Elegerunt, de Regis palatio, Austrannum, cantorem ipsius, virum strenuum, cujus industriâ Bracenses negotiatores isti ecclesiæ redacti sunt.* Bertaire.

faisaient naître autour d'eux les incidents de la vie du Palais. La chronique du moine de Saint-Gall raconte à ce sujet quantité d'anecdotes, dans lesquelles nous trouverions très-probablement quelque heureux trait d'Austranne, si le chroniqueur ne s'était imposé la loi de ne point nommer les clercs, devenus hauts personnages, qu'il fait figurer dans ces petites scènes. Le nouvel évêque était chantre royal et musicien de premier ordre : talent d'importance, parce que la cour, à la grande joie du pape, se servait alors de la belle musique de Rome pour abolir l'ancienne liturgie gallicane (1); mais Austranne avait encore d'autres talents qui furent moins agréables peut-être que sa musique à quelques-unes de ses ouailles : c'était un homme ferme, et tel qu'il le fallait pour réduire les gens qui avaient utilisé à leur profit les disgrâces de son prédécesseur. Par lui fut assujettie à la domination épiscopale une corporation marchande, dite *Bracenses negotiatores*, qui jouait un grand rôle dans la ville de cette époque. Malheureusement il mourut, au bout de cinq ans, laissant la plupart de ses œuvres inachevées. Elle ne furent point reprises par son successeur Hériland, qui siégeait en 813 (2), probablement depuis quelques années déjà, et qui occupa, avec peu de gloire, l'évêché pendant plus de vingt ans. Bertaire dit de lui que c'était un homme pauvre d'esprit, cacochyme de corps, et fait pour tout ruiner par sa négli-

(1) L'ancienne messe gallicane fut alors tellement abrogée que, dans les temps modernes, on eut peine à en retrouver quelques rares manuscrits. On peut la voir dans l'Appendice du Grégoire de Tours de dom Ruinart, p. 1357. — Il résulte des recherches des savants sur cette matière que le canon de la messe romaine (celle en usage) commença à avoir cours en Gaule vers l'an 700; qu'en 758, on adopta les antiennes et les répons envoyés à Pépin-le-Bref par le pape Paul, successeur d'Etienne, et qu'enfin, sous Charlemagne, vers 787, Hadrien Ier fit recevoir le Sacramentaire Grégorien complet, tel à peu près qu'il est encore en usage dans les pays catholiques. A Rome même, avant ce Sacramentaire, il y en avait eu un plus ancien, dit du pape Gélase.

(2) Cette date se tire de Flodoard, mentionnant, II. 18, la présence d'Hériland au sacre de Frotaire de Toul, lequel eut lieu le onze des calendes d'avril 815.

gence (1). Pour que notre chroniqueur, si poli d'habitude
et si gracieux envers les seigneurs évêques, se soit permis
de telles expressions, il fallait que le malheureux Hériland
eût laissé perdre bien des Précaires. Cet étrange panégyrique, et l'histoire de Pierre d'Italie, semblent prouver que
Charlemagne ne fut point heureux dans ses nominations
au siége de Verdun. Hériland, lassé des tribulations que
son peuple et son clergé ne lui épargnèrent pas, se retira
à Aix-la-Chapelle, où il mourut sous le règne de Louis-le-
Débonnaire : on rapporta son corps à Saint-Vanne, où on
l'inhuma près d'Austranne.

Bracenses negotiatores. — Il serait intéressant de savoir ce qu'étaient, chez nous,
ces *Bracenses negociatores*, dont il est parlé dans les
événements précédents. Dès les temps mérovingiens,
nous avons vu Grégoire de Tours et Fortunat mentionner, l'un les commerçants verdunois, l'autre les nombreux
bateaux qu'il remarqua sur la Meuse. Fort longtemps après,
vers l'an mil, Richer de Reims, décrivant la ville-basse
de Verdun, la représente comme une enceinte peuplée
de marchands *(negociatorum claustrum)*, qui avaient construit des ponts et des murs, aussi bien entretenus que
ceux d'une forteresse. Entre ces deux époques, se placent
les *Bracenses* de Bertaire, qui, d'après ce qu'indiquent ces
faits rapprochés entre eux, doivent avoir été une de ces
« marchandises par eau » du genre de celle à laquelle
les savants font remonter l'origine de l'Hôtel-de-Ville
de Paris. De telles corporations existaient dans les cités
où une rivière offrait des moyens de transport préfé-
rables aux chemins peu sûrs et mal entretenus des anciens
temps ; et, comme elles étaient formées de citoyens riches
et influents, elles héritèrent presque partout des attributions de la Curie gallo-romaine (2), à tel point qu'à
Paris, pendant tout le moyen-âge, les mots « la mar-

(1) *Vir multum simplex, et ultra modum infirmus, cujus tempore multa male perpessa est ista ecclesia.*
(2) Raynouard, Histoire du droit municipal, tom. II. p. 221.

chandise de l'eau, » ou simplement « la marchandise, » signifiaient le corps municipal, dont le chef garda, jusqu'à la fin du siècle dernier, le nom de Prévôt des marchands. Chez nous, ces marchands s'appelèrent *Bracenses*, à cause des deux bras de la Meuse entre lesquels la ville-basse est située, et par où arrivaient les bateaux, le canal Saint-Airy n'étant point alors appauvri par les dérivations qu'on y a faites lors de la fortification du Pré (1). Bertaire n'explique point en quelle sorte de dépendance Austranne mit les Bracenses par rapport à l'évêché; c'était sans doute quelque impôt du genre de ceux que les seigneurs faisaient payer à ceux qui trafiquaient sur leurs terres, naviguaient sur leurs fleuves, ou voituraient sur leurs routes. Les villes, appartenant alors au domaine royal, cette contribution dut être accordée par Charlemagne, auquel son chapelain, devenu évêque de Verdun, représenta sans doute l'évêché comme ruiné; mais la concession paraît n'avoir été que temporaire; du moins il n'en est plus parlé dans la suite de l'histoire.

La restauration des études, qui fut, comme on sait, une des gloires de ce grand règne, a laissé chez nous comme spécimen assez curieux, la grammaire pour les écoles latines, composée par Smaragde, abbé de Saint-Mihiel, vers l'an 800. Ce livre n'a jamais été imprimé, et ne le sera probablement jamais; nous ne le connaissons que par quelques extraits qu'en fit Mabillon, et par le compte-rendu intéressant de M. Hauréau (2), qui a étudié le manuscrit, à la bibliothèque impériale. On

Grammaire de Smaragde.

(1) Il y avait, au moyen-âge, les deux grands bras, *brachia*, et le Brachieul, ou petit bras, *braccolum in mediâ civitate*, dit la bulle de 1049, et que l'on appelle encore aujourd'hui Brachieux ou Brassieux. Les *negotiatores Bracenses* sont les commerçants des deux grands bras, sur l'un desquels est encore une rue dite des Bateliers. — Le Spicilége dit, en note marginale, que Bracenses signifie des brasseurs; mais l'importance que Bertaire attache au fait, indique quelque chose de mieux qu'un simple impôt de brassage.

(2) B. Hauréau, Singularités historiques et littéraires, imprimées en 1861.

rattachait alors à la grammaire une partie de ce que
nous appelons maintenant les belles-lettres et la phi-
lologie ; et l'ouvrage de Smaragde obtint du succès ; car
on en fit d'assez nombreuses copies au IXe siècle et au Xe ;
de sorte que nous pouvons prendre ce savant moine
pour un bon type des écolâtres carlovingiens, ou des
professeurs que les Capitulaires ordonnèrent d'établir
dans les cathédrales et les grandes abbayes. Pour base
de ses leçons, Smaragde adopta l'ouvrage de Donat, et
se borna à gloser ce grammairien célèbre du IVe siècle ;
sa glose est de valeur, pleine, dit M. Hauréau, d'observations ingénieuses et délicates, où se révèle une
science approfondie de la langue latine. La partie faible
est l'étymologie grecque, sur laquelle notre auteur commet
des bévues touchant parfois au ridicule (1) : il prend
sa revanche dans les explications qu'il donne des noms
des anciens Francs, d'après la langue germanique, qu'il
connaissait beaucoup mieux que nos auteurs du moyen-
âge ; aussi ces étymologies furent-elles remarquées par
les bénédictins du XVIIe siècle, et elles sont, avec le
prologue, la seule partie du livre à laquelle ils aient
décerné les honneurs de l'impression (2). En philoso-
phie, Smaragde fait preuve d'avoir lu plusieurs parties
de l'Organon d'Aristote, dans la traduction latine, et
avec les commentaires de Boëce. En somme, c'était un
écrivain de mérite, fort instruit pour son temps ; et on
doit le louer de son zèle à répandre quelque lumière
dans le chaos de barbarie profonde qui régnait, depuis
Charles Martel.

(1) En voici des exemples : Quelle est l'étymologie du mot verbe ? Réponse :
*Verbum à Verberatione et Bombum nomen accepit ; bombus enim sonus dicitur.
Accepit à verberatione primam Ver, et à Bombo ultimam Bum.* En réalité
verbum vient de ειρω. — Autre question : Que signifie le mot patrony-
mique ? Réponse : C'est un nom donné par la loi du père, parce qu'en grec
νομος veut dire loi. — Il est évident que l'auteur de cette malencontreuse
interprétation ne connaissait pas le mot ονομα.

(2) Mabillon, Analecta, tom. II. p. 422, éd. 1676.

Il paraît que l'enseignement de la grammaire latine ne passait point alors pour chose aussi innocente et inoffensive qu'on le croirait de nos jours. Il y avait des gens qui, peut-être pour excuser leur propre ignorance, s'en scandalisaient, et prétendaient, en citant saint Jérôme et saint Grégoire, qu'il ne fallait pas lire la littérature antique, parce qu'elle rappelait les souvenirs des païens, de leurs mauvaises mœurs, et de leurs fausses divinités. Charlemagne lui-même n'osa heurter de front ces préjugés; et il avoua dans sa circulaire, que le but des études devait être l'intelligence des Saintes-Écritures; mais, ajoutait-il, l'Écriture renferme beaucoup de figures, tropes et métaphores qu'on ne peut comprendre, si l'on ne sait la rhétorique; et, pour savoir la rhétorique, il faut d'abord étudier la grammaire. En présence d'un tel public, Smaragde, qui n'avait point, comme Charlemagne, droit d'imposer silence à ses contradicteurs, fut obligé d'argumenter et de plaider sa cause. « Je connais, dit-il, des paresseux qui cherchent à se disculper de leur paresse, en se posant en saints; ils prétendent que la grammaire ne parlant pas de Dieu, ne proposant que des noms et des exemples païens, n'est, en conséquence, qu'un art à mépriser et à proscrire. Eh bien! qu'ils la traitent du moins comme les Israélites traitèrent les païens d'Égypte, dont Moïse ne dédaigna pas de prendre les beaux joyaux pour l'ornement de son tabernacle. Autre chose est parler de Dieu, autre chose est enseigner un art; mais enfin, puisqu'on se scandalise de Virgile et de Cicéron, j'aurai soin, dans mes exemples, de ne citer que des phrases de l'Écriture-Sainte; de sorte qu'étudier avec moi la grammaire, ce sera encore étudier l'Écriture (1). » La concession était

_____

(1) *Quem libellum, non Maronis aut Ciceronis, vel aliorum paganorum auctoritate fulcivi, sed divinarum Scripturarum sententiis adornavi, ut lectorem jocundo pariter Artium et Scripturarum poculo propinarem. Et hoc quare fecerim, lector, audi. Sunt aliqui, sub prœtextu sanctitatis occulti, et alii tarditatis ignaviâ pressi*

grande : car le latin de la Vulgate est loin d'être un latin modèle ; et le génie de la langue hébraïque y perce beaucoup plus que celui du siècle d'Auguste ; mais il fallait transiger : autrement la nouvelle grammaire n'eût pas réussi. Alcuin lui-même, la lumière de ce temps, parut choqué de voir son ami Richbod de Trèves citer trop souvent Virgile ; et il lui écrivit de se mettre en mémoire les quatre livres de l'évangile, plutôt que les douze de l'Enéide (1). On fit peu pour les lettres proprement dites : elles n'étaient point approuvées par le parti le plus fort ; et nous avons une triste preuve de l'influence de ce parti dans le petit nombre et le mauvais état des manuscrits d'auteurs classiques qui se retrouvèrent, à l'époque de la Renaissance.

Voie royale de Smaragde.

Smaragde écrivit, sous le titre de Voie royale *(Via regia)*, un autre ouvrage traitant des devoirs d'un prince chrétien. Ce livre se distingue plutôt par la douceur du sentiment que par l'élévation des idées ; néanmoins c'est un des meilleurs écrits du IX° siècle ; et on remarque avec quelque surprise que, bien qu'il ait un moine pour auteur, il ne renferme absolument rien de monacal. Ceci indique qu'il fut composé pour Charlemagne, et non pour Louis-le-Débonnaire, qui était plus moine que Smaragde. On voit, au défaut même du livre, c'est-à-dire à la surabondance et à l'affectation des citations bibliques, une autre intention de plaire à Charlemagne, grand amateur d'érudition sacrée, qui, trois jours avant sa mort, travaillait encore, avec des Grecs, à achever la correction, commencée par Alcuin, de la version latine du Nouveau-Testament (2).

---

qui aiunt, quoniàm in grammaticâ arte Deus non legitur, sed paganorum tantùm nomina resonant et exempla, ideò à nobis meritò calcata dimittitur et neglecta. Nos autem intelligentes quia populus Israël egrediens de Ægypto, vasa aurea etc. etc. Dans Mabillon, Analecta, tom. II. p. 421.

(1) Utinàm Evangelia quatuor, non Æneides duodecim, compleant pectus tuum... Alcuin, épist. 34. p. 1548, édit. Du Chesne.

(2) Dominus imperator... quatuor evangelia, in ultimo antè obitûs sui diem, cum Græcis et Syris optimè correxerat. Opus Thegani, dans Du Chesne, tom. II. p. 277. — Thégan était chorévêque de Trèves.

De cette « Voie royale, » nous citerons le passage suivant, où Smaragde parle de la servitude et de l'esclavage, en termes fort remarquables pour ce temps, et inspirés par le véritable esprit du christianisme :

« Très-clément roi, ne souffrez point que personne soit réduit en esclavage, ni vendu comme captif dans votre empire : n'êtes-vous pas frère de tous ceux qui répètent chaque jour, avec vous : *Notre père, qui êtes aux cieux ?* Moïse ordonnait qu'on punît de mort l'Israélite qui, pour de l'argent, aurait vendu son frère, enfant d'Israël, comme lui ; et un autre prophète a dit, au nom de l'Eternel : Je ne pardon-nerai point le crime de celui qui vend l'opprimé pour de l'or, et le pauvre pour des vêtements.

« Faites traiter les serfs avec justice et bonté, et prenez soin qu'ils puissent recouvrer leur liberté. La Bible défendait encore aux Hé-breux de retenir leurs frères Hébreux plus de six ans en servitude : mais nous préférons imiter les mauvais Juifs, qui transgressèrent si souvent ce divin précepte. Cependant nous devrions savoir que nous avons été tous créés dans l'égalité, et que c'est le péché qui a asservi les hommes les uns aux autres. Détruire la servitude, c'est donc détruire l'œuvre du péché : et c'est imiter la bonté de Dieu que de remettre les hommes dans l'état de liberté où il les avait créés (1). »

Ce fut Smaragde qui, à cause de la situation incommode du Vieux-Moutier, sur la hauteur de Castellion, transféra le monastère au lieu où est aujourd'hui Saint-Mihiel, sur la Meuse : endroit où n'existait alors qu'un petit village appelé Godoncourt. De chartes de Louis-le-Débonnaire et de Lothaire, il résulte qu'en 822, la nouvelle abbaye était déjà construite ; que Smaragde la gouvernait encore, avec l'ancienne, mais qu'il survécut peu à ce changement de demeure ; car, dès l'an 824, on mentionne son successeur

---

(1) *Ut justè et rectè ergà servos agatur, et ut liberi dimittantur.... Propter nimiam charitatem quâ Deus dilexit nos, unusquisque liberos debet dimittere servos, considerans quia non illi eos natura subegit, sed culpa : conditione enim æqualiter creati sumus; sed aliis alii culpâ subacti.* Dans le Spicilége, tom. v. p. 52-53. Le chapitre est long. — M. Guizot parle de Smaragde dans son Hist. de la civilisation en France, leçon 23.

Hilduin (1). En quittant le local primitif, on régla que ses églises seraient toujours desservies et entretenues, à cause des tombeaux des fondateurs : le cimetière des moines y demeura jusqu'à la fin du xie siècle; et Smaragde lui-même y fut inhumé. Il reçut dans les chroniques un éloge mérité, dans lequel on ne manqua pas de faire de belles allusions à son nom, qui signifie émeraude (2); comme on ne lui en connaît point d'autre, il est assez probable qu'il n'était point de famille illustre, et que les moines, qui l'élevèrent, l'appelèrent ainsi familièrement, à cause de ses brillantes dispositions. La sympathie qu'il montre pour les serfs, dans le passage que nous venons de citer, pourrait faire croire qu'il était lui-même d'origine servile. L'école fondée par lui, demeura célèbre jusqu'au xie siècle : alors elle tomba entre les mains d'un certain Hildebold qui, soit négligence, soit pédantisme, déplut aux jeunes gens, et fit rapidement déchoir cet établissement, autrefois renommé. Une de nos notabilités du xe siècle, Jean de Vendières ou de Gorze, dont nous aurons occasion de reparler, fit encore ses études sous cet Hildebold; mais il fut obligé de les recommencer ailleurs, en regrettant d'avoir dépensé, sans grand profit, son temps et son argent (3). C'était vers l'an 900 : et, depuis cette époque, l'enseignement de Saint-Mihiel n'est plus mentionné dans notre histoire.

École de Saint-Mihiel.

En 813, Charlemagne, voulant mettre la dernière main à ses réformes législatives, convoqua cinq grandes assemblées-conciles, qui se tinrent simultanément en cinq villes,

(1) Chartes, dans les Preuves de D. de l'Isle, p. 431-432. — L'épitaphe, en vers, de Smaragde parlait ainsi de la translation de l'abbaye :

Qui locus (Castellio), *humanis quòd erat minùs usibus aptus,*
Haud procul hinc sedem transtulit ille suam.

(2) *Præsagio se sui nominis conformans, inter celebres sui temporis viros, ut pretiosa gemma, resplenduit.* Dans Mabillon, Analecta, tom. II. p. 383.

(3) *In monasterio Sancti-Michaëlis ad Mosam, propter studia, moratus est ubi, tunc temporis, Hildeboldus quidam, grammaticam professus, scholas habebat. Cujus doctrinâ, incertum incuriâ, an quodam, ut apparebat, supercilio, cùm tamen à patre sæpissimè non mediocriter muneraretur, macram satis frugem scientiæ eum contigit retulisse.* Dans Labbe, *Nova biblioth.* tom. I. p. 744.

importantes de l'empire, et préparèrent les matériaux d'un grand Capitulaire, dont la promulgation devait être faite, en diète nationale, à Aix-la-Chapelle. L'assemblée de notre province se tint à Reims. L'archevêque de Trèves Amalaire était alors en ambassade à Constantinople; le siége de Metz vaquait, depuis la mort d'Angelrame; Frotaire, élu de Toul, fut sacré à Reims même, cette année 813; de sorte qu'Hériland de Verdun se trouva d'abord au concile l'unique représentant de notre épiscopat, dont il ne dut pas donner une très-haute idée aux Neustriens, si le portrait que Bertaire fait de sa nullité est fidèle. Parmi les statuts adoptés, nous remarquons celui qui prescrit de prêcher au peuple « en sa langue propre, » c'est-à-dire, comme on l'expliqua avec plus de détails dans une autre assemblée, en roman rustique, pour les uns, et en tudesque (allemand) pour les autres. Ici se trouve la première mention du roman rustique, langage dont naquit le français : on l'appelait roman, parce qu'il dérivait de la langue romaine; et l'épithète de rustique indique qu'il n'était encore qu'un jargon populaire. Il résulte de ce passage que le peuple avait cessé de comprendre les discours prononcés en latin. Un autre article fait allusion à de mauvais bruits répandus sur le clergé austrasien : on l'accusait de révéler, pour de l'argent, les confessions des voleurs. Note fut prise de ces rumeurs; et on ordonna aux *missi*, c'est-à-dire aux délégués impériaux en mission, de s'enquérir du fondement qu'elles pouvaient avoir (1).

Dans cette année 813, Charlemagne vint, pour la dernière fois en notre pays, où il se livra aux exercices de la chasse dans la forêt d'Ardenne. Il eut alors, par quelques infirmités, le pressentiment de sa fin prochaine; et, mandant en hâte son fils Louis, qu'il avait déjà créé roi d'Aquitaine, il convoqua une diète à Aix-la-Chapelle, pour le

Fin de Charlemagne.

(1) *Ut hoc inquiratur si, de partibus Austriæ, verum est quod dicunt quòd presbyteri de confessionibus, accepto pretio, manifestent latrones.* Dans Sirmond, Concil. ii. p. 526.

proclamer roi et empereur. C'était le seul enfant légitime
que la mort lui eût laissé. En cette assemblée, le vieil et
glorieux monarque parla noblement de la grandeur de son
règne, et de ce qu'il faudrait faire après lui pour ne point
déchoir : puis, avant que son successeur prît la couronne
d'or déposée sur l'autel, il l'adjura de craindre toujours
Dieu, de gouverner le peuple avec douceur, et d'être irré-
prochable en sa conduite personnelle. Louis en fit serment,
au milieu des acclamations; puis se couronna lui-même,
sans intervention des prélats, qui durent se borner à joindre leurs prières et leurs cris de joie à ceux des seigneurs
temporels. Peut-être Charlemagne disposa-t-il ainsi les
choses, afin de montrer l'indépendance de la royauté;
mais, s'il eut cette pensée, son fils en amoindrit bientôt
l'effet par le sacre qu'il voulut recevoir du pape Etienne IV
à Reims.

Louis-le-Débon-
naire.

Dans les premières années, Louis fut soutenu par la
gloire de son père ; et l'empire sembla marcher comme de
lui-même par la vigoureuse impulsion qu'il avait reçue.
Une fausse et dangereuse mesure, prise en 817, amena la
première secousse. Comme le roi courut alors quelque
danger, on lui persuada que, bien qu'il n'eût encore que
quarante ans, il était à propos de profiter de la paix et de
la santé dont il jouissait, pour régler le partage de sa succession entre ses fils. Il se montra d'abord surpris d'un tel
projet : et, comme il était fort pieux, il jeûna et fit des aumônes pendant trois jours; enfin, croyant avoir reçu les lumières du ciel, il céda, tout en soupçonnant que la demande
cachait le désir d'amener quelque changement politique.
Lothaire, l'aîné des princes, fut associé à l'empire : Pépin
et Louis, les deux plus jeunes, eurent l'un le royaume
d'Aquitaine, l'autre celui de Bavière. Alors éclata la révolte de Bernard, roi d'Italie. C'était un petit-fils de Charlemagne, qui même représentait la branche aînée : car son
père Pépin, mort en 810, était né avant Louis-le-Débonnaire, et, comme lui, de la reine Hildegarde; de sorte que,

suivant les règles établies aujourd'hui pour les successions, Bernard seul avait droit à la couronne impériale. Cette guerre d'Italie est fort étrangère à notre histoire : néanmoins il nous en reste un vestige assez curieux, dans la lettre de convocation du ban, publiée alors dans les Trois-Evêchés par l'archevêque Hetti de Trèves, délégué impérial de la province. C'est le plus ancien document que nous ayons sur la levée des troupes en notre pays. L'exemplaire qui s'est conservé de cette circulaire est celui qui fut adressé à Frotaire de Toul; mais il n'est pas douteux que pareil ordre n'ait été expédié aux évêchés de Metz et de Verdun. Il était conçu en ces termes :

Levée du ban.

« Au nom du Seigneur. Hetti, par la miséricorde divine, archevêque de Trèves, délégué du sérénissime empereur Louis, à notre vénérable confrère Frotaire. Nous avons reçu de l'empereur ordre strict et rigoureux (*terribile imperium*) de faire proclamer par tout le territoire de notre légation, que l'on se prépare à marcher en armes vers l'Italie où, à l'instigation du diable, le roi Bernard vient de se révolter. Vous aurez en conséquence à pourvoir en toute hâte, prudence et sagacité, à ce que, dans votre diocèse, tous ceux qui doivent service militaire au roi, soit seigneurs ecclésiastiques, abbés ou abbesses, soit comtes et vassaux royaux, soit peuple (des cités) se trouvent prêts à partir, même de nuit, quand l'ordre arrivera; car le seigneur empereur veut se rendre en hâte en ce pays avec ses fidèles (1). »

En conséquence de cette proclamation, le ban de notre province se réunit, et fut dirigé vers Chalon-sur-Saône, où il se joignit à l'armée; chaque homme devant, d'après la législation des Capitulaires, emporter de quoi se défrayer pendant trois mois. Il était permis aux seigneurs ecclésiastiques de se faire représenter par leurs Voués; mais ils devaient le contingent d'hommes imposé à leurs terres. Ces convocations de ban, qu'on appela au moyen-âge *ost (hosticum)*, et *chevauchée*, étaient alors le seul mode de lever l'armée; et ce vieil usage se maintint même

(1) Texte latin dans Hontheim, tom. I. p. 169.

après l'institution des armées permanentes; car on en trouve des traces jusqu'au milieu du XVII° siècle (1).

En 822, l'impératrice Hermengarde étant morte, Louis épousa, en secondes noces, Judith de Bavière qui, l'année suivante, lui donna un nouveau fils, Charles-le-Chauve. Il reconnut alors qu'il s'était trop hâté de faire le partage de ses états; car la reine voulait absolument un royaume pour son fils Charles, auquel on ne pouvait rien donner sans le prendre aux autres princes. Lothaire surtout se montrait intraitable, parce qu'ayant, comme successeur à l'empire, la plus grande partie des provinces, les états de Charles auraient été démembrés des siens. Quant au roi, il était incapable de faire respecter son autorité; de sorte que l'empire eut alors en réalité quatre souverains, Louis et ses trois fils, ayant chacun son parti; mais tous également hors d'état, faute de vues ou de fermeté, de suivre un plan soutenu. Les seigneurs s'attachaient aux uns ou aux autres, suivant les intérêts variables que les conjonctures faisaient naître. Tous les ordres de l'état se désunirent; des factions se formèrent, et l'anarchie succéda au sage et puissant gouvernement de Charlemagne.

L'évêque Hilduin.

Dans ces temps de désordre, Louis-le-Débonnaire trouva ses fidèles parmi les évêques austrasiens, et fut au contraire abandonné et trahi par ceux de l'ancienne Neustrie. Notre épiscopat était alors dirigé par Drogon de Metz, qui se considérait comme frère du roi, étant, lui aussi, fils, bien qu'illégitime, de Charlemagne; le métropolitain Hetti de Trèves, et les évêques de Toul et de Verdun, Frotaire et Hilduin, suivaient le même parti; ce der-

(1) La dernière convocation de la milice du ban est de 1674, sous Louis XIV. — On disait d'ordinaire le ban et l'arrière-ban, c'est-à-dire la milice des fiefs et des arrière-fiefs. D'autres prennent le ban pour le service ordinaire, et l'arrière-ban pour un service imposé dans les cas extraordinaires; enfin, suivant d'autres encore, les nobles seuls étaient soumis au ban, tandis que tous indistinctement, nobles et roturiers, devaient le service de l'arrière-ban.

nier était même l'un des hommes de confiance de Louis, qui l'employa à diverses négociations, où sa loyauté ne se démentit jamais. On l'appelait Hilduin, ou Hildin d'Allemagne *(Hildinus de Allemanniâ)*, parce qu'il était né dans l'ancienne Allemannie, la Souabe actuelle, seule contrée de Germanie qui portât alors le nom d'Allemagne; et il avait, peu avant 830, succédé chez nous à l'inutile Hériland, sur la demande des Verdunois, qui étaient allés le chercher à la cour (1). Quand Lothaire eut, au mois de juin 833, remporté en Alsace sa honteuse victoire du Champ-du-Mensonge, il traversa, avec son père captif, Metz et Verdun (2); mais il ne s'arrêta qu'à Soissons, où Ebbon de Reims et les évêques de ce parti s'étaient chargés de dégrader l'empereur vaincu. Malheureusement, celui-ci se dégrada lui-même, par sa pusillanimité devant ses ennemis. Lothaire étant assis sur un trône, dans l'église Saint-Médard, Louis, au milieu de l'assemblée, se dépouilla de ses propres mains des vêtements royaux, jeta son épée et son baudrier au pied de l'autel; puis, se prosternant sur un cilice, il eut la bassesse d'avouer ses prétendus crimes, et de se laisser enfermer par Ebbon dans une cellule de pénitent, pour le reste de ses jours. Cette scène odieuse révolta les esprits : les rois de Bavière et d'Aquitaine, frères de Lothaire, voyant qu'ils ne profitaient en rien du crime, se plaignirent de l'emprisonnement de leur père commun. L'évêque de Metz, et plusieurs de nos prélats, qui avaient fui devant le triomphe de leurs adversaires,

Déposition et rétablissement de Louis-le-Débonnaire.

(1) *Defuncto Herilando, abiit pars cleri et plebis ad Ludovicum imperatorem, et petierunt sibi dari Hildinum de Allemanniâ, virum bonum et sanctum, qui construxit multas ecclesias in isto Episcopatu, et multa bona operatus est.* Bertaire.

(2) *A Mettis civitate, Lotharius Viridunum appulit, et Suessionum urbem adiit.* Astronome, Vie de Louis-le-Déb. dans Du Chesne, tom. II. p. 310. — Le Champ-du-Mensonge était près de Colmar : *locus perpetuâ ignominiâ notatus, ut vocetur Campus Mentitus*, dit l'Astronome, à l'an 833. — *Campus Mendacii, eò quòd ibi plurimorum fides extincta sit*, ajoute Thégan, ch. 42; mais il paraît que, sous le règne de Lothaire, on n'osa plus employer cette dénomination : de sorte que le lieu n'est pas bien connu aujourd'hui.

passèrent l'hiver à négocier un concert entre les mécontents, lesquels marchèrent, dès le commencement de
l'année suivante, contre l'usurpateur. Celui-ci, craignant
d'être à son tour enfermé en cellule de pénitence, se
retira d'abord à Paris, traînant son père à Saint-Denys;
puis il s'enfuit dans son royaume d'Italie. A la nouvelle de ce départ, tous les traîtres changèrent subitement de langage, sinon de dispositions; ils accoururent
des premiers à Saint-Denys, et supplièrent le vieil
empereur de reprendre sa couronne. Louis, toujours timi-
dement scrupuleux, eut la faiblesse de dire qu'il ne la
reprendrait que de la main des évêques, puisque c'étaient
des évêques qui la lui avaient ôtée. Son âme n'était point
aigrie par le malheur; car il pardonna à Lothaire, se bornant
à l'exiler dans son royaume d'Italie, et à lui défendre d'en
sortir sans permission; puis il alla à Metz, pour y tenir sa
cour de Noël 834, près de son frère Drogon. Comme
il n'était pas possible de laisser tant d'attentats absolument
impunis, on résolut de faire tout expier à l'archevêque de Reims; et un synode s'assembla, au mois de
février suivant, à Thionville, pour le juger. A la discussion de l'affaire, on vit qu'il avait été mis en avant:
mais il eut assez de force d'âme pour n'entraîner personne dans sa ruine; et il se présenta seul, comme victime
expiatoire. On le condamna à demander publiquement
pardon, sur le jubé de la cathédrale de Metz, puis à
être enfermé en Allemagne dans la prison claustrale du
monastère de Fulde; et les évêques, ayant ensuite donné
lecture de l'acte du rétablissement de l'empereur Louis,
prononcèrent sur lui sept oraisons, et lui remirent sur
la tête la couronne impériale, qu'on avait déposée sur
l'autel. Aux actes de cette assemblée, la signature de
notre évêque Hilduin est écrite Ghildi: orthographe qui
montre la forte aspiration avec laquelle on prononçait
alors la lettre H, dans son nom germanique Hild (1).

(1) L'acte est dans Sirmond, Concil. tom. II. p. 569.

L'année suivante 836, l'évêque de Verdun, et celui de Mayence, Oger allèrent, comme ambassadeurs en Italie, avec deux comtes laïques Warin et Adalgise. Le public ne sut de cette mission rien autre chose, sinon qu'elle avait pour but l'affermissement de la paix entre l'empereur et son fils Lothaire : *pro pace et amicitiis inter eos reparandis,* porte un écrit de l'époque (1); et les négociateurs ayant gardé le secret diplomatique, leurs actes ne se révélèrent que par la marche des événements. Il s'agissait toujours de la grande affaire du partage, cause de tous les troubles du règne. Lothaire était en ce moment à Pavie : de toute la péninsule italienne il ne possédait, avec sécurité, que la partie supérieure; et il tournait ses regards vers le pays de ses ancêtres et le palais de Charlemagne. On lui fit comprendre qu'il n'avait rien à espérer de ce côté, si son père mourait sans faire un autre partage, et que ce partage ne lui serait favorable qu'autant qu'il se rallierait lui-même à l'impératrice Judith, en la secondant dans son projet de faire créer un beau royaume pour son fils chéri Charles-le-Chauve. Nous verrons bientôt où aboutirent ces nouveaux projets.

Il arriva, pendant ce voyage, un incident singulier. Tandis que les ambassadeurs concertaient entre eux à Pavie ce qu'ils devaient dire à Lothaire, un clerc nommé Félix, poursuivi pour vol du trésor et des reliques de Saint-Sévère de Ravenne, entra chez l'évêque de Mayence, et lui proposa de partager avec lui son larcin, s'il voulait, en le cachant lui-même parmi les gens de l'ambassade, le soustraire aux perquisitions dont il était l'objet. Oger accepta sans scrupule, moins toutefois pour le trésor que pour les reliques, dont il était grand amateur : et il se fit ainsi recéleur et complice de cette blâmable fraude. Le lendemain, l'évêque de Verdun, apprenant cette singulière transaction, en demeura tout interdit, parce qu'elle pouvait grande-

(1) Dans les Bollandistes. Février. tom. I. p. 90.

Marginal note (right): Ambassade d'Hilduin en Italie.

ment leur nuire à la cour, si on venait à la découvrir, dans l'état incertain où se trouvaient les affaires; mais les moines furent, au contraire, persuadés que l'heureux succès des négociations serait assuré par la présence de saint Sévère au milieu des députés austrasiens.

Mort de Louis-le-Débonnaire. Louis-le-Débonnaire mourut le 25 juin 840, toujours aux prises avec ses enfants, qu'il ne put jamais réussir à accorder pour sa succession. Cette fois, il luttait contre le roi de Bavière, qui se trouvait lésé au profit de Lothaire et de Charles-le-Chauve. En poursuivant ce nouveau rebelle, il tomba dangereusement malade; il ne put supporter le passage du Rhin; et une éclipse, qui survint, acheva d'effrayer son âme superstitieuse. On le déposa sous une tente, dans une île du fleuve, vis-à-vis du palais d'Ingelheim, près Mayence : là il expira entre les bras de son frère Drogon, qui ramena son corps à Metz, et l'inhuma dans la basilique de Saint-Arnoul, près de la reine Hildegarde. Ce tombeau de Louis-le-Débonnaire était autrefois une des antiquités les plus remarquables de Metz : les Bénédictins en ont donné une vignette en tête du second livre de leur Histoire **Son tombeau à Metz.** de cette ville. C'était un grand cercueil de marbre blanc, orné, sur sa longueur, d'un bas-relief du cinquième siècle, enlevé sans doute à quelque tombe de cette ancienne époque, et représentant le passage de la mer Rouge. La statue couchée de Louis semblait être de son temps même; et les autres ornements de sculpture étaient modernes. Il y avait plusieurs épitaphes, dont l'une, en vers français du xvie siècle, mentionnait la translation de cette sépulture, en 1552, lors du fameux siège de Metz, et de la démolition de la magnifique église Saint-Arnoul, hors de la ville. En 1794, ce monument fut vendu à des marbriers, qui le conservèrent longtemps, et qui offrirent, après la Révolution, de le rendre au prix coûtant; mais telle était l'incurie archéologique du commencement de notre siècle, qu'on laissa ces ouvriers convertir la tombe de Louis-le-Débonnaire en devantures de cheminées : de sorte

qu'il en reste à peine quelques fragments, déposés aujour-
d'hui à la bibliothèque de Metz.

CHAPITRE III

TRAITÉ DE VERDUN AU MOIS D'AOUT 843.

Ce traité est l'une des dates importantes de l'histoire
moderne, parce qu'il signale le commencement du mouvement de décomposition qui substitua à l'unité du pouvoir
le fractionnement du système féodal. L'empire de Charlemagne n'avait qu'une unité factice : il n'était en réalité
qu'une agglomération de peuples et de territoires divers,
que le grand empereur lui-même, malgré tout son génie,
n'eût pu longtemps maintenir dans l'harmonie d'un même
corps politique. Le traité de Verdun sépara d'abord les
principales nationalités : puis, dans le sein de chacune des
nations, chaque province, chaque cité, chaque seigneurie,
se créant peu à peu à elle-même un gouvernement à part,
la féodalité finit par couvrir l'Europe. Cette révolution
s'accomplit dans le cours des siècles IXe et X^e; et elle sortit
de la nature des choses. En ces temps, les idées des hommes étaient courtes, les relations sociales rares et étroites,
les moyens matériels de communication faisaient même
défaut : de sorte que, pour les masses, l'horizon de
la pensée ne s'étendait pas plus loin que celui de la localité. Les petits gouvernements féodaux furent, pour ainsi
dire, taillés et formés à l'image et à la mesure des petites
sociétés qui les adoptèrent.

Des historiens de premier ordre ont retracé avec éloquence toutes les phases du mouvement qui entraîna les
choses vers ce résultat. Nous n'avons point à les suivre

dans ces hautes considérations : il n'entre même pas dans
notre plan d'expliquer le traité de Verdun, au point de vue
de ses dispositions politiques : à cet égard, il n'appartient pas plus à l'histoire de notre ville que le traité de
Westphalie à celle des villes de Münster et d'Osnabrück.
Notre but, beaucoup plus humble, est seulement de combattre un petit nombre d'historiens de Bourgogne qui placent la conclusion du traité de 843 à Verdun-sur-Saône, en
profitant, pour soutenir cette thèse, des complications
d'allées et de venues des rois, avant qu'ils tombassent d'accord. Il sera nécessaire d'entrer ici dans quelques détails
un peu minutieux : mais ceux mêmes de nos lecteurs qu'ils
n'intéresseront pas, nous blâmeraient de nous borner ici,
comme nos devanciers, à la simple indication du fait.

Série des faits
relatifs au
traité de Verdun.

L'ensemble des événements, et les principaux acteurs
qui y prirent part, sont connus par l'histoire générale. On
sait qu'après la mort de Louis-le-Débonnaire, son fils aîné
Lothaire, qui avait titre d'empereur, prétendit à la supré-
matie, et que ses deux frères Charles-le-Chauve et Louis
de Bavière lui résistèrent, l'un pour la France, l'autre pour
l'Allemagne. Le 25 juin 841, Lothaire perdit la sanglante
bataille de Fontenay, près Auxerre ; mais sa défaite coûta
tant d'hommes à ses deux adversaires qu'ils ne purent eux-
mêmes porter leurs armes au-delà du champ de bataille. Il
se retira à Aix-la-Chapelle, foyer de l'empire, sans qu'on
l'inquiétât dans sa retraite : Charles et Louis perdirent le
fruit de leur victoire ; et, sauf l'affaiblissement général des
armées, les choses se retrouvèrent au même état qu'auparavant.

Voici maintenant l'ordre chronologique des faits jusqu'au mois d'août 843 :

Février 842. Reprise des hostilités. Serments de Strasbourg, par lesquels Charles et Louis renouvellent leur
alliance contre Lothaire. On connaît ces fameux serments,
partout cités comme échantillons de la langue romane et
de la tudesque : le serment roman est le plus ancien texte

du langage qui devint ensuite le français. Quelques jours après, Lothaire, qui gardait, vers Coblenz, les passages de la Moselle, s'enfuit jusqu'à Lyon, ces passages ayant été si rapidement forcés qu'il se crut trahi : et peut-être l'était-il en effet.

Ici la scène est transportée en Bourgogne , où elle reste jusqu'au 1er octobre 842. Les événements sont racontés par Nithard, témoin oculaire et parfaitement informé : cet historien était, par sa mère, petit-fils de Charlemagne; et il suivait Charles-le-Chauve.

Mai 842. Jonction des deux frères unis à Verdun. Ils y arrivent l'un par Reims, l'autre par Thionville : *Viridunensium civitatem Ludowicus per Theotonis villam, Karolus per Remensem urbem adeunt, quid agendum deliberaturi* (1). Avant leur départ, ils reçoivent un député de Lothaire : sans rejeter formellement ses propositions, ils continuent leur marche sur Troyes, puis sur Chalon-en-Bourgogne.

Chalon (et par conséquent Verdun-sur-Saône) dépassé, ils arrivent en un lieu nommé Militiacum, probablement Milly, ou Massilly. Là se présentent de nouveaux députés de Lothaire. Cette fois, les propositions paraissant sérieuses, et tous se trouvant également fatigués, on arrête, sur le lieu même, un premier projet de partage, que les députés de Lothaire vont lui communiquer. Il en est mécontent : la marche des armées continue ; et les trois frères se rencontrent enfin près de Mâcon. Laissant leurs troupes sur les bords de la Saône, ils s'abouchent en une petite île dite Ansilla, au milieu de cette rivière : *propter civitatem Matisconis, insulâ quæ Ansilla dicitur,* porte la relation. Ce fut en cet îlot, près Mâcon, bien loin par conséquent de Verdun-en-Bourgogne, qu'ils jurèrent la paix au mois de juin 842. Quant au partage, il fut convenu qu'il serait fait, le premier octobre suivant, par des plénipotentiaires,

(1) Nithard, liv. IV. dans Du Chesne, tom. II. p. 377.

que chacun des trois souverains désignerait, au nombre de quatre-vingts, avec pouvoir à ces délégués de
choisir eux-mêmes le lieu de leur réunion. Ils désignè-
rent Metz (1).

Au jour dit, les commissaires se trouvent en cette
ville. Les souverains, chacun avec son armée, s'en tenaient
à une distance convenue : mais Lothaire dépassa les limites
fixées, et s'avança jusqu'à Thionville; ce qui fit rompre les conférences de Metz. Après de nouveaux débats, on
les transféra à Coblenz, où elles se rouvrirent, le 19
octobre, en l'église Saint-Castor. Là s'élevèrent de telles
accusations, plaintes et récriminations réciproques qu'il
fut imposible de rien conclure. Les députés de Lothaire
insistaient pour un partage immédiat; les autres, qui
formaient la majorité, disaient que les provinces de l'empire ne leur étant pas suffisamment connues, ils ne pouvaient loyalement jurer d'en faire trois parts égales. L'assemblée arrêta qu'il serait demandé aux rois un sursis,
afin que, dans l'intervalle, les députés pussent voyager,
et se procurer les renseignements qui manquaient. On
était au mois de novembre; et l'hiver fut rigoureux.
Les rois accordèrent prolongation de trève jusqu'au terme
du 24 juin 843 : ce jour, après la messe de la Saint-
Jean, le partage définitif devait être promulgué.

Ici se termine brusquement le récit de Nithard, les
dernières pages de son manuscrit ayant sans doute été
perdues. C'est une lacune regrettable; car elle nous
prive des détails que devaient renfermer les rapports
des commissaires, de retour de leurs voyages. Quant à
la conclusion de ces longs et confus débats, les Annales Carlovingiennes la rapportent unanimement en ces
termes : « Au mois d'août 843, les provinces de l'empire étant bien décrites, et réparties en trois lots, les
rois se réunirent à Verdun, cité de Gaule, et tombè-

(1) Annal. de Saint-Berlin, dans Du Chesne t. III. p. 199.

rent d'accord sur leurs parts réciproques (1). » Cette qualification « cité de Gaule, » jointe ici au nom de notre ville, est une indication géographique, que les Annales de Fulde, écrites en Allemagne, ont ajoutée pour leurs lecteurs.

En résumant ce qui précède, et en rapprochant les faits les uns des autres, nous trouvons ces résultats :

Verdun fut le point de jonction et le lieu de départ des armées marchant sur la Bourgogne, au mois de mai 842, après les serments de Strasbourg. On ne peut douter qu'il ne s'agisse ici de Verdun-sur-Meuse; car le lieu est désigné comme intermédiaire entre Reims et Thionville.

Dans la campagne de l'été 842 en Bourgogne, la relation des faits ne mentionne que deux localités : Militiacum et l'îlot d'Ansilla. C'étaient deux endroits voisins de Mâcon ; par conséquent bien éloignés de Verdun-sur-Saône, qui n'est ni nommé, ni même indiqué dans aucune partie du récit.

A l'automne de 842, l'Austrasie redevient le théâtre des négociations; elles recommencent d'abord à Metz, puis à Coblenz; enfin, au mois d'août 843, les rois conclurent leur traité définitif « en la cité de Verdun, » c'est-à-dire en cette même cité intermédiaire entre Reims et Thionville, dont il avait déjà été parlé en 842; car il n'est pas admissible qu'à deux dates si rapprochées l'une de l'autre, le même nom désigne deux localités différentes. D'ailleurs la qualité de cité, au sens que ce mot avait alors, ne convient point à Verdun-sur-Saône, simple bourg, ou *castrum*, du territoire de Chalon. Il y eut, il est vrai, une campagne en Bourgogne ; mais c'est confondre les faits et les dates que de placer en cette

---

(1) *Descripto regno à primoribus, et in tres partes diviso, apud Virdunum, Galliæ civitatem, tres reges, mense Augusto convenientes, regnum inter se dispertiunt.* Annales de Fulde, dans Du Chesne, tom. ii. p. 548. Même chose dans les Annales de Metz, ibid. tom. iii. p. 302, et dans les autres.

campagne et en ce pays le traité qui mit fin à la
lutte. (1).

(1) Il est très probable que la confusion a été occasionnée par les Annales de Saint-Bertin, qui entremêlent ici l'histoire du partage avec le récit
d'une course de Normans. A l'an 842, elles parlent, sans la nommer, de
l'*Insula quædam* de la Saône (l'îlot d'Ansilla) où les trois frères s'abouchè-
rent, près de Mâcon. A l'an 843, après avoir parlé des ravages des Normans, elles poursuivent ainsi : *Postremò insulam quamdam ingressi hiemare
statuerunt. Karolus, ad condictum, fratribus obvians, penes Virodunum conjun-
gitur*. A une lecture inattentive, on aura cru que l'*insula quædam* de ce dernier passage est la même que celle du premier, c'est-à-dire l'îlot d'Ansilla.
Mais c'est une méprise évidente : le sujet du mot *ingressi*, dans la phrase
relative à l'an 843, est *Normanni*; et il s'agit d'une île où les Normans
passèrent l'hiver. — Très peu d'auteurs, au reste, disent que le traité
de 843 fut conclu à Verdun-sur-Saône. Dunod, Hist. des deux royaumes
de Bourgogne, tom. II. p. 64, l'affirme, sans aucune discussion; et on
l'a répété d'après lui.

PÉRIODE
DU ROYAUME DE LORRAINE

DEPUIS L'ORIGINE DE CE ROYAUME, EN 843, JUSQU'A SA RÉUNION
A L'EMPIRE GERMANIQUE, EN 925.

~~~~~~~~~~~~~~~~~~

CHAPITRE Ier

LE ROI LOTHAIRE; AFFAIRE DE WALDRADE. — LUTTE DE CHARLES-LE-CHAUVE
ET DES CARLOVINGIENS ALLEMANDS POUR LE ROYAUME
DE LORRAINE. — L'ÉVÈQUE HATTON.

Le royaume de Lorraine, tel qu'il fut constitué par
le traité de Verdun, formait entre la France et l'Allemagne un territoire long et très-disproportionné, allant
d'Aix-la-Chapelle à Rome, les deux cités impériales que
l'empereur Lothaire avait revendiquées lors du partage.
Dès l'an 855, un nouveau partage entre les trois fils de
ce prince en détacha l'Italie et la Provence, de sorte
que le second Lothaire n'en garda que la partie septentrionale, entre le Rhône, la Saône, l'Escaut, la Meuse
et le Rhin. Ce royaume avait de belles provinces et de
grands fleuves; mais ses frontières étaient faibles sur
beaucoup de points; et sa situation le prédestinait à
devenir le champ de bataille, d'intrigues et de conquêtes
de ses voisins. Son rôle historique fut de séparer l'Allemagne de la France, pour laisser chacune d'elles libre de
se développer suivant son génie national; mais la con-

17

fusion et le mélange continuèrent à régner dans tout l'espace intermédiaire. Aucune nationalité n'étant là prépondérante, on ne put désigner ce pays que par un nom d'homme : on l'appela Lothaire-règne, puis Loherreine, enfin Lorraine; les historiens modernes disent souvent Lotharingie, pour distinguer cette Lorraine primitive de celle des temps suivants : et la circonscription en en était à peu près analogue à celle de l'Austrasie mérovingienne.

Verdun en disgrâce sous l'empereur Lothaire.

Verdun, placé à l'extrême frontière occidentale de cette Lotharingie, confinait à la France, qui était le lot de Charles-le-Chauve, tout en demeurant hors des limites de ce royaume. Telle n'avait point été l'intention de Louis-le-Débonnaire qui, peut-être pour mettre son fidèle évêque Hilduin à l'abri des rancunes de Lothaire, avait, dans son dernier partage, attribué le Verdunois à Charles (1); mais la volonté du bon et faible empereur ne fut pas mieux respectée après sa mort qu'elle ne l'avait été de son vivant. Le sort de notre ville paraît avoir été triste sous Lothaire Ier, prince sans générosité et sans grandeur, qui ne vit dans le vieil ami de son père qu'un ancien antagoniste à disgracier et à punir. L'évêque de Verdun aggrava encore sa position en refusant, seul parmi les prélats des Trois-Evêchés, de souscrire au rétablissement d'Ebbon à Reims, en 840 (2). Bientôt, il devint notoire à tous que la cour le détestait (3); elle le frappa même en lui enlevant l'abbaye de Tholey, dont elle gratifia un favori nommé Adelelme. Notre évêque se plaignit à Rome, par une lettre de doléances, qui subsistait encore au temps de Laurent de Liége; mais l'injustice ne fut réparée que sous son successeur Hatton, personnage qui

---

(1) *Dedit Ludovicus filio suo Karolo... quidquid inter Mosam et Sequanam, unà cum Viridunense.* Annales de Saint-Bertin, dans Du Chesne, tom. III. p. 192. — Même chose dans Nithard, à l'an 838, ibid. tom. II. p. 362.

(2) Dans Sirmond, Concil. tom. II. p. 651. On voit à cet acte les signatures de Hetti, de Drogon et de Frotaire.

(3) *A Lothario imperatore magno habitus odio.* Bertaire.

n'eut garde de se laisser tomber en pareilles disgrâces. Malgré ces revers, qu'Hilduin s'attira par son honorable fidélité à Louis-le-Débonnaire, il laissa de longs et excellents souvenirs. Parmi ses bonnes œuvres, on signale le grand nombre d'églises qu'il érigea dans le diocèse: nous remarquons ce trait comme indice de l'accroissement numérique des paroisses rurales. Son épiscopat, dont on place, par approximation, la fin vers l'an 850, dura vingt-quatre années.—Ici Bertaire déclare qu'il commence à parler en témoin oculaire ; ce qui le rend d'autant plus inexcusable de ne nous avoir point transmis de date précise (1).

En septembre 855, mourut l'empereur Lothaire, sous le froc de moine, à Prum en Ardenne, où il passa les six derniers jours de sa vie, dans une pénitence courte et tardive, qui ne l'empêcha pas d'être flétri dans l'histoire, comme mauvais fils, mauvais frère et mauvais roi. Son successeur, le roi Lothaire, n'est guère moins décrié, à cause de sa folle passion pour sa maîtresse Waldrade, et de son divorce avec la reine Theutberge : grandes fautes politiques, par lesquelles il s'attira l'inimitié de la France et les foudres du Vatican, qui éclatèrent alors pour la première fois sur nos évêques et sur nos rois.

En ce moment, l'évêché de Verdun, était occupé par Hatton, auparavant moine-oblat, c'est-à-dire offert dès l'enfance à Saint-Germain d'Auxerre, et sorti du cloître contre le gré de ses supérieurs, qui le poursuivaient comme transfuge de la profession monastique. Dans cette situation embarrassante, le prélat avait besoin d'appui; et il en trouva

Hatton, évêque.

(1) Il semble d'abord qu'on pourrait trouver cette date précise en partant de l'an 870, où mourut Hatton, successeur d'Hilduin, et en faisant, par rétrogadation, le compte des années d'épiscopat attribuées par Bertaire à chacun des évêques précédents ; mais nous verrons qu'il se rencontre là de nouvelles difficultés. — Laurent de Liége (épitre dédicat. à Albéron) parle d'une réponse du pape Nicolas Ier, au sujet des plaintes d'Hilduin contre l'envahissement de Tholey ; or l'avénement de Nicolas Ier est de l'an 858 ; mais il n'est pas dit que la réponse de ce pape soit arrivée du vivant d'Hilduin.

près de Lothaire, à la cour duquel on travaillait à former, dans le haut clergé, un parti favorable au divorce. A la tête de ce parti, étaient Theutgaud de Trèves, et surtout Gonthaire de Cologne, auquel le roi avait fait croire qu'il épouserait sa nièce, si le mariage de Theutberge était cassé. Ces grands personnages, voyant Hatton tout disposé à se joindre à eux, firent d'abord décider, en concile national, au palais de Savonnières-devant-Toul, en 859, qu'il serait sursis à l'examen des plaintes portées contre son ordination (1) : puis, tranchant de fait la question en sa faveur, ils l'admirent à signer avec eux la lettre synodale demandée au concile par Charles-le-Chauve contre Venilon de Sens. Jamais, dans la suite, il ne fut reparlé des moines de Saint-Germain : et notre évêque, affermi sur sa chaire pontificale, put oublier à son aise les tracasseries de ses anciens confrères.

Concile pour le divorce du roi Lothaire.

Bientôt il eut à payer cet heureux dénouement, et à rendre à ses protecteurs service pour service. Lothaire fit divulguer à grand bruit que Theutberge avait été prise en inceste avec son propre frère : la reine se justifia par l'eau bouillante; son mari ne tint compte de l'épreuve, et convoqua, pour une première information, quelques prélats à Aix-la-Chapelle, dans les premiers jours de 860. Là se trouvèrent, avec Gonthaire et Theutgaud, Advence de Metz et plusieurs autres qui, ayant reçu l'aveu de la reine, dé-

(1) *De Attone, Viridunensium episcopo, quòd oblatione regulari (undè petitio est præsentata), in monasterio Sancti-Germani Autissiodorensium extiterit, et contrà regulas ecclesiasticas indè discedens, ad ordinem episcopalem pervenerit... definitum est dari sibi commeatus veniendi ad aliam synodum.* Dans Sirmond, Concil. tom. III. p. 140. Mais, trois pages plus loin, on voit Hatton signer, comme les autres membres du concile, la lettre synodale à Venilon. — Savonnières-lez-Toul fut détruit, au XIIIe siècle, par Henri II, comte de Bar, pour construire le château de Foug. D. Calmet vit encore, dans sa jeunesse, une église en ce lieu ; aujourd'hui la vigne couvre l'emplacement du palais carlovingien. — Sur les oblats, voir la cérémonie de leur réception, Règle de saint Benoît, ch. 59. Anciennes formules de pétition des parents en offrant leurs enfants, Mabillon, Acta SS. sœc. IV. Préface, n° 55. Les mots de notre texte : *indè petitio est præsentata*, signifient que l'on mit sous les yeux du concile l'acte même de la pétition des parents d'Hatton, quand ils l'offrirent à Saint-Germain.

fendirent provisoirement à Lothaire de la regarder comme sa femme : puis remirent le jugement solennel à une assemblée plus nombreuse, que l'on fixa au mois de février suivant. Theutberge, contrainte de mettre son aveu par écrit, le présenta à cette session, dont les membres, en lisant une telle pièce, parurent saisis de douleur et d'horreur. Ils envoyèrent une députation pour parler en particulier au roi et à la reine, afin de s'assurer que la confession écrite qu'on leur avait remise n'était point extorquée ; puis ils condamnèrent Theutberge à être mise en pénitence dans un couvent : toutefois ils n'osèrent encore casser le mariage. Alors la reine, au lieu de subir sa réclusion, s'enfuit en France, près de Charles-le-Chauve, qui l'accueillit, soit qu'il ne crût pas à sa culpabilité, soit qu'il jugeât de bonne politique de se servir d'elle pour troubler le royaume de son neveu : là elle protesta contre tout ce qui s'était fait en Lorraine, et en appela au pape Nicolas Ier. Nos évêques, de leur côté, écrivirent à ce pape, pour le prémunir contre « certains artisans de troubles » qui, disaient-ils, décriaient leur sentence, bien que rendue à l'unanimité du concile et sur l'aveu de la coupable elle-même, sans d'ailleurs trancher la délicate question de la validité du mariage ; mais, prévoyant que leur lettre serait vivement attaquée, ils députèrent à Rome, pour la défendre, l'évêque de Verdun, avec le métropolitain Theutgaud (1). L'affaire traîna quelque temps, entre les allégations contradictoires des parties ; enfin il fut dit que le pape enverrait des légats pour ouïr la cause sur les lieux.

Hatton, député à Rome.

Près de deux ans s'étant ainsi écoulés, l'impatiente Waldrade poussa Lothaire à passer outre, sans plus attendre ni les légats, ni leur jugement incertain. En conséquence, nos trois évêques, avec Theutgaud, Gonthaire et quelques autres, s'assemblèrent de nouveau à Aix-la-Cha-

(1) *Per fratres nostros Theutgaudum Trevirensem archicpiscopum, atque Attonem coëpiscopum, Celsitudini Vestræ latius exponere procurabimus.* Dans Sirmond, Concil. tom. iii. p. 158.

pelle, le 29 avril 862. Le roi ouvrit la séance, en protestant qu'en cette affaire, comme en toute autre, il entendait
se gouverner par leurs très-respectables avis, que probablement il connaissait d'avance; puis il demanda que, pour
le salut de son âme, on lui permît de prendre Waldrade
pour reine légitime. Le concile délibéra avec gravité : il
fit apporter un livre où étaient le Nouveau-Testament et
les canons des Pères de l'église; on lut le passage de
l'épitre aux Corinthiens relatif à la séparation des époux;
enfin de ce texte, et à l'aide d'un raisonnement embarrassé
et sophistique, on tira cette conclusion qu'à la vérité une
femme séparée de son mari par jugement canonique (Theutberge) ne pouvait se remarier, attendu que saint Paul le lui
défendait formellement (*manere innuptam*); mais que, comme l'Apôtre n'avait pas prononcé dans les mêmes termes
au sujet du mari, dont la condition était d'ailleurs préféra-
ble à celle de la femme, celui-ci n'était pas lié du même
empêchement (1). Sur cette savante et habile interprétation, Lothaire épousa Waldrade, le jour de Noël 862. Les
légats, enfin arrivés, témoignèrent d'abord quelque surprise de trouver l'affaire ainsi terminée sans eux ; mais ils
ne se montrèrent point trop difficiles. Ils reçurent du roi
de beaux cadeaux (2) : peut-être même étaient-ils gagnés
d'avance par les discours insinuants qu'avaient dû tenir à
Rome Theutgaud et Hatton : enfin, pour tout arranger
selon les formes, ils convoquèrent, en juin 863, un nouveau concile à Metz, où le roi déclara qu'il n'avait rien
fait que de l'aveu et de l'autorité des évêques. Ceux-ci,
présents à la séance, n'eurent garde de le démentir ; et
les légats n'objectant rien, le jugement épiscopal passa
pour approuvé définitivement et canoniquement. Il fut
décidé que Theutgaud et Gonthaire retourneraient à Rome
pour présenter au pape les actes de l'assemblée de Metz:

(1) Ibid. p. 189-191.
(2) C'est, du moins, ce que disent les Annales de Metz, à l'an 865 : *pecuniâ
corrupti..., immensis ditati opibus.* Ces Annales sont hostiles à Lothaire.

et on ne songea plus qu'à effacer les traces de ces longs et
fâcheux débats.

Il est probable qu'ils seraient en effet tombés dans l'oubli, sans le roi de France, qui ne voulut point perdre une
si belle occasion de mettre le désordre en Lorraine. Il
informa le pape de ce qu'il appelait les lâchetés et prévari-
cations de notre prélature, ainsi que de la connivence des
Légats : de sorte que, quand Theutgaud et Gonthaire arrivèrent à Rome, avec leurs Actes de Metz, on les fit comparaître devant un vrai concile romain, où ces actes furent
cassés, avec les expressions du blâme le plus outrageant
et le plus amer (1). On les déposa eux-mêmes, comme complices et fauteurs de Lothaire ; et le Saint-Siége menaça de
la même peine ceux de leurs collègues qui, ayant pris part
aux assemblées d'Aix-la-Chapelle et de Metz, ne se hâte-
raient pas de venir, soit en personne, soit par délégués, faire
de très-humbles excuses et rétractations. Il paraît qu'après
les deux métropolitains, l'évêque de Verdun était signalé
comme le plus coupable : car, lorsque le pape Nicolas, s'a-
doucissant quelque temps après, eût consenti à recevoir en
grâce les autres évêques austrasiens, sur une simple lettre
de repentir de leur part, il excepta nommément de cette
indulgence Hatton, qui demeura tenu d'envoyer un député
spécial pour obtenir son pardon (2).

Le découragement et la crainte s'emparèrent alors des
amis de Lothaire : et les menaces du pape leur parurent
d'autant plus dangereuses que les rois de France et de
Germanie n'attendaient qu'un prétexte pour envahir la
Lorraine. Ces anxiétés percent d'une manière très-vive
dans une lettre que l'évêque de Metz Advence écrivit alors

*Hatton
compromis
dans l'affaire
du divorce.*

(1) *Cassatam, et cum Ephesino latrocinio reputatam..., nec vocari synodum,
sed, tanquàm adulteris faventem, prostibulum appellari decernimus:* Dans Sirmond, ibid. p. 229.

(2) *A quâ indulgentiâ Viridunensem antistitem non inconvenienter excipimus :
quem omninò præcipimus non solùm litteras ad nos, verùm et personam de
proprio clero mittere, sine quâlibet morâ vel excusatione, prorsùs idoneam.* —
Sirmond rapporte cette lettre du pape Nicolas à l'an 867. Ibid. p. 324.

à son collègue de Verdun. « Je tremble, disait-il; je suis dans une angoisse mortelle, à la vue de ces événements déplorables, qui vont nous précipiter dans la ruine. Usez, au plus vite, je vous en supplie avec larmes, usez de votre influence sur le roi pour qu'il fasse satisfaction avant le terme fatal de la Chandeleur : courez lui représenter la grandeur du péril; et n'omettez rien pour le sauver. Voici un expédient que je vous suggère. Dites-lui de désigner trois évêques, qui se trouveront avec lui à Florenges (terre royale entre Thionville et Metz); là il leur fera sa confession; promettra de reprendre sa femme légitime; puis nous l'emmènerons célébrer la fête à Saint-Arnoul. Alors il n'aura plus rien à craindre : car on ne peut lui refuser le pardon promis dans l'Ecriture à tout pécheur repentant; mais, s'il ne prend ce parti, il se perd, et nous perd tous avec lui. Je vous écris sous le sceau de la confession : au nom du ciel, ne montrez ma lettre à personne, si ce n'est au roi lui-même, en cas de nécessité (1). » Cette lettre prouve que l'évêque de Metz était craintif, et qu'Hatton passait pour avoir une grande influence sur Lothaire : de là vient sans doute que le pape Nicolas se montra plus difficile pour lui que pour les autres; mais le hasard se joua singulièrement des précautions d'Advence; car, de toutes les missives confidentielles de ce temps, la sienne seule, qu'il avait voulu cacher sous le secret de la confession, s'est conservée jusqu'à nous. Nous manquons d'autres détails : on sait seulement, par l'histoire, qu'en 869, Lothaire alla en Italie, qu'il y reçut la communion des mains du pape Hadrien II, successeur de Nicolas, et qu'il mourut, le 8 août, à Plaisance : malheur qui fut interprété

---

(1) *Undè nos, quasi mortali angustiâ vallati et nimio tœdio affecti, Vestræ charæ Paternitati hos lacrymosos direximus apices, propter Deum precando ut statim et absque ullâ morâ, in suam (regis) præsentiam venire studeatis, eique imminens periculum exponatis, etc.... Hi ergò apices sub sigillo confessionis, itâ ut nullus mortalium, præter vos et nostrum Seniorem,* (seigneur, c'est-à-dire le roi) *ullatenùs videat.* — Cette lettre est tout entière dans Meurisse, p. 262, et dans Baronius, à l'an 867.

comme un jugement de Dieu contre la sincérité de son repentir.

A cette mort imprévue, tous les Carlovingiens s'avancèrent à la fois pour saisir et s'arracher les uns aux autres la belle couronne que le sort venait de faire tomber vacante au milieu d'eux. Le roi ne laissant point d'enfants légitimes, son héritier de droit était son frère, l'empereur Louis, fils, comme lui, de l'ancien Lothaire, et qui, dans le partage de la grande succession de celui-ci, avait eu l'Italie et la couronne impériale; mais de graves embarras retenant ce prince au-delà des Alpes, ses deux oncles, Charles-le-Chauve et Louis-le-Germanique, les frères du même Lothaire Ier, se trouvaient seuls en état de profiter du bonheur des circonstances. En Lorraine, plusieurs seigneurs voulaient que, du moins, on eût égard aux droits égaux de ces deux concurrents; et ils firent dire à Charles de ne point venir que son frère le Germanique n'eût terminé une petite expédition qu'il faisait alors contre une peuplade barbare (1); mais tel ne fut point l'avis de nos politiques, qui craignaient un nouveau partage du royaume. Pendant qu'on hésitait ainsi, le vieil évêque Hatton résolut de profiter de la position de Verdun sur l'extrême frontière, pour ouvrir les portes du pays à Charles, lequel, s'empressant d'accourir, fut reçu en notre ville, le 5 septembre 869, par les seigneurs de son parti, avertis d'avance de venir à sa rencontre. Il paraît que les trois évêques étaient d'accord pour cette démarche importante; car Arnoul de Toul se trouvait à Verdun même, lors de l'entrée du roi, tandis qu'à Metz, Advence préparait tout pour le couronnement (2). A cette cérémonie, qui se fit le 7 septembre, en la basilique Saint-Etienne (cathédrale de Metz), présida l'ar-

Hatton
reçoit Charles-
le-Chauve
à Verdun.

(1) Annales de Saint-Bertin, dans Du Chesne, tom. III. p. 235.
(2) *Veniens ergo Virdunum, plurimos de regno Lotharingiæ, sed et Hattonem ipsius civitatis episcopum, et Arnulfum Tullensem sibi se commendantes suscepit (Karolus), indèque Mettis, etc.* Annales de Saint-Bertin, ibid. p. 235-237.

chevêque Hincmar, que l'on fit venir de Reims, le siége de Trèves étant vacant depuis la déposition de Theutgaud. Ce roi Charles, pour lequel nos pontifes se montraient si empressés, avait fait, en 866, beaucoup de mal aux Verdunois, laissant piller leur ville, pendant vingt jours, par des soldats qu'il conduisait au secours de son frère de Germanie (1) ; mais, en ces temps, on tenait peu de compte des sympathies populaires. Nous avons du couronnement de Charles-le-Chauve à Metz, comme roi de Lorraine, une relation où l'on voit que l'évêque de cette ville prononça la première oraison, celui de Verdun la seconde, et celui de Toul la troisième (2) ; ordre de préséance qui ne paraît point réglé sur le rang d'ancienneté des prélats ; car Arnoul siégeait à Toul depuis 847, si la chronologie de cet évêché est exacte. Pour Hatton, il n'eut pas le loisir de jouir de la faveur de son nouveau roi ; car il mourut le premier janvier de l'année suivante 870, six mois seulement après Lothaire (3). On l'inhuma à Saint-Vanne, dans le même tombeau qu'Hilduin ; et les moines des temps suivants mirent sur cette tombe une épitaphe en vers, louant également ment les deux personnages, malgré leur notable différence de conduite et de caractère (4).

(1) *Karolus autem residens in Virduno, per viginti circiter dies eamdem civitatem illiusque vicinia, hostili more depredans...* Mêmes Annales, ibid. p. 227.

(2) Dans Du Chesne, tom. II. p. 449.

(3) *Lothario defuncto in mense Augusto (869), iste episcopus obiit kalendis Januarii.* Bertaire. En conséquence, il semble que, pour avoir la chronologie des évêques précédents, il suffise de retrancher de cette date de 870 les durées d'épiscopat attribuées par notre chroniqueur à chacun d'eux ; mais on obtient ainsi des résultats peu d'accord avec les faits. Par exemple, Hatton ayant siégé 23 ans, son avénement remonterait à 847 : alors, comment les moines d'Auxerre auraient-ils attendu jusqu'en 859, pour le poursuivre, à Savonnières, au sujet de sa sortie du cloître ? La continuation de ce calcul rétrograde donnerait pour date à Austranne, l'an 794, précisément l'année où Pierre d'Italie fut acquitté à Francfort. Il a fallu dire qu'il se trouvait des fautes dans les nombres marqués au texte actuel de Bertaire : ce qui replonge tout dans l'incertitude.

(4) Cette épitaphe est dans Mabillon, Analecta, tom. II. p. 660, in-8°.

Cet évêque fit construire la forteresse d'Hatton-Châtel, Hatton-Châtel.
à laquelle il a laissé son nom, que porte aussi la terre
d'Hatton-Ville, dépendance de l'ancien château. Il tenait
sans doute ce domaine des libéralités du roi Lothaire;
car, étant lui-même étranger à notre pays, il n'y possédait rien : et sa condition primitive de moine oblat
ne permet guère de croire qu'il fût de famille illustre.
Bertaire n'ayant pas mentionné cette importante châtellenie dans l'énumération assez longue qu'il fait ici
des accroissements temporels de l'église, il est probable qu'elle fut donnée, en récompense personnelle, à
Hatton lui-même; et que ce fut pour ce motif qu'elle
prit le nom de ce pontife. Nos auteurs modernes supposent qu'il la légua à l'évêché; mais Bertaire n'eût eu
garde d'oublier un tel legs; et on ne connaît point ce
testament dans les pièces authentiques. Notre conjecture
est que la donation royale ne fut d'abord qu'un simple Précaire, que l'anarchie des temps transforma peu
à peu en propriété. Quoi qu'il en soit, Hatton-Châtel
devint, pendant le moyen-âge, la première forteresse de
l'évêché, et le siége ordinaire de sa cour des Grands-
Jours. On croit que le château fut primitivement érigé
contre les Normans qui, ayant longtemps ravagé les côtes
maritimes, commençaient alors à pénétrer dans l'intérieur des terres, en remontant les grands fleuves; mais
aucun cours d'eau de quelque importance ne se trouvant aux environs de ce fort, le but des constructeurs
ne fut sans doute que de protéger contre des ennemis
quelconques les vastes et riches plaines que l'on découvre du haut de la montagne. — Outre cette place, Hatton
entreprit et avança considérablement le bâtiment d'une
nouvelle cathédrale, qui remplaça le pauvre et chétif
édifice construit, un siècle auparavant, par saint Madalvé,
dans des jours de misère : et il employa utilement tout
son crédit sur Lothaire, soit à réparer les pertes de notre
église, au temps de la disgrâce d'Hilduin, soit à enri-

chir l'évêché de nouveaux domaines. Pour célébrer cette prospérité, Bertaire élève ici son style jusqu'à la métaphore : le seigneur Hatton, dit-il, refit toute neuve et toute brillante la robe de Notre-Dame, qu'il avait trouvée en lambeaux; et il se montra, en cette œuvre, travailleur patient, zélé, infatigable. Ce bel éloge compose toute l'histoire d'Hatton dans notre chronique épiscopale, le reste des actions du prélat demeurant en sous-entendu. C'est un notable exemple de prudente et dévote réserve, qu'il est à propos de signaler en passant (1).

L'envahissement de la Lorraine par Charles-le-Chauve amena bientôt, comme on devait s'y attendre, de nouvelles et graves complications. Le jour même des Nones de septembre, où le roi Charles recevait à Verdun l'hommage de nos prélats et de nos seigneurs, on expédiait de Rome des lettres graves et menaçantes, dans lesquelles le pape Adrien II ordonnait aux Lorrains le contraire précisément de ce qu'ils faisaient en ce temps même.

« Nous vous mandons, disait le Bref, et nous vous enjoignons par notre autorité apostolique, de reconnaître pour roi le frère du jeune Lothaire, c'est-à-dire l'empereur Louis, en ce moment occupé à la défense de notre Saint-Siége contre les Sarrasins de Sicile et d'Italie; nous déclarons Charles usurpateur, et nous fulminerons l'anathème contre lui, et contre les fauteurs de son ambition diabolique (2). Il y avait une lettre spéciale pour Hincmar, alors l'oracle et le chef de l'église gallicane : Hadrien le commettait personnellement à l'exécution de

---

(1). *Domnus Atto invenit tunicam Sanctæ Mariæ per multa scissam, id est res istius ecclesiæ nimium subtractas et alienatas : et, toto nisu, crexit se contrà inimicos istius ecclesiæ..., et intentio ejus, et labor ejus nimius in hoc extitit, donec prædictam tunicam redintegratam habuit ; quod et fecit diebus Lotharii junioris.* — Si Bertaire ne dit rien de plus, ce n'est point par ignorance; car il vivait avec les contemporains des faits.

(2) *Undè, si quis vestrûm hujus diabolicæ ambitionis auctorem sectatus fuerit, vel ei quoquo modo favorem contulerit, anathematis vinculo innodabitur, et cum impiorum omnium capite, quod est diabolus, meritò deputabitur.* Dans Sirmond, Concil. tom. III. p. 379-383.

ses ordres, et lui annonçait l'envoi de deux légats pour les appuyer. On juge de l'embarras de nos pontifes. Hincmar, malgré son éloquence, perdit un instant la parole, et ne put que dire, en hésitant, aux légats qu'il ferait son possible pour les satisfaire; et il ne répondit point à la lettre du pape: ce qui lui fut imputé à mépris. Forcé enfin de prendre la plume, il concerta avec ses collègues une longue apologie, dans laquelle, au milieu de protestations de soumission et de respect, il hasarda quelques mots énergiques, prenant toutefois la précaution oratoire de mettre ces expressions mal sonnantes sur le compte de la clameur publique, dont il se donnait pour un simple écho. Voici, suivant lui, ce que disait cette clameur publique : « Le Seigneur Apostolique fait des choses qu'on n'a jamais vues! Le Seigneur Apostolique devrait se borner au gouvernement de l'église. Il est évêque, et non roi. Il a tort de vouloir nous imposer l'empereur Louis; il nous faut un chef qui soit sur les lieux, et que nous trouvions toujours prêt à marcher contre les Normans. Nous sommes Francs: nous ne nous laisserons point asservir; et nous ne voulons pas d'un joug que n'ont point porté nos ancêtres! » Telles sont, dit Hincmar, les paroles qui retentissent autour de moi; et voilà les hommes avec lesquels je suis aux prises. Je crois que Dieu a voulu me punir de mes péchés, en permettant que Votre Autorité m'envoyât une pareille commission! » La cour de Rome comprit sans doute ces menaces à mots couverts; et, comme elle n'avait aucun moyen de faire exécuter ses volontés, force lui fut de renoncer à son projet d'introniser l'empereur Louis en Lorraine (1).

---

(1) *Nunquàm hujusmodi præceptionem ab illâ Sanctâ Sede missam fuisse... Domnus Apostolicus, quia rex et episcopus simul esse non potest, ordinem ecclesiasticum, quod suum, rempublicam, quod regum est, disponat. Non præcipiat nobis habere regem qui sic in longinquis partibus, adjuvare nos non possit contrà subitaneos et frequentes paganorum impetus. Et nos Francos non jubeat*

Il ne fut pas aussi facile à Charles-le-Chauve de se débarrasser de son frère de Germanie, autre prétendant dont les droits étaient absolument pareils aux siens, et qui avait, pour les faire valoir, une aussi bonne armée que lui. La promptitude de nos évêques à opérer la révolution pour la France avait pris au dépourvu Louis-le-Germanique; mais il était outré de voir son frère Charles s'emparer de la Lorraine comme d'une terre abandonnée au premier occupant : et, dès qu'il eut expédié la petite guerre qui l'avait si mal à propos retenu, il envoya sommer l'envahisseur de partager avec lui, ou de se préparer au combat. Le porteur du défi fut Lutbert, archevêque de Mayence, qui trouva le roi français au milieu de sa plus brillante cour, faisant ses noces, à Aix-la-Chapelle, avec sa seconde femme Richilde. On ne pouvait plus mal arriver pour un tel message; et Charles en demeura quelque temps tout interdit. Enfin, comme il n'était point brave, il se résolut à négocier; et

Partage de 870. les négociations aboutirent au traité de partage signé, le 10 août 870, à Mersen et Héristall, deux châteaux royaux sur la Meuse, au pays de Liége. Par cet acte, le royaume de Lorraine, si récent encore et si mal affermi, sembla rentrer dans le néant; la France en prit les provinces occidentales, et l'Allemagne s'annexa le reste. Trèves et Metz devinrent pays germaniques; Verdun, Toul, le Barrois, les deux comtés de Woëvre (dont les noms ne sont point donnés), le Dormois, les abbayes de Saint-Mihiel, de Montfaucon et de Wasloge (Beaulieu) furent incorporés à la monarchie française. Le texte entier du traité s'est conservé jusqu'à nous : c'est un document à consulter pour les anciennes circonscriptions locales; mais de nouveaux bouleversements ne tardèrent pas à lui ôter toute valeur politique (1).

servire, quia istud jugum portare non possumus. Hincmari opera, tom. II. p. 695-695.

(1) Il se trouve dans Du Chesne, tom. II. p. 455, et dans Baluze, Capitul. tom. II. p. 222. D. Calmet l'explique à la fin du XIVe livre de son Hist. de

A partir de cet arrangement, il survint dans les royaumes carlovingiens tant de morts de princes, tant de partages et de guerres, que l'histoire devient un chaos presque impossible à débrouiller. Il nous faut néanmoins suivre de loin ces événements, parce que notre ville, pour son malheur, fut plusieurs fois entraînée dans le flot des agitations confuses qu'ils produisirent.

Louis-le-Germanique étant mort au mois d'août 876, Charles-le-Chauve, le dernier survivant des fils de Louis-le-Débonnaire, conçut le projet peu loyal de reprendre à ses neveux toute la partie de la Lorraine qu'il avait été forcé de céder à leur père, en 870. Parmi les jeunes princes qu'il voulait ainsi spolier se trouvait Charles-le-Gros, sur la tête duquel la fortune se joua, quelques années après, à réunir toutes les couronnes de Charlemagne ; mais ce fut à Louis II de Germanie, qui avait dans son lot la Lorraine orientale, qu'échut la tâche de combattre le vieux et perfide roi de France. Le roi Louis était alors fort scrupuleux ; car, avant de franchir les limites fixées par le traité de 870, il voulut s'assurer de la bonté de sa cause, en faisant subir à trente de ses hommes les diverses ordalies qu'on prenait alors pour des jugements de Dieu (1) : ces épreuves furent favorables ; et il remporta la victoire à Andernach, le 8 octobre 876. Un an après, mourut Charles-le-Chauve, laissant son trône à son fils Louis II, dit le Bègue, lequel ne régna que jusqu'au 10 avril 879. Alors des seigneurs français, en grand nombre, firent savoir à Louis II de Germanie que, s'il voulait s'avancer jusqu'à Metz, il y trouverait ses partisans qui le proclameraient roi de France : les ambas-

---

Lorraine. — *Cùm in die Septuagesimœ, concubinam suam Richildem desponsatam atque dotatam, conjugem sumpsit Karolus, insperatè à fratre suo Ludovico Germaniæ rege nuntiantes accepit ut, si quantociùs Aquis non egrederetur, et regnum Lotharii penitùs non desereret..., sine ullâ retractatione illum bello appeteret.* Annal. de Saint-Berlin, à l'an 870. Quelques autres détails dans celles de Metz, à l'an 869.

(1) *Decem aquâ calidâ, decem ferro calido, decem aquâ frigidâ..., qui omnes inlœsi reperti sunt.* Ann. Saint-Berlin, dans Du Chesne, tom. III. p. 250.

sadeurs étaient deux comtes parisiens, Conrad et Gauzlin, celui-ci célèbre par sa belle défense de Paris contre les Normans, lorsqu'il devint évêque de cette ville, quelques années après. Louis s'empressa d'accourir à Metz : puis, voulant être encore plus près de la France, il transporta sa place d'armes à Verdun, où les Français de son parti, passant la frontière, vinrent lui faire hommage. Il avait une armée très-nombreuse, telle qu'il la fallait pour une aussi grande expédition ; elle eut peine à subsister dans le Verdunois, désolé par plusieurs famines successives : de sorte que les soldats se livrèrent au pillage, sous prétexte qu'ils ne trouvaient point de vivres à un prix raisonnable ; et il se commit chez nous des excès tels que les Annales carlovingiennes les comparent aux ravages des Normans (1).

Louis II
de Germanie
à Verdun.
Dégâts commis
par son armée.

Cependant en France, le parti opposé à Conrad et à Gauzlin s'effrayait de l'invasion ; mais, comme il n'avait point d'armée à lui opposer, il envoya à Verdun Walther, évêque d'Orléans, et deux comtes, qui décidèrent Louis à se retirer, moyennant l'abandon qu'on lui fit de la Lorraine entière, même de la partie dont avait joui Charles-le-Chauve (2). Ainsi fut annulé le partage de 870 : le royaume lorrain recouvra son unité ; mais il lui manquait une dynastie nationale, qui le maintînt indépendant.

Hugues,
fils de Lothaire,
occupe
une forteresse
près Verdun.

Hugues, fils de Lothaire et de Waldrade, entreprit de fonder cette dynastie : malheureusement l'illégalité du mariage de ses parents le rendait lui-même illégitime ; et il n'était d'ailleurs qu'un aventurier, faisant la guerre à la manière d'un chef de brigands. A peine l'armée pillarde

(1) *Veniente autem Ludovico Mettis, iterùm postulârunt ut usquè ad Viridunum veniret, quatenùs commodiùs populos Franciæ ad cum perducere possent. Veniens autem Ludovicus Viridunum, tanta mala exercitus ejus in omnibus nequitiis egit ut paganorum malefacta vincere viderentur.* Annal. St-Bertin, dans Du Chesne, tom. III. p. 258. — *Cum magno exercitu venit usquè Viridunum. Quoniàm autem à civibus victus justo pretio emere non potuisset, versus est ad prædam, et penè universam depopulatus est civitatem.* Annal. de Fulde, à l'an 879, Du Chesne, tom. II. p. 572.

(2) *Miserunt Waltharium, episcopum Aurelianensem, et Goramnum ac Auscherum comites, ad Ludovicum, apud Viridunum, etc.* Ann. de St-Bertin, ibid.

de Louis de Germanie se fut-elle retirée, qu'il s'abattit avec sa bande sur notre infortuné pays, où le voisinage de la France lui faisait espérer de trouver quelque appui chez ceux des Français qui regrettaient la perte de la Lorraine. Les Annales carlovingiennes disent qu'il prit pour place d'armes un fort, qu'elles ne nomment point, dans les environs de Verdun (1). Il y avait déjà quelque temps que ces bandits dévastaient la contrée; car le pape Jean VIII les avait excommuniés au concile de Troyes, de l'an 878: Hugues attribuait cette sentence aux instigations de l'évêque Bérard, successeur d'Hatton; et, pour cette cause, il en voulait particulièrement à notre prélat. Celui-ci, se voyant en danger, demanda secours au roi de Germanie, malgré la conduite odieuse que ses troupes avaient récemment tenue en notre ville. Les Allemands revinrent donc en nombre, et rasèrent la forteresse des brigands; mais, non moins féroces que leurs ennemis, ils se firent un jeu barbare d'en scalper plusieurs, en leur enlevant la peau du crâne. Hugues s'échappa, se joignit aux Normans, et fut enfin pris et enfermé, en 885, dans le monastère de Prum, après qu'on lui eût crevé les yeux. On l'appelait Hugues l'abbé, parce que, par un abus scandaleux, son père Lothaire, ne pouvant lui donner autre chose, l'avait apanagé de bénéfices ecclésiastiques.

Après Louis II de Germanie, mort au commencement de 882, son frère Charles-le-Gros régna en Allemagne et en Lorraine; et à ces couronnes il joignit, en 884, celle de France, comme héritier de Louis-le-Bègue. Le grand empire carlovingien sembla alors reconstitué; malheureusement personne ne ressemblait moins à Charlemagne que l'inepte Charles-le-Gros. Tandis que sa cour le comparait à son héroïque prédécesseur, et qu'il croyait lui-même en avoir toute la puissance, ses sujets le déposèrent en 888; et il se trouva sans royaume, sans trésor et sans armée, réduit à vivre des charités de l'ar-

---

(1) *In quodam castello, juxtà Viridunum.* Annal. de Fulde, à l'an 879.

chevêque de Mayence. La dynastie avait alors pour unique représentant Charles III, le Simple, fils posthume de Louis-le-Bègue ; mais c'était un enfant de huit ans, à la place duquel les Allemands reconnurent l'empereur Arnoul, carlovingien de naissance illégitime, tandis qu'en France, on proclama le roi Eudes, auparavant comte de Paris, et l'un des fils de Robert-le-Fort, bisaïeul de Hugues-Capet, dont Eudes lui-même fut le grand oncle. Peu s'en fallut que la troisième race française ne commençât dès lors; mais Eudes mourut jeune et sans enfants, en 898; de sorte qu'on en revint à Charles-le-Simple. Quant à l'Allemagne, l'empereur Arnoul en sépara la Lorraine, dont il fit l'apanage de son bâtard Zwentebold, réservant la Germanie à son fils, l'empereur Louis IV, dit l'Enfant. Il y eut ainsi un roi spécial pour la Lorraine; mais ce gouvernement dura peu : car Zwentebold ayant été assassiné en l'an 900, ses sujets reconnurent l'empereur Louis IV, dans une diète tenue à Thionville : et cet empereur, qui mourut sans postérité, en 911, fut le dernier carlovingien d'Allemagne.

Ce chaos de partages, de morts, et d'avénements de souverains, acheva de détacher les peuples de la royauté. Ils en vinrent à la considérer avec une profonde indifférence; enfin ils la perdirent entièrement de vue. Tout patriotisme national disparut : les villes, les seigneuries, les provinces s'organisèrent chacune de son côté, chacune pour son propre intérêt ou sa sûreté particulière, sans s'occuper des autres : et ce fractionnement fut la féodalité.

L'évêque Bérard — Après Hatton, mort en 870, l'évêché de Verdun fut gouverné par Bérard, sous lequel il n'y eut d'autre événement politique que l'invasion de Hugues et de ses brigands, dont nous venons de parler. Il s'éleva, à l'élection de cet évêque, quelques dissidences, dont Hincmar se fit le médiateur par une lettre qu'Advence de Metz transmit et appuya à Verdun : cette lettre n'existe plus; mais Flodoard la mentionne dans sa longue analyse de la correspondance d'Hincmar (1). Bérard est loué dans les chroniques pour la bonne discipline qu'il entretint dans le clergé : il acheva la construction de la cathédrale commencée par Hatton ; il fit fondre, pour cette basilique, une sonnerie de cloches grosses et petites; il donna au trésor une belle châsse, et quantité d'objets précieux, pour les cérémonies du culte. Un de ses plus beaux cadeaux fut un livre d'évangiles, à reliure ornée d'or et de pierreries : c'était peut-être le manuscrit dit autrefois Texte, dont on se servait encore, en 1790, à certains jours solennels (2). Sa meilleure œuvre fut le rétablissement de l'école, pour laquelle il se montra fort zélé. « Je suis moi-même, dit Bertaire, un des élèves de cette école; et je me rappelle encore les leçons que ce bon prélat venait quelquefois nous donner, avec une douceur incomparable (3). » Il s'occupa aussi de Saint-Vanne, dont le clergé n'avait jusqu'alors rien eu de fixe, ni dans le nombre de ses membres, ni dans son organisation, ni même dans le revenu de sa mense : il fonda en cette église huit prébendes, enrichit le temporel de quelques donations, et laissa la communauté s'administrer elle-même, sous la haute direction de l'évêque (4) : ce fut en cet état que les Bénédictins trouvèrent les choses, lorsqu'ils prirent possession de Saint-Vanne, en 952. Bérard mourut et fut inhumé à Tholey, dans les derniers jours de décembre 879, au moment des dévastations que l'armée de Louis II de

(1) *Adventio, Metensium præsuli... scripsit pro accelerandâ ordinatione Berardi, Virdunensis electi et vocati episcopi.* Flodoard, III. 23.

(2) *Basilicam incæptam, usquè ad perfectionem, Domino miserante, perduxit : signa grandia, et honorabilia, et minora valdè bona, suo opere, constituit : pontificalia vestimenta et Evangelium auro gemmisque paratum, thuribulum aureum et aliud argenteum valdè bonum, et feretrum, ubi sunt nunc reliquiæ sanctorum honestissimo decore...* Bertaire.

(3) *Pueros, inter quos ego Bertarius, in humanis et in divinis libris, et per se et per alios, cum summâ caritate instruxit.*

(4) Mémorial de Dadon, dans les Preuves de Roussel, p. 1. — On remarque, en ce passage, une mention de la *centène* du village de Bras : *decimam arietum ex Brasensi centenâ.* Cette division mérovingienne du territoire rural en centènes se conserva longtemps ; et nous en verrons encore des traces au XIe siécle.

Germanie commit à Verdun : ces excès effrayèrent sans
doute sa vieillesse ; et il s'éloigna laissant la ville et l'évêché aux soins de son neveu Dadon, qui devint bientôt son
successeur. Sa signature *Berardus*, *Virdunensis ecclesiæ
episcopus* aux actes de l'assemblée de Ponthyon, en 876,
prouve qu'il ne s'appelait ni Bernard, ni Berchald, comme
l'ont écrit quelques chroniqueurs.

SAINT-MICHEL DE St-MIHIEL.

CHAPITRE II.

RAVAGES DES NORMANS.

Les Normans, qui désolèrent la France pendant la décadence carlovingienne, étaient des pirates scandinaves, venus des pays que nous appelons aujourd'hui Danemark, Suède et Norwége. Ils se bornèrent d'abord à piller les côtes maritimes; puis ils pénétrèrent à l'intérieur, en remontant les fleuves sur des barques légères, qu'ils manœuvraient avec une désastreuse habileté. Nous connaissons si mal l'Europe septentrionale de cette époque, que nous ignorons quelles furent les causes qui en firent sortir alors de si terribles essaims de forbans; on suppose que les Saxons païens, expulsés par Charlemagne, allèrent grossir les hordes des hommes du nord, et que, non-seulement de la Germanie, mais de la Gaule et d'autres pays, quantité d'aventuriers belliqueux, de bandits, et de serfs opprimés se réfugièrent également en Scandinavie. Les chroniqueurs nous ont conservé la tradition que Hasting, l'un des plus terribles « rois de la mer, » était un paysan des environs de Troyes : on conçoit combien de tels fugitifs étaient précieux aux Normans, soit comme interprètes, soit comme guides. Ces incursions se faisaient rarement par puissantes armées; et par là elles différaient de celles des anciens Barbares. Ce n'étaient d'ordinaire que des bandes pillardes, tombant à l'improviste tantôt sur un endroit, tantôt sur un autre; mais leurs ravages n'en étaient que plus funestes, parce que ces voleurs, n'ayant point intention de s'établir dans le pays, s'inquiétaient peu d'épargner les exploitations des serfs cultivateurs.

Le Verdunois, grâce à sa situation éloignée de toute mer, échappa longtemps à ces désastres. En 874, on le considérait encore comme un lieu de sécurité, par comparaison du moins à la France de l'ouest : car, lorsque la seconde femme de Charles-le-Chauve, Richilde fonda, non loin de Verdun, l'abbaye de Juvigny-les-Dames, elle y transporta les reliques de sainte Scholastique, que l'évêque du Mans, Robert lui donna, désirant qu'elles fussent en un lieu moins exposé aux profanations des païens (1). Une charte attribuée à Regnier, premier duc bénéficiaire de Lorraine, vers 890, remercie saint Dagobert d'avoir jusqu'alors préservé Stenay et Mousay de cet horrible fléau (2). C'est seulement au temps de Charles-le-Chauve et de l'archevêque Hincmar que Flodoard commence à parler de courses de Normans en Champagne (3) ; il remarque qu'à l'approche de ces brigands, les chanoines de Montfaucon se réfugièrent à Verdun, avec leur châsse de saint Balderic, et que, cette fois, Montfaucon souffrit peu, parce que, sans doute, la bande qui s'avança jusque là n'était qu'un faible détachement du gros de la troupe. Réginon et Sigebert, plus voisins de nous que les autres chroniqueurs, ne mettent qu'en 889 Verdun sur la triste liste des villes ravagées. Quelques modernes ont, il est vrai, conjecturé que la reconstruction de la cathédrale, dont nous avons parlé dans l'histoire des évêques Hatton et Bérard, avait eu pour cause un incendie de ce temple par les hordes qui brûlèrent partout tant d'édifices; mais Bertaire, écrivain contemporain, n'eût point omis un tel événement;

(1) *Tutiori loco reponenda, ne in paganorum manus devenirent,* dit la relation, dont l'auteur déclare tenir ses renseignements de Richilde elle-même, *Gallia Christiana,* tom. XIII. Preuves, p. 511, et Mabillon, Annal. tom. III. p. 184. Il est dit, dans ce document, que Juvigny était une terre patrimoniale de Richilde.

(2) Ci-dessus, p. 189, note.

(3) *Ad tempora Karoli regis, et Hincmari archiepiscopi, quandò Normanni cœperunt hoc regnum depopulari.* Flodoard, IV. 40.

et il ne parle pas même des Normans dans sa chronique, qu'il termine à la mort de Bérard, en 879.

Ce ne fut guère avant l'an 880 que le nord-est de la France connut cette cruelle calamité. Alors les Normans établirent une de leurs stations navales à Gand, au confluent de l'Escaut et de la Lys, cours d'eau par lesquels ils pouvaient, à volonté, communiquer avec la mer, ou se transporter dans l'intérieur du pays. De là, en 882, ils pénétrèrent dans les Ardennes, vers Laon et Reims, d'où s'enfuit l'archevêque Hincmar, qui alla mourir à Epernay, de vieillesse et de chagrin. N'étant point assez forts, ils n'entrèrent pas à Reims, et se bornèrent à courir le pays. Ce fut probablement alors qu'une de leurs bandes poussa, pour la première fois, jusqu'à Montfaucon. Au mois de novembre de cette même année 882, deux chefs fameux, Godefroy et Sigefroy, prirent position sur la Meuse, en un lieu nommé Haslou, que l'on croit être le village d'Esloo, entre Maëstricht et Ruremonde; ils pillèrent la première de ces villes, ainsi que Liége, Tongres, et les abbayes de Stavelo et de Malmédy. Les bords du Rhin devinrent ensuite le théâtre de leurs sauvages exploits. Cologne et Bonn furent incendiées; puis ils remontèrent le fleuve jusqu'à Coblenz, débarquèrent, et arrivèrent à l'abbaye de Prum, le jour de l'Epiphanie en 885; ils passèrent là trois jours à s'enivrer et à piller, puis mirent le feu aux bâtiments. Le Jeudi-Saint, ils parurent devant Trèves, où ils se divertirent, le jour de Pâque, à allumer des incendies, pendant que l'archevêque Bertulfe, avec beaucoup de citoyens, s'enfuyait à Metz. En cette cité, on se montra plus courageux qu'ailleurs : au lieu d'attendre les Barbares, le comte Adélard et l'évêque Wala allèrent en armes à leur rencontre, jusqu'à Remich; mais les Messins furent défaits; et on trouva, parmi les morts, Wala lui-même, le casque en tête et le carquois sur le dos (1) : néanmoins les Nor-

Les Normans sur la Meuse.

Défaite de Remich.

(1) Bénédictins, Hist. de Metz, tom. I. p. 638.

mans, bien que victorieux, n'osèrent entrer à Metz.
Une partie se rembarquèrent, pour porter à la flotte le
prodigieux butin de cette course; les autres retournèrent
au camp d'Haslou.

Ce camp qui, placé sur la Meuse, menaçait particulièrement le Verdunois, fut attaqué, au mois d'août 884, par
Arnoul, le prince même qui devint peu après l'empereur
Arnoul : et le chef Sigefroy se retira, moitié de force, moitié de gré, et pour de l'argent. L'année suivante, Godefroy,
l'autre chef, fut tué en trahison, dans une île, à la séparation du Wahal et du Rhin, par des émissaires de Charles-le-
Gros : cette mort délivra pour quelque temps nos provinces,
parce que les Normans de cette région partirent pour
venger Godefroy, et allèrent grossir l'armée de leurs compatriotes qui, sous le commandement de Sigefroy, assié-
gèrent Paris pendant toute l'année 886 (1).

Victoire
du roi Eudes à
Montfaucon.

En 888, Charles-le-Gros ayant été déposé, la France prit
pour chef le comte Eudes, le vaillant défenseur de Paris.
C'était un prince plein d'ardeur, et qui voulait en finir avec
les Normans : il les poursuivit sur la Marne, les chassa jusqu'aux forêts de Montfaucon-en-Argonne; et là, le 24 juin
889 (ou 888), il leur tailla en pièces dix-neuf mille hommes,
n'ayant avec lui qu'un millier de soldats : tels sont du
moins les chiffres donnés par Abbon, mauvais poëte de ce
temps, qui écrivit ces histoires en vers obscurs et entor-
tillés (2). Comme il existe, près de Paris, un lieu de Mont-

_____

(1) En 1806, on trouva, dans les berges de la Seine, près du Champ-
de-Mars, un bateau, que l'on présuma avoir été abandonné par les Normans, lors de ce fameux siége de 886. Ce n'était qu'un tronc d'arbre creusé,
sans aucune ferrure : 8 mètres à peu près de long, pouvant contenir 7 à 8
hommes, avec bagages. Sur les côtés, une sorte de cuirasse courbe, en
chêne, dont les pièces avaient été fixées par des chevilles en sapin. Les dimensions de ce bateau expliquent comment les Normans pénétraient aisément dans les rivières, et même pouvaient, au besoin, traîner leur flotte à
quelque distance par terre.

(2)   *Falconem vocitant equitum quò millia vicit*
        Dena novemque dehinc Montem peditumque profana,
        Lux præcursoris Domini catecasta Joannis (Du Chesne, ii. 521).
Cela veut dire, en prose : *Vocitant Montem-Falconem (locum) quò, dic*

faucon, plusieurs historiens ont placé là le théâtre du combat : mais les documents indiquent une localité au-delà de l'Aisne (1). Cette glorieuse journée aurait probablement sauvé notre pays, si le roi Eudes eût été secondé par tous les Français : mais une faction nombreuse le traitait d'usurpateur ; il fut obligé d'aller vers la Loire étouffer des révoltes ; et les Normans purent continuer leurs brigandages. Meaux, puis Auxerre et Troyes tombèrent en leur pouvoir ; ils allèrent ensuite à Châlons ; enfin Verdun les vit arriver en 889 ou 890, avant Pâque. La chronique de Bertaire n'allant point jusqu'à cette date, nous n'avons ici, pour tout renseignement, qu'une épitaphe copiée en 1144, à Saint-Vanne, par Laurent de Liége, et quelques mots d'explication qu'il y joint. L'épitaphe était celle d'un certain Haimon, égorgé en cette église avec d'autres victimes, le 14 des calendes de mars, c'est-à-dire le 16 février : et Laurent ajoute que la basilique elle-même fut alors livrée aux flammes (2). Comme elle était hors des murs, et que notre auteur ne mentionne aucun autre désastre, il y a lieu de croire que la horde barbare ne pénétra point dans la ville, défendue par ses murailles. Dans cette course, les

Les Normans
à Verdun.

---

annuâ sancti Joannis Baptistæ, vicit dena novemque millia profana equitum peditumque. Par *profana,* il entend les Barbares, c'est-à-dire les Normans.— *Lux catecasta,* c'est-à-dire Καθ' εκαστον, qui revient chaque année. Lycophron lui-même n'eût pas écrit d'une manière plus obscure.

(1) *Die nativitatis sancti Joannis, Odo rex, cum parvo exercitu, Normannis obviavit, super fluvium Axonam,* etc. *Gesta Normannorum,* dans Du Chesne, II. 529.— On voit, par ce document, que la prise de Meaux, et par conséquent tous les ravages qui suivirent jusqu'à l'attaque de Verdun, sont postérieurs à la bataille de Montfaucon.

(2) Spicilége, tom. XII. p. 276-77. Il existe, dit Laurent, une charte de l'évêque Dadon, relative à ses prédécesseurs Hatton et Bérard : c'est au temps de ces évêques qu'eut lieu l'invasion des Normans *en Gaule...*; ils vinrent aussi dans cet Evêché, où ils brûlèrent les églises de Saint-Vanne et de Saint-Germain de Montfaucon, etc. Ce passage ne dit point, comme on l'a prétendu, que les Normans aient paru devant Verdun dès le temps d'Hatton, ni qu'ils aient alors brûlé la cathédrale. — Il est parlé de cette venue des Normans à Verdun dans les chroniques de Réginon et de Sigebert, ainsi que dans les Annales de Metz, à l'an 889 : c'est par erreur que quelques éditions de Sigebert portent 892 ; et on doit les rectifier d'après les autres textes.

brigands repassèrent par Montfaucon, et y firent beaucoup plus de mal que lors de leur première venue. Cette fois, on n'avait pas eu le temps de sauver à Verdun la châsse de saint Balderic; mais elle se protégea elle-même par de beaux miracles, que raconte Flodoard. On la cacha dans les branches d'un arbre, où elle devint invisible; toutes les cloches sonnèrent l'alarme, sans que personne les mit en branle, et les cierges s'allumèrent d'eux-mêmes; mais on avait affaire à des scélérats endurcis, qui tinrent peu de compte de ces merveilles.

La suite de ces calamités n'a plus rien de commun avec notre histoire. Elles ne se ralentirent, comme on le sait, qu'en 911, au mariage du chef Roll (Rollon), avec Gisèle, fille de Charles-le-Simple, lequel donna à son terrible gendre la province à laquelle les Normans ont laissé leur nom. Malheureusement les incursions des Barbares ne finirent point encore alors pour nous : en Allemagne et en Lorraine, pendant toute la première moitié du xe siècle, les Normans furent remplacés par les Hongrois, dont nous raconterons les cruautés dans la période suivante.

CHAPITRE III.

DE LA VENUE DES NORMANS, EN 889, A LA RÉUNION DU ROYAUME DE LORRAINE
A L'EMPIRE GERMANIQUE, EN 923.

Pour ces années, il n'existe absolument aucune chroni-que verdunoise, Bertaire n'ayant point voulu, par des motifs de délicatesse, écrire la vie de l'évêque Dadon, sous les yeux mêmes de ce prélat. La chronique ne reprend qu'à l'épiscopat de Bérenger, vers 940 : et il nous faut combler cette lacune, en glanant çà et là dans les documents du temps.

Nous avons laissé l'histoire épiscopale au moment où l'évêque Bérard, accablé de vieillesse, et fuyant les brigan-dages des Allemands de Louis de Germanie, alla mourir en paix, en 879, dans son abbaye de Tholey. Il avait confié son poste à son neveu Dadon, homme de science et de mérite, qui le suppléait depuis assez longtemps déjà; mais il paraît que celui-ci, apprenant la mort de son oncle, céda un peu précipitamment, et sans y mettre les formes de modestie et d'humilité requises, à la tentation de devenir lui-même évêque : ce fut du moins ce dont l'accusèrent les gens du parti français; et ils trouvèrent créance auprès des deux métropolitains de Reims et de Trèves. Le premier, qui était encore Hincmar, soupçonnant, non sans motif, quelque connivence de Wala de Metz (celui-là même qui fut peu après tué par les Normans à la bataille de Remich), lui écrivit une longue lettre où, après avoir blâmé l'élection faite à Verdun «contre toutes les règles, » il exposait, avec force citations de théologie, quand, comment, et dans quels cas il était permis de sacrer un évêque élu (1). Pour Ber-

L'évêque Dadon: ses démêlés, avec les métropolitains.

(1) *Waloni, Metensium præsuli..., scripsit pro ordinatione Virdunensis epis-copi quem, post obitum Berardi, contrà regulas provehi compererat, epistolam.*

tulfe de Trèves, qui avait juridiction canonique, il refusa net-
tement de procéder au sacre, et de reconnaître Dadon pour
l'un de ses trois suffragants. Cet archevêque Bertulfe était
alors entièrement brouillé avec l'évêque de Metz, et même
avec le pape Jean VIII, parce que celui-ci avait accordé à
Wala une décoration, dite *pallium*, que le métropolitain
prétendait ne pouvoir être portée que par lui seul dans sa
province ; il n'avait point respecté les lettres contraires du
seigneur Apostolique ; et il avait poussé les choses jusqu'à
envoyer faire défense à l'évêque de Metz d'officier avec cet
ornement. Dadon, profitant habilement de ces altercations,
obtint du même pape Jean VIII, probablement à la prière
du roi de Germanie Louis II, une lettre en vertu de laquelle
Wala le sacra, au mécontentement de l'archevêque, qui
affecta toute sa vie de n'avoir aucun égard à cette ordination (1). Heureusement pour notre pontife, la mort d'Hincmar, en 882, et celle de Bertulfe lui-même, l'année suivante, le délivrèrent bientôt de ces puissants adversaires :
Ratbode, le nouveau métropolitain, oublia les griefs de son
prédécesseur ; et Dadon siégea, sans opposition, au synode
de la province, tenu à Saint-Arnoul de Metz, en mai
888 (2). — Pour notre chronologie, nous rencontrons ici
(chose que nous n'avons point vue depuis longtemps) une
date précise, que nous fournit Dadon, dans sa courte note,
dite Mémorial ou Collectaire, dont nous avons déjà cité
quelques passages. « J'écris ceci, dit-il, l'an huit cent
quatre-vingt-treize, cinquième du glorieux empereur Arnoul, treizième de mon épiscopat. » Ainsi cet épiscopat
commença l'an 880 ; et il dura jusqu'en 921 ou 922.

---

*qualiter ordinandus, vel non ordinandus sit episcopus, divinis auctoritatibus os-
tendens.* Flodoard, III. 23.

(1) *Litteras romani pontificis pro Walonis præsumptione, et pro Virdunensis
episcopi ordinatione, noluit suscipere Bertulfus. Gesta Trevir,* ch. 42.—*De pallio
à Sede Romanâ Waloni obtento, archiepiscopus ipsius litteras papæ suscipere noluit.* Flodoard, *ibid.*

(2) C'est dans ce synode qu'on trouve la première mention des Juifs de
Metz : *Guntbertus, ecclesiæ primicerius, obtulit libellum proclamationis super
Judæos qui habitant Mettis,* etc. Sirmond, Conc. III. 527.

Il est assez difficile de remplir le long intervalle de soixante années, laissé ici en vide par la négligence de nos chroniqueurs. En cherchant dans les rares écrits de ce temps, nous trouvons d'abord quelques anecdotes dans la Vie de Jean de Vendières, autrement dit de Gorze, parce qu'il fut le restaurateur de cette grande abbaye, du diocèse de Metz (1). Jean naquit vers la fin du IXe siècle, au village de Vendières, près Pont-à-Mousson, commença ses études à Saint-Mihiel, sous Hildebold, maître dont il ne fut pas satisfait, entra ensuite dans la maison du comte Ricuin, très-puissant personnage, que l'on regarde comme la tige de la maison des princes d'Ardenne, qui furent, pendant plus d'un siècle, comtes de Verdun : de là il passa chez l'évêque Dadon, qu'il appelle *summi ingenii et famosissimœ sanctitatis episcopus Virdunensis* : phrase qui prouve la haute considération dont jouissait ce prélat. On offrit à Jean de l'attacher à l'évêché, où il demeura en effet assez longtemps : mais alors, en sa jeunesse, il était d'humeur voyageuse; et il voulut aller à Metz et à Toul. La postérité lui eût su gré de nous décrire ce qu'il vit en ces villes, ainsi que dans la nôtre, vers l'an 900; mais les voyageurs de cette époque ne regardaient point les choses d'un œil aussi curieux que ceux d'aujourd'hui. Pendant son séjour à Verdun, il se convertit, par les entretiens d'un pieux et savant homme nommé Humbert, qui vivait fort retiré, et que l'on qualifiait de reclus : dans le premier feu de cette conversion, il ouït raconter des choses merveilleuses d'un ermite, du nom de Lambert, qui vivait seul dans la forêt d'Argonne; et il partit, avec Humbert, pour aller s'édifier près de ce personnage; mais ils furent bien trompés dans leur attente : car, après quelques jours d'observation, ils s'aperçurent que Lambert était, non point un saint, mais un extravagant et un fou. Se trouvant là dans le voisinage

Jean
de Vendières.

(1) Cette vie se trouve dans la *Nova bibliotheca* de Labbe, tom. I. p. 741, et dans Mabillon, *Acta SS. sœc.* v. Les Bénédictins, dans l'Hist. de Metz, tom. II. p. 67, parlent avec éloge de ce document.

de Montfaucon, ils résolurent d'aller voir l'église Saint-Germain, et comment on l'avait réparée après le passage des Normans : ils apprirent que l'évêque de Verdun y venait souvent, qu'il avait obtenu de l'empereur Arnoul une charte attribuant à l'évêché le domaine de ce lieu, et que la maison servait en ce moment d'asile à de savants religieux, originaires de la Grande-Bretagne, et entrenus là par l'hospitalité de Dadon (1). Jean de Vendières fit connaissance avec le supérieur de ces étrangers, nommé André, qu'il attira dans la suite à Gorze, et qui le confirma dans son opinion sur Lambert, traitant cet homme de prodigieux imbécile : *portentosæ stoliditatis eremita.* L'entraînement vers la vie du cloître était grand alors; et nous nous en étonnons peu, vu le dégoût que devait inspirer le triste monde de ce temps : il y avait à Verdun des personnes de l'un et de l'autre sexe, vivant, à la manière de Humbert, dans une profonde retraite, ou, comme on disait alors, en reclusion; et, parce qu'aucun monastère n'existait encore dans notre ville, la plupart de ces reclus finissaient par la quitter.

Carsamatia de Luitprand. Les commerçants verdunois furent accusés, dans ce siècle, de faire le trafic de jeunes esclaves pour les vendre aux harems des Musulmans d'Espagne. La chose paraît d'abord incroyable, tant les lieux sont éloignés : et, ce qui ajoute encore à la surprise, c'est l'auteur étranger du document qui nous fait cette révélation. Elle se trouve dans un livre où l'évêque Luitprand de Pavie, racontant des histoires de son temps, mentionne son ambassade à Constantinople, en 948. « Je fus, dit-il, chargé de cette mission par mon roi Béranger, avare et

(1) *Arnulfus, gloriosissimus rex, per auctoritatis suæ præceptum dedit ecclesiæ Virdunensi abbatiam quæ vocatur Montis-Falconis, quæ est in honore Sancti Germani, in comitatu Dolminsi* (Dormois). Mémorial de Dadon — *Quidam vir, natione Brito, Andreas nomine, cum pluribus aliis doctis ac sapientibus viris pulsus, à reverendæ sanctitatis episcopo Dadone, in Monte-Falconis exceptus, et satis liberaliter est procuratus.* Vie de Jean de Vendières, dans Labbe, tom. I. p. 747.

ignoble prince, qui, croyant sans doute que c'était assez
pour moi de l'honneur de représenter sa personne, me
laissa partir sans les présents qu'il est d'usage aux ambassadeurs d'offrir, au nom de leurs souverains. Rougissant
de sa vilenie, j'achetai, de mes deniers, des objets de cadeau,
entre autres quatre de ces esclaves mutilés dès l'enfance,
que les Grecs nomment *carsamatia*, et dont la vente en
Espagne produit d'immenses bénéfices aux marchands de
Verdun : l'empereur porphyrogénète fut fort satisfait de
mes *carsamatia*, et ils lui firent plus de plaisir que toutes
mes autres offrandes (1). » On voit, à ces paroles, que ces
esclaves étaient une marchandise rare et chère ; mais un
pareil commerce des Verdunois avec l'Espagne est tellement étrange qu'on ne peut s'empêcher de soupçonner
ici erreur ou méprise. Cependant Luitprand n'était point
aussi étranger à notre pays qu'on le croirait, au premier
coup d'œil : car, tombé dans la disgrâce de ses souverains,
il avait passé onze années à la cour de Germanie, où il dut
apprendre beaucoup de choses sur la Lorraine. La vie de
Jean de Vendières laisse percer un autre indice. En 958,
Othon I⁺ˢʳ, voulant rendre une ambassade à l'émir d'Espagne, nomma l'évêque de Metz pour aller en ce pays : mais
le prélat, effrayé d'un tel voyage, et connaissant les goûts
de Jean pour parcourir le monde, le fit désigner à sa place.
L'embarras fut alors de trouver un guide pour ces contrées
lointaines. Jean, qui avait habité Verdun, en fit venir un
certain Ermenard, sous la conduite duquel on arriva heureusement à Cordoue, en passant par Barcelone et Tor-
tose (2). Il est probable que les coupables spéculateurs

(1) *Carsamatium autem Græci vocant, amputatis virilibus et virgâ, puerum
eunuchum, quod Verdunenses mercatores, ob immensum lucrum, facere
solent, et in Hispaniam ducere.* Luitprand, *Hist. sui temporis*, liv. vi.
ch. 3.

(2) *Prædictum Virdunensem, cui nomen erat Ermenhardus, socium fecit, ob
locorum regionumque notitiam... Barcinonem venientes, missus est Tortosæ : ea
est prima regis Saracenorum..., tandem Cordubam, regiam urbem, deducti,* etc.
Vie de Jean de Vendières, *ibid.* p. 771.

dont nous venons de parler achetaient des enfants aux Hongrois ou aux Normans; qu'ils les disséminaient et cachaient ensuite dans les localités les plus obscures des campagnes, où ils les prenaient, au départ des caravanes.

Division des menses entre l'évêque et le Chapitre.

Nous passons à d'autres choses, moins pénibles à raconter, et que nous continuons à recueillir çà et là dans les chartes. On lit dans la grande bulle du pape Léon IX, à son passage à Verdun, en 1049, que, plus d'un siècle auparavant, l'évêque Dadon, de pieuse mémoire, avait, de l'avis du comte Haganon, et d'autres ses fidèles, fait au Chapitre sa part spéciale et propre dans le domaine de l'église (1) : part fort belle; car les Frères de Notre-Dame (ainsi nommait-on alors les chanoines) eurent dans leur lot une soixantaine de villages, terres et domaines, énumérés dans la bulle, laquelle fut faite pour suppléer à la perte du titre original de Dadon, brûlé dans l'incendie de 1048. Ces partages, ou, comme on disait jadis, ces divisions de *menses (mensa,* table) devinrent d'usage général dans le cours du x⁰ siècle; la proportion adoptée fut les deux tiers à l'évêque, le reste au Chapitre; et on procéda sur les mêmes bases dans les abbayes, quand on y sépara la mense abbatiale de la mense conventuelle. Dadon, autant qu'on peut en juger par la bulle de 1049, ne mit aucun château important dans le lot capitulaire; et, afin d'éviter les contestations au sujet de la forfuyance des serfs, il fut dit qu'il y aurait entrecours de l'Evêché, en toutes ses seigneuries quelconques, avec le Chapitre, c'est-à-dire que les sujets d'un domaine pourraient aller habiter l'autre, à condition de payer à leur nouveau seigneur un muid de vin, pour avoir une part dans sa terre. Ce droit, assez considérable, semble indiquer que la culture de la vigne était dès lors répandue dans le Verdunois; mais le muid pouvait

(1) *Quæ omnia Dado, piæ memoriæ episcopus Virdunensis, cum communi consilio comitis Haganonis, aliorumque suorum fidelium, Fratribus habenda dedit,* etc. Bulle de 1049.—Il est reparlé de cet Haganon, en 916, dans une Charte de Charles-le-Simple, qui sera mentionnée tout à l'heure.

sans doute être payé en argent, au taux d'une livre forte, à peu près : ainsi, du moins, l'évaluent des actes du XIIIᵉ siècle (1). Cet article du partage semble être tombé bientôt en désuétude. En 925 environ, les dignitaires du Chapitre, qui étaient alors le princier Euvenard, le doyen Bertaire (le chroniqueur), les archidiacres Leufroy et Odilon, et le chancelier, ou secrétaire Sarrovard, procédèrent à une enquête pour constater l'état des lieux, au moment où ils entraient dans le domaine de Notre-Dame : on prit, en forme authentique, les dépositions des habitants des villages, afin de suppléer aux titres manquants, ou devenus difficiles à expliquer; et Bertaire, n'oubliant pas en cette circonstance ses goûts d'historien, fit insérer, dans les écritures, mention de deux faits importants, l'incendie de 917, et l'invasion des Hongrois, en 922 : choses dont il n'avait pas parlé en sa chronique, qui se termine à l'avénement de Dadon. Tout le travail fut rédigé par le chancelier Sarrovard, en forme de Polyptique, ou Pouillé, c'est-à-dire de papier terrier détaillé, dont il ne reste malheureusement que le préambule (2).

La fameuse procession de Jouy, où affluaient au moyen-âge toutes les populations d'Argonne, était une autre institution de Dadon. Elle se célébrait au commencement du printemps, le 25 avril, jour de saint Marc, ou de la grande litanie. Wassebourg (p. 76), afin de rendre cette cérémonie plus vénérable, en attribua l'origine à saint Airy; mais Flodoard, auteur contemporain, dit (IV, 42) qu'elle fut instituée par Dadon, après que l'em-

Polyptique
de Sarrovard.

Procession
de Jouy.

---

(1) *Et, si ducenti dicti modii vini non extant, ad estimationem eorum in ducentis libris parisiensibus.* Charte de 1281, au cartul. de Saint-Airy, tom. I. P. 218. La livre parisis valait un cinquième de plus que la livre tournois.— Le mot muid était à peu près synonyme de tonneau : et on dit encore d'un gros homme rond qu'il a l'air d'un muid.

(2) On le trouve dans Wassebourg, p. 182, et dans les Preuves de Roussel, p. 2. Sarrovard dit que le mot Pouillé, *Pulegium*, vient de *publica lex*. En réalité, ce mot dérive de *Polypticum*, et signifie, d'après le grec, un registre à plusieurs feuilles pliées.

19

pereur Arnoul lui eût donné Montfaucon. On se ferait difficilement idée aujourd'hui de cette grande et solennelle procession de l'ancien temps; les saints, portés dans leurs châsses, y venaient, savoir : saint Balderic de Montfaucon, saint Rouin de Beaulieu, saint Vanne et saint Airy de Verdun : toutes ces châsses, après un parcours d'environ trois lieues, chacune de son côté, se rencontraient à Jouy-en-Argonne, où étaient, sur une montagne, quatre autels champêtres, qui servaient de reposoirs. Assez souvent, on y allait à cheval; et les relations mentionnent, tantôt la beauté de la livrée en robes rouges, tantôt des chars splendides, avec l'orgue portatif de la cathédrale (1). L'abbé de Beaulieu devait le sermon ; le Chapitre, comme seigneur de Jouy, faisait servir, en maigre, à cause du jour de saint Marc, une collation aux notables personnages; quant aux bas officiers, ils étaient payés par le maître échevin, aux frais de la Ville. Cette fête tomba en désuétude pendant les temps périlleux de la fin du XVIe siècle ; puis vint la guerre de trente ans, qui la fit complètement oublier.

Dadon fut le premier des évêques de Verdun qui fit la guerre : et ceci indique les progrès de la puissance seigneuriale de nos prélats; mais nous ne savons de ses exploits que ce qu'en lut Laurent de Liége, en d'anciennes lettres où il était dit, sans détails, que le pontife et un tyran nommé Boson s'étaient réciproquement attaqués, en rencontres sanglantes, courses et incendies (2). Ce Boson était peut-être le frère de la reine Richilde, de laquelle nous avons déjà parlé, comme fondatrice

---

(1) *Magistro Gerardo organistæ, pro ludo quem fecit in curru juxta Feretrum, cum parvis organis, in dictâ processione, tres grossi.* Registre du Chapitre, 26 avril 1448. Roussel, p. clviii, dit que les autels de Jouy subsistaient encore de son temps, vers 1740.

(2) *Narrant quædam litteræ quòd Boso Guntrannus, vir tyrannicus, et iste Dado episcopus, mutuis cædibus, prædis et incendiis sese devastârunt,* Spicilége, tom. XII. p. 276. — Il est possible que Laurent, qui n'écrivit qu'au XIIe siècle, confonde cette guerre avec celle que Boson, frère du roi Raoul, fit à l'évêque Barnoin, vers 935.

de Juvigny. Quant à l'incendie de 917, ce fut à l'occasion de ce désastre que l'évêque chargea Bertaire de
mettre par écrit ce qu'il se rappelait avoir lu dans les
archives brûlées; de là vint notre première, et malheureusement trop briève chronique, que l'auteur dédia
à son Mécène, en le saluant respectueusement des titres
de « très-révérend et très-saint seigneur, monseigneur Dadon, très-illustre évêque. » On lira peut-être avec plaisir
cette humble et courte dédicace, que nous laisserons en
latin, comme échantillon du style de Bertaire, qui n'était
pas trop mauvais pour son temps :

« Reverendissimo et sanctissimo Seniori meo, domino Dadoni,
Virdunensis ecclesiæ inclyto episcopo, Bercarius, vester presbyter,
devote pro vobis orando, felicitatem æternam. Quoniàm vestro tempore, vestroque bono studio, per triginta et sex annos, multa nobis
venerunt prospera (*ainsi l'incendie arriva la 37e année de Dadon*),
nunc autem, peccatis nostris exigentibus, principalis ecclesia nostra
igne est succensa, libri et memoriæ sanctorum Patrum ex magnâ
parte flammæ sunt traditæ; ne penitùs oblivioni traderetur anteces-
sorum vestrorum memoria, ego, licet infirmitate et tristitiâ attritus,
quæ de sanctis antecessoribus vestris legi, et à fidelibus audivi, bre-
viato sermone comprehendere commodum duxi, vobis quidem gra-
tum, posteris autem utile. »

On trouve, dans le préambule de Sarrovard, quelques
autres renseignements sur cet incendie qui, dit ce document, consuma presque toute la ville, et détruisit la
cathédrale de fond en comble. Peut-être y a-t-il en ces
paroles quelque exagération; du moins Bertaire, quand
il mentionne la basilique reconstruite par Hatton et Bérard,
l'appelle « notre nouvelle église, » et semble la désigner comme étant, au moins pour la structure essentielle,
celle-là même qu'il desservait, avec le Chapitre de son
temps. Quoi qu'il en soit, la perte des archives fut à
peu près complète; et l'*armarium* périt, avec les lettres papales et épiscopales, les chartes, priviléges, parche-

mins, polyptiques et diplômes de toute espèce dont il était le dépôt (1).

Dadon survécut environ cinq ans à ce malheur, et mourut en 921, ou 922, suivant les dates qu'on peut extraire de Flodoard, en combinant ce qu'il dit avec les autres renseignements (2). L'année d'avant sa mort, le prélat alla à Lausanne en Suisse, au sacre de l'évêque Libon (3); il avait beaucoup d'amis en ce pays : et l'école de Saint-Gall, dont peut-être il était lui-même élève, lui adressait, de temps en temps, des pièces de poésie où on lui disait, sans périphrase, qu'il était la lumière de son siècle, le miroir et le modèle des pasteurs, le pilote et le guide assuré des fidèles : à ces compliments on joignait quelquefois de petits vers héroïques ou élégiaques, sur lesquels on demandait humblement son avis de connaisseur. Ces compliments, venus de Suisse, sont sans doute hyperboliques; néanmoins ils prouvent que notre évêque avait quelque renommée dans le monde littéraire : quant aux poëmes de ses amis les Helvétiens, ils ne renferment rien de beau, sinon des hémistiches dérobés çà et là à Virgile; ce qui indique du moins qu'on l'étudiait encore : mais les moines, au lieu de transcrire les œuvres de ce Parnasse gothique, auraient mieux fait d'employer leur parchemin et leur encre à nous copier quelques pages perdues des grands auteurs de l'antiquité (4). Ce qu'on sait de plus de notre prélat est

Dadon en Suisse.
Sa mort.

(1) *Tempore venerabilis memoriæ Dadonis episcopi, ignis exorsus totam penè civitatem, concremavit, et ecclesiam Sanctæ-Mariæ solo tenus prostravit. Et, proh dolor! omnia ornamenta ecclesiastica, cum Armario* (de là notre mot armoire), *et Apostolicorum privilegiis, et episcoporum decretis, et chartarum instrumentis, atque scriptis vulgò Pulegiis* (Pouillés), *flamma consumpsit.* Sarrovard.

(2) V. la note de Roussel sur la durée de l'épiscopat de Dadon, p. cli. — La tombe de cet évêque, à Saint-Vanne, fut plusieurs fois changée de place.

(3) Charte citée dans le *Gallia christiana*, tom. XII, à la fin de l'article de Dadon.

(4) Ces poésies sont dans la grande Bibliothèque des Pères, tom. XVI,

trop épars pour qu'on puisse en former un ensemble.
Nous avons déjà parlé de son Mémorial, ou Collectaire,
pièce historique qu'il écrivit en 893, et dont nous ne
possédons plus qu'un extrait assez court. Il nous reste
encore de lui, sous la date de 906, une de ces lettres
d'évêque à évêque, qu'on appelait lettres formées, parce
qu'on y employait des formes de caractères grecs, con-
venues entre les correspondants, comme chiffre secret :
cette pièce n'est qu'un démissoire, avec recommandation
à l'archevêque de Trèves, en faveur d'un prêtre Adrien, né
serf de l'évêché, et affranchi devant l'autel, avant son ordination, à la demande du Chapitre, qui l'avait élevé dans
l'école du cloître (1). Enfin, dans une charte de 916 (2),
Charles-le-Simple mentionne parmi ses fidèles prélats
et princes, Dadon, puis, un plus loin, Haganon, probablement ce comte de l'avis duquel Dadon fit la division
des menses, mais dont il ne reste aucun autre souvenir.

Nous terminerons cette période en mentionnant les
monnaies que les rois de la seconde race firent frapper à
Verdun. On en trouvera la description et la gravure dans
les *Etudes numismatiques* de M. Robert, où nous avons
déjà puisé l'histoire de notre Monnaie mérovingienne.

Monnayage carlovingien à Verdun.

De Pépin-le-Bref, il existe un denier d'argent, marqué PI. RF. *(Pipinus, rex Francorum)* : au revers, VIRIDVN.
Poids, un peu plus d'un gramme (3).

---

p. 1300, et dans les *Antiquæ lectiones* de Canisius, édit. Basnage, tom. ii.
part. 3. — L'évêque Salomon de Constance, étant allé visiter cette école
de Saint-Gall, les écoliers l'attirèrent, fort honorablement, en une prison,
d'où il ne put sortir qu'en faisant des fonds pour régaler l'école, les trois
jours de fêtes de Noël, à trois mets par repas.

(1) Cette lettre est dans Hontheim, tom. i. p. 254. « *Postulantibus Fratribus nostris, eò quòd ex familiâ nostrâ fuit, dedimus ei libertatem receptam à
cornu altaris canonicè, et ordinavimus eum ad gradum presbyterii.* »

(2) Dans Hontheim, tom. i. p. 263.

(3). Il y a une autre pièce, aussi d'argent, et d'un poids un peu plus fort,
marquée R. P. *(Rex Pipinus)*, et, au revers : SCA. MAR. *(Sancta Maria)*,
que l'on croit aussi frappée à Verdun.

De Charlemagne : CAROLVS (en deux lignes). Revers: VIRDVN. Argent : poids, 1,07 gr. Denier faible.

De Louis-le-Débonnaire : HLVDOWICVS IMP. Croix pattée. Revers : VIRIDVNVM, en deux lignes parallèles, séparées par un globule. Bon argent : poids 1,27 gramme. — Variante : IDOWICVS IMP. — VIRIDVHVM. Mauvais argent : poids, 0,97 gramme; mais la pièce est fort rognée. C'est probablement une monnaie frappée assez longtemps après Louis-le-Débonnaire, en contrefaçon de ses bons deniers.

Oboles de Louis-le-Débonnaire : CIVITAS : croix pattée. Revers VIRIDVNI, en deux lignes horizontales dans le champ. — Autre : LV... V...; croix pattée. Revers VIRDVN, aussi en deux lignes; mais la seconde à rebours. — Ces oboles pèsent justement la moitié du bon denier d'argent de 1,27 gramme.

De l'empereur Lothaire. Beau denier d'argent. HLOTHA-RIVS IMP. : croix pattée, globules. Revers VIRIDVNVM CIVIS (civitas) : un portail d'église, à fronton triangulaire surmonté d'une croix, et soutenu par quatre colonnes, au milieu desquelles est une autre croix, à la place de la porte du temple. Argent : poids 1,55 gramme. — Plusieurs variétés : fausse monnaie, en cuivre rouge, portant trace d'argenture : HLVTHARIVS IMP.

Du roi Lothaire. Monnaies ne différant de celles de son père que par la substitution du mot *Rex* à celui d'*Imperator*. HLOTARIVS REX. Revers VIRIDVNVM CIVIS, avec le portail à quatre colonnes. Argent, 1,30 gramme. — Variété, où le mot *Viridunum* est écrit, par erreur, *Viriru-num*.

De Charles-le-Chauve. Ici commence à paraître le monogramme du nom du roi, au milieu de la pièce, conformément au Capitulaire de Pistes, de 864 (1). KAROLVS

(1) *Ut in denariis novœ nostrœ monctœ, ex unâ parte nomen nostrum habea-tur in gyro* (en inscription circulaire) : *et, in medio, nostri nominis mono-gramma. Ex alterâ verò parte, nomen civitatis; et in medio crux habeatur.*

eu monogramme, au milieu de la pièce. GRATIA DEI.
REX. Revers : VIRDVNI CIVITAS.—Il existe un très-grand
nombre de pièces de Charles-le-Chauve frappées à Verdun : les unes portent *Rex*, les autres *Imperator;* on en a
même une où les deux titres sont réunis. De la comparaison de ces pièces, il résulte que le poids 1,70 était, en
moyenne, celui du denier d'argent de Verdun ; mais beaucoup sont usés et rognés.

Mory d'Elvange a cité, de ce roi, deux deniers marqués BARRI CIVIS, BARRI CIVITA. On connaît un autre
denier portant, au revers, CLAROMIINT. Ces pièces
pourraient être attribuées, avec doute, à nos villes de Bar
et de Clermont (1).

De Louis II de Germanie, ou bien de Louis l'Enfant, le
dernier des Carlovingiens d'Allemagne, plusieurs deniers
et oboles marqués LVDOVICVS, dans le champ. REX.
Revers : VIRDVNI CIVITAS. De bon argent; poids des
deniers, de 1,54 à 1,32 gramme ; de l'obole, 0,58.

De Charles-le-Simple : CAROLVS, dans le chanp REX.
Revers : VIRDVNI CIVITAS ; croix pattée.

On voit, à ces détails, que la Monnaie de Verdun
conserva, et même accrut, sous les Carlovingiens, l'importance qu'elle possédait déjà dans la période mérovingienne. Le fait est à noter, parce que, dès l'avénement
de la seconde race, le nombre des ateliers monétaires
fut fort réduit ; et ceux-là seuls subsistèrent qui étaient
les principaux centres de fabrication.

(1) V. Robert, Etudes numismat, p. 203-204.

ABBAYE SAINT-VANNE

PREMIÈRE
PÉRIODE GERMANIQUE

DE LA RÉUNION DE LA LORRAINE A L'ALLEMAGNE, EN 923,
JUSQU'A L'ÉTABLISSEMENT DE LA PRINCIPAUTÉ ÉPISCOPALE A VERDUN,
VERS L'AN MIL.

~~~~~~~~~~~~~~~~~~~~~

CHAPITRE Ier.

DEPUIS CETTE RÉUNION JUSQU'A LA DIVISION DE L'ANCIEN ROYAUME DE LOTHAIRE
EN DUCHÉS DE HAUTE ET DE BASSE-LORRAINE, VERS 955.

En 923, s'accomplit la révolution qui unit le royaume
de Lorraine à l'empire germanique. Dès l'an 911, la
branche allemande des Carlovingiens s'était éteinte, avec
le jeune Louis IV, fils de l'empereur Arnoul; et la couronne avait été transportée à la maison de Saxe, au
préjudice du roi de France Charles-le-Simple, alors l'unique représentant de sa dynastie. La Lorraine demeura,
quelques années encore, fidèle à l'héritier de Charlemagne; mais, lorque les grands vassaux français se furent
eux-mêmes révoltés, et que le comte Herbert de Vermandois eût enfermé le roi dans la tour de Péronne,
les Lorrains, sous leur duc Giselbert, qui jusqu'alors
avait soutenu Charles, se donnèrent au roi de Germa-
nie. C'était Henri Ier, dit l'Oiseleur, dont le règne est
la date, mémorable pour nous, de l'entrée des Trois-
Evêchés dans l'empire d'Allemagne, appelé officiellement

le Saint-Empire-Romain (1). Notre ville, à travers bien des vicissitudes, y demeura de fait, jusqu'en 1552, et de droit, jusqu'en 1648.

Effets de la réunion.

Cette acquisition de la Lotharingie était, en apparence, de grande valeur pour l'Empire; mais, en réalité, elle lui causa toujours plus de peine et d'embarras qu'elle ne lui donna de puissance. Une partie seulement des Lorrains s'attachèrent à leurs nouveaux maîtres; les autres, ceux surtout qui ne parlaient point la langue allemande, demeurèrent français de sympathies et de relations. Henri tira néanmoins de l'annexion un résultat avantageux pour lui : ce grand accroissement de territoire l'éleva très-haut dans l'esprit des peuples et des princes germaniques, et affermit la dynastie saxonne des Othon, qui occupa le trône impérial pendant un siècle.

La Lorraine toujours qualifiée de Royaume.

Bien que, depuis la mort de son roi Lothaire, la Lorraine eût été unie tantôt à la France, tantôt à l'Allemagne, ce ne fut néanmoins qu'après sa division en deux duchés, vers 955, qu'elle cessa d'être considérée comme royaume à part et légalement distinct des autres. Auparavant, les empereurs, aussi bien que les rois français, y dataient, lorsqu'ils en étaient les maîtres, leurs années de règne séparément de celles de leur autre royauté; et on employait le même formulaire dans les actes publics. Le comte Ricuin, dont nous parlerons tout à l'heure, étant venu tenir à Verdun, en 914, les assises, ou *Mallus* du comté, data cette session de l'an cinquième du seigneur roi Charles (le Simple) dans le royaume de

---

(1) Parce que l'Empereur se portait pour successeur de Charlemagne qui, l'an 800, avait nominalement rétabli l'empire romain d'Occident. Ce Saint-Empire-Romain subsista, de nom, jusqu'aux changements opérés en Allemagne, au commencement de notre siècle, par Napoléon Ier; et nos évèques, ainsi que ceux de Metz et de Toul, y avaient rang de princes. L'archevêque de Trèves était un des sept électeurs : car l'empire était, ou devait être électif. De là vient qu'on disait les Trois-Evêchés et l'électorat de Trèves.

Lothaire ; et des indications semblables se lisent aux dates
d'une autre charte donnée, trois ans plus tard, par l'évêque Dadon, à Hatton-Châtel (1). Aux élections impériales,
on prenait à part, quelquefois même en des villes différentes, les suffrages des seigneurs lorrains et ceux des
seigneurs allemands : ainsi fit-on, en 961, quand l'empereur Othon le Grand, voulant assurer sa succession
à son fils Othon II, le présenta d'abord à la diète d'Allemagne à Worms, ensuite à celle de Lorraine à Aix-la-
Chapelle (2).

L'époque dans laquelle nous entrons est celle de la
grande féodalité, où toutes les provinces et toutes les villes
se constituèrent en états particuliers. L'histoire se frac-
tionne alors comme la société ; et la plupart des événements qu'elle raconte n'offrent plus qu'un intérêt local. En
ce temps, les rois eux-mêmes ne régnaient que sur quelques provinces, toute leur prééminence se réduisant à
l'hommage féodal que les ducs, les comtes, les prélats, les
barons leur devaient pour les autres. Ces différents seigneurs sont, pour la plupart, sans illustration historique :
et les noms ne se transmettant point encore de père en fils,
les documents se trouvant d'ailleurs en fort petit nombre
et en grande confusion, il est très-difficile d'assigner
l'origine, et de suivre la succession de ces petites
dynasties.

En Lorraine, la plus puissante famille de ce temps était
celle de Reinier, dit Au-Long-Cou, personnage compté le
premier sur la liste de nos ducs bénéficiaires, parce qu'en
911, Charles-le-Simple lui délégua son autorité, à titre de

*Familles
princières.
Le duc Reinier.*

(1) *Actum Virduni, in Mallo publico, coram Ricoïno comite, anno* D. CCCCXIIII...,
anno V *regnante domno Karolo in regno Lotharii, quondàm regis.* Charte, dans
les Preuves de l'Hist. de Metz, à la suite du tom. III. p. 55-56. — *Actum ad
Castellum, sub die* VIII *kal. decembris. anno* VIII *regnante Karolo rege in regno
Lotharii.* Dans Mabillon, Annal. bened. tom. III. p. 363.

(2) *Wormatiæ, consensu totius populi, filius ejus Otho rex eligitur. Indè pro-
grediens, electione omnium Lothariensium, Aquis rex ordinatur.* Chronique de
Réginon, à l'an 961. — D. Calmet dit, liv. XVII, nº 19, que la même forme
avait été gardée à l'élection d'Othon Iᵉʳ, en 936.

duc, et se fit représenter par lui dans le pays. Le duché n'était encore alors qu'un bénéfice viager de la couronne ; de sorte qu'il fallait à chaque nouveau titulaire un nouveau diplôme d'institution : et cet ordre de choses subsista jusqu'à Gérard d'Alsace, le premier duc héréditaire, en 1048. Reinier mourut près de Maëstricht, en 916 : le roi de France vint aux funérailles de son fidèle serviteur ; et, en présence de toute l'assemblée, investit du titre ducal Gisel-

Le duc Giselbert
bert, fils du défunt. C'était un mauvais choix : car Giselbert fut un perfide et méchant homme, qui remplit de ses félonies toute l'histoire des années suivantes, jusqu'en 939, où il se noya dans le Rhin. Après la réunion de la Lorraine à l'Empire, révolution dans laquelle il trahit Charles-le-Simple, Henri l'Oiseleur lui donna en mariage sa fille Gerberge, espérant se l'attacher ainsi, et craignant d'ailleurs sa puissance.

Ricuin
d'Ardenne.
Famille
des comtes de
Verdun.
A cette famille ducale de Reinier et de Giselbert, nos auteurs rattachent le comte Ricuin, qu'ils donnent pour frère de Reinier, et pour tige de la maison d'Ardenne, d'où sortirent les ducs de Basse-Lorraine, et tous les Godefroy de Verdun et de Bouillon. Il y eut certainement un comte Ricuin de Verdun : c'est ce que prouve la charte du Mallus de 914, que nous venons de citer : ce seigneur est mentionné dans beaucoup d'autres chartes et chroniques ; et, le biographe de Jean de Vendières parle de lui comme d'un homme des plus illustres de ce temps (1). Il résulte de ces renseignements que Ricuin n'était pas seulement comte de Verdun : son pouvoir s'étendait au loin dans ce qu'on appelait alors l'Ardenne, c'est-à-dire la Lorraine septentrionale, le Luxembourg, et les régions voisines. Une vague tradition donnait cette famille pour issue des Carlovingiens

_____

(1) *Comes Ricuinus, præstantissimus câ tempestate, et in omni genere agendarum rerum prudens et sagacissimus.* Jean de Vendières, dans Labbe, *Nova Bibliolh.* t. 1. p. 744. — Flodoard, dans sa chronique, à l'an 921, l'accuse néanmoins d'avoir manqué de fidélité à Charles-le-Simple. — Autres chartes mentionnant Ricuin, dans D. de l'Isle, Hist. de Saint-Mihiel, Preuves, p. 437 et 442.

qui, à raison de cette parenté, lui avaient, dit-on, concédé, dès l'origine, ses Bénéfices en apanage héréditaire : de sorte qu'elle les aurait ainsi possédés longtemps avant le Capitulaire de 877, duquel on date l'hérédité générale des fiefs; nous notons cette tradition, qui fut peut-être le motif ou le prétexte invoqué par nos Godefroy du XIᵉ siècle pour prétendre que leur comté de Verdun était patrimonial, et ne pouvait leur être ôté ni par les évêques, ni par les déchéances qu'ils encoururent plusieurs fois de l'Empire pour le duché de Basse-Lorraine. Ricuin eut pour fils Othon, auquel, pour le besoin des généalogies, on a attribué le surnom de Wigeric. Après cet Othon-Wigeric, vint le comte Godefroy-le-Vieux, qui signa, en 952, la charte d'établissement des Bénédictins à Saint-Vanne, et qui était, dit-on encore, par sa mère, petit-fils de Wigeric. A partir de là, la filiation de nos comtes devient historique ; et nous ne la ferons pas remonter plus haut, les premiers ne nous ayant presque point laissé de souvenirs, et leur ancienne généalogie n'ayant d'autres pièces justificatives que des phrases assez vagues des chroniqueurs, ou que les dires de Wassebourg, transformés en fausses chartes par Rosières.

Henri l'Oiseleur marqua sa souveraineté à Verdun en y faisant frapper une monnaie de médiocre aloi, et de façon plus mauvaise encore, dont le type immobilisé, pour ainsi dire, se conserva fort longtemps après lui. Ces pièces sont communes, et indiquent, par leur grand nombre, l'activité de notre atelier monétaire. Sur les plus anciennes, les mots *Henricus rex*, et *Virduni* se lisent aisément; mais ensuite les lettres se déforment, et finissent par se réduire à des jambages et à des ronds, tels à peu près que pourraient en tracer des gens qui, ne sachant pas lire, chercheraient à imiter des caractères d'écriture. Ce pitoyable monnayage était sans doute lucratif; et il paraît avoir duré, sans qu'on l'avouât formellement, jusqu'à l'évêque Albéron de Chiny, vers le milieu du XIIᵉ siècle; mais, vers l'an mil, nos pré-

Monnayage altéré de Henri l'Oiseleur.

lats frappèrent de nouvelles pièces de bon aloi, sur lesquelles ils pouvaient, sans honte, écrire lisiblement leurs
noms.—La numismatique du moyen-âge fournit plusieurs
autres exemples de types monétaires longtemps perpétués,
et qui, n'étant plus compris, dégénérèrent en figures bizarres, que le monnayeur copiait par habitude (1).

Invasion des Hongrois.

La décomposition féodale des grandes monarchies ayant
abattu les forces de la civilisation, le monde barbare, qui
n'avait pas cessé de peser sur les frontières de l'Europe,
recommença à franchir ces barrières impuissantes. Nous
avons déjà raconté les ravages des Normans : la première
moitié du Xe siècle vit ceux des Hongrois, en Allemagne et
en Lorraine. C'étaient d'affreux et féroces sauvages, que le
peuple appelait les Ogres, et qui venaient des mêmes régions que les Huns d'Attila. Leurs bandes atteignirent
notre territoire vers l'an 925 (2), ayant traversé l'Alsace et
les Vosges, où elles ruinèrent les abbayes de Saint-Dié, de
Senones, d'Estival, de Moyen-Moutier, de Luxeuil, ainsi que
celle de Remiremont, d'où les Dames s'enfuirent précipitamment de nuit, après une messe basse, en souvenir de laquelle il était autrefois d'usage chez elles de dire, chaque
année, dans la nuit du 20 août, la messe appelée piteuse,
qu'on célébrait à la hâte et sans cérémonies, comme
si l'on eût été pressé par quelque grande alarme. Des Vosges, les Barbares se répandirent en Lorraine et en Bourgogne. Ils entrèrent dans le Verdunois, la première année
de l'évêque Barnoin, successeur de Dadon : nous lisons,
dans une relation contemporaine, qu'ils tombèrent à l'im-

(1) Monnier, Mém. sur les Monnaies des ducs bénéficiaires de Lorraine,
p. 5 et 6, et Note sur une trouvaille faite près de Dieulouard, p. 8. Robert,
Études numismat. p. 227.

(2) Ou même 917, suivant la briève chronique de Saint-Vincent de Metz,
dans Labbe, tom. I. p. 345. Cette chronique distingue quatre invasions
des Hongrois en Lorraine, en 917, 926, 937, enfin en 955, avant leur défaite
par l'empereur Othon. — La chronique de Signy-l'Abbaye, dans dom Lelong,
Hist. de Laon, p. 594, porte, en 936, « *Hungarorum irruptio sæva.* » V. encore
Flodoard, *Hist. Remensis ecclesiæ*, IV. 21, et Chronique, dans Du Chesne,
tom. II. page 618, et auteurs cités dans Calmet, liv. XVI, n° 35.

proviste sur le pays, y brûlèrent quantité de villages, et
tuèrent ou emmenèrent captifs les gens qu'ils surprirent
dans les champs. Beaulieu faillit tomber entre leurs
mains; mais les saints des moines, ne permirent pas la
consommation d'un pareil attentat (1). La chronique de
Flodoard signale leur présence dans les environs de Vouziers, en 926 : on eut alors, à Reims, une telle frayeur panique qu'on prit une aurore boréale pour des armées de
feu qui se battaient dans le ciel. A cette même date, une
charte du duc Giselbert, dans les archives d'Epternach,
déplore les ravages commis par eux dans presque toute la
Gaule-Belgique (2). En 936, la chronique de Signy-l'Abbaye
parle d'une autre irruption ; une dernière, fort considérable, est encore mentionnée en 954, non-seulement en
Lorraine et en Bourgogne, mais encore en Champagne, aux
territoires de Laon, Reims et Châlons. Ces dates ne sont
peut-être pas toutes très-exactes : et il est possible que
plusieurs incursions aient été confondues les unes avec
les autres; quoi qu'il en soit, il résulte de l'ensemble des
documents que les Hongrois revinrent à peu près autant
de fois qu'ils le voulurent, et que telle était la faiblesse et
l'anarchie des royaumes, qu'on laissa les ruines qu'ils
avaient faites servir de repaires à d'autres brigands. Enfin,
en 955, l'empereur Othon-le-Grand les extermina, à la bataille de la rivière de Lech, près Augsbourg en Bavière :

(1) *Succedente nepote domni Dadonis, venerabili episcopo Barnoino, primo
ordinationis ejus anno, crudelissima gens Hungarorum improvisò ipsum adiit
Episcopium, et incensis penè omnibus villis, homines extrà oppida repertos, aut
neci dedit, aut captivitati destinavit.* Préambule du Pouillé de Sarrovard. —
Par *Episcopium*, il faut entendre le pays, et non le palais épiscopal: autrement Sarrovard eût dit *domus episcopalis*. — L'attaque de Beaulieu, dans
Laurent de Liége, épitre dédicatoire, p. 277 du Spicil.

(2) *Depopulantibus Agarenis penè totum regnum Belgicæ Galliæ, studuit unusquisque tuta loca perquirere. Invento igitur quodam castro, ad ripam fluminis
qui dicitur Cyra* (la Sarre), *de hæreditate Sancti-Maximini Trevericæ urbis...
hoc benevolenter concessimus, cum jussu et deprecatione senioris* (seigneur) *Gi-
selberti, comitis et abbatis.* Dans Calmet, 2ᵉ édit. tom. II. Preuves, p. CLXXIII.
— On voit par cette charte que le duc Giselbert était abbé séculier de Saint-
Maximin de Trèves.

cette victoire fut considérée comme la plus grande qu'aucun roi eût remportée depuis deux siècles.

Ces terribles Hongrois, sortis, on ne savait comment, de
régions inconnues, répandirent une telle terreur, qu'on
crut qu'ils étaient l'armée infernale de Gog et de Magog,
prophétisée dans l'Apocalypse. Un autre passage de ce
livre, celui qui parle du millénium, ou règne de mille ans,
étant d'ailleurs interprété de la durée de l'ère chrétienne,
on en tira l'effrayante conclusion que la fin du monde ap-
prochait, et que le jugement dernier aurait lieu vers l'an
mil. Cette sombre frayeur, s'ajoutant aux autres fléaux, et
le découragement gagnant les âmes, un évêque de Verdun
entreprit de rassurer son peuple, en priant un homme instruit de réfuter ces lugubres visions. On a lieu de croire
que cet évêque fut Barnoin, successeur de Dadon, et que
l'opuscule fut écrit avant 940, à Montfaucon, par quelqu'un
des doctes religieux que Dadon y avait recueillis : en tous
cas, l'auteur était un homme sensé et possédant une érudition peu commune en ce temps. L'Apocalypse, dit-il, est un
livre mystérieux : son titre même, qui signifie révélation,
nous avertit de ne point la prendre à la lettre; ce qu'elle
dit de Gog et de Magog doit s'entendre allégoriquement de
l'armée des impies ligués contre l'Eglise (1). J'ignore, du
reste, l'origine des Hongrois; je n'ai trouvé leur nom dans
aucune histoire ancienne, bien que les écrivains romains
aient parlé de tous les peuples, depuis l'*ultima Thule*, qui
est Taprobane, à l'entrée des régions brûlées par le soleil,
jusqu'au pays des Hyperboréens, qui vivent heureux, loin
de nos bouleversements, au-delà de notre pôle (*ultrà polum
nostrum*). Rome envoyait ses armées et ses vaisseaux dans

Lettre sur les Hongrois.

(1) En réalité, l'Apocalypse fut écrite sous Néron, en style poëtique, mais
très-obscur : ce qui vient de ce qu'il n'était pas possible de parler clairement à
une telle époque : et les prophéties sur la prochaine ruine de Rome (Baby-
lone des Sept-Collines) se comprenaient aisément chez les premiers chrétiens, encore à demi Juifs, et habitués au style oriental des prophètes de
la Bible. Ce n'est que dans les temps tout à fait modernes, qu'on a retrouvé le sens du fameux chiffre 666, qui représente la valeur numérique
des mots Néron César, écrits en lettres hébraïques.

tout l'univers ; c'est à ses historiens que nous devons de savoir qu'un océan navigable environne toutes les parties du monde : cependant elle parait avoir ignoré les Hongrois ; mais peut-être a-t-elle voulu garder sur eux un silence éternel ; peut-être aussi cette race a-t-elle changé de nom depuis l'antiquité. La première fois que j'ouïs parler de ces monstres exécrables, on disait (soit fable, soit histoire) qu'une famine extraordinaire désolant autrefois la Pannonie, l'Istrie, l'Illyrie et les provinces voisines, les rois de ces pays défendirent aux chefs de famille de garder chez eux plus de gens qu'ils n'en pourraient nourrir : on chassa les autres, et on les menaça de mort, s'ils revenaient dans leur patrie. Une multitude innombrable se trouva ainsi jetée dans les déserts : beaucoup périrent ; ceux qui demeurèrent furent appelés Hongrois, c'est-à-dire faméliques, du mot allemand *hungern*, qui signifie avoir faim. Ces bannis vécurent assez longtemps de chasse, aux environs des Palus-Méotides (mer d'Azof) ; et ce sont eux que, dans ces derniers temps, la justice divine a déchaînés pour punir nos crimes : mais le ciel ne sera point toujours irrité ; Dieu se souviendra de son peuple, et se laissera toucher par notre repentir. » Telles étaient, au sujet des Hongrois, les conjectures des érudits du Xe siècle ; et il faut avouer que nous n'en savons guère plus aujourd'hui. Ces explications sont entremêlées, dans le texte latin, de pieuses moralités et de belles citations de l'Ecriture et des Pères : enfin l'auteur assure le prélat, son Mécène, de la reconnaissance et des prières de toute la congrégation de Saint-Germain, que vous avez, dit-il, comblée de vos bienfaits : en particulier mon frère, l'un des plus humbles membres de cette communauté, prie jour et nuit pour votre salut, et sacrifiera, s'il le faut, sa vie à votre service. » C'est sur ces paroles que nous croyons la lettre écrite à Montfaucon, la seule congrégation de Saint-Germain qui fût de la dépendance des évêques de Verdun, et où on pût se dire comblé de leurs bienfaits. En adresse, la lettre porte : « Au saint et

20

vraiment apostolique seigneur V., pontife de l'église de
Verdun. » Cette initiale V. pourrait désigner l'évêque
Vicfrid ; et ainsi le pensent la plupart de nos auteurs : mais
Vicfrid ne siégea que dans la seconde moitié du Xᵉ siècle,
lorsque la grande défaite des Hongrois, en 955, avait dissipé les craintes qu'ils inspiraient ; et, comme les lettres B
et V se permutaient très-souvent chez les anciens, il nous
parait probable que le « saint et apostolique seigneur V. »
de notre document est Barnoin, dont le nom pouvait très-
bien être prononcé Varnoin par des moines anglais (1).

Hugues, nommé évêque par le roi Raoul. Quand Dadon mourut, à la fin de 921, ou au commencement de 922, la Lorraine n'était point encore au
pouvoir de l'Allemagne ; et il importait à la France de
maintenir sa domination sur ce pays, qui menaçait de
lui échapper. Charles-le-Simple étant enfermé dans la
tour de Péronne, les seigneurs proclamèrent à sa place
Raoul de Bourgogne, beau-frère de Hugues, dit le Grand,
l'Abbé, ou le Blanc, dont le fils porta le surnom fameux
de Capet. Le roi Raoul, craignant de voir l'évêché de
Verdun tomber en mains non françaises, s'empressa d'y
nommer un personnage, aussi du nom de Hugues,
qu'il fit ordonner prêtre par l'archevêque Seulfe de
Reims, et qu'il envoya en notre ville (2) ; mais Roger
de Trèves, homme du parti allemand, refusa de le

(1) Il y a cependant une objection : c'est que l'auteur de la lettre semble
se dire d'un autre pays que l'évêque auquel il écrivait : *Innumeros, tàm in
nostrâ quàm in vestrâ regione, pervasit opinio, frivola et nihil verum habens,
odibile genus Hungrorum esse Gog et Magog.* Mais on peut traduire *in vestrâ
regione* par « le pays où vous êtes maintenant. » Nos anciens évêques faisaient d'assez longues absences, pour les diverses sortes d'assemblées,
les sacres de leurs collègues, les visites de confraternité, etc. ; la lettre put
être écrite de Montfaucon à un évêque de Verdun pendant un de ses sé-
jours hors du diocèse. — On a attribué cette lettre à Remy d'Auxerre ; mais,
à sa mort, vers 908, les Hongrois étaient encore peu connus ; et d'ailleurs
les évêques de Verdun n'étaient point bienfaiteurs de St-Germain d'Auxerre.
— La lettre est dans le Spicilége, tom. XII. p. 349.

(2) *Anno 923, Dado Virdunensis episcopus obiit. Episcopatus ejus Hugoni
à Rodulfo rege conceditur : qui presbyter Remis, à Seulfo archiepiscopo consecratur.* Flodoard, Chronique, dans Du Chesne, II. p. 594.

sacrer. L'évêque nommé eût, sans doute, fini par sur-
monter cet obstacle; et il est probable que nous lirions
aujourd'hui son nom au catalogue épiscopal, si le succès de Henri l'Oiseleur ne l'eût forcé de se retirer. On
peut dater de sa fuite le moment où Verdun cessa d'appartenir à la France (1) : ce fut probablement lorsque
Henri, aidé du duc Giselbert et de l'archevêque Roger,
eût forcé Metz, où l'évêque Wigeric s'opposait à la révolution germanique. Alors, vers 925, fut installé chez nous
Barnoin, neveu du défunt prélat Dadon (2), sans que
personne paraisse s'être fort inquiété du droit en vertu
duquel toutes ces choses se faisaient : il suffit sans doute
aux vainqueurs de savoir que Barnoin était de leur parti,
et qu'il avait influence sur le pays, comme neveu et
collaborateur de Dadon, qui lui-même avait été neveu
de l'évêque Bérard ; de sorte que cette famille semblait
une petite dynastie épiscopale. Quant au suffrage du
clergé et du peuple, que notre bon historiographe Wassebourg mentionne toujours pour mémoire, on ne sait
comment il fut pris en cette circonstance. Il y a apparence que l'ancienne forme élective tombait dès lors
en grande désuétude ; du moins un diplôme accordé en
913 par Charles-le-Simple à la métropole de Trèves, semble indiquer que l'ancien droit ne se maintenait, en
quelques évêchés, que comme un privilége (3).

> Barnoin,
> évêque.

L'épiscopat de Barnoin est encore compris dans la
longue lacune que souffre notre chronique entre l'avénement de Dadon en 880, et celui de Bérenger, vers
940 ; et nous ne trouvons ici dans le continuateur de

(1) *Abhinc Virdunum, et aliæ civitates, à regno Francorum defecerunt,* dit
Hugues de Flavigny, p. 126.

(2) *Nepote domni Dadonis, venerabili episcopo Barnoïno,* dit Sarrovard, dans
le Pouillé déjà cité

(3) Charte dans Hontheim, tom. I. p. 262. » *Auctoritatis nostræ privile-
gium sedi suæ concederemus..., ut quemcumque Trevirensis clerus et populus, de propriis ejusdem ecclesiæ filiis, pari consensu elegerint, eis detur
episcopus.* »

Bertaire que des plaintes contre la négligence des anciens, par la faute desquels furent perdus ces souvenirs : *Barnoïnus episcopus, cujus, priorum desidiâ, solo
nomine manet memoria.* Flodoard, auteur alors contemporain, nous vient quelque peu en aide pour ces années (1). Il nous apprend d'abord que ce fut Barnoin
lui-même qui, ayant obtenu sa nomination de Henri
l'Oiseleur, se chargea d'expulser de Verdun son compétiteur français ; et nous savons encore que notre prélat,
Barnoin
en guerre avec
le frère
du roi Raoul. en sa qualité de représentant du parti germanique, se
trouva mêlé à des luttes et à des guerres confuses qui
troublèrent grandement sa carrière pontificale. Boson,
frère du roi Raoul, essaya de reprendre le Verdunois
pour la France ; ses soldats et ceux de l'évêque se battirent en forcenés, qui semblaient se disputer à qui com-
mettrait le plus de pillages et d'incendies. Peu auparavant,
et dès la première année de cet épiscopat, les Hongrois
avaient dévasté le pays ; de sorte que ce temps dut être
l'un des plus malheureux de notre histoire. Il n'est pas
étonnant qu'au milieu de pareilles luttes, Barnoin ait
contracté des habitudes militaires, qui firent dire de
lui qu'il ressemblait à son frère Adalbert, comte de
Metz, homme grand et puissant, mais fier et de caractère très-vif (2). Ce qu'il y avait de fâcheux pour notre
évêque, comme pour les autres seigneurs de second
rang, c'est qu'ils se trouvaient entraînés, malgré eux, dans
les révolutions que faisaient les ducs et les grands princes :
ainsi, après la mort de Henri l'Oiseleur, il y eut une

(1) Chronique, dans le tom. II. de Du Chesne. A l'an 925 : *Barnuinus, expulso Hugone presbytero, episcopus Virdunensis ordinatur.* — A l'an 932 : *Boso, frater regis Radulfi, et Barnuinus, Virdunensis episcopus, incendiis inter se, deprædationibusque bacchantur.* A l'an 939 : *Barnuinus obiit... Rex Ludovicus Virdunensem pagum petiit, ubi quidam Lotharienses episcopi, sui efficiuntur.*

(2) C'est ce qu'on lit dans la Vie, déjà citée, de Jean de Vendières : *Adelbertus comes .., qui magnitudine, potentiâ ac ferocitate cùm sui, tùm fratris Bernuini, Virdunensis episcopi, acerrimæ pariter mentis viri, plurimùm, ac penè in immensum nitebatur.* Dans Labbe, tom. I. p. 751.

nouvelle défection du perfide et turbulent Giselbert, qui appela en Lorraine le roi de France Louis d'Outre-Mer, lequel vint à Verdun, en 939, et y reçut l'hommage de différents prélats et barons, auxquels Barnoin lui-même eût probablement été obligé de se joindre, s'il ne fût mort quelques mois auparavant; du moins la chronique de Flodoard ne raconte l'arrivée du roi Louis à Verdun qu'après avoir parlé de la mort de l'évêque, en cette même année 939.

Louis d'Outre-Mer, à Verdun.

Vers ce temps, la légende place l'effrayant miracle de la résurrection du diacre Adelbert, qui était mort d'une de ces épidémies de peste, si fréquentes au moyen-âge, par suite de l'insalubrité des habitations, et des famines causées par les guerres dévastatrices. Comme on mettait ce malheureux dans son cercueil, il se réveilla tout à coup, se dressa sur son séant; et, imposant de la main silence aux cris des spectateurs stupéfaits, prononça ces paroles : « Je reviens de l'autre monde; j'ai vu les demeures des âmes, soit heureuses, soit coupables; déjà on me conduisait moi-même au lieu de Géhenne, lorsque Notre-Dame et saint Martin intercédèrent pour moi, et m'obtinrent de revenir terminer la pénitence de mes péchés. Je l'accomplirai avec terreur, tous les jours de la vie qui vient de m'être rendue; et j'espère que ce miracle, et mon exemple, profiteront à ce peuple. » On se figure aisément l'impression qu'un tel événement produisit sur des esprits déjà pleins de sombres idées, à cause des malheurs publics, et des approches de l'an mil. Beaucoup d'hommes, clercs et laïques, beaucoup de femmes surtout se convertirent; les plus épouvantés cherchèrent les cloîtres les plus austères pour faire leur salut, et se virent pour cette raison, et à leur regret, obligés de quitter Verdun, encore dépourvu de monastères. Plusieurs allèrent à Saint-Evre de Toul; d'autres à Gorze, chez Jean de Vendières : mais on vit leur départ avec peine; et le déplaisir qu'on en eut ne fut pas sans influence

Résurrection d'Adelbert.

sur la fondation qui fut faite, quelques années après,
d'une belle communauté de bénédictins à Saint-Vanne,
ainsi que nous le raconterons bientôt (1).

Le désordre augmentait toujours dans le monde politique, où l'ambitieux duc Giselbert attisait la discorde
entre la France et l'Allemagne, afin de se rendre lui-
même maître de la Lorraine. A la mort de Henri l'Oiseleur,
en 936, il trahit de nouveau, poussa les seigneurs de
son parti à contester l'élection d'Othon Ier, puis à se
révolter contre lui; mais, comme ils n'étaient pas assez
forts pour résister seuls à cet empereur, Giselbert alla
en France, fit hommage à Louis d'Outre-Mer, et l'amena,
en 939, à Verdun, où le roi tint sa cour, à la date
que nous avons déjà dite, peu après la mort de l'évêque Barnoin. L'armée française réussit d'abord d'une
manière très-heureuse; et déjà les comtes allemands d'Alsace fuyaient de l'autre côté du Rhin, lorsqu'un événement
tragique et imprévu changea la fortune. Comme Giselbert poursuivait témérairement ces fuyards, ils firent tout
à coup volte-face, le poursuivirent à leur tour, et le
pressèrent tellement qu'il sauta dans le fleuve, pour s'échapper à la nage : mais, malgré sa prodigieuse vigueur
corporelle, qui étonnait ses contemporains, il ne put
vaincre la force du courant; et il périt dans les flots.
Cette mort décida de la campagne. En vain le roi Louis
accourut en personne; en vain épousa-t-il la veuve du
duc, pour donner des gages à cette puissante famille,
une révolte des comtes français l'obligea de retourner
lui-même : et Othon reconquit la Lorraine aussi rapidement qu'il l'avait perdue. Le dernier qui lui résista
fut l'évêque Adalbéron de Metz, fort compromis pour
avoir, pendant les troubles, reçu en sa ville des rebelles
allemands, conduits par Frédéric, archevêque de Mayence,
au secours des Français et des Lorrains; mais bientôt
le prélat messin fut obligé de se rendre, et de demander

Giselbert appelle
les Français.
Sa mort.

(1) Hugues Flav., p. 127.

pardon. La duchesse Gerberge, cette veuve de Giselbert qu'épousa Louis d'Outre-Mer, pendant cette expédition, était fille de Henri l'Oiseleur, et sœur d'Othon; de sorte que, par ce mariage, l'empereur et le roi de France se trouvèrent beaux-frères; et ceci dut contribuer à la cessation de la lutte. — Ces événements paraissent avoir fait alors grand bruit en Europe; du moins on en trouve le récit dans toutes les chroniques.

Après sa victoire, Othon crut arranger les affaires de Lorraine en nommant son frère Henri tuteur du fils de Giselbert; mais les Lorrains, regardant cette tutelle comme un moyen détourné de faire passer leur royaume à une branche de la maison de Saxe, chassèrent Henri, l'année même de sa nomination, 940-41. L'empereur comprit que ce pays turbulent ne subirait point de chef étranger : il céda, sans chercher à punir ceux qui avaient chassé son frère, et nomma, de son propre gré, un autre tuteur, le comte Othon, fils de ce Ricuin d'Ardenne, dont nous avons parlé comme comte de Verdun, en 914. Othon devint, après la mort de son pupille, duc bénéficiaire de Lorraine; mais il mourut lui-même, dès 944; et le gendre de l'empereur, Conrad de Franconie, fut investi du duché, qu'il perdit, dix ans après, pour félonie et complicité dans une révolte. Alors, en 955, fut mis à la tête du duché un autre frère de l'empereur, l'archevêque Brunon de Cologne, qui prit le titre d'archiduc, et dont le gouvernement fut signalé par des changements très-importants, que nous raconterons, après avoir conduit notre chronique jusqu'à cette date.

Othon et Conrad, ducs bénéficiaires.

A la fin de 947, se tint à Verdun un concile, pour juger le différend des deux compétiteurs à l'archevêché de Reims, Artold et Hugues de Vermandois. Cette querelle, déjà ancienne, avait eu pour cause l'ambition effrénée du comte Herbert, le même qui, en 922, avait emprisonné Charles-le-Simple dans la tour de Péronne. Herbert, dont la famille était nombreuse, prétendit que ses fils avaient

Affaire d'Artold et de Hugues de Vermandois.

eu promesse de l'archevêque Seulfe, mort en 925, que l'un d'eux serait un jour choisi par le prélat pour coadjuteur; malheureusement Seulfe était mort beaucoup trop tôt, son futur coadjuteur Hugues n'étant encore âgé que de cinq ans : mais, disait son père, on peut toujours élire mon jeune fils, sauf, pendant sa minorité, à faire administrer son diocèse par l'évêque de Soissons, premier suffragant de la métropole. Cette étrange élection se fit en effet, en présence des évêques de Soissons et de Châlons; et le pape Jean X, homme décrié, n'eut pas honte de la confirmer : puis on confia l'enfant élu à un excellent maître, nommé Guy, qui l'emmena à Auxerre, pour le faire étudier dans l'école, alors célèbre, de cette ville. Après la mort de Charles-le-Simple, en 929, le roi Raoul, voulant abaisser Herbert, entra de force à Reims, avec des évêques, qui cassèrent tout ce qui s'était fait en faveur de Hugues : on mit à sa place Artold, moine de Saint-Remy, issu d'une famille assez puissante pour soutenir sa promotion, et Louis d'Outre-Mer, qui fut roi, en 936, prit aussi parti pour lui; mais le comte de Vermandois vint au secours de son fils, en se liguant avec son beau-frère, le duc de Normandie, et avec le duc de France Hugues, père de Hugues-Capet : de sorte qu'Artold fut forcé de se démettre en 941, et se retira, en protestant contre sa démission forcée.

Bérenger, évêque. L'année précédente 940, était arrivé à Verdun le successeur de Barnoin, l'évêque Bérenger, nommé par l'empereur Othon, qui l'avait choisi comme étant son parent et son compatriote, issu, comme la maison impériale, de la haute noblesse de Saxe (1). Il semble que, dans l'affaire de Reims, Bérenger eût dû rester simple spectateur, son origine étrangère et son évêché suffragant de Trèves le dispensant de prendre part à la querelle; mais, loin d'agir ainsi, il s'empressa, au contraire, de se jeter au plus fort de la mêlée.

(1) *Domnus Berengarius, primi Othonis consanguineus, vir nobilis et saxonicus.* Continuateur de Bertaire. — *Anno 940, Berengarius, episcopus Virdunensis, consecratur ab Artaldo.* Chronique de Flodoard.

Il alla, tout en arrivant, trouver l'archevêque Artold, peu de mois avant que celui-ci n'eût été expulsé par la ligue des ducs, et se fit sacrer par lui. C'était se prononcer de la manière la plus évidente : car le sacre de l'évêque de Verdun rentrait dans les attributions du métropolitain de Trèves, ou, à son défaut, appartenait au plus ancien évêque de la province; et on ne voyait pour Bérenger d'autre motif de sa démarche que le désir de faire acte éclatant d'adhésion à la cause d'Artold : aussi l'opinion générale fut-elle que l'évêque se conduisait ainsi d'après les instructions de l'empereur, qui voulait se former un parti sur les frontières de France. Peu après, en 941, quand Hugues fut rétabli, notre évêque, ne pouvant s'en prendre à lui, fit tomber son mécontentement sur les chanoines de Montfaucon, et les vexa au point qu'ils se réfugièrent à Reims : alors fut dispersée la savante communauté de religieux anglais que Dadon avait recueillis près de l'église Saint-Germain (1). Cependant la royauté française s'affaissait de plus en plus : et la dernière place forte de la couronne, la ville de Laon, ayant été, en 945, enlevée au roi par Hugues-le-Grand, la cause d'Artold sembla perdue ; mais l'empereur Othon intervint; l'archevêque Hugues s'enfuit à Mouson; et son compétiteur fut solennellement rétabli par les métropolitains allemands de Trèves et de Mayence, qui vinrent, en cérémonie, le conduire à son trône archiépiscopal. Ce fut alors au tour de Hugues de se plaindre et de protester : et il fut dit qu'on tiendrait un concile pour statuer sur son opposition.

Ce concile s'ouvrit à Verdun, le 17 novembre 947; et, suivant l'usage de ces sortes d'assemblées, les séances durent se tenir à la cathédrale. Les principaux membres étaient Adalbéron de Metz, Gauzlin de Toul, Bérenger de Verdun, présidés par leur métropolitain Robert

Concile à Verdun

---

(1) *Canonici Montis-Falconis, oppressione Virdunensis episcopi prægravati, descrentes suum cœnobium, corpus sancti Balderici deferunt Rémis.* Même chronique, à l'an 941.

de Trèves : il y avait aussi des prélats allemands ; mais le seul qui vint de France fut l'archevêque Artold lui-même, accompagné seulement de deux évêques, l'un breton, l'autre aquitain. Les abbés mitrés de Gorze et de Stavelo, et d'autres dignitaires ecclésiastiques des terres de l'Empire, prenaient part aux séances, où l'empereur était représenté par son frère Brunon, le même qui fut, peu après, archevêque de Cologne et archiduc de Lorraine (1). On décida d'abord qu'Artold, étant en possession du siége de Reims, serait provisoirement admis dans le banc épis- copal, où il prit place à côté du président Robert ; puis, comme Hugues ne comparaissait pas, on lui députa à Mouson les évêques de Metz et de Toul, qui l'exhor- tèrent à venir, en toute sûreté et liberté, plaider sa cause devant le saint synode. Mais il récusa ce tribunal, comme étant à la dévotion de l'empereur, qui le dirigeait par son frère : il prétendit, en outre, qu'on ne pouvait juger cette affaire sans les prélats français, qui protestaient par leur absence ; et il ajouta que l'évêque de Verdun s'était déjà prononcé contre lui, et qu'ainsi avait fait également le métropolitain de Trèves, l'un de ceux qui, l'année précédente, étaient allés introniser Artold à Reims. Ces raisons ne manquaient pas de poids ; et le concile le sentit : néanmoins il ne voulut pas se récuser lui-même, et il prit le parti de s'ajourner, en priant l'empereur de réunir un plus grand nombre d'évêques, pour juger une cause de cette importance. Ce fut en effet ce que l'on fit, l'année suivante 948 : un concile national s'as- sembla, au palais d'Ingelheim, près Mayence ; le haut clergé français n'y vint pas plus qu'il n'était venu à Verdun ; mais, cette fois, son absence n'empêcha pas que, grâce à la puissance des rois, la sentence qu'on prononça contre Hugues ne devînt définitive. Celui-ci continua néanmoins à

(1) Chronique de Flodoard, à l'an 947, dans Du Chesne, tom. II. p. 611. Richer de Reims, liv. II. n° 66.—Telle est la négligence du continuateur de Bertaire qu'il ne parle pas même de cette assemblée.

protester, et se maintint encore quelque temps à Mouson ;
mais le duc Conrad ayant, par ordre de l'empereur, levé les
milices lorraines, pour soutenir Louis d'Outre-Mer contre
ses vassaux français rebelles, nos évêques profitèrent de
cette expédition pour aller, en passant, chasser Hugues de
sa forteresse (1) ; puis ils rejoignirent l'armée devant Laon,
qui fut repris en 950, pour le roi de France. Il y eut, vers
ces temps, quelques troubles dans nos environs : du moins
Flodoard rapporte que le duc Conrad, repassant en notre
pays, l'an 951, y fit raser des donjons, et destitua
plusieurs fonctionnaires verdunois (2). Il s'agit sans doute
de destitutions infligées par lui à nos dignitaires municipaux ; mais, faute de documents, nous ne pouvons
rattacher ce fait à aucun autre dans l'histoire.

L'année 952 fut mémorable à Verdun par la transformation de l'église Saint-Vanne en abbaye bénédictine. Ce vénérable sanctuaire, qui avait été chez nous
le berceau du christianisme, et qui possédait les tombes de la plupart de nos anciens évêques, avait toujours
été desservi par un clergé, plus ou moins nombreux,
que l'évêque Bérard avait érigé en Chapitre, vers 875 ;
mais cette fondation ne suffisait plus à la dévotion du
siècle : les gens de très-haute spiritualité et de vie con-
templative demandaient un véritable monastère ; et la
cité elle-même se sentait quelque peu humiliée de ne pas
montrer à ses portes une belle et splendide abbaye, comme
on en voyait en tant d'autres endroits. Bérenger, qui
aimait les moines, et qui finit par se faire moine lui-
même, résolut alors d'en introduire en sa ville épis-

Fondation
de l'abbaye
Saint-Vanne.

(1) *Exercitu denique collecto, Lotharienses episcopi Mosomum petunt, ipsum-*
que obsidentes castrum, atque oppugnantes, etc. Chronique de Flodoard, ibid.
à l'an 948. Il parle ici en témoin oculaire : *Mansimus itaque cum Rotberto*
Trevirensi, dit-il dans la phrase précédente, de laquelle D. Calmet a cru
pouvoir conclure que les évêques lorrains qui firent le siège de Mouson
étaient Robert de Trèves et Adalbéron de Metz.

(2) *Qui dux Conradus, quibusdam infensus Lothariensibus, turres quorum-*
dam dejecit, et quosdam Virdunensium honoribus privavit. Flodoard, ibid. dans
Du Chesne, tom. ii. p. 617.

copale. De la charte qu'il expédia pour ce sujet, nous apprenons qu'il n'agit point de sa pure et simple autorité : il se fit d'abord autoriser par son « très-glorieux » parent et seigneur, l'empereur Othon, ainsi que par « le magnifique » Conrad, duc de Lorraine (1), au nom, et comme représentant desquels signa, à l'acte, Godefroy-le-Vieux, le premier de nos comtes de ce nom, fort illustre dans leur famille, pendant tout le siècle suivant; puis, quand on eût, au préalable, bien et convenablement dénigré l'ancienne communauté canoniale (2), l'évêque assembla le clergé et le peuple (3), et leur tint ce discours, dont il fit ensuite le préambule de sa charte : « Depuis douze ans que je suis à votre tête, je déplore cette migration, dont tout le monde se plaint, de nos meilleurs frères, qui vont, loin de nous, chercher les retraites où les appelle leur sainte vocation. Vous connaissez ces frères; et je n'ai pas besoin de vous rappeler leurs noms; mais je ne puis m'empêcher de donner un regret particulier à Humbert, excellent enfant de notre ville, né, baptisé, élevé, instruit chez nous, et qui est aujourd'hui l'ornement de Saint-Evre de Toul. De pareils hommes sont des trésors, que nous avons tort de laisser prendre par nos voisins : en conséquence, vous approuverez certainement mon projet, que j'ai d'ailleurs communiqué au très-glorieux empereur Othon, et au magnifique duc Conrad de Lothaire-règne : nous ferons revenir Humbert; avec lui reviendront ses meilleurs élèves; nous les établirons

(1) *Favente seniore nostro, gloriosissimo rege Othone, ac Conrado, Lotharii regni duce magnifico.* Charte de fondation. — Le comte Godefroy ne paraît dans cette charte que comme signataire. Ozeray, Hist. de Bouillon, tom. i. p. 20, dit mal à propos qu'il disposa du lieu en faveur des moines.

(2) *Clericos multis vilibus negotiis deservientes.* Continuat. de Bertaire. — En 942, on usa à peu près des mêmes procédés à Metz, pour mettre à Saint-Arnoul des moines à la place des clercs. Il fut dit de ceux-ci qu'ils étaient des *acephali, sub specie canonicorum, quorum mores et vita incorrigibilis,* etc. Charte dans les Preuves de D. Calmet.

(3) *Congregatis nostrae ecclesiæ fidelibus, clericis et laïcis, pari voto atque communi consensu decrevimus.* Charte de fondation.

dans notre église Saint-Pierre, où reposent saint Vanne
et tous nos pontifes des anciens temps; et nous ôte-
rons de cette antique basilique les clercs, assez inutiles, qui la desservent maintenant. Pour cette fondation,
je donne, de mon évêché, les terres, manses, églises
dont les noms suivent.... ». On en lut en effet les noms,
qu'il serait long de répéter : pour l'histoire, nous nous
bornerons à quelques remarques.

1° En premier, et plus beau cadeau (complété, environ
un siècle après, par Thierry), l'évêque donna les manses et
moulins d'Escance, ainsi que, dit-il, le ban que jusqu'à
présent j'ai eu sur ce petit village, savoir la justice des
voleurs et des coupables de violences sanglantes, le plaid,   Droits
de vicomte
ou vidame.
le règlement du cours d'eau, la correction des poids et me-
sures, tout ce qui concerne le passage de la voie publique;
en un mot, la vice-seigneurie (1). — Ce sont là précisément les droits de ce qu'on appelait, en ville, la vicomté;
toute la différence était que le vicomte urbain justiciait les
hommes libres de la cité, comme délégué du comte royal,
tandis que l'évêque, qui n'avait pas encore les droits
régaliens, ne pouvait communiquer aux officiers de ses
terres que des droits de vice-seigneurie : de sorte que ces
officiers n'étaient que vidames ; mais les attributions
étaient tellement les mêmes, de part et d'autre, que les titres
se confondaient. La différence légale se remarque toutefois
dans le passage même que nous expliquons : car Bérenger,
après avoir accordé le plaid de vidame, ajoute qu'on n'y
comprendra pas les aleux, ou propriétés franches des hommes libres, lesquelles demeurent du ressort du plaid général, c'est-à-dire de celui du comte.

2° De ces dispositions de la charte de Bérenger déri-

_____

(1) *Scantiam..., cum banno ipsius villulæ quod hactenus tenuimus, justitiam
laironum qui in bannum inciderint, vel sanguinis qui effusus fuerit, sive vice-
dominarium, placitum, et cursum aquæ, seu correptionem omnium mensurarum
(exceptis alodiis quæ homines tenent ad placitum generale respicientes), et publicæ viæ transitum.* Ibid. — Comparer avec une charte de Saint-Arnoul, de
940, dans Calmet, tom. II. Preuves, p. 186, 2ᵉ édit.

vaient les droits seigneuriaux de l'abbaye sur le bourg
Saint-Vanne, où est aujourd'hui la citadelle. Ce lieu n'était
point de la cité : c'était un bourg, dont l'abbé était seigneur, à charge de reprise et hommage féodal à l'évêché.
« A reprins de nous, à cause de notredit éveschié...: *item*
le bourg Saint-Venne, dès la porte en Chastel jusques à
l'église Saint-Remei, et, en revenant, jusques à la même porte
en Chastel, » disent les actes de reprise (1). On peut remarquer cette phrase, combinée de manière à laisser en
dehors de la seigneurie abbatiale l'ancien quartier du Mesnil, sur le revers méridional de la colline : ce quartier,
avec sa paroissiale Sàint-Remy, se rattachait à Rue et à la
cité. Le bourg Saint-Vanne comprenait Escance-Haute
et Basse (aujourd'hui Glorieux), et Moyenne, ou En-droite-
ligne, avec ban rural jusque vers Regret : ce bourg paraît
avoir été considérable, au moyen-âge : car les mentions de
maisons ou d'habitants « en mont Saint-Venne, » ou « en
Exance », sont fréquentes dans les actes ; mais, dès l'occupation française de 1552, on construisit là une première
citadelle, puis une nouvelle, et plus grande, en 1625 : les
anciens quartiers furent détruits ; le terrain devint militaire ; et la seigneurie de Saint-Vanne à Verdun se réduisit à son ban rural.

3° Ce bourg, tant qu'il exista, eut son marché particulier, autorisé par l'évêque Heimon, vers l'an mil (2), avec
les tailles (*teloneum*), levées, perceptions et vexations diverses, auxquelles était accoutumé le pauvre peuple du
moyen-âge, au profit de ses seigneurs, et que nous subis-
sons toujours, plus ou moins, par nos octrois et impôts
indirects, mais seulement pour l'intérêt public. « *Item,*

(1) Acte du 12 novembre 1438, de l'abbé Etienne Bourgeois à Guillaume
de Haraucourt. *Bannum etiàm montis Sancti-Vitoni, à cruce quœ portœ monasterii proeminet, ad portam civitatis,* dit la bulle de 1049.

(2) *Mercatum etiàm, quod in ipso monte Sancti-Vitoni Haimo episcopus habendum constituit, et teloneum omnium rerum, cum pugillo totius annonœ quœ à
superiori cursu Mosœ ipsis publicis aggeribus undècumque advehitur,* etc. Bulle
de 1049.

disent les actes de reprise, les portaiges (droits d'entrée)
de la porte Champenoise, et de la porte en Rue. *Item*, les
pognetaiges de la Grainge, en mont Saint-Venne (droit de
prendre une poignée, ou cuillerée dans les sacs de grains),
et le tonneu (péages des marchandises). *Item*, le banvin de
mont Saint-Venne, deux fois l'an, (droit du seigneur de
vendre seul son vin, pendant quinze jours), et tout ce entièrement que ladite église tient ondit ban, en toutes
issues, fors le lieu où l'on vend le sel, qu'on appelle les
alluefs (aleux) Saint-Venne. » Sur cet article de la vente du
sel, le marché du bourg était privilégié : on ne pouvait
exposer cette denrée en vente ailleurs ; et de cet ancien
droit exclusif, il restait encore, au xvie siècle, ce vestige
que les marchands de sel de la ville devaient faire ajuster
leurs mesures à la justice du Ban (1). Quant aux « portaiges »
de la porte Champenoise et de celle de Rue, comme ces
portes étaient de la ville, l'évêque Heimon n'en avait accordé l'impôt qu'à la charge par l'abbaye de contribuer
à ce qu'il appelle, dans sa charte, *pitura muri civitatis*,
c'est-à-dire l'entretien d'une certaine étendue des remparts. Lorsque Léon IX vint à Verdun, en 1049, les moines
le supplièrent de les décharger de cette *pitura*; mais
Thierry fit rejeter leur demande (2).

4° On voit, par la charte de fondation, qu'une grande
partie de la dotation de Saint-Vanne consista en églises paroissiales. A Chatancourt, dit cette charte, (*Castonis curtem*)
une église ; une à Parois, avec 16 manses, qui étaient de la
donation de Pépin d'Héristall, (ci-dessus p. 196) ; une à
Herbeuville-en-Woëvre, *Harbodivillam*, *in Waprâ*, une à
Montzéville, *Amonzeivilla*, etc. La même chose se fit, quelques années après, pour Saint-Paul ; puis pour la Madeleine ; et, en général, pour toutes les fondations de ce
temps, même pour Saint-Maur, qui était une abbaye de

Eglises
paroissiales
données
aux abbayes.

(1) Registre de la Ville, 23 octobre 1578.

(2) *Nos constituimus, juxtà petitionem tuam* (de Thierry).., *ut ab hominibus
præfati banni, per præpositum abbatiæ, eadem pitura exigatur.* Même bulle.

femmes; et dans ces chartes, le mot autel (*altare*) est souvent
employé dans le même sens. Ces dispositions nous renseignent sur l'état des paroisses, au moyen-âge. Afin d'assurer l'entretien et le service de ces églises, on les donnait à
de grandes corporations religieuses, qui prenaient à leur
charge les bâtiments, ainsi que les dépenses nécessaires
au culte, et avaient l'obligation de pourvoir la cure d'un
titulaire convenable, qu'elles devaient former elles-mêmes,
ou faire élever à leurs frais, et dont elles répondaient, en
le présentant à l'archidiacre, qui l'examinait et l'instituait,
au nom de l'évêque. En compensation, elles percevaient
les dîmes du lieu, à charge d'en laisser au curé, pour subsistance, une part « convenable, » appelée, dans le droit
canon, *portionem congruam*, ou portion congrue : expression que la mesquinerie des décimateurs finit par rendre
synonyme de traitement chétif et misérable.

Parmi les églises conférées à Saint-Vanne, nous remarquons celle de Saint-Pierre, « au faubourg du Châtel de
Verdun.» Ce ne peut-être Saint-Pierre-le-Chevri, ou Petite-
Saint-Pierre, dans le faubourg Saint-Victor, bien loin
du Châtel : c'est donc l'autre Saint-Pierre, dans la rue qui
a gardé ce nom; et nous apprenons de notre texte que, dès
le milieu du X⁰ siècle, ce quartier existait, en manière de
faubourg, sous les murs de l'ancienne Fermeté, à la descente nord. Cette église, ajoute le document, est donnée à l'abbaye, pour l'aider à établir son hôpital (1). Nous
verrons bientôt une disposition analogue, dans les actes de
fondation de Saint-Paul : ce qui prouve que toute grande
abbaye devait entretenir un hôpital; celui de Saint-Vanne,
qu'on appelait l'aumônerie, exista jusqu'à ce que Marillac
en affecta les bâtiments aux usages militaires de la citadelle. — Pour renseignements particuliers sur le sort des
curés dans cette mense, au XI⁰ siècle, la bulle de 1049 dit

(1) *Ad præparandum hospitale, ecclesiam Sancti-Petri, in suburbio Virdunensis
castri.* Charte de fondat. — Remarquons encore la donation de dix manses
sur Saint-Amant en Rouergue : *De abbatia Sancti-Amantii, mansa decem.*

que chacun d'eux devait au seigneur abbé, deux fois l'an,
un service de 15 hommes à cheval, et douze écus, le jour
de Saint-Vanne : en outre, les réparations des mères-églises
étaient à leur charge pour un tiers ; quant aux simples
chapelles, c'est-à-dire aux églises non érigées en titres de
cures, leur entretien regardait les paroissiens. De ces
indications il semble résulter que le seigneur abbé laissait
une certaine aisance à ses curés, mais les traitait un peu
en vassaux (1).

La charte de Saint-Vanne fut, l'année même de sa
promulgation 952, portée par Bérenger à Pavie, à l'empereur Othon Ier, pour qu'il la revêtît de la sanction et
confirmation impériale (2) ; puis, dix ans plus tard, en
962, Jean XII y donna, de son côté, sanction et ratifi-
cation papale. Dans ces actes, on suppléa une clause
importante, laissée en sous-entendu par le fondateur,
par délicatesse peut-être, et parce qu'il ne voulait pas
avoir l'air de retenir d'une main ce qu'il accordait de
l'autre : c'est que l'abbaye, tout en se gouvernant dans
les détails par la règle bénédictine, ne laisserait pas de
reconnaître, pour la haute direction et l'ensemble des
choses, l'évêque, chef du diocèse dont le monastère demeurait toujours membre (3). Telles furent les chartes

(1) *Abbati, vel fratribus fidelitatem faciat; duo servitia per annum abbati,
cum comitatu quindecim equitum, in domo suâ, faciat; et duodecim nummos in
festivitate sancti Vitóni, pro servitio persolvat. Si qua autem in matre-ecclesiâ
restruenda fuerint, duas partes abbas et præpositus restruant, tertiam persona.
De capellis autem restruendis, nullus eos inquietabit, sed tantùm ad parochianos pertinebit.* Bulle de 1049. Cette bulle dit que les choses avaient été ainsi
réglées de concert avec Thierry et ses prédécesseurs.

(2) *Fidelis noster Berengarius..., humili devotione adiens nostram clementiam
etc... Actum Papiæ, in Dei nomine.* Charte impériale. — A cette charte se
trouve la signature, remarquable pour nous, du chancelier Vicfrid, dont
nous allons parler, comme évêque de Verdun : *Wilgfridus cancellarius, ad
vicem Brunonis archicancellarii, recognovi..., anno 952...*

(3) *Quatenus easdem res, Virdunensis ecclesiæ pastoris consilio, omni tempore
ordinatas, abbas et monachi jussionibus illius obtemperantes, quieto ordine habeant.* Charte impériale. — *Quatenus ecclesia Virdunensis..., in membro sibi
subjecto, consilio sui episcopi, atque providentiâ gloriosi abbatis Humberti, de-
corum sanctâ conversatione sublimata glorietur.* Bulle de Jean XII. — Toutes

21

de la fondation primitive; elles s'augmentèrent, environ
un siècle après, d'une bulle de 1049, que cette communauté, comme les autres, obtint du pape Léon IX, à
son passage à Verdun, et qui enregistra les améliorations survenues depuis l'origine. Ces améliorations étaient
principalement dues à la veuve et aux fils du premier
comte Godefroy, pour lesquels Saint-Vanne fut un lieu
de prédilection : en ce même siècle onzième, le vénérable abbé Richard, élève de ce monastère, rétablit dans
tous ceux de nos provinces les bonnes règles et les traditions de l'ordre bénédictin; enfin, dans les temps modernes, Saint-Vanne eut encore l'honneur d'être le point
de départ d'une nouvelle restauration, par l'établissement,
en 1600, de la congrégation réformée qui portait son
nom. Pour ces motifs, ce fut un lieu illustre et célèbre dans l'histoire monastique. A Verdun, on devait à
ces moines de beaux monuments : l'ancienne Saint-Amant,
paroissiale de leur ban, détruite, au regret général, en
1625, par Marillac, pour creuser les fossés de la citadelle; et surtout leur magnifique église, dont nos contemporains ont encore vu les ruines. Ils écrivirent, bien
ou mal, nos chroniques, depuis le milieu du xe siècle
jusqu'à celui du xiiie; et leurs légendes, que nous avons
rapportées, sur saint Saintin et sur l'Analogium ne sont
point dénuées de quelque poësie. Jusqu'à la Révolution, ce
furent eux qui gardèrent la fameuse châsse de saint
Saintin : privilége dont le motif était que leur église,
la plus ancienne du pays, passait pour représenter celle
même qu'avait érigée l'apôtre verdunois, lorsqu'il vint
prêcher chez nous l'évangile.

Dans ses derniers jours, Bérenger fut abreuvé de cha-
grins, par des adversaires dont les menées ont laissé

ces chartes sont dans les Preuves de nos Histoires, à l'exception de la bulle
de 1049, que nous ne trouvons point imprimée. — Y joindre une charte
impériale de 1015, relatant des donations du comte Godefroy, de sa famille,
et de Gérard d'Alsace, aïeul du premier duc héréditaire de Lorraine, dans
Calmet, tom. ii. Preuves, p. 249.

des traces, visibles encore à travers les réticences des
chroniques. On le força à se démettre, sous prétexte
d'un coup de pied qu'il avait donné au princier Bernier : il se retira à Saint-Vanne, au sein de la communauté qui lui devait son existence ; et il vit l'évêque Vicfrid
s'asseoir à sa place sur le siége épiscopal. Le continuateur
de Bertaire, trop rapproché de ces temps pour avoir
osé parler avec liberté, se borne à reproduire les rumeurs
et fables qu'on fit courir dans le peuple ; mais nous
trouvons des renseignements plus positifs chez Hugues
de Flavigny, écrivain dont l'autorité augmente, à mesure
que nous nous rapprochons de son temps. « Le seigneur
Bérenger, dit-il, étant encore en vie, et occupant son
siége de Verdun, les évêques de la province de Reims,
qui le haïssaient, parce qu'il les blâmait et refusait d'assister à leurs conciles, s'assemblèrent, aux environs de
Meaux : et, sans en prévenir le métropolitain de Trèves,
ils ordonnèrent Vicfrid à sa place (1). » Peut-être ces
évêques gardaient-ils rancune à notre pontife, à cause
de sa conduite dans l'affaire de Hugues de Vermandois :
quoi qu'il en soit le coup qu'ils lui portèrent fut habile ;
car Vicfrid, chancelier, ou secrétaire de l'archiduc Brunon de Lorraine, pouvait compter sur son puissant maître.
Cet événement, que Flavigny date de l'an 961, est en
réalité de l'année 959, indiquée par Vicfrid lui-même
dans ses chartes comme la première de son ordina-
nation (2). Nos modernes, faisant ici des contre-sens
volontaires, écrivent que Bérenger se désigna lui-même
ce personnage pour successeur : et qu'étant brouillé avec
l'archevêque de Trèves, il le fit sacrer dans un concile
de la province ecclésiastique de Reims (3). Quant au

(1) Dans Labbe, Nova biblioth. tom. 1. p. 134.
(2) *Anno ordinationis domni Wicfridi, sanctæ Virdunensis ecclesiæ antistitis,*
primo... Signum domni Wicfridi, episcopi. Charte de la comtesse Hildegonde,
en 959, pour le prieuré d'Amel. *Gallia. christ.* tom. XIII. Instrum. p. 554.
(3) Telle est la version de Roussel, p. 158. Il traduit le passage de Flavigny comme s'il y avait : *eò quòd domno Berengario inimicaretur (metropolita-*

public, comme il fallait lui sauver les apparences, on
inventa des histoires, bonnes pour le xᵉ siècle. L'évêque
vieillissait, et marchait avec peine : un jour qu'il parut
plus boiteux que de coutume, on s'avisa de dire, d'abord
à bas bruit, puis ensuite très-haut, que Notre-Dame
était venue, pendant la nuit, dans sa chambre, avec des
saints, et qu'elle lui avait donné un grand coup de
baguette, en punition d'un coup de pied qu'il avait lui-
même donné au princier. Cette scène du coup de pied
s'était passée, dans l'obscurité, à l'entrée du chœur ; là
l'évêque, trouvant un clerc prosterné qui lui barrait le passage, l'avait poussé un peu brusquement : par malheur,
ce clerc était le princier lui-même, archidiacre de la
ville (1), qui s'excusa de ne s'être point rangé devant le
seigneur évêque, en prétendant que, disant là ses Heures,
il était comme tombé en extase. Cette sotte histoire
courut tout le pays : *multis referentibus audivi*, dit le
continuateur de Bertaire : les adversaires du prélat la
mirent en vogue ; et les gens crédules y ajoutèrent foi ;
alors Bérenger, soit qu'il eût, dès ce moment, quelque
intention d'entrer au cloître, soit qu'il voulût simplement laisser passer l'effervescence, se retira chez ses
fidèles de Saint-Vanne, qui s'empressèrent de le consoler
dans son chagrin. Il est probable qu'on profita de sa
retraite pour persuader aux évêques de la province de
Reims qu'il s'était lui-même fait moine, et qu'en conséquence son siége était vacant ; et ce fut ainsi qu'il y
eut à la fois deux évêques en notre ville. Cette ano-
malie, que l'historien de l'église gallicane Longueval

nus *Trevirensis*), tandis qu'il y a : *eò quòd*, etc. *inimicarentur (episcopi synodi Remensis)*.

(1) *Bernerius, præpositus* (prévôt ou princier) *ejusdem ecclesiæ...* Et, un peu plus loin : *Memoratus clericus, urbis ipsius præpositus.* Flavigny, ibid. p. 155. Il résulte du rapprochement des deux phrases que Bernier n'est qualifié de *urbis præpositus* que parce qu'en sa qualité de princier, il était archidiacre de Verdun : en conséquence, on a eu tort de donner ce personnage pour un dignitaire de la ville, et de citer ce passage parmi ceux qui établissent l'existence d'une magistrature municipale antérieure à la Commune.

note comme l'une des singularités de ce temps, paraît
s'être prolongée jusque vers 963 ; du moins un docù-
ment, dont on ne peut reculer plus haut la date, indique
que Saint-Vanne reconnaissait encore alors Bérenger pour
évêque (1) : et on dut, pour éviter les murmures du
peuple, le laisser jusqu'à sa mort, en possession des
honneurs ecclésiastiques (2). Dans ces pénibles circonstances, il agit en vrai disciple de l'évangile ; il n'entama, pour se maintenir, ni contestations, ni procès,
il traita Vicfrid comme un coadjuteur envoyé par l'archiduc ; puis, cédant à la nécessité, il fit ses adieux
au Chapitre, en lui donnant la seigneurie de Belleville
près Verdun (3) ; enfin, il entra, pour n'en plus sortir,
à Saint-Vanne, où il se consacra au service des pauvres, dans l'hôpital dont il avait stipulé l'établissement
par les chartes de fondation. *Humilitatis vestitus amictu,*
serviebat pauperibus, pauper et ipse spiritu, dit de lui la
chronique de Hugues. Il mourut avant l'an 967 ; car
Vicfrid, dans une charte de cette date, l'appelle son
prédécesseur « de sainte mémoire » : éloge qui, d'après
les faits que nous venons de rapporter, ne doit pas
être pris pour une simple formule de style.

(1) Ce document est l'histoire de la translation du corps de saint Firmin
à Flavigny-sur-Moselle, dans D. Calmet, tom. III. Preuves, p. 338. 2ᵉ édit.
On y voit que cette procession se fit, Bérenger étant évêque, et qu'elle fut
reçue à Toul, par saint Gérard, lequel ne fut sacré évêque de Toul qu'au
mois de mars 963.

(2) *Pro votis populorum, qui nolebant alteri in vitâ ejus subesse.* Flavigny,
ibid.

(3) Un manuscrit porte *Beslane-Villam*, Béthelainville. Mais ce village
était de la prévôté des Montignons, tandis que Belleville demeura dans la
seigneurie du Chapitre jusqu'en 1790. — Epitaphe de Bérenger, dans Mabillon, Analecta, tom. II. p. 661.

CHAPITRE II.

Cette seconde moitié du dixième siècle vit la dissolution
de l'ancien royaume de Lothaire, et la naissance des principautés entre lesquelles notre pays se partagea, pour tout
le reste du moyen-âge. Jusqu'alors la Lorraine avait gardé
son titre de royaume (1) : ses grands ducs étaient de vrais
rois, auxquels ne manquait que l'hérédité ; et, si par quelque révolution féodale, ils fussent parvenus à l'acquérir,
un puissant état se fût trouvé constitué, au moins en germe, entre la France et l'Allemagne. La politique de l'empereur Othon Ier empêcha ce résultat. Effrayé de ce qui était
arrivé au temps de Giselbert, et de la récente trahison de
Conrad, qui avait appelé les Hongrois, il lui parut sage de
briser cette vaste Lorraine, et de la diviser en tant de parties que désormais les fragments ne pussent en être
réunis. Le ministre qu'il choisit pour ce plan fut son
propre frère, l'archevêque Brunon de Cologne, homme de
haute intelligence, et qui n'avait point de famille à transformer en dynastie. On décida d'abord qu'il y aurait, à
l'avenir, deux Lorraines, la Haute et la Basse, chacune
avec titre de duché; et qu'ensuite, connaissant dans les
deux provinces les grands seigneurs dévoués à l'Empire,
on laisserait la désorganisation féodale, qu'on ne pouvait

(1) En 928, et en 956, on lit encore, dans nos chartes, la formule, déjà re-
marquée ci-dessus p. 299 : *regnante domino Henrico*, ou *domino Othone; gloriosissimo rege, super regnum quondàm Lotharii*. Chartes dans Hontheim,
tom. I. p. 272. 73. 75. etc.

d'ailleurs empêcher, poursuivre à leur profit le morcelle-
ment du territoire. Brunon fut qualifié d'archiduc, c'est-
à-dire de duc supérieur aux deux qu'on allait créer : il
gouverna spécialement la Basse-Lorraine, dite ensuite
Lothier et Brabant, la surveillant de son palais de Cologne,
à l'aide d'un duc Godefroy, personnage différent du comte
de Verdun, dont nous parlerons tout à l'heure, bien que
souvent on les ait confondus, parce que la postérité de
notre comte parvint, après l'an mil, à ce duché de Lothier.
Quant à la Haute-Lorraine, celle qui, de plus en plus réduite, devint la Lorraine d'aujourd'hui, on la nommait
alors Mosellane, la Moselle coulant en son milieu : elle
comprenait, outre le duché des ducs modernes, l'Alsace,
une partie du Luxembourg, l'électorat de Trèves, et les
Trois-Evêchés. Par sa situation, Verdun appartenait à
cette province; mais la position de ses comtes, comme ducs
de Lothier, le rattacha de fait à l'autre, pendant le XIe
siècle. Enfin, pour dernier trait de leur politique, l'empereur et l'archiduc secondèrent la tendance des évêques
à se transformer en princes, comme les autres grands
seigneurs. Ces principautés ecclésiastiques présentaient
cet avantage que, l'hérédité n'y existant pas, on pouvait,
aux investitures, écarter plus aisément les gens suspects;
et on avait encore dans les Avoués épiscopaux, qui devaient
être agréés par l'empereur, un bras séculier et un moyen
d'action auquel échappaient les feudataires laïques.

A cette constitution de la grande féodalité se formèrent
sur nos frontières, et souvent à leurs dépens, de nouveaux
états; le comté de Bar, avec sa grande annexe de Briey; le
comté de Luxembourg, ceux de Chiny et de Grand-Pré,
qui tous jouent un rôle dans les événements de notre
moyen-âge.

Bar n'était encore, au milieu du Xe siècle, qu'un de ces
lieux que les chartes appellent *villa*, considérable néanmoins, puisque cette localité donnait son nom au pays Barrois, que nous avons vu, dès 709, mentionné dans les actes

Comté de Bar. de fondation de Saint-Mihiel. Comme comté, Bar doit son origine au puissant duc de Haute-Lorraine, Frédéric, lequel, issu de ces grandes familles qui, à la dissolution de l'empire carlovingien, transformèrent leurs Bénéfices en fiefs princiers, était devenu, par sa femme Béatrice, beau-frère de Hugues Capet, et neveu de l'empereur, ainsi que de l'archiduc (1). Ce fut à ce mariage, presque royal, qu'il dut son élévation au duché de Haute-Lorraine, vers l'an 960, à l'époque même du démembrement de l'ancien royaume. Auparavant, et depuis assez longtemps déjà, Frédéric travaillait à se former, aux frontières mêmes de la France et de l'Empire, une principauté de telle situation qu'elle fût indépendante : suivant Flodoard, auteur contemporain, ce projet remontait chez lui à l'époque même de ses fiançailles avec Béatrice, en 951 : et il comptait sans doute, du côté de la France, sur l'appui des parents de sa femme : car le lieu qu'il choisit pour ériger son fort, lieu que le même auteur nomme *Banis*, était du territoire français (2). Nos savants considèrent ce mot *Banis* comme une faute de copiste, pour *Barris*, ou *Fanis*, Bar, ou Fains (3) : quoi qu'il en soit, Frédéric ne put alors exécuter son entreprise parce que, abusant de la position de sa nouvelle forteresse, il se mit à faire des courses aux environs, et commit, dit toujours Flodoard, tant de brigandages que le roi Louis

(1) Hugues-le-Blanc, dit aussi le Grand, et l'abbé, père de Hugues-Capet, épousa Edwige, fille de l'empereur Henri l'Oiseleur, et sœur d'Othon et de Brunon.

(2) *Fridericus..., qui filiam Hugonis principis sibi desponderat, in hoc regnum veniens, munitionem in loco qui dicitur Banis, inconsulto rege vel reginâ, construere cœpit, et loca circumposita crebris deprædationibus diripit. Pro quâ re valdè molestus rex Ludovicus, legationem dirigit ad Othonem*, etc. Flodoard, Chronique, à l'an 951, dans Du Chesne, tom. II. p. 617. Remarquer ces expressions *in hoc regnum veniens: inconsulto rege, vel reginâ*, qui indiquent que Banis était en France ; et Flodoard le confirme, en ajoutant, un peu plus loin : *Prohibere Othonem ne Fridericus ullam munitionem in hoc regno habeat, nisi consensu regis Ludovici.*

(3) Chifflet, dans son *Commentarius Lothariensis*, p. 4, prétend que c'est Bagneux près de Paris. Il est vrai que la duchesse Béatrice devait avoir des terres aux environs de Paris ; mais le recours du roi à l'empereur indique une localité sur la frontière.

d'Outre-Mer en envoya faire plaintes à l'empereur, duquel
arriva ordre de détruire la fortification, avec défense à
Frédéric d'en ériger aucune en ces lieux, sans l'agrément
du roi. Ce premier donjon fut donc rasé, probablement
par le duc Conrad, dans l'expédition où nous avons dit
qu'il avait fait abattre ceux que les seigneurs lorrains
s'étaient permis de construire sans autorisation, et destitué les dignitaires de Verdun : mais Frédéric tenait à son
projet ; et, dès qu'il se vit lui-même duc, il recommença
ses constructions, disant qu'il était nécessaire d'assurer
là, par un bon château, le pays contre les courses des Cham-
penois : c'est pourquoi, ajoute le chroniqueur de Saint-
Mihiel, on appela ce fort Bar, c'est-à-dire Barrière du duc :
*Barrum, quasi barram, propter frequentes Campanorum in
Lotharingiam incursiones.* Telle était, du moins, l'étymologie populaire, bien que nous sachions que le pays s'appelait Barrois, longtemps avant l'érection de cette nouvelle
barrière. Cependant le duc n'était point au terme des difficultés de son entreprise ; car il se trouva que Barrum-Villa,
ainsi que les autres adjacentes, étaient du domaine de la cathédrale Saint-Etienne de Toul (1) : de sorte que l'évêque
saint Gérard réclama ; et il y eut encore des plaintes à
l'empereur (2) : enfin, après des arrangements dans le
détail desquels nous ne pouvons entrer, on indemnisa

(1) *Villam quoque quæ Barum-Villa dicitur, et alias plures ibi adjacentes,
quia Sancti-Stephani Tullensis erant, per concambium à sancto Gerardo*, etc.
Chronique de Saint-Mihiel, dans Calmet, tom. III. Preuves, p. 97. 2ᵉ édit. —
On trouve, en effet, dans les chartes carlovingiennes de Toul, les noms de
Cupedonia (Couvonge), *Barrum*, etc. P. Benoit, Preuves, p. XI et XVI.

(2) *In prædio ecclesiæ Tullensis : quâ de re Gerardus episcopus imperatorem
Othonem adiit*, etc. Dans les Preuves de Calmet, ibid. p. 206, (tiré du livre
des successeurs de saint Hidulfe). — Suivant Vidric, *in Vitâ Gerardi*, ibid.
p. 192 et 209, saint Gérard, en cédant Barrum, obtint en échange de Frédéric
les villages des environs : *Vamplenam* (Monplonne), *et reliquas, quas domnus
Gerardus à Beatrice; pro Barro monte, acceperat.* Mais il est peu probable que
Frédéric, pour obtenir le terrain de son château, ait abandonné les villages
des environs, qui devaient former la châtellenie : et la chronique de Saint-
Mihiel dit de ces *villas adjacentes*, aussi bien que de la Barri villa elle-même,
que *Sancti-Stephani Tullensis erant.*

saint Gérard par la cession de portions des avoueries de
Saint-Diey et de Moyen-Moutier en Vosges, le duc se réservant toutefois la dîme de la mine d'argent du Val-Saint-
Diey. Ainsi furent acquises les premières dépendances, ou
ce qu'on appelait alors le *casamentum*, c'est-à-dire le territoire de châtellenie du nouveau château : et la duchesse
Béatrice y ajouta les trois villages de Neuville, Revigny et
Laimont, qui appartenaient là à Saint-Denys, et qu'elle
obtint sans doute par échange de quelques terres de sa
dot, aux environs de Paris; peut-être même sans échange,
son père Hugues-le-Blanc étant alors abbé séculier. Malgré ces accroissements, le territoire demeurant encore
assez petit, relativement aux grands projets qu'on avait
formés sur lui, le duc fit savoir aux moines de Saint-
Mihiel qu'à l'avenir, il serait leur Avoué, ou défenseur, et
qu'en récompense de ses services, il allait prendre le tiers
de leurs possessions, qu'il joindrait au *casamentum* de Bar,
attendu que le château servirait aussi à protéger l'abbaye (1). Il est assez probable que les moines trouvèrent
qu'on leur faisait payer ce service un peu cher : et leur
chroniqueur, qui écrivait au siècle suivant, s'étonne de la
facilité avec laquelle se consomma un tel envahissement;
mais, comme Saint-Mihiel dépendait toujours de Saint-Denys (2), on peut croire que l'abbé séculier Hugues-le-Blanc ne
se montra point hostile à l'agrandissement de son gendre.
Les trois premiers comtes de Bar, ayant été en même temps
ducs de Haute-Lorraine, la nouvelle principauté s'affermit
sous eux. La maison des comtes proprement dits commença
en 1033, au mariage de Louis de Montbéliard avec Sophie,
l'une des filles du dernier comte-duc. Louis apporta en
mariage le comté de Mousson, dont les princes de Bar, ou

(1) *De tertiâ parte possessionum abbatiæ illud castrum casavit, dicens totius abbatiæ tutamen fore... Dominio suo abbatiam subjugavit, (quod sibi facile fuit) : et
istud dominium, sub titulo Defensionis, ad posteros suos transmisit.* Chron. de
Saint-Mihiel, ibid. C'est cette Chronique qui donne les noms des trois villages de Saint-Denys, ajoutés par la duchesse Béatrice.

(2) V. ci-dessus, p. 219-221.

les aînés de leur famille, prennent souvent le titre dans les anciennes chartes (1) : nous verrons tout à l'heure comment Briey leur advint; l'évêché de Verdun leur donna son Avouerie, après le départ de Godefroy de Bouillon; et de cette Avouerie, il leur resta le Clermontois, à l'expulsion du dernier voué Renauld le Borgne, vers 1140. Au milieu du XIVᵉ siècle, le Barrois fut érigé en duché : enfin, en 1430, s'éteignit la noble et antique maison de Bar, par la mort du dernier duc, le cardinal Louis, qui fut aussi évêque de Verdun, et qui est inhumé dans notre cathédrale, en la chapelle fondée par ses ancêtres. Après lui, le Barrois fut réuni à la Lorraine, qui devint dès lors la puissance prépondérante de notre pays.

Briey que, dès le milieu du XIIᵉ siècle, on trouve uni à Bar, avait un territoire considérable qui, de notre côté, s'avançait jusqu'à Etain. C'était probablement l'un des deux comtés de Woëvre que mentionne le partage de 870 (ci-dess. p. 270), et que, suivant quelques auteurs, possédait le premier Frédéric de Haute-Lorraine, dès avant son mariage avec la sœur de Hugues Capet; mais, pour trouver sur ce pays un renseignement quelque peu explicite, il faut descendre jusqu'au départ de Godefroy de Bouillon pour la Croisade. Laurent de Liége, après avoir dit qu'alors l'empereur disposa du duché de Basse-Lorraine, d'abord pour le comte de Limbourg, ensuite pour celui de Louvain, ajoute que, quant à la seigneurie de Briey, Albert, frère de l'évêque Richer, la revendiqua, sous la foi (hommage) qu'il en avait faite à Mathilde, veuve de Godefroy le Bossu (2). De cette indication, et d'une charte de Mathilde elle-même, en 1096,

Briey.

---

(1) Le château de Mousson, célèbre dans l'histoire de Lorraine, était sur une montagne voisine de Pont-à-Mousson.

(2) *Briacensem verò potestatem Albertus, frater episcopi, sub fide marchisiæ Mathildis, relictæ Godefridi Gibbosi, sibi vindicavit.* Spicil. XII. p. 293.—Albert était Voué : le cartulaire de Saint-Pierre-Mont renfermait une charte de lui, sous ce titre : *Cyrographus Alberti, advocati de Bricio.* Citée par Lainé, Généal. de Briey, p 16.

il résulte que cette célèbre comtesse était dame de Briey,
vers l'an 1100, y ayant Albert pour voué; et que ce
domaine lui appartenait en aleu, ou en propre, puisqu'il ne fut pas compris dans les changements de fiefs
qu'entraîna le départ du neveu de son mari. Or Mathilde était fille de Béatrice, sœur de Sophie de Bar;
et les deux sœurs ayant dû partager la succession de
leur père Frédéric II de Haute-Lorraine, nous admettrons que, Bar étant le lot de Sophie, Briey fut dans la
part de Béatrice, dont la descendance s'éteignit avec
Mathilde, en 1115 : alors la maison de Bar, qui représentait Sophie, dut hériter de Briey. Dès la charte de
1096, on prévoyait sans doute le retour prochain de
ce domaine à la ligne barroise, puisqu'on fit garantir
la donation de Mathilde par un comte de Montbéliard (1).
En 1133, ce retour avait eu lieu, comme le prouve la
mention de Renauld le Borgne, dans une charte de Saint-
Pierre-Mont; et, en 1189, Thibauld Ier, épousant Erme-
sinde de Luxembourg, se titra de Briey, afin de transmettre à sa comtesse l'honneur de ce titre (2). Mais, soit
que les ducs de Haute-Lorraine, auteurs de Béatrice
et de Mathilde, le tirassent d'une avouerie de l'évêché
de Metz, soit que Mathilde, se voyant sans postérité
eût fait quelque disposition pour l'église, on trouve, à
la date de 1225, une reconnaissance du comte Henri II
d'avoir, à ce consentant le comte palatin de Bourgogne, reçu de Jean d'Apremont, évêque de Metz, le fief de
Briey, et un autre que lui et ses prédécesseurs tenaient

(1) Cette charte de 1096 est la fondation de Saint-Pierre-Mont : *Ego Ma-
thilda comitissa, filia Bonifacii marchionis et ducis* (de Toscane), *quæ professa
sum, ex natione meâ, lege vivere Longobardorum*, etc. Parmi les *fidejussores,*
on voit : *comes Lodoicus, filius Theodorici comitis de Montbeliard.*—Saint-Pierre-
Mont était une abbaye de chanoines réguliers, près de Briey.

(2) *Dominus Theobaldus de Brieio dedit Ermesindi, in dotalitium, Brieium,
et honorem Briei.* Charte de 1189, dans Calmet, tom. vi. Preuves, p. 61. 2ᵉ
édit. — La charte de 1133, citée dans Lainé, Généal. de Briey, p. 16, note,
est une confirmation, par Renauld, des biens de Saint-Pierre-Mont, à l'occasion de la dédicace de l'église par le cardinal Mathieu d'Albane.

dudit évêché (1) : et, deux siècles après, au temps du
grand désastre de René Ier à Bulgnéville, le duc Philippe-le-Bon réclama encore Briey, et autres terres, comme
mouvance de la Comté de Bourgogne (2). Ces droits
ou prétentions venaient probablement de ce que Louis de
Montbéliard, qui avait apporté Mousson au Barrois, était
feudataire bourguignon; mais on ne peut, faute de documents, se rendre bien compte de ces relations compli-
quées. Pour notre histoire, il suffit de savoir ce que
c'était que Briey, et à quel titre le Barrois, puis la
Lorraine s'étendaient jusqu'à Etain. Nous ne trouvons
point de titres anciens qualifiant Briey de comté ; Laurent
de Liége ne l'appelle que seigneurie *(Briacensis potestas);*
et le comte Thibault II, dans différents arrangements
avec le Chapitre de Verdun, pour des villages de la
prévôté capitulaire de Foameix, distingue « sa comté
de Bar, et sa châtellenie de Briey (3). » Quelques anciennes
chartes indiquent qu'à cette châtellenie se rattachait
l'avouerie de Gorze à Amel.

L'ancienne histoire du Luxembourg marche parallèle-   Luxembourg
ment à celle du Barrois, avec une telle analogie que
les mêmes dates, à peu près, indiquent la naissance des
deux comtés, leur érection en duchés, enfin l'absorption,
de l'un dans la Lorraine, et de l'autre dans les vastes
états des ducs de Bourgogne: mais là s'arrête la ressemblance; car, à la fin du xve siècle, Marie de Bourgogne,
la plus riche héritière d'Europe, porta le Luxembourg

(1) Nous n'avons trouvé cette charte, du 6 octobre 1225, que dans le
résumé qu'en fait un arrêt de la chambre royale de Metz, du 27 juin 1680.

(2) On voit par D. Calmet, liv. 28, n° 31, à l'an 1436, que Philippe-le-Bon,
à cause de sa comté de Bourgogne, réclamait l'hommage, non-seulement
pour Briey, mais pour tout le marquisat de Pont-à-Mousson, ainsi que pour
Amance, Clermont-en-Bassigny, Conflans, Châtillon et La Marche.

(3) « Et, sil avenoit que je, ou mi hoirs, ôtessiens de la conté de Bar,
Briei, ou aucune partie de la chatelerie de Briei, ou lou ban d'Amelle, ou lou
ban d'Estain, ou aucune partie de la conté de Bar, tuit cil qui les tenroient
seroient tenus de tenir toutes ces convenances au devant-dit Chapitre. »
Charte de 1252, cartul. p. 33.

à la maison d'Autriche, qui le posséda, par sa branche espagnole, jusqu'en 1715, époque à laquelle il revint aux empereurs. C'était un grand pays, entre l'évêché de Liége, l'électorat de Trèves, la Lorraine et la Champagne : au XVIIe siècle, la France parvint à en détacher Thionville et Montmédy (1); auparavant le territoire espagnol s'avançait vers nous jusqu'à Damvillers. Luxembourg, que les anciens documents appellent Lucilimbourg, puis Lucimbourg et Lucelbourg, tire son nom d'un Castrum Lucilium romain, qui se trouvait, au Xe siècle, dans les immenses domaines de Saint-Maximin de Trèves, et tombait en ruines, lorsque le comte Sigefroy l'acquit, par échanges que conseilla et ratifia l'archiduc Brunon, en une charte de 963, signée de lui (2). Comme Sigefroy était voué de Saint-Maximin, et abbé séculier d'Epternach, il eut quantité d'occasions d'augmenter son territoire aux dépens des moines : ces accroissements continuèrent sous ses successeurs, et devinrent fort considérables, en ce pays longtemps peu peuplé; enfin, à la diète de Metz, de 1354, l'empereur Charles IV, qui était de la maison de ses princes, l'érigea en duché; puis la dernière héritière, Elisabeth, le céda, en 1444, à Philippe-le-Bon, duc de Bourgogne. De là vint qu'au XVIIe siècle encore, on appelait chez nous les luxembourgeois bourguignons. — Nous verrons, dans l'histoire, comment en 1231, Marguerite de Bar, ayant épousé Henri de Luxembourg, lui porta en dot Ligny-en-Barrois, et comment Valeran, leur fils puîné, fut la tige des Luxembourg-

(1) C'est ce qu'on appela alors le Luxembourg français, dont le lieu principal était Thionville.

(2) *Sigifridus comes castellum quod dicitur Lucilimbur-Hut in proprietatem desiderans adipisci, perrexit ad dominum Brunonem, cujus accepto consilio et impetratâ licentiâ*, etc... *Signum domini Brunonis archiepiscopi, qui hoc concambium legaliter fieri jussit.* Dans Berthollet, tom. III. Preuves, p. 7; Gall. christ. tom. XIII. Instrum. p. 524. — En lisant cette charte, on s'aperçoit aisément que le texte en a été modifié par l'insertion de quelques détails tirés des chroniques.

Ligny, desquels sortirent les autres branches françaises
de cette célèbre maison.

La principauté de Chiny fut fondée entre 940 et 950, Chiny.
sur une terre que donna le grand comte Ricuin d'Ardenne à Arnoul de Granson, exilé de l'ancienne Bourgogne transjurane, et dépouillé d'un fief qu'il avait en
ce pays, vers le lac de Neufchâtel (Suisse). Telle est, du
moins, sur l'origine de Chiny, la tradition constante et
immémoriale, recueillie, à la fin du XVIe siècle, par
Bertels, abbé d'Éternach (1); mais, comme il n'existe
point de documents, les Bénédictins, mieux renseignés,
à ce qu'ils crurent, par un mémoire qu'on leur envoya du
pays, attribuèrent à la maison de Chiny une origine
plus ancienne et plus illustre, dérivée des rois de Germanie, par un Othon, parent de la dynastie impériale (2).
Nous ne rapporterons point leur système, parce que
nous croyons qu'ils se trompaient. La tradition attestée
par Bertels était bien, comme il le dit, constante et
immémoriale : car, dans le XIIIe siècle, nous voyons nos
deux évêques Gérard et Henri de Granson reconnus
pour membres de la famille de Chiny, et faisant, en
cette qualité, reconstruire l'église de Châtillon-l'Abbaye,
fondée, cent quarante ans auparavant, par leur illustre
parent et prédécesseur Albéron. A cause de ces prélats, de l'élu Arnoul, et d'autres personnages encore,
Chiny intéresse notre histoire : ce comté était à nos
frontières septentrionales; on y voyait l'abbaye d'Orval,
fondée, en 1070, par le comte Arnoul; et le chef-lieu fut à
Montmédy, depuis 1235 : alors l'ancien lieu de Chiny,
sur la Semois, entre Arlon et l'endroit où est aujour-

(1) Iste Arnulfus, ex nobilissimis in oppido Burgundiæ Granson..., dùm ado-
lescentiæ tempore, facinus quoddam juvenili temeritate perpetrasset, ob id à Richardo duce spoliatus et exulare compulsus..., Ricuino, Mosellanensi duci, obtulit obsequium... Mechtildem, suam natu postremam, despondit, assignato, loco
dotis, Chiniaco. Anno Domini 941. Bertels.
(2) Art de vérifier les dates, tom. III. p. 152, édit. 1787. Analyse et critique
de leur système, dans le P. Delahaut, Annales d'Yvois, p. 383, note.

d'hui Sedan, tomba à l'état de village, sans que toutefois la principauté cessât d'en porter le nom. A ce titre, les comtes joignirent, depuis le XIIIᵉ siècle, celui de Los, autre comté dans le pays de Liége : Arnoul III, le fondateur de Montmédy, était Arnoul VI de Los; il épousa la dernière héritière de Chiny, et commença la seconde race de cette maison. En 1337, cette race elle-même s'éteignit; et, en 1364, ses héritiers vendirent le comté à Luxembourg. C'était peut-être pour échapper à une telle fin, prévue sans doute longtemps d'avance, que les anciens comtes avaient, dès 1204, pris la mouvance de Bar, faisant d'ailleurs hommage à Luxembourg pour Ivois, et à l'évêché de Verdun pour Virton. Dans la vente de 1364, on mit la clause : « sauf le droit de très-haut et noble prince, monsieur Robert, duc de Bar, de qui, en partie, ledit comté meut (1) ; » de sorte que Luxembourg dut hommage à Bar pour Chiny; mais, comme Bar, de son côté, devait hommage à Luxembourg pour Stenay, les deux duchés, dans un traité de 1606, se firent remise réciproque de ces cérémonies féodales.

Grand-Pré. Grand-Pré, autre comté fort mêlé aussi aux affaires verdunoises du moyen-âge, sort de l'obscurité, vers le milieu du Xᵉ siècle. On le voit alors s'accroître très-rapidement, la mort de Marc, dernier comte de Dormois, lui ayant donné la meilleure partie de cet ancien pays, qui dès lors se perdit dans l'Argonne. Marc, assez bizarrement surnommé Peigne-Porc, mourut vers 960, loué dans nos chroniques pour ses faits d'armes contre les Hongrois, et plus célèbre encore dans la légende, à cause du beau miracle de son berger saint Juvin, qui fit reverdir sa hou-

---

(1) Cet acte de vente est dans Berthollet, tom. v, à la fin des Preuves. Une première vente, en 1540, pour Ivois et Virton, ibid. Preuves, p. 45. En 1542, Henri IV, comte de Bar, associa, pour moitié et en accompagnement, son cher cousin de Luxembourg, pour lui et ses hoirs, à la moitié des fiefs et arrière-fiefs de Chiny, de Montmédy et d'Estaubles, lesquels, dit l'acte, ibid. p. 49, nous sont « rendaubles » c'est-à-dire meuvent de nous, et doivent nous êtres rendus, aux cas prévus par le droit féodal.

lette pour convaincre son maître incrédule, que Dieu peut ressusciter les morts. Le nom de saint Juvin est resté au village où le prodige arriva (1). Comme Marc n'avait qu'une fille, mariée à Manassé, comte de Rethel, celui-ci réclama l'héritage de son beau-père : mais les comtes de Grand-Pré s'en approprièrent la meilleure partie, sans pouvoir toutefois empêcher ceux de Rethel de posséder Sainte-Ménehould, et ses environs, jusqu'au commencement du XIII° siècle, où, par échange, ils cédèrent ce domaine à la Champagne (2).

Quant à l'ancien comté de Verdun, auquel ces nouvelles principautés ne tardèrent pas à faire sentir de toutes parts leur pression féodale, nous en trouvons la circonscription dans un document de la première moitié du XI° siècle (3), antérieur par conséquent à la plupart des morcellements, mais présentant déjà la trace de quelques-uns. Il y a peut-être dans cet écrit, tel que nous l'avons aujourd'hui, quelques transpositions, et erreurs de copie : le temps d'ailleurs a effacé les dénominations de plusieurs des localités qu'il mentionne; mais on peut, sans discussions et détails de topographie, se rendre suffisamment compte de l'ensemble des choses. Au moment où ce texte fut rédigé, le Verdunois avait déjà perdu, au nord, la plus grande partie des doyennés wallons, lesquels, néanmoins n'étaient encore Trévirois que par manière « d'appendice », ou de pro-

Comté
de Verdun.
Charte
des limites.

---

(1) Canton de Grand-Pré, Ardennes. — Sur le Dormois, ci-dessus, p. 93.

(2) En 1289 encore, Nicole, sire de Charbogne, et Isabelle de Rethel, sa femme, affranchissent Autry, à quatre lieues nord-ouest de Sainte-Ménehould. Malmy, à deux lieues de la même ville, est souvent dit Malmy-en-Dormois.

(3) *Virdunensis comitatûs limites*, dans Mabillon, Diplom. Supplém. p. 100. De ce texte a disparu, par omission typographique, l'alinéa final : *Decaniæ Treverensis diœcesis quæ erant de diœcesi Virdunensi, videlicet Yvodii, Jovigniaci, Longuioni, Basailles et Erl. ni.* Ce sont les doyennés dits Wallons, d'Ivois, Juxigny, Longuyon, Basailles et Arlon. Wassebourg, qui avait sous les yeux le manuscrit original (aujourd'hui à la bibliothèque de la Ville), avait transcrit cette phrase (p. 22) : mais Roussel copia purement et simplement le texte de Mabillon.

22

longement (1) : et les limites se trouvaient ainsi établies :

Au *Nord.* Le point de départ est pris au Lion de Mont-faucon, c'est-à-dire à Lions-devant-Dun, où commençait le domaine seigneurial du Chapitre de Montfaucon, avant que son Voué du *castellum Adriani* eût usurpé la côte Saint-Germain (2) Ce Lion était à peu près au milieu de la ligne des limites nord : de là le voyageur, allant vers l'est, passait à la Pierre-Trouée (*Pertusa-Petra*), aujourd'hui encore marquée, comme lieudit, sur le cadastre d'Ecurey; là existait autrefois, aux confins des finages de Bréhéville, Lissey et Ecurey, une grosse pierre percée, marquant les bornes. De là, la limite, afin d'éviter le territoire de Damvillers (ce qui prouve que notre document est postérieur à la formation des comtés de Luxembourg et de Chiny), s'infléchissait vers le sud-ouest, pour passer à Sivry-sur-Meuse, au lieu dit Soutreville, ou Setrouville (*Subiria-Villa*), autrefois petit village contigu à Sivry-sur-Meuse, aujourd'hui confondu avec lui. La charte d'affranchissement de Sivry, donnée par le Chapitre, en 1578, mentionne encore les deux localités. De Soutreville, la ligne allait vers le nord-est sans inflexion notable, jusqu'à Longuyon (Moselle), en passant par les Failly, *villam Fatiliago* du testament d'Adalgise. A Longuyon, extrémité nord-est.

Est. De Longuyon, en allant au sud, on suivait la Crusne, puis la Mance, ou ruisseau de Woigot, jusqu'à Briey (3), et ensuite jusqu'à Auboué (*Bamvadus*), où la Mance se jette dans l'Orne. Venaient ensuite de petits cours d'eau, le Longeau, l'Iron, qui marquaient approximativement les limites. On passait à Haucourt, ancien village, aujourd'hui

(1) *Ivodii, quod Trevericæ diœcesis appenditium est. Gesta,* ch. 68, à propos d'un événement arrivé au commencement du XIIe siècle.

(2) Ci-dessus, p. 169. Héric dit, au pluriel, *Ad Leones.* Ce pluriel est ordinaire : par ex. *obiit Alpaïdis, quæ dedit nobis alodium ad Leones* (Nécrologe, 7 calendes d'avril). Il y avait probablement deux statues de lions couchés.

(3) Au XIVe siècle, les « marches d'Estault » entre l'évêché de Verdun et la cité de Metz, étaient à Norroy-le-Sec. Chroniques messines, dans Huguenin, p. 41.

lieudit, près d'Avilers et de Doncourt-aux-Templiers ; enfin on atteignait Loupmont, extrémité sud-est. C'est dans un bois, au sud de cette commune et de celle d'Apremont, qu'étaient la Borne et la Fontaine entre-les-Evêchés, encore aujourd'hui lieuxdits, marqués sur la carte du Dépôt de la guerre.

Sud. Ce côté est le plus difficile à reconnaître. Les deux extrémités se trouvent aisément : c'étaient, à l'est, la Borne-des-Evêchés, dont nous venons de parler, et, à l'ouest, Somme-Aisne, de l'ancien diocèse de Châlons ; mais, il y avait, près de la Meuse, une courbe enveloppant la terre de Sampigny : de sorte que la limite passait à Pont-sur-Meuse et à Vadonville (1) ; puis, remontant vers le nord, traversait les Kœurs, que notre texte appelle *Nuclearios*, les Noisetiers (coudre ou coudriers : en patois *cores*) (2), et se dirigeait sur Bisley, parallèlement à la Meuse descendante, depuis l'embouchure en cette rivière du ruisseau de Cousance-aux-Bois, c'est-à-dire depuis Sampigny. On continuait à remonter ainsi au nord, jusqu'à Chauvoncourt, ou peut-être Bannoncourt (il y a ici quelque confusion) : là on tournait à l'ouest, et on passait dans une vallée entre Longchamp et Pierrefitte. Ce nom de Pierrefitte, *Petra Fixa*, pourrait bien indiquer une Haute-Borne plantée, dès les temps Gaulois, entre les Verdunois et les Leuques : de sorte que tout ce qui se trouve plus au sud serait Barrois. Après Longchamp, continue notre document, on va en droite ligne à Erisé (Grande ou Petite) (3), à la fontaine Sarnée, près des Trois-Fon-

(1) Comme pour embrouiller, à plaisir, ce passage, il y a, par faute de copiste, *Potus ad Vadum*. Roussel, avec sa clairvoyance ordinaire, propose de lire *petit ad Vadum*. C'est *Pontem ad Vadum*, Pont, près de Vadonville. — Un peu plus haut, *Mocio*, Montsec.

(2) Les Kœurs portaient ce nom dès le temps de Wolfang. *Ulmò, quæ in populo dicitur Corya*, dit une de ses chartes pour l'abbaye Saint-Mihiel.

(3) Erisé-Saint-Dizier, et Erisé-Brûlée étaient du diocèse de Toul : Erisé-Grande et Erisé-Petite de celui de Verdun, comme annexes de Chaumont-sur-Aire. Tous ces lieux tirent leur nom du ruisseau Ericius, ou Ericia, vul-

taines, et à Somme-Aisne. Ces limites coïncident avec
celles de l'ancien diocèse : elles passent au-dessus de
Rembercourt, qui était de celui de Toul; et, la fontaine
Sarnée se trouvant un peu au nord de Somme-Aisne,
le Verdunois aboutissait tout près de ce lieu, mais le
laissait en dehors, pour remonter vers Beauzée. Entre
Rembercourt et Somme-Aisne sont les fontaines dites
des Trois-Evêques, que nos anciens nommèrent ainsi à
cause d'une légende racontant que l'évêque de Verdun,
arrivé par Courcelle-sur-Aire, avait salué là ses collègues de Châlons et de Toul, venus l'un par Somme-
Aisne, l'autre par Rembercourt; et chacun s'était rendu
le salut, sans sortir de son diocèse. — Nous n'admet-
tons pas que la vallée *juxtà Longum campum* soit le village de La-Vallée, qui est loin de Longchamp, et au
sud de Pierrefitte, ni qu'Erise soit celle dite Saint-
Dizier, ni qu'enfin la fontaine Sarnée soit Sarney, près
Vavincourt; car un tel tracé mettrait dans notre comté
des lieux qui ne lui appartenaient pas, par exemple
Condé, désigné comme terre de Barrois dès les chartes de Wolfang pour Saint-Mihiel.

Ouest. De Somme-Aisne, on suivait l'Aisne jusqu'à l'embouchure de la Bionne, près de Vienne-la-Ville. On
passait à Verrières (Marne), au sud de Sainte-Ménehould.
A la hauteur de Vienne-le-Château, on quittait la direction de l'Aisne, en allant, vers le nord-est, à Montblainville, puis à Châtel-lez-Cornay (Ardennes), où fut un

gairement l'Esruile, sur lequel ils sont situés, Erise-Saint-Dizier à la source,
la Brûlée un peu au-dessous, puis la Grande, enfin la Petite, près de l'embouchure dans l'Aisne. — Dans la grande carte du Dépôt de la guerre, on
voit, un peu au nord de Somme-Aisne, la fontaine de la Sarrée (lisez Sarnée), qui est notre *fons Sarnidus* : elle a disparu dans l'atlas cantonal, parce
qu'elle est à la coupure entre les cantons de Vaubecourt et de Triaucourt.—
Le Dépôt de la Guerre n'indique point la Fontaine des Trois-Evêques : elle
était cependant si bien connue que M. Lavocat la marque encore, entre
Rembercourt et Somme-Aisne, sur sa petite, mais bonne carte de la Meuse,
publiée en 1825.

château-fort, dont il est parlé dans notre histoire (1) ;
la extrémité nord-ouest. Retour vers l'est, en passant
au nord de Chéhéry (2), puis à Gênes, Epinonville, Montfaucon ; d'où on regagnait le point de départ, à Lions-
devant-Dun.

Tel était le comté de Verdun, comme circonscription
territoriale, au moment de la naissance de la grande
féodalité. Il demeura entre les mains de Godefroy, lequel
dut le posséder longtemps si, comme le supposent nos
auteurs, le comte de ce nom, qui signa la charte de
Saint-Vanne, en 952, est le même que Godefroy-le-Captif,
fait prisonnier par les Français, en 984. La longueur
de cet intervalle pourrait faire soupçonner qu'il s'agit
de deux personnages différents; mais nous manquons
de documents pour les distinguer. Entre ces dates de
952 et de 984, notre histoire, qui dès lors ne parle
plus guère que des évêques, a conservé très-peu de
souvenirs des princes séculiers. Godefroy, avec un seigneur appelé Arnoul, furent, en 975, nommés comtes
de Hainault par l'empereur Othon II; mais Charles de
France, investi, en 977, du duché de Basse-Lorraine
les révoqua; et notre comte revint à Verdun, toujours
fidèle à l'Empire, bien qu'on ne lui eût pas fait droit,
au sujet de sa destitution en Hainault. Il prit part à
l'expédition de 978 contre la France, sauva alors, par
un excellent conseil, l'armée impériale, en danger au

Godefroy
l'Ancien,
comte
de Verdun.

(1) On trouve le *signum Widonis de Quarnaio*, entre ceux d'Arnoul de Chiny
et de Milon de Vienne, à nos assises de 1060. En 1508, Louis XII érigea
Cornay en baronie, en faveur de Henri, sire de Pouilly; mais, vers la fin
du xvie siècle, Louis de Pouilly s'étant déclaré pour la Réforme et le Béar-
nais, les Lorrains ligueurs détruisirent son château. L'antique forteresse
devait être considérable, à en juger par la tradition, suivant laquelle elle
consistait en plusieurs forts, sur des rochers communiquant par des ponts-
levis et des souterrains creusés dans le roc.—Les anciens sires de Quarnay
relevaient du comté de Champagne.
(2) Abbaye de Bernardins, du diocèse de Reims, fondée vers 1135, à une
lieue au nord de Varennes. Les sires de Cornay furent voués de cette abbaye.
Chéhéry et Cornay sont aujourd'hui du canton de Grand-Pré, Ardennes.

passage de l'Aisne, alla ensuite guerroyer pour l'évêque
de Cambray contre le comte de Vermandois; enfin les
événements de 984 le rappelèrent en notre pays, et le
firent rentrer dans notre horizon historique.

Gouvernement
de Brunon.

Aux détails qui précédent, on voit combien changea
la Lorraine sous l'archiduc Brunon. Ce ministre fut certainement un habile politique; et peut-être le compte-
rait-on parmi les hommes d'état célèbres si, né dans
un meilleur siècle, il eût trouvé des historiens. Comme
faute, on lui reprocha d'avoir d'abord placé sa confiance
dans un intrigant nommé Imon, qui le trahit, et dirigea
contre lui une révolte de seigneurs, irrités parce que
l'archiduc faisait raser les châteaux construits sans autorisation impériale (1). Cette rébellion fut étouffée; et le
peuple en tira, du moins, cet avantage d'être délivré,
pour quelque temps, des sous-tyrans féodaux. Instruit
par l'expérience, Brunon appela au pouvoir les membres de la grande famille de laquelle sortaient, à des
degrés divers, notre comte Godefroy, Sigefroy de Luxembourg, peut-être encore Frédéric de Haute-Lorraine, et
certainement les deux évêques Adalbéron, de Reims
et de Verdun. Cette antique famille est celle que nos
auteurs appellent maison d'Ardenne; non, comme nous
l'avons dit, qu'il y eût un duché ou un comté de ce
nom, mais à cause de son grand apanage dans les contrées
ardennaises. On rattache cette race princière au grand
duc Réinier, par son frère Ricuin (ci-dessus, p. 300); mais
ces généalogies n'ayant ni la certitude, ni la clarté qu'il
faudrait pour l'histoire, nous nous bornerons à dire que
les divers personnages qui viennent d'être nommés se
reconnurent parents les uns des autres, lors du siége
de Verdun dont nous parlerons bientôt, et que l'éner-
gique résistance qu'ils opposèrent alors au roi Lothaire

_____

(1) *Suadente Imone quodam, qui ejus pridem consiliarius extiterat, propter
oppida quædam novitia quæ idem dux Bruno everti præcipiebat, aliaque onera
ipsis insueta.* Flodoard, Chron. an 959.

et aux Français prouva combien l'archiduc avait eu raison
de compter sur leur dévouement à l'Empire, aux extrêmes
frontières qu'ils gardaient.

Nous avons maintenant à parler de Vicfrid comme
évêque de Verdun. Sa promotion, assez étrange, a été
racontée à la fin du chapitre précédent. Il y a lieu de
croire qu'en cette circonstance, les évêques de la province de Reims, entraînés par leurs rancunes contre
Bérenger, outre-passèrent les intentions de Brunon, qui
d'ailleurs n'insista point pour arracher au vieux prélat
une démission formelle, et le laissa continuer, à Saint-
Vanne, tant qu'il vécut, son pontificat et ses bonnes
œuvres. Des relations d'amitié s'établirent même entre
nos deux évêques : quand Vicfrid, s'échappant de la cour,
venait à Verdun, il traitait Bérenger comme son ancien ;
et celui-ci, de son côté, se faisait un plaisir d'ouvrir
à son puissant collègue le trésor de sa vieille sagesse
épiscopale. Quant au princier Bernier, les grands résultats qu'il avait su tirer de l'affaire du coup de pied ne
semblèrent pas lui nuire dans l'esprit du second évêque :
ce personnage demeura toujours en faveur ; et Vicfrid,
dans une charte des années suivantes, alla jusqu'à le
traiter de coévêque (1). Ainsi s'écoulèrent les premières
années de cet épiscopat, le prélat étant toujours fort
occupé à la chancellerie impériale, où il continua ses
fonctions, même après la mort de l'archiduc ; car on
voit sa signature à des actes faits en Italie, pendant les
années 967 et 969 (2). Il était entré dans ce ministère
au moins depuis l'an 952, ayant signé cette année,
dans les termes que nous avons rapportés, la ratifica-
tion impériale de l'établissement des Bénédictins à Saint-
Vanne. On lit dans toutes les chroniques qu'il était homme
de haute noblesse, issu des grandes familles de Bavière.

(1) Dans une des chartes de fondation de Saint-Paul. Hugo, rapportant
cette charte, dans les Preuves du tom. II. de ses *Annales Præmonstratenses*,
propose de lire *chorepiscopum*, au lieu de *coepiscopum*.

(2) Hardouin, Concil. t. VI. part. 1. p. 654. Ughelli, *Italia sacra*, tom. VIII. p. 94.

Guet-apens
contre l'évêque.

Il y avait alors si peu de sécurité dans le pays, que Vicfrid, se trouvant à la campagne, en un château de Wandresaldre, ou Wendresel, près de Bréhéville, dans les terres du Chapitre, tomba, par guet-apens, au pouvoir d'un comte Sigebert, appelé Sigefroy dans d'autres relations, et le même peut-être que le premier comte de Luxembourg (1). Les gens de ce seigneur escaladèrent les murs pendant la nuit : les hommes de l'évêque s'armèrent à la hâte ; l'archidiacre Richer fut tué dans les ténèbres ; et on prit Vicfrid lui-même, que l'on enferma dans un donjon, jusqu'à ce qu'il eût fait satisfaction pour certains griefs, que ce récit n'explique pas. La mort de Richer donne à cet événement une date postérieure à 967 ; car il existe une charte signée de lui en cette année (2). Quand les évêques des diocèses voisins apprirent l'infortune de leur collègue, ils fulminèrent contre les auteurs de l'attentat de si terribles anathèmes que Sigebert, épouvanté de ce grand bruit, relâcha son prisonnier, et se soumit même à payer un dédommagement pécuniaire. Cet accident fit sentir à l'évêché la nécessité d'augmenter son appareil militaire : aussi, à dater de ces temps, les mentions de « l'ost » (*hosticum*) et des chevaliers (*milites*) de l'église deviennent plus fréquentes dans les chartes. Quant à l'amende payée par le comte, en réparation de son outrage, Vicfrid, qui était généreux, la donna à la cathédrale, où l'on en fit faire, en bronze, une table dorée et sculptée, représentant les apôtres à la Cène : elle servait encore de devant d'autel, au commencement du xviiie siècle. Mabillon, ayant examiné cette antiquité en 1696, jugea, aux caractères de l'inscription, qu'elle devait avoir au moins six cents ans ; ce qui confirma

(1) *In villam Fratrum quæ dicitur Wandersalis*. Continuat. de Bertaire. Ce lieu était près de Bréhéville ; car on lit, dans une charte de 1251, au cartulaire, p. 15 : « *In villâ dicti Capituli de Breheiville et Wandresaldre*. » — Le nom de Sigefroy, comme synonyme de Sigebert, dans Hugues de Flav. p. 157. L'annotateur des Preuves de D. Calmet fait de ce Sigebert un comte de Verdun, le premier même, dit-il, qui soit connu (erreur évidente).

(2) *Gallia christiana*, tom xiii. Instrum p. 557.

la tradition qui l'attribuait à Vicfrid (1); mais on ne prit pas
même soin de copier cette inscription, quand la table fut
mise au rebut, comme indigne de figurer dans les élégan-
ces des décorations modernes. On regardait aussi comme
un présent de cet évêque la grande lampe à couronnes de
l'ancienne cathédrale : elle consistait en cercles de cuivre
portant des lumières étagées, de manière à ressembler à
une couronne de feu suspendue de la voûte sur le chœur.

En 973, Vicfrid fonda Saint-Paul, magnifique abbaye,
plus riche et plus splendide encore que Saint-Vanne, mais
moins savante et moins illustre dans l'histoire. Ces grandes
fondations ne furent plus possibles dans les siècles suivants, quand le pays se peupla, et qu'il n'y eut plus de
terres incultes : mais, jusqu'au milieu du XIIᵉ siècle, on
put, en France, disposer de vastes terrains, presque aussi
aisément que nous le faisons aujourd'hui dans l'Afrique
conquise par nos armes. Nous avons raconté ailleurs l'histoire de l'évêque saint Paul, contemporain de Dagobert Iᵉʳ,
et la légende de sa tombe miraculeuse : ce fut à lui, et, en
premier lieu, au grand apôtre dont il portait le nom, que
Vicfrid dédia sa nouvelle basilique, la Vieille-Saint-Paul,
qu'il érigea à la place même de la chapelle primitive, ruinée, soit par les Normans, soit par les Hongrois : et il la
donna aux Bénédictins, les seuls moines connus avant le
milieu du moyen-âge. Les formalités de la fondation
furent à peu près les mêmes que celles qu'avait observées,
vingt ans auparavant, Bérenger pour Saint-Vanne : nous
avons néanmoins une relation un peu plus détaillée de
l'assemblée publique où furent lues les chartes, et où le
clergé et le peuple exprimèrent leur consentement. Cette
assemblée se tint à la cathédrale : le princier, premier, qualifié dans les actes de coévêque, monta sur l'ambon ou
jubé, lut à haute voix les diplômes épiscopaux, pontificaux
et impériaux : puis l'assemblée approuva, en criant trois

(1) *Cum inscriptionibus quæ sexcentos, et amplius annos præferre videntur.*
Œuvres posthumes, III. p. 425.

fois : *Placet* (il nous plaît), et trois fois *Amen*. Thierry, évêque de Metz, était présent à la cérémonie; Vicfrid y parut, assisté de Chrétien, vidame-avoué de l'église, qu'une autre charte du même temps appelle comte Chrétien : ce qui prouve que le domaine seigneurial de l'évêché était dès lors si grand, que la juridiction de son Avoué général semblait pareille à celle d'un comte. Voici les termes des actes originaux :

« ... Consultu et permissu domini patris nostri Joannis, viri apostolici (Jean XIII), piissimorum quoque Augustorum Othonis, ejusdemque nominis filii..., consilio quoque Deoderici, Metensium præsulis egregii, unicè dilecti fratris nostri, cujus etiàm subscriptione est stipulata... Et, in pulpito ecclesiæ, per Bernerum coepiscopum, palàm clero et populo recitari præcepimus... Actum Virduni, in ecclesiâ majori, quarto idus aprilis, indictione primâ, anno Incarnationis DCCCCLXXIII. Et à cunctis pastoribus et senioribus ecclesiæ, tàm clericis quàm laïcis, est subscriptum, et ab omnibus *Placet* dictum, et tertiò *Amen* acclamatum... Signum Wilgfridi episcopi... Signum Christiani, advocati et vice-domini... Ego Bernerus cancellarius recognovi (1). »

Après cette lecture et ces témoignages d'approbation, on se rendit processionnellement à la nouvelle église, où l'on trouva deux belles châsses, l'une de saint Paul, dont les reliques avaient été exhumées pendant la construction du temple; l'autre de saint Grégoire de Spolète, que l'évêque avait rapportée de ses voyages d'Italie : enfin les moines, avant d'être installés, durent promettre d'écouter le seigneur évêque, comme leur père et pasteur, sauf la liberté de leur choix dans l'élection de l'abbé, conformément à la règle bénédictine : néanmoins, au cas où ils ne choisiraient aucun de leurs propres religieux, ils s'engagèrent à

(1) Toutes ces chartes de fondation sont, au long, dans le cartulaire et dans la chronique manuscrite de Saint-Paul. Hugo, Annal. *Præmonstr.* tom. II. Preuves, p. 323, et Calmet, tom. II. Preuves, p. 230, en ont publié quelques-unes. *Signum Christiani comitis*, dans une charte de la chronique de Saint-Paul, p. 131. Cette Chronique donne à la première charte de fondation la date de 971.

donner leur crosse à quelqu'un des meilleurs moines de
Saint-Vanne, leurs confrères et voisins. (1) : et ceci s'observa jusqu'au milieu du XIIe siècle, où les Bénédictins, à
leur grand regret, furent obligés de laisser Saint-Paul au
nouvel ordre des chanoines réguliers de Prémontré, dits
moines blancs.

Ces chartes de Saint-Paul ajoutent quelques renseignements au petit nombre de ceux qui nous restent de
ces temps anciens. L'abbaye construisit son hôpital sur
un terrain assez étendu, qui se trouvait entre elle et
la porte septentrionale de la ville (2); par conséquent
hors de l'ancienne Fermeté, au-dessous et au-delà de Saint-
Pierre. C'est précisément l'endroit où fut l'hôpital Saint-
Nicolas de Gravière, dont nous verrons l'origine dans
l'histoire du XIIe siècle, et la translation à Sainte-Catherine, dans celle du XVIe.

On attribua, entre autres biens, à cet hôpital de Saint-
Paul, quelques dîmes dont jouissaient, sans qu'on sût
trop à quel titre, certaines béguines, qui se disaient religieuses, mais que Viefrid traite, sans ménagement, dans
ses chartes, de femmes inutiles, malséantes, et « gyro-
vagues, » c'est-à-dire vagabondes par la ville (3). Ces
expressions sont dures : et ces pauvres dévotes, se
voyant supprimées, gémirent; de sorte que, quarante
ans plus tard, l'évêque Heimon établit, pour les femmes, l'abbaye des dames de Saint-Maur. Ceci, du reste,
n'empêcha pas qu'il n'y eût toujours des béguines à

Chartes
et hôpital
de Saint-Paul.

(1) *Episcopo sint, ut domino et pastori, subjecti.. Liberum inter se eligendi abbatem habeant arbitrium, juxtà statuta sancti Benedicti, si talis inibi habetur qui idoneus esse videatur : sin autem de monasterio beati Petri, quod huic contiguum et quasi germanum est, eligatur.* Charte impériale de 984.

(2) *Ad hospitale, mansum unum antè portam civitatis.—Ad hospites recipiendos, decimas indominicatas de Ponte-Petrino, de Sampiniaco,* etc. Chartes de fondation et de confirmation.

(3) *Quæ decimæ gyrovagis per civitatem mulieribus, quæ Deo sacratæ dicebantur, satis inhonestè et inutiliter hactenus sunt collatæ.* 2e charte de fondat. — Les biens de l'hôpital de Saint-Paul sont énumérés dans une charte de l'évêque Richer, p. 63, de la chronique manuscr.

Verdun; et les chartes continuent à parler assez fréquemment d'elles (1).

Enfin, on voit par les documents dont nous faisons ici l'analyse, de quelle faveur jouissaient, au xe siècle, les fondations monastiques : car, non contents d'avoir vu s'élever, dans un intervalle de vingt ans, deux abbayes aussi notables que Saint-Vanne et Saint-Paul, les zélés en voulaient une troisième, à Saint-Airy, à l'autre extrémité de la ville. Pour préparer cet établissement, on donna à Saint-Paul les églises du faubourg Saint-Victor, qui étaient, d'abord la paroissiale de ce nom, puis une autre, dite alors Saint-Martin, laquelle passait pour avoir été la maison patrimoniale de saint Airy, et où reposait le corps de cet illustre pontife des temps mérovingiens. De coutume déjà immémoriale, au temps de Vicfrid, il se faisait là des offices et des cérémonies de dévotion : il fut dit que Saint-Paul serait, à l'avenir, tenu d'entretenir ce culte et cette église, par quatre clercs réguliers, que l'on remplacerait par une corporation monastique, aussitôt qu'on en aurait les moyens (2). Les évêques Raimbert et Thierry se chargèrent, dans le siècle suivant, de remplir ce vœu : et, peu avant sa réalisation, Heimon ayant fondé Saint-Maur, la ville se trouva bordée, à toutes ses extrémités, par de grands monastères, dont les clôtures semblaient la prolonger, en lui donnant de nouveaux bourgs, qui devinrent peu à peu des quartiers, et furent enfin réunis à l'enceinte.

L'évêque Vicfrid eut le bonheur de mourir paisible, avant le siége de Verdun de 984, et la grande entre-

(1) *Ulricus, decanus christianitatis in Virduno... Noverint universi quòd Heilwidis, Yderona et Hawietta de Giricourt, biguinæ sorores, coràm nobis constitutæ...* 1271. —Alisons la béguine, sœur Monins de La Porte, citain de Verdun. 1314.— L'hôtel dame Benoite la Béguine. 1322 —En la maison que souloit tenir Poincette la béguine, en Saint-Paul-Rue. 1413, etc.

(2) *Abbatiam Sancti-Martini, in suburbio Virdunensi.., eâ conditione quò et monasterium, pro posse, construant, et corpus beati Agerici, quod in eâ quiescit custodire et venerari non desinant : canonicos etiàm quaternos, sicut et anteriori constitutum est tempore, qui horis consuetis, etc.,* 2e charte de fondat.

prise du roi Lothaire de France sur la Lorraine. La
mort de ce prélat doit être de peu postérieure à l'an
980 ; les chroniques n'en donnent pas la date précise ;
elles disent seulement qu'il fut inhumé à Saint-Paul, à
la place d'honneur, comme fondateur. Cette place était
la droite du maître-autel ; ensuite la splendide reconstruction de l'église, en 1250, ayant amené, dans la disposition des lieux, de grands changements, le mausolée de
Vicfrid se trouva transféré vers l'entrée du portail principal, à gauche ; et là l'avaient encore vu les anciens qui
nous ont laissé des renseignements sur la triste ruine
de la Vieille-Saint-Paul, en 1552.

CHAPITRE III.

SIÉGE DE VERDUN, PAR LE ROI LOTHAIRE, EN 984.

Ce siége, qui fut la dernière tentative de la France du
moyen-âge pour reconquérir la Lorraine, jette quelque
gloire sur le roi Lothaire, qui l'entreprit, et sur les temps
extrêmes de la dynastie carlovingienne, dont l'histoire se
termine par cette action. Bien que l'expédition fût heureusement commencée, les Capétiens y renoncèrent, la paix
avec l'Empire étant nécessaire à l'affermissement de leur
couronne ; et d'ailleurs, ne tenant de leurs ancêtres aucun
droit sur notre pays, ils le considérèrent comme une terre
étrangère à leur royaume.

Il faut remonter quelque peu dans l'histoire pour voir
l'origine des événements que nous allons rapporter. Le
roi Lothaire, le seul de ce nom dans nos dynasties françaises, régnait depuis 954 : il n'avait pas partagé avec son
frère Charles, second fils de Louis d'Outre-Mer ; et ce

puîné espérait et attendait de la fortune qu'elle lui fît
tomber aux mains quelque grand fief, digne de sa haute
naissance. Croyant, à la mort d'Othon-le-Grand, en 973,
trouver une occasion heureuse, il prétendit que sa mère
Gerberge, en épousant Louis d'Outre-Mer, en 939, avait
porté dans la maison de France la couronne ducale de Giselbert, son premier mari : en conséquence, il réclama la
Lothaire-règne tout entière, telle qu'elle était avant les
démembrements de l'archiduc Brunon. L'empereur
Othon II ne repoussa point ces prétentions, bien que fort
contestables : il y fit droit en partie, en accordant à Charles
l'investiture de la Basse-Lorraine; il admit également les
droits d'autres prétendants qui étaient, ou se disaient
issus de l'ancien grand duc bénéficiaire Reinier-au-Long-
Cou : et ce fut par suite de ces accords que revint à Verdun notre comte Godefroy, destitué du fief qu'Othon Ier lui
avait donné en Hainaut.

Première
expédition
de Lothaire.

Lothaire, voyant l'empereur conclure de tels arrangements avec des princes sans terres et sans hommes, le prit
pour un homme faible et timide, et s'imagina qu'il lui suf-
firait à lui-même d'un hardi coup de main pour gagner le
pays tout entier; mais sa première entreprise fut conduite
sans prudence ni loyauté, et il agit alors en véritable
aventurier. Croyant n'avoir besoin que de hâte et de promptitude, il partit tout à coup, au commencement de l'été de
978, sans déclaration de guerre : il tomba brusquement
sur la Lorraine, courut jusqu'à Aix-la-Chapelle, dont
il s'empara par surprise : et là, s'installant dans le
palais de Charlemagne, il se donna le vain plaisir de
faire tourner vers la France l'aigle impériale qui, du
haut de cet édifice, regardait vers l'Allemagne. Il fit
ensuite des proclamations, appelant à lui les mécontents
de l'Empire; mais il en vint peu, parce que son armée
étant trop petite, on l'accueillit avec tiédeur et défiance.
Bientôt, force lui fut de revenir assez honteusement en
France où, à peine arrivé, il reçut de son bon frère Othon

un message annonçant que l'empereur viendrait dans peu
rendre au roi sa gracieuse visite. Les Allemands s'avancèrent en effet jusqu'à Paris, en armée considérable, au
mois d'octobre suivant : mais Lothaire les repoussa; et ils
faillirent, au retour, périr dans l'Aisne débordée. Dans
cette retraite était le comte de Verdun Godefroy, auquel
les impériaux durent, en partie, leur salut, à cause de la
connaissance qu'il avait du pays.

Cette guerre se termina en 980, par une entrevue des
deux souverains, sur la Chiers, vers l'endroit où est aujour-
d'hui Montmédy (1). Là, disent nos chroniqueurs français,
Lothaire céda la Lorraine, en Bénéfice de la couronne de
France, et par conséquent à charge d'hommage envers
elle : il la céda purement et simplement, disent les chroniques allemandes ; en tout cas, il la céda malgré lui, et
en se promettant bien de la reprendre, si jamais le sort
en faisait naître l'occasion.

A la fin de 983, mourut subitement à Rome l'empereur
Othon II : l'impératrice Théophanie fut déclarée régente;
et Henri de Bavière excita une guerre civile, en s'emparant
du jeune Othon III. Alors Lothaire reparut sur la scène. Il
déclara qu'à lui seul, en sa qualité de neveu d'Othon-le-
Grand (par sa mère Gerberge), appartenait la tutelle de
l'empereur enfant; et, mettant sur le champ les armes
au service de sa prétention, il entra en Lorraine, et assiégea Verdun, au printemps de 984. De ce moment, et pour
plusieurs années, notre ville devint le théâtre de la lutte.

Le roi était aidé dans son entreprise par les comtes
Eudes de Chartres et Herbert de Troyes (2), fidèles et puis-

---

(1) *Super Carum fluvium pacificantur ; et rex Lotharius Lotharingiam abjurat,*
dit Sigebert, à l'an 980. — *In locum qui Margolius dicitur,* ajoute Richer de
Reims. C'est peut-être Margut, village de l'ancienne prévôté d'Ivois.

(2) *Odonem atque Herbertum, viros illustrissimos, regi paratissimos, domi
militiæque.... Ipsi hujus rei initium Virduni faciendum dicunt.* Richer de
Reims, liv. III, n° 100. — Ils étaient comtes, l'un de Chartres, l'autre de
Troyes : v. d'Arbois de Jubainville, Hist. des ducs et comtes de Champagne,
tom. I, p. 158.

sants vassaux, dont l'attachement à sa personne ne se démentit jamais. Il avait mûrement délibéré avec eux. Attribuant l'échec de 978 à ce qu'on s'était trop hâté d'aller à Aix-la-Chapelle, sans s'assurer des localités intermédiaires, le conseil décida qu'on s'emparerait d'abord de Verdun, place bien située sur la frontière, d'où l'on pouvait, en cas de succès, pousser plus loin, et, en cas de revers, regagner aisément la France. Lothaire et ses amis se jurèrent de ne point se quitter avant d'être maîtres de cette ville, et de tout son territoire, au moyen des nombreux amis que les Français ne pouvaient manquer d'y rencontrer. L'occasion sembla belle de tenter sur Verdun un coup de main : l'évêque Vicfrid venait de mourir; et le comte Godefroy, le grand soutien de l'empire en ce comté, était absent : du moins il n'est pas parlé de lui dans la relation du premier siége; de sorte que la ville n'avait pour défenseurs que des bourgeois et des gens de commerce, personnages assez indifférents aux luttes des princes, et incapables d'ailleurs de résister militairement aux chevaliers du roi et des comtes.

Richer de Reims, auteur contemporain, décrit ainsi l'aspect sous lequel les Français découvrirent notre ville-haute, lorsqu'ils arrivèrent par la route de Champagne. En avant du front de la place, se trouve, dit-il, une plaine d'accès facile; mais les autres côtés sont inabordables; car, à la descente, règne le long des murs un fossé extrêmement profond; et, en remontant, de l'autre côté, ce sont des rochers à pic, au bas desquels coule la Meuse, qui permet d'amener des bois; il y a d'ailleurs, dans l'enceinte, beaucoup de puits et de citernes (1). Il n'est pas difficile de se représenter, sur ces indications, le tracé de nos remparts du xᵉ siècle. La

(1) *Quæ civitas eo situ posita est ut à fronte, planitie perviâ, meantibus accessum præbeat, à tergo et latere utroque, inaccessibilis sit. Ibi enim, à summo in posteriora, profundo hiatu circumquaque distenditur : ab inferioribus verò ad summum, rupibus præruptis arctatur. Scatens puteis fontibusque, et flavio Mosâ, cum à præruptá parte abluente nemorosa.* Richer, III. n° 101.

citadelle n'existait point alors ; et tout le terrain de nos
rues Saint-Maur et Saint-Paul se trouvait dans la campagne. Le front accessible par la route de France devait
être vers la porte de la Princerie, au haut de la place
d'Armes actuelle ; le profond fossé descendant occupait
la rue Montgaud, et les autres qui suivent, en tournant
jusqu'à Ancel-Rue, où s'ouvrait une autre porte de ville,
sur un fossé transversal, à la place duquel est aujour-
d'hui la rue du Saint-Esprit. Dans la relation du second   Premier siége.
siége, Richer ajoute qu'il y avait, de l'autre côté de la
Meuse, une enceinte fortifiée comme une ville, et communiquant, par deux ponts, avec la cité haute : cette enceinte,
qu'il appelle l'Enclos-des-Marchands, est notre ville-
basse, avec ses ponts Sainte-Croix et Saint-Airy (1). Les
assiégeants attaquèrent le front accessible : la ville se
défendit huit jours ; mais on ne la secourut pas ; et les
habitants, n'ayant aucune répugnance à redevenir Français, se rendirent, à la seule condition d'une garantie
complète pour leurs personnes et leurs biens : ce que
Lothaire s'empressa d'accorder. Il entra ensuite à Verdun, y passa quelques jours ; puis, voyant la population bien disposée, il repartit pour Laon, où il avait
donné rendez-vous à ses fidèles. La reine Emma resta
dans notre ville, avec une garde de chevaliers qui, à
en juger par les événements subséquents, ne devait pas
être d'une bien grande force.

À Laon, le roi et les seigneurs venus à son appel,
délibérèrent. En ces temps où la royauté était faible,
et où le service militaire n'était dû qu'à titre féodal, on
avait peine à rassembler de grandes armées : il était d'ailleurs à craindre que la Lorraine, si on y portait les

_____

(1) *Negotiatorum claustrum, muro instar oppidi extructum, ab urbe quidem
Mosâ interfluente sejunctum, sed pontibus duobus interstratis ei annexum. Ibid,
p. 103.* — On peut rapprocher ce passage de celui de la charte de l'évêque
Richer, pour l'érection de la paroisse Saint-Sauveur, en 1094 : *Inter duos
lapideos pontes Mosani cursûs, juxtà viam publicam mediæ civitatis, quæ ducit
ad arcem* (ville-haute). Cartul. de Saint-Airy, tom. I. p. 19.

ravages de la guerre, ne prit des sentiments hostiles
à la France; en conséquence, plusieurs furent d'avis
de se borner, pour le moment, à la conquête du Verdunois, et d'agir de là, par négociations sur les seigneurs
lorrains, afin d'obtenir d'eux des adhésions volontaires.
Les autres dirent que, par une telle conduite, on relè-
verait le courage de l'ennemi, qui ne manquerait pas
de prendre cette inaction pour de l'impuissance : et la
perplexité s'accrut encore quand on apprit, vers le milieu de mai, que Hugues Capet s'agitait, aux environs
de Compiègne, avec une troupe de six cents hommes (1).
Ces insurrections de Hugues, et les menées de son partisan, l'archevêque Adalbéron de Reims, furent une des
causes principales de l'échec des armes carlovingiennes
en Lorraine.

Les Français
sont chassés.

Le roi était dans ces incertitudes, quand il reçut tout à
coup la nouvelle, aussi pénible qu'imprévue, que Verdun
n'était plus en son pouvoir, et que le comte Godefroy
était parvenu à y rentrer. Ce zélé serviteur de la maison impériale avait appelé à lui ses fils, son oncle Sigefroy
de Luxembourg, Thierry, duc de Haute-Lorraine, fils
de Frédéric, le fondateur du château de Bar, et d'autres chefs de ce parti germanique que le gouvernement
de l'archiduc Brunon avait mis à la tête du pays. Une
surprise, aidée, sans aucun doute, par les amis de Godefroy dans le chef-lieu de son comté, leur avait ouvert
la ville-basse, ou Enclos-des-Marchands, de la relation
de Richer; et de là, bien que ce chroniqueur ne le dise
pas formellement, ils avaient pénétré dans la ville-haute,
et chassé la garnison française : car, si elle y fût demeurée, elle aurait certainement signalé sa présence dans
quelqu'une des actions qui suivirent. Sans perdre un
instant, les Impériaux, redevenus maîtres de la place,

(1) *Dux Hugo, ad sexcentos milites collegisse dicitur. Ea fama conventum
Francorum, Compendiaco palatio habitum, quinto idus Maias, subitò dissolvit.*
Lettre de Gerbert, dans Du Chesne, tom. II. p. 803.

s'apprêtèrent à soutenir le siége que Lothaire allait im-
manquablement recommencer. Ils se firent livrer, soit
par les commerçants de la ville, soit par les paysans
des campagnes, toutes les provisions et denrées dont
ils crurent avoir besoin; ils mirent à la corvée quantité d'ouvriers pour abattre de grosses pièces de bois
dans les forêts voisines, puis pour transporter ces matériaux, et en construire les différentes machines en usage
dans les guerres de ce temps. On ne voyait, dans la ville
et aux alentours, que gens fabriquant et façonnant des
claies à l'épreuve des flèches, des boucliers à former la
tortue, des pieux ferrés et aiguisés au feu, des câbles
et cordages, des projectiles de toute espèce, en un mot,
dit Richer, tous les engins de défense et d'attaque
dont on put s'aviser. Ainsi pourvus et bien munis, Godefroy et ses hommes attendirent le retour des Français.

Ils arrivèrent en effet, fort en hâte, le roi très irrité   Second siége.
d'avoir perdu la ville, et les seigneurs regrettant de l'avoir
mis, par la précipitation de leur départ, dans l'impossibi-
lité d'assurer sa conquête. Cette armée, forte pour le
temps, s'élevait à dix mille hommes, tous gens dévoués, et
ayant promis de ne point se séparer avant la fin de l'expédition : trait qui prouve que Lothaire était aimé et volontiers suivi de ses hommes de guerre. (1). Ils attaquèrent
avec toute l'impétuosité nationale, lançant sur les murs
de Verdun une grêle de projectiles, et attendant avec im-
patience que ce vigoureux effort eût dégarni un endroit où
on pût dresser les échelles ; mais ils s'aperçurent bientôt
que la place avait d'autres défenseurs que ceux du premier siége. En vain pleuvaient sur le rempart les flèches,
carreaux, traits d'arbalètes, pierres de frondes, les gardes
restaient à leurs postes, abrités derrière de grands et soli-
des boucliers, qui ressemblaient à des murs portatifs. Il

(1) *Tantæ benevolentiæ favore apud eos usus ut, repetito itinere, se ulteriùs
ituros pollicerentur, neglectis domibus et natis... Sic, cum decem millibus pu-
gnatorum, Virdunum petiit.* Richer, ibid, n°ˢ 102 et 104.

fallut renoncer à l'espoir d'emporter la forteresse de brusque assaut, et se préparer à en faire le siége en règle.

Pour ce siége, le roi fit construire, avec de grandes
pièces de bois, une tour ambulatoire, montée sur des roues,
et dominant le rempart d'une hauteur supérieure : de là
on pouvait le balayer, à force de tirer à toutes sortes de
traits et de coups, et protéger ainsi la manœuvre de l'es-
calade : en outre, la tour portait un pont-levis, propre à
être baissé sur le mur, si on pouvait, en comblant le fossé,
arriver à proximité suffisante (1). Cette tour s'élevait de
quarante pieds de haut, jusqu'à l'étage supérieur : elle
avait pour base un rectangle de fortes solives, de
trente pieds de long sur dix de côté ; elle roulait
sur de gros cylindres de bois, et avançait lentement,
traînée par des bœufs qui marchaient en sens inverse de
son mouvement, en tirant des cordes passées sur des poulies de renvoi, fixées elles-mêmes à quatre énormes pieux,
que les soldats avaient plantés, au risque de leur vie, et en
se couvrant de boucliers en tortue. A chaque tour des cylindres, le péril de l'assaut se rapprochait : et les défenseurs comprirent qu'ils étaient perdus s'ils n'opposaient,
au plus vite, quelque formidable engin à celui de leurs
adversaires. Ils érigèrent donc, à la hâte, sur leur mur,
une autre tour ambulatoire, ripostant à celle qu'ils
voyaient venir à eux ; mais, trop pressés dans leur travail,
ils ne purent la faire aussi bonne que celle des Français :
néanmoins ils se battirent vaillamment ; et Lothaire qui,
de son côté, commandait en personne, reçut une grave
blessure, d'un coup de pierre à la mâchoire supérieure.
Il ne quitta pas pour cela le champ de bataille ; et, sans
paraître s'inquiéter de sa plaie, il ordonna de lancer contre
la tour des assiégés de gros et aigus crampons de fer, attachés à des cordes : quelques-uns de ces crocs mordirent ;
et les Français, tirant les cordes, firent tellement pencher

(1) Sur les tours ambulatoires, et autres machines de guerre de ce temps,
v. le P. Daniel, Hist. de la milice française, liv. VII. ch. 3.

la tour de défense que les hommes qu'on y avait mis,
craignant d'être culbutés du haut en bas du rempart, sau-
tèrent précipitamment hors de la machine, en tombant les
uns sur les autres. Alors les Français, aux aguets de ce dé-
sarroi, s'élancèrent et escaladèrent; et la ville fut prise.
Godefroy, son fils Frédéric, son oncle Sigefroy de Luxembourg, et d'autres chevaliers, tombèrent au pouvoir des
vainqueurs (1). Les citoyens tremblaient d'être pris pour
complices de ces seigneurs, qui avaient chassé de Verdun
la reine Emma, et la garde que Lothaire y avait mise avec
elle; mais le roi les rassura. « Vous n'êtes point responsables de ces attentats, leur dit-il : vous êtes assez punis par
les pertes, blessures et désastres que les Impériaux ont
attirés sur vous. » On députa, pour le remercier de ce
pardon, et lui porter en cérémonie les clefs de la ville, un
chevalier du nom de Gobert (2), que nos auteurs considèrent
comme la tige des très-nobles Goberts et Joffroys d'Apremont et Dun : quant à Godefroy, il fut, avec ses parents et
compagnons d'infortune, emmené en France, prisonnier
dans un château des bords de la Marne (3) : et de cette
détention vint à notre vieux comte le surnom de Captif,
qui le distingue parmi les illustres Godefroys de sa race.

Telle est la relation de Richer de Reims, témoin peut-
être oculaire, du moins contemporain, et parfaitement
informé du siége de 984 (4). Nos auteurs n'ont point connu
ce document, publié seulement en 1839 : pour tout renseignement, ils avaient quelques mots, insuffisants et inexacts,
de l'un des continuateurs de Bertaire qui, écrivant vers

(1) Richer ne donne pas les noms de ces prisonniers; mais on les connaît
par les lettres 47, 50 et 51 de Gerbert, dans Du Chesne, tom. II. p. 800-801.

(2) *Pro quorum captivorum liberatione, Gobertus quidam miles potentissimus,
claves civitatis regi detulit.* Continual. de Bertaire, Spicil. XII. p. 265.

(3) La lettre 94 de Gerbert semble indiquer Haut-Villers. Roussel met arbitrairement Château-Thierry.

(4) Il suffit de lire ce récit pour voir jusqu'à quel point Gerbert s'écarte
de la vérité, dans sa furieuse invective dont nous parlerons tout à l'heure :
*Non confregit aries muros tuos, non fame infecti milites, nullo telorum genere
pervasi,* etc.

1050, confond les deux siéges, et prend pour conclusion de l'affaire totale, la capitulation qui eut lieu à la fin du premier. Dans cet exposé, on ne comprenait pas comment Godefroy, qui avait dû être mis en liberté en vertu de la capitulation, se trouvait néanmoins, et avec beaucoup de détails, désigné comme captif, dans les lettres de Gerbert. Ceci est un nouvel exemple des altérations que subissent les faits, quand les chroniqueurs n'ont pour guides que les traditions orales et les souvenirs populaires.

Gerbert.
Son Invective.

Le succès de Lothaire exaspéra jusqu'à la fureur tous les hommes du parti germanique. Ils exhalèrent leur colère dans une absurde et violente philippique qu'écrivit leur ami Gerbert, pour faire croire au peuple de Lorraine que les Français commettaient à Verdun mille abominations, horreurs et sacriléges, et que des traîtres leur avaient livré la ville sans combat; mais, ajoutait cette déclamation furibonde, Dieu a permis leur succès d'un moment, pour que tous les bandits, se trouvant au même endroit, nous puissions les exterminer d'un seul coup (1). On rougit, pour Gerbert, qu'il se soit laissé emporter à de tels excès de paroles et de passion politique. Cet homme célèbre, qui devint, en 999, le pape Silvestre II, et qui étonna ses contemporains par son immense savoir, n'était, en 984, qu'écolâtre de Reims, remuant et ambitieux, et cherchant à s'avancer par tous moyens. Son archevèque Adalbéron, partisan de Hugues Capet, qu'il eut la joie de sacrer dans sa cathédrale, en 987, était particulièrement courroucé de l'affaire de Verdun, à cause de son frère Godefroy, et de son neveu Sigefroy de Luxembourg, qui y avaient été ruinés et faits

---

(1) *Virdunensium execrata civitas... Spelunca latronum facta es : hostes humani generis horrendum lupanar fecerunt te...Altaria Domini calcibus illisa, ligonibus effossa : opes religiosorum et pauperum rapinâ et incendiis consumpta,* etc. Invective, lettre 80. — *Urbem Virdunensem à paucis prædonibus teneri... Paucam et ignavissimam prædonum turbam... Hoc majori differtur consilio, ut undè non sperant, præcipiti exitio tabescant.* Lettres 59 et 95.

prisonniers : mais, comme il était lui-même sujet français, il n'osait se montrer ouvertement contre Lothaire ;
et il se servait de l'habile Gerbert pour machiner, avec
la cour d'Allemagne, la ruine de l'expédition française.
De ces ténébreuses intrigues, il nous reste un document
très-curieux, le recueil de lettres, ou, pour mieux dire,
de courtes missives d'avis, que l'on cite sous le nom de
Correspondance de Gerbert : ces pièces sont sans ordre,   Ses lettres.
sans dates, et souvent conçues à mots couverts ; mais
elles mettent sur la trace des menées et des acteurs de
ces scènes. En voici quelques-unes, écrites après la prise
de Verdun :

 A Sigefroy, fils du comte de Luxembourg. Herbert et Eudes
(les comtes de Lothaire) m'ont permis de visiter vos parents dans
leur prison : vous pouvez me transmettre confidentiellement ce
que vous avez à dire, soit à eux, soit à l'impératrice. (Théophanie, régente d'Allemagne). Je vous dirai, de mon côté, que
l'amitié de Hugues (Capet) est fort à rechercher : si vous pouviez
l'acquérir, il vous débarrasserait bientôt de ce Lothaire ! (*Lettre
n° 51,* dans *Du Chesne, tom.* II.

 On voit quel usage faisait Gerbert de la permission
que les Français, trop peu défiants, lui avaient accordée de visiter les prisonniers. Voici les conversations
qu'il tenait avec eux :

 A Mathilde (la Saxonne, femme de Godefroy). Je m'empresse
de vous transmettre les paroles de votre mari ; je viens de les
entendre de sa propre bouche : « Pas de découragement ; le
chagrin est un mauvais conseiller. Dites à Mathilde qu'elle fasse
faire bonne garde dans nos forteresses. Qu'elle n'en cède aucune, quand même les Français lui promettraient ma liberté,
ou essaieraient de l'épouvanter par des menaces de mort contre
moi et notre fils Frédéric. Fidélité à l'auguste impératrice et au
jeune Othon ; pas de rapprochement avec les rois de France ;
ce sont nos ennemis ! *Lettre 50.*

 A Adalbéron, élu de Verdun, et à Herman (tous deux fils
de Godefroy). Mêmes recommandations qu'à Mathilde. Les places

à défendre sont Scarponne et Hatton-Châtel. — Soyez fermes; que Lothaire, en voyant le courage des fils de Godefroy, soit forcé de dire : Je n'ai pas pris Godefroy tout entier! *Lettre 47.*

A l'impératrice Théophanie. Je viens de voir vos fidèles captifs Godefroy et Sigefroy. Ils s'attristent, et sont malheureux de ne pouvoir vous servir; j'écris de leur part à toute leur parenté, même aux femmes, qu'on tienne bon et qu'on ne cède rien. L'exil vaut mieux que la félonie. Pour l'archevêque, (Adalbéron de Reims), les Français le tiennent en une telle oppression qu'il n'ose vous écrire : on parle de l'expulser, peut-être de le faire mourir. Je commence moi-même à devenir suspect; si je puis passer à travers les ennemis, j'irai vous donner de plus longs renseignements. *Lettre 52.*

A Noger, évêque de Liége. Godefroy sait que vous êtes de ceux qui aiment leurs amis pour eux-mêmes, et non pour leur fortune : s'il périt, vous n'abandonnerez pas sa famille. Le jour n'est pas loin où les traîtres auront ce qu'ils méritent. L'archevêque demeure fidèle; mais ne lui écrivez pas, parce qu'il est sous l'oppression; notre tyran (Lothaire) lui a même extorqué des lettres où il le force à parler autrement qu'il ne pense. *Lettre 49.*

Etat du pays.
Trames.

Ces lettres nous renseignent sur l'état du pays. Les forteresses d'Hatton-Châtel et de Scarponne tenaient encore, défendues par deux des fils de Godefroy; un troisième était prisonnier avec son père : et Gerbert allait et venait, portant les avis, instructions et mots d'ordre. Il disait (et la chose n'était que trop vraie) qu'il ne fallait pas beaucoup s'inquiéter de Lothaire; que le roi de fait et de puissance était Hugues Capet; que tout finirait probablement par une alliance entre sa famille et la maison impériale : et qu'alors disparaîtraient les Carlovingiens, au grand bonheur de la Lorraine, qui n'aurait jamais de paix, tant qu'il resterait de leur lignée des prétendants à la couronne du vieux royaume (1).

(1) *Lotharius, rex Franciæ, prælatus est solo nomine : Hugo verò, non nomine, sed actu et opere. Ejus amicitiam, si in commune expetissetis, filiumque ipsius cum filiâ Cæsaris colligassetis, jamdudium reges Francorum hostesnon sentiretis.* Lettre 48. — *Amicitia Hugonis non segniter expetenda.* Lettre 51.

Il soutenait ainsi le zèle des fidèles, échauffait les tiè-
des et semait, autant que possible, la discorde entre
les suspects, sans se montrer fort scrupuleux sur le
choix des moyens. Par ses ruses, le duc Charles de Basse-
Lorraine, frère du roi, et Thierry, évêque de Metz, se
brouillèrent, et furent ensuite fort surpris de découvrir qu'il avait été le commun instigateur des lettres
désobligeantes qu'ils s'étaient écrites : Gerbert, d'abord
un peu confus de la découverte, s'en tira en rejetant la
faute sur des scribes inintelligents qui altéraient sa pensée (1). En dépit de ses manœuvres, il eut le chagrin
de voir l'influence française gagner du terrain : le duc
de Basse-Lorraine, bien qu'obligé à la prudence, comme
feudataire de l'Empire, penchait pour le roi son frère;
Egbert de Trèves se déclarait peu à peu dans le même
sens, et Thierry de Metz semblait vouloir marcher avec
eux (2).

Alors on travailla à miner Lothaire à Verdun, où était
sa place d'armes et le point d'appui de son expédition.
Une opposition intraitable s'organisa dans le clergé, pour
l'instant où le monarque, usant de sa prérogative, voudrait désigner le successeur de l'évêque défunt Vicfrid.
Ce qui se passa alors fut une vraie scène de dérision,
qui révèle combien le parti hostile au roi se sentait
fort de l'appui des Capétiens de France et des Impérialistes d'Allemagne. Voici comment notre chronique
raconte les choses. Quelque temps, dit-elle, après que
l'on eût porté les clefs de la cité au roi des Français,
il arriva en ville un clerc nommé Hugues, pourvu de
l'évêché. Il se rendit au palais; et, mandant les officiers, il leur dit : Y a-t-il de quoi vivre, en cette prélature?

Nomination
du clerc Hugues.

(1) *Infidus interpres.* V. lettres 31. 32. 33.
(2) La connivence de Charles avec les Français *non jàm in occulto est.* Lettre
60. — *Egbertus, cum duce Carolo et Lothariensi regno, manibus Francorum se
tradere velle.* Lettre 64. — Pour Thierry de Metz, Gerbert, écrivant en son
nom la lettre 51, est obligé d'appeler Lothaire, non plus tyran, ni brigand,
mais *nobilis Francorum rex.*

On lui répondit qu'il n'y avait absolument rien, et qu'on ne pourrait même faire les frais de sa réception, les gens de guerre ayant ruiné toute la terre de l'église. Alors, ce clerc Hugues remonta à cheval, et s'en alla comme il était venu (1). » Il est manifeste que le personnage qu'on se permit de tourner ainsi en ridicule était l'élu du roi de France; car, lorsque, peu après, vint le seigneur Adalbéron de Lorraine, « sans nomination royale » (sine regio dono), toutes les portes lui furent ouvertes, et l'évêché ne se trouva plus manquer de rien. Mais alors, ce fut Lothaire qui s'offensa : le prélat qu'on intronisait ainsi était le frère du duc Thierry de Haute-Lorraine, l'un de ceux qui étaient venus chasser les Français de Verdun, après le premier siége; et ces deux frères étaient en outre neveux de Hugues Capet, par leur mère Béatrice, la femme du premier Frédéric de Bar. En conséquence, le roi manda à ses officiers de traiter ce seigneur Adalbéron de pareille manière que lui-même avait fait traiter son devancier le clerc Hugues, c'est-à-dire de le vexer, et de le forcer à s'en aller. Ce fut en effet ce qui arriva, trois mois plus tard, en septembre 984 : le prélat Adalbéron disparut subitement; et nos gens d'église, ne trouvant plus sa crosse chez lui, crurent qu'il était parti pour un simple voyage; mais il allait promptement en Allemagne, demander à Théophanie l'évêché de Metz, dont on venait d'apprendre la vacance; et il avait emporté la crosse, comme sûreté, pour revenir, en cas d'insuccès : il la rendit quand il fut nommé, et reçut fort gracieusement ceux qui allèrent la lui redemander.

Ce départ remettait Lothaire aux prises avec ses ennemis; et la lutte devint très-vive pendant l'année 985. Le roi, décidé à garder Verdun, y voulait un évêque ami et fidèle : les opposants entendaient, au contraire,

Réception et départ d'Adalbéron de Lorraine.

(1) Continuat. de Bertaire. Spicil. XII. p. 265.

avoir un prélat germanique, et faire de l'élection une
scène d'éclat contre l'usurpation française. Ils présentèrent pour candidat un des fils de Godefroy : c'était
encore un Adalbéron, nom, à ce qu'il paraît, fort à la
mode chez les clercs nobles de ce temps ; car c'est pour
la troisième fois que nous le rencontrons chez les personnages ecclésiastiques de nos événements, à Reims, à
Metz et à Verdun. Rien ne pouvait être plus blessant pour
le roi qu'une telle promotion, non que l'élu ne fût personnellement noble et digne ; mais par sa famille, il était,
on le croyait du moins, ennemi irréconciliable de la
France. Pour cette raison, il fut agréé à la cour d'Allemagne ; et son oncle de Reims, sous la direction duquel il avait étudié, s'empressa de lui conférer les ordres ;
mais l'affaire était si grave que le métropolitain de Trèves
recula, quand on lui parla du sacre, et déclara qu'il
l'ajournerait, voulant voir par lui-même l'état des choses
à Verdun. Rien ne put le faire changer d'avis, ni les solli-
citations de Gerbert, ni même une lettre de l'archevêque de Reims (1). Pour Lothaire, il crut d'abord pouvoir
déjouer le complot, en parlant haut et ferme à ses auteurs. A l'archevêque, il manda d'avoir à rappeler près
de lui son clerc Adalbéron, et de ne pas souffrir qu'il
quittât l'église de Reims, sur la matricule de laquelle
il était inscrit : cette expression, « clerc Adalbéron »
voulait dire que le roi ne reconnaissait pas la nomination de cet élu de la cour d'Allemagne, et se sou-
venait de l'affectation, avec laquelle, l'année précédente,
on avait appelé « clerc Hugues » son propre candidat
à l'évêché de Verdun. Au vieux Godefroy, il fut dit que,
tandis qu'on allait remettre en liberté ses compagnons
d'infortune, même Sigefroy de Luxembourg, (ce qui se

Marginal notes:

Election
d'Adalbéron
fils de Godefroy.

Mécontentement
de Lothaire.

---

(1) De là les plaintes, rapportées plus haut, de Gerbert contre ce métropolitain trévirois qui, dit-il, s'entend avec le duc Charles pour livrer la
Lorraine aux Français : *Trevirensem archiepiscopum tanto molimine ordinationem* (le sacre) *differentem, aut se, cum duce, manibus Francorum tradere velle,*
etc. Lettre 64.

fit en effet, au mois de juin 985), sur leur simple parole de soumission, il demeurerait lui-même prisonnier, à moins qu'il n'acceptât des conditions dures, parmi lesquelles était celle de renoncer aux prétentions épiscopales de son fils (1). Il préféra rester en prison; et l'archevêque se mit à murmurer contre l'inhumanité de cette détention et la tyrannie du roi qui, disait-il, prétend m'obliger à excommunier mon neveu, et veut même que j'écrive aux autres évêques de l'excommunier aussi, s'il ne veut revenir à Reims (2). Alors Lothaire, poussé à bout, et soupçonnant de plus en plus ce vieil Adalbéron de s'entendre avec Hugues Capet, et d'être l'instigateur de toutes les trames, résolut de frapper un grand coup : et il lui intenta un procès de haute trahison, par devant une assemblée nationale. La correspondance de Gerbert nous fait connaître l'acte d'accusation, et la défense que l'accusé se proposait de faire : en voici les passages relatifs à notre sujet :

Accusation contre Adalbéron de Reims.

« On m'accuse de trahison et de félonie, pour avoir autorisé mon neveu, clerc de mon église, à aller au palais d'un souverain étranger, recevoir un évêché du royaume que vient de remettre sous son obéissance le seigneur roi Lothaire : on ajoute qu'après cette démarche, j'ai conféré les ordres à mondit neveu, sans permission ni consentement du seigneur roi (3).

(1) *Sigifridus comes, ad sua rediit... xiv kalendas julii* (18 juin).. *Godefrido, si Castrilucium cum Hainao* (Hainault), *redderet, seque filiumque suum comitatu ac episcopatu privaret Virdunensi, de cœtero integram fidem Francorum regibus exhiberet, datis obsidibus, fortassis ad sua remeare liceret. Lettre* 60. Les conditions étaient donc que Godefroy renoncerait aux fiefs qu'il tenait de l'Empire dans les pays que le roi avait le projet de réunir à la France, se désisterait, par conséquent, pour lui-même du comté, et pour son fils, de l'évêché de Verdun, et abandonnerait également toute réclamation du fief dont Charles de Basse-Lorraine l'avait destitué en Hainault. V. ci-dessus, p. 341.

(2) Lettre 54.

(3) *Perfidiæ et infidelitatis in regiam majestatem..., eò quòd nepotem meum, clericum meæ ecclesiæ, licentiâ donaverim quâ et Palatium adierit, et dono alterius regis episcopatum acceperit ejus regni quod Senior rex Lotharius in proprium jus revocaverat : quòdque ei gradus ecclesiasticos postmodum contulerim, absque licentiâ et auctoritate Senioris mei.* Dans la lettre 57.

« Je réponds que Lothaire, mon Seigneur, allant en Lorraine, m'a dit qu'il y allait comme avoué et défenseur du jeune Othon, me parlant uniquement de cette défense, sans rien ajouter sur la reprise de la souveraineté... Quant à mon neveu, j'ai su, par mes envoyés, que le roi l'agréerait, s'il s'engageait à exécuter, pour sa part, les conditions du traité que l'on pourrait faire avec son père : mon neveu l'a promis; et je le crois disposé à tenir sa promesse (1). »

Les événements dispensèrent l'accusé de plaider ainsi sa cause; mais l'apologie qu'il préparait nous fournit quelques renseignements à recueillir. On y voit que Lothaire, craignant sans doute de trop effaroucher au début les fidèles de l'Empire, ne se présenta d'abord en Lorraine que comme défenseur et protecteur du jeune Othon, opprimé, disait-il, par des tuteurs infidèles; mais, après la prise de Verdun, il jeta ce masque, qui ne trompait personne, et déclara sa conquête faite pour la France, et réunie à son territoire. Ce roi n'était point, quoi qu'en ait dit Gerbert, un dur tyran; car, malgré l'offense sanglante qu'on lui avait faite, soit dans l'affaire du clerc Hugues, soit dans celle du jeune Adalbéron, il leva le bannissement de celui-ci, dès qu'il eût eu sa promesse de ne point être ce que les agitateurs voulaient qu'il fût, un ennemi intraitable des Français. Cette promesse fut certainement faite; car le vieil Adalbéron lui-même la reconnaît, dans son Apologie, qui précède : et les choses se passèrent probablement ainsi. Vers l'automne de 985, le métropolitain Egbert, persistant dans sa louable résolution de tout voir par ses yeux, vint à Verdun, et y eut, avec les officiers royaux, une longue conférence, dont Gerbert, à son dépit, ne put rien

_____

(1) *Agebatur ut Senior meus rex Lotharius filio Imperatoris advocatus foret... Senior meus nihil de revocatione regni mihi dixerat, sed de solâ advocatione... A legatis meis intellexi quòd rex benevolè consenserat, si ea facere vellet nepos meus quæ pater suus spoponderat... Fidem exegi, quam et hactenus obtulit, et adhùc, ut credimus, offert.* Dans la lettre 58.

savoir (1), mais dont le prélat emporta la certitude que
Lothaire n'était point ennemi personnel du fils de Godefroy, et que, pour consentir à sa promotion, il ne lui deman-
derait que sa parole de fidélité. Il n'est pas douteux que
cette parole n'ait été donnée; et nous la verrons tout à
l'heure écrite : toutefois elle demeura d'abord secrète,
parce qu'Egbert, sujet de l'Empire, ne pouvait paraître
exciter son subordonné à faire hommage à la France;
et les choses restèrent, à l'extérieur, dans le même état
qu'auparavant, la défense de venir à Verdun subsistant
toujours pour l'évêque élu, et ne devant être levée que
quand il aurait fait acte public de soumission. Ce fut
alors qu'Egbert, semblant enfin sortir de ses longues
hésitations, annonça officiellement que, le 3 janvier 986, il
ferait, dans son église de Trèves, le sacre de son suffragant et collègue Adalbéron, élu de Verdun. La joie
fut grande chez nos impérialistes: le vieux Godefroy écrivit, du fond de sa prison, des lettres d'invitation à ses
amis, pour la cérémonie de l'ordination épiscopale de son
fils (2); et Gerbert, se croyant enfin au moment de l'explosion qu'il préparait depuis si longtemps, composa, avec
de terribles invectives, une longue excommunication contre les Français, et tous ceux qui, à leur instigation,
empêchaient l'évêque légitime d'entrer dans sa ville (3).

---

(1) *Trevirensem archiepiscopum tanto molimine ordinationem (Adalberonis)
differentem…, vosque celare quod colloquium Virduni habendum. Verisimile facit
his majora velle machinari. Jubetur amico vestro Adalberoni (Remensi) ordinationem nepotis destruere… Factionem archiepiscopi hoc negotium undecumque
continere videtur.* Lettre 64, à la duchesse Béatrice.

(2) *Secundùm promissa Trevirensis archiepiscopi, ordinationem Adalberonis
nostri, tertio nonas Januarii, inspecturi,* etc. Lettre 43, d'invitation au nom de
Godefroy. Ce doit être janvier 986, ou, selon l'ancienne manière de compter,
985 avant Pâque. Adalbéron, frère de Thierry de Haute-Lorraine, ne quitta
Verdun qu'après la mort, en septembre 984, de Thierry de Metz, dont il alla
demander l'évêché à la cour d'Allemagne. Ce qui se passa ensuite, puis
les longues hésitations du métropolitain, supposent un temps plus long que
l'intervalle de la fin de septembre 984 au commencement de janvier de notre
année 985.

(3) C'est la fameuse Invective, de la lettre 80. Elle fut écrite après le sacre

Mais Adalbéron, n'ayant point jugé à propos de signer une telle pastorale, la formidable pièce d'éloquence resta sans usage : au contraire l'évêque écrivit au roi qu'il lui promettait, de pleine volonté, fidélité et dévouement pour toujours : *Nos semper vestræ saluti et fidelitati, et semper velle prospicere, et semper velle obtemperare* (1). On put remarquer, en cette courte phrase, une sorte d'affectation à répéter trois fois le mot *semper* (toujours) : c'était dire clairement que la lettre n'était point un expédient de circonstance, employé par le prélat pour se faire ouvrir les portes, et qu'il n'entendait point être l'agent des fureurs politiques. Nous voyons, dans cette même lettre, que la nouvelle abbaye Saint-Paul, tout récemment construite par Vicfrid, semblait à Lothaire nuisible à la défense de la place, à cause de ses hautes murailles tournées du côté de la France, et qu'il voulait qu'on en démolît au moins la clôture : l'évêque intercédait pour la conservation de ces beaux édifices, dont la dernière pierre venait à peine d'être posée; et telles étaient les relations du prélat avec le roi, au moment du malheur qui termina tout-à-coup l'expédition française (2).

Ce malheur fut la mort soudaine du roi Lothaire à Laon, le 2 mars 986. Son fils Louis V, maladif et infortuné jeune homme, mourut lui-même, l'année suivante, âgé seulement de vingt ans; et les Capétiens le surnommèrent Fainéant, parce qu'il ne fit, et ne put rien

Mort soudaine de Lothaire.

d'Adalbéron *(Favore comprovincialium episcoporum electum, ac insuper benedictione episcopali donatum)* : et elle se termine ainsi : *Novimus antesignanos pollutæ civitatis; novimus satellites manipulares, quos divino gladio feriendos hactenùs patientiâ tulimus : nunc cæcitate mentis pressos et caligine mortis consopitos, sententiâ damnationis, ex divinis legibus promulgatâ, communi omnium bonorum consultu, percutimus.* Gerbert, n'ayant lui-même aucun droit de porter une pareille sentence, croit ici écrire au nom de l'évêque.

(1) Dans la lettre 53.

(2) *Jubet epistola vestra ambitum monasterii Sancti-Pauli penitùs evelli, quasi hostilis munitionis castrum...,* etc., *Ibid.* — C'est probablement à cet ordre que Gerbert fait allusion, dans ces mots de l'Invective : *Altaria Domini ligonibus effossa,* etc. On ne voit cependant, dans les chroniques de Saint-Paul, aucune indication que le projet du roi ait été exécuté.

faire dans son règne d'une seule année. Ce dernier de nos rois carlovingiens n'eut point de fidèles, tout le monde attendant sa fin prochaine. Sa triste cour se partagea entre sa mère, la reine Emma, son oncle Charles, duc de Basse-Lorraine, frère et héritier présomptif de Lothaire, enfin Hugues Capet, qui allait bientôt prendre la couronne pour lui-même. Charles se déclara l'ennemi d'Emma, qu'il traita d'empoisonneuse, à cause de la mort subite de son mari : il l'accusa d'avoir préparé ce crime avec l'évêque de Laon, Adalbéron-Ascelin, son amant. C'étaient tous des traîtres qui, loin de tenir aux conquêtes du roi en Lorraine, s'empressaient à l'envi d'en offrir l'abandon pour gagner, chacun à sa cause, l'appui de l'Empire. On a la preuve de la trahison de la reine, dans une lettre odieuse où cette femme, veuve et mère de rois de France, offre son concours aux Allemands, pour faire le plus de mal possible aux Français, et se vante d'entraîner à sa suite Herbert et Eudes, les amis de son mari, qui avaient fait avec lui le siége de Verdun, et auxquels était confiée la garde du comte prisonnier Godefroy (1).

La France rend Verdun. Dans de telles circonstances, la promptitude avec laquelle notre ville fut rendue à l'Empire s'explique d'elle-même. Il est certain, et Richer le dit expressément, que Lothaire garda Verdun jusqu'à son dernier jour (2) : il ne l'est pas moins que, trois mois seulement après sa mort, les Impériaux y étaient rentrés, en pleine et paisible possession ; mais les incidents et les détails des faits ne nous sont connus que par quelques lettres courtes et énigmatiques de Gerbert, dont on a peine à tirer un récit suivi.

(1) *Francis, undè non sperant, contraria parate... Adstringite mihi principes vestri regni : proderit eis mea conjunctio. Odo et Heribertus, comites potentissimi, mecum in vestro consilio erunt.* Lettre d'Emma, dans celles de Gerbert, n° 97.

(2) *Urbem Virdunum, usquè in diem vitæ ejus supremum, absque ullâ refragatione, obtinuit.* Richer III, n° 108. — En conséquence Sigebert et Nangis se trompent, quand ils disent le contraire ; et les Bénédictins, bien qu'ils n'eussent pas Richer, avaient déjà soupçonné leur erreur. Art de vérif. les dates, tom. III. p. 41.

Ce fut la cour impériale qui, bien renseignée sans doute par les partis français eux-mêmes, prit l'initiative des négociations. Elle choisit, pour les ouvrir, la duchesse Béatrice, mère de Thierry de Haute-Lorraine, et sœur de Hugues Capet : à ce choix, celui-ci put comprendre qu'on voulait traiter avec lui autant, et plus encore peut-être qu'avec le roi nominal. La duchesse fut reçue à Compiègne, le mois de la mort de Lothaire n'étant pas encore écoulé; Gerbert la flatta dans son rôle d'ambassadrice, et chercha à s'insinuer dans sa confiance, pour tirer d'elle des renseignements; nous allons voir qu'il y réussit assez mal. Tout ce qu'il put savoir de l'audience de Compiègne, ce fut qu'on y avait arrêté, pour le 25 mai suivant, une entrevue des deux cours, au cloître de Montfaucon-en-Argonne, et qu'à cette entrevue devaient venir, pour la France, le roi Louis, Emma, et Henri duc de Bourgogne, frère de Hugues Capet; pour l'Allemagne, deux seulement, la vieille impératrice Adélaïde, mère d'Emma, et veuve d'Othon Ier, avec le duc de Basse-Lorraine. Cette liste des personnages mit tout d'abord en défiance notre émissaire, ainsi que son patron l'archevêque Adalbéron de Reims : on ne parlait pas de l'impératrice régente Théophanie, la protectrice de Godefroy, celle qui l'avait encouragé à demeurer ferme jusqu'au bout, dans sa prison; et, bien que Reims fût si près de Montfaucon, on ne disait rien non plus à Adalbéron lui-même, frère de Godefroy: peut-être allait-on sacrifier le fidèle et malheureux comte de Verdun. Pour détourner, s'il était possible, un augure de si grand malheur, l'archevêque se hâta d'écrire à Théophanie, qu'il était étrange qu'on semblât vouloir agir sans elle, qu'elle ne devait pas le souffrir, et qu'il fallait qu'elle envoyât sur le champ son propre négociateur, pour lequel il suggéra le choix d'Egbert de Trèves, homme qui ne pouvait être désagréable, ni suspect aux Français. L'avis fut goûté; et Egbert partit immédiatement, pour prendre, avant le 25

Conférence de Montfaucon.

24

mai, instructions et conseils de son collègue de Reims (1).
Mais les Français, entendant parler d'un nouvel agent,
se défièrent à leur tour; et, le jour du colloque, il ne
vint de leur part à Montfaucon que le seul Henri de
Bourgogne, moins pour traiter que pour découvrir le
but de la mission d'Egbert. De plus en plus inquiets,
l'archevêque et Gerbert s'efforcèrent de savoir de Béatrice d'où venait cette nouvelle contrariété, et quels
seraient définitivement les plénipotentiaires de l'arrangement (2) : ils crurent les négociations suspendues; mais
elles se poursuivaient, au contraire, directement et très-
activement entre les souverains : et tout à coup, on en
apprit le résultat. Il était triomphant pour les impérialistes : Verdun leur était rendu purement et entièrement,
sans aucune réserve d'échange ni d'indemnité pour la
France (3). Quant à Godefroy, on n'en disait pas un
mot : les cours n'intervenaient point dans son affaire, rejetée au rang d'affaire privée ; c'était à lui à se tirer personnellement, ou à l'aide de sa famille, des mains des
geôliers auxquels on le laissait. On attribua ce résultat à la méchante Emma, qui voulut laisser à ses chevaliers Herbert et Eudes notre infortuné comte, pour riche
butin, et comme rançonnable à merci; et elle lui gardait
encore rancune de l'avoir autrefois chassée elle-même de
Verdun, d'une façon discourtoise.

(1) *Quarto kalendas Aprilis, domina dux Beatrix, apud palatium Compendia-
cum hoc effecerat ut, octavo kalendas Junii, ad Montem-Falconis, dominæ Adc-
laïdi imperatrici, duci Carolo, rex Ludovicus, regina Emma, dux Henricus,
causâ conficiendæ pacis occurrerent. Sed, quoniàm per ignorantiam dominæ
Theophaniæ, imperatricis semper augustæ, hoc fiebat, dolum subesse intelligentes,
ut per se potiùs pax fieret consuluimus, atque priùs per vos* (Egbert) *quæ con-
ditio pacis foret experiretur. Quod laudatum est, etc.* Gerbert, lettre 101.

(2) *Sed quæ res colloquium sic commutavit ut solus dux veniat Henricus? Id,
an dolo agatur, et qui principum eò venturi sunt, si novistis, orantibus nobis,
plenâ fide perorabitis.* Lettre 63.

(3) *Pax inter reges nostros benè fundata... Civitas Virdunensium, sine cæde
et sanguine, sine obsidibus, sine pecuniis, in integrum imperio vestro restituta.*
Lettre 100. — *Exequiis domini regis Lotharii occupati, pauca rescribimus. Lotharienses dudùm capti omnes elapsi sunt, præter comitem Godefridum, de quo in
brevi meliora sperantur.* Lettre 72.

Ainsi abandonné, comme personnage subalterne et ne valant pas la peine qu'on s'embarrassât de lui dans les négociations, Godefroy eut le malheur, non moins grand, d'être obligé de traiter de sa liberté avec des gens cupides et bien décidés à ne s'illustrer par aucun acte de générosité chevaleresque. C'étaient, comme nous venons de le dire, les comtes Herbert et Eudes; et le débat fut long, à cause de la ténacité de ces rançonneurs. En septembre de cette même année 986, vinrent à Haut-Villers, en Champagne, les deux Adalbéron de Reims et de Verdun, avec leur inséparable conseiller Gerbert; et on sembla d'abord près de s'entendre: mais, au moment de signer les conventions, de nouvelles difficultés surgirent, et les pourparlers ne reprirent qu'au mois de février suivant; enfin, le 17 mai 987, Godefroy sortit de son long emprisonnement. Pour sa délivrance, son fils, l'évêque de Verdun, cédait des terres de l'évêché, avec faculté d'y ériger des forteresses. C'était démembrer un territoire d'Empire, pour des convenances de famille; et la légalité d'un tel arrangement n'était pas claire: mais le vieux comte se trouvait piqué contre l'impératrice, qui le négligeait, après l'avoir excité à résister à outrance; peut-être encore cette famille arguait-elle du prétendu apanage patrimonial qu'elle supposait donné à ses ancêtres par les Carlovingiens, ainsi que nous l'avons dit plus haut (p. 301). Il ne paraît pas toutefois que l'archevêque Adalbéron pensât ainsi : car il s'indigna du traité conclu par ses parents; et il écrivit en ces termes, fort véhéments, à l'impératrice régente, qu'elle devait le casser :

« Mon frère vient enfin de sortir du cachot infernal d'Herbert et de Eudes; mais l'âpreté de ces insatiables ravisseurs me gâte la joie de le voir rendu à la lumière du jour. Permettrez-vous que les terres de l'évêché de Verdun que cèdent, à contre-cœur, Godefroy et l'évêque son fils, soient, par serment, et pour toujours, aliénées de l'église? Souffrirez-vous que les deux tyrans se bâtissent, à leur gré, des châteaux forts sur ce territoire qu'ils usurpent? Non : la sagesse de vos conseils saura empêcher ces odieuses extorsions! De pareils arrangements sont ruineux pour l'église, et honteux pour ma famille (1). »

Le conseil impérial n'avait pas besoin de ces remontrances, et il était bien résolu à ne pas permettre l'exécution du traité ; mais, comme la mort du jeune évêque de Verdun paraissait dès lors imminente, il ne voulut point troubler ses derniers jours, et se contenta, pour le moment, d'empêcher les deux comtes français de mettre la main sur leur proie. Hugues Capet ne les soutint pas : il avait trop à rendre grâces à l'impératrice de ce qu'elle-même n'appuyait pas le duc Charles, prétendant à la couronne de son frère Lothaire ; et une querelle avec l'Empire eût pu mettre en péril la nouvelle dynastie capétienne, si récente encore. Dans leur dépit, Herbert et Eudes s'en prirent à l'archevêque : ils attaquèrent ses places de Mézières et de Mouson, et se liguèrent encore avec Thierry de Haute-Lorraine, qui précédemment s'était emparé de Stenay (2) ; mais on adopta des mesures de répression contre ces séditieux, dans une conférence tenue à Stenay même, au mois d'août 988. Là se rencontrèrent la nouvelle reine de France Adélaïde, déléguée par son mari, et la régente d'Allemagne Théophanie (3) : telle était l'audace des factieux que celle-ci, pendant son voyage, faillit être enlevée, au château de Chévremont près Liége. Après cet attentat, que, sans aucun doute, on chercha sérieusement à punir, Herbert et Eudes disparurent, sans avoir renoncé formellement à leurs prétentions.

Entrevue des reines à Stenay.

(1) *In destructionem ecclesiarum Domini, ac in dedecus nostri generis.* Lettre 105, dans Gerbert.

(2) Sur ces troubles, voir les lettres 94, 102 et 105.

(3) On a encore la lettre de Hugues Capet, annonçant à Théophanie qu'il envoyait sa reine Adélaïde à Stenay : *Vestram amicitiam ad nos, in perpetuum confirmare cupientes, sociam ac participem nostri regni A. decrevimus vobis occurrere, ad villam Satanicum, undecimo kalendas septembris* (22 août), *etc.* Dans Gerbert, n° 120.

Pour l'évêque de Verdun, il était aux prises avec un ennemi plus implacable que tous ses adversaires ensemble, la maladie, qui ne lui laissa pas un instant de trève en son court et infortuné épiscopat. C'était la pierre, que l'on ne savait alors extraire que par le petit appareil, qui ne réussit presque jamais. Gerbert, l'homme de la science universelle, fut consulté le premier : il passait pour avoir appris en Espagne les secrets de la médecine arabe ; et il envoya un médicament, qu'il appelait « antidoton philoanthropon, » avec force recommandations de ne s'en servir qu'à l'assistance des praticiens (1). C'était sans doute quelque drogue, de celles que les anciens nommaient saxifrages, parce qu'ils les supposaient capables de briser ou de dissoudre les calculs ; et les instantes recommandations sur l'assistance des gens de l'art, semblent indiquer qu'il s'agissait de quelque injection dans la vessie. Ce traitement n'ayant été, comme on le pense bien, couronné d'aucun succès, le malade se décida au grand voyage de Salerne (2), pour se mettre aux mains des maîtres qui conservaient, en cette fameuse école, les traditions de la médecine antique : mais les Salernitains ne réussirent pas mieux que Gerbert, avec son « antidoton ; » et l'évêque, après avoir passé près de deux ans chez eux, retenu par la douceur du climat de leur cité, dans l'Italie méridionale, mourut pendant son voyage de retour. Le corps, ramené par Frédéric, fut inhumé au chœur de la cathédrale, fort tristement : car le défunt était aimé, et tous avaient compassion de sa fin, si prématurée et si douloureuse (3).

Mort de l'évêque Adalbéron, au retour de Salerne.

(1) *De fratris morbo calculi... particulam antidoti philantropos...*, etc. Let. 151.

(2) *Ipso benedictionis suœ anno, Salerniam profectus.* Continuat. de Bertaire. — Ceci prouve que l'école de Salerne remonte plus haut que le xie siècle, date d'ancienneté qu'on lui assigne quelquefois ; il fallait qu'elle fût déjà fort connue à la fin du xᵉ, puisque, malgré la grande distance des lieux, elle était renommée chez nous. Sa réputation se maintint longtemps : dans le poëme de Garin le Loherain, tous les bons mires (médecins) sont, ou se disent de Salerne.

(5) *A fratre Frederico comite, positum est in ecclesiâ suâ, in choro Sanctæ-Ma-*

Les indications chronologiques que donne ici le continuateur de Bertaire semblent éclaircir, en plusieurs points, quelques-uns des événements que nous venons de raconter. Adalbéron, dit-il, fut évêque trois ans et demi, et partit pour Salerne dans l'année même de son sacre. Ce sacre, ainsi qu'il a été dit plus haut, est du mois de janvier 986; et le départ pour Salerne est postérieur au mois de septembre suivant, où les deux Adalbéron vinrent de Reims et de Verdun à Haut-Villers, négocier la mise en liberté de Godefroy. Il est probable que ce qui fit alors échouer la négociation fut le refus des prélats de céder à Herbert et à Eudes les places qu'ils demandaient dans l'évêché de Verdun; mais, quand on vit l'évêque fort loin en Italie, et aux prises avec de cruelles souffrances, son père et ses frères obtinrent de lui qu'il enverrait son adhésion. Ce fut alors que le vieil Adalbéron de Reims, qui n'avait, en cette affaire, d'autre rôle que celui de conseiller, s'indigna de voir ainsi passer outre à son opposition, et écrivit la lettre citée tout à l'heure, où il dit que ce traité est déshonorant pour sa famille : *in dedecus nostri generis.*

Famille des comtes de Verdun, à la fin du Xe siècle.

Cette famille de nos comtes, dont nous aurons tant de fois à parler jusqu'au départ de Godefroy de Bouillon, se trouvait ainsi composée, au moment où s'ouvrit la période épiscopale de notre histoire. Le Captif avait pour femme Mathilde la Saxonne, fille d'Herman Billing, duc de Saxe, et veuve, en premières noces, de Baudoin III de Flandre. Leurs enfants étaient Godefroy, dit Sans-Lignée, qui fut duc de Basse-Lorraine, et transmit ce duché à son frère Gothelon, par lequel fut continuée la famille, puis Adalbéron l'évêque, dont la mort vient d'être racontée; enfin Frédéric et Herman, qui se succédèrent dans le comté de Verdun, et finirent tous deux sous l'habit monastique à Saint-Vanne. Après eux, leur

---

riæ, antè gradus : et veneratur ibi, summo honore et reverentiâ, usquè in præsentem diem. Vixit autem in episcopatu tribus semi annis. Contin. de Bertaire.

comté revint au duc Gothelon , duquel, ainsi que des divers Godefroy issus de lui, nos évêques du xi⁰ siècle eurent à subir de grandes tribulations. Le Captif, tige de tous ces princes, est souvent surnommé aussi le Vieux et l'Ancien. Il existait encore en 995, où il vint à une assemblée de Mouson, soutenir son ami Gerbert, nommé par Hugues Capet à l'archevêché de Reims : on croit qu'il ne mourut qu'en 1005, dans un château du douaire de Mathilde en Flandre (1) ; il ne reparut plus dans notre comté , après son traité avec Herbert et Eudes. Pour Mathilde, elle vécut jusqu'en l'an 1009 : son épitaphe, refaite au xiii⁰ siècle, se vit, jusqu'aux derniers temps, à Saint-Vanne (2). Telle était la maison des comtes de Verdun, au moment où l'Empire trancha les embarras de leur traité, en donnant l'investiture régalienne à l'évêque Heimon.

(1) V. Bénédictins, Art de vérif. les dates, tom. iii. p. 41. Richer parle, iv. n° 99, de l'assemblée de Mouson, où vint *Godefridus comes, cum duobus filiis suis.*

(2) Cette inscription portait : *Mathildis, comitissa Saxoniæ, mater domini Adalberonis episcopi, Godefridi et Gozelonis ducum, Hermanni et Frederici comitum.*—Au nécrologe de l'abbaye, 8 des calendes de juin, c'est-à-dire 25 mai : *Comitissa dignè memorabilis, quæ locellum nostrum honestavit, auri et argenti donariis et prædiis.* — Dans le Spicilège, xii. 265, il y a omission typographique de quelques mots, à rétablir ainsi, d'après le manuscrit : *Domnus Adalbero, filius comitis Godefridi, qui fuit avus Godefridi ducis, qui posteà, acceptâ uxore principis Bonifacii, factus est marchio Italorum, etc.*

FIN DES ÉVÉNEMENTS ANTÉRIEURS A L'AN MIL.

EXPLICATION DES ARMOIRIES. Dans les armoiries, la crosse signifie le pouvoir spirituel, soit d'évêque, soit d'abbé monastique : l'épée figure le pouvoir temporel de prince, ou de seigneur. Dans le blason de l'évêché, ci-dessus, on voit, avec la crosse et l'épée, trois carreaux, en fers de lance : c'est une allusion à l'ancien nom des Claves ; de sorte que cette armoirie veut dire : *Episcopus et princeps urbis Clavorum*. — Dans le blason de Saint-Vanne (ci-dessus, p. 296), il y a, outre la crosse abbatiale et l'épée seigneuriale, la clef de saint Pierre, premier patron de l'abbaye ; enfin le Dragon de la légende. — Dans celui de Saint-Paul, à la page 375, on voit, sous la crosse et l'épée en sautoir, une figure ronde, dite en blason tourteau : c'est le pain légendaire de saint Paul. — Ces diverses armoiries ne sont pas bien anciennes : les sceaux des évêques du moyen-âge ne portaient que l'effigie des prélats, et ceux des abbayes présentaient seulement les figures des saints qu'elles avaient pour patrons. Nous donnerons ailleurs les gravures de ces anciens sceaux.

INSTITUTIONS

CHAPITRE Iᵉʳ.

DE L'ÉVÊCHÉ COMME PRINCIPAUTÉ, ET DE LA TRANSFORMATION DU TITRE
DE COMTE.

Dans ce chapitre, nous éclaircirons d'abord quelques
difficultés préliminaires : puis nous ferons connaître,
d'après les chartes, notamment d'après le diplôme de
1156, les droits essentiels de la principauté épiscopale.

La principauté, au sens du moyen-âge, consistait dans
la possession des droits régaliens. Un seigneur simple,
quelque riche qu'il fût, n'était légalement qu'un propriétaire noble, qui possédait la terre et les hommes
de son domaine, la terre comme sa glèbe, et les hommes comme ses serfs; il ne commandait, justiciait et
gouvernait qu'en vertu de son droit de propriété; et
son pouvoir expirait aux limites de sa seigneurie. Un
prince, au contraire, gouvernait au nom du roi, tous
les sujets du roi, même les habitants libres des cités:
et les seigneurs lui devaient service féodal, comme au
représentant du souverain. Son droit était vraiment de

haut domaine royal ; mais on ne l'appelait que régalien, parce qu'il ne venait que de délégation. Le prince portait la couronne, mais une couronne ouverte, pour laisser passer d'en haut la main souveraine du roi.

Les grands avoués, comtes de l'évêché.

Les principautés ecclésiastiques se compliquaient du ministère laïque de leur grand Avoué, appelé souvent comte de l'évêché. Comme les seigneurs d'église reconnaissaient, ou du moins devaient reconnaître la maxime canonique de l'horreur du sang, les Capitulaires leur imposèrent l'obligation d'avoir un officier, nommé en latin *Advocatus*, en français Avoué, ou Voué, en allemand *Vogt* : il était chargé de la milice et de la justice criminelle ; et on lui fit une part raisonnable du revenu de l'église dont il était le bras séculier : part que la plupart des Voués accrurent par force et moyens illégaux. Le seigneur évêque eut d'abord grande attention de n'appeler son Voué que vidame, ou vice-seigneur, *vidomnus*, par abréviation de *vice-dominus* ; mais, dans des temporalités aussi vastes que nos évêchés, ce vidame-avoué ressemblait tellement à un comte, qu'il devint d'usage de le qualifier ainsi ; et nous en avons déjà vu un exemple dans les chartes de fondation de Saint-Paul (1). Cet usage devint général, après l'établissement des principautés ecclésiastiques, parce que l'évêque ayant rang de prince, son Avoué eut à exercer des droits supérieurs à ceux de la simple seigneurie ; puis vint la féodalité, qui rendit les Avoueries héréditaires, comme toutes les grandes charges : enfin les Avoués de premier ordre étaient tenus, avant d'entrer en charge, de se faire agréer par l'empereur, et de recevoir de lui

---

(1) Ci-dessus, p. 346. — Dans une charte d'Othon Ier, en 947, pour Trèves : *Ut nullus judex publicus, vel ex judiciariâ potestate comes..., sed sufficiat comitem ac advocatum sanctœ Trevirensis ecclesiœ justitiam de familiâ reddat, in mallidicis locis.* Dans Hontheim, 1. p. 282. On voit, en cette phrase, l'avoué de la sainte Église appelé comte, aussi bien que le comte de la puissance publique, c'est-à-dire royale.

une autorisation (1), dite dans les chartes *bannum domi-*
nicum, autorisation qui ressemblait à une investiture de
prince. De là, sur le sujet qui nous occupe, des con-
fusions et des méprises, non-seulement chez les historiens modernes, mais quelquefois même dans des chroniques anciennes.

Pour l'évêché de Verdun en particulier, des controverses de fait s'ajoutaient à ces complications de droit.
La maison des anciens comtes, la même que celle des
ducs de Basse-Lorraine, revendiquait le Verdunois comme
compris dans un antique, et probablement fabuleux
apanage héréditaire, à elle concédé, dès avant la féodalité, en la personne du grand comte Ricuin, issu des
Carlovingiens, et souche de la maison d'Ardenne (2).
On pense bien que ni l'Empire, ni nos évêques n'admettaient cette prétention; et l'évêché, hors d'état de
lutter à lui seul contre de tels princes, profitait de tous
leurs revers, et des déchéances impériales qu'ils encoururent plus d'une fois dans le duché de Basse-Lorraine, pour les déclarer également déchus du comté de
Verdun, considéré comme avouerie épiscopale. De là résultèrent, pour nos pontifes, des catastrophes, que les historiens, au gré de leurs systèmes, représentent, les uns
comme pures vengeances et voies de fait de comtes justement dépossédés, les autres comme des représailles de
bonne guerre contre des évêques usurpateurs.

Wassebourg expliqua les droits de l'évêché par une
donation que fit, suivant lui, Frédéric, fils de Godefroy,
à l'évêque Heimon, l'an 997. Il avance le fait de cette

Système
de Wassebourg.

---

(1) *Ità tamen si advocatus à regià manu bannum suscepit : aliter placitare
non præsumat*, disent des chartes du xie siècle, dans Hontheim, i. 397. 400.
496. Elles concernent Saint-Maximin de Trèves : mais l'évêque Raimbert
demanda aussi, en 1026, l'autorisation impériale pour établir Louis de Chiny
dans l'Avouerie, à la place de Gothelon; et cette autorisation ressembla
tellement à une investiture directe de l'empereur, qu'on lit dans Gilles
d'Orval : *Comitatus Ludovico Chisnensi datur ab imperatore.*

(2) Ci-dessus, p. 300.

donation comme constant, et parle en historien tellement sûr et renseigné, que nos autres auteurs, trompés
par son ton de certitude, répétèrent son histoire, bien
qu'ils dussent trouver étrange que personne ne l'eût
connue avant lui. Ainsi auraient été transmis à l'évêché les droits patrimoniaux des comtes; et l'empereur
Othon III, ayant immédiatement ratifié cette transmission,
les évêques de Verdun devinrent dès lors évêques et comtes. Après Frédéric, et au mépris de ses pieuses intentions,
les ducs de Basse-Lorraine se portèrent ses héritiers; de
là leurs attaques, aussi violentes qu'injustes, contre nos
prélats. L'investiture régalienne d'Othon III à Heimon
n'existe plus; mais elle est représentée par le grand
diplôme de 1156, où l'empereur Frédéric Ier déclara la
renouveler « au même droit, et en la même forme de
concession. »

Système opposé.   Les adversaires de l'évêché traitèrent tout ce récit de
fable. Ils ne se trompaient pas, quant à la prétendue
donation du comte Frédéric : aussi l'évêché se borna-
t-il d'abord à répliquer que, quoi qu'il en fût de cet
acte, ce n'était point là-dessus, mais sur les investitures
d'Othon III et de Frédéric Ier qu'il faisait reposer ses
droits. Les contradicteurs insistèrent : à la vérité, dirent-
ils, le diplôme de 1156 est formel; et son authenticité
matérielle et extérieure est incontestable; mais il est
annulé par un vice intrinsèque, en ce qu'il suppose à
l'évêché des droits antérieurement acquis, s'en réfère à
ces droits, et se borne à les confirmer. Or ces droits
antérieurs n'existaient pas; il n'y avait que des usurpations épiscopales, commises sous le couvert de la fabuleuse donation du fils de Godefroy, ou de toute autre
façon. Il y a preuve évidente et claire que ni l'évêque
Heimon, ni ses successeurs ne furent comtes; car on
trouve des comtes de Verdun laïques, et même héréditaires, jusqu'au milieu du XIIe siècle. Le diplôme de
1156 a donc été rendu sur erreur et faux exposé de

faits, obrepticement et subrepticement; et il est nul de
droit. Cette argumentation présentait bien quelques traces de chicane, notamment en ce qu'après avoir admis
l'existence légitime des comtes laïques de Verdun jusqu'au milieu du XIIᵉ siècle, c'est-à-dire jusqu'à l'expulsion de Renauld le Borgne de sa tour du Voué, vers
1140, on supposait ensuite qu'en 1156, moins de vingt
ans après cet événement, l'évêché avait pu faussement
dire, et l'empereur Frédéric faussement croire, que les
comtes laïques avaient légalement cessé depuis le temps
d'Heimon : mais, comme il y avait encore plus de contradictions et d'embarras dans le système de l'évêché, l'opinion se répandit peu à peu que ses prétendus droits
régaliens n'étaient que de vieilles chimères et de vieilles
injustices. En 1670, le bailliage royal de Verdun publia,
pour le démontrer, de longs factums, mal écrits par
son procureur du roi, de Laubrussel, contre l'évêque Monchy d'Hocquincourt, qui arguait d'un article du traité
de Münster, pour demander au Grand-Conseil, le rétablissement de sa juridiction régalienne ; ce qui eût entraîné
la suppression du bailliage.

Sur ces controverses, qu'il faut éclaircir avant de s'engager dans l'histoire, nous admettrons les points suivants,
comme résultats des faits, et sauf développements qu'on
trouvera dans le cours de notre ouvrage.

L'évêque Heimon eut vraiment une investiture régalienne, non point, il est vrai, comme le raconte Wassebourg, c'est-à-dire sur une donation du comte Frédéric,
mais parce qu'il eut charge de réclamer, au nom de
l'Empire, l'évêché livré aux Français par le traité de Godefroy et de ses fils. C'est ce que nous avons vu à la fin
du chapitre précédent. Cette principauté d'Heimon ressort
tellement des faits de son histoire, qu'il faudrait l'admettre, quand même il n'en existerait pas de mention
formelle, et quand même le diplôme de 1156 ne l'aurait
pas reconnue, comme chose notoire. Soit impuissance,

Réalité
de l'investiture
de Heimon.

soit bonne volonté, Frédéric et son frère Herman ne
contredirent pas: ils comprirent probablement que l'affaire
du traité les obligeait à se retirer momentanément de
la scène; et ils se résignèrent au rôle de comtes avoués de
l'évêché : rôle qu'ils remplirent si dévotement que nos
chroniqueurs les ont presque canonisés. Ceci put faire
dire qu'ils avaient cédé leur comté à l'évêque; et de
là vint peut-être la fable de la donation. Après eux, les
choses changèrent beaucoup; et les ducs de Basse-Lorraine furent loin de montrer une pareille déférence : mais
l'Empire ne reconnut jamais les droits qu'ils prétendaient;
et tout ce qu'ils firent pour reprendre le comté autrement qu'à titre de grands' avoués, leur fut imputé à
rébellion.

Comtes laïques
héréditaires,
sous
les évêques.

Il est incontestable qu'il y eut des comtes laïques de
Verdun, même des comtes héréditaires, jusqu'au diplôme
de 1156, qui supprima cette hérédité : mais on a peine
à comprendre l'importance que les parties contendan-
tes attachèrent à ce fait, tant sa non valeur ressort clairement, soit des dispositions générales des Capitulaires sur
les Avoués d'église, soit des dispositions particulières
de notre diplôme de 1156. A cette date, la principauté
épiscopale était en pleine vigueur; et le diplôme a précisément pour objet d'en énumérer les prérogatives :
cependant, loin de dire en aucune manière que l'évêque de Verdun soit comte, il dit, au contraire, qu'il ne
l'est pas : seulement, c'est au prélat à le nommer : *comitem
absque hœreditario jure ponendi.* C'est qu'alors, un évêque régalien *avait* un comte, mais ne pouvait l'être lui-
même, parce que les fonctions de comte étaient celles-
là mêmes que la loi déclarait incompatibles avec son
caractère, et qu'il ne devait exercer que par ministère
de Voué. Il n'est donc pas étonnant qu'il y ait eu des
comtes laïques de Verdun, sous Heimon et après lui;
et ceci ne prouve absolument rien contre la principauté
épiscopale. Il n'y a pas davantage à conclure de l'hé-

rédité du comté ; car l'Avouerie étant fief, se transmettait
héréditairement, suivant la loi des fiefs : et nos évêques ne
faisaient aucune difficulté de le reconnaître. « J'ai transmis, dit Thierry, dans une charte de 1082, le comté de
Verdun à Mathilde, à cause de son droit héréditaire (1), »
malgré les prétentions de Godefroy de Bouillon ; et, après
le départ de celui-ci, l'évêque Richer transféra le comté à
la maison de Bar, où il demeura, encore héréditairement, jusqu'à Renauld le Borgne. Il eût fallu prouver
que ces comtes héréditaires étaient légalement autre chose
que de grands Avoués : mais on ne le prouva pas ; et
il est impossible de le prouver.

Ces vieux comtes, que l'on évoquait ainsi, comme des
fantômes, des profondeurs du moyen-âge, ayant causé
un grand embarras, les malhabiles défenseurs de
l'évêché ne trouvèrent rien de mieux à dire, sinon
que ce n'étaient pas de vrais comtes, mais de simples
vicomtes, qu'à la vérité on avait bien appelés quelquefois comtes, par courtoisie, et à cause de leur qualité
de princes des maisons d'Ardenne ou de Bar, mais sous
réserve et sans préjudice du titre légal du seigneur évêque, seul véritable comte. Ainsi furent inventés les vicomtes de Verdun, dont la liste, prise de confiance dans
Wassebourg et dans Roussel, a été reproduite par les
auteurs étrangers, même par les Bénédictins, dans l'Art
de vérifier les dates. Cette invention eût probablement
peu flatté les princes que l'on travestissait ainsi ; car
un vicomte de leur temps n'était que le chef de la haute
justice, chargé d'arrêter les malfaiteurs et de les faire
conduire à la potence.

L'idée, vraie au fond, mais chimérique par son exa-

Prétendus
vicomtes.

_____

(1) *Post mortem verò ducis Godefridi* (le Bossu), *annuente ipsius uxore do-
minâ Mathilde, cui, hæreditario jure, comitatum Virdunensem reddidi.* Cartul.
ms. de Saint-Airy, tom. I. p. 11. — Dans un factum, les moines citèrent
cette phrase, comme n'étant pas « très-conforme aux prétentions de M. l'é-
vêque ; » et, en effet, elle s'accordait assez mal avec l'idée que les anciens
évêques eussent été comtes de Verdun.

gération, que le diplôme de 1156 représentait l'investiture
régalienne d'Heimon, conduisit à des anachronismes, notamment à celui-ci que l'hérédité du comté avait dû cesser
dès 997. Comme l'histoire disait le contraire, on se mit
à torturer et à interpréter les textes : ainsi Roussel se
permit de traduire les mots *comitem absque hæreditario
jure ponendi* par « le droit d'établir un vicomte amo-
vible » (p. 168); et, comme il use du même procédé de
traduction libre toutes les fois qu'il rencontre le mot *comes*
dans les documents, ses lecteurs durent être persuadés
qu'il y avait eu en effet des vicomtes. On peut encore
citer dom Calmet, se donnant beaucoup de mal pour faire
comprendre comment Dun, dont la charte de concession à l'évêché est datée de 1065, avait cependant été
un des fiefs régaliens d'Heimon (1). Il tombe cependant
sous le sens qu'en 1156, on écrivit les choses telles qu'elles
étaient devenues alors, et qu'en s'en référant aux actes
d'Othon III, *eodem jure et formâ donationis*, on n'entendait parler que d'une identité substantielle, pour marquer
l'époque de la première investiture. Rien n'indique, dans
le texte de 1156, qu'il ait été rédigé sur une ancienne
pièce d'écriture, dont il aurait eu pour objet de reproduire
la teneur.

Fin
du comté laïque.

C'est en cette période de notre histoire que finit le
comté laïque, dont nous avons vu l'origine mérovingienne, et la transformation, au xe siècle, en fief, que
la famille des titulaires prétendait d'apanage patrimonial.
Au xie siècle, les ducs de Basse-Lorraine ne reconnurent
pas qu'ils fussent, à Verdun, simples avoués épiscopaux;
et ceux de nos évêques qui, tout en s'appuyant de l'Empire,
eurent la hardiesse de prononcer leur déchéance de ce
comté, s'attirèrent leurs hostilités : néanmoins ces ducs
n'avaient garde de négliger leur titre de grands avoués,
et l'influence incontestée qu'il leur donnait. Godefroy le
Breux régla, en cette qualité, aux Assises de 1060, les

(1) Notice de Lorraine, art. Dun.

droits des sous-voués; il reconnut en outre, dans cette même session, qu'il agissait « comme avait précédemment agi son père, le duc Gothelon, par-devant le seigneur évêque Richard (1). » La mort de Godefroy le Bossu, en 1076, provoqua la décision de Thierry, entre Mathilde, veuve du défunt duc, et Godefroy de Bouillon, son neveu; et il y eut alors une reconnaissance plus explicite de la suzeraineté épiscopale : enfin ce dernier Godefroy, qui d'abord avait contesté le jugement rendu contre lui, fit l'acte décisif qui éteignit chez nous toute prétention de principauté laïque indépendante. A son départ pour la Croisade, voulant transmettre le fief à son frère Baudouin, il le rendit d'abord à l'évêque Richer; et Baudouin étant lui-même parti peu après, le comté revint de nouveau à Richer, qui l'accorda alors à Thierry de Bar, dont les successeurs le gardèrent jusqu'à l'expulsion de Renauld le Borgne (2).

Après cette expulsion, il n'est plus parlé de comtes laïques de Verdun. Ce n'est pas qu'ils fussent supprimés de droit : au contraire, le diplôme de 1156 les reconnaît comme officiers, toujours légaux, quoique non plus héréditaires, de l'évêché; mais celui-ci, après tous les périls qu'il avait courus avec ses anciens voués, se garda désormais des seigneurs puissants; et, s'il nomma des comtes en la nouvelle forme, il n'en fit plus des personnages capables de laisser des souvenirs dans son histoire. Il est possible que ce soient eux, ou au moins quelques-uns d'entre eux, dont on trouve les noms,

---

(1) *Sicut, vivente patre meo Gozelone, meque adstante, coràm domino Richardo episcopo; sicut à nobis acta et diffinita est (causa), præsentibus tàm clericis quàm laïcis.* — On a traduit *coràm* par « du vivant de l'évêque Richard »; mais, dans un tel acte, ce mot a un sens juridique, et signifie « par devant. »

(2) *Comitatum urbis, de quo toties discordia processerat, ab eodem duce Godefrido receptum; in gratiam ipsius, Balduino fratri ejus dedit episcopus Richerus. Quem comitatum idem Balduinus, sanctum iter cum fratre duce aggressus, mox post modicum, reddidit : et episcopus receptum Theodorico Barrensi comiti, donis et obsequiis ejus delinitus, ex consilio suorum, tradidit.* Laurent de Liége, Spicil. XII. p. 292.

inconnus d'ailleurs, dans les pages de nos vieux nécrologes (1). On ne peut fixer la date précise de leur extinction, parce qu'il n'y eut jamais de loi générale et formelle
abolissant les avoueries : seulement une décrétale d'Honoré III, en 1220, autorisa la suppression de ces charges,
toutes les fois qu'on pourrait les faire vaquer (2) ; alors
l'Avouerie de l'évêché, vacante de fait depuis le milieu
du siècle précédent, se trouva légalement éteinte ; et

Titre de comte
pris
par les évêques.

le titre de comte dut disparaître avec elle. On n'en trouve
plus de vestiges ni au XIIIe siècle ni au XIVe; mais, au
commencement du XVe, l'évêque Jean de Sarrebrück
imagina de le ressusciter, pour s'en décorer lui-même (3) ;
et son exemple ayant été suivi par ses successeurs, les
deux titres d'évêque et de comte, bien que primitivement incompatibles, figurèrent jusqu'en 1790, dans le
protocole officiel des évêques de Verdun, d'une manière
tellement indissoluble qu'on croyait, dès le temps de
Wassebourg, que les anciens évêques n'avaient été princes
que parce qu'ils étaient comtes. — A Metz, les voués

(1) XVIII kal. Julii, Berengarius comes, qui dedit Fratribus Superiacum (Sivry)
— XIII kal. Augusti, Drogo comes, qui dedit nobis Noviliacum (Neuvilly).—VI idus
Augusti, Conradus comes feliciter. — XIV kal. Octobris, Hildebertus comes. —
XIV kal. Decembris, Balduinus comes, pro cujus animâ Fratres debent habere
solidos quinque — XIII kal. julii, Otho comes, qui dedit Fratribus Haraudi-Mon-
tem, et Brehadi-Villam, et Saverpodium. — VI idus Septembris, Leuchardis comitissa, quæ dedit nobis Berhardis-Villam. — Nécrologe de la cathédrale. — Dans
le nécrologe de Saint-Paul, au 17 des calendes de novembre, Richerus comes,
qui dedit nobis quod habemus apud Rombach.

(2) Cùm plerique advocati ecclesiarum, advocationis officium convertentes in
dominationis abusum, ecclesias ipsas opprimant et affligant, ideò Fraternitati
Vestræ, per apostolica scripta mandamus quatenùs..., si quas advocatias vacare
contigerit, expressè inhibeatis ecclesiis ne eas conferre præsumant, sed suis cu-
rent usibus applicari. V. Hontheim, I. 635.

(3) Nous Jehan de Sarrebruche, par la grâce de Dieu, évesque et comte de Verdun. Cette charte, datée de 1419, est la première où nous trouvions ce protocole. — Il ne faut pas se laisser tromper par les chartes mises en style moderne (ce qui est toujours aisé à reconnaître); par ex. la copie faite en 1605,
d'une charte de 1258 de Robert de Milan, ni par la charte de Fresnes, vers
là fin de laquelle le copiste fait dire à Henri d'Apremont : Promettons pour
nous, et pour nos successeurs évesques et comtes, ou élus confirmés, etc. Il
existe de cette pièce une copie de 1492, où le mot comte ne se trouve pas ;
l'original est perdu depuis longtemps.

héréditaires s'appelèrent aussi comtes : le dernier fut
Albert de Dasbourg, après lequel, vers 1214, les évêques réunirent le plus qu'ils purent des fiefs de l'avouerie
à l'évêché, sans toutefois prendre jamais eux-mêmes le
titre de comtes, comme le firent, dans la suite, leurs
collègues de Verdun et de Toul. (1)

(1) Bénéd. Hist. de Metz, tom. II. p. 427.

SCEAU DU DIPLÔME DE 1156,

(d'après un ancien dessin agrandi.)

CHAPITRE II.

EXPLICATION DU DIPLÔME DE 1156.

Ce diplôme, qui fut, pendant six siècles, la loi politique, et pour ainsi dire la grande charte du Verdunois, s'appelait autrefois la Bulle d'or de l'Evêché; et
on le nommait ainsi, non par métaphore, comme nous
Sceaux d'or. pourrions nous l'imaginer aujourd'hui, mais parce qu'il
portait, attaché à des cordons de soie, un grand sceau,
ou bulle de véritable or, de largeur plus grande que nos
pièces d'argent de cinq francs, et marqué à l'effigie de
l'empereur Frédéric Ier, dit Barbe-Rousse, que l'on y
voyait, assis sur un trône, globe impérial et sceptre en
mains, avec cette inscription : *Fredericus, Dei gratiâ Roma-
norum imperator augustus.* Il y avait aussi des Sceaux
d'or impériaux au Chapitre et à la Ville : celui des archives
du Chapitre, le plus ancien de tous, remontait à l'an
1086; mais il aurait dû être à l'évêché, comme expédié
à l'évêque Thierry : quant à ceux de la Ville, au nombre
de deux, ils ne dataient que des années 1374 et 1378.
Ces curieuses antiquités disparurent pendant la Révolution; et on mit leur perte sur le compte des Barbares
de 1793. Il existait heureusement plusieurs copies des
chartes : la plus importante, celle de 1156, avait même
été imprimée, dans la grande Diplomatique de Mabillon (1).
Elle portait en substance ce qui suit :

(1) Supplém. p. 100. *Horum diplomatum*, dit-il, *copiam nobis fecit, pro suâ in
nos benignitate, illustrissimus DD. Hippolytus de Bethune, episcopus et comes
Virdunensis.* Le texte de Mabillon est reproduit dans les Preuves de Roussel et
de D. Calmet. Wassebourg, p. 312, publia le premier, mais moins exactement,
cette charte importante. — Le Sceau d'or du Chapitre est encore mentionné
dans l'inventaire de 1733 : Calmet le décrit, Preuves, tom. III. p. 12,
2ᵉ édit.

« Frédéric, empereur auguste des Romains, à notre cher et
fidèle Albert (de Mercy), évêque de Verdun, et à ses successeurs. Nous rappelant la constante fidélité des évêques de votre
siége à l'Empire, dans les temps et les événements les plus divers,
et certain que cette antique fidélité subsiste inébranlable en vous,
nous renouvelons, au même droit et en la même forme, la donation du Bénéfice de comté et de Marche, autrefois accordée
par notre auguste prédécesseur Othon à votre prédécesseur Heimon, et, en sa personne, à tous les évêques qui lui succéderaient.
Vous donc, et vos successeurs, avez droit de tenir ce comté,
à l'avantage de votre église, d'y nommer un comte, sans droit
héréditaire, d'y faire tous actes de domaine et d'administration ; vous
avez également, par notre concession, le ban, les péages, la monnaie,
le district civil et criminel sur la cité. Nous reconnaissons et
attribuons au domaine de votre évêché les châteaux, cours et
avoueries dont les noms suivent........ ; et, si d'autres forteresses paraissent nécessaires en ces territoires, vous pourrez les
y faire construire, avec notre autorisation. Et pour rendre sta-
ble et inviolable à toujours notre présent décret, nous l'avons
fait écrire en charte, scellée de notre bulle d'or, et signée de
notre main : étant présents Burchard, évêque de Strasbourg, Etienne
de Metz, Henri de Toul, etc., Mathieu duc de Lorraine, Othon,
comte palatin, etc., etc... Frédéric, empereur. Reinald, chancelier,
pour l'archichancelier Arnald, archevêque de Mayence. Donné à
Colmar, le 16 des calendes de septembre (17 août), l'année du
Seigneur 1156, quatrième du règne du très-glorieux Frédéric,
seconde de son empire. »

Remarquons d'abord que ce texte désigne ses concessions par le nom de Bénéfice. Ainsi appelait-on, aux
temps carlovingiens, ce qui fut ensuite nommé fief, quand
les terres et les prérogatives concédées devinrent héréditaires : mais l'ancien mot demeura longtemps en usage ;
et il convenait dans notre charte, à cause de la nature
ecclésiastique de la principauté.

Ce Bénéfice comprenait des droits de comté et des droits
de Marche. Aux premiers se rapportait d'abord le pouvoir
d'instituer le comte : le diplôme reconnaît et sanctionne
le grand changement opéré, peu d'années auparavant,

par l'évêque Albéron de Chiny, qui abolit l'hérédité comtale, en expulsant Renauld, le dernier des grands Voués. C'est ce que nous avons expliqué dans le chapitre précédent.

Pour autres prérogatives, le Bénéfice de comté donnait les droits de Ban, d'impôts, ou péages dits *Teloneum*, de monnaie, et de district, ou juridiction coactive, sur la cité en toutes causes civiles et criminelles.

Ban.

Le mot Ban désigne l'autorité légale par laquelle se font les ordonnances et proclamations, se décrètent les règlements généraux et particuliers qui établissent l'ordre de la paix publique, et infligent les amendes, et autres peines, dans l'étendue du territoire.

Péages.

Pour le *Teloneum*, « Tonneu » des chartes françaises, c'était le nom général de toutes les impositions de péage, d'entrée et de vente de marchandises et d'objets de consommation. En ces anciens temps, on ne connaissait pas nos impôts fonciers, parce que les terres, étant presque toutes aux seigneurs, ne devaient au roi que le service de fief, les seigneurs eux-mêmes imposant les tailles, corvées et autres redevances à leurs serfs. Il n'est pas douteux qu'Heimon n'ait joui du droit de tonneu : car il en fit, comme nous le verrons dans son histoire, un usage assez imprévoyant, en le donnant aux abbayes, à charge d'entretien par elles d'une certaine étendue des murs de la Fermeté. Dans la suite, ces tonneus devinrent ce qu'on appelait les Fermes et deniers patrimoniaux de la Ville; et on les trouve énumérés, fort en détail, dans le Grand Vendage. Nous reviendrons sur ce sujet, à l'article de la Commune.

Monnaie.

Quant au droit de monnaie, il n'est pas moins certain qu'Heimon en fut investi, non point seulement en droit utile, ou par concession d'une part dans les profits de l'atelier, mais en manière vraiment régalienne, par l'inscription de son nom, avec celui de l'empereur, sur les pièces elles-mêmes: *Otto imperator; Heimo epis-*

copus. Ceci était tout à fait nouveau chez nous ; et cette empreinte d'Heimon convient parfaitement, comme transition, entre la monnaie des temps précédents, marquée du nom des empereurs seuls, et la monnaie purement épiscopale des temps suivants. Lors du débat de 1670, il ne fut parlé ni de cette pièce, ni d'aucune autre de nos évêques du XI⁵ siècle : ceci prouve combien la numismatique était alors ignorée. — Les collectionneurs ouvrent la série des monnaies épiscopales verdunoises à ce denier d'argent d'Heimon ; et elle va jusqu'aux florins et aux écus de Charles de Lorraine, en 1622 : mais beaucoup d'évêques, qui se contentèrent de donner cours aux espèces des pays voisins, ne sont pas représentés dans cette suite.

Le diplôme accorde ensuite à nos prélats le droit d'avoir des châteaux-forts, énumère ceux qui dépendaient alors de l'évêché, et permet d'en construire d'autres, avec autorisation impériale. En vertu de cet article, Heimon entreprit la construction d'une sorte de citadelle, à l'endroit même où est aujourd'hui la nôtre : les moines de Saint-Vanne l'empêchèrent, il est vrai, d'exécuter son projet ; mais il fallut qu'ils s'adressassent à l'empereur. — De ces remarques, il résulte que cet évêque eut vraiment les droits régaliens ; et on a eu tort de contester ce fait. Mabillon ne se trompait pas en considérant l'évêché de Verdun comme l'une des plus anciennes principautés ecclésiastiques de France (1).

Forteresses.

(1) *Comitatus Virdunensis, quo nullus fortè antiquior in Galliâ penès ecclesiasticas dignitates. De re diplomat. Supplém.* p. 100. — La prétendue charte de Dagobert I⁵ʳ accordant à l'évêché de Toul « ban royal » à quatre lieues autour de cette ville, a été faite d'après un passage d'Adson, disant seulement que Dagobert donna tout ce qui appartenait « au fisc royal » dans ce rayon. Il va sans dire que la charte originale de Dagobert était censée perdue : était encore perdue la confirmation par Charlemagne, en 804 : pour toute pièce on produisait un diplôme attribué par les uns à Charles-le-Gros, par les autres à l'empereur Arnoul. (V. Lemoine, Diplomat. p. 124), et où le mot ban était substitué à celui de fisc. Une principauté ecclésiastique, sous les Mérovingiens, est un anachronisme.

L'explication des mots « district de la cité en causes civiles et criminelles » nous arrêtera un peu plus longtemps. Notons d'abord que notre diplôme ne parle que de la cité. C'est que les campagnes étaient soumises aux justices seigneuriales, tandis que la cité, habitée par des hommes libres, ne reconnaissait que la juridiction du roi, ou du prince auquel il avait délégué les droits royaux.

Justice civile.

Au civil, le district ou juridiction de l'évêché ne s'exerça jamais en ville que par appel, la première instance appartenant au siége de Sainte-Croix, tenu par le doyen et les échevins du palais municipal. Mais, dans ces anciens temps, l'ordre des degrés de juridiction n'était pas invariable comme aujourd'hui. On voit, dans le vieux manuscrit des Droits de Verdun, écrit au commencement du XIVᵉ siècle par Melinon, qu'alors encore, on pouvait arrêter la procédure de Sainte-Croix, en disant : « Je m'appelle à l'évêque. » Souvent l'évêché se débarrassait des mauvais plaideurs en ne tenant pas d'audience ; alors, au bout de 21 jours, il leur fallait revenir devant le doyen (1). Cette audience de l'évêché s'appelait l'Hôtel-l'évêque ; c'est la Salle épiscopale des derniers temps ; mais, en celle-ci, il y avait des audiences à jours fixes et réglés ; et on ne pouvait y être intimé que par appel d'un jugement rendu à l'échevinat du palais, tandis qu'au vieil Hôtel, les juges ne siégeaient que pour des causes

---

(1) « Droit dit : S'un homme fait un aultre semonre, et clame sur lui, et quant il ait clamé, l'aultre partie s'appelle devant l'évesque, et li évesque detient l'appel, et il passe XXI jours que li évesque ne tienne nuls appels, li aultre partie le doit faire resemonre ; et, quant il sereit au plaid, y dirait que clame sur lui un tel clame, et il s'appela devant l'évesque, et les nuits sont passeies, et li évesque n'ait tenu nuls appels, et il l'ait fait resemonre ; si veult qu'il le responde, se droit est : et li aultre partie dit que il ne le vuelt mie responre, por tant qu'il s'appela devant l'évesque, et l'évesque n'ait tenu nuls appels. Se ces paroles sont mises en droit, Droit direit que il le doit responre. » Page 166 du manuscrit.—A l'article : « De plusieurs usaiges, » le même livre pose cette régle : « Et est assavoir que, se un homme s'appelle, et l'évesque retient l'appel, et il laisse XXI nuits, li appel vient devant le doien. » *Ibid.* p. 140.

estimées valoir la peine qu'ils les examinassent (1). Les gens du moyen-âge avaient pour coutume de ne recourir aux tribunaux que lorsqu'ils ne pouvaient terminer leurs débats par arbitrage; presque tous les jugements dont il nous reste des chartes sont des sentences, en premier et dernier ressort, d'amiables « apaisantours. » Au xv⁰ siècle, commence à paraître le troisième degré de juridiction, encore sous forme d'arbitrage, devant le conseil de quelque grand prince, et pour des débats graves et compliqués. « Chapitre vous offre l'ostel monssʳ de Bourgogne, parlement de Paris, monssʳ le marquis fils du roi de Sicile (Réné Iᵉʳ, duc de Lorraine), » dit un acte capitulaire, proposant un arbitrage à la Ville, le 12 mars 1443. Ce ne fut qu'au xvıᵉ siècle que le troisième degré se trouva légalement établi : alors on put appeler de l'évêché à la chambre impériale de Spire, lorsque l'objet en litige dépassait une certaine valeur, fixée par les ordonnances de l'Empire; mais l'institution de cette Chambre impériale ne remontait qu'à la diète de Worms, en 1495.

Pour la justice criminelle, l'évêché ne pouvant la rendre lui-même, et son grand voué, ou comte, n'entrant pas dans les misérables et vulgaires détails de la plupart de ces causes, elle retombait presque entièrement sur le sous-voué, ou vicomte (2). C'est là la seule espèce de vicomté qu'il y ait jamais eu à Verdun, sauf dans les temps modernes, où le bailli de l'évêché s'avisa de prendre ce titre. Le vicomte primitif est l'*urbis advocatus*, ou *advocatus Virdunensis* des documents antérieurs

Justice criminelle.

(1) Les anciens rois et princes jugeaient, ou étaient censés juger eux-mêmes, sur les requêtes qu'on leur présentait. Ces requêtes devenant nombreuses, il y eut, pour leur examen préalable, des officiers, que l'on appela maitres des requêtes de l'Hôtel du roi, et, par abréviation, maitres des requêtes.

(2)   Quiconques homes soit viscons, (vicomte)
Jeunes, ne vieulx, maulvais, ne bons,
Il doit les fourches retenir...   *Melinon*, p. 11.

au XIIIe siècle : ensuite, l'évêché, ayant laissé par engagement sa vicomté à la Commune, celle-ci l'exerça sous le nom de laie justice (justice laïque), puis de justice temporelle. Tous les ans, on devait présenter les échevins de ce siége à l'institution épiscopale, en signe que leur juridiction ne provenait point, comme celle de Sainte-Croix, d'origine municipale, et parce qu'ils étaient au droit régalien de sentence capitale sur des hommes libres. En Empire, il n'y avait pas d'appel au criminel; ce que les jurisconsultes français trouvaient fort exorbitant : mais on pouvait protester de nullité, et obtenir ainsi la révision du procès. A Verdun, au moyen-âge, cette protestation se faisait par des citoyens notables, remontrant que le vicomte s'était mépris (1); et cette intervention de l'opinion publique s'étant régularisée dans la suite, on voit par les anciens Registres de la Ville qu'avant de passer outre aux exécutions grièvement pénales, la justice faisait toujours rapport au Conseil. Ceci s'observa jusqu'à l'établissement de l'organisation judiciaire moderne, vers le milieu du XVIIe siècle. — Quant au droit de grâce, l'évêque n'en avait d'autre que celui de pouvoir, le jour de son entrée, rendre la paix de la cité à certains bannis, qui lui avaient préalablement adressé supplique; encore y avait-il, entre lui et la Commune, contestation sur les cas graciables.

Il ne peut être douteux que les termes du diplôme : *comitatum habendi*, *tenendi*, n'aient impliqué le droit de tenir les grandes assemblées dites *Mallum*, aux temps mérovingiens, Plaids généraux, sous les Capitulaires, Assises, ou sessions au XIe siècle et au XIIe, enfin Grands-Jours ou Hauts-Jours de l'évêché et comté. Nos modernes,

(1)   Que j'à nuls rachapt n'en soit prins,
(*à moins*) Qu'on diroit qu'il auroit méprins.
             Se rachepter peut de larron,
             S'en parleroient li bon baron, .
             Et li borjois de la citei,
             Qui fait auroit desloialtei.   *Melinon, Ibid.*

qui ont coutume de se faire un moyen-âge à la ressemblance
des institutions de leur époque, ont représenté les Grands-
Jours comme une sorte de cour d'appel, revisant les sentences des juges inférieurs : en réalité, c'était une cour féodale,
à laquelle rien n'est analogue aujourd'hui. Le mot Plaid ne
vient pas, comme semblent le croire ces auteurs, du
mot Plaider : car les Capitulaires disent toujours *Placitum ;*
or un *placitum* était un décret sur lequel l'assemblée
avait dit : *Placet* (il nous plaît) ; en d'autres termes, une
ordonnance promulguée de son assentiment et en sa présence. En ces plaids, des divers degrés, se lisaient les
lois et règlements du roi, des princes et des seigneurs ;
tous les notables devaient assister à ces lectures ; et il
y avait obligation spéciale aux nouveaux feudataires, propriétaires, ou habitants de la circonscription, de venir
au plaid, pour y reconnaître leur seigneur, et se faire
reconnaître eux-mêmes par leurs pairs. On y décidait
aussi des causes ou procès ; mais seulement pour affaires
importantes, épineuses, ou excédant la compétence des
juges locaux. Comme les seigneurs ne reconnaissaient
d'autre juridiction que celle du prince, siégeant en assemblée d'autres seigneurs leurs pairs, il était de droit que
tous leurs débats se décidassent en Grands-Jours : et
ce fut ainsi que cette session devint la cour féodale.
Notre Charte de Paix, qui en parle incidemment, l'appelle
« Justice l'évêque des paraiges de Verdun (1), » c'est-
à-dire Justice de l'évêché, en l'assemblée des pairs. La
Ville députait souvent, soit aux Jours de l'évêché, soit
à ceux des princes voisins, parce qu'à cause des domaines
et droits féodaux dans les campagnes, il était fréquent
qu'elle, ou ses bourgeois eussent quelque chose à démêler
avec les seigneurs. « S'aucuns borjois, dit la Charte de

---

(1) « Et s'aucun citain feroit (frappait) home forain de la justice l'évesque
des paraiges de Verdun, etc. — Cet article se rapporte au cas où les Grands-
Jours, se tenant à l'évêché, il y aurait eu, en ville, des rixes entre les bourgeois, et les seigneurs, ou gens de leur suite.

Paix, faisoit poinne dont il convinst journeïer, il iroit au Jour, avec ciaux que la Ville y envoieroit, ou il envoieroit aultre pour lui, qui feroit droit, et penroit droit pour lui; » mais cette justice des Hauts-Jours, ou des Paraiges ne se rapportait, en ordre de juridiction, ni aux échevinats, ni à l'Hôtel-l'Evêque de la Ville; c'était, comme nous l'avons dit, une cour féodale de feudataires nobles de l'évêché.

La plus ancienne charte qui nous reste de ces assemblées est celle des Assises tenues en 1060 environ, au Palais de Verdun, pendant les fêtes de la Pentecôte, par le duc et marchis de Basse-Lorraine et de Toscane Godefroy le Breux, comte de Verdun, grand voué de l'évêché (1). Il s'agissait des droits des sous-voués : affaire ecclésiastique et féodale, les avoueries étant alors des fiefs. Nous avons déjà parlé plusieurs fois de cette charte, et remarqué la mention qu'elle fait d'une session plus ancienne, du duc Gothelon, « par-devant le seigneur évêque Richard. » Elle se termine par les signatures des gens de noblesse et d'église qui furent présents et donnèrent leur assentiment; plusieurs de ces nobles n'étaient point de l'évêché, mais y avaient sans doute des avoueries (2) : quant aux gens d'église, la dame de St-Maur figure avec eux, étant, comme eux, intéressée dans la question (3).

(1) *Ego dux et marchio Godefridus, Virduni palatio sedens, diebus sanctis Pentecostes, hoc rescriptum posteris mandare volui.*

(2) Les principaux sont Manassé (de Rethel, à cause de Sainte-Ménehould), Arnoul de Chiny, Widon, ou Guy, de Cornay, Milon de Vienne, Winzelin de Clermont, Engobrand de Mouson, Riculfe d'Hatton-Châtel, etc. » On lit, en outre, les noms d'Heselin, comte, Ingon, voué, Angelbert, vidame. C'étaient peut-être les délégués de Godefroy, qui le représentaient pendant qu'il était en Toscane.

(3) Milon, princier. Ermenfroy, archidiacre de Woêvre. Adelard, prévôt (de Montfaucon), et archidiacre (d'Argonne). Henri, chanoine noble. — Grimoald, de Saint-Vanne, Fulcrade de Saint-Paul, Richard de Saint-Maurice (Beaulieu); enfin, *signum Gerbergæ, abbatissæ Sancti-Mauri. Ego dux et marchio Godefridus hanc diffinitionis chartam signi mei impressione signavi.* Ce mot *signi impressio* semble indiquer que les signatures de cet acte consistaient en appositions de sceaux.

A la suite de cet acte, nous en placerons deux autres, du milieu du XIIe siècle, et présentant quelque intérêt en ce qu'on y voit qu'aux anciens Grands-Jours, l'évê- que, comme les autres seigneurs, débattait son droit, et fournissait ses preuves devant la cour de ses pairs. Il n'y avait plus alors de comte grand avoué : on conti- nuait à tenir les sessions au palais de Verdun; et nos deux actes sont datés des années d'épiscopat d'un évê- que, Albert, qui peut être celui de Mercy, en 1156, ou celui de Hirgis, en 1190. Voici le premier :

Cùm haberet dubium Arardus de Risnel quantùm temporis custodiam in Hattonis-Castro deberet episcopo Virdunensi, et ultrà dimidium annum ibi non recognosceret; interrogatis epis- copus hominibus liberis, et aliis qui de antiquitate noverant, et ex eorum relatione certioratus, probavit jurejurando præstito quòd Arardus et hæredes sui, secundùm jus et rationem feodi quod habet à parte uxoris suæ, singulos annos continuos in Hatto- nis-Castro debet custodiam exhibere. Probatum est hoc, anno tertio episcopatùs domini Alberti, in Palatio Virdunensi, xv. kalen- das decembris. Testes juramenti : Garnerus, advocatus Hattonis- Castri, et Renardus, advocatus Virdunensis (1).

Ce fief, chargé de garde continue à Hatton-Châtel, devait être considérable. C'était peut-être celui de Creue, l'une des anciennes pairies de l'évêché.

Le second de nos actes est instructif pour l'histoire des anciens Apremont, ceux dits à la Croix-Blanche, qui se dénommaient alternativement, et de père en fils, Gobert et Joffroy, sires d'Apremont et de Dun. Plusieurs de nos évêques sortirent de cette illustre maison; et nous trouverons bien des Gobert et des Joffroy dans notre moyen-âge : ils tenaient de l'évêché de Verdun le fief et la châtellenie de Dun, où ils étaient déjà anciens, dans la seconde moitié du XIIe siècle (2). Alors ils de-

Les Apremont
à la
Croix-Blanche.

(1) Cette charte se trouve à la p. 115 du plus petit des deux manuscrits de Bertaire, conservés à la Bibliothèque de la Ville.

(2) Dun fut donné à Thierry, par l'empereur Henri IV, en 1065. On n'a pas l'acte de son inféodation aux Gobert : il est probable qu'elle fut faite pour

mandèrent à nos prélats permission de pouvoir, sans
quitter leur service, prendre encore la châtellenie d'Apremont, vers Saint-Mihiel, fief très-considérable de l'évêché de Metz (1), lequel ne voulait les investir qu'à la condition qu'ils feraient passer son hommage et service avant
tout autre. Notre évêché consentit que sa prérogative
féodale passât ainsi au second rang; mais il exigea promesse que le château d'Apremont servirait à la défense
du pays verdunois, si quelque ennemi venait l'attaquer
de ce côté : et de ces arrangements il fut fait, en Grands-
Jours, un acte de notoriété, que n'ont connu ni dom
Calmet, ni les autres qui ont écrit sur la généalogie
historique de cette famille (2) :

A. Virdunensis episcopus, probavit jurejurando Gobertum de
Aspero-Monte hominem legium esse suum, de feodo quod habet
ab ecclesiâ et episcopo Virdunensi : et contra omnem hominem
debet adjuvare episcopum Virdunensem, præterquàm contra dominum episcopum Metensem, cujus fidelitatem antiqui Virdunenses
episcopi suæ fidelitati præposuerunt. Nam, cùm ex antiquâ succes-
sione progenitores Goberti ad episcopum Virdunensem specialiter et
propriè pertinerent, adepti sunt castrum Asperum-Montem ab episcopo Metensi, cum consensu Virdunensis episcopi, eatenùs ut castrum
et castellanum perpetuò, post dominum Metensem, haberet ad se-
curitatem et præsidium. Anno primo episcopatûs domini Alberti, jura-
tum est hoc et recognitum, præsente Goberto. Testes juramenti... (5).

tirer cette châtellenie des mains du voué Renauld, auquel le mauvais évêque Henri de Winchester, son confrère en tyrannie, l'avait engagé, pour
une somme dérisoire.—Il n'est pas dit formellement, dans l'acte des Grands-
Jours, que le fief épiscopal verdunois, tenu d'ancienneté par les Gobert, fût
Dun : mais cela ne peut être douteux, soit à cause de leur titre constant de
sires d'Apremont et de Dun, soit parce que le fait résulte clairement des
chartes de 1255, que nous ferons connaître ailleurs.

(1) Il reste encore quelques vestiges de l'ancien château, sur la montagne
d'Apremont, à deux lieues environ au sud-est de Saint-Mihiel. — Ne pas
confondre avec Apremont-sur-Aire, canton de Grand-Pré, Ardennes.

(2) Calmet, en tête du tom. III. de l'Hist. de Lorraine, 2ᵉ édit. Lainé, Généal. de Briey, p. 14. Il y a une histoire manuscrite des Apremont à la Croix-
Blanche.

(5) Dans le manuscrit déjà cité de Bertaire, ibid. Le copiste n'a pas transcrit les noms des témoins.

Ces chartes nous renseignent sur les anciens Grands-Jours, et les affaires féodales qui s'y traitaient : quant aux Aprémont, nous reparlerons d'eux, aux articles de nos évêques Jean et Henri de ce nom ; et nous verrons encore, sous Raoul de Torote, la félonie qu'ils commirent, en 1235, contre l'église, qui les avait agrandis, et dont ils quittèrent le service pour les splendeurs de la chevalerie séculière, à leur détriment toutefois : car, après qu'ils eurent un instant joui du glorieux titre de princes d'Empire, Wenceslas de Luxembourg et Robert de Bar ruinèrent leur maison, à la fin du XIVe siècle. — Les plus anciennes sessions des Grands-Jours sont datées du palais de Verdun, où sans doute il était de coutume antique de tenir les Mallum et Plaids généraux du comté ; puis cette cour siégea à l'évêché, comme l'indique le passage de la charte de Paix sur « la Justice l'évêque des paraiges ; » mais la Commune, craignant toujours quelque surprise, et poussant les choses jusqu'à compter combien de chevaliers l'évêque avait avec lui, le jour de son entrée, la session ordinaire fut transférée à Hatton-Châtel : enfin, au XVIe siècle, l'évêché étant aux mains de cardinaux et princes lorrains, qui ne résidaient pas, et ayant peut-être peur lui-même de sa noblesse, à cause de la Réforme, laissa tomber en désuétude, le plus qu'il put, les pairs et les Grands-Jours. Nous verrons, dans le chapitre suivant, les réclamations des nobles à ce sujet.

Psaulme, énumérant les prérogatives de ses anciens prédécesseurs, dit qu'ils avaient « donné camp franc, et reçu gage de bataille. » Ainsi parle-t-il dans une plainte au roi, en 1572, contre le bailli de Vitry, qui le troublait en ses juridictions ; et il est probable qu'il connaissait des actes de cette prérogative, plus régalienne qu'épiscopale.

La principauté de l'évêché ne s'étendait pas aux terres du Chapitre, lequel se disait, et était effectivement seigneur

régalien sous le Saint-Empire. Il tirait cette franchise
de ce que la terre de Notre-Dame était son lot, qu'il
avait eu, non par concession, donation ou inféodation
de l'évêché, mais de droit, à la division des menses,
au x⁰ siècle. En conséquence, ni le princier, ni le doyen,
pour son fief de Haumont, ni le Chapitre en corps, à
l'avénement des évêques, ne leur faisaient aucune reprise
féodale (1), comme les abbés des monastères et les seigneurs laïques. Par la même raison, les appels de la
justice capitulaire allaient, après le dernier ressort, non
à aucun siége de l'évêché, mais à la chambre impériale.
Néanmoins, aucune part dans le Bénéfice de comté n'ayant
été accordée au Chapitre par le diplôme de 1156, il
n'était que simple seigneur; mais régalien, ou immédiat de l'Empire.

Il faudrait parler ici des fiefs et des domaines dont
le diplôme renferme l'énumération; mais ces détails, assez
longs, trouveront leur place dans un autre article, où
nous considérerons l'évêché comme territoire. Nous terminerons par l'explication de ce que notre texte appelle
Bénéfice de Marche, qu'il accorde avec celui de comté,
dans son expression *Beneficium comitatûs et marchiœ.*

Bénéfice
de Marche.

Marche signifie frontière. Il y eut, dans les premières
périodes féodales, lorsque les territoires n'étaient pas
encore bien fixés, des princes marchisants, qui prétendaient, entre autre droits, celui de recevoir les sujets
de leurs voisins, sous prétexte d'incertitude des limites.
Tels étaient notamment les ducs de Lorraine, qui se
disaient marchis entre trois royaumes, France, Allemagne et Bourgogne, confinant tous trois aux pays d'entre

(1) On lit, dans des bulles de Boniface VIII, décernées, en 1296, à la demande l'évêque Revigny, contre le princier Thomas de Blâmont et l'archidiacre
Jean d'Argonne, qui avaient excité la Commune contre lui, que, par une telle
conduite, les deux dignitaires s'étaient rendus coupables *contrà homagium
ab ipsis eidem episcopo præstitum.* Mais il ne s'agit que de l'hommage de
subordination hiérarchique. — Le doyen reprenait son fief de Haumont du
Chapitre, lequel en déchut Marius dans sa longue querelle avec lui.

Meuse et Rhin ; mais, suivant les Français, la Lorraine ne marchisait qu'entre Metz et Trèves. A mesure que les pays se circonscrivirent, l'importance des marchisants diminua; et ils finirent par ne plus avoir de droits au-delà de leurs frontières reconnues, bien que les noms de marquis et de marquisat se furent souvent conservés comme vestiges de l'ancien état des choses. Les ducs de Lorraine gardèrent un titre général de marchis, qu'ils joignaient au titre spécial de marquis du Pont (à Mousson), en cette forme, dans leur protocole : « duc de Lorraine..., marchis, marquis du Pont..... »; et ils eurent des prévôts de marche jusqu'à leurs derniers temps (1). — Il y eut, de la même manière, en France, une province de La Marche, aux frontières de l'ancien royaume d'Aquitaine : on connaît, à l'étranger, les Marches de Brandebourg, de Savoie, d'Ancône, et autres; en Basse-Lorraine, Anvers et son territoire s'appelaient encore, au XVII° siècle, marquisat du Saint-Empire. Il résulte de notre diplôme que, dans le haut moyen-âge, l'évêché de Verdun fut principauté marchisante sur la frontière de France; et nous ne doutons pas que l'investiture n'en ait été ainsi accordée à l'évêque Heimon, dont la mission fut précisément

(1) « Son Altesse, à cause de son duché de Lorraine, est marchis; qui n'est pas à dire marquis, ains prince marchisant sur tous autres potentats ses voisins, de la Meuse jusqu'au Rhin. Et a droit, et est en bonne possession, de temps immémorial, de recevoir, par ses prévosts de Marche, les sujets de ses voisins, qui volontairement se viennent rendre à lui : et, pour leur entrée et réception, doivent chacun douze gros... Et advenant que le seigneur en veuille faire informer, doit présenter requeste à Sadite Altesse : et le Procureur général de Lorraine adresse ses requises au sieur prévost de Marche, à ce de décerner commission à son sergent de Marche d'interpeller le seigneur de députer à journée de Marche; et, si n'y acquiesce, ni en seconde, troisième et quatrième, communique le tout au sieur procureur général qui, par après, requiert représailles, autrement contregager : qui se fait à main forte, par le prévost de Marche, sur leurs officiers, ou autres sujets, et, faute de ce, sur leur bétail. Et demeure ainsi, jusqu'à ce que ledit seigneur ait présenté requeste à Sadite Altesse, etc... Et le soussigné, lieutenant de monsieur le prévost de Marche de Château-Salin a vu user dudit droit de Marche pendant trente-six ans, qu'il a été officier audit lieu : témoin mon seing ci mis, le 7 décembre 1628. Anstier Meline. »

de veiller sur cette frontière, imprudemment ouverte aux Français par le traité de Godefroy et de ses fils.

L'Argonne,
Marche du comté
de Verdun.

Cette Marche verdunoise aux frontières de Champagne, était l'Argonne : pays qui eut toujours sa physionomie à part, et comme une histoire spéciale dans notre histoire. A ses deux extrémités étaient Montfaucon et Beaulieu, terres d'église, qui, les premières de notre pays, se donnèrent à la France, sous Philippe le Hardi et Philippe le Bel. Quant à la partie centrale, où sont Clermont, Varennes, Sainte-Ménehould, Vienne, le désordre et le brigandage y furent à peu près en permanence jusqu'au commencement du XIIIe siècle. Thierry eut plus d'une fois à conduire son « ost » épiscopal contre les pillards de ces défilés : Albéron de Chiny crut se débarrasser à la fois de sa Marche et de son voué Renauld, en inféodant à celui-ci le Clermontois, pour consolation de son expulsion de Verdun ; mais Renauld ne rétablit point l'ordre en Argonne ; car, quelque temps après, l'évêque Arnoul de Chiny fut tué devant Sainte-Ménehould, où il assiégeait le brigand Albert Pichot. Enfin, en 1204, Thibauld Ier de Bar, et la comtesse Blanche de Champagne prirent possession définitive, le premier de Clermont, la seconde de Sainte-Ménehould : auparavant, dit le chroniqueur contemporain Alberic de Trois-Fontaines, on ne pouvait passer près de ces repaires, sans risquer d'être détroussé (1). Il s'établit alors une mouvance féodale telle que les comtes de Bar reprenaient le Clermontois de l'évêché, à hommage lige, l'évêché lui-même en recevant l'investiture directe de l'Empire ; de sorte que ce pays était terre d'Empire, ainsi que le disent les anciennes chartes (2),

---

(1) *Per ista duo refugia spoliabantur prætereuntes : undè gaudium fuit vicinis quòd prædones alienati sunt ab eis.* Alberic, à l'an 1204.— *Castrum Sanctæ Manechildis infestissimum,* dit Laurent de Liége, au temps de l'évêque Thierry. Spicil. XII. p. 285.

(2) *Et, si fortè contingeret quòd aliquis burgensium recederet à dicto castro* (de Clermont), *et iret ab Imperio in regnum Franciæ, vel in terram regis Navarræ* (la Champagne) etc. Charte de 1246, dans Roussel, Preuves, p. 15.

et que le reconnut le roi de France Charles V lui-même, dans une lettre relative à un démêlé qu'il eut, en 1378, avec sa « bonne cousine Yolande de Flandre, comtesse de Bar, dame de Cassel (1) ». Ces faits, et d'autres que nous verrons ailleurs, prouvent que, dans la fameuse conférence de Vaucouleurs, en 1299, la Meuse ne fut reconnue pour limite entre la France et l'Empire que par rapport au Barrois, et pour la distinction qu'on allait faire de ce pays, en mouvant et non mouvant de la couronne de France. Dans la suite, les gens du roi, sous prétexte de certaines complications d'hommages féodaux, soutinrent que le Clermontois relevait de la Champagne (2) ; et, vers le milieu du XVIᵉ siècle, un certain Claude Christophe de Lavallée, seigneur dudit lieu, exposa, en longues pièces d'écriture, « les usurpations commises par les comtes et ducs de Bar, au préjudice de la souveraineté du roi, le long de la Meuse. » Ces débats se prolongeant, et la France étant devenue par l'occupation de 1552, protectrice des évêchés, les Lorrains eurent peur qu'elle n'examinât ce qu'ils devaient à celui de Verdun, pour l'ancienne Marche ; en conséquence, ils se firent décharger de tout hommage à ce sujet par leur humble et obéissant serviteur Psaulme, alors évêque. Ce qui arriva dans les temps modernes est connu : les Français conquirent la Lorraine ; et Louis XIV, par lettres de décembre 1648, donna en apanage « à son cousin, le prince de Condé, premier prince de notre sang, eu égard aux

(1) En cette lettre, le roi écrit que « sadite très chière et amée cousine, étant dolente et courroucée contre Jehan de Forges, écuyer, capitaine de Quemeniéres (Cumnières), avoit, par ses gens et familiers, fait saisir ledit Jehan ès métes (bornes) de notre royaume, et icelui mener, par devers elle, en sondit chastel de Clermont-en-Argonne, qui est de l'Empire..., laquelle arrestation le roi, par ces présentes, pardonne, quitte et remet. Donné à Paris, le 6ᵉ jour d'avril, avant Pâque, l'an de grâce 1378, le 15ᵉ de notre règne. — La chapelle Sainte-Anne est de la fondation de cette comtesse Yolande.

(2) Dupuy, dans son Traité des droits du roi, p. 670, mentionne sans détails, des hommages de Simon de Clermont au comte de Champagne, des années 1219, 1245, 1252.

grands services par lui rendus à nous, et à notre état, et aux victoires qu'il a remportées, les terres, comtés et seigneuries de Stenay, Dun, Jametz, et Clermont-en-Argonne, domaines et prévôtés de Varennes et des Montignons. » Cet acte fixa, jusqu'à la Révolution, l'état légal de ce pays, comme apanage de la maison de Condé, à laquelle, après la Restauration, on rendit les bois, qui passèrent ensuite aux princes d'Orléans. En 1655, fut démoli le château-fort de Clermont, par corvées des habitants de la campagne, et même de ceux de Verdun. Le prince de Condé avait, dans son territoire des justices, sous le parlement de Paris : ce qui déplaisait fort à celui de Metz, ainsi qu'au bailliage de Verdun, qui remontrèrent au roi contre la diminution de leur ressort; mais Sa Majesté ne tint compte de leurs doléances. L'usage s'introduisit d'appeler le Clermontois comté : cependant on ne trouve aucun acte légal de concession de ce titre ; et cette qualification de comté de Clermont ne paraît que dans des documents relativement modernes (1). Telle est l'histoire sommaire de ce que notre diplôme de 1156 appelle Marche du comté de Verdun.

Au point de vue politique, les Evêchés n'eurent d'importance qu'aux premiers siècles féodaux, lorsque le pays était fractionné et morcelé ; mais, dès qu'en 1430, la Lorraine eût absorbé le Barrois, elle devint voisine formidable, surtout pour Toul, le moins puissant, et le plus enclavé des trois dans les terres lorraines (2). Au XVIe siècle, l'alliance des princes lorrains avec la cour de Rome devint telle, qu'on ne donna plus nos évêchés qu'à

(1) Il est vrai que Jean de Bayon (1re moitié du XIIIe siècle), parlant de deux bandits qui ravageaient la Lorraine, en 1017, appelle l'un *Widricus, comes castri cui nomen Clarus-Mons*. Mais cette indication, qui n'est appuyée d'aucun autre texte, peut être une erreur de Bayon, qui écrivait fort long-temps après le fait, ou bien Widric aura été qualifié de comte, à cause de la famille de laquelle il était, ou se disait issu.

(2) Au spirituel, c'est-à-dire comme diocèse, Toul était, au contraire, de beaucoup le plus grand; mais il ne tint pas à la Lorraine que, dès la fin du XVIe siècle, on n'érigeât, à ses dépens, un évêché à Nancy.

ces princes eux-mêmes, ou à leurs créatures. Alors, aux petites usurpations des anciens temps, succédèrent les grandes conquêtes, Gorze, Apremont, Hombourg, Saint-Avold, dans l'évêché de Metz, où les choses furent poussées au point que Charles, dit le Grand Cardinal, et Louis, cardinal de Guise, l'un administrateur, l'autre évêque de Metz, signèrent, en 1571, l'abandon de la souveraineté de leur évêché, au profit du duc Charles III; grande preuve, disent les Bénédictins, de l'affection du grand cardinal pour sa famille (1). Dans l'évêché de Verdun, Psaulme eut l'honneur, en 1564, de faire aussi preuve de dévouement, en consommant le sacrifice de la belle prévôté d'Hatton-Châtel. Ces choses se passaient sous les yeux, et en dépit du roi, protecteur des Evêchés, depuis 1552; mais le roi lui-même eut beaucoup de peine à sauver sa couronne, convoitée par les Espagnols et les Lorrains de la Sainte-Ligue. Ces graves sujets de mécontentement s'étant envenimés de ce qui arriva, quelques années plus tard, au sujet de Gaston, frère de Louis XIII, le cardinal de Richelieu brisa la Lorraine, de sa terrible main; et il y eut alors de grandes calamités, que souffrit un bon et malheureux peuple, pour les fautes de ses souverains.

CHAPITRE III.

DE LA FÉODALITÉ ET DE LA NOBLESSE DE L'ÉVÊCHÉ.

Comme exemple, et pour premier aperçu du sujet, nous rapporterons d'abord un trait de l'an 1127, où l'on vit se mouvoir tous les rouages de la machine féodale. Il y avait encore alors un grand Voué. Un moine Robert venait

(1) Bénédictins, Hist. de Metz, tom. III. p. 110, 112, 114, 123. *Gallia christiana*, tom. XIII. p. 880, 881, au sujet de Gorze.

d'entreprendre, dans la forêt d'Argonne, le défrichement
sur lequel fut construit l'abbaye de La Chalade; et ce
lieu se trouvait dans les domaines de noble dame Mathilde de Vienne, et de son fils Walter, châtelains de
cette forteresse, près Sainte-Ménehould. Robert reçut d'eux
bon accueil; mais ils n'étaient, à La Chalade, qu'arrière-
seigneurs : et il fallait le *laus*, ou approbation de tous
leurs dominants. Craignant d'en omettre, et de peur
que le défaut de consentement de quelqu'un ne rendît
l'acte nul, le moine solliciteur prit le parti de s'adres-
ser directement au suzerain, le seigneur Henri, dit de
Winchester, évêque de Verdun. Celui-ci, qui peut-être
ignorait lui-même combien il y avait d'intermédiaires
entre lui et ce coin de l'Argonne, et quels étaient, ou
pouvaient être les droits et prétentions des divers inté-
ressés, assembla la noblesse et le clergé au cloître : là,
en présence et de l'agrément de cette cour, Mathilde
et Walter remirent leur arrière-fief à Baudoin de Belrain; celui-ci le remit, de la même manière, au seigneur
grand Voué Renauld de Bar, des mains duquel il remonta
immédiatement en celles de l'évêque; puis, quand le fief,
franc et quitte, eût ainsi fait retour, le prélat en investit directement Robert :

« Decrevimus præsentibus et futuris omnibus, præsenti scripto
justificare qualiter idem locus, à decessore nostro domino Henrico
episcopo, ordini monastico, Deo cooperante, veraciter est consecratus. Igitur, cùm eumdem locum dominus Robertus, cum fratre
suo Ricuino, incolere delegisset, præcavens in hoc ipsum non sibi
sufficere assensum nobilis matronæ Machildis et filii ejus Walteri,
de Viennâ, quorum ditioni idem locus subjacebat, memoratum
episcopum Henricum super hoc convenit. Tunc, episcopo favente
et maximâ instantiâ elaborante, adjunctis cum comite Rainaldo
nobilibus viris, in Capitulo Beatæ-Mariæ, memoratus Walterus,
cum matre, in manus domini sui Balduini de Belrain eum reddidit;
Balduinus verò in manus comitis; comes autem in manus episcopi; et verò episcopus, assensu omnium tàm majorum quàm
minorum, clericorum et laïcorum, dominum Robertum de eo canonicè

investivit..... Sigillum domini Adalberonis præsulis. S. Wilhelmi, decani, etc., etc. Ego Herelmus scripsi et subscripsi. *Charte du cartul. de La Chalade, imprimée Gall. christ. xiii. Instrum. p. 568.*

La noblesse de l'évêché était ce corps de feudataires et arrière-feudataires qui relevaient ainsi de l'évêque, à foi, hommage et service d'armes, pour les fiefs héréditaires qu'ils tenaient de lui. En ces temps, où on ne connaissait ni robe, ni parchemins, on n'eût pas compris un seigneur sans fief : de là vient qu'en bonne féodalité, et dans les vrais principes, il n'y a d'autre noblesse que la militaire, dont le signe distinctif est le droit de porter l'épée, parce que tout fief doit service de guerre. Jamais nos chartes n'appellent les nobles autrement que *milites,* en français chevaliers, le seigneur marchant d'ordinaire à cheval, à la tête de son ban. Dès le milieu du xe siècle, nous trouvons des *milites episcopi* ou *ecclesiæ Virdunensis* (1) : puis, les inféodations se multipliant, les divers *milites* furent qualifiés chacun du nom de son fief, et les vrais nobles, ceux qu'on appelle gentilshommes de nom et d'armes, (et non de parchemins d'anoblissement) doivent, dans les divers pays, remonter à cette ancienne chevalerie : mais il y a de faux gentilshommes ; et les nobiliaires ont quelquefois admis des généalogies de complaisance. Les anciennes familles féodales sont éteintes, pour la plupart, bien que leurs fiefs aient continué à servir de titres à des maisons plus modernes.

Noblesse de l'évêché.

(1) Grembold, *miles ecclesiæ Virdunensis,* dans une charte de 955, Hontheim, i. 287. — *Dono Rodulfi, quondam militis nostri,* dit l'évêque Vicfrid, en 968 : charte dans le *Gallia christ.* xiii. Instrum. p. 555. — Pour les temps suivants, les exemples abondent. *Hugo, miles de Dumbrax,* 1158. *Hugo, miles de Donnevaus.* 1195. *Richerus, miles de Duno.* 1204 (le sceau de la dame d'Apremont et Dun est, avec le sien, à cette charte, du cartul. de la cathédr. p. 50, verso, 51). *Guillermus, miles de Franc,* 1215. *Witerus de Willamnes, miles,* 1219. (Villosne). *Hugo, miles de Jamai.* 1220. *Simon miles de Mirual* (Mureau). 1222. *Jacobus miles de Cons,* etc., etc. — En français : Herbers, chevaliers de Maheron, 1257. Poitevin, chevaliers de Meruals, voué de Linei devant Dun, 1252, Eudes de Noranville, chevaliers, 1262, etc.

Les plus grands nobles se distinguaient par le titre de barons. Il semble résulter de nos documents que ce mot baron ne s'employait pas seulement en noblesse, mais qu'on s'en servait généralement pour désigner les premiers et les plus notables de chaque profession (1). Nos chroniques parlent des barons de l'évêché, pour la première fois, vers 1090, à l'occasion d'une petite guerre de l'évêque Richer contre le comte de Grand-Pré (2). Il est assez probable que ces barons étaient la noblesse immédiate, à la différence des arrière-vassaux. Les chartes françaises semblent aussi mettre une différence entre les sires et les simples chevaliers : ainsi Gobert, sire d'Apremont et Dun, 1252, Jacques, sire d'Orne, 1279, etc.

Primitivement, tous les barons étaient pairs, c'est-à-dire égaux entre eux : et la loi féodale exigeant que chacun fût jugé par ses pairs, l'assemblée des barons forma la cour des Grands-Jours, dont nous avons parlé dans le chapitre précédent. Des barons et des chevaliers assistaient au conseil temporel des anciens évêques. *Donnei et chartrei, présent nostre conseil, où estient sire Alixandre de Creue, chevalier, sire Bertrand de Hannemont, Wrions, prévos de Haidon-Chastel, et plusieurs aultres*, dit une charte de Henri d'Apremont, du lundi avant la Chandeleur 1329.

L'évêché de Verdun réduisit ses pairies au nombre de quatre : et il ne pouvait en avoir moins ; car il fallait quatre pairs pour un jugement valable ; de sorte qu'un prince qui n'en aurait eu que trois, eût été obligé d'en emprunter un à l'empereur. En général, les princes restreignirent, le plus

(1) « Les bons barons, et les bourgeois de la cité », dit Melinon, ci-dessus, p. 394.—Ailleurs, parlant de balances saisies par le vicomte, il dit d'un certain Arnoul d'Exance (dont il a peut-être choisi le nom pour rimer avec balance) :

> Moult y seroit grande doublance,
> S'on mettoit sur un tel garson,
> L'honneur d'un bon changeur baron.

(2) *Petrus comes, filius Frederici Tullensis, unus de baronibus episcopii... Petrus, cum baronibus episcopi... Cùm primates et barones indignarentur,* etc. Laurent de Liége, p. 290, 91.

qu'ils purent, le nombre de leurs pairs, soit qu'ils les crai-
gnissent, soit parce qu'on ne pouvait les engager en affaires
importantes, sans prendre leur consentement : ce qu'on
se dispensait de faire pour les arrière-vassaux. Les quatre
pairies de l'évêché étaient Orne, Mureau, Watronville et
Creue : à celle-ci l'évêque Psaulme substitua Hennemont,
après les tristes arrangements que les Lorrains lui firent
faire au sujet d'Hatton-Châtel.

  Voici, d'après le manuscrit de notre ancienne coutume, **Devoirs féodaux.**
les obligations générales des feudataires de l'Evêché, et
les conditions auxquelles ils tenaient leurs fiefs. Dans
l'édition moderne et vulgaire de la Coutume réformée
en 1743, ce passage a subi beaucoup de modifications et
suppressions : mais on le trouve encore entier, et conforme
au manuscrit, dans l'édition de 1678, en ces termes :

  « Tous fiefs, tenus du seigneur évêque et comte de Verdun, sont
de danger (1).

  « Les vassaux du sieur évêque sont tenus, quand ils sont requis,
aller servir en armes ledit sieur, ou ses commis ès guerres ou affaires,
contre les ennemis dudit évêché et comté, aux dépens dudit sieur
évêque.

  « Si un vassal vend son fief, il est requis d'en avoir consentement
et confirmation dudit sieur, lequel peut reprendre le fief pour les deniers et loyaux coûts, et le rejoindre à son domaine, ou confirmer
le vendage, si bon lui semble. Néanmoins, s'il avient qu'un prochain
lignager veuille avoir ledit fief par retrait, il y sera reçu, et en for-
clora ledit sieur évêque. Acheteur d'un fief ne se peut mettre, introduire, ne prendre possession avant la confirmation et consentement
dudit sieur, à peine de commise (2).

---

(1) C'est-à-dire qu'il y avait péril en la demeure de faire les devoirs féodaux de foi, hommage, avec dénombrement, parce que l'évêque pouvait
reprendre son fief, toutes les fois qu'il le trouvait en mains non féodales, en
d'autres termes, aux mains de gens qui n'avaient pas rempli, ou ne remplis-
saient pas les devoirs et conditions de la féodalité.

(2) Commise, c'est-à-dire confiscation d'un fief par le seigneur dominant,
faute de devoirs remplis par le vassal. — Ces réglements représentent la
jurisprudence des Grands-Jours : et on n'aurait point dû, dans l'édition de
la Coutume, les comprendre sous la rubrique générale de Droits de Sainte-

« Ledit sieur évêque et comte peut mettre la main à chose mouvante de soi, après le décès de son vassal, pour cause de devoirs non faits, dans l'an et jour dudit décès. Le vassal est tenu, après qu'il a fait hommage, de bailler, quarante jours après, son dénombrement et déclaration : et, à faute de ce faire, ledit sieur peut mettre en sa main les fiefs.

« En choses féodales et mouvantes en fief, les héritiers peuvent succéder, et en prendre la possession, sans le consentement du sieur féodal, pourvu que, dans l'an et jour, ils fassent le devoir du fief.

« Aucun ne peut tenir terre de fief, s'il n'est noble ou anobli, sans le congé du seigneur évêque et comte. »

Exemples d'hommages.

Pour donner un exemple des reprises et hommages féodaux, nous rapporterons celui que fit, en 1304, Erard, chevalier de Delut, près Marville, à l'évêque Thomas de Blâmont, personnage de bonne féodalité lui-même, issu, de famille paternelle, des comtes de Salm, et par sa mère, de ceux de Bar. La cérémonie se fit dans la salle haute de l'évêché, où l'évêque s'assit sur un fauteuil, ayant, à côté de lui, son parent Conon de Blâmont, et un notaire apostolique, mandé pour dresser l'acte. Ce notaire, qui se nommait Jean de Poulougny, *Joannes Polonus*, est un des premiers que l'on connaisse à Verdun : jusque vers cette époque, nous ne trouvons que des actes passés devant l'Official, écrits par ses clercs, et scellés de son sceau. Erard entra, avec deux écuyers, Oulry de Billy et Jacomin de Basailles, en outre le curé de Dombras, qui servait de troisième témoin. Il fit d'abord « aveu », c'est-à-dire reconnut tenir Delut du défunt seigneur Jean (d'Apremont II, dit de Richericourt), et venir maintenant le reprendre du seigneur Thomas, avec prière à celui-ci de le lui rendre sans aucune diminution, promettant, de son côté, d'être lige et fidèle à l'évêché, envers et contre tous. Puis, il fit « dénombrement », ou énumération détaillée et spécifiée de toutes les parties de

Croix; car le siège de ce nom était purement municipal, sans compétence féodale. Aussi n'y a-t-il dans Melinon absolument rien de relatif aux fiefs.

ce fief, appartenances et dépendances : alors le seigneur
Thomas, se levant, embrassa son nouveau chevalier, et
le reçut parmi ses hommes et fidèles ; puis le notaire
écrivit procès-verbal, en ces termes :

« In nomine Domini, anno à nativitate ejusdem millesimo ccc°
quarto, indictione secundá, die lunæ antè festum Simonis et Judæ
apostolorum; in præsentiá mei infrascripti, publici, auctoritate apos-
tolicá, notarii, et testium subscriptorum :

« Personaliter constitutus, dominus Erardus de Delus, miles,
recognovit spontaneus quòd omnia et singula quæ tenet apud dictam
villam de Deluz, et in finagio et appenditiis ejusdem, et alia omnia
quæ tenuit et tenet à domino Johanne, quondàm Virdunensi episcopo, ea omnia tenet à reverendo in Christo patre domino Thomâ,
nunc Virdunensi episcopo. Quæ omnia à dicto domino Thomâ, tanquàm homo suus fidelis, recepit integraliter, absque diminutione
aliquá. His omnibus rite peractis, idem dominus Thomas episcopus
dictum Erardum recepit ad osculum, prout fieri consuevit, in suum
hominem, militem ac fidelem.

« Actum Virduni, in camerâ superiori domûs dicti domini Thomæ
episcopi, anno, indictione et die prædictis, præsentibus discretis viris
domino Bertranno presbytero, curato de Dombras, magistro Conone
de Albo-Monte, Ulrico de Billeio, et Jacomino de Bazalles, armigeris,
etc... ad hoc specialiter vocatis. Et ego Johannes Polonus, clericus,
sacro-sanctæ Romanæ ecclesiæ publicus actorum notarius, unâ cum
testibus suprascriptis, præsens interfui, propriâ manu scripsi, meo-
que signo consueto signavi rogatus. »

Voici, de la fin du xve siècle, un autre acte de reprise,
par lequel on verra les modifications faites au style féodal,
entre les années 1300 et 1500 :

Guillaume de Haracourt, par la grâce de Dieu, évesque et comte
de Verdun, à tous ceulx qui ces présentes lettres verront, savoir
faisons que nous avons, cejourd'huy, date de ces présentes, reçu
notre amé et féal Guillaume Denelle, escuyer, seigneur de Sema-
zenne (Somme-Azanne) en partie, à foy et homaige, lesquels nous
estoit tenu faire, et à reprise de tout ce qu'il a, peut et doit avoir, et
tenir de nous, à cause de nostre évesché et comté de Verdun; et
nous a promis faire les services qui nous appartiennent. En quoy

l'avons receu, saulf tout droit, et l'autruy : et lui avons enjoint-
bailler son dénombrement dedans quarante jours prochains venans.
Si donnons en mandement, par cesdites présentes, au bailli de notre
évesché et comté, ou son lieutenant, et à tous nos autres justiciers et
officiers qu'il appartiendra, et chacun d'eux, que, si pour cause desdits foy et homaige, droits et devoirs non faits, aucunes des terres
et seigneuries dudit Guillaume Denelle, escuyer dessusdit, estoient
saisies, sequestrées, ou empeschées, ils les luy mettent incontinent
et sans difficulté aucune, à pure et pleine délivrance ; car ainsy voulons, et nous plaist estre fait. Donné en nostre cité de Verdun, le
xxiie jour de février, l'an mil cccc quatrevins et treize.

Enfin, au XVIe siècle, l'usage s'établit de faire ordinairement les reprises en l'assemblée des Etats : *De toutes
lesquelles choses,* porte la formule de cette époque, *j'ai
repris, de main et de bouche, de mondit seigneur évesque
et comte, en l'assemblée de ses derniers états, tenus au mois.....,
en l'an.....;* puis on expédiait un acte, en la forme, à
peu près, du précédent.

Hommages
des
comtes de Bar
pour
le Clermontois.

Tels étaient les hommages ordinaires ; mais il y en avait
de plus solennels ; notamment celui des comtes de Bar
pour le Clermontois. Ce grand fief, comme nous l'avons dit,
(p. 402) représentait l'ancienne Avouerie ; et les hommages
rendus à son sujet sont de quelque importance historique.
On trouve d'abord une charte du comte Thibauld II, reconnaissant, en 1240, qu'il a fait « ligie et féauté à son signor
lige et cosin Raols (de Torote), par la grâce de Deu, évesque de Verdun...; et cette féauté (ajoute-t-il) ai-je faite en
Verdun, et cognois que je, et tuit mi hoirs qui seront
cuens de Bar après moi ; de hoir en hoir, la devons faire à
l'évesque en Verdun, ou en une dels maisons l'évesque, à
la volentei l'évesque (1). » Le cérémonial était que le
comte venait au cloitre, en la salle du Chapitre, et jurait
sur les reliques :

« ... Fust présent en personne, on Chapitre, haults homme et noble messire Eddouars, cuens de Bar, et recogneut et confessa, de sa

_____
(1) Charte dans les Preuves de Roussel, p. 14.

pleine volontei, que il avoit fait hommage et feaulté ligement, devant tous hommes, à révérend peire en Dieu monsignour Henris d'Aspremont, par la grâce de Dieu évesque de Verdun, qui illec estoit présent, pour lui et ses successours....; et jura lidit cuens, sur les saintes reliques de Nostre-Dame, qui illec estoient présentes, toucheies corporelment de sa propre main, que il porteroit foi et loiautei audit évesque, et ses successours, et lui warderoit son corps, son hónuour, son secret, et l'héritaige de sa dite église de Verdun contre tous : et se il savoit son maul ou son dommàige, il le destorberoit de tot son pouvoir : ainsi l'aidast Dieu et li saints. Et recogneut encore, et dénomma lidit cuens que il tenoit et devoit tenir ligement dudit évesque et de son éveschiei et église de Verdun les chastels de Clermont-en-Argonne, Varennes, Vienne, Trougnons (1) et Mussei, et tous aultres que ses devanteriens avoient aultrefois repris des évesques et de l'église de Verdun. Et recogneut encore que lidit chastel de Mussei estoit et devoit estre rendauble audit évesque et à l'église de Verdun, à tous ses besoins. Ce fust fait l'an Notre-Signour mil trois cens vint deus, l'indiction quinze, le vint dosime dou mois de mai : et furent présents à ces choses nobles hommes méssires Gobers, sires d'Aspremont, messires Sallïadins d'Anglure, messires Gui de Haraignes, messires Jehan d'Aviliers, chevaliers; Huguenin de Ranzières, Simonin de Jamais, Thomas d'Aspremont, écuyers; messires David doien, messires Colars de Chaumont, arcediacres, etc... Desqueilles choses, nous officiaus dessusdits, à la relation des susdis notaires (2), avec leurs signes publics, avons mis les séels des dessusdites cours.

On voit, par les autres pièces relatives à cet hommage, que, dès le vendredi avant la Pentecôte 1315, le comte Edouard l'avait rendu à Henri d'Apremont, à Sampigny : de sorte que ce qui se fit, en 1322, n'était que pour ajouter la cérémonie du serment, sur les reliques, à la cathédrale. L'évêché tenait à ce cérémonial; car le même Henri d'Apremont, ayant, en 1337, reçu, en son château de Charny, 18 mai, l'hommage de, « son chier et amé filleul Henri

_____

(1) Heudicourt, ainsi nommé de Gœuri Sublet, comte d'Heudicourt, en faveur duquel le duc François III, quittant la Lorraine, érigea Trognon en marquisat, le 5 février 1737. — Mussy est près de Longuyon.

(2) Husson Dangerei et Jehan Cuni, clercs notaires publics et jurés.

cuens de Bar, » celui-ci promit d'aller ·jurer en l'église
Notre-Dame, sitôt qu'il y aurait « paix et accort avec ceulx
de Verdun. » Antérieurement, en 1294, l'évêque Revigny,
à Hatton-Châtel, donna, à la prière de la comtesse douai-
rière Jeanne de Toucy, l'investiture de Vienne à Jean de
Bar, second fils du comte Thibauld, Jean déclarant, dans
l'acte que, comme « ledit évesque ne puet mie maintenant
aller en Verdun, lui avons jurei, sur saintes évangiles, que
nous, quant il ou son successeur nous en requierra, irons
en Verdun, ondit Chapitre, et li recognoistrons lidit homaige, et ferons le serment et la féaultei, en la manière
que nostre chiers sires et peires, Thiebaus cuens de Bar,
qui fust, le fist as évesque doudit lieu : et garderons et ac-
complirons les solenniteis que notre chier dit peire a gar-
deies et accomplies. » Dernier jour de février 1294 (1295
avant Pâque (1).

Voici l'hommage du roi René, après que le Barrois eût
été réuni à la Lorraine :

René, par la grâce de Dieu, roi de Jérusalem et de Sicile, duc
d'Anjou, de Bar et de Lorraine, comte de Provence... Comme ainsi
soit que nos prédécesseurs, de bonne mémoire, comtes et ducs de Bar,
(dont Dieu ait les âmes), tenant et possédant les chasteaux et chastellenies de Clermont-en-Argonne, de Varennes, de Vienne, de
Trognon, et de Mussy près Longuyon, aient recognu iceux chastels
et chastellenies tenir en fief des évesques, eveschié et église de Verdun, faisant hommaige pour et à cause d'iceux... Sçavoir faisons
que nous qui, par bonne, juste et loyal titre, succédons en ladite du-
chié de Bar..., instamment requis par révérend père en Dieu nostre très-chier et féal conseiller, messire Loys de Haraucourt, évesque
de Verdun, de reprendre et recognoistre de lui, et, à cause d'iceux
chasteaux lui faire hommaige, et voulant faire notre debvoir, et nous
acquitter...: personnellement constitué devant ledit évesque, présents les chanoines et Chapitre de ladite église, près le grant autel
devant le chœur, présents aussi révérend père en Dieu notre chier
compère messire Conrad, évesque de Metz, messire Jacques de Sircke,
protonotaire apostolique, l'abbé de Saint–Venne, le sire de Saint-

Valier, Hérard du Chastelet, Colard de Saulcy, Robert de Baudre-
court (1), Jehan de Hassonville, Ferry de Paroie, chevaliers, nos
chambellans et conseillers, Jehan de Mulberg, bailli de Saint-Mihiel,
Arnoul de Sampigny, escuyer, et plusieurs autres notables personnes,
pour cette cause audit lieu assemblées, avons reprins etc., etc. faisant
audit évesque hommaige, selon la forme et manière, et avec telles et
semblables conditions que par nos prédécesseurs comtes et ducs de
Bar... Donné à Verdun, le 29e jour de novembre, l'an de grâce
1436, et de nos règnes le second, René. Par le roi, en conseil. De
Castilione.

L'évêché avait encore pour feudataires les comtes allemands de Veldens, sur la Moselle, près de Trarbach.
Nous verrons, dans l'histoire moderne, comment Louvois
profita de ce fief pour faire construire, sur la rive gauche,
la forteresse française de Mont-Royal, qui n'existe plus depuis longtemps : et nos évêques, du siècle dernier, recevaient encore, pour Veldens, les hommages d'illustres princes, de la maison palatine, ducs de Bavière et de Deux-
Ponts. Ce fief est mentionné le premier, avec ses diverses
dépendances, dans le diplôme de 1156 (2) : mais, comme
c'était un territoire lointain, l'évêché, craignant de le perdre, stipula, dans l'inféodation qu'il en fit, que le château
serait « rendauble à tous ses besoins : » et nous venons de
voir pareille clause dans l'hommage du comte Edouard
pour Mussy. Elle signifiait que le feudataire mettrait son
château à la disposition directe et immédiate du suzerain,
quand celui-ci le jugerait nécessaire, soit pour des guer-

Hommage
de Veldens.

(1) Robert de Baudricourt, connu par l'histoire de Jeanne Darc. En 1590,
on trouve, à Verdun, Geoffroi, dit Lemoine de Baudricourt, qui épousa
Agnès de La-Tour, fille de Baudoin, chevalier, et de Laure de Hennemont.
— Baudricourt, fief de la châtellenie de Mirecourt, au bailliage des Vosges,
Lorraine.

(2) *Valdentiam castrum, cum advocatiâ et banno; et curiam quæ Molendinum
dicitur: Wolfheri-villare, cum advocatiâ, Curiam Sancti-Medardi, cum banno et
advocatiâ.* Les actes de reprise traduisent : « Le château de Veldens, avec
Mülheim, Baumholder, Wolfsherweiler, et Saint-Médard, avec ses dépendances. » — Le comté de Veldens était enclavé dans l'électorat de Trèves,
aux territoires dits Hunsrück.

res, soit même en paix, pour tenir cour féodale dans le
pays. L'acte d'hommage du comte Gerlach à Jean d'Apremont, en 1220, explique clairement ces devoirs :

« Ego Theodericus (de Wied), Dei gratiâ Treverorum archiepiscopus, omnibus, etc. Notum facio quòd venerabilis frater Johannes,
episcopus Vidunensis, viro nobili Guerlacho, comiti Waldentiæ, in
præsentiâ meâ constitutus, tàle jus et feodum reddidit quale ante-
cessores sui habere debuerunt ab episcopis prædecessoribus suis.
Recognovit autem dictus comes Guerlachus dicto episcopo, et successoribus suis castrum Waldentiæ : ità etiàm quòd aulam suam
episcopalem, quam habet episcopus in Castro Waldentiæ, intrabit
idem episcopus, in guerrâ, sive extrà guerram, pro velle suo, ibidem-
que suos et sua, quandòcumque voluerit, collocabit : verùm, quem-
que episcopum Virdunensem guerram contigerit habere, vel eidem
necesse fuerit, sæpedictus comes castrum Waldentiæ, et omnem
munitionem ejusdem, integraliter reddet sæpedicto episcopo, et ejus
successoribus, ad beneplacitum suum faciendum, pro juvamine contrâ omnes inimicos suos, cumque contrâ omnes homines sæpedictus
comes Waldentiæ, sicut homo suus ligius, juvare tenetur, pro posse
suo... Et, de omnibus aliis pertinentibus ad jus episcopi, in totâ
terrâ, ubicumque suus sit advocatus, etc. (ainsi le droit des comtes
de Veldens venait encore d'une Avouerie).... Juraverunt insuper
milites pertinentes ad castellaniam Waldentiæ quòd, si comes aliquid
contrà prædicta attemptaret, nullum ei servitium vel juvamen impen-
derent, donec episcopo Virdunensi foret ab eo plenariè satisfactum,
excepto quòd castrum Waldentiæ fideliter custodirent. In cujus rei
testimonium etc..., et sigillis meo, et domini Coloniensis archiepiscopi, et præfati comitis Waldentiæ communiri. Acta sunt hæc anno
gratiæ millesimo ducentesimo vigesimo, octavà beati Andreæ apos-
tolis. *Cartul. de l'évêché, n° 132.*

**Garde
des châteaux
de
l'évêché.**

Les inféodations ordinaires stipulaient, pour la plupart, charge au feudataire de garder, un certain nombre
de jours, le château épiscopal le plus voisin de son fief. Les
engagements de ce genre abondent dans les chartes et
les actes de reprise. Nous avons déjà rapporté le jugement
des Grands-Jours de 1160, sur la garde continue d'Hatton-
Châtel par Arard de Rinel : voici quelques autres exemples. En 1218, Simon *miles, dominus de Insulâ* avoue à Jean

d'Apremont un fief obligeant à six semaines de garde à ce
même Hatton-Châtel. En 1254, «li sires Thievain de Flurei
(Fleury) avoue que il est home ligé à nostre signour Jacques (de Troyes), par la grâce de Deu évesque de Verdun,
pour sa forte maison de Flurei ; et doit, chacun an, dous
(deux) mois de warde à Charnei, son chastel. » Simonin
Moton « chevaliers, fait cognissant, en 1260, que il doit
deux mois de warde à l'évesque de Verdun, à Deulowart. »
Pierre et Arnoul « freires, homes de l'éveschié de Verdun,
fils monsignour Jehan, chevaliers de Issoncourt, ont
reprins et reprennent de monsignour Robert; et doivent
deux mois de warde, chacun an, à Charnei. 1268. Lettre comme Jacques, sires d'Orne, doit trois mois de garde
à Charny, et fournir l'affouage pour les fours dudit Charny,
moyennant cent sols, qu'il doit recevoir par an de l'évêché.
1257. »— Simonin d'Ormont a repris en fiei et homaige
de monsignour Henris (de Granson)..... à Mouleville,
et doit la warde à Hattonchâteil, six semaines. 1285. »
Wari de Wiez, quinze jours au même château, pour une
maison, une grange et des terres qu'il reprend de Henri
d'Apremont. 1314. — Henri de Bazaille, écuyer, fils mons
Jaque de Bazaille, chevalier, huit jours de garde à Man-
gienne, pour le four banal de Pilon, 1343. —Henri de
Longwy reçoit en fief, sur les assises de la mairie de
Morville, quinze livres de petits tournois, annuellement; et sert le seigneur évêque, à pied et à cheval,
(sans désignation de lieu). 1315. — Il y avait des chevaliers en droit d'être hébergés à l'évêché : ainsi Herbert
de Maheron (Mont-Hairon) « doit à son signour lige Roubert
(Robert de Milan) etc....., et prent, en son osteil, pain, vin,
viande et chandoile, et toutes autres choses, pour tout
faire, et pour tout penre. » 1268. — On ne pouvait imposer
aux chevaliers d'autre charge que celle du service militaire ; ainsi se distinguaient leurs fiefs des terres laissées
à cens à des roturiers, qui payaient en argent ou en
nature.

27

Chambellan de l'évêque. Le chambellan de l'évêque, sorte de ministre de l'Hôtel, était aussi un personnage féodal. Nous trouvons, à son sujet, le document suivant, daté de 1316 :

« Ce que Wion Perpuin tient de monseigneur de Verdun :

« Premier, qu'il doit estre maistre chamberlain de son ostels. Item, doit porter les clefs de son scel (sceau); et doit gésir (coucher) en la chambre devant lui; et doit porter son faudesteuil (fauteuil) on moustier, le jour de son sacre; et doit estre à ses robes (habits) et à ses chevaulchées; et, toutes les fois que li chamberlains ne mange devant son seigneur, on li doit délivrer de chacun mets son escuelle, une mesure de vin, et deux pains, à chacun mangier et boire (à chaque repas), un tortif de doux, et deux pièces de chandoilles menues; et doit avoir son garson pour lui servir.

« Et tient encore le gerbage en la terre monseigneur, de chacune maison, une gerbe. Et tient encore le tiers des marcs d'argent que li princes et li abbeis doivent, quant ils reprennent leurs terres de monseigneur (1), et des abbeis noirs et de noires nonains, quant on les sacre. Et tient encor les robes que li novels chevaliers mettent, quant monseigneur les fait.

« Et, parmi ces fiés, doit estre li chamberlains quittes de toute gette, de toute prinse, de toute taille, et de tous commandements que li citains de Verdun fassent entre eux. Et n'en peut-on semonre d'autre prestre que dou chapellain de Sainte-Waubour (2), de cui parochien il est. »

(1) Les comtes de Bar, pour les fiefs ci-dessus, ceux de Chiny pour Virton, et les comtes de Veldens, dont nous avons parlé plus haut, étaient les princes qui devaient hommage. L'hommage des abbés était assimilé à celui des princes, les abbayes de Saint-Vanne, Saint-Paul, etc., étant de grandes seigneuries de fondation épiscopale. — «Les noirs abbeis, et les noires nonains » c'est-à-dire les bénédictins et bénédictines, comme celles de Saint-Maur et de Juvigny.

(2) Sainte-Walburge, chapelle particulière de l'évêque. Il y en avait une autre, dite Saint-Nicolas-des-Clercs. Le seigneur évêque pouvait, en vertu de bulles, attacher à son service des clercs, privilégiés du droit de garder leurs bénéfices : voici une de ces bulles :

« *Nicolaus (IV)* etc., *dilecto filio Jacobo* (de Revigny) *episcopo Virdunensi... Magnus devotionis affectus quem ergà nos et Romanam ecclesiam habere dinosceris, promeretur ut ad ea quæ consonant votis tuis, apostolicæ benignitatis gratiam extendamus. Tuis itaque supplicationibus inclinati, auctoritate præsentium indulgemus ut quatuor clerici tui, tuis obsequiis insistentes, fructus, redditus, et proventus beneficiorum suorum, cum curà, vel sine curà animarum, cum integritate, per quinquennium percipere valeant... proviso quòd beneficia ipsa inte-*

Le Chapitre, bien que ses terres fussent fort étendues, n'y créa jamais de fief. On trouve, il est vrai, dans ses archives, quelques rares mentions de nobles feudataires; mais ces fiefs n'avaient pour origine que des échanges de terres, où l'hommage féodal avait été retenu par l'église comme condition de l'arrangement, et pour se faire meilleure part. En voici un exemple :

« Je Jehans, chevaliers de Briei, fas cognissant etc. que j'ai eschangiei au princier et au doien et au Chapitre de la grant église de Verdun teile eschange entièrement comme j'avois fait à Wautier, priour d'Amelle, par lou consentement de l'abbei et dou couvent de Gorse, c'est assavoir tout ce que je avoie à Siverei sor Muese et à Ormont... et pour cest eschange retiens-je tout ce que li devant nommeis princier, doien et Chapitre avoient à Parfonru, en ban et en justice, en deniers, en bois, en preis, en terres, en breux, et en toutes autres choses. — Je Jehans de Briei, chevaliers, fas savoir que de teil eschange que je ai fait au princier, au doien et au Chapitre de la grant église de Verdun..., que je en suis homme de l'église de Verdun, et lou doient estre ni hoirs, après mi, et doient repenre dou doien de l'église. 1270. Cartul. p. 23 verso, 24.

Les derniers temps de la noblesse, sous la principauté épiscopale, se passèrent en discussions avec l'évêché, sur la décadence où, par la faute de celui-ci, tombaient les Grands-Jours et la pairie. Peu s'en était fallu que Psaulme, après avoir perdu Creue, ne laissât éteindre le titre de pair annexé à cette seigneurie : et ce ne fut que comme malgré lui, et pressé par les nobles, qu'il rétablit la quatrième pairie, au titre de Hennemont. Dans des doléances, de la fin du XVIe siècle, nous lisons que, tandis que « d'ancienneté, présidoit auxdits Hauts-Jours le seigneur évesque, avec les quatre pairs de son évesché et comté, présentement lesdits Jours ne se tiennent; ains, advenant cas d'appel, ledit seigneur députe quel-

rim debitis non fraudentur obsequiis, et animarum cura, in eis quibus illa imminet, nullatenus negligatur... Datum Romæ, apud Sanctam-Mariam-Majorem, XII kal. aprilis, pontificatus nostri anno tertio. (21 mars 1290).

ques-uns, rarement autres que de son Conseil, pour en connoistre et décider, comme auxdits Hauts-Jours. » En cet état des choses, la noblesse présenta, l'an 1615, à l'évêque Charles de Lorraine, une plainte, en forme de requête, où elle disait :

« Plaise à Son Excellence laisser la cour de ses pairs en son premier ordre et dignité... Que lesdits pairs commettent et aient, sur le lieu ordinaire du bailliage, un gentilhomme de longue robe (gradué en droit), capable et de mérite, qui prestera serment à mondit seigneur, lequel gentilhomme sera lieutenant desdits pairs, en droit et pouvoir de recevoir les appels des jugements du bailli, (concernant la noblesse), et donner tous reliefs... Et lesdits pairs jugeront les appels, ou l'un d'eux, au moins, à l'assistance de quatre gentilshommes dénommés par eux et agréables à mondit seigneur; ne leur sera toutefois loisible de juger que par l'advis de trois hommes gradués, qui signeront l'advis. Et ladite cour étant ainsi remise en son pristin état, que lesdits pairs connaissent des crimes des gentilshommes, par appellation des sentences de son bailli.

« Est aussi supplié mondit seigneur reconnoistre qu'il n'a nul droit de commise sur ceux de sadite noblesse, ains seulement si l'acquesteur d'un fief s'immisçoit dans son acquest, sans reprise préalable; auquel cas mondit seigneur peut et a droit de faire saisir le fief, et en faire les fruits siens, jusqu'à ce que l'acquesteur aura fait son debvoir. Comme aussi lesdits vassaux ne seront tenus faire ladite reprise que premièrement mondit seigneur n'ait repris du souverain seigneur du pays. (Ce souverain seigneur était encore légalement l'empereur; mais, en 1615, on n'osait déjà plus parler de lui; et on choisit une expression qui pouvait s'appliquer au roi.)

« De plus, est supplié mondit seigneur ne jeter aucune taille, ou imposition sur son peuple, sans avoir premièrement rassemblé les Etats, et tiré leur consentement, selon l'ancien usage.

« Reconnoistre aussi, s'il lui plaît, qu'il ne pourra désormais contraindre les sujets de sondit évesché à la garde de la ville de Verdun, pour ce que cela est une servitude nouvelle, et inusitée par ci-devant, laquelle seroit une entrée pour y contraindre même les sujets des hauts-justiciers, qui sont obligés à garder les maisons de leurs seigneurs (1).

(1) C'est-à-dire que, si l'évêché se met dans l'usage d'envoyer ses sujets à

« Et pour autant que le siége du bailliage (il n'y en avait point
d'autre alors que celui de l'évêché) n'a jamais été établi dans la ville
de Verdun, sinon depuis vingt ans seulement qu'il y a été fermement
et absolument arrêté, et pour les griefs et inconvénients qu'en peuvent arriver, joint que la Ville est un état distinct et séparé dudit évêché et comté (1), et dans lequel le bailli ni les pairs n'ont aucun droit
de juridiction, est supplié mondit seigneur de choisir et marquer lieu
convenable où, en toute sûreté et liberté, on puisse aller rechercher
sa justice.

« Tout ce que dessus ne tendant qu'à la manutention et plus grand
lustre, tant de l'autorité de Votre Excellence, que de la paix, repos
et bien de son état, et ne procédant que de ses très-humbles et
obéissants serviteurs, non portés d'autre passion que de la crainte
de perdre, au maintenant ou à l'advenir, tant de belles franchises et
libertés dont ce pays a été de tout temps célèbre, les soubsignés
espèrent que Votre Excellence, etc., etc. »

L'évêque Charles mit peu d'empressement à écouter ces
remontrances : il n'y eut aucun égard dans son ordonnance de 1619 ; et ce ne fut qu'en 1621 qu'il y fit droit,
dans la crainte que ses nobles ne se donnassent entièrement à la France. Néanmoins, et quelque tardifs qu'eussent été ses arrangements, il en résulta que les pairies
existaient, de fait et de droit, en 1627, au moment où
Louis XIII, reconnu enfin, non plus pour simple protecteur, mais pour « souverain seigneur », donna les lettres
patentes confirmatives des anciens droits, franchises, priviléges et immunités de la cité, du comté et de tous les Ordres Verdunois. Les quatre pairs ne s'étaient pas oubliés
dans la requête : car, parmi les articles annexés à la pa-
tente royale, et admis par elle, au moins pour la forme, on
trouve leur « maintien et conservation en la Juridiction
qu'ils exercent, de temps immémorial. » Mais il était impossible que des choses aussi gothiques que l'évêché et sa

la garde de la ville, les seigneurs feudataires craignent qu'il n'en résulte pareille charge pour leurs propres hommes.

(1) Parce que la ville a, comme Commune, son conseil et ses siéges de
justice, où n'ont rien à voir les personnages féodaux.

féodalité subsistassent, ou même fussent comprises, dans les temps modernes (1) : elles s'effacèrent et se perdirent de plus en plus dans la centralisation française ; et ce qui en restait, en 1789, n'était plus qu'une pâle représentation, qui ressemblait aussi peu à la vraie féodalité, que l'évêché d'aujourd'hui ne ressemble lui-même à celui de 1789.

(1) Colbert de Croissy, dans son rapport au roi en 1660, ne parle déjà plus des pairs qu'au temps passé. « Dans le nombre des vassaux des évesques de Verdun, il y en avoit anciennement quatre qui portoient le nom de pairs et barons de l'évesché, et jouissoient de plusieurs droits, entre autres de celui de commettre des gradués pour recevoir les appellations, tant au civil qu'au criminel, des sentences rendues au bailliage dudit évesché. Le premier est M. le comte de Vaubecourt, de la maison de Nettancourt, et jouit de la pairie d'Orne. Le second est le sieur des Armoises, et jouit de la pairie de Mureau. Le troisième est le sieur de La Housse, et jouit de la pairie de Watronville, dont le père a commandé un régiment pour le service d'Espagne. Le sieur de La Fontaine jouit de la quatrième, que l'on appelle de Hannemont. Les autres vassaux de l'évesché sont les sieurs de Saintignon, de Gonroi, d'Apremont, de Lauzon, de Pont-Chasteau, de Seraucourt, d'Anglure, de Hautois, de Vins, de Bonnefoy, de La Chaussée, etc. » — Les pairs mentionnés ci-dessus furent les derniers qui purent exercer leurs prérogatives, au temps, fort court, du rétablissement du prince François de Lorraine, en vertu d'un article du traité de Münster.

JOFFROI D'APREMONT

CHAPITRE IV.

LA MUNICIPALITÉ AVANT LA COMMUNE.

L'administration municipale demeura, sous les premiers princes évêques, ce qu'elle avait été sous les comtes royaux qui, comme nous l'avons dit ailleurs, (p. 97), n'intervenaient, ni dans les affaires intérieures des cités, ni dans les rapports des seigneurs avec les serfs de leurs campagnes. Le comte était un fonctionnaire d'ordre politique, veillant à la défense et à la sûreté du territoire : à lui, comme délégué du roi, appartenaient la tenue des grands plaids, le ban, la proclamation des ordonnances, la convocation des milices féodales; mais il laissait à son vicomte les détails d'exécution, ainsi que la justice et police contre les malfaiteurs. Rien ne fut, ni ne pouvait être changé par les évêques à ces attributions fixées par la coutume générale : seulement le comte, devenu leur grand avoué, et le vicomte sous-voué, eurent à recevoir l'institution épiscopale : et les échevinats, soit de la vicomté, où se rendait la justice criminelle, soit du Palais, pour la justice civile, durent toujours être composés d'échevins agréés par les citoyens. Ainsi l'avaient formellement prescrit les Capitulaires (1); et de là vient la formule invariable de la Charte-de-Paix : « Et li devant dit évesque esleut unze prod'hommes (plus ou moins); et li universitei des citains ce consentirent, et accordeirent. »

(1) *Ut judices, vice-domini, præpositi, advocati, centenarii, scabinei, boni et veraces et mansueti, cum comite et populo eligantur.* Capitulaire de 809.—*Ut missi nostri, ubicumque malos scabineos inveniunt, ejiciant : et totius populi consensu in locum eorum bonos eligant,* etc.

De cette nécessité de l'agrément du peuple il résulta que, ni les comtes royaux, ni les évêques aux droits de ces comtes, ne purent d'ordinaire établir aux échevinats de Verdun d'autres personnes que des citoyens notables. Nos anciens ne se trompaient pas quand ils disaient que la cité avait toujours eu ses propres citains pour gouverneurs et pour justiciers; mais la Commune interprétait largement, en concluant de là que, lorsque elle créait ses magistrats de sa seule autorité, et sans intervention épiscopale, elle ne se révoltait pas, et ne faisait que rentrer dans ses antiques franchises.

La Commune se constitua au XIIIᵉ siècle, quand l'évêché, ayant laissé par engagement sa vicomté à la Ville, celle-ci se trouva, par cette concession, avoir la juridiction criminelle, comme elle avait eu, de tout temps, la civile, par son propre échevinat. A cette date, nous reprendrons l'histoire municipale; mais il est nécessaire d'en préparer ici l'intelligence par quelques détails sur les deux anciens pouvoirs dont la réunion forma la municipalité communale.

La vicomté. Pour la vicomté, nous avons fait connaître (p. 317) la charte de Saint-Vanne, de l'an 952, où cette justice est définie celle qui punit les voleurs et les coupables de violences sanglantes, qui veille à la sûreté des voies publiques et au passage des cours d'eau, qui inspecte et corrige les poids et mesures : en outre, c'était au vicomte à tenir les plaids annaux; mais, dès une époque ancienne, les gens de la vicomté étant tombés, à Verdun, dans une sorte de déconsidération, cette prérogative fut transférée au doyen de la cité. Nous avons rapporté (p. 393) le passage du livre des Droits où Melinon dit que le vicomte doit « retenir les fourches » patibulaires; « le viscons, ajoute-t-il, ne doit embannir que pour larrecins, murtres, ou aultres choses desloiauls; ne ne doit penre nuls des prod'hommes, pour debtes ou chepteils, se le doien n'en commandoit; car on cuideroit que ce fust pour

larrecin, ou aulcune malvaistie (1). » On voit par là que
la vicomté était une justice de crimes, violences, ou
choses viles et pendables; et telle elle demeura jusqu'à la fin du moyen-âge, comme le prouvent les articles suivants des comptes de la Ville :

1412. A maistre Lambert (le bourreau), pour son salaire de battre
Mengin-Saint-Maur devaulx la ville, x sols. As eschevins de la viscontei, pour le jugement dudit Mengin, xl sols; et, le xve jour de
febvrier, a prins le visconte, pour les despens de Mengin, pour xix
jours, xx sols.

1551. A maistre Gaultier, pour faire l'exécution d'un nommé Lie-
nart, natif de Hauldeinville, lequel fust exécuté au signe patibulaire
de ceste citei, le vi^e jour de janvier, pour ses démérites, de ce que il
avoit fait force à une josne fille qui le servoit, viii gros. A messire le
visconte, pour avoir le jugement dudit, xvi gros.

1535. A maistre Jehan, pour avoir exécuté, au signe patibulaire
de ceste cité, un nommé Jehan Vaillant, dit Maulparlant, pour plusieurs larrecins, le xvie jour d'octobre, viii gros. As viscontes de
ceste cité, pour avoir fait le jugement, comme est accoustumé, xvi
gros. As viscontes de Hauldeinville, pour cas pareil, v gros vi
blancs.

1542. Item à maistre... pour battre et couper une oreille à ladite
Aalis, xx sols. Item aus eschevins de la viscontei, pour le jugement de
ladite Aalis.

1547. A Rollet, pour avoir furni les cordes pour lever et exécuter
à la haulte justice de ceste cité, deux jeunes fils, l'un nommé Jacques,
et l'aultre La Maltache, qui furent pendus et estranglés par l'ordonnance de messieurs du Conseil, pour plusieurs larrecins, xvi gros. A
messieurs les viscontes qui ont assisté au jugement de Jacques et de
La Maltache, xxxii gros.

(1) Voici le passage entier : « Se un homme fait semonre un aultre devant
le visconte, et il clame de cheptel, ou de debte, ou de pleigerie ; et cil sur
qui on clame se laisse embannir, pour ce que il ne puet païer, le visconte
ne le puet mie penre; ains doit venir au doien, et ce li doit dire : Je ai tant
de embannis; faites les penre avec les vostres ; et le doien les doit faire
penre avec les siens : car le visconte ne doit penre nuls homme qui se laist
embannir pour debte, etc., (comme ci-dessus). *Ms. des Droits de Verdun*,
p. 26. et 123.

Il résulte, de ces citations, qu'au milieu du XVIᵉ siècle, la haute justice s'appelait encore à Verdun la vicomté; que ses échevins étaient dits'les vicomtes, et qu'il y avait aussi des vicomtes, ou officiers de haute justice, à Haudainville (Compte de 1535, ci-dessus). Dans le chapitre suivant, nous verrons, en expliquant les chartes des campagnes, que les vicomtés rurales conservaient encore, au XIIIᵉ siècle, le nom vulgaire de Centènes : nom d'origine mérovingienne; et cette synonymie nous renseigne à la fois sur ce qu'étaient chez nous les Centènes et les vicomtés.

La vicomté avait encore dans ses attributions la voirie, les poids et mesures, et ce que nous appelons aujourd'hui la police correctionnelle. C'est ce que dit formellement la charte de 952, à laquelle sont conformes les documents postérieurs. « Les iawes (eaux) et les chemins de la citei de Verdun, lesquels partiennent à la viscontei, » dit une sentence arbitrale de 1254, historique entre l'évêché et la ville au sujet de cette vicomté même (1). Melinon n'oublie pas, à l'article des amendes, celles que prend le vicomte pour encombrement de la voie publique, ou du cours de l'eau : et il raconte, en termes assez dénigrants, comment ce vicomte saisit les balances chez les marchands :

> Le viscons de notre citei,
> Qu'aval Verdun prent les balances,
> Si fait-il moult vilaine offense
> Aus chaingéours, aus boins merciers
> Qui nous vendient fers et asciers,
> Circ et cumin, encens et poivre... (p. 8. 9. extrait).

Le plaid pour « bras brisiés, » c'est-à-dire pour blessures et rixes, est également dépeint par notre auteur en termes peu flattés :

---

(1) Cartulaire de l'évêché, nº 41. — « Et, se il avenoit, dit Melinon, que aulcuns encombrist les chemins, il doit au visconte d'amende cinq sols : et cil qui encombroit le cours de l'iaue, il doit cent sols, se il ne le fait par les justiciers. » p. 168.

> Je vous dirai que c'est merveille,
> Li viscons s'estudie et veille,
> Le jour et grant part de la nuit,
> Qui qu'en soit liés (content, *lætus*), ou cui qu'il cuist.
> Qu'un homme devant lui ait plaid,
> Il lui demande bras brisié,
> Qu'il s'est entre nuit combattu,
> Aincor qu'il ait esté battu.
> Et, s'il vient tost, ou tard demeure,
> Leur dit : N'es pas venu à heure !
> Or de toi m'eschoit l'amendise :
> Paie cinc sols, etc.   (p. 14. 15. extrait).

Ces différentes attributions de la vicomté n'étaient point d'origine municipale : car la haute justice des hommes libres, la sûreté et la voirie des routes royales (1), la fixation des monnaies, poids et mesures constituaient des droits régaliens : mais c'était là, du moins dans les détails, la partie basse et, pour ainsi dire, infime de la souveraineté; et de là vient que les anciennes vicomtés n'étaient point dignités dans la hiérarchie féodale. On cite, comme premier document où le titre de vicomte soit pris au sens nobiliaire, une lettre de 1359, du régent, depuis roi Charles V : ensuite, les traditions s'effaçant de plus en plus, il arriva, chez nous, en 1520, que le procureur de l'évêché articula en grief que la Ville avait artificieusement et de propos délibéré, avili la vicomté, à elle engagée au XIII° siècle, la dégradant et la faisant exercer par gens du commun, afin que, si jamais le seigneur évêque la reprenait, il la trouvât réduite à rien. Ce procureur se trompait; la Ville avait laissé les choses à peu près dans l'état ancien : ce qui avait changé, c'était le titre de vicomte, qui s'était

(1) La grande route fut toujours royale, même dans le trajet des seigneuries. *Integrum cis bannum, excepto viæ regiæ, concedimus*, dit la charte des droits seigneuriaux de de Saint-Arnoul, en 940. *Et publicæ viæ transitum*, dit celle de Saint-Vanne, de 952. Ci-dessus, p. 317. — En 1217, il fut jugé, au ban Saint-Vanne, que les moines de Chéhéry, qui possédaient là une maison, ne pouvaient se servir de la mesure de leur territoire, sinon entre eux, et à l'intérieur de leur maison.

élevé. A Paris, la juridiction de grande police s'appelait encore, en 1789, prévôté et vicomté.

Le doyen
et le Palais.

Le pouvoir véritablement et originairement municipal de Verdun était l'échevinat du Palais qui, présidé par le doyen, délibérait et jugeait, soit sur les intérêts communs, soit sur les litiges privés des citoyens entre eux. Ce n'était point un pouvoir public, au sens des lois mérovingiennes et carlovingiennes : c'était, comme dans toutes les antiques cités, une sorte de conseil et de tribunal de famille, pour affaires intérieures, dans lesquelles le roi n'intervenait pas (1). Le Palais de Verdun prit le nom de Sainte-Croix, après l'an mil, à cause de l'église qui lui servait de chapelle; mais, jusqu'à la suppression du siége, au XVIIe siècle, le nom officiel fut toujours l'échevinat et les échevins du Palais : et une autre dénomination, également fréquente au moyen-âge, était celle de Doyenné (2). Nos auteurs n'expliquent pas pourquoi le premier dignitaire civil et judiciaire de Verdun, s'appelait, de temps immémorial, le doyen : on disait doyen lai (laïque), ou séculier, pour le distinguer du doyen de l'église, qui était celui du Chapitre. La charte où il est parlé de « la vicomté, qu'on dit Centène, » et les autres indices de la longue persistance chez nous des dénominations mérovingiennes de centènes et de dizènes, nous portent à conjecturer que le centenier de Verdun, s'étant ensuite appelé vicomte, le dizenier, c'est-à-dire le doyen, *decanus*, garda son ancien nom, et devint le premier personnage municipal, après que le centenier-vicomte eût été subordonné, comme officier, au comte royal.

(1) V. ci-dessus, p. 97 et suiv.

(2) « Et maintenrons le droit de la doinei et dou siége Sainte-Croix de Verdun, des veuves femmes et des orphenins enfans, » c'est-à-dire des tutelles et curatelles. *Serment de l'évêque*. Ceci montre bien que le Siège Sainte-Croix fut primitivement une sorte de tribunal de famille. Le serment ne parle pas de la vicomté, parce qu'elle était légalement la justice régalienne de l'évêque lui-même, engagée à la ville : mais celle de Sainte-Croix, étant d'origine et de nature municipale, l'évêque jurait de la maintenir.

Une antique prérogative du doyen était de tenir, trois fois l'an, « en l'ostel l'évesque, dessoubs l'orme, » par conséquent comme délégué épiscopal, les plaids annaux de Verdun. C'étaient, pour la ville et les centènes voisines, des plaids analogues, quoique d'ordre inférieur, à ceux du comté, dont nous avons parlé (p. 395); et ils venaient aussi des Mallum mérovingiens : mais ils tombèrent en désuétude dès le milieu du moyen-âge, probablement lorsque les divers siéges de justice commencèrent à fonctionner régulièrement. Nous n'en trouvons de mention quelque peu explicite que dans le vieux manuscrit des Droits de Verdun, de Melinon, au chapitre : *Des trois plais annels le doien :*

> Il est, en l'an, trois plais annels,
> Pasque, Saint-Remei, et Noel,
> Sont les trois plais, bien le sachiés,
> Lendemain sont les plais des fiés   (p. 17.)

Puis il ajoute, en prose : « Le doien doit seoir en la cour l'évesque, dessoubs l'orme, le lundi après Pasques-Close (Quasimodo), pour les plais des fiés, et le mardi après, pour les plais des alues. Lendemain de la Saint-Remei, doit le doien seoir en la cour l'évesque, pour les plais des fiés, et l'aultre jour après, pour les plais des alues : et le lendemain de la Présentation, le doien doit seoir en serment (1). »

Ces coutumes, fort anciennes, et depuis longtemps hors

---

(1) Il y a dans le manuscrit, par faute de copiste, *les plaids deschiés*. Nous corrigeons : *plaids des fiés*, (des fiefs), soit parce qu'on lit ensuite *plaids des alcux*, soit parce que, dans le texte en prose, il est dit, au sujet de ces plaids « deschiés » que : « se cil sur qui on clame disoit qu'il est frans homme, ne qu'il ne vueille mie responre au clame : et cil qui clame dit qu'il ne sait mie que il soit frans homme ; et cil sur qui on clame dit que monstrereit sa franchise ainsi comme il debvroit : Droit dit que, si le puet monstrer par trois hommes créables, que il ne responreit mie » (p. 143. 144).—Ainsi, pour ne point répondre à ce plaid, il suffisait de prouver qu'on était homme libre : en d'autres termes, qu'on n'était point du fief d'un seigneur : car les hommes des fiefs étaient en servitude. — L'aleu était une propriété libre et franche.

d'usage, ne peuvent être expliquées dans les détails: seulement on voit, par le passage de Melinon, qu'aux plaids annaux de Verdun, venaient successivement les bourgeois de la ville, les habitants des fiefs, ou seigneuries voisines, enfin les propriétaires d'aleux, ou terres libres. Ainsi se forma très-probablement la coutume immémoriale de nos campagnes d'aller «prendre droit à Sainte-Croix», dans les cas qui embarrassaient les justices rurales. L'évêché, loin de s'y opposer, en faisait au contraire une obligation, par cette clause, dans ses chartes : *Et, si fortè judicium inter se non poterint invenire, à majore scabino civitatis illud inquirent :* et la Ville, qui tenait, avec raison, au maintien d'un usage honorable pour son siége de justice, stipula, dans son traité de 1348 avec le Chapitre, que celui-ci le conserverait dans ses villages où il était établi. Telle est, sans doute, la raison pour laquelle les plaids étaient tenus, non par le vicomte, mais par le doyen, président de Sainte-Croix : toutefois, comme aux plaids des fiefs et des aleux, il avait à faire droit à des gens qui n'étaient pas de la ville, il siégeait, en ces jours, à l'Hôtel l'évêque, et payait, lui et les maires forains, une certaine redevance, au fisc épiscopal (1). Melinon se plaint d'avoir vu élever cette redevance de deux à quatre deniers : ce qui, suivant ce frondeur, était un « fin tort : »

> Vous dirai bien, mien escient,
> Que je ai veu, à mon vivant,
> Que l'évesque, par jugement,
> N'en avoit que deux purement (deux deniers)
> Des doyens des villes dehors.
> Or en a quatre : c'est fin tors !   (p. 22).

Ailleurs il raconte comment, au plaid du lendemain de la Saint-Remy (1er octobre), les maires annuels des campa-

(1) Il y avait, de droit féodal commun, une redevance à payer au prince ou au seigneur, pour licence de tenir son plaid. *Dabit procurationem majori et juratis, pro placito generali, ter in anno, singulis vicibus, quinque solidos,* dit la loi de Beaumont.

gnes se présentaient, en cérémonie, au doyen : et il se
moque de la « grant escuelle », c'est-à-dire du grand banquet de celui-ci, en son hôtel, le lendemain de Noël, avec
ses confrères des villages, qui lui apportaient des chapons,
sans doute comme honoraires de ses bons avis, à Sainte-
Croix :

> Lendemain de la Saint-Remei,
> Li maire de Ruauville,
> Cils de Dieue et Moulainville;
> De Samogneulx et Bethincourt,
> Doient venir tous à la cour,
> Et lor corps estre présentei,
> Au grant doien de la citei.   (p. 18).
> .... Ceste parolle
> Mieulx vauldera que son de violle.
> Le jour de feste Saint-Estienne,
> Ait le grant doien grant escuelle
> Des doiens des villes de hors.
> En son hostel vient li appors,
> Et lors renouvelle les dons,
> Chacun lui doit quatre chapons, etc.,   (p. 21.)

Comme chef de la cité, le doyen avait l'attribution spéciale de tous les règlements sur la fabrication et la vente
du pain ; ce qui lui attirait de temps en temps des émeutes
populaires : néanmoins il garda cette prérogative jusqu'aux derniers temps de l'ancienne Commune. Au moyen-
âge, il pouvait, sur le témoignage de deux « prod'hommes, » infliger aux perturbateurs, des amendes, dans lesquelles il avait sa part, pourvu toutefois que le délit ne fût
pas d'effusion de sang : car alors les coupables étaient jus-
ticiables de la vicomté. Il est singulier qu'en notre ville, les
amendes de la doyenné variassent, suivant les quartiers,
allant en croissant depuis le bourg Saint-Victor, où les
querelleurs (vers 1300) en étaient quittes pour une amende
de cinq sols, jusqu'aux rues du centre; enfin en la cour
l'évêque, siège de la justice d'appel, où toute rixe était
punie d'une amende de neuf livres : et même, les jours de

Autres
prérogatives
du doyen.

plaids, le doyen siégeant, la punition pouvait être élevée
jusqu'à cinquante livres. C'était, sans doute, à cause de la
foule qui affluait aux plaids, et parce que beaucoup de
parties adverses se trouvant là en présence, il était à craindre qu'elles ne s'emportassent à des insultes et voies de
fait. Nous devons à ce tableau des amendes de la doyenné
la plus ancienne liste qui nous reste des quartiers de Verdun : ils y sont énumérés et dénommés tels qu'ils étaient à
la fin du XIIIe siècle. On pense bien que le doyen et ses
amendes ne pouvait échapper à la verve satirique de Melinon : il figure, en effet, dans les diatribes de ce malcontent,
à côté du vicomte et des autres autorités de la ville, y compris l'évêque qui, en instituant de tels justiciers, « a fait
les loups bergers : » et, si on sort de la ville, de peur de
leurs vexations, on ne manque guère de tomber aux griffes
des prévôts de campagne qui, comme des renards, guettent
pour prendre en faute, et mettre à l'amende ceux qui passent à leur portée. Voici ces vers, pleins de dénigrements
et de murmures :

> Jâ li jour n'est tant hault ne bons,
> Se met en course le viscons,
> Ses échevins et ses sergens,
> Pour chacier (chasser) la menue gens.
> Li doien revient d'aultre part,
> Si les escorche, et si prent part
> A toute la gaigne (gain) qu'ils font,
> Adès ensemble met en mont.
> L'évesque fait des loups bergiers.
> Verdun ne doit guère avoir chiers
> Ne le doien, ne le visconte,
> Chacun en mieulx se fait le compte.
> Le prévos, renart par dehors,
> Si gette aus povres gens mains tors,
> Et çà et là meine grant bruit :
> Très tout lor raffe et lor détruit,
> Ne leur lait, ce sache pour voir,
> Se n'est ce qu'il ne peut avoir.

Aubert Hasars, notre doien,
N'en ait raison, ne droit, ne bien.
Saveis ce que li doien fist?
Tous les pains aux revendeurs prist
Et les voulut contrepesier;
Les povres gens et les mangons,
Et les femmes et les garsons,
Vinrent à lui, tout courouciés,
Et lui firent entrelaisser
Le tort fait et la déraison.
Sachiés qu'ils firent grant raison. (1).
Or est très tout le droit rompu,
En amende est tout estendu :
Jugement ne vault pas deux aulx,
Jà n'est si droit qui ne soit faulx.
Les justiciers et lor disciple,
Chacun dit qu'il sait bien la Bible,
Et tous les droits, comment ils vont :
Mais font les grans desloialteis
Et aus seignours leurs volenteis.
Verdun en est abâtardie, etc.   (p. 4-12, Extrait.)

Jehan Melinon « petit doien, » c'est-à-dire greffier de Sainte-Croix, « cil qui escript cil livré » des Droits de Verdun, en l'an 1322 (p. 98), a sans doute pris ces vers outrageants dans quelque libelle contre le Magistrat : c'est le seul échantillon qui nous reste de ces écrits scandaleux, dont il est plusieurs fois parlé dans notre histoire. Son recueil de jurisprudence représente l'ancienne Coutume, telle qu'on l'interprétait à l'échevinat du Palais, au XIIIᵉ siècle, dans les temps qui suivirent la naissance de la Commune : le modèle de testament qu'il donne (p. 43-44) est daté de 1270; et on peut induire un certain nombre de renseignements historiques des

Melinon,
auteur du livre
des Droits.

(1) Parce que, suivant les mécontents, le doyen aurait dû se borner à faire saisir, chez les fourniers, les pains « maulvais et faulx, » tandis qu'il avait, en outre, mis à l'amende les revendeurs, qu'il soupçonnait sans doute de complicité : mais Melinon lui prête charitablement l'intention de se faire payer deux fois l'amende.

documents de son livre, d'ailleurs mal fait, confus et sans ordre. Il n'en existe qu'un seul manuscrit, fait au xive siècle, par des copistes qui ont souvent altéré et rendu inintelligible ce texte, qu'ils transcrivaient sans toujours le comprendre.

CHAPITRE V.

LES CAMPAGNES AVANT L'AFFRANCHISSEMENT.

Bien qu'au moment de la Révolution, la servitude eût presque entièrement disparu du pays verdunois, cependant elle y existait encore en quelques villages; de sorte que nous aurons à citer, en ce chapitre, des documents de toutes les dates, tirés principalement des archives ecclésiastiques, à cause de l'étendue des possessions territoriales des églises en notre province.

La servitude de glèbe, ou de main-morte, qui s'établit après la conquête franke (ci-dessus, p. 106) n'était point aussi dure que le colonat des Romains, chez lesquels le maître pouvait vendre ses esclaves des champs et de la ville, quand et comme il l'entendait. Il n'en était point ainsi de nos serfs main-mortables: ils faisaient partie de l'immeuble, et n'étaient vendus qu'avec la terre (1).

(1) On trouve cependant, entre des seigneurs voisins, ou ayant des portions dans la même seigneurie, quelques exemples de serfs vendus sans la glèbe. Ainsi, en 1251, « messires Robert, chevaliers, sires de Watronville, vend au Chapitre Huars Judas, de Mons, Hawis sa femme, et tos lors enffans, c'est assavoir Thiébaut, Acelinon, Colette et Poincette, pour une summe de deniers, dont il a eu boin paiement et loiaul. » Cartul. p. 118. — *Ego Jocelinus, miles, de assensu Ysabellœ, uxoris meœ, vendidi venerabili patri ac domino meo R.* (Raoul de Torote), *Dei gratiâ Virdunensi episcopo, Richerum hominem meum, et eum tradidi sibi et successoribus suis perpetuò possidendum, pro centum solidis fortibus, de quibus confileor me solutionem plenariam recepisse.* 1258. Cartulaire de l'évêché, n° 110.

Ils avaient encore cet avantage qu'on ne les congédiait pas comme des valets, ni même comme des fermiers : leur terre, dite manse, ou meix, était héréditaire dans leur famille, en ligne directe, et ne revenait au seigneur qu'à l'extinction de la lignée serve. Les cas de félonie étaient pour eux, de *forfuir*, c'est-à-dire de fuir hors de la terre seigneuriale, et de se *formarier*, en épousant, sans permission, ni arrangements préalables entre les maîtres, une personne d'une autre seigneurie : ce qui entraînait la forfuyance de l'un des époux. Ils ne pouvaient ni vendre, ni engager, ni hypothéquer leurs manses; car alors le seigneur, qui héritait, en cas d'ouverture de la mainmorte, n'eût plus trouvé sa terre, ou l'eût trouvée chargée de dettes. Ces gens s'appelaient des vilains, c'est-à-dire des villageois, le mot *villa* signifiant village dans la basse latinité; on les nommait aussi roturiers, mot qui veut dire cultivateur, parce qu'en cette même latinité, cultiver s'exprimait par rompre la terre, *rumpere terram;* de sorte qu'un cultivateur était un briseur de terre, *ruptuarius*, ou un roturier.

Pour faire l'histoire de l'ancien régime dans nos campagnes, il faudrait parcourir trois périodes de servitude décroissante : la taille et corvée, à merci et miséricorde des seigneurs, pendant les temps mérovingiens et carlovingiens; l'assise, c'est-à-dire le tribut fixé, ou *assis* à certaine somme de deniers, et certain nombre de corvées, comme nous le voyons dans la charte d'Etain rapportée ci-dessus (p. 204); enfin l'affranchissement proprement dit, qui était, non pas notre liberté moderne, mais un simple échange de la main-morte contre un impôt foncier, dit champart ou terrage, sans préjudice des autres droits féodaux.

Dans l'antiquité mérovingienne, les territoires étant divisés en centènes et en dizènes (p. 90), les seigneurs de vastes domaines eurent, pour les administrer, des intendants dits *villicus*, préposés aux villages, et des centeniers et dizeniers. Ces divers fonctionnaires, nommés par le seigneur, s'appelaient les ministraux, ou officiers de la seigneurie, *ministeriales potestatis*. Le villicus, principal personnage, s'occupait de l'administration générale et du revenu financier : en certains cas, il réformait et corrigeait les actes des centeniers. Ceux-ci levaient les tailles et redevances, puis les versaient et en rendaient compte au villicus : en outre, ils avaient une juridiction de police assez analogue à celle des gens du vicomte dans la ville; de là vient qu'on trouve en nos chartes rurales, au XIIIᵉ siècle encore, cette expression remarquable, et dont nous avons déjà tiré des inductions : « la vicomtei qu'on appelle centène (1). » A cette date, et depuis fort longtemps auparavant, il n'y avait plus de centeniers; mais la vieille dénomination mérovingienne se conserva très-longtemps chez nous.

Les ministeriales des seigneuries, et les sous-voués.

L'église ne vit jamais de bon œil l'institution carlovingienne des Avoués; et elle maintint, le plus qu'elle put, sous leur régime, les fonctions de ses anciens ministraux. Il s'établit alors des luttes qui durèrent jusqu'à l'extinction des avoueries, au XIIIᵉ siècle, le clergé ne cessant de faire, contre ses voués et sous-voués, de lamentables doléances, trop souvent, du reste, justifiées par les faits. Il semble résulter de nos documents que les voués ruraux, institués au plaid du comte grand voué, prétendaient instituer à leur tour les centeniers et les dizeniers, transformés par les Capitulaires en maïeurs (maires) et en échevins. Ceci menaçant de réduire à rien la prérogative du seigneur ecclésiastique, le Chapitre, qu'on appelait alors les Frères de Notre-Dame, alla, vers l'an mil, supplier le comte Frédéric, partant pour le pèlerinage de Terre-Sainte, et obtint de lui qu'on ren-

---

(1) « Je Joffrois, sires de la Tour, et wouei dou ban de Harville, fas savoir que je ai au Chapitre de Verdun acquetei et recognois les mortemains dou ban de Harville, et l'aluel des hommes, et la vicontei qu'on appelle ceinteine... 1250, décembre. » Cartul. p. 80, verso.

drait à Notre-Dame les centènes de toutes ses seigneuries, sans plus la troubler à ce sujet (1). Nous entendons ce passage, que nos auteurs n'expliquent pas, en
ce sens que Frédéric ordonna de rétablir le Chapitre en ses
anciens droits de nommer et instituer librement les ministraux de ses villages.

L'ordre de choses qui s'établit ensuite est celui que représente la charte de Godefroy-le-Breux, en 1060, et que
l'on peut induire aussi des articles de la loi de Beaumont,
qui supposent des usages plus anciens. La charte de Godefroy fut renouvelée en 1142, par l'empereur Conrad III, à
son passage à Metz. De ces divers documents il résulte
qu'il y avait, en chaque village de quelque importance, un
maïeur et des échevins, annuels et électifs, ou, comme dit
la loi de Beaumont, créés « par l'accord tous : » disposition
qui remonte à la législation des Capitulaires sur les échevinats (2). Cette petite administration prêtait serment au
seigneur, levait ses tailles et redevances, et rendait justice
sommaire pour les délits champêtres, journaliers, et vulgaires. Les choses graves allaient aux plaids annaux,
tenus trois fois l'an par le voué, ou le sous-voué, au lieu
principal de la seigneurie : les maïeurs et les échevins,
bien que serfs, l'assistaient en ces plaids, et jugeaient avec
lui et les ministraux (3). Les seigneurs prélats se passaient,

*Les maïeurs
et les échevins.*

(1) *Comes Fredericus præbendæ fratrum Sanctæ-Mariæ omnes centenas corum
potestatum, quibus multum inquietabantur, Hierosolymam pergens, reddidit.*
Continuat. de Berlaire.—L'empereur Frédéric II, dans une charte de 1232 :
*Item centumgravii recipiant centas à domino terræ, vel ab eo qui per dominum terræ
fuerit infeudatus.* Dans Hontheim, I. p. 713. Vu le sens du mot *Graf* en allemand, cette expression *centumgravii* est à peu près la même que celle de
notre charte, « la vicomtei qu'on appelle centeine. »—Les voués de second
ordre étaient institués au plaid du comte : *Volumus ut advocati in præsentiâ
comitum eligantur*, dit le Capitulaire de 801, le comte lui-même recevant,
comme nous l'avons dit, une institution impériale.

(2) *Et, totius populi consensu, bonos eligant*, etc., (cité plus haut).—On fera
maïeur en la ville et jurés, par tous l'accord, et consentement des borjois
lesqueils seront à nos feaultés, et jureront lever les rentes et les issues de
la ville, et en renderont à notre commandement. Loi de Beaumont.

(3) *Advocatus ad tria annualia placita veniat, et cum majore potestatis atque
scabinis aliisque ministris, ea legitimè insimul teneant, et justitias ibi factas*

le plus qu'ils pouvaient, du voué, tâchaient de le restreindre strictement à ses trois plaids annaux, et de tout attirer
à leur juridiction ministrale : mais les voués réclamaient ;
et la charte de 1060 leur donne le droit d'exiger serment
qu'on ne leur a soustrait aucune cause de ressort de plaid
annal, et que, dans les jugements rendus sans eux, on a
réservé leur part d'un tiers dans les amendes (1). Tout
paysan devait venir au plaid, pour constater sa présence
sur la glèbe, et aussi pour ouir les ordonnances de son
seigneur, ou celles qu'on avait pu faire au plaid général
du comté. Par mitigation à l'ancienne rigueur de la forfuyance, l'empereur Conrad déclara qu'un serf quittant
un village où il n'avait pas de terre, et allant demeurer
ailleurs, ne serait plus tenu de répondre au plaid du lieu
qu'il avait quitté : bien plus, ce prince, voulant témoigner
sa bienveillance à la cité de Verdun, autorisa les paysans
des domaines impériaux à s'y fixer, aux droits et coutumes
de la cité, pourvu toutefois que le domaine ne les eût
attachés à la culture d'aucun champ. Comme le fisc impérial ne possédait à peu près rien aux environs de notre
ville, et que les seigneurs ecclésiastiques avaient eu grand
soin de faire excepter leurs hommes, la faculté donnée
par Conrad n'augmenta pas beaucoup la population verdunoise : néanmoins la charte que nous citons est importante, et nous l'avons déjà signalée comme preuve de
l'existence à Verdun de « droits et coutumes de cité »
antérieurement à la Commune du XIIIᵉ siècle (2). Suivent

---

communiter ipse et ministeriales, pro posse pauperum, determinent. Charte de
1060.

(1) *Quòd si advocatus dubium habuerit quòd ipsi ministeriales causam annuali
placito diffiniendam, aut antè determinare, aut post reservare voluerint, eos
super hâc re, si voluerit, sacramento adstringat.* Ibid.

(2) *Si de unâ villâ ad aliam quilibet rusticus ad manendum transierit, et in eâ
quam reliquit nec terram teneat, nec agrum colat, advocato villæ prioris de placito
annuali non respondeat, sed morem villæ teneat ubi habitat, et advocato ejusdem
villæ respondeat. — Quòd si de quâlibet potestatum nostrarum rusticus, in urbe
Virdunensi perpetuò manere voluerit, ità tamen ut in villâ quam reliquerit nec
terram teneat, nec agrum excolat, ab omni placito advocatorum liber erit, jusque*

les règlements contre les abus et extorsions. Le voué ne
peut empêcher le seigneur prélat de faire enquête sans lui,
quand il survient des cas d'injures et de violences (1) : si
cette enquête n'exige pas son ministère, il n'a pas à l'imposer. Les voués et sous-voués doivent se contenter de leur
part, qui est du tiers des amendes : s'ils viennent dans le
village, pour affaires personnelles, ils n'ont rien à exiger
du public : on n'est tenu de les défrayer qu'aux trois jours
de plaid, ou bien quand on les mande pour cas extraordinaires, ou enfin s'ils ont à passer par la contrée pour la défense militaire du territoire. Défense à eux de se faire donner des palefrois, et de rien prétendre dans les bois et les
essarts : à cette disposition, la charte de Conrad ajoute
qu'ils ne prendront point non plus de prémices dans les
moissons et nouveaux fruits. Tels furent les règlements
qui firent loi jusqu'à la suppression des avoueries.

Les prévôtés, établies dans le cours du XIIIᵉ siècle, représentent ces justices ministrales, que nous venons de
voir en concurrence avec les plaids des voués, et que les
seigneurs ecclésiastiques préféraient de beaucoup, parce
qu'ils en nommaient et destituaient les officiers à volonté (2). Cependant, comme on n'avait pu racheter absolument tous les fiefs d'avouerie, il resta jusqu'aux derniers
temps, des sinécures féodales de ce titre. En 1740, on voit
les moines de Saint-Vanne se plaindre de trouver, dans
leur terre de Paroy, venant de Pépin d'Héristall, « un

*Transformation.
des
ministeriales
en prévôtés.*

civitatis et consuetudinem habebit, salvâ semper episcopi Virdunensis justitiâ,
salvo jure Virdunensis primicerii, et fratrum majoris ecclesiæ, et præpositorum,
sive abbatum Sanctæ-Mariæ-Magdalenæ, Sanctorum-Mauritii (Beaulieu), Germani, (Montfaucon), Vitoni, Mauri, Pauli, Agerici antiquâ consuetudine conser-
vatâ, et proprietate sive dominio. Charte de 1142. Elle n'est pas imprimée.

(1) *De leude, et sanguine facto, aliisque injuriis,* dit Roussel. Lisez : *De levide,*
c'est-à-dire *livore,* meurtrissure.

(2) « Li prévos est estaubli pour adrecier (redresser) les gens, et faire
venir les rentes, » dit une charte de 1250, Cart. p. 19.—*Pro voluntate nostrâ
ministerialem, sive villicum, in eâdem villâ ponemus et deponemus, corâm quo ibi
manentes jus faciant et accipiant; et corâm eo scabini loci judicabunt.* Charte du
bourg du Pré, en 1227, et autres.

Rachats,
et restes
des avoueries.

sieur Joly, avocat, qui, disent-ils, perçoit sur notre revenu quarante franchards, sans nous rendre, ni à Paroy, ni à Saint-Vanne, le moindre service : » mais le voué aurait pu répliquer qu'il était l'ancien fonctionnaire carlovingien; et que, s'il ne faisait rien, la faute en était à l'église elle-même, qui avait anéanti ses fonctions, en les transférant aux prévôtés (1). De la même manière, il y avait, encore au siècle dernier, un seigneur voué de Chaumont, une seigneurie vouée de Damvitoux, entre Verdun et Metz; on trouve, en 1600, des dames voueresses de Billy-lez-Mangiennes, qui étaient des comtesses de Salm, possédant cette avouerie à titre de fief mouvant de l'évêché ; bien plus, l'évêché lui-même se trouva voué de Saint-Paul, à Rupt, parce qu'au temps de l'extinction et du grand rachat des avoueries, au XIIIᵉ siècle, il avait acquis celle de ce village : de sorte que, si les cérémonies féodales eussent été observées rigoureusement, il eût fallu que l'évêché, après avoir reçu l'hommage général de Saint-Paul, au temporel, rendît lui-même hommage à Saint-Paul, pour l'avouerie de Rupt; mais on prévint ces complications en faisant Rupt « neuve-ville », et seigneurie commune, à la loi de Beaumont, par charte d'affranchissement de 1247 (2). Au sujet du bourg Saint-Vanne, nous avons vu (p. 318) l'Avouerie continuer à figurer dans les reprises : cependant les actes de son rachat, en 1227 et 1233, se trouvent

(1) Au finage de Paroy, il y avait le ban Saint-Vanne, et le ban le Chevalier, c'est-à-dire le fief du Voué.

(2) Je Girars, abbés de Saint-Paul, et tous li couvens, faisons cognissant que nos avons fait nueve ville, à la loi de Biaumont, de Ru notre ville, où nos avons nos hommes, qui siet entre Gineicort et Amblonville, dont nostres sires Jehan, par la grâce de Deu esleu de Verdun, et tuit li aultres évesques de celle meismes leu estoient voei, et avoient lors hommes, en teille manière (suivent les dispositions de la loi de Beaumont). Et, parmei totes ces convenances, avons nous ottroiei au devant dit esleu, et aus aultres évesques de Verdun après lui, la moitiei, de quanques nos aviens en ladite nueve ville, et en tot le finaige; et il nous ait ottroiei la moitiei de quanques il, et li aultres évesques de Verdun avoient. Et avons ottroiei audit esleu, et à ciaus qui après lui evesques de Verdun seront, notre maison d'Amblonville, et tout le charruage entierement...... Août 1247.

au cartulaire (1) : c'est que les droits ainsi rachetés appartenaient au seigneur abbé seul, qui les garda sous leur ancien nom et titre, de peur qu'il ne s'en égarât quelque chose dans la part des moines, ou mense conventuelle.

C'est vers le temps de l'établissement des prévôtés que commencèrent aussi les mises à assise et les affranchissements; et nous reprendrons là l'histoire des campagnes, en terminant ce chapitre par quelques détails sur l'état légal de leur peuple à l'époque de la servitude.

Même dans les temps les plus lointains et les plus sombres, l'opinion publique ne fut jamais muette chez nous contre les excès de tyrannie. Nos chroniqueurs du xie siècle parlent de l'indignation que s'attira le voué de Chauvency-Saint-Hubert, pour avoir fait atteler des serfs à la charrue. Nous n'avons jamais trouvé dans nos documents la moindre trace de l'abus odieux dit droit du seigneur (2) : et les chartes mêmes de la taille à merci réservent des coutumes de ban (*salvo tamen jure banni*), qui devaient constituer pour les serfs quelque sorte de garantie (3). L'existence de ces coutumes semble résulter aussi du texte de la loi de Beaumont, de 1182; car il est évident que plusieurs de ses articles sont, ou des reconnaissances et confirmations, ou des modifications et améliorations d'usages anciens, qu'elle trouva établis.

Régime de la taille à merci.

(1) En 1227, rachat de la première moitié, pour 500 livres, payées à Gobert d'Apremont. L'autre moitié, rachetée en 1233, à de meilleures conditions, de Garnier, seigneur de Cummiéres. *Warnerus, miles de Cumenieres.*

(2) Dans une charte de 1025, du cartulaire de Saint-Vanne (n° 28), il est parlé de trois nobles dames, Bonne, Conradine, et Ruspende, qui recevaient, dans leur terre de Hast, un droit de six deniers *pro licentiâ maritalis copulæ.* C'était un impôt sur les mariages, mais non le droit du seigneur. Des chartes de cette espèce, mal rédigées, ou conçues en termes grossiers, sont peut-être la principale source de ce qu'on a dit de ce prétendu droit du seigneur.

(3) *Super hominibus de Wesappe* (Wiseppe, près Stenay), *et capitagiis, et censibus corum..., consenserunt quòd prædictus Ulricus, et ecclesia Virdunensis post ipsum, prædictos homines tenebunt, et quidquid eis placuerit, pro voluntate suâ, ab eis, sine contradictione accipient..., et quoquo modo potuerint aut voluerint, prædictos homines cogent ad solvendum, salvo tamen jure banni.* Sentence de juin 1218, au cartulaire, p. 166.

Dans le XIIIᵉ siècle, et les deux suivants, l'évêché
affranchit tous ses villages à cette loi de Beaumont dont
nous venons de parler; et la main-morte disparut de
son territoire : mais le Chapitre la garda dans le sien, soit
pure et simple en certaines localités, soit modifiée le
moins possible, dans celles auxquelles il n'avait pu
refuser des chartes. Voici un extrait de son grand statut de
1403 :

Statut
capitulaire
de 1403.

Chapitre, etc... Considéré que nos hommes et femmes de notre
terre, de tout le temps passé, et de si long que notre église fut fondée, et n'est mémoire du contraire, ni du commencement, ont été et
sont perpétuellement de serve condition, c'est à sçavoir de morte-
main, de formariage, de forfuyance et de poursuite, à nous et à
notredite église; et ne sont aucuns d'iceux seigneurs de leurs
biens, spécialement héritages immeubles, ains tant seulement usufruitiers; et nous en sommes seigneurs directs et propriétaires...
Avons constitué, ordonné, establi, pour toujours, perpétuellement,
etc. que nosdits hommes ne puissent, ne pourront par quelconque
manière, vendre, obliger, engager et transporter lesdits héritages immeubles à quelle personne ce soit estrange, ou dehors notredite
terre..., ains seulement aux hommes et femmes de la condition notre terre... Et le disons par notre présent décret, et dès maintenant le déclarons et décernons pour nul, et de nulle valeur; et se
nosdits hommes et femmes, ou aucuns d'eux, faisoient le contraire, ils
encourroient et eschoiroient envers nous en telle peine que l'héritage vendu, obligié ou aliéné seroit, de celle mesme fait, acquis à
nous, et l'amende de soixante livres, monnoie de notre Chapitre; et
pour quelconque debte ce fust, lesdits héritaiges, ou biens immeubles, n'échoiront en exécution, ne ne seront exécutés à requeste des
créditeurs, ne à leur profit, ains demorront en teil estat et teille
condition comme ils estoient par avant... Et voulons et ordonnons
que cest présent statut et ordonnance soit publiée et manifestée ès
cours ecclésiastiques de Verdun, au siége Sainte-Croix de Verdun,
et autres parts, dedans notre dite terre, et lieux voisins d'icelle, afin
que on ne se puisse ignorer; et avons mis notre grand séel en ces
présentes lettres, faites et données en notre Chapitre général, le
vingt-sixième jour de mars, l'an mil quatre cent et trois. — Suivent
les procès-verbaux de publication dans les prévôtés limitrophes de la

terre Notre-Dame. A Etain, en l'hôtel du maire Huin, par devant
le prévôt Jacomin de Villers, appelant grant multitude de gens, tant
de ladite ville que de fuers ; ladite publication faite par Jehan d'Abau-
court, verger et sergent de ladite église cathédrale, tenant en sa main
certaine ordonnance et constitution, écrite en parchemin, et séellée
de blanche cire, et d'un grand séel de ladite église. Autres publica-
tions, au chastel de Mangiennes, à la Halle de Damvillers, à celle de
Marville, à Dun, etc.

Ces gênantes prohibitions, si on les eût observées à la
rigueur, auraient empêché les sujets de l'église de trouver
aucun argent à emprunter. Pour prévenir un tel résultat,
le Chapitre admit, dans son traité de 1348 avec la Commune, qu'on pourrait faire, à la requête de bourgeois de
Verdun, des saisies, mêmes réelles, sur ses bans de main-
morte, pourvu que les immeubles fussent vendus « tant
seulement as hommes de la terre le Chapitre : et, se on ne
trouvoit qui les acheptât, Chapitre les achepteroit, ou
feroit achepter, jusques à la somme de l'obligation. »

À cette question de la main-morte réelle se rattache
celle de l'existence des aleux, c'est-à-dire des propriétés
franches et libres, comme sont toutes celles d'aujourd'hui.
Les vrais feudistes n'admettaient qu'avec peine une telle
propriété, qui ne se rattachait à rien dans leur système féodal : si on les eût crus, toute terre devait être, soit en
tenure noble de fief ou d'arrière-fief, soit en roture de
glèbe, plus ou moins mitigée : et il ne tint pas à eux que
la maxime *Nulle terre sans seigneur* ne fût érigée en axiome
de jurisprudence. Voici ce que nous trouvons dans notre
histoire, au sujet des aleux. Il y en eut, chez nous, dès une
époque reculée : car la charte de Saint-Vanne, de l'an 952,
parle des propriétaires allodiaux, qui répondaient au plaid
général, et non au plaid local du vidame (1) : mais ces propriétaires devaient être en petit nombre, et leurs domaines
de peu d'étendue, au temps de la grande féodalité. Comme
les bourgeois de Verdun étaient libres, toute terre qu'ils

Aleux.

(1) *Exceptis alodiis quœ homines tenent ad placitum generale respicientes.*

acquéraient dans la campagne devenait, par là même, un aleu : et de là vinrent les restrictions qu'on essaya plusieurs fois de mettre à leurs acquêts. Dans la première moitié du XIIIᵉ siècle, ils en firent un certain nombre, profitant peut-être de l'affaiblissement où les troubles communaux réduisaient l'autorité : et, quand la Commune et l'évêque Guy de Melle terminèrent leurs grandes batailles, on reconnut ces acquêts, en ces termes : « S'aucuns citains de Verdun tient treffonds on ban et en la justice l'évesque, ou à Chapitre, ou à aultres églises de Verdun, il en fera, en le ban et en la justice, tel service comme li treffons doit. » C'était l'aleu, à la condition des services généraux du ban ; mais l'évêché et le Chapitre, grands propriétaires seigneuriaux du pays, entendirent différemment cet article.

Aleux dans l'évêché.

L'évêché ne mit jamais, pour sa part, d'obstacle bien sérieux à l'acquisition d'aleux bourgeois. Cent ans après Guy de Melle, Henri d'Apremont sanctionna de nouveau l'article de 1246 : « Item, dit-il, est accordei que les bourgeois et citains de Verdun pourront avoir et tenir héritaiges en l'éveschié, et user d'iceulx, selon droit et raison : » mais, au sens de ce privilége, ce n'était point un « usage selon droit et raison » que « les francs-allueuls qu'avoient et tenoient lesdits citains, peussent venir, par vendaige ou aultrement, ez mains de personne non subjette à l'évesque et à l'éveschié, et estre mis et convertis en fiés d'aulcun signour temporel, aultre que l'évesque et l'éveschié : par quoi grant damaige et grief en peussent venir as dit évesque et à dite éveschié. » Tant que la féodalité conserva de la vigueur, on craignit ainsi que les propriétaires d'aleux un peu considérables n'en fissent hommage à quelque seigneur étranger, pour acheter sa protection (1) : et Psaulme essaya encore de restreindre

_____

(1) Les seigneurs, dans leurs traités d'alliance, s'interdisaient de recevoir l'hommage d'aleux situés dans les terres de leur allié : *Et est assavoir*, dit le comte Thibauld II de Bar, dans une charte de 1240, *que je, ne nuls des hoirs*

les acquisitions bourgeoises; mais il y eut, contre les obstacles suscités par lui, sentence impériale de l'empereur
Charles-Quint, en 1549, à Bruxelles : puis s'introduisit le
système moderne de payer au fisc un certain droit sur les
transmissions d'immeubles : enfin, quand l'affranchissement fût devenu général, la terre elle-même répondant de
l'impôt du terrage, condition de sa franchise, l'évêché ne
s'inquiéta plus de savoir quels en étaient les propriétaires.

Il en fut autrement sous le Chapitre, qui gardait de son
mieux sa terre Notre-Dame pure de toute innovation.
Obligé de souscrire au traité communal de 1246, il l'entendit en ce sens qu'à la vérité il reconnaîtrait le petit
nombre d'aleux établis sur ses terres pendant les troubles,
se proposant d'ailleurs de les racheter le plus tôt qu'il pourrait (1) : mais le traité, en teneur strictement littérale, ne
stipulant rien pour l'avenir, il ne souffrit pas la création
de nouvelles propriétés de cette espèce. Elles étaient, en
effet, incompatibles avec la main-morte, en vertu de laquelle la terre revenait au seigneur, à l'extinction de la
lignée directe du cultivateur. Une longue et importante
sentence arbitrale, rendue, en 1250, confirma cette interprétation du traité. « Disons et déclarons que Pierre li
Buef ne acquettera jamais treffonds, ne acheptera rentes,
ne terres, emmi villes et emmi bans le Chapitre : et, de ce
que il a acheptei, raura par grâce (jaçoit que il n'en duie
riens avoir par droit) deix livres de fors (forte monnaie)
pour chacun reis (15 franchards) froment de rente; et des
terres et preis, raura les deniers que il i avoit donneis,
par son serment et lou serment de ses vendours : et tos
lidits héritaiges et rentes revenront delivreiment à Cha-

Maintien
de
la main-morte
par le Chapitre.

le comte Henris (son père), ne qui soit de ceux qui après nous venront, ne porrons recevoir, ne retenir, ne en fié ne en homaige, nul allue qui soit en ban ne en
justice l'evesque de Verdun.

(1) C'est qu'il fit, en effet, en ces temps mêmes. En 1251, le moulin de
Foameix, et un autre aleu à Flabas, furent rachetés de Louis li Rowier, citain de Verdun, et Finate, sa femme. Cartul. p. 32, verso, etc.

pitre, et à ses hommes (1). » Ce Pierre Lebœuf fut traité
favorablement, parce qu'il était de bonne foi, se croyant
autorisé par l'article de 1246 ; mais le Chapitre, en lui faisant rendre son argent, prit soin que, par les termes
mêmes de la sentence, les futurs prétendus acquéreurs
fussent avertis que cette restitution avait été un acte de
grâce. La terre de Notre-Dame rentra alors, pour trois
siècles, dans son antique repos, sauf qu'en 1317, le comte
Edouard de Bar, co-seigneur avec l'église des bans de Harville, Pareid, Molette (Moulotte), Wareville et Thyméville,
ayant mis ses sujets de ces lieux à la loi de Beaumont,
force fut de suivre son exemple. En 1508, on affranchit
Bréhéville, à cause du voisinage des terres de Luxembourg ; il fut permis aux habitants de ce village d'engager
leurs immeubles, mais pour trois ans seulement, à des
non-sujets de l'église : des clauses restrictives furent également insérées, en 1514, dans les chartes de Warcq, Boinville et Surville ; puis les affranchissements, avec dispositions plus ou moins larges, s'étant succédé dans le cours
de ce siècle, et des deux suivants, il se trouva, en 1789, que
des 42 villages dont le Chapitre était encore alors seigneur, il n'en restait plus que six, assez petits, au régime
pur et simple de la main-morte (2). Elle n'avait cependant
pas cessé d'être de droit commun, parce que les chartes
étant restreintes aux franchises qu'elles énonçaient formellement, l'ancienne loi avait vigueur, toutes les fois qu'on
ne pouvait lui opposer des articles précis de dérogation. De

(1). Cette sentence, datée de janvier 1250 (1251 avant Pâque), est dans
le cartulaire, p. 18 verso.

(2) Le Chapitre lui-même, quand il avait des débats avec ses sujets, n'ou-
bliait pas de leur faire remarquer que leurs chartes étaient fort restreintes.
Dans son mémoire, imprimé, en 1757, contre la communauté main-mortable
de Consanvoie, qui se prétendait propriétaire des bois, il dit, p. 13, que la
plupart des chartes n'accordent l'affranchissement que pour la faculté de
succéder en ligne collatérale, les sujets demeurant soumis à tous les droits
de forfuyance, de formariage et de poursuite, ainsi qu'aux différentes redevances, corvées et banalités. Aucune communauté n'a obtenu le domaine
utile des bois ; elles n'ont que les usages, par concession gratuite du Chapitre à tous ses sujets, affranchis ou non, etc.

là vint que le Chapitre, ne voulant pas qu'on la perdît de vue, la promulgua de nouveau, en 1723, d'une manière fort solennelle, en termes bien spécifiés, qui forment document :

« Nous doyen, chanoines et Chapitre, à tous les vassaux, etc. Nonobstant que, par la fondation et dotation de cette église par les empereurs, rois et princes, nous ait été concédé le tiers du comté de Verdun, composé de 42 villages, dont les habitants étoient, et sont encore actuellement de serve condition ; et que cette concession nous ait été faite aux droits les plus éminents, entre autres de ceux de main-morte, tant personnelle que réelle, de forfuyance, de formariage et de poursuite ; que tous les habitants de nos terres et seigneuries soient sujets auxdits droits, à l'exception seulement de ceux que nous en avons affranchis, moyennant terrage, et autres charges et conditions énoncées en leurs chartes ; que nous ayions été maintenus èsdits droits par plusieurs arrêts, et récemment par celui intervenu au parlement (de Metz), le 26 juillet dernier, contre les habitants et communautés de Lemme et Lempire, de Sivry-la-Perche et Jouy, de Foameix et Morgemoulin ; que, suivant même les dispositions de la Coutume de Verdun, qui régit toutes nos terres et seigneuries, les gens de condition servile sont hommes de corps, adscripts et comme attachés au territoire, qu'ils ne peuvent aller demeurer ailleurs, sans licence et congé du seigneur, qui les peut poursuivre et vendiquer comme siens, ni se marier dehors le territoire à personne d'autre condition ; autrement le seigneur peut confisquer leurs biens, par droit de forfuyance et formariage ; que lesdits hommes de corps sont aussi de main-morte, auxquels les seigneurs succèdent, s'ils décèdent sans hoirs procréés de leurs corps ; -

« Néanmoins certains particuliers de nos terres, sujets auxdits droits, s'ingèrent, depuis quelques années, de leur autorité privée, de s'en absenter, pour aller faire leur résidence ailleurs, sans notre congé ni permission ; de plus, quelques-uns, qui ne sont de condition servile et ne sont résidents en nos terres, y font des acquisitions et y possèdent des héritages, situés en ban de main-morte (1), quoi-

(1) Si un forain libre venait résider sur des terres par lui possédées en ban de main-morte, le Chapitre soutenait qu'il devenait serf, par cette habitation et possession, au bout d'un an et jour : mais, par arrêt du 23 juin 1742, le parlement de Metz jugea le contraire, au profit du sieur Lagrelette ·

qu'il n'y ait que les seules personnes de condition servile résidentes en nos terres, qui les puissent posséder ; et d'autres enfin, à notre insu et sans notre consentement, par différents emprunts hypothèquent leurs immeubles situés en bans de main-morte, au préjudice du droit de réversion, qui nous est acquis, franc et quitte de toute dette, charge et hypothèque, le cas échéant d'ouverture au droit de main-morte. Mandons à tous nos vassaux, et à tous autres qu'il appartiendra, de ne plus, à l'avenir, contrevenir aux susdits droits ; et, en conséquence et conformité d'iceux, disons et déclarons :

I. Que défenses sont faites à tous nos sujets de condition servile, gens de main-morte, de s'absenter et d'aller faire leur résidence hors le territoire du lieu où ils sont nés soumis à nosdits droits, sans notre congé et permission par écrit, à peine d'être leurs biens, situés en bans de main-morte, acquis et confisqués et réunis au domaine de notre église.

II. Enjoignons à tous ceux qui se sont absentés, sans congé ni permission, de revenir dans un an, pour tout délai..., à pareille peine.

III. Faisons défense à nosdits sujets main-mortables de s'aller marier hors de nos terres, à personnes d'autre condition, sous pareille peine.

IV. Les meubles d'un main-mortable suivant la personne, déclarons, par ces présentes, qu'en cas d'ouverture de main-morte, non-seulement les immeubles situés en ban de main-morte, mais encore tous les meubles et effets mobiliers, soit dans nos terres, ou hors nosdites terres, nous seront échus et obvenus, par droit de main-morte personnelle, et par droit de poursuite.

V. Si les forfuyants ne retournent résider dans les lieux de nos seigneuries, d'où ils sont originaires de naissance, et ce dans le temps préfigé ci-dessus, outre la confiscation qui aura été faite de

de Bonnaire, major au régiment d'Esterhazy, héritier de défunt Grodker, décédé à Consanvoie, attendu que le Chapitre a laissé ledit Grodker jouir d'immeubles pendant plus de vingt ans, et sauf audit Chapitre à se pourvoir pour faire rentrer lesdits immeubles à gens main-mortables. Après cet arrêt, le Chapitre prit la précaution de faire souscrire aux gens francs qui venaient se marier, ou habiter sur ses bans de main-morte, une reconnaissance qu'ils se soumettaient à ladite loi, eux et leur postérité, priant mesdits sieurs de les recevoir, à cette condition, au nombre de leurs sujets : On trouve de ces actes jusqu'aux derniers temps : ainsi, en 1780, celui de Toussaint Jacquemet, soldat invalide, pour épouser Elisabeth Person, à Sivry-la-Perche, etc.

leur vivant, de leurs biens immeubles situés en bans de main-morte, les meubles et effets mobiliers qui se trouveront leur appartenir au jour de leur décès, en cas qu'ils décèdent sans hoirs procréés de leurs corps, nous appartiendront pareillement, en quelques lieux ils soient situés.

VI. Protestons que l'absence desdits forfuyants, par quel laps de temps que ce soit, ne pourra les affranchir de la servitude, ni donner aucune atteinte à nos droits (1).

VII. Les immeubles situés en bans de main-morte n'étant possédés par nos sujets que comme usagers, et à la charge de réversion d'iceux à notre domaine, lesdits main-mortables décédant sans hoirs, déclarons qu'ils n'ont pu et ne peuvent engager ni hypothéquer, et que, le cas de la main-morte échéant, lesdits immeubles nous obviennent francs de toute charge, dette et hypothèque.

VIII. Les forains, et gens qui ne sont de condition servile ni résidents dans nos terres, ne peuvent acquérir ni posséder aucuns immeubles en ban de main-morte; et, au cas qu'ils le feroient, ou n'en vuideroient leurs mains, dans l'an et jour, en celles de personnes capables de les posséder, gens de condition servile envers nous, ils seront acquis, confisqués et réunis au domaine de notre église (2).

IX. Aucun sujet main-mortable de corps et de biens ne peut acquérir franchise de l'une ni de l'autre servitude, en quelle sorte et manière que ce soit, qu'en obtenant de nous lettre d'affranchissement et de manumission, nonobstant leur changement de demeure et d'état, fait sans notre aveu et consentement.

Fait et donné en notre Chapitre général, à Verdun, le 15 septembre 1725. Par mandement de messieurs en Chapitre, Hallot.

(1) Néanmoins il est dit, dans les anciens commentaires de la Coutume de Sainte-Croix, que la servitude se prescrivait par trente ans d'habitation en lieu franc. Ce temps fut ensuite réduit à vingt années : du moins on lit dans l'arrêt même du parlement de Metz, du 26 juillet 1723, (qu'invoque le Chapitre, dans le préambule ci-dessus) que, faute par les sieurs du Chapitre, intimés, d'avoir réclamé, pendant l'espace de vingt ans, Jean Barthélemy, demeurant hors le territoire de leurs seigneuries, à leur vu et sçu, lesdits intimés ont été déclarés non recevables en leur demande.

(2) Supplient humblement François Mangin et Pierre Blanzée, marchands bourgeois de Verdun, disant que vous les auriez fait assigner pour se désister, au profit de gens main-mortables, dans le cours de l'année, de quelques héritages qu'ils possédent au finage de Crépion, main-mortable de Votre Chapitre... Ce considéré, il vous plaise, messieurs, permettre aux suppliants posséder encore pendant six ans. — Messieurs accordent lettres de souffrance, conformément à la soumission ci-dessus. Le 5 août 1741. Périn, secrétaire.

29

Ce règlement fut lu aux audiences des prévôtés, enregistré ès greffes, publié par les sergents, à l'issue des messes paroissiales, imprimé, et affiché en grands placards, dont il reste encore des exemplaires; mais les affiches du Chapitre n'empêchèrent pas l'esprit de rébellion du XVIIIe siècle de pénétrer dans ses seigneuries, et de lui susciter plusieurs procès et embarras fâcheux, dont nous parlerons dans l'histoire de ces temps. Il trouvait mauvais que l'on qualifiât sa main-morte de droit odieux : c'était au contraire, suivant lui, une chose salutaire, parce qu'en empêchant les main-mortables de vendre leurs fonds, elle leur ôtait la malheureuse puissance de se ruiner; et de là vient, ajoutait-il, et faisait-il dire par ses avocats, qu'il y a moins de misère dans nos terres que dans celles de beaucoup d'autres seigneurs, y compris l'évêché (1).

Entrecours.   On appelait villages d'entrecours ceux de seigneuries limitrophes, où d'anciennes coutumes autorisaient les habitants à se marier dans les villages de la seigneurie voisine, où la réciprocité était admise. Les entrecours du Chapitre étaient principalement avec Luxembourg, pour les villages voisins de la prévôté de Damvillers; il y en avait aussi avec Bar, entre autres, pour l'évêché, celui de la prévôté de Dieulouard avec les terres de Mousson. Toute charte d'affranchissement impliquait entrecours avec les villages francs du même pays, ou

(1) Les Chapitres des cathédrales se tenaient réciproquement au courant de leurs procès importants : exemple : « Messieurs, nous avons cru qu'après vous avoir importunés de la difficulté que nous avions contre monsieur Boucaut, pour raison du fief qu'il prétendoit ériger en notre village de Troucey, prés de Void, nous étions obligés de vous faire part de la nouvelle de notre victoire, en vous envoyant le factum de notre avocat, et les arrêts obtenus par nous, soit au parlement de Metz, soit au Conseil privé du Roi, qui peuvent vous être utiles en pareil cas. Nous sommes, Messieurs, etc. Les doyen, chanoines et Chapitre de Toul. A Toul, le 16 de novembre 1684. D'Arbamont, secrétaire. Aux doyen, chanoines et Chapitre de Verdun. — Il y avait, dans les archives, beaucoup de pièces ainsi envoyées, quelquefois de très loin, pour servir aux procès contre les seigneurs, les villes, ou les évêques.

des alliés limitrophes. « Et ne povons, dit le comte Thibauld, dans la charte de 1240, déjà citée, retenir en nos
terres les hommes l'évesque de Verdun, là où il fait talle
(taille) et prise, salf l'entrecours des borgeois des villes
franches, qui puevent aller là où ils vuellent, et salf
l'entrecours de la terre de Deiloward et de la terre de
Mouçons. »

Entre seigneurs, la première condition de bon voisinage était de sé livrer réciproquement les forfuyants,
ou du moins de. ne les protéger en aucune sorte contre
la poursuite de leurs maîtres. « Encore est accordei,
disent ·les traités faits, ou renouvelés, en 1322, avec
Bar et Luxembourg, que ne povons, ne porrons d'ores
en avant mettre contredit, ne empeschement à ce que ils
les puissent contraindre à revenir dessoubs eux; » et
le Chapitre, voulant s'assurer aussi, du côté de la France,
obtint, en 1405, peu après la promulgation de son grand
statut de 1403, les lettres suivantes du roi Charles VI :

Poursuite
des forfuyants.

> Charles, par la grâce de Dieu, roi de France, à tous nos justiciers,
> ou leurs lieutenants... Vous mandons à chacun, si comme il appar-
> tiendra, que toutes personnes demorans sous vous, et qui vous appa-
> roistront estre hommes ou femmes de corps, de condition de morte-
> main, de formariage, taillables, et de forfuyance de nos bien amés doien
> et Chapitre de Verdun, vous rendiez et délivriez auxdits suppliants,
> loyalement, et de fait; les contreignant par toutes voies et manières
> à retourner en la terre desdits suppliants.

De ces ordonnances, semblables à nos traités d'extra-
dition, il résulta que les forfuyants ne purent d'ordinaire
se réfugier que dans les villes, où ils se cachaient parmi
les manants, c'est-à-dire parmi les gens dont le séjour était
toléré, sans que toutefois on les reçût à bourgeoisie (manentes). Quelques chartes indiquent que les cités de Metz et
de Verdun étaient particulièrement suspectes de recevoir
ces fugitifs. « Et se il avenoit, disent le comte Edouard et
le Chapitre, dans leur affranchissement de Harville, Pareid,
Moulotte, etc., en 1317, que aulcuns bourgois ou bourgoise

se partoient desdits leus, pour aller demorer en Mez ou en Verdun, ils perderoient la demorance de lor héritaige (ce qu'ils ont laissé de leurs biens, au village), et demorreroit acquis à nous signours dessusdits : et, se ils alloient demorer en aultre leu que à Mez ou à Verdun, ils pourroient vendre et despendre ladite demorance de lor héritaige, à borgois et borgoise desdits leus, dedans l'an et jour. »
Cette confiscation *ipso facto*, prononcée contre ceux qui allaient demeurer à Metz ou à Verdun, semble indiquer que c'étaient là les deux refuges habituels, dont il fallait détourner les campagnards fuyant la glèbe : et, comme des dispositions analogues se trouvent dans les chartes du comte Thibauld pour Varennes et pour Clermont, en 1243 et 1246, il est à croire que la clause est d'invention barisienne, et que ce fut le comte Edouard qui la mit, en 1317, dans la charte qu'il fit, avec le Chapitre, pour le ban de Harville (1). On trouve, dans les anciens Registres, des mentions d'amendes honorables par des forfuyants repris ou ramenés : ils allaient, en place publique, « crier merci (demander pardon) à Dieu, à doyen, à Chapitre, et juraient que, eux et leurs enfants, seroient d'ores en avant léaus subjets, et obéissants, comme les autres de la terre de Chapitre, sans prenre, ne réclamer aultres signours (2). »

(1) Ces chartes de Varennes et de Clermont, bien que de teneur analogue à celle Harville, sont moins sévères. Les gens qui quittent Varennes ou Clermont, pour aller demeurer au royaume (France), ou à Verdun, ou à Metz, ont l'an et jour pour vendre leur « remanence » (biens laissés), à bourgeois ou bourgeoise du lieu qu'ils quittent : quant à ceux « qui s'en allont en aultres lieux que és lieux devant dits, ils joïront de lor remanence, ainsi que le droit de Biaulmont dit. » Ainsi la pénalité s'était élevée depuis le comte Thibauld, sans doute à cause de la persistance des deux cités à se faire les refuges des forfuyants.

(2) Quelquefois on exigeait caution pour certaines gens suspects de vouloir forfuir. « Nous Contans, dou Pagis, Lambert, Renaudins freires, Bonniers, d'Avocourt, Mengin, de Samoigneus, etc., faisons cognissant que nos avons pleigei Jacquemet, d'Avocourt, envers monsignor Robert, par la grâce de Deu évesque de Verdun, que il demorra dessoubs lui à Avocourt, et que il ne se muevra de dessoubs lui..., c'est assavoir, je Contans, ses freire, suis pleige de cinquante livres de fors, etc., etc., en teille manière que, se lidevant dit Jacquemet aloit demorer en aultre terre qu'en ladevant dite eveschiei ne

Au sujet des mariages entre gens de seigneuries différentes, lorsqu'il n'y avait pas entrecours, l'usage ancien était que les seigneurs accordant la permission, se réservaient de partager les enfants adultes; et il reste beaucoup de chartes de cet usage : mais, dès le milieu du xv⁰ siècle, on commença à y substituer des compensations par échanges réciproques de serfs à marier. Voici des exemples des deux sortes d'arrangements : on y verra que la Ville, bien qu'elle ne fût pas féodale, ne laissait pas de prétendre de tels droits sur les bourgeois de son faubourg de Haudainville :

Joannes, Dei patientiâ Sancti-Pauli Virdunensis abbas, et dominus Savaricus, castellanus de Bello-Ramo (Belrain), mediante domino Jocelino, milite... Filios et filias Haiberti de Cuminieires, qui erat de familiâ Sancti-Pauli, et uxoris ejus, quæ erat de familiâ domini Savarici, alterno communitatis jure nominatim sic expressimus. Abbas Sancti-Pauli, Eudwidem, et Odam et Wiardum : dominus verò Savaricus, Herbertum, Pontium et Ransinum in sui juris dominio utrimque receperunt. Actum anno Domini m. cc.

« Sur la requête de Sébastien Chaudoye, de Haudainville, qui a promesse de mariage d'une nommée Claudine Villeron, de Watronville, est dit que, si le seigneur de Watronville permet à ladite Claudine de venir résider à Haudainville, sans perte ni confiscation de biens, Messieurs permettront la même chose, en tant qu'à eux touche, à un des sujets de Haudainville, pour aller résider à Watronville, le cas échéant. *Registre de la Ville, 28 octobre 1606.*

« Nous doyen, chanoines et Chapitre... Vu le décret donné par honoré seigneur Jean de Sainctignon, seigneur de Boinville, bailli de l'évesché et comté, portant permission à Périn le jeune, de notre village de Warc, d'épouser Heleine Herbault, dudit Boinville, à charge par ledit Périn lui rendre et rapporter promesse de notre part, de lui rendre une autre de nos sujettes, de même nature et condition, avons accordé, etc. 12 mai 1621. Husson, secrétaire.

Enfin, c'était encore un cas de forfuyance que de prendre

dessoubs aultre signour, ne il devenoit borjois à aultre signour, nos seriens tenus à rendre as devant dit évesque ces sommes de deniers devant dites..., 1258, mardi devant la Pentecoste.

Forfuyance
pour cléricature

les Ordres, ou même la simple cléricature, sans affranchissement préalable, accordé par le seigneur. Voici comment
fut chapitré, en 1471, par mesdames de Saint-Maur, un de
leurs sujets, coupable de ce délit : l'acte est assez curieux,
et nous le rapporterons, pour terminer cet article :

« Par devant vénérables et religieuses dames, madame Jehanne
de Falley, par la permission de Dieu abbesse de Saint-Maur de
Verdun, de l'ordre de Saint-Benoit, dame Ysabel d'Argières, prieure
dame Henriette de Bohain, dame Gilette Aincherin, trésorière, dame
Philippe d'Aximont, dame Jehanne de Lengle, dame Jehanne Ham-
monet, dame Agnès Toignette, et dame Jehanne de Gand, religieuses
dudit monastère. Personnellement constitué discrète personne Jennin Morel, fils légitime Jehan Morel, d'Erise-la-Petite, adressant ses
paroles aux dessus dites Dames, exposa comment, n'avoit pas longtemps, qu'il, meu de volonté légière, et comme mal avisé, sans avoir
demandé, ne pris licence ou congié d'icelles Dames, s'en avoit allé
au lieu de Metz, et avoit tellement fait par devers les officiers de révérend père en Dieu monseigneur l'évesque dudit Metz, qu'il avoit obtenu et reçu tonsure de monseigneur le suffragant dudit Metz : ce que
faire ne pouvoit, ne devoit, sans l'expresse licence d'icelles Dames,
veu qu'il étoit natif de la petite Erise, qu'est du ban de Chaulmont.
De quoi il lui en déplaisoit, et cognoissoit en avoir mal fait, et grandement offensé : pourquoi, en toute humilité, en demandoit pardon,
très humblement suppliant à icelles Dames, offrant ladite offense réparer au bon vouloir et plaisir de ladite dame abbesse. » Après les
dites paroles en effet par ledit Jennin Morel proposées, et que icelles
Dames eurent sur ce ensemble délibéré, ladite dame abbesse remons-
tra bien au long l'offense que icelui Jennin Morel avoit commis
d'avoir ainsi prins ladite tonsure sans sa licence, et que ainsi faire
ne le pouvoit, et que par rigueur de justice étoit bien tenu d'en faire
grand réparation à leur église : toutes fois elle et sesdites religieuses,
voulant envers ledit Jennin user plus de miséricorde que de rigueur,
et considérant que le père dudit Jennin, pour raison de cette offense,
avoit composé à certaine somme d'argent, et partie payée, et aussi
le bon vouloir qu'il disoit avoir à leur église, icelles Dames pardon-
nent à icelui Jennin.. De, et sur toutes lesquelles choses, icelle dame
abbesse, pour elle et son dit monastère, en demanda à moi notaire
public subscript, instrument public, un ou plusieurs. Ces choses

furent faitès en ladite église Saint–Maur de Verdun, l'an, l'indiction,
le mois, jour, heure dessus dits (29 août 1471), présentes à ce discrè-
tes et honnètes personnes Collin Gauvin, clerc du diocèse de Reims,
et Colesson, munier (meûnier) dudit Chaulmont, témoins aux choses
dessusdites. De Dagonville, prêtre du diocèse de Toul, maître ès arts,
bachelier en droit canon, notaire apostolique et impérial, juré à la
cour (officialité) de Verdun (ces qualités en latin).

Dans le volume suivant, nous reprendrons l'histoire des campagnes
après les affranchissements, et celle de la municipalité, après l'établissement de la Commune.

HATTON-CHATEL

L'ANCIENNE VILLE

HISTOIRE TOPOGRAPHIQUE.

Il n'existe aucune description des anciennes villes; et ce n'est que par conjecture qu'on peut dire ce qu'elles étaient aux époques reculées. Pour la nôtre, le premier renseignement positif vient de Richer de Reims, décrivant très-sommairement l'aspect extérieur de Verdun, lors du siége de 984 (1). En rapprochant ce passage des autres documents, nous nous figurons ainsi l'état des lieux, avant le XIIIe siècle. Il y avait d'abord les deux villes, haute et basse, la première étant l'ancien Castrum romain, dit ensuite Châtel et Fermeté : la seconde, formée peu à peu le long de la route de Metz, avait aussi ses remparts, étendus entre les deux bras de la Meuse; et deux ponts sur la rivière la joignaient à la ville-haute (2). L'une et l'autre ville portaient le nom commun de cité (3); il semble même que la *civitas* proprement dite était la ville-basse; du moins les chartes, quand elles veulent spécialement désigner la haute, l'appellent toujours du

(1) Ci-dessus, p. 352. — Enceinte primitive, et accroissement gallo-romains, p. 31, 42.

(2) *Muro instar oppidi exstructum*, etc. Passage cité ci-dessus, p. 353.

(5) *Molendinum super Braceolum* (Brathieul), *in mediâ civitate*. Bulle de 1049. — *Inter duos lapideos pontes Mosani cursûs, juxtà viam publicam mediâ civitatis, quæ ducit ad arcem* (Castrum). Charte de la paroisse Saint-Sauveur, en 1093.

nom de Châtel, ou autres synonymes. Aux abords étaient les anciens faubourgs : ce mot, qu'on devrait écrire fors-bourg, vient du latin *forâs burgum*, et signifie bourg en dehors. C'étaient, en premier lieu, le bourg Saint-Vanne, sur la colline de la citadelle actuelle (1) : un terrain en broussailles, le Broussy, aujourd'hui esplanade de la Roche, le séparait de Châtel. A la descente nord, Saint-Pierre, avec sa petite église sur un tertre (2). Au-dessus, et un peu plus loin, vers l'ouest, le bourg Saint-Maur, ou Saint-Maur-Rue, avec sa paroissiale Saint-Médard : entre lui et la haute Fermeté s'étendait un long glacis (rue Chevert, en partie), qui existait encore au xviiᵉ siècle, et que l'on appelait les Estaraux de Ripe. Au bas, vers la rivière, Saint-Paul-Rue, allant à la Vieille-Saint-Paul. La ville ne commençait de ce côté qu'à un rempart, sur le fossé duquel est aujourd'hui la rue du Saint-Esprit : de sorte qu'il y avait entre elle et le bourg Saint-Paul un grand terrain, longtemps vague et fréquemment inondé, où l'on voyait la voie romaine tourner au bas de Saint-Pierre, sous le mur de la Fermeté, pour entrer en ville par la porte d'Ancel-Rue (rue Mazel). Une autre route descendait à la Meuse, vers la Chaussée, où fut probablement, sur des graviers, « le gué de la colline », qui donna son nom à Verdun, si l'étymologie celtique, que nous avons rapportée ailleurs, est fondée (5) : le premier pont de cet endroit fut dit pont à Gravière ; et on appelait aussi Saint-Nicolas-de-Gravière l'hôpital établi, vers le milieu du xiiᵉ siècle, à l'endroit du collège actuel. Il est probable qu'à une époque ancienne, le quartier de Mazel fut aussi un bourg : du moins il garda, jusqu'aux temps modernes, le nom d'Ancel-Rue, *Anselmi vicus*, ou bourg d'Anselme. Les bourgs de la ville-basse étaient Saint-Victor, quartier ancien, enclos dans les murs, seulement vers la fin du xiiiᵉ siècle ; puis le Pré, dont l'origine remonte à la fondation de l'abbaye Saint-Nicolas, vers 1220, et qui ne fut réuni à la ville que par la fortification de Vauban. Quant aux faubourgs actuels, ils ne datent que du xviiᵉ siècle.

Tel est l'aperçu général, dont il faut se contenter pour les temps très-anciens ; mais, à partir du milieu du moyen-âge, les documents permettent d'entrer dans quelques détails. Pour leur intelligence, on pourra s'aider de deux anciennes Vues de Verdun, dessinées l'une par Pierre Jacob, en 1591, l'autre par Israël Silvestre, en 1669. Ce dernier, estimé comme graveur à l'eau-forte, a représenté notre ville

(1) Ci-dessus, p. 318.   (2) p. 320.   (3) p. 32.

sur une grande planche, assez rare, mais reproduite depuis par la
lithographie; il place son spectateur sur la côte de Belrupt, au-dessus
de Saint-Victor: quant à Pierre Jacob, assez mauvais dessinateur, il
prénd son point plus près, vers le faubourg actuel de la Galavaude;
ce qui permet de mieux distinguer les monuments. Nous décrirons
d'abord l'enceinte des vieilles fortifications à tours; puis nous par-
courrons l'intérieur de la ville, et nous terminerons par la banlieue.

ARTICLE Ier.

L'ANCIENNE ENCEINTE FORTIFIÉE.

De l'ancienne Fermeté, autour de la ville-haute, on ne voit plus
maintenant que la porte dite de Châtel, autrefois Champenoise, vers
l'esplanade de la Roche; cependant la plus grande partie du vieux
,rempart subsiste, cachée par les maisons des rues actuelles. Il sert
de mur de terrasse aux quartiers de Mautroté et de la Madeleine; nous
en avons indiqué le tracé (p. 42) : il fut abandonné aux particuliers
quand, dans le cours du siècle xive et du xve, on eût construit l'enceinte que nous allons décrire.

On distinguait, dans cette seconde enceinte, le grand rempart et le
petit, garnis chacun de nombreuses tours.

Le Petit-Rempart régnait le long de la Meuse, du moulin l'Evêque à la
tour de la Chaussée. On le voit encore, formant le mur bas du théâtre,
sur la rivière; et le quai garda longtemps son nom. Il portait sur sa
longueur la tour Bruquet, au pont des Raines (Saint-Amant); plusieurs
autres tours aux Augustins; au pont Sainte-Croix, une forte porte,
dite tour du Change, au moyen-âge; là fut établi, pendant la Ligue,
un pont-levis, dont il est encore parlé en 1636, à propos de vexations
des soldats du corps de garde, qui le levaient et baissaient à fantaisie. Plus loin, à l'angle de l'ancien front d'Ancel-Rue, la tour des
Ecuyers, au fossé Lambin (rue du Saint-Esprit, vers la pompe); enfin
celle de la Chaussée, dont la construction, vers 1580, donne la date
de la réunion à la ville du quartier voisin. Cette tour de la Chaussée
appartenait à la fois au grand et au petit rempart, qui avaient là leur
point de jonction : et tel était le goût des anciens verdunois pour les
tours, que, non contents de toutes celles des deux remparts, ils en
avaient encore mis une à l'intérieur, au Brachieul; elle était double ou,

comme disaient nos anciens « gemelle ; » et on en aperçoit le haut dans la Vue de Silvestre (1).

La tour de la Chaussée, dont l'architecture rappelle celle de la Bastille de Paris, fut construite par le doyen séculier Jean Vautréc, dont l'épitaphe, à l'ancienne cathédrale, portait la date de 1394. On doit à ce doyen, riche et grand amateur de beaux bâtiments, non-seulement sa tour monumentale, mais encore l'abside, ou rond-point du chœur de la cathédrale, et les grandes voûtes de la nef. Malgré la solidité qu'il avait tâché de donner à l'édifice de la Chaussée, il arriva, en 1690, que, le sol étant peu ferme en cet endroit, on fut obligé de démolir et de reconstruire, de fond en comble, la moitié de la tour que l'on a à gauche, en entrant ; mais le nouveau bâtiment se fit sur le modèle exact, et, autant que possible, avec les pierres de l'ancien ; de sorte qu'il n'existe aucune différence entre les deux côtés. C'est de cette reconstruction que date l'arcade en plein cintre, et le fronton, d'une sorte d'ordre toscan, qui donnent sur le pont. L'édifice appartint à la Ville jusqu'en 1754, où le gouvernement s'en empara, pour en faire une prison militaire (2).

(1) Tour Bruquet ou Briquet, dans l'acte du vestiaire de Saint-Nicolas, en 1437.—Tours du pont des Augustins, démolies en 1729, Registre de la Ville, 2 juillet : il est encore parlé de ces tours le 4 septembre 1666, et le 19 mars 1684. Au 11 mai 1574 « la tour gemelle du Preis. » Dans une épitaphe de 1426, à l'ancienne cathédrale : « la nuefve porte d'arrière les Augustins, sur sur le pont du Preis.—Porte du pont Sainte-Croix, Reg. 22 juillet 1730 : construction d'un pont-levis, se levant du côté de Mazel, 28 mars 1590 : réparations, 7 avril 1627 ; plainte contre les soldats, 20 décembre 1636. Au nécrologe, 15 des calendes de novembre : *obiit Johannes, civis Virdunensis, qui dedit nobis viginti solidos super turrim in Cambio.* La rue du Change est dite aujourd'hui du Pont Sainte-Croix. — Tour des Ecuyers, au fossé Lambin, dans un compte de la ville de 1474. — Démolition de la tour du pont à Brachieux, 22 août 1671.

(2) « Puisque vous avez reconnu que la tour de Verdun marquée 45 approchoit de sa ruine, l'on ne peut qu'approuver que vous aylez porté les échevins de ladite ville à la faire démolir incessamment, jusqu'à ses fondements, et à la faire rétablir. DE LOUVOIS. A Versailles, ce 3 juin 1690. A monsieur Diflot, ingénieur du Roi à Verdun. » — Le cahier des charges de la démolition et de la reconstruction, au Registre de la Ville, 2 juillet 1690. « Et sera relevée à pareille hauteur, et de même que celle qui reste en entier, avec ses machicoulis et son parapet.... On employera les anciennes pierres de taille : et, en démolissant, on les enlèvera par le côté vers la queue, pour ne les point écorner. Les pierres de taille nouvelles seront prises aux carrières de Châtillon, ou à celles du Dieu du Trice, au choix de l'entrepreneur, et non sujettes à geler.... » — La tour de la Chaussée, abandonnée au Roi, 4 novembre 1754.

Autrefois la rivière, en cet endroit, était encore plus large, et le
pont encore plus long qu'aujourd'hui. Il portait, sur sa longueur, à
peu près où commence la demi-lune actuelle, une assez grosse tour,
dite du pont-levis, que l'on voit dans Pierre Jacob, et qui fut démolie
en 1688. Il est certain que l'ancien lit de la rivière s'étendait sur une
partie de la demi-lune ; car l'avant-pont ayant été conservé, pour
former chaussée, on se plaignit, en 1696, des enfoncements que la
pourriture des bois causait sur ce chemin (1).

Ce pont, le seul que nous ayons sur toute la largeur de la Meuse,
n'est point d'origine aussi ancienne que ceux de la ville-basse. Les
premiers qui entreprirent un grand pont en aval furent les moines de
Saint-Paul, peu après la fondation de leur monastère, en 980 (2) ;
leur construction, partant de la Vieille-Saint-Paul, devait aboutir vers
le milieu de la Galavaude actuelle : mais elle était peu solide ; car,
dès l'an 1047, les chartes ne parlent plus que d'un bac en cet endroit (3). Il y eut ensuite un nouveau pont, entre les moulins la
Madeleine et Saint-Maur (de la rue du Port au Puty) ; enfin, vers
1140, l'hôpital de Gravière ayant été établi, ses fondateurs Constance et sa femme Eflice, eurent l'honneur de mettre à exécution
solide et durable, la grande et utile entreprise qui avait échoué
jusqu'alors ; car leur pont, bien que plusieurs fois reconstruit, demeure encore. On l'appela d'abord Dame-Deie, ou de la maison Dieu,
domûs Dei, c'est-à-dire de l'hôpital ; et Melinon le nomme encore
ainsi ; mais le nom le plus usité était celui de Pont-à-Gravière : on dit

(1) Démolition de la tour du pont-levis, 2 octobre 1688.—Plaintes au sujet
des enfoncements du chemin, 2 juin 1696.

(2) Antè portam monasterii, in Mosâ pontem, et molendina duo. Charte impériale de 984, au cartulaire de Saint-Paul, p. 74, et dans la chronique, p. 19.—
En Saint-Paul-Rue, desour les molins : in vico Sancti-Pauli, antè vadum, très
fréquemment dans les chartes.—Le bac existait encore au commencement du
xviiᵉ siècle ; et Saint-Paul le revendiquait pour son pêcheur, comme dépendance de l'ancien lieu de l'abbaye : mais la ville le déclara municipal, 21
avril 1607, et fixa, le 30 mai 1609, pour droit de passage du bateau devant
l'ancienne Saint-Paul, un blanc pour les piétons, et deux pour les gens à cheval. Un blanc, jadis liard blanc, était le tiers d'un sol, tandis que le rouge
liard n'en faisait que le quart.

(3) A molendinis ecclesiæ nostræ usquè ad vadum Sancti-Pauli, dit une charte
de la Madeleine, de 1047. Dans une autre charte, la même indication est
donnée en ces termes : piscariam (la pêcherie) à novo ponte usquè ad vadum
Sancti-Pauli. Ainsi, au xiᵉ siècle, il y eut un pont nouveau, vers le moulin la
Madeleine.

ensuite de la Chaussée, à cause de la route que les chartes appellent
« la chaulcie fuers Verdun, *calceia ultrà pontem*; » chaussée dont
l'établissement, en belle route,-fut également l'œuvre de Constance et
d'Effice. Nous parlerons de ces deux riches et bienfaisantes personnes dans l'histoire du xiie siècle.

Le Grand-Rempart, enceinte extérieure, subsiste encore entre le
moulin la Ville et la tour des Champs. Tel il était autrefois sur tout
son circuit : épaisseur 1[m] 50 à 1[m] 60; en haut, meurtrières, pour
tirer dans la campagne, et banquette où se plaçaient les défenseurs.
Ses principales tours étaient :

Sur la rive droite : la tour aux Plaids, ou Plaidoiresse, « où sont
les moulins la Ville, » disent les plus anciens Registres (1), sans rien
ajouter sur l'origine de ces noms. Ils signifient évidemment qu'à une
époque lointaine, on avait tenu là les plaids, ou audiences de Sainte-.
Croix; mais nous ignorons quand ét comment le bruit du moulin
succéda en ce lieu aux altercations des plaideurs. — Le Puty, *Posticum*, dans les chartes latines (2). Ce mot veut dire une porte déro-
bée, ou poterne, en langage de fortification : nous rencontrerons
encore d'autres putis sur le grand rempart (3). On distinguait celui-
ci, le seul qui reste, par les noms de Puty-Sainte-Croix, ou Sainte-
Hélène, parce qu'à sa sortie se trouvait un lavoir public, dit fontaine
Sainte-Hélène (4).

La tour Robert, ou Carrée des Minimes, derrière l'église de ce
nom, aujourd'hui paroissiale Saint-Sauveur. Cette Robert fut démolie en 1710. — Un peu plus loin, la tourelle de l'Islot, qui subsiste.

La tour des Champs, autrefois haute et belle, maintenant rasée à
la hauteur du rempart. Près d'elle, la tour le Jeu, connue dès le

(1) 6 août 1578, 20 octobre 1601, et habituellement, dans les vieux Registres de la Ville.

(2) *In vico molendinorum, juxtà Posticum.* Nécrologe, au 12 des calendes
d'Avril. Ce pluriel *molendinorum* indique le Puty actuel, où étaient, à côté du
moulin la Ville, celui de Saint-Maur, et le Brocard de Saint-Paul.

(3) Le puty des Holliers, sous la rue de la Fosse, ban Saint-Vanne, 18
septembre 1598. — Le puty Saint-Paul, 6 décembre 1630. — Le puty de la
Carrière, vers Saint-Maur, 25 et 27 septembre 1613. — Le puty derrière
Saint-Sauveur (l'ancienne, près Sainte-Catherine), 4 juillet 1589. — Le puty
de Moson-Moulin, mentionné au cartulaire de Saint-Airy, probablement le
même que « la petite porte carrée », que le Registre, 21 août 1592, désigne
comme étant plus haut que la tour du Champ.

(4) La fontaine Sainte-Hélène, devant le puty Sainte-Croix : 50 écus pour
réparations, 14 mai 1605.

xiiie siècle, et où fut aussi une porte conduisant à la place du Marché :
hors de ces portes, le Champ du Jeu, où s'exerçaient à des luttes
et jeux d'adresse les amateurs de ce temps (1). Il y avait deux tours
donnant sur ce Champ du Jeu, qui était long. La disposition des lieux
changea, dès que le bourg Saint-Victor eût été réuni à la ville : l'entrée principale y fut reportée ; la route du Champ est déjà désignée,
dans un acte de 1464, sous le nom « des vieils chemins (2) ; » et le
Grand-Vendage des fermes, ou octrois de la ville, qui remonte au
xve siècle, n'indique plus d'autre porte que celle de Saint-Victor. Par
force majeure, il fallut néanmoins, en 1631, rouvrir celle du Champ,
à cause de la peste de la ville-basse, les habitants des autres quartiers ne voulant pas que les suspects de contagion passassent près
d'eux ; mais, dès le mois de décembre de cette année, la tour fut
remurée ; et on ôta le pont de bois qu'on avait construit devant
elle (3). En 1577, le gouverneur français en prit les clefs, et affecta
cet édifice à un dépôt de poudres et salpêtres, qui y restèrent jusqu'à l'explosion, en 1727, du moulin à poudre, établi à l'ancienne
papeterie de Saint-Airy (4).

La tour Noire, ou Noire-Porte, mentionnée comme « joignant » le
moulin Saint-Airy, dans les transactions entre la Ville et l'abbaye
au sujet de ce moulin, en 1479.

La tour de la Bergère, dont le nom reste au bastion qui l'a remplacée. Elle s'élevait sur le terrain d'une ancienne bergerie, ou grande
étable, dont parlent des titres du xiie siècle, ce quartier étant encore
hors de la ville (5).

(1) La porte le Jù, ou le Just, écrivent beaucoup d'actes, par mauvaise
orthographe, résultant d'une mauvaise prononciation. Roussel reproduit
cette faute dans son extrait de la Charte de Paix.

(2) « Item, depuis la porte au Champ, en allant droit par les vieils chemins
jusques aux Grands-Malades (Cimetière actuel). Acte du Huitième de Saint-
Mihiel.—La porte le Jeu, encore mentionnée dans un acte de 1408.—Propè
januam olim dictam in Campo, 1385.

(3) 17 novembre et 6 décembre 1631.—Les Registres parlent assez souvent
d'un pont de la Tour du Champ. C'est celui qui est à l'intérieur, sur le bras
de rivière.

(4) 13 février 1577. Au 15 juin 1600, prière à M. le gouverneur de décharger la Tour des poudres et salpêtres, tant et sitôt que faire se pourra,
attendu qu'en temps de guerre, on y établit ordinairement un corps de
garde. On n'eut point égard à cette demande : v. 28 décembre 1624, 17 juin
1630, etc.

(5) Domum ad alenda pecora, et hortum. De l'an 1180, dans le cartul.
p. 114.

: · Sur la porte Saint-Victor s'élevait une belle tour double, ou « ge-melle, » comme celle de la Chaussée, avec haute toiture, en cône, sur les gemelles. On voit cette tour de face, dans Israël Silvestre; Pierre Jacob, dont le point de vue n'était pas favorable à ce monument, ne l'a représenté que par derrière et de côté. Elle fut démolie en 1685 (1).

A la descente sud-ouest, l'escarpement du terrain, puis les eaux formant défenses naturelles, on ne rencontrait aucune tour remarquable. Vers le haut, on avait profité du mur de clôture de Saint-Airy, très-solidement construit, dès 1240, par l'abbé Nicolas (2); un rempart, avec trois petites tours, dont on voit encore quelques vestiges derrière des jardins, le joignait au front Saint-Victor. Au pont où commence la Digue des fortifications modernes, était la Grande-Grille qui s'ouvrait pour le passage des bateaux (3); puis le rempart descendait, sans tours, à peu près dans la direction de notre Petite-Digue, laissant en dehors tout le terrain de notre quartier du Pré, et se terminait vers le Pont-Neuf actuel. En 1314, par arrangement entre la Ville et Saint-Airy, une assez forte prise d'eau fut faite au bras supérieur de la Meuse « pour la cité et les bourgs enfor-cier (4); » cette eau, après avoir longé le mur méridional de la Ville-Basse, s'écoulait en partie dans le Brachieul, à travers la Petite-Grille; le reste se jetait dans l'autre bras de la Meuse, vis-à-vis le quai actuel. On appelait fossés de Chante-Raine (Chante-Grenouille) le terrain hors du rempart, entre Saint-Airy et Sainte-Catherine (5).

Sur la rive gauche, après la jonction du Petit-Rempart à la tour de la Chaussée, l'enceinte se continuait, comme aujourd'hui, par un front longeant la Meuse. Là étaient trois tours : une petite, derrière les Jésuites, dont l'église, ancienne Saint-Nicolas-de-Gravière, donnait sur ce chemin; puis la Carrée, derrière les Jacobins (Synagogue), qui

(1) Adjudication de l'entreprise et des matériaux de démolition, 28 jan-vier 1685.

(2) *Nicolaus abbas, qui Sanctum-Agericum muro forti circumdedit.* Contin. de Laurent de Liége.

(3) Ce pont s'appelait encore, au siècle dernier, de la Grille, ou de la Poterne. Le Vendage réformé de 1695 défend de faire passer ailleurs les ba-teaux portant des denrées sujettes aux fermes de la Ville. — La petite Grille, du pont Brachieux, 14 janvier 1645.

(4) L'acte, du mercredi après Pàque 1314, dans le cartulaire de Saint-Airy, tom. II. p. 51,

(5) Chante-Raine, dedans les fousseis. Titre de 1247.

appartenait aux Arquebusiers; enfin, à l'angle où est aujourd'hui le bastion Saint-Paul, la tour des Franquillons. Par ce mot, bas et trivial, encore usité dans le pays de Liége, on entendait les Français; et l'emploi d'un tel nom chez nous date, sans doute, du temps où le parti de Bourgogne dominait à Verdun. Dès 1653 on commença la destruction de ces trois tours (1); en 1609, il avait déjà été question d'abaisser la Carrée, qui gênait les Pères Jésuites, à cause de gens indiscrets regardant de là ce qui se passait chez eux (2). A la montée après les Franquillons, on rencontrait le puti Saint-Paul, poterne de communication avec l'ancienne abbaye; de laquelle il resta, jusqu'en 1639, des granges et bâtiments ruraux, que l'on détruisit en hâte et en terreur panique, après la déroute de Feuquières à Thionville : cette métairie est en vue dans Pierre Jacob ; et il est fort à regretter qu'il n'ait pas fait son dessin quarante ans plus tôt; car on y verrait, de très-près en cet endroit, les magnifiques édifices abattus en 1552. Le même dessin représente ensuite des bastillons construits, en 1589, par ordre de Haussonville, alors gouverneur lorrain pour la Ligue (3) : plus haut sont les tours du Four, de la Baulmonne et de la Quemine (4), au bastillon Saint-Maur; enfin l'ancienne porte

(1) « Sur l'advis que monseigneur le gouverneur fait démolir des tours derrière les Fréres-Prêcheurs (Jacobins), et près de la porte en France, messieurs le prient de laisser le contour de la muraille en l'état qu'il est, sans aucune démolition, particuliérement des tours, qui servent à la forteresse et sûreté de la cité : protestant mesdits sieurs qu'au cas qu'il se feroit quelque attaque, ou surprise, ils n'en seront responsables. Sera aussi adverti mondit seigneur que telles démolitions mettent la ville en rumeur.» *Registre*, 6 *janvier* 1653. —En 1675, 6 avril, demande pour la conservation des tours du Champ, du Jeu et de la Bergère, avec offre par la Ville de les consolider pour le canon, afin que ces anciens édifices, qui servent, de tout temps, de fortification à la cité, ne soient point détruits. — On conserva la tour du Champ, en l'abaissant : à la fin du siècle dernier, elle dépassait enc re d'assez haut le rempart. Quant au Jeu et à la Bergère, le gouvernement, loin d'accueillir la demande de la Ville, fit encore démolir, en 1683, la belle tour double de la porte Saint-Victor.

(2) 12 et 26 septembre 1609.

(3) Sur ces bastillons, tout récents au temps de Pierre Jacob, v. le Registre, 30 septembre 1589, 28 mars 1590, 1er février 1593, où fut résolu d'ôter le bastillon Saint-Mathieu, (nom nouveau). « Au 17 mars suivant : « Sera élevée une motte sur le boulevard des Franquillons, pour placer une pièce de canon. »

(4) Ce nom de Quemine est un vieux mot, qu'on trouve dans la bulle de 1049 pour Saint-Maur, ainsi que dans les chartes impériales de confirmation. *Juxtà civitatem, cominas tres*. A Metz, on l'employait aussi: *Dedi ei, si-*

30

en France, beaucoup plus sur la hauteur que celle d'aujourd'hui, et
en rapport avec celle de Châtel, ou Champenoise de la vieille Fermeté. La fortification moderne de ce côté fut la première que l'on
entreprit après l'achèvement de la citadelle. Celle-ci, telle qu'elle
existe, figure déjà dans la Vue de Silvestre; Jacob a dessiné une autre
citadelle, la première bâtie après 1552. Auparavant, le mont Saint-
Vanne n'avait d'autre forteresse que les tours érigées par l'abbé
Conon, vers la fin du xiie siècle, sur la clôture de l'abbaye. A cette
clôture, puis à la citadelle qui la remplaça, se rattachait, de part et
d'autre, le mur de ville, laissant Escance en dehors, sur le revers
septentrional de la colline; quant au Mesnil qui, de l'autre côté, descendait vers Rue, il avait, au sud-ouest, sur la campagne, sa porte
haute, qui devint la porte de Secours de la citadelle moderne; puis,
avant de rejoindre le Petit-Rempart, au pont des Raines, il donnait
passage, vers le pré l'Evêque, par une autre porte, dite Aux-Foins et
Notre-Dame, qui s'ouvrait en temps de fenaison.

L'enceinte que nous venons de décrire avait trois portes principales, le Mesnil, la Chaussée et Saint-Victor, outre Notre-Dame,
en fenaison. Là se levaient, pour la Ville, les droits d'entrée, ou
« portaiges » du Grand-Vendage : « de chacun char deux deniers;
de chacune charette, un denier : et ne doubleront en nuls temps, ne
à foires, ne avant, ne après, ne à aultre quelconque jour : et, de
chacun cheval qui portera avoir de poids, une maille, tant seulement;
et, se il portoit aultre chose que avoir de poids, on ne paiera rien. »
Ce texte est de la première moitié du xve siècle ; et les trois portes
nommées ci-dessus sont également les seules que mentionne le
compte de 1542, allouant trente sols aux six arbalétriers qui les
avaient gardées le jour de foire Saint-Martin : mais, dès les premiers
Registres de la Ville, qui remontent à 1375, le Mesnil cesse à peu
près de figurer; et· on voit, au lieu de lui, la porte à France.» Il est
en conséquence probable que la porte du Mesnil fut abandonnée dès
la construction de la première citadelle, et que c'est également à
cette date que l'on commença à avoir une porte de France. — Nous
avons parlé des putis ou poternes, ainsi que des grilles mises en amont

bique servientibus in perpetuum, cuminam quæ est in Chamberes ultrà Mosellam,
cum domo, dit une charte de Saint-Clément, en 991. Ces cumines, qu'on appela ensuite crouées (corvées), étaient les cultures, non de main morte, mais
faites par des serviteurs et domestiques. La tour la Quemine était celle
du champ Saint-Maur, près de notre porte de France.

de la rivière, soit à Saint–Airy, soit au Brachieul, quand le bras du Preillon y passait : quelquefois on se précautionnait aussi, en aval; ainsi, en 1649, le gouverneur ordonna d'établir « au pont dormant et au pont-levis de la Chaussée, une chaine de fer, de 200 pieds de long, avec serrures et crochets : ou au moins de planter, d'un bord à l'autre de la Meuse, des estocs, laissant, pour le passage des bateaux, une largeur de 15 pieds, à l'eau la plus profonde; ledit passage fermé d'une chaîne mobile, susceptible d'être levée par des poulies. »

Comme curiosité de nos anciennes fortifications, on mentionne, d'après plusieurs traités de physique, un écho qui répétait treize fois les syllabes articulées entre deux tours parallèles. La renommée de cet écho vient d'un rapport fait, en 1710, à l'Académie des Sciences, par Cassini de Thury; mais les compilateurs ont inexactement abrégé ce rapport, qui ne dit pas du tout que l'écho fût à Verdun. Il était « à trois lieues de cette ville, dans un vieux château», dont les physiciens de 1710 n'ont pas daigné transcrire le nom : ils disent seulement qu'on entendait cet écho entre deux grosses tours parallèles, détachées d'un corps de logis, et éloignées l'une de l'autre de 26 toises, que les treize répétitions étaient bien distinctes quand on se plaçait au milieu de la ligne de jonction des deux tours, et qu'elles cessaient, en s'affaiblissant de plus en plus (1).

ARTICLE II.

L'ANCIENNE VILLE, A L'INTÉRIEUR.

Du quartier de Saint–Victor, nous avons dit qu'il ne fut réuni à la ville que par l'enceinte construite au xɪvᵉ siècle (2), bien que, dès 1240, l'abbé Nicolas eût environné Saint–Airy d'un mur de fermeté : *muro forti.* Les autres côtés restèrent ouverts. La Bergerie, que mentionne le titre déjà cité de 1180, et qui a laissé son nom à la tour, puis au bastion de la Bergère, donnait sur la campagne; et les chèvres paissaient aux abords de la Petite-Saint-Pierre, dite Saint-Pierre-le-Chévrier, en latin *Caprarius.*

(1) Acad. des Sciences, 1710, p. 18. Hist.
(2) *Ad suburbium ultramuraneum..., in ecclesiâ Sancti-Victoris,* dit Hugues de Flavigny, en 1100.

A la fin du x' siècle, se voyaient, en ce faubourg, d'abord l'église
Saint-Victor, qui, de temps dès lors immémorial, avait donné son
nom au quartier ; puis la chapelle Saint-Martin, où reposait le corps
de saint Airy, depuis les temps mérovingiens : ces deux églises furent données à Saint-Paul, vers 980, en stipulant que la seconde serait transformée en abbaye, aussitôt qu'on le pourrait (1). Il résulte
d'autres documents que l'abbé de Saint-Mihiel, possesseur, on ne
sait à quel titre, du huitième des dîmes du finage, fit construire près
de la rivière, une modeste paroissiale, la Petite-Saint-Pierre : et,
dans les dernières années du xiii° siècle, quelques dévotes béguï-
nes, ayant réuni leur avoir, achetèrent en un lieu encore champêtre, à la montée, un terrain, sur lequel elles firent construire le couvent de Sainte-Claire. Ces églises étaient les choses anciennement
remarquables de cette partie de la ville.

Saint-Victor existe, conservé pendant la Révolution, comme magasin pour le service des ponts-et-chaussées : voûtes refaites en 1763,
portail reconstruit en 1840 : édifice gothique rustique. Le patron est
saint Victor, qui périt avec saint Maurice et la légion thébéenne : la
célèbre Vierge est la statue qui était, en 1562, à la double tour de
l'ancienne porte de ville : elle fut reportée, en grande pompe, sur son
autel, au mois de septembre 1807. La cure était autrefois à la nomination de l'abbé de Saint-Paul.

Sainte-Claire. Pauvre couvent de sœurs mineures, ou franciscaines,
souvent appelées cordelières et récollettes. En leur église, à nef unique, sans architecture, on remarquait une jolie boiserie, qui régnait
le long des murs, et fermait le chœur, de manière à en dérober la vue.
On entrait de côté, par la cour, en montant un escalier parallèle à la
rue.

La Petite-Saint-Pierre, sur le quai aujourd'hui planté d'arbres, à
droite en descendant de Saint-Victor. Paroissiale inutile et chétive,
érigée probablement en exécution des Capitulaires, qui obligeaient
les décimateurs à établir des églises dans les lieux qu'ils dîmaient :

(1) Ci-dessus, p. 348. Dans le texte des chartes de Saint-Paul cité là, la
chapelle Saint-Martin est appelée *abbatia Sancti-Martini, in suburbio Virdunensi.* Il en est de même de Saint-Victor : *abbatia Sancti-Victoris, in eodem
suburbio,* dit la charte de 984. Il paraît que ce fut l'usage, vers la fin du
x° siècle, d'appeler *abbatia* les églises où il y avait quelque clergé : car,
dans la première de ces chartes de Saint-Paul, par Vicfrid, en 973, on lit :
*Ecclesiam in Mœganis, quam etiam abbatiam vocant. Similiter ecclesiam in Cal-
vomonte, quam similiter abbatiam dicunt.*

elle représentait la part du huitième qu'eut longtemps l'abbé de Saint-Mihiel dans les dîmes de Saint-Victor, et qu'il céda, en 1464, à Saint-Airy (1) Le Chapitre de la cathédrale nommait à cette petite cure, que lui avait donnée, en 1185, l'abbé de Saint-Mihiel, à condition d'être reçu, lui et son chapelain, au réfectoire canonial, quand ils viendraient à Verdun. On appelait cette église Saint-Pierre-le-Chéri, par corruption du mot Chévrier, ou Chevril, que portent les anciens actes, et dont le sens est clair par les chartes latines qui disent toutes *Sanctus-Petrus Caprarius* (2). Le cimetière paroissial donnait sur l'eau : église petite et basse, à une seule nef

Saint-Airy, sur le quai gauche, en descendant. Abbaye de Bénédictins, fondée en 1037 : riche et notable, bien qu'au-dessous de Saint-Vanne et de Saint-Paul. Eglise à trois nefs, reconstruite au xviie siècle ; piliers carrés ; rien de distingué dans l'architecture : entrée de côté par la cour ; porte au nord, parallèle à la rivière ; au tympan de ce portail, statue équestre de Saint-Martin, patron de la chapelle primitive. Ce qu'il y avait de plus remarquable était la sonnerie de huit cloches, donnant les notes de la gamme, en bel accord : la grosse cloche de Saint-Sauveur actuel a fait partie de cette sonnerie. Bibliothèque et archives.

Le Trice, ancienne dépendance des jardins de Saint-Airy. Là était une chapelle où dom Wary Varlet, dit le bon abbé, fit faire, en 1520, par Gaget, de Bar (3), une belle statue du Dieu de Pitié : c'est

(1) Par l'acte que nous avons déjà cité, au sujet des « vieils chemins de la tour des Champs. » « Nous frère Wari de Laval, par la patience de Dieu, humble abbé de Saint-Michel de Saint-Mihiel, avons laissé à religieuses personnes frère Jacques Willaume, abbé, et tout le couvent de Saint-Ary de Verdun, l'huitième partie indivisée, qu'on dit Huitième de Saint-Mihiel, de toutes les dîmes dès la porte Saint-Victor..., moyennant qu'ils doivent, et sont, tenus maintenir et réparer, à tousjoursmais, la nef de l'église paroichiale de Saint-Pierre le-Chevril, etc., etc. » 1er août 1464.

(2) Ou champ darrieire Saint-Pierre-le-Chawrier, 1264. — *Domus retrò Sanctum-Petrum-Caprarium — Viso processu inter abbatem et conventium Sancti-Agerici, reos. et parochianos Sancti-Petri-Caprarii, actores...* 16 octobre 1498. — En conséquence, on se trompait en disant que Saint-Pierre-le-Chéri voulait dire Saint-Pierre-le-Choiré : alors la fête patronale aurait dû être au 18 janvier, tandis qu'elle tombait le 29 juin. — Dans un acte de 1409 : *maison sur le wey* (bac) *Saint-Pierre-le-Cheurier.*

(3) Cajot, 1777, p. 133, note. Il résulte de ses paroles qu'il n'y avait pas de document positif constatant que le Dieu du Trice fût l'œuvre de Gaget. On attribuait encore à ce sculpteur le rétable de la chapelle Sainte-Anne, à Saint-Vanne, et un autre rétable dans la chapelle des Princes, à Saint-Maxe de Bar.

ce qu'on appelait autrefois le Dieu du Trice. On la transporta, après 1755, à la cathédrale, où elle fut mise dans la neuve grande niche de la chapelle de la Vierge, à la place où est aujourd'hui une sorte de mausolée, en marbre noir : là elle périt en 1793.—Le mot Trice, Triex dans les anciennes chartes, signifie friche. — La Carafiole, ancienne Crouée (champ de culture) Saint-Airy, était une belle maison de campagne, que les moines firent construire après 1766, parce qu'ils craignirent qu'en vertu de l'édit de cette année, sur les défrichements, on ne s'emparât du terrain qu'ils laissaient là inculte, depuis longues années. Cette Carafiole fut détruite, vers 1800 : nos anciens se rappelaient l'avoir vu bâtir et démolir. — On appelle Vaulzy-Saint-Airy, à la côte d'Etain, les bois voisins de la gorge : cette abbaye avait la seigneurie de Belrup et de Bellerey.

Les titres indiquent, dans la seconde moitié du xive siècle, une rue, « que on dit en Platel-Rue, » et « en la nueve rue, près Plateil-Rue, à la montée d'Ozomont, devant le moulin que on dit Mozon, » ou Saint-Airy. Elle était, par conséquent parallèle à celle qui monte à Saint-Victor (1).

Quartier Saint-Sauveur, où étaient l'église de ce nom, près de Sainte-Catherine, et la Congrégation. Grande-Rue, des anciens titres.

L'ancienne Saint-Sauveur, fondée en 1093, était une vieille et laide paroissiale, assez grande, à trois nefs, celle du milieu prenant jour au-dessus des collatérales, et s'appuyant en dehors sur des arcs-boutants. Cet édifice, presque contigu à celui de Sainte-Catherine, le gênait beaucoup du côté du midi : les deux s'orientaient différemment, le chœur de Saint-Sauveur étant tourné à l'est, vers la rue, dont il était séparé par une partie du cimetière paroissial, que l'on traversait pour entrer à l'église : à cette entrée, trois ou quatre marches de descente, le sol extérieur s'étant fort exhaussé. La paroisse ayant été conservée en 1790, l'église ne fut abattue qu'après la Révolution, lorsque le service eût été transféré aux Minimes, où il se fait depuis ce temps (2). En 1806, les hospices, devenus proprié-

(1) Titres de 1363, 66, 77, 99, dans les archives des Hospices.

(2) « C'est un bâtiment antique, dont les voûtes sont peu élevées : il est terrassé de toutes parts, de manière que l'on y descend de plusieurs marches ; les murs en sont toujours humides ; l'air est malsain ; le chemin qui conduit au portail est mal entretenu, etc. *Pétition des paroissiens, du 30 janvier 1792.* — « Je permets l'enlèvement desdites terres, à condition que les ossements qu'on pourra y trouver seront de nouveau enterrés décemment.

taires de l'ancienne Saint-Sauveur, par donation de M. Benoit De-
vaux, achevèrent de la faire démolir, et en convertirent le terrain en
un beau jardin.—Nous donnerons, dans l'histoire, une note sur cette
paroisse, qui fut toujours importante : la cure était à la nomination
de l'abbé de Saint-Airy.

L'hôpital existait dès l'an 1095, comme le prouve la charte de
fondation de Saint-Sauveur. On l'appela longtemps Maison-Dieu-
Saint-Sauveur, pour le distinguer de l'autre hôpital, qui était Saint-
Nicolas du Pont à Gravière : l'ancien nom changea, au xv° siècle, à
cause d'une confrérie de Sainte-Catherine, établie dans la chapelle,
vers 1511, et qui prit une telle vogue que, dès 1460, la maison était
communément appelée « ospitaul-Saincte-Catherine, en la grant rue
de Verdun (1). » Eglise du xiv° siècle, bâtie au temps des frères
hospitaliers qui, après avoir fait achever le portail, et commencé le
mur méridional, manquèrent d'argent : ils disposèrent alors l'intérieur en chapelle provisoire, qui resta définitive.

La Congrégation. Magnifique église moderne, à dôme, sur le modèle du Val-de-Grâce, de Paris, bâtie de 1700 à 1707, démolie en
1795. Ce monument est fort regrettable : et on doit blâmer, soit le
gouvernement, qui le comprit dans les ventes nationales, soit l'ac-
quéreur, qui se hâta de le faire démolir, quand il sut que la Ville
voulait qu'on le conservât, pour la paroisse Saint-Sauveur (2). —
Quatre nefs, à angles droits : à leur intersection, le dôme, surmonté
d'une lanterne : sous ce dôme, l'autel, au centre de l'édifice. Extérieur, toscan et dorique : intérieur entièrement corinthien. Rondes
bosses, au tympan et aux niches du portail : à l'autel, statues de
l'Assomption, en rétable ; à la coupole, fresques estimées, de Joseph
Christophe, de Verdun, qui avait peint, à Paris, les grands tableaux
autrefois au chœur de Notre-Dame, et à celui de Saint-Germain-des-
Prés. A l'extrémité de la nef nord, grille sous une arcade : puis salle,

Aubry, évêque du département de la Meuse. » — « Il sera nommé deux ex-
perts, pour vérifier si l'opération proposée ne nuira pas à la solidité de
l'édifice. » *Arrêté municipal.*

(1) En 1511, 4 novembre « ventes as maistres et as confreires de la con-
frairie Saincte-Katherine, de la maison Deu-Saint-Sauvour, et à tous successours, *se il avenoit que lidite confrarie aleit avant* (continuât). » Ces expressions
indiquent que cette confrérie était alors récente. — 1383, 5 décembre : legs
aux maître et frères de la maison Dieu-Saint-Sauveur, pour anniversaire
« en la chapelle madame saincte Katherine de ladite maison. » — « La maison
Deu, ou ospitaul de Sainte-Catherine, deleis Saint-Sauveur. » 1435.

(2) Quelques détails, dans le Registre, 15 fructidor, an III.

dile chœur des Damès. C'étaient des chanoinesses régulières de
Pierre Fourier, tenant un pensionnat d'éducation, jadis fort renommé, et dont les produits servirent à construire ce beau monument.

Quartier de Marché. Autrefois le plus commerçant de la ville, à
cause des moulins, du grand marché, et du passage des bateaux.
Bien que la porte de la tour des Champs, ou du Jeu eût été condamnée dès le xve siècle, le marché continua, jusqu'en 1581, à se tenir
sur cette place, la seule grande de la ville-basse, avant 1552 : de
temps immémorial, il était fixé au vendredi; car Melinon, dans son
chapitre des amendes, dit qu'une rixe « dedans Marchié, lou venredi »
était punie de « quinze sols de chalonge, » amende double de celle
des jours ordinaires : et, comme ces sols chalonges, c'est-à-dire châ-
lonnais, sont une monnaie du xiiie siècle, le règlement que nous citons doit remonter à cette époque. Les exécutions de haute justice se
firent quelquefois à Marché : le Registre de 1584 parle d'une malheureuse Simone Levauldois, étranglée et brûlée là, pour crime de
sorcellerie commis par elle, à Fleury (1). — On voyait, sur la vieille
place, une grande maison, que le peuple appelait Couvre-Richesse ;
des piliers sous lesquels la ville louait des places ; un autel, avec
croix de pierre, servant de reposoir dans les cérémonies de la Fête-
Dieu (2). A l'entrée de Marché, en Somnel-Rue, l'étuve (bains) (3),
la décharge des bûches (chantier) « que souloit tenir le maistre-éche-
vin Aincherin Saintignon. » etc., etc.

L'Hôpital du roi. Il en sera parlé plus loin, à l'article de l'hôpital
militaire actuel.

Les Récollets, près du Brachieul, à l'est du pont. Assez belle gothique, à trois nefs ; grande fenêtre à vitraux peints, au fond du
chœur, qui était carré ; cette fenêtre, très-apparente dans le dessin de

(1) 2 et 6 juillet 1584.

(2) *Qui dedit nobis decem solidos, suprà domum Couvre-Richesse, in Foro.* Né-
crol. de Saint-Airy. — Places, sous les piliers, 9 novembre 1576. — Réfection-
ner l'autel au milieu de Marché, élevé de trois ou quatre marches. 1er mai
1596. Réparations à la croix de pierre joignant l'autel qui est à Marché, 22
décembre 1674. On démolira et rétablira, avec ses marches et la croix,
l'autel servant de reposoir en la place de Marché. 5 janvier 1715, etc. — Il y
avait encore des vestiges de cet autel, au commencement de notre siècle.

(3) Titre de 1408. Simonin, l'estuvour de Marchié, en Verdun. — Les rues
prenaient souvent le nom du principal propriétaire. *Viculus domini Giraldi*
(Gérard-Rue), *juxtà Forum.* 1254. Migay-Rue, Dame-Zabé, c'est-à-dire rues
Michel, dame Isabelle.

Pierre Jacob, y fait reconnaître l'édifice. Couvent fondé en 1222, pour des Cordeliers, que remplacèrent, en 1600, les Récollets, variété du même Ordre des frères mineurs, ou Franciscains. Beaucoup d'épitaphes d'anciens citains de Verdun. Beau cloître, bâti aux frais de Simon de La Porte, pour les assemblées du lignage dont il était le chef : à l'un des angles, sa statue, avec épitaphe datée de 1383. Jardins arrosés par le Brachieul. Entrée de la maison par une grille, en face de la rue Saint-Lambert : sur l'un des pilastres de cette grille, inscription marquant la hauteur de l'inondation de 1740 ; les eaux avaient couvert le maître-autel. Patron, saint Lambert, qui, longtemps avant le couvent, eut là une chapelle, mentionnée dans les bulles de 1049 (1).

Pont à Brachieul, ou à Brachieux. Ainsi nommé du *braceolum*, petit bras de la rivière, plus fort qu'aujourd'hui, quand une partie de l'eau du Pré (le Preillon) y coulait, à travers la Petite Grille de l'ancien rempart ; de là vint sans doute qu'on fortifia ce passage par la tour double, dont nous avons parlé ailleurs. Dès le milieu du xi⁰ siècle, c'était là le milieu de la ville-basse, ainsi que le disent les bulles de 1049, en parlant d'un moulin en cet endroit : *molendinum super Braceolum in mediâ civitate*.

Quartier de l'Hôtel-de-Ville, autrefois rue Emmi-Ponts, Mi-Ponts, et Entre-les-Ponts. La date de 1623, inscrite sur l'une des hautes fenêtres du palais municipal, prouve qu'il ne fut pas, comme on le dit quelquefois, construit par Marillac, qui ne vint à Verdun qu'au milieu de 1625 ; mais il est très-possible qu'il y ait du vrai dans la tradition racontant que ce fameux gouverneur, lors de ses complots, offrit ce bel Hôtel à Marie de Médicis, pour demeure, quand elle se serait échappée de Paris. Le Registre des années 1614 à 1622 étant perdu, tout ce que nous savons maintenant de la construction de l'édifice, c'est qu'il ne fut bâti ni par, ni pour la Ville, à laquelle il n'appartint qu'en 1737, par acquisition sur dame Marie-Thérèse de Brisacier, comtesse de Hombourg, veuve de messire Jacques-Gustave de Malhortye, marquis de Boudeville, maréchal de camp des armées du roi, et inspecteur général de sa cavalerie. Ainsi porte le contrat, dans lequel on lit encore que cette maison venait à la marquise de Boudeville de feu messire François Japin de Latour, chanoine, et grand-vicaire de Verdun, son cousin ; ledit François Japin l'ayant

_____

(1) *Capellam Sancti-Lamberti, in civitate, cum manso uno*. Bulles de 1026 et de 1049, pour Saint-Maur.

eue lui-même de succession, au partage avec son frère Charles Japin, chevalier, seigneur de Forcheville, par devant Leroy, et son confrère, notaires au Châtelet de Paris, en date du 22 janvier 1698. Ici s'arrêtent les renseignements. En remontant plus haut, nous trouvons, en 1615, Nicolas Japin, de Verdun, qui prit à bail général les poudres et salpêtres du Roi pour une grande partie de la France (1). Ce Japin, que l'acte désigne expressément comme demeurant à Verdun, vivait au temps même de la construction de notre Hôtel; et il dut faire de beaux profits, à en juger par la fortune qu'il laissa à ses enfants : ce fut probablement lui qui fit bâtir le palais, soit par commission de quelque haut personnage, soit pour étaler sa propre splendeur de traitant et fermier général, faisant les affaires du roi, sans oublier les siennes. Cet habile homme devait plaire à Marillac; les poudres et salpêtres les mettaient d'ailleurs en rapport : de là peut-être la tradition vague, mais constante, dont nous avons parlé. Quoi qu'il en soit, l'Hôtel est beau; sa façade sur le jardin a quelques traits de celle du Luxembourg de Paris; et c'est un remarquable échantillon de l'architecture dite style Médicis. Avant de l'acheter, la Ville le loua longtemps, pour loger les lieutenants de Roi, annonçant toujours qu'elle en ferait l'acquisition, dès que ses finances le lui permettraient; mais la détresse municipale dura tant, que l'héritière des Japin s'en-

---

(1) « Louis, par la grâce de Dieu, roy de France et de Navarre, à notre cher et bien amé Nicolas Japin, demeurant à Verdun, salut. Désirant réprimer les fraudes et abus qui se commettent journellement aux ventes et transports des pouldres et salpettres..., étant tels abus cause que nos magasins ne sont garnis, nous avons advisé, estant asseuré de votre fidélité, vous commettre pour avoir l'œil et soin sur le fait de nosdites pouldres et salpettres en notre ville de Paris et Isle-de-France, Brie, Laon, gouvernement de Noyon, Compiègne, la Picardie, Boulonnois, la Tirache, gouvernement de Soissons, la Normandie, Champagne, Bourgongne, Touraine, Berry, Orléanois, Poictou, Bretaigne, les villes, gouvernements, Eveschés et Chapitres de Metz, Thou et Verdun, et leurs dépendances, terres de franc-aleu, Commercy, en ce qui dépend de la France, et autres lieux..., pour faire faire et composer pouldre à canon aux magasins desdites provinces, tenir bonne et grande provision de salpettre, par telles personnes qui seront par vous choisies et nommées, sans qu'aucune autre s'en puisse entremettre, ni composer, vendre et distribuer dans nosdites provinces autre pouldre que celle qui se prendra en nosdits magasins, départant aux salpétriers de votre charge les commissions de notre très-cher et bien amé cousin, le marquis de Rosny, grand maitre et capitaine général de notre artillerie. ... Donné à Paris, le dix-huitième jour de janvier, l'an de grâce mil six cent quinze, et de notre règne le cinquiesme. Louis. Par le roy, le sieur marquis de Rosny, grand-maitre de l'artillerie de France, présent. Potier; et scellé du grand sceau en cire jaune.

nuya d'attendre, et vendit, en 1756, son immeuble aux moines de
Châtillon-l'abbaye, qui cherchaient une maison à Verdun. On plaida
alors qu'en vertu d'un ancien arrêt de 1665, cette vente était nulle ;
elle fut en effet cassée, par autre arrêt du Conseil, le 25 février
1757 ; et la Ville, ayant remboursé aux moines les dix-huit mille
livres qu'ils avaient payées pour prix de leur acquisition, le corps municipal s'installa, en cérémonie, dans son nouveau palais, le 6 février
1758. — Tout contre l'Hôtel, la Douane et le Poids-la-Ville, établis là,
en 1759, dans une sorte de grange, à la place de laquelle fut construit, en 1865, le bâtiment du musée.—Les Trois-Maures:—hôtellerie ancienne, où fut pendue, en 1624, l'enseigne des coches (voitures
publiques), que la Ville fit ôter, parce qu'elle prétendait alors avoir
des droits sur les messageries (1).

Sainte-Croix. Sur cette place exista, au moyen-âge, une église
peu importante en elle-même, mais notable en ce qu'elle donna son
nom au Siége Sainte-Croix, ou échevinat du Palais, tribunal municipal dont la jurisprudence forma la Coutume de Verdun. Sainte-
Croix, petite collégiale, érigée, vers l'an mil, par l'évêque Heimon,
était à peu près à la place de la statue de Chevert : on en retrouva
des fondations, quand on creusa celles du piédestal de la statue. Démolie, l'année même de l'occupation française, 1552, le gouverneur
trouvant cet édifice trop rapproché du Petit-Rempart, et voulant
qu'il y eût, en cet endroit, au grand passage de la ville, une place
d'armes, pour la garnison. Ce fut cette démolition qui commença la
place actuelle, déjà assez grande, en 1581, pour qu'on y transférât
le marché du vendredi (2). — La statue de Chevert, œuvre estimée
de Lemaire, sculpteur du fronton de la Madeleine de Paris, a été
inaugurée le. 1er mai 1857. — Derrière l'ancienne église Sainte-
Croix, la rue des Parcheminiers, qui descendait à la rivière (3) : elle

(1) 18 mai 1624.—Avant le xviie siècle, existait, à peu près à la place de
l'Hôtel-de-Ville actuel, par derrière, la Bigonnerie, ou hôtel des Le Bigon-
nier, ancienne famille.

(2) Sur la requête des habitants de la ville-basse, a été accordé de mettre
un marché devant Sainte-Croix..., et se tiendra ledit marché le vendredi
14 février 1581. — Les trois marchés se tiendront où il a été ordonné ci-
devant, le mercredi à la place de Mazel, le vendredi à la place Sainte-Croix,
le samedi à la place le Princier (place d'Armes), 14 février 1589. Ils demeurèrent en ces endroits jusqu'à la récente construction de la grande halle,
dite Marché-Couvert.

(3) Mentionnée dans un testament de 1433.

existait encore en partie, au siècle dernier, où on la nommait rue
du Guet, à cause d'un ancien corps-de-garde.

Les Minimes, dont l'église, reconstruite en 1850, est, depuis la
Révolution, paroissiale Saint-Sauveur, pour oratoire ou succursale
de laquelle on l'avait conservée, en 1791, à la demande de l'évêque
Aubry. Le couvent, où fut, pendant quelque temps, une filature de
coton, est, depuis 1825, le petit séminaire. Rien d'ancien ; à l'entrée
de l'église, tombe de l'évêque Bousmard, fondateur, mort en 1584.

Le pont Sainte-Croix, et le quai, tels qu'on les voit aujourd'hui,
furent construits de 1782 à 1785. La suppression du barrage des
moulins la Madeleine et Saint-Maur ayant alors abaissé le niveau de
l'eau, les culées et pilotis de l'ancien pont de bois se trouvèrent en
partie hors de la rivière ; et, comme d'ailleurs ce pont était vieux, on
décida qu'il serait rebâti entièrement en pierre, et qu'en même temps,
on reconstruirait le Petit-Rempart, depuis les Augustins, pour former quai entre les deux ponts. Il y avait alors, en cet endroit, de petits
jardins, et diverses anticipations commises sur la voie publique : et
il fallut démolir une maison qui faisait saillie à l'entrée du nouveau
quai : de l'autre côté, un beau bâtiment fut érigé à la place du vieux
corps-de-garde : les ponts-et-chaussées subirent une partie des dépenses. — Au moyen-âge, le pont était bordé de petites maisons ; et
une croix s'élevait sur l'arche du milieu (1). — L'ancien abattoir
existe encore sur le quai ; les bouchers eurent longtemps leurs étaux
dans la grande halle qui en est voisine. Il résulte du compte de la
Ville de 1560-61, que la boucherie entre Migay-Rue et les Pères Augustins était alors dite « nouvelle boucherie ; » l'abattoir actuel, sur la
place Marché, ne remonte qu'à 1840, environ.

Les quartiers de la rive gauche étaient plus compliqués. Avant de
les parcourir, nous rapporterons les deux passages où Melinon,
après avoir nommé sur la rive droite Saint-Victor-Rue, Marché, et
la Grande-Rue, ou Entre-les-Ponts, poursuit ainsi : « On chainge et
en Maizel, d'aultre part le pont Saincte-Croix. — Ancel-Rue. —

(5) « Je Chardignons, citains de Verdun..., ai vendu à Chapitre, pour lou
Mandet en quaremme (la Cêne des pauvres, au Jeudi-Saint), vingt sols de
fors de cens, sor une maison sor lou pont à Sainte-Crois...» 1265... « Et, se
il advenoit chose que la maison desordite, qui siet sor le pont à Sainte-
Creux, fondoit en l'eaue aval. » 1267. Cartul. Cathédr. p. 158. 159. — Le
Registre de la Ville, 1626, 29 mai, et 1659, 10 juillet, mentionne encore des
boutiques sur ce pont : en 1602, 17 et 25 août, on permit même de faire, à
ses extrémités, des boutiques sur des pièces de bois avançant sur l'eau.

Fornel-Rue. — De l'Estaige, jusques à la Grainge. — Aux Esgreis
Notre-Dame. — Contreval-Rue, et la Nuefve Rue. — En la banleue.
— De la Grainge, jusques à la Chainne. — De la Chainne, jusques
en Chastel. — En Chastel, tout contremont.—En l'Ostel l'Evesque.
— Atours de la porte Champenoise. — Dehors le mur. » Le second
passage donne les variantês suivantes : « D'aultre part le pont Saincte-
Croix, jusques à l'estaige en Maizel et en Chainge.—De l'estaige en
Maizel jusques à l'osteil ceux de la Tour, au pied des Greis Notre-
Dame. — Dès le pied des Greis Notrê-Dame, jusques à la porte en
Rue. — En la Neufve-Rue. — Dès la Grainge, où on vend le bleids
jusques au tour de Chastel Girart le Jormier, où il y ait ôn mur une
chainne. — En Chastel à sus, et par tout le Chastel. —En la cour
l'évesque. —Dès la porte Champenoise, et dehoirs les murs, aux
bourgs et aux fors-bourgs (1). » Tels étaient les noms des quartiers
de Verdun, à la fin du xiiie siècle.

Le Change faisait immédiatement suite au pont Sainte-Croix,
comme le disent les deux textes précédents, et beaucoup d'autres.
« En la rue du Chainge, près le pont Sainte-Croix, entre le cours de
la rivière de Muese, et une maison, etc. , » porte un titre de 1424.
D'après un document du xiiie siècle, nous avons mentionné la tour
au Change, *turris in Cambio*, qui défendait alors l'entrée du pont.
Le Lombard, banque de prêt du moyen-âge, dut exister en cette rue,
qui est celle dite aujourd'hui du Pont-Sainte-Croix.

Mazel, vieil et neuf. Celui-ci était le terrain gagné sur la rivière,
ou mis à l'abri des inondations par la construction du Petit-Rempart,
vers l'an 1500 : on savait encore, du temps de Wassebourg, que la rivière avait eu, en partie, son cours « sur la place de Maize, signamment
où est la boucherie» (2): et on appelait Pierre à Mazel le lieu du marché au poisson, au bord de l'eau. Le Vieux-Mazel est la Place, rétrécie,
vers la fin du xvie siècle. Il est parlé, au Registre de 1608, d'une requête
des habitants de la Vieille-Mazel, demandant l'établissement d'une
mairie dans leur quartier : la Ville répondit qu'elle aviserait « quand
i. ' r rue seroit pleine et remplie d'habitants; »puis, l'année suivante,
ei.e..ecorda la demande. Ainsi le Vieux-Mazel avait vu s'élever de nouvelles maisons, vers 1600. Il est assez probable que l'ancienne halle

(1) Le premier texte, p. 6. et suiv. du manuscrit ; le second, p. 167.
(2) Wassebourg, p. 50, verso. — Le Neuf-Mazel doit remonter au commencement du xive siècle. « Les estaulx dou Nuef-Mazel, » dit un titre de 1317.

au blé, dite Grange, donna longtemps sur la Place : peut-être en était-il de même de Montaubain, quand la Ville l'acheta, en 1588, pour en faire son Hôtel. — L'Estaige, ou les Estaulx de Mazel, *stalli in Macello*, étaient des tables à étaler : ces boutiques en plein vent formaient des propriétés vendables et transmissibles, par héritage (1). — A l'angle d'une maison, et visible des deux Mazel, le pilori, sorte de lanterne, ou tourelle ouverte par les côtés : on y montait par un rez-de-chaussée, que la Ville excepta, en 1582, de la vente de neuf petites boutiques qu'elle possédait là (2). — On ne devait acheter les vins forains qu'à Mazel, où les fermiers de l'étape levaient le droit : mais, après que la Place eût été rétrécie, l'encombrement des tables d'étalages fournit prétexte aux transgressions du règlement (3).

.La Halle, ou Grange au blé, *grangia in Macello, ubi blada venduntur*, disent, dès le XIe siècle, les titres de la Madeleine. C'était un noir et massif bâtiment, à lourdes fenêtres ogivales, sous les terrasses de la ville-haute, au bas de la rue de la Vieille-Prison. Vendue et démolie en 1835.

Les Lormiers, à la descente de Châtel, près la rue Saint-Oury : *vicus Lorimeriorum, in descensu Castri; ruella Sancti-Ulrici, juxtà Lorimerios*, portent les titres latins. Melinon dit que là, à l'hôtel Girart le lormier, il y avait « on mur une chainne, » que l'on tendait sans doute pour fermer les cloîtres de la cathédrale et de la Madeleine. Les lormiers étaient des selliers quincailliers, faisant selles, harnois, freins, éperons, et tous les petits ouvrages de fer : le Grand Vendage place la lormerie dans son titre de la mercerie.

Montaubain, l'ancien Hôtel-de-Ville, dont les prisons ont laissé leur nom à notre rue de la Vieille-Prison. Acquis par la Ville, en

---

(1) *Wolfridus, qui dedit nobis tabulam unam in Macello, solventem quinque solidos in ejus anniversario. — Johannes de Salice, qui dedit nobis tertiam partem tabulæ quæ ei contingebat hæreditate.* Nécrologes.

(2) 22 mars 1582.

(3) « Les estapiers (fermiers de l'étape), représentent que toutes personnes exposent tables et boutiques à Mazel, en si grande quantité que les vins qu'on veut amener en ladite place n'y trouvent passage. 21 *mars* 1637. — Défense à tous taverniers, cabaretiers, et autres, d'acheter aucun vin forain qui n'ait été exposé en vente à la Place de Mazel. 12 *juin* 1627. — Attendu que ladite place est destinée de tout temps au commerce de l'étape, ont défendu à tous merciers, bouchers, et autres d'y étaler : ils iront, si bon leur semble, sur les Places Sainte-Croix et de l'Estrapade, ou sur le rempart, derrière la grande boucherie. 14 *août* 1627.

1588, des héritiers de Simon de la Porte, le même qui avait fait bâtir le cloître des Cordeliers : Melinon, qui écrivait en 1522, ne mentionne pas cet Hôtel. Il n'y avait de remarquable que le beffroi, haute et belle flèche gothique, dite souvent tour de l'horloge, qui subsista jusqu'au milieu du siècle dernier, et que signale, comme monumentale, Thomas Corneille (frère de Pierre), dans son Dictionnaire géographique et historique : elle est très-apparente dans nos deux anciennes vues de Verdun; Pierre Jacob en représente des détails qui ne se voient pas dans Silvestre, placé trop loin. Montaubain était une grande maison, à deux étages, dont la façade s'appuyait sur des piliers, qui menacèrent ruine, et que l'on répara en 1685 : le Conseil s'assemblait dans une salle, jadis dorée; on y tint les audiences du Siége, après la démolition du cloître de Sainte-Croix, en 1552; on y dansait aux bals de noces de messieurs des lignages; et les prisons occupant encore une partie du local, on s'y trouvait gêné, et à l'étroit. Il y avait, dans ces prisons, une salle tortionnaire (1). La flèche commença à pencher en 1757 : alors il fut dit qu'il était du bien, de l'honneur et de la décence de la ville de la maintenir, vu sa beauté et son antiquité; mais la possibilité de la réparation ayant paru douteuse, et l'intendant craignant que cette tour ne tombât sur les prisons, on adjugea, le 50 mars 1760, ses matériaux à démolir. La cloche des heures fut portée au nouvel Hôtel-de-Ville, où on la vendit au Chapitre, le 26 mars 1776. Dom Cajot en copia alors l'inscription, ainsi conçue : « Ceste cloche fut jeteie l'an iiii^c iiii (1404), et par le Conseil ordonneie, pour sur les heures rendre grâces : sa valeur, de V à VI mil pesant; et gouvernoient, pour le temps, au

---

(1) « On fera deux amples croisées, à la salle d'en haut de Montaubain..., y faire aussi un banc à dos, pour les avocats, et des pupitres devant. 16 *avril* 1592. — Ne sera permis à personne ci-après de faire danses publiques en la maison de Montaubain, sans la licence de Messieurs. 8 *août* 1611. — Salle dorée, 14 octobre 1634. — Réparations, 7 et 23 avril 1685. — Salle tortionnaire, 30 mars 1760. » — Au sujet de la prison : « On fera le procès à Jean Basin, concierge de Montaubain, qui a laissé évader neuf prisonniers. 29 *septembre* 1635. — Sera érigée une chapelle, ou oratoire, en cette maison de Montaubain, pour les prisonniers, sans que, pour ce, les sieurs du conseil de l'évêché, ou autres, puissent s'acquérir aucuns droits. 20 *mars* 1635. — Au 1er mars et au 30 août 1687, grandes plaintes contre messieurs du Présidial, qui se sont emparés d'une salle où on laisse aller, de jour, les prisonniers; étant cette salle celle-là même où se font les assemblées publiques, les adjudications des fermes, etc., de sorte qu'il ne reste plus de disponibles que deux salles fort petites. — Sur la démolition de la flèche, 9 juillet 1757. 7 avril 1759, 30 mars 1760. »

grei de toute la citei, Gille Paxel, J. de Mandre, C. Lépicier, J. Anselin, J. Briate. » Poids exact, pris au moment de la vente, 4688 livres.

Ancel—Rue. Ce quartier s'étendait de la place Mazel à la rue du Saint-Esprit, où était, comme nous l'avons dit, le fossé de l'ancien rempart. A l'angle de la rue et de la Place Mazel, l'hôtel des Quatre-Clochers, dont la façade allait presque jusque vis-à-vis des Petits-Degrés : hautes fenêtres ogivales fort pointues; au contour de chaque ogive, bordure très-saillante, ornée d'animaux fantastiques; autre animal au sommet, assis sur la pointe : la dernière de ces fenêtres ne disparut que vers 1840); et, à l'intérieur de la maison, on voyait encore alors une vaste cheminée à sculptures. Façade sur la Place, sans autre ornement qu'une niche du xvie siècle, à image de la Trinité. Les quatre clochers, sur la façade de derrière, étaient quatre tourelles, à flèches pyramidales aiguës, très-visibles dans les deux anciennes vues de Verdun. Suivant une note que dom Cajot trouva sur son exemplaire de Pierre Jacob, c'était là l'hôtel des comtes de Bar : mais, comme aucun document ne mentionne de palais construit, ou possédé par ces princes en notre ville, nous entendons ce rénseignement en ce sens qu'on les logeait là, quand ils venaient à Verdun, soit en conséquence du traité de garde, dont nous parlerons dans l'histoire, soit pour leurs affaires et voyages. Cet édifice datait du commencement du xve siècle. Près de lui, la ruelle Brodier, conduisant à la rivière à travers la largeur de la rue Neuve actuelle : en cet endroit, un abreuvoir et des attaches pour les bateaux. Il est dit, dans le cérémonial de l'entrée de l'évêque, rédigé au xve siècle, que le prélat se costumait en prince dans un hôtel « au par dessus de la ruelle Brodier : » probablement dans celui des Clochers (1).

(1) « En Ancel-Rue, entre la ruelle Brodier et la grant maison qu'on dit aux Quatre-Clochies. 1439. — En Ancel Rue, entre la maison aux Clochies, et la grant maison Jean Pierrexels, jadis maistre eschevin. 1461. » — La ruelle Brodier, dans Wassebourg, p. 30, verso. — « Et est assavoir que, toutes fois que li Nombre, ou li communitei de Verdun nous requierra, ou fera savoir que ils aient mestier de nous, ou de nostre conseil, nos iriens, se nos n'a-viens loial essoine. » *Traité avec le comte Thibauld II, en 1282.* — Obligation du duc Robert, de 960 petits florins d'or, à Hennes Dumorier et Gilles Peresse, citains de Verdun, pour huit-vingt reises de froment, qu'ils lui ont baillés pour son hostel, à Verdun, quand il fit son mandement contre les routes et compaignons (routiers). 25 *juillet* 1366.

Porte Ancel-Rue, vulgairement à Nancelrue. Elle s'appuyait, d'un côté, au rempart du fossé Lambin, de l'autre à l'ancienne Fermeté, sous la Madeleine : sa place est reconnaissable à une petite inscription, sur la maison n° 21 de la rue Mazel : « Ici souloit estre la porte à Nancelrue, qui fut démolie l'an 1618. » A cette date de 1618, elle ne servait plus guère qu'à gêner la circulation ; car, depuis longtemps, le quartier de la Chaussée était réuni à la ville : aussi, dès 1581, l'avait-on laissée à cens perpétuel, avec sa tour et ses bâtiments ; mais, à charge, stipulèrent les gens du Magistrat, très-conservateurs alors des vieilles choses, que le cessionnaire « couvrira la galerie en ardoise, mettra, au-dessus, une plomberie, avec les armoiries de la cité, et que la toiture, du côté de Mazel, sera en ardoises de couleurs (1). » Ces précautions, peu efficaces, n'empêchèrent pas la ruine de l'édifice.

La rue Neuve-sur-l'eau (qui n'est point la Neufve-Rue de Melinon) ne date que des premières années du xviie siècle. En 1591, le Registre contient encore une ordonnance de déposer les chalins (décombres) sur le Petit-Rempart, du moulin la Madeleine à Sainte-Croix : mais, dès 1609, on y lit que « est enjoint aux propriétaires des maisons nouvellement bâties sur la rivière, entre ces deux points, de parachever les murailles donnant sur l'eau (2). » Peu après, la rue Neuve, et les environs, furent érigés en mairie Saint-Roch : et les anciens de ce quartier parlaient, par tradition, de terribles pestes, probablement celles de 1631, ou 1636, dont leurs ancêtres avaient été préservés par ce saint.

Fornel-Rue, au pont à Gravière, très-souvent mentionnée dans les titres, du xiiie au xve siècle : *desuper hospitale de Graviere, juxtà Anselmi vicum*, disent les actes latins. On ignore la direction de cette rue, qui se confondit dans celles du quartier de la Chaussée : elle tirait son nom d'un four public, dit four Hémart dans un titre de 1287, et qui existait dès l'an 1100, où une charte de l'évêque Richer l'appelle *furnus Eimirardi*. — La rue du Saint-Esprit est, comme nous l'avons dit, l'ancienne rue Fossé Lambin : au xvie siècle, rue Jean-Boucart : son nom actuel vient, dit-on, d'une enseigne d'hôtellerie. — Les Rouyers. On a encore les statuts

(1) 14 février 1581.
(2) 24 août 1591. 2 avril 1609. — Au 26 avril 1608, il est parlé des maisons qu'on commence à bâtir au rempart, près le Pont-Sainte-Croix.

du métier des rouyers, renouvelés et revisés par la Ville, en 1579 : c'étaient des charrons, ou faiseurs de roues.

Le Tournant, au bas de Saint-Pierre. Ce quartier commençait dès la porte Ancel-Rue, et comprenait, par conséquent, une partie de la rue Mazel actuelle. C'est la Neuve-Rue de Melinon, qui l'appelle aussi Contreval-Rue, parce qu'elle était en contrevallation de l'ancienne Fermeté. On a la date précise de la fondation de ce quartier : il remonte à une transaction de 1268, entre la Ville et le Chapitre de la Madeleine, celui-ci abandonnant tous ses droits sur le fossé au bas de ses murs, moyennant un cens perpétuel, et à charge qu'aucune des futures constructions ne lui portera préjudice, soit en endommageant lesdits murs, soit en gênant la vue du cloître, soit d'aucune autre manière (1).

Ancien quartier et paroisse Saint-Pierre-l'Angelé, « au faubourg du Châtel de Verdun, » dit une charte, déjà citée, de l'an 952 (2). Ce mot Angelé voulait dire engeôlé, c'est-à-dire Saint-Pierre le prisonnier (geôle, prison), fête marquée, au calendrier, saint Pierre ès liens, le 1er août. C'était la grande Saint-Pierre, par distinction de la Petite, au faubourg Saint-Victor : mais cette qualification de grande convenait assez mal à l'édifice paroissial, laid et vieux, et menaçant tellement ruine qu'au moment de la Révolution, le service se faisait au Collège. Cette Saint-Pierre s'élevait assez haut, sur un tertre, vers le milieu de la rue actuelle, à droite en montant : on y entrait par un grand escalier, à droite et à gauche du portail; et un mur de terrasse, orné d'un crucifix sculpté, soutenait le terrain du cimetière sur la rue. Cure importante, à la nomination de l'abbé de Saint-Vanne, puis à celle de l'évêque, en qualité de possesseur de la mense abbatiale, depuis 1574.—En l'an trois, la Ville, ayant le projet de convertir en halle le bâtiment de la nouvelle église com-

(1) « Nous li xviii jureis et la communaultei de la citei de Verdun... dou bestans et dou descord qui fut entre nous et les seignors de la Magdeleine..., nous nous en sommes accordeis... Aura la devant dite église, de chacune masure que nous laisserons ou vendrons, de chacun pied par devant on frontaulx, un denier fort de cens à tous jours, chacun an... Et est assavoir que cil à qui on laisserei et vendrei les masures devant dites, ils ne peuvent ne ne doivent ouvrer par quoi le mur de la Fermetei, ne li église en fust empireie, ne de vue, ne d'aultre chose... Et avons nous mis lou sael de la citei de Verdun en ces lettres, qui furent faites en l'an que li miliaires couroit par mil et dous cens et soixante et huit ans, on mois de février, quinze jours après Chandelour. »

(2) *Ecclesia Sancti-Petri, in suburbio Virdunensis Castri.* Ci-dessus, p. 520.

mencée à Saint-Paul, fit aplanir le terrain ci-devant Saint-Pierre, pour une rue qui devait aller jusqu'à la caserne ci-devant Saint-Paul, de manière à mettre sur deux rues la nouvelle halle projetée; mais le gouvernement refusa l'autorisation, parce qu'il ne voulut pas qu'on endommageât l'édifice de l'abbaye, où sont aujourd'hui la sous-préfecture et le tribunal. Alors, on construisit, sur l'espace vacant au milieu de la rue Saint-Pierre, des maisons, dans l'une desquelles s'installa, en 1810, la R∴ L∴ de la Franche-Amitié, à l'O∴ de Verdun, tombée en désuétude, vers 1852 : elle était, avant 1810, au Rampont de Saint-Maur.

Carrefour de la Porte-le-Princier, où se rencontraient, devant la tour de ce nom, les passants qui descendaient de la Belle-Vierge, et ceux qui suivaient le chemin de Saint-Maur à Saint-Pierre. C'est notre Place d'Armes actuelle, où, jusqu'à la fin du XVIᵉ siècle, il n'y eut que des granges et des écuries (1). La tour le Princier, qui dépendait de l'ancienne Fermeté, fut démolie vers 1595 : on la voit encore, avec sa toiture en coupole, dans le dessin de Pierre Jacob. Elle avait été annexée à l'hôtel de la princerie quand, après la construction de la seconde enceinte, les remparts de la Fermeté furent laissés aux particuliers : elle servit alors de prison pour les criminels de la terre de l'église; et des exécutions de justice capitulaire se firent quelquefois au carrefour (2). En 1574, la Ville, accordant en cet endroit des terrains à bâtir, mit pour condition que les propriétaires feraient, sur leurs façades, « chambres, ou bouticles; et ne leur sera loisible établir, ni loger bestes sur lesdits devants (3). »

(1) *Quadrivium ad portam quæ dicitur Primicerii... A latere, super viam publicam quà itur à quadrivio ad portam, grangiam, aulas et dispensatorium* (remise) 1287. — *Mansiones sitæ inter portam Primicerii, et portam Sancti-Mauri.* XIVᵉ siècle.

(2) *Ad Capitulum, seu ad ejus officiarios, spectabat cognitio et judicium : executio verò ad primicerium, qui ultimo supplicio afficiendos, per suos officiarios ad dictam turrim, in extremitate claustri sitam, perduci jubebat,* dit, en 1606, le Chapitre, dans un mémoire contre le doyen Mariès; et il cite une sentence de 1325 où, dans l'exposé des griefs, il est articulé contre le princier Adenulfe de Supin, que *certos homines Capit. ̣, de nonnullis criminibus accusatos, non ad communes ecclesiæ carceres, sed ad turrim Primicerii deduci fecisset.* Il paraît, d'après cette sentence, qu'on ne devait enfermer à la tour le Princier que les condamnés.

(3) 26 octobre 1574. Quarante pieds de largeur accordés, à ces conditions, à Fr. Leclerc, procureur de la cité, et autant à Philbert Romé. Ils avaient demandé ces terrains, seulement pour construire des granges vers les jardins.

Ce fut là le commencement de la Place : mais plusieurs obstacles en arrêtèrent le développement. En 1582, le gouverneur s'empara, au nom du roi, du terrain devant la tour le Princier, pour y mettre « le tripot, » c'est-à-dire le jeu de paume, et les autres de la garnison; en 1585, M. le bailli jugea à propos de dresser, au beau milieu du carrefour, « une bonne et forte estrapade, avec orbetour, » machine d'aspect peu récréatif au voisinage; en 1592, on laissa les soldats saccager des boutiques bourgeoises, établies sans doute trop près du terrain réservé par le gouverneur (1) : enfin, vers le milieu du siècle suivant, la Place s'acheva par la construction du monastère des Carmélites, et par le palais de justice du bailliage royal. L'église des Carmélites, aujourd'hui transformée en maisons, est le grand bâtiment qui fait angle sur la rue des Capucins : édifice peu remarquable, non voûté; plafond orné de peintures en trois compartiments : on entrait par une porte latérale sur la Place. Le Bailliage, en face, à l'angle opposé, eut d'abord assez bel aspect : entrée par un perron, entre deux arbres, sur la Place; mais, en 1759, le maréchal de Belle-Isle ordonna l'établissement d'un corps-de-garde à cet angle, de sorte que l'entrée du Bailliage fut reportée sur Saint-Maur-Rue, la cour rétrécie, et l'édifice enlaidi : néanmoins on l'appelait toujours palais, en l'honneur de la Justice.

Saint-Maur-Rue, aujourd'hui rue Chevert. Les jardins de cette rue, sous Mautroté, sont les anciens Estaraux de Ripe. En ce lieu, le bétail paissait encore en 1596 (2) : la compagnie de l'arbalète, dite ensuite de l'arquebuse, possédait une partie du terrain; et la Ville, par bail de 1581, renouvelé en 1633, pour 60 ans chaque fois, avait laissé le reste au Chapitre de la Madeleine, qui y commença les jardins. Vers la fin du xviie siècle, les compagnons de l'arquebuse ayant revendiqué tout l'ancien pré, la Ville rejeta leur demande, « messieurs ne pouvant approuver, dit le Registre, au 19 janvier 1692, le choix d'un tel lieu par les arquebusiens pour leurs exercices, étant lesdits estaraux bordés, et même terminés par les maisons et jardins des

(1) 14 février 1582. — Estrapâde, 17 juin, 3 juillet, 28 décembre 1585. — Saccagement des boutiques, 4 septembre 1592. Ceci arriva sous le gouverneur lorrain pour la Ligue.

(2) « Le bétail de la cité pâturera sur les pâquis appelés pâquis de Ripe, que Nic. Boucart a pris naguère, et tient par laix de la compagnie des arbalestriers. 14 juin 1596.

bourgeois, et situés au cœur de la ville. » Il résulte des termes
de cette décision qu'en 1692, la rue n'était achevée que depuis
peu de temps.—Il est parlé, dans un autre endroit du Registre, des
estaraux de la porte à la Chaussée(1). Ce mot voulait dire glacis.

Place du Gouvernement. Le Gouvernement, autrement dit Logis
du Roi, était l'hôtel du gouverneur royal : c'est aujourd'hui la caserne de gendarmerie. En 1552, première année de l'occupation
française, le maréchal de Tavannes se logea à l'évêché : puis, et
presque immédiatement après, la charge du Logis du Roi tomba sur
le Chapitre de la Madeleine qui, dans des doléances à M. de Losse,
en 1579, se plaignit que, « depuis dix-huit ans en çà, lesdits remon-
trants ont été contraints fournir jusqu'à six maisons de leur cloistre,
pour loger messieurs vos ancesseurs, et leur train. » Il fut dit alors
qu'à l'avenir, le fardeau serait réparti entre tous les corps de l'état de
Verdun, c'est-à-dire entre l'évêché, le clergé et la Ville : et dès lors
les gouverneurs, ou leurs lieutenants, ordonnèrent la construction
du bâtiment, dans la prévision qu'on serait bientôt obligé de l'acquérir, à frais publics : ce qui arriva en effet, le 27 juin 1597. En cet
hôtel résidèrent les Feuquière : et Louvois s'y logea, quand il vint
visiter les fortifications, ainsi qu'au passage du roi, en 1687. Au xviiie
siècle, les gouvernements étant devenus sinécures honorifiques, un
arrêt du Conseil déclara la Ville propriétaire de l'édifice, à charge
qu'elle y disposerait sept logements pour colonels et lieutenants-
colonels, et qu'elle paierait, en outre, une indemnité annuelle de
600 livres aux gouverneurs titulaires. Les choses demeurèrent ainsi
jusqu'à la Révolution : en 1784, on trouve encore une adjudication de
la fourniture des ameublements du Gouvernement, « qui sont à la
charge de la Ville. » En l'an six, il y eut un projet d'établir la gendarmerie nationale à l'intendance du ci-devant évêché (bâtiment du fond
de la cour); elle fut, quelque temps, au ci-devant séminaire à Rue; enfin
on la logea à l'hôtel des anciens gouverneurs. En 1792, la brigade de
Verdun se composait de huit gendarmes.

Saint-Maur, riche abbaye de dames bénédictines, et Saint-Médard,
paroissiale voisine, dont la cure était à la nomination de la dame
abbesse (2). Ces églises remontaient au temps de l'évêque Heimon,
vers l'an mil; mais il était survenu tant de changements, qu'il est

(1) 22 mai 1583.
(2) *In civitate, capellam Sancti-Lamberti, et Sanctum-Medardum, ipsius eccle
siæ Sancti-Mauri adjacentem.* Bulles de 1049.

difficile de décrire l'état ancien des lieux. Le couvent Saint-Maur existe encore : c'est le bâtiment qu'occupent, depuis 1808, les Sœurs de Charité, et où le bureau de bienfaisance tient ses séances; les façades reconstruites en 1865. A l'angle tournant vers les Capucins, la route latérale, dite autrefois de la Carrière; puis, sur le chemin direct, Saint-Médard, au milieu d'un cimetière, dont l'emplacement forme aujourd'hui square planté d'arbres, et traversé par une route neuve, venant de la porte de France. Au-dessus de Saint-Médard, la rue, alors impasse, était barrée par la grande église Saint-Maur, qui s'étendait transversalement de l'est à l'ouest, depuis la promenade des Capucins, à peu près, jusqu'au devant, du puits; l'entrée, sur le flanc méridional, faisait portail au fond de l'impasse; et, quand on arrivait à ce portail, on avait, à droite, Saint-Médard et son cimetière, donnant sur la longueur de la rue. Dans une telle disposition, l'église et le couvent Saint-Maur se trouvaient séparés l'un de l'autre par toute la longueur de ce cimetière; de sorte que les Dames, ne voulant point être obligées d'aller par la rue à leur église, avaient élevé en l'air, un pont, en forme de galerie couverte, qui descendait, de l'autre côté de la rue, dans un bâtiment longitudinal, dit Rampont, lequel s'ouvrait sur le fond occidental de la grande église. Ces bizarres et incommodes distributions n'étaient pas, on le pense bien, celles du local primitif : alors les bâtiments étaient réguliers; et le couvent formait cloître, en cour carrée, sur le flanc septentrional de l'église, du côté de la campagne; le puits, qui subsiste, est celui de cet ancien cloître. Ce couvent ayant été démoli en 1552, en même temps que la Vieille-Saint-Paul, les Dames, obligées de reconstruire leur maison, sur un terrain qu'on leur donna, de l'autre côté de Saint-Médard, ne trouvèrent rien de mieux que le Rampont, pour rétablir, à travers les airs, la communication interceptée par terre. Il n'y avait à Saint-Maur rien de beau que le jardin; l'église, noire et vieille, se terminait, à l'occident, par une assez grande salle carrée, haute de quelques marches au-dessus de la nef; on appelait cette salle chœur des Dames; elle était bordée de stalles, et fermée d'une grille : au-dessous, une crypte, obscure comme une cave. A l'adjudication nationale, on mit la clause que les acquéreurs seraient tenus de raser tous les bâtiments qui fermaient l'impasse : le terrain ainsi devenu libre fut concédé à la Ville, pour le prolongement de la rue; et, en déblayant ce terrain, on trouva, en 1810, le cercueil en pierre de l'évêque Heimon, mort en 1024.

- La porte de France actuelle, percée derrière St-Maur, par ordre de Marillac : l'ancienne était, comme nous l'avons vu, beaucoup plus haut. En 1627, on traça le chemin extérieur, à travers des vignes et des héritages (1) ; sous Louis XIV fut construite l'arcade d'entrée sur le pont : on voyait encore naguère, à l'entablement de cette arcade, les vestiges des LL, soleils et fleurs de lis du grand roi, grattés pendant la Révolution.

Entre Saint-Maur et les Capucins, une ancienne carrière, dont le nom resta à cet endroit jusqu'au xvii° siècle. On allait à cette carrière par une arcade formant pont, derrière le cimetière Saint-Médard : et elle était si près de ce cimetière, que les paroissiens se plaignirent plusieurs fois du bruit des brelans et jeux qu'on y avait établis. Il est encore parlé d'elle, en 1658, à propos d'une défense faite aux Pères Capucins de la fermer de murailles de leur côté : mais les nouvelles fortifications la firent disparaître peu après (2).

Les Capucins s'établirent d'abord au bourg Saint-Vanne, vis-à-vis l'abbaye, au cimetière de l'ancienne paroisse Saint-Remy, déjà supprimée en 1587 ; mais, lors de la construction de la seconde citadelle, Marillac ayant eu besoin de leur terrain, donna, en échange, une vigne située à l'extrémité orientale de la Carrière : et, le jour de la Toussaint 1629, le très révérend père général de l'Ordre présent à Verdun, les Capucins allèrent, en procession, s'installer dans leur nouveau couvent, où ils demeurèrent jusqu'à la Révolution. Rien de remarquable en cette maison qu'un beau jardin, sur l'emplacement de l'ancienne vigne (3). — Derrière les Capucins, une grande glacière circulaire, creusée en 1684, et remplacée aujourd'hui par une poudrière : en 1687 furent plantés, sur le circuit du bastion, 42 ormes, dont plusieurs existent encore.

Caserne Saint-Paul, pour l'infanterie, commencée à la fin de 1729, terminée en 1735, aux frais de la Ville, laquelle, presque en même

(1) Registre, 9 à 24 octobre 1625. — Au 28 mars 1626, plaintes au sujet des corvées imposées par Marillac pour le nouveau chemin. — 1er septembre 1627, visite des lieux, pour le tracé.

(2) Registre, 28 juin 1596, 5 mai 1607, 16 mars 1624, 13 septembre 1658.

(3) Attestation que la vigne qui était sur la contrescarpe a été prise par feu M. de Marillac, pour bâtir le couvent des Pères Capucins, sortis de la citadelle, au temps de la construction d'icelle. 27 février 1644. — Les vignes derrière Saint-Maur et Saint-Paul (aliàs, derrière Saint-Paul, à Gravière), ont été enveloppées dans les fortifications. 22 novembre 1676, et 14 mars 1677. —En 1233 : in vico Sancti-Mauri, juxtà vineas.

temps, faisait travailler à la caserne de cavalerie Saint-Nicolas. Auparavant la garnison logeait chez les bourgeois, dont chacun était tenu d'avoir, en sa maison, une ou plusieurs chambres militaires, que la municipalité faisait visiter de temps en temps (1); et il y avait, pour les chevaux, de grandes écuries près de la tour de la Chaussée, ainsi qu'aux Récollets, et sur le terrain, alors vacant, de la caserne Saint-Paul (2). Ces servitudes de logements militaires en permanence étant fort gênantes, on projeta, dès l'an 1700, la construction de casernes; mais, l'argent faisant défaut, on ne put se mettre à l'œuvre qu'en 1729, après arrêt du Conseil, approuvant les mesures financières prises par la Ville. Le 25 juin 1735, furent déposés aux archives municipales les procès-verbaux de visite et de réception du quartier Saint-Paul : on lit, au Registre de 1738, que cette caserne, ayant déjà coûté deux cent mille livres pour les bâtiments, et trente mille pour les lits, il restait encore à construire, pour les officiers, un pavillon, évalué, en projet, à cent mille livres; et qu'à Saint-Nicolas, la dépense dépassait dès lors, cent quarante mille livres (3) : comptes énormes, pour le solde desquels on établit les nouveaux octrois, en surplus des anciens impôts. L'entretien ordinaire des casernes demeura charge municipale jusqu'à la remise de ces bâtiments à l'administration de la guerre, en 1791.

Saint-Paul, très riche abbaye, fondée entre 970 et 980, à l'endroit dit Vieille-Saint-Paul, donnée aux Prémontrés, ou moines blancs, vers le milieu du XIIe siècle, transférée en ville, après 1552,

(1) Ordre à tous bourgeois, habitants et manants de faire incontinent bâtir et dresser, en leurs maisons, chambres à cheminées, propres et commodes pour loger gens de guerre de la garnison; à faute de quoi seront logés en leurs propres chambres : hormis et exceptés Messieurs du Magistrat. 7 *avril* 1599. Répété, à peu près dans les mêmes termes, le 15 octobre 1633, etc. — Afin de parvenir à faire bon et juste règlement pour le logement de la garnison, Messieurs feront visite des maisons, afin d'ordonner à chacun, suivant ses facultés, de bâtir et dresser lieux propres aux logements. 7 *septembre* 1604.

(2) Démolition de l'écurie publique de la Ville, qui est derrière Saint-Paul : l'adjudicataire rendra la place nette (pour la construction de la caserne), 9 *février* 1730. — Comme il n'y a plus d'écurie publique pour les chevaux des cavaliers et dragons, la Ville alloue aux hôteliers deux sols, par cheval et par nuit. 27 *juillet, même année.* — Pour élargir l'espace entre l'abbaye et la nouvelle caserne, les remises et bûcheries de Saint-Paul ont été déplacées : on ne permettra pas que le nouveau mur de clôture du monastère soit élevé à plus de 15 pieds. 4 *août* 1732.

(3) Registre, 27 septembre 1700, 25 juin 1735, 26 juillet 1738, etc.

et dont les bâtiments servent aujourd'hui de Palais de justice et de Sous-Préfecture. Avant la Révolution, la Place actuelle était la cour de Saint-Paul, la voie publique se détournant vers la rue basse des Jacobins ; entrée de cette cour par une grande porte faisant face à la rue du Collége, avec fronton aux armoiries sculptées de l'abbaye ; façade et perron, qui subsistent au Palais de Justice : vis-à-vis de cette façade, et sur l'autre côté de la cour, l'abbatiale, démolie, et la Procure, aujourd'hui taverne. L'église occupait le terrain de la cour d'entrée de la Sous-Préfecture : chœur à l'est, sur la rue ; latéralement, la porte publique ; au fond, une grande porte s'ouvrant immédiatement sur le vestibule pavé de marbre, au bas du très bel escalier, qui existent. Bien que cette église, de la fin du xvie siècle (1), fût assez belle, on ne la trouvait cependant pas digne de l'opulence de Saint-Paul ; de sorte qu'en 1785, ces moines, qui dépensaient noblement, entreprirent la construction d'un magnifique édifice, qui devait représenter, en petites proportions, Saint-Paul de Londres ; ce nouveau temple s'élevait déjà à hauteur d'homme, sur la rue du Collége, au moment de la Révolution : on en vit longtemps un modèle, en bois, chez un menuisier de Verdun. Il y avait, en cette abbaye, une très belle bibliothèque, dont les livres et les boiseries décorent aujourd'hui celle de la Ville : le réfectoire, assez jolie salle de style Renaissance, est occupé par les bureaux de la Sous-Préfecture.

Les Frères-Prêcheurs, ou Dominicains, vulgairement Jacobins, à l'endroit où est la Synagogue, dont la façade a, à peu près, la largeur, et occupe l'emplacement de l'ancien portail ; le chœur donnait sur le chemin derrière le rempart, près de la tour carrée des Arquebusiers, dite aussi des Prêcheurs ; le couvent était à droite, du côté du Collége ; l'impasse, autrefois close d'une grille en avant, formait la cour des Jacobins. En cette église, du même temps et du même style que celle des Récollets, on voyait d'anciennes tombes, à statues couchées ; quelques-unes sont représentées, en mauvaises gravures, dans l'ouvrage de Lionnois, sur l'ancienne famille Saintignon. — La Synagogue s'établit en cet endroit, au mois de septembre 1805.

Le Collége, fondé en 1570, par l'évêque Psaulme, dans les bâtiments, et en partie avec les biens de l'hôpital Saint-Nicolas de Gra-

(1) Première pierre de la nouvelle Saint-Paul, posée par l'évêque Psaulme, le 26 février 1556. Bénédiction de l'édifice, par le même, 5 décembre 1574.

vière, appartint aux Jésuites, jusqu'à l'arrêt du parlement de Metz,
du 20 septembre 1762. On doit aux révérends pères l'église actuelle,
bâtie en 1750, en belle architecture, d'ordre ionique. De l'ancienne
Saint-Nicolas de Gravière, que l'on voit dans Pierre Jacob, près de
la tour de la Chaussée, il reste quelques vestiges, dans une remise
sur le chemin derrière le rempart : au soubassement de l'une de ses
colonnes, à demi enterrées, se trouve la date de 1231, en vieux chiffres arabes; c'est un exemple fort ancien de l'emploi de ces chiffres
sur les monuments (1). — La Bannière appartenait autrefois au Collége; il y a, au Registre de la Ville, 29 août 1744, une permission
aux Pères Jésuites de creuser, pour l'écoulement des eaux pluviales
de leur maison de la Bannière, un canal aboutisssant à l'égout des
Rouyers.

VILLE-HAUTE.

La Madeleine. Grande et belle église, à l'angle nord-est de la Place
de ce nom, avec cloître et dépendances s'étendant jusqu'au-dessus
du tournant de Saint-Pierre. L'édifice de la Madeleine se distingue,
du premier coup-d'œil, dans les deux anciennes vues de Verdun.
C'était presque une seconde cathédrale, avec un Chapitre, qui venait
immédiatement après l'autre, dans l'ordre des préséances, et que l'on
appelait la Collégiale: d'après les chartes de fondation, qui remontaient aux environs de l'an mil, tout le parvis de cette Collégiale
était son aleu et son cloître ; et de là vient qu'on disait autrefois, non
la Place, mais la cour de la Madeleine (2) Sur cette Place, ou Cour,
l'église, s'avançant en longue et large saillie, occupait tout le coin
nord-est; la pompe actuelle, alors simple puits, était près de son
portail latéral, formé d'une jolie ogive, à colonnettes groupées, que
l'on avait en face, quand on arrivait par la rue Saint-Oury. L'entrée
principale, à l'occident, s'ouvrait par une large arcade romane, entre
deux tours carrées, massives et sans flèches, qui dataient peut-être
de l'époque même de la fondation; le reste était d'un beau gothique,
du xive siècle : balustrade à jours en trèfles, régnant sur les hauts

(1) Gravés, tom. II. p. 161 du Congrès scientifique de France, tenu à Nancy,
en 1850, et tom. IV. p. 101 des Mémoires de la Société philomatique de
Verdun. Le chiffre 2 ne diffère de celui 1 que par une plus grande longueur
du trait supérieur : ce qui pourrait, au premier coup d'œil, faire lire 1131,
au lieu de 1231; mais le style de l'architecture indique la seconde date.

(2) *Juxtà monasterium, alodium, cum œdificiis et domibus claustro inclusis.*
Chartes impériales de 1041 et 1047.

murs, au bas des toits; contreforts gothiques, soutenant la poussée
des voûtes; ceux du chœur, noirs et vieux, dominaient la rue du Saint-
Esprit : sous ce chœur, une crypte bien éclairée, où se faisait, par
un chapelain du Chapitre, le service paroissial pour les habitants du
cloître, qui formaient la petite paroisse Saint-Oury. Une chapelle de
ce nom exista devant l'église, sur la Place, jusqu'en 1556 (1) : alors
elle tomba en ruine; et son titre fut transféré à l'autel de la crypte.
La Madeleine est un des monuments à regretter de l'ancien Verdun.

La Belle-Vierge était une statue, placée sur la porte de l'hôtel du
princier, premier archidiacre de la cathédrale, jadis très-grand personnage, mais qui offusquait tellement l'évêque et le Chapitre
qu'après la mort du dernier titulaire, en 1585, ils obtinrent de Clément VII d'Avignon, qu'on ne lui donnerait point de successeur:
néanmoins le nom de princerie demeura à l'hôtel, lequel était, à la
fin du xiie siècle, maison patrimoniale du princier Roger de Mercy qui,
nommé évêque de Toul, en 1250, le donna au Chapitre (2). L'édifice
fut reconstruit, en 1525, par les riches chanoines Jacques et François de
Musson, qui en décorèrent la cour de la colonnade en style Renaissance,
encore subsistante dans cette vieille demeure, aujourd'hui divisée en
deux maisons. On lit, au Registre de la Ville, fin de l'année 1682,
« que M. de Villeneufve, commandant en ce gouvernement, a demeuré à la Belle-Vierge pendant quatre ans, à raison de 150 livres
par an; puis à la ville-basse (en l'Hôtel-de-Ville actuel), pendant
vingt ans, à raison de 500 livres (5). »

Ripe, et la maison des arbalétriers. Ce mot Ripe, en latin *Ripa*,

---

(1) *In capellâ Sancti-Olderici, sitâ antè ecclesiam nostram, capellanum perpetuum ordinavimus..., qui etiàm curam animarum familiæ nostræ habeat...* Acte
de fondation, en 1258.

(2) *De domo vulgò dictâ turris Primiceriatûs ad Ripam : Ego Rogerus, Dei
gratiâ Tullensis electus, Virdunensis quondàm primicerius... domum meam in
quâ manebam, quæ fuit avunculi mei Alberti, cum appenditiis, et curtibus antè
et retrò, et toto horto, et marescalcâ en Ripe, et grangiâ contiguâ,* etc. 1250.
Cartul. p. 157, verso.

(5) Au 20 mai 1662, M. de Villeneufve, alors à la Belle-Vierge, demande
un nouveau logement à la Ville, attendu que le sieur Japin, chanoine, propriétaire de la maison qu'il occupe, va venir y habiter. Ainsi la Belle-Vierge,
aussi bien que l'Hôtel-de-Ville actuel, appartinrent aux Japin. Le 10 juin
suivant, la Ville écrivit à madame Japin, à Paris, de trouver bon qu'on lo-
geât M. de Villeneufve en sa grande maison de la ville-basse, moyennant
50 écus par an. C'était bien peu : aussi la veuve Japin exigea-t-elle 100 écus,
c'est-à-dire 300 livres.

rive ou bord, désignait ce que Melinon appelle Contre-Mont de Châtel, c'est-à-dire le revers septentrional, par opposition au côté sud, où sont la cathédrale et l'évêché : la rue des Prêtres, censée cloître du Chapitre, n'était point terrain municipal; et le haut de Ripe, vers la porte Champenoise, s'appelait Bourrel-Rue (1) : nous ne trouvons le nom de Mautroté dans aucune charte. La maison des arbalétriers était à peu près en face de la Belle-Vierge, un peu au-dessous : elle devint propriété des arquebusiers, lorsque l'antique arbalète eût fait place à l'arquebuse ; puis l'arquebuse elle-même étant tombée dans les antiquités, elle appartint à la milice bourgeoise, réorganisée sous les Feuquière ; enfin, on la vendit, le 14 mai 1746. Il n'y avait rien de remarquable en cette maison, dont le revenu ne servait guère, dans les derniers temps, qu'à défrayer le banquet du jour de saint Antoine. En 1574, 26 octobre, la Ville permit aux arbalétriers de bâtir et faire dresser boutiques, maisons et bâtiments sur le bout de Ripe, boutissant sur la rue » : nous avons dit, qu'à la fin du xviie siècle, les arquebusiers revendiquaient encore les anciens Estaraux de Ripe. — Sur la petite place Châtel, en haut de la rue des Prêtres, une maison gothique, à trois hautes fenêtres ogivales du xve siècle, statuette d'animal fantastique sur le sommet de chaque ogive : le gothique actuel de cette façade est de 1865, la maison ayant dû être accommodée au service de la nouvelle communauté de Saint-Joseph, qui la possède.

Porte Champenoise ou de Châtel, et Courlouve. Nous avons déjà parlé de la porte, seul débris de l'ancienne Fermeté demeuré sur la voie publique. Près d'elle, du côté de l'évêché, fut la fameuse tour du voué Renauld le Borgne, prise et rasée par l'évêque Alberon de Chiny, vers 1155; alors le terrain fut appelé *cour lou vouci*, et, par corruption Courlouve : et, dans cette cour subsista très-longtemps la Motte, ou tertre de l'ancienne bastille : ce tertre fut abaissé, en 1627, pour la sécurité de la nouvelle citadelle (2). La Cour-louve appartenait à la Ville, comme dépendance de ses anciennes fortifications : en 1594, ses murs s'écroulèrent, enfondant des maisonnettes au pied des terrasses : on ne fit aucune réparation, attendu, dit le

_____

(1) Domus Guiardi lou saingnor (saigneur), in Bourel-Rue. 1260, etc. — En 1675, 16 février, et 18 mai, le Registre appelle encore cet endroit Bourrerue.

(2) 50 mars 1627. — *Domus versùs curiam Advocati, in ascensu vici Castri. Domus in Castello, juxtà curiam Advocati.* Titres du xiiie siècle.

Registre, que, depuis plusieurs années, les seigneurs évêques se sont emparés de cette cour, sans en payer rente à la cité (1).

L'évêché. On ne connaît pas l'édifice primitif. Garin parle, dans son roman, d'un bâtiment « as grans fenestres, que firent Sarasins, » d'où le fabuleux évêque Lancelin découvrit l'ennemi, aux fumées d'un incendie allumé à Samoigneux. Ce roman poëme est, sans aucun doute, fort apocryphe; mais les localités qu'il décrit sont réelles : et, comme tous les monuments romains sont, pour lui, des châteaux de Sarasins (païens), on pourrait induire de son renseignement que nos évêques du xie siècle habitaient un vieux palais romain, demeuré dans l'antique Castrum (2). Quelle qu'ait pu être leur résidence, les assauts des Gothelon et des Godefroy, puis ceux de Renauld le Borgne durent la mettre en bien mauvais état : de sorte qu'on la trouve, au xiiie siècle, remplacée par « l'Ostel l'Evesque » du moyen-âge; mais nous ne sommes pas mieux renseignés sur ce second palais que sur le premier. Comme l'Officialité, dite Cour de Verdun, siégeait dans son enceinte, il est possible qu'il soit l'édifice dont nous donnerons la figure, dans la gravure du sceau de l'Official, où est un donjon, servant peut-être au même usage que « les grans fenestres » du roman de Garin. Dans la première moitié du xvie siècle, les évêques lorrains laissèrent tellement tomber le palais que, quand ils y envoyèrent Psaulme, pour gérant et lieutenant, celui-ci ne put s'y loger, et fit construire, à grande dépense, un nouvel évêché que, dans une lettre de 1564, il appelle élégant édifice (3), et qu'en 1660, l'intendant Charles Col-

---

(1) 1594, 18 juillet. — En 1575, 31 janvier (1576, avant Pâque), a été proposé de faire profit, par louage, de la cour du Voué, que tenoit feu monseigneur (Psaulme). Au 4 février suivant, bail pour 12 ans, à charge que le preneur sera tenu de la remettre, si on la lui redemande.

(2)   ... A Verdun, l'évesque Lancelin,
          As grans fenestres, que firent Sarrasins,
          Vit les fumées et les flammes issir.
          Feu ont bouté : si ont Samoines prins,
          En la rivière de Muèse se sont mins.
          Il crie à siens : Par mon chief! vez les ci (les voici) :
          Passé ont Muèse : jà les verrons venir,
          Faites soner, et la ville estormir,
          Et mes grans portes et serrer, et tenir,
          De grosses pierres, faites les murs garnir, etc.
                    (GARIN, partie inédite.)

(3) *Maximas impendi pecunias ut elegantibus, et maximè necessariis ædificiis adornarem episcopatum Virdunensem, in quo, antequàm ad hunc advenissem,*

bert de Croissy trouvait encore magnifique, pour la situation et l'étendue (1). Néanmoins ce qu'on en voit, sur le côté méridional, dans la vue d'Israel Silvestre, ne paraît pas fort splendide : aussi l'évêque Charles-François d'Hallencourt, grand amateur de bâtisse, le condamna-t-il, comme laid et vieux, dès qu'il y entra, au commencement de 1723. Les maçons ne manquèrent pas d'être de son avis : et la condamnation fut ratifiée, en dernier ressort, par l'architecte du roi Robert de Cotte, à la suite d'une visite des lieux, en 1724. On voit, par son rapport, que ce qu'il y avait de plus remarquable dans l'ancien évêché était une grande salle carrée, ornée de statues et d'un plafond en menuiserie encadrant, en son milieu, une assez bonne peinture de génies portant des emblèmes épiscopaux. L'avant-cour, au pied des tours de la cathédrale, était probablement le « parvis deleis l'orme, » dont parlent Melinon, et les chartes : on y entrait par la porte du séminaire actuel ; et il y avait là deux cha-pelles, Sainte-Walburge, vulgairement Sainte-Waubour, à l'usage particulier de l'évêque, à peu près où est la grande porte actuelle, et Saint-Nicolas-des-Clercs, vers l'endroit où le bâtiment de l'évêché touche à celui du séminaire : avant la construction de celui-ci, en 1829, il restait encore, dans une bûcherie, quelques ogives de Saint-Nicolas. Sainte-Waubour était une fort ancienne fondation de quelqu'un de nos prélats, de la maison de Chiny, famille qui avait pris cette sainte pour patronne. Quant au palais moderne, dont l'ar-chitecte fut ce même Robert de Cotte, dont nous venons de parler, ce n'est qu'une très belle et vaste demeure, sans caractère d'art : l'Hôtel-de-Ville est, à ce point de vue, beaucoup meilleur. On com-mença à bâtir l'évêché en 1723 : il n'était pas entièrement terminé, à la mort de l'évêque d'Hallencourt, en 1754 ; et, en 1741, le compte des travaux se montait à près de trois cent cinquante mille livres, un bon tiers des bâtiments restant à faire : ces énormes dépenses furent acquittées par des coupes extraordinaires et de quarts en réserve dans les forêts de l'évêché, suivant arrêt du Conseil, du 27 février 1725.— A la Révolution, l'évêque Aubry se contentant d'un modeste appartement, l'administration du District s'installa à l'évêché : elle y fut remplacée par la Sous-Préfecture, transférée elle-même à Saint-Paul, en 1805 ; puis, un sénatus-consulte du 14 nivôse an XI,

nullum erat in urbe, nec extrà, episcoporum proprium domicilium. Ad impera-torem Maximilianum, _sexto calendas octobris_ 1564.

(1) Rapport au roi. Dans les Preuves de Roussel, p. 88.

ayant créé trente-cinq sénatoreries, dotées chacune d'un hôtel et de revenus en biens nationaux, le palais devint sénatorial, affecté à monsieur le sénateur Vimar, qui s'y montrait rarement. Après 1814, on y logea les généraux commandant le département de la Meuse : enfin, en 1825, on le rendit aux nouveaux évêques, qui n'en occupèrent d'abord que le haut : le bas servit au grand séminaire, jusqu'à l'achèvement de son bâtiment, vers 1852.

La Cathédrale. Edifice du milieu du XIIᵉ siècle, construit sous l'évêque Albéron de Chiny, et renfermant autrefois beaucoup de monuments et d'antiquités historiques : mais, après l'incendie de 1755, le Chapitre, se laissant aller au goût du jour, fit enlever toutes ces anciennes choses, et donna à l'édifice l'aspect moderne qu'il a aujourd'hui. Il serait injuste de contester le mérite de quelques-uns des embellissements faits alors : le maître-autel à baldaquin est magnifique; néanmoins il faudrait, au-dessus de lui, une coupole en dôme, qui était dans le plan du Chapitre, mais que les architectes n'osèrent entreprendre. Nous donnerons ailleurs une notice sur l'ancienne cathédrale, dont la description nous entraînerait trop loin ici.

Les quatres chapelles extérieures étaient, d'abord les deux dont nous avons parlé, à l'article de l'ancien évêché, puis deux autres, Saint-Laurent, et Saint-Jean-du-Cloître, appartenant au Chapitre. Saint-Laurent était à l'angle de la Place, à gauche en descendant vers la Belle-Vierge : en 1759, le maréchal de Belle-Isle en affecta l'emplacement, partie à l'élargissement de la rue, partie à l'établissement d'un corps-de-garde, supprimé lui-même, en 1780. Saint-Jean-Baptiste, ou Saint-Jean-du-Cloître, ancien baptistère de la cathédrale, était paroissiale, desservie, comme Saint-Oury à la Madeleine, par un simple chapelain du Chapitre. Cette chapelle, sans caractère, et reconstruite, à une date moderne, se voit encore, derrière le chœur, au haut des Gros-Degrés.

Les chartes parlent assez fréquemment d' « estainches, » ou étangs existant, soit en Châtel, soit au mont Saint-Vanne (1). C'étaient des

(1) *In castello Virdunensi, juxtà stagnum.* 1244. Les actes en français mettent : « En Chaiteil, devant, ou sor l'Estainche. » — *In monte Sancti-Vitoni, juxtà stagnum dicti montis.* XIVᵉ siècle. — D. Cajot suppose que l'Estainche était aux environs de Saint-Maur, où passait autrefois le ruisseau d'Escance ; mais cet endroit ne fut jamais dit En Châtel. — Ne pas prendre pour l'ancienne Estainche la grande citerne creusée, il y a une vingtaine d'années, près du chœur de la cathédrale.

réservoirs à recueillir l'eau pluviale, ou celle que l'on faisait tirer des puits pour les femmes, les enfants, et gens incapables de tourner les treuils. C'est probablement de ces « estainches » que parle Richer, quand, à propos du siége de 984, il représente notre ville-haute comme bien pourvue de puits et de fontaines : *scatens puteis fontibusque*. La description de l'ancien évêché mentionne, au milieu de sa grande cour, un puits de cent pieds de profondeur, entouré de quatre colonnes de pierre. Louis XIV, étant à Verdun, en 1687, se choqua d'apercevoir, dans la cathédrale même, un puits, avec ses seaux et ses engins : ce puits était dans le transept voisin de la chapelle dite aujourd'hui du Saint-Sacrement : le Chapitre le fit boucher; mais, pour en reconnaître la place, on grava la lettre P. sur la pierre qui le recouvre.

Les Degrés, ou, comme dit Melinon, les Esgreis Notre-Dame, aujourd'hui Gros-Degrés. Ils sont d'ancienneté immémoriale : la relation du grand incendie de 1217 porte qu'il s'alluma *à gradibus Sanctæ-Mariæ*. Vers le milieu de la descente, une statue de la Vierge : là commençait, suivant le Chapitre, le terrain du cloître et la juridiction capitulaire, objet de tant de débats entre lui et la Ville, laquelle toutefois lui reconnaissait volontiers le devoir et la charge de réparer les Degrés, au-dessus de la statue. De là vient que les Registres, toutes les fois qu'ils parlent de réfections à cet escalier, ont soin d'ajouter que c'est pour la partie à la charge de la Ville. Sur la rampe en fer, tout en haut, une inscription portant que l'archidiacre Bousmard, grand Prévôt de Montfaucon, fit faire « ces besognes, » en 1595.

Les Augustins. Assez pauvre couvent, des Quatre-Mendiants, fondé vers 1310. La maison avait son entrée presque en face de la pompe de Rue; le chœur de l'église donnait sur l'extrémité du quai, à peu près où est le théâtre; on voit dans Pierre Jacob, la fenêtre ogivale à meneaux, du fond de ce chœur : nef à un seul collatéral; gothique du xive siècle. Il y avait, aux Augustins, depuis 1645, la messe Marillac, anniversaire, avec distribution d'aumônes, fondé par la famille de l'infortuné maréchal. En 1791, l'évêque Aubry fit conserver cette église, pour chapelle de la paroisse épiscopale (cathédrale), à l'usage du faubourg du Pré; les événements annulèrent l'effet de sa bonne intention. Ce fut dans une des salles de ce couvent que, le jour même du 30 mai 1793, le triomphe des Montagnards à Paris n'étant point connu, Delayant prononça son fameux discours girondin, qui eut des suites

si funestes pour lui, et pour ses amis. — En pluviôse, an cinq, c'est-
à-dire au carnaval de 1797, la salle de spectacle, près du pont Jem-
mapes (ainsi disait la nomenclature révolutionnaire), fut inaugurée
par des bals publics; elle appartint à des particuliers jusque vers
1850, où la Ville en fit l'acquisition; et, en 1855, on construisit, à la
place de son ancienne et misérable entrée, un petit porche assez élégant, qui orne à la fois le quai et le théâtre. Celui-ci est, en partie,
sur l'emplacement de l'église des Augustins.

Rue. On croit que le nom de ce quartier vient du bras de la Meuse
qu'on appelait le Ru (*rivus*); l'autre bras, dit Moson, qui était le
principal, est celui qui va à Saint-Airy. Vers 1150, Albéron de Chiny
fit construire les moulins l'Evêque : à dater du xiii⁰ siècle, les mentions de Rue et de la Porte en Rue deviennent fréquentes dans les
chartes; cette porte, près du moulin, était en ruine, dès le temps de
Wassebourg, et le quartier se continuait avec celui du Mesnil, qui avait
sa porte sur la campagne: mais la porte du Mesnil ayant été comprise,
comme porte de secours, dans l'enceinte de la citadelle, et son quartier étant détruit, l'extrémité de Rue devint une sorte d'impasse, et
resta ainsi jusqu'à l'ouverture de la nouvelle porte, vers 1858 (1).

Saint-Amant, paroissiale du ban Saint-Vanne, s'élevait, avant le
xvii⁰ siècle, sur la Roche, vers l'endroit où est aujourd'hui le pont
de la citadelle: démolie dès 1625, pour creuser les nouveaux fossés,
cette église fut regrettée parce qu'elle était la seule belle paroissiale
à Verdun. On la reconstruisit près du pont des Raines, dont elle a
fait changer le nom; et elle se trouva alors à l'extrémité de Rue, où
on la voit encore, en nouvelle reconstruction de 1765; aujourd'hui
magasin de fourrages militaires. Au temps de l'ancienne Saint-Amant,
les paroissiens de Rue se plaignant de l'incommodité du chemin montant, dit ruelle de la Roche, la Ville ordonna, en 1609, que cette
ruelle serait rendue plus accessible, soit par un pavé, soit au moyen
de degrés taillés dans le roc : lors de la reconstruction de 1765, les
paroissiens de Glorieux, se plaignant à leur tour, proposèrent que la
nouvelle église fût rapprochée de leur faubourg; mais, à cause de la
citadelle, leur demande parut inadmissible (2). La cure, autrefois à la

(1) *Domum suam, sitam in Ruâ.* 1226. — Les portaiges de la porte
Champenoise, et de la porte en Rue, ci-dessus, p. 519. — « Une porte
de laquelle on voit la ruine, près les moulins l'évesque. » Wassebourg, p. 50,
verso.

(2) Glorieux, comme appartenant au ban Saint-Vanne, était de la paroisse

32

nomination de l'abbé de Saint-Vanne, passa à celle de l'évêque, en vertu de l'acte d'union de 1574.

Vers le milieu de Rue, l'ancien séminaire, établi, en 1683, dans le local du petit hôpital, ou aumônerie Saint-Jacques; reconstruit vers 1740, et affecté, en 1811, à la prison civile.

Dès le xive siècle, il y avait des maisons au Petit-Rempart de Rue (1); et, jusqu'à la fin du xviie, le gouvernement exigea de la Ville l'entretien de cette muraille. En 1664, on interdit au public la ruelle « voisine du jeu de paume » (elle existe encore); en 1683, on fit reculer le jardin du nouveau séminaire, qui gênait le passage pour le canon (2); mais, dans le siècle suivant, ce Petit-Rempart fut abandonné, à charge d'entretien, d'abord aux Augustins, puis au Séminaire, enfin aux particuliers.

L'Esplanade de la Roche, et ses avenues, reçurent leur disposition actuelle entre les années 1780 et 1783, et remplacèrent la lande dite Broussy, qui faisait effet disgracieux devant la splendide façade du nouvel évêché. Les officiers du Génie dirigèrent bénévolement la plantation des arbres, l'aplanissement des terrains et la répartition des pentes : auparavant la descente vers la porte de France était obstruée d'anticipations; et, près de cette porte, on voyait un vaste chantier de gros bois. Ces travaux étant terminés, à la fin de 1785, on élargit la rampe descendante de la citadelle à Rue; on la rendit praticable aux voitures ; et on fit sauter, par la mine, les quartiers de rocher qui rétrécissaient ce chemin.

Saint-Vanne. Belle et célèbre église, qui mérite une notice, soit d'histoire, soit de description. Elle remontait, comme nous l'avons dit ailleurs, à l'origine même de la chrétienté verdunoise; elle fut donnée aux Bénédictins, en 952 ; et, peu après l'an mil, nos chroniqueurs parlent des dalles et des pierres magnifiques que l'abbé Richard fit venir, par eau, à grands frais, pour son ornement. Une forte clôture protégeait cette abbaye. Vers l'an 1200, l'abbé Louis, frère d'Albert de Hirgis, entreprit une église tellement vaste et grandiose

---

Saint-Amant : de là vient que la fête patronale de ce faubourg est, encore aujourd'hui, au 4 novembre; et on croit, par erreur, que c'est la saint Charles, qui tombe le même jour. Il n'y avait pas d'anciennes églises du titre de ce dernier saint, lequel ne vécut qu'au xvie siècle.

(1) « Maison sise en Rue, par devers Nuésc, joindant aus murs de la fermetei. » 1364.

(2) 21 juin 1664. 5 juin 1683.

qu'on ne put l'achever : elle se détériora ; et, en 1450, l'abbé Etienne
Bourgeois, du Pont-à-Mousson, n'en conservant que le portail roman avec les deux tours, commença la belle gothique que nous avons
vu détruire, et que ses contemporains avaient cependant trouvée petite, au prix de l'immense basilique à laquelle il renonçait. A sa
mort, en 1452, la construction nouvelle était déjà fort avancée : la
dernière pierre des voûtes fut posée, vers 1520, par le suffragant Goberti, auquel les évêques lorrains avaient donné la commende de
Saint-Vanne pour qu'il fît, à leur place, les fonctions épiscopales à
Verdun. Dès qu'il y eût une citadelle, ce beau monument fut menacé :
en 1552, on découronna les tours, pour une plate-forme à mettre du
canon ; puis Marillac projeta de raser Saint-Vanne, et de transférer
l'abbaye à la Madeleine, en réunissant le Chapitre de cette Collégiale
à celui de la cathédrale ; mais sa chute fit avorter ce plan. De nouveaux projets de démolition furent mis en avant, sous Louis XIV ; le
roi, après avoir visité l'église, en 1687, défendit de la détruire. En
1740, à la suite d'un coup de foudre, on posa sur les deux tours les
coupoles, peu gracieuses, que représentent les dessins faits à la fin
du siècle dernier. A la Révolution, l'édifice fut remis à l'administration du Génie, à laquelle il est très injuste d'en imputer la ruine ; car
elle fit, au contraire, tout ce qu'elle put pour le conserver. En 1817,
le colonel Thiébout, par devis peut-être un peu atténué, proposa,
pour réparations urgentes à la toiture, une dépense de 4,500 fr., qui
fut rejetée par le comité des fortifications, sous prétexte que ce
monument, n'ayant d'intérêt qu'au point de vue de l'art et des souvenirs, c'était à la Ville à en assurer la conservation. Celle-ci trouva
étrange qu'on fit retomber sur elle une charge, probablement considérable pour l'avenir, à cause du mauvais état des choses, et cela
pour une église impropre, par sa situation même, à tout service
paroissial : les ressources municipales étaient d'ailleurs épuisées par
la grande famine de cette année même 1817, où le pain se vendit
jusqu'à 60 centimes le demi-kilogramme ; enfin, on se persuada que
le gouvernement ne persisterait pas dans sa mesquinerie, et garderait Saint-Vanne, pour quelque usage de la guerre : malheureusement on se trompait ; et cette erreur fut regrettable, parce qu'alors
on eût encore pu, au moyen de quelques travaux d'urgence, sauver
l'édifice, en attendant des jours meilleurs. En 1818, le duc d'Angou-
lême visitant la citadelle, on essaya de l'intéresser, en lui parlant
de l'ancienne décision de Louis XIV ; mais ce furent paroles perdues

avec un prince sans goût. En 1820, une décision du ministre prescrivit d'enlever la toiture, béante à l'extrémité ouest, et menaçant, disait-on, d'être enlevée par le vent; alors la pluie tomba sur les voûtes, et toute restauration devint bientôt impossible. Le public fut persuadé qu'il y avait, de la part de l'administration de la guerre, mauvaise volonté, et que l'église était condamnée comme ôtant l'air et le soleil au cloître de l'ancien couvent, devenu caserne. Une décision du 11 octobre 1826, ordonna la démolition complète; néanmoins le Génie lutta encore quelque temps; les colonels Olry et Petitot présentèrent de nouveaux projets; mais leurs efforts furent inutiles; et, en 1851-52, cette majestueuse basilique disparut de notre sol, au regret des amis des arts et de l'antiquité.—Il en existe une vue belle et exacte, prise du côté méridional, à la chambre obscure, par M. l'architecte Cauyette, en 1820, peu avant l'enlèvement de la toiture.

Cette église fermait le côté, maintenant ouvert, du cloître de la vieille caserne, et s'étendait beaucoup au-delà, vers l'est, le chœur tout entier donnant sur le jardin du couvent. Sauf le portail et les tours, elle était du style gothique dit flamboyant; ses hautes fenêtres ressemblaient, en grandes dimensions, aux ogives du cloître de la cathédrale. Un ancien toisé, dans œuvre, attribue à l'édifice 172 pieds de long, 56 1/2 de large, non compris les chapelles, et 58 de haut, sous clef. On entrait, à l'ouest, par une large arcade romane, à colonnettes groupées et archivoltes sculptées; sur ce portail, une vaste rosace gothique, de même style que l'église. De cette porte du fond, on avait la vue d'un intérieur dont nous ne pouvons mieux donner l'idée qu'en le comparant à celui de l'église du Collége, en supposant à celle-ci une longueur à peu près double, un chœur arrondi en abside, et une architecture ogivale. Les deux nefs latérales s'élevaient à la même hauteur que celle du milieu; les grandes arcades, qui séparaient les nefs, retombaient sur des colonnes cylindriques; les hautes fenêtres, à vitraux peints, correspondaient à ces arcades: très-belles voûtes à clefs sculptées; l'une de ces clefs, au-dessus de l'autel, était armoriée d'une aigle à deux têtes, avec restes de couleurs et de dorures. Aucun badigeon: les larges pierres de taille se voyaient de leur couleur naturelle, à teintes rosées; cette pierre, au dire des architectes, provenait de carrières épuisées, peut-être de la Falouse, ou du Châtelet de Châtillon. Sur tout l'extérieur, à l'exception du portail, s'élevaient, entre les fenêtres, des contreforts à clochetons et à sculptures, portant chacun, vers le sommet, une gouttière en gargouille, à forme d'animal ou d'oiseau bizarre; balustrade à trèfles, bordant tout le haut circuit des murs; chapelles assez petites, occupant les intervalles entre les bases des contreforts. — Le cloître, bien que les meneaux de ses arcades ogivales soient détruits, est encore digne d'attention, ainsi que l'ancienne salle capitulaire, où les moines délibéraient. L'autre cour offre aussi des vestiges d'antiquités, notamment dans l'aile du midi, à droite en entrant dans la caserne; cette aile était l'abbatiale, transformée en greniers, depuis que, par l'union de 1574, le seigneur évêque était devenu abbé perpétuel, pour la mense seulement et les seigneuries; car les moines ne se gouvernaient que par leurs dignitaires réguliers, le prieur et le sous-prieur, supérieurs locaux, administrant sous l'inspection des supérieurs majeurs, qui formaient le Régime général de la Congrégation de Saint-Vanne, ainsi nommée de cette abbaye même, où cette réforme avait pris naissance.

L'arsenal, divisé en trois parties par deux rangs de colonnes de structure grossière. C'était l'Hospitalité, ou aumônerie : il est dit, dans la chronique manuscrite, qu'elle fut aussi reconstruite par l'abbé Bourgeois, et qu'on plaçait des lits entre les arcades. Elle donnait sur la grande cour extérieure (1), dont la porte d'entrée, au midi, existe vers l'extrémité de l'Arsenal. Ce bâtiment fut affecté à des usages militaires dès le temps de Marillac, qui transforma en Place la grande cour dont nous venons de parler.

Des restes considérables des anciens quartiers d'Escance-Haute et du Mesnil demeurèrent, jusque vers la fin du XVIIe siècle : c'est ce que nous apprenons de notes mises, en 1678 et 1679, sur le registre baptismal de Saint-Amant, par le curé Vigneron. «En 1678, dit-il, fut, par ordre de la cour, ruiné et démoli le faubourg de Glorieux, de cent cinquante familles, pour étendre le glacis de la citadelle, et pour la régularité des dehors. Au mois d'avril 1679, toutes les maisons des bourgeois et habitants de la citadelle furent démolies, également par ordre de la cour; et les casemates rebâties, en leur place et lieu : et les familles, au nombre de cent quarante environ, exclues

(1) Sur cette cour, devenue Place, l'église avait, au pied d'une de ses tours, un petit portail roman, demeuré de l'ancien édifice. De là vient que, dans l'épitaphe de l'abbé Bourgeois, on lisait qu'il avait fait faire « ceste présente église jusques au portail de la cour. »

et expulsées » (1) ; néanmoins, dans un procès que ce même curé Vigneron eut, en 1692, avec le Chapitre, il fut dit que sa paroisse comprenait encore 45 familles à la citadelle (2). Des bourgeois s'avisèrent d'aller y demeurer, pour se soustraire aux impôts et charges de la Ville; mais celle-ci réclama, en 1669; et, en 1718, une requête de ces prétendus exempts fut rejetée par l'Intendant, d'après une lettre du maréchal de Villars, déclarant que les priviléges des citadelles n'étaient que pour les gens attachés au service du roi (3).

LE PRÉ.

L'ancien aspect de ce grand terrain était déterminé par le cours des eaux. Il y eut toujours une écluse vers l'endroit où est Saint-Nicolas (4) ; l'eau qui entrait par là s'appelait rivière du Preillon ou Praillon (*prateolum*) ; et elle courait, comme celle d'aujourd'hui, vers l'emplacement du Pont-Neuf : mais, sur le trajet, une partie entrait dans le Brachieul par la Petite-Grille; en outre, un ruisseau, dit Ruisselette, et, par corruption, Rousselette, se détachait du Praillon, non loin de l'écluse d'entrée, coulait de là aux fossés du pont des Raines (Saint-Amant), et débouchait dans la rivière de Rue, à peu près vers l'abreuvoir actuel, où fut longtemps une houblonnière. Le barrage des moulins la Madeleine et Saint-Maur maintenait l'eau du Pré à un niveau assez élevé ; et les moines de Saint-Nicolas, pro-

(1) Ces notes du curé Vigneron sont tout entières dans Ch. Buvignier, Note sur les archives de l'Hôtel-de-Ville, p. 116. Sous Marillac, il n'y eut d'autres expropriés que les gens auxquels appartenaient les maisons du périmètre de la fortification : car on trouve au Registre de 1627, 6 mars, une décharge de moitié des tailles accordée par la Ville aux habitants qui restaient; jusqu'à ce qu'ils pussent rétablir leur trafic, interrompu par les travaux des constructions nouvelles.

(2) En outre, dit ce même document, 106 familles en ville, et 50 dans les faubourgs de Glorieux, Regret, Frana et Baleicourt : plus, en la citadelle, 300 hommes, auquel ledit sieur curé doit administrer les sacrements, et tire, par année, cent livres de M. le gouverneur, à cet effet. — Telle était la paroisse Saint-Amant, à la fin du XVIIᵉ siècle.

(3) 7 décembre 1669. 2 juillet 1718.

(4) « Pêcher à tous harnoix, en la rivière qui court derrière l'église dudit Saint-Nicolas, qui descend des escluses, jusque on ruixel dont l'eau court au fossé du pont des Raines. » *Accord de 1471, entre le Chapitre et Saint-Nicolas.*

fitant, soit de la Rousselette, soit d'autres ruisseaux ou flaques, pour se faire une clôture économique, avaient enfermé leur monastère et leurs jardins dans une sorte d'île, séparée de l'île principale. Il y avait des îlots vers l'emplacement du magasin aux vivres et de la rue de la Rivière. Ces lieux changèrent complètement de face, d'abord par les nouvelles fortifications, terminées environ l'an 1690 (1), avec grande et petite digue, et pont neuf; puis par la construction du quartier de cavalerie, après 1730; alors on traça de nouvelles rues, et les ruisseaux de clôture de Saint-Nicolas furent comblés; enfin l'écurement de la Meuse, peu avant 1780, ayant fait supprimer le barrage de la Madeleine, on dessécha les îlots, et on donna au Praillon son lit actuel, la petite digue étant convertie en chaussée, et son fossé approfondi.

Ce terrain était encore presque entièrement inoccupé quand l'évêque Jean d'Apremont y fonda, vers 1220, le prieuré, depuis abbaye Saint-Nicolas, pour des chanoines réguliers de Saint-Victor de Paris, dits Victorins. Il s'y forma bientôt un faubourg, dont il est parlé pour la première fois en 1227, dans l'histoire des démêlés de Raoul de Torote avec la Commune (2); et, comme l'endroit continuait à se peupler, ce même évêque Raoul, ne voulant point que son Pré tombât sous la juridiction de la Ville, donna, en 1236, la charte *pro libertate habitantium in Prato*, que nous ferons connaître dans l'histoire. La fréquence des inondations empêcha le développement de ce quartier, où il n'y eut, jusque à la fin du XVIIe siècle, qu'une seule rue, allant, à peu près dans la direction de celle qu'on nomme aujourd'hui Saint-Louis, depuis les tours extérieures du pont des Augustins jusque vers Saint-Nicolas, et communiquant de là à Rue par le pont des Raines (3): le reste était rempli de jardins à maisonnettes,

(1) Dès la fin de 1688; car on voit, au 4 décembre de cette année, la Ville s'excuser de faire des réparations à l'ancien mur derrière Sainte-Catherine, sur ce que « la ville est présentement fermée par les fortifications de l'île Saint-Nicolas. » Mais Louvois ne fut pas de cet avis; et, le 23 janvier 1689, on fit l'adjudication des réparations. Au 29 octobre de la même année, il est dit que le Pont-Neuf est construit aux frais du roi, mais que les réparations futures seront charge municipale. — Le curé Vigneron dit, dans sa note déjà citée, que l'écluse Saint-Amant fut construite en 1684.

(2) *Tàm super homines manentes in civitate, quàm super homines in suburbiis, videlicet in burgo Sancti-Vitoni, et in Escantiâ, et in Prato Episcopi.* Charte de 1227.

(3) En 1609, on tolérait encore des fumiers dans cette rue : « Permis à

dites Folies ; parmi les propriétaires de ces Folies, on trouve, au xvie siècle, Wassebourg, et Goberti, le même qui fit terminer l'église Saint-Vanne, vers 1520. C'est aux démolitions ordonnées par Louvois à la Haute-Escance, au Mesnil, et ailleurs, pour l'achèvement de la citadelle, que notre nouveau quartier doit son origine. Il y eut alors grande pénurie de logements : plusieurs bourgeois émigrèrent ; et la Ville, après les doléances les plus lamentables, en était à projeter de prendre les jardins des maisons religieuses, et d'obliger les bourgeois à bâtir aussi dans leurs jardins donnant sur les rues (1), quand le gouvernement, rejetant avec raison ces mesures vexatoires, fit promulguer, le 8 juillet 1680, par l'Intendant des Evêchés Basin, une déclaration que « conformément à l'intention de « Sa Majesté, les particuliers ayant des remboursements à prétendre « pour bâtiments et héritages à eux pris dans les fortifications, « seroient tenus d'employer les deniers desdits remboursements à « la construction de maisons en l'isle Saint-Nicolas : toute personne « pouvant également bâtir en ladite isle, tant sur ses propres fonds « que sur ceux des propriétaires qui ne voudraient pas construire, « même sur ceux des communautés séculières ou régulières, à « charge néanmoins de faire, au préalable, marquer, désigner et « arpenter lesdits fonds par Bouridal, commissaire des guerres, et « de Watronville, subdélégué, avec déclaration, par devant Humbert, notaire royal, d'intention de bâtir sur iceux, aux prix sui- « vants : Héritages en nature de jardins potagers, trois livres la « verge, icelle contenant 16 pieds de roi, en carré pris de tous côtés. « Autres héritages, de moindre valeur, quarante sols la verge, et au- « dessous. Et pourront se faire délivrer lesdits héritages à rentes des « propriétaires, sur le pied du denier vingt ; et en faire le rachat, « quand bon leur semblera, moyennant lequel rachat iceux hérita- « ges demeureront quittes et déchargés des cens, tant par emphy- « téose que autrement. » — « Au préjudice de laquelle ordonnance, « dit un autre document, messire Pierre Danet, curé de Sainte- « Croix en la cité de Paris, procureur fondé de la nation françoise « en l'Université de ladite ville, et abbé (commendataire) de Saint- « Nicolas de Verdun, auroit fait assigner à comparoir, au Châtelet « de Paris, Didier Gérard, commissaire des poudres et salpêtres en

---

deux laboureurs, en la rue du Pré, en un bout peu fréquenté, de tenir fumier, à charge de le vuider trois ou quatre fois l'an. » 29 *août* 1609.

(1) V. le Registre, 6 juin et 24 juillet 1677.

« la généralité de Metz, Jacques Fournel, ci-devant commis extraor-
« dinaire des guerres, et consorts, bourgeois de Verdun, pour
« exhiber les titres et contrats en vertu desquels ils se disent pro-
« priétaires des maisons et jardins qu'ils occupent en ladite isle
« Saint-Nicolas, et se voir condamner à remettre les héritages qu'ils
« tiennent par baux emphytéotiques... Sa Majesté, en son Con-
« seil, a ordonné et ordonne que l'ordonnance dudit sieur Basin,
« du 8 juillet 1680, sera exécutée selon sa forme et teneur; a dé-
« chargé et décharge les suppliants des assignations à eux données
« au Châtelet de Paris; et renvoie les parties par devant le sieur
« Charuel, intendant en la généralité de Metz, pour leur être pourvu
« ainsi que de raison. Fait au conseil d'état du roi, Sa Majesté y
« étant, tenu à Chambord, le 8ᵉ jour d'octobre 1682, et de notre
« règne le quarantième. » Tels sont les documents sur la première
construction du nouveau Pré.

Il n'y avait d'ancien, en ce quartier, que Saint-Nicolas, qui lui-
même perdit tout caractère d'antiquité à sa reconstruction, faite
sans goût en 1700. A en juger par quelques pierres retrouvées dans le
sol, l'ancienne église était gothique, assez élégante : la nouvelle, qui
subsiste, a été divisée en deux étages et transformée en grande salle
d'hôpital. Dans la chapelle Saint-André de l'ancienne et de la nouvelle église, les religieux faisaient un service paroissial : autre chapelle de Saint-Humbert (Saint-Hubert) où, d'ancienneté « messieurs du Magistrat allaient, tous les ans, en cérémonie, ouïr leur
messe patronale, suivie de chasse à Baleicourt, et de deux banquets,
l'un de chair, l'autre de poisson, celui-ci dû par les pêcheurs, l'autre aux frais de la cité. Cet usage était fort traditionnel; et il n'est
guère d'année où les vieux registres ne mentionnent la Saint-Humbert. On exposait, en cette chapelle, une statuette d'argent doré, d'un
pied et demi de hauteur : c'était le saint patron, portant à son cou un
cor de chasse renfermant, disait-on, un fragment de la fameuse étole,
contre la rage; cette relique attirait des pèlerins : pour pendant, il
y avait une statuette pareille de saint Nicolas, autre patron non moins
populaire; et, aux fonts baptismaux, se voyait encore saint Hubert,
avec son cerf et ses chiens, en bas relief. Nous plaçons en note
quelques renseignements sur les cours d'eau qui formaient autrefois
clôture à cette abbaye (1), dont les bâtiments sont aujourd'hui l'hôpital militaire.

(1) Etat du terrain que l'on a pris à messieurs les chanoines réguliers

La caserne de cavalerie, ou quartier Saint-Nicolas. Elle fut entreprise par la Ville presque en même temps, et d'abord aussi activement que celle d'infanterie à Saint-Paul : dès 1754, une aile se trouvait bâtie(1); et, en 1738, 26 juillet, la dépense se montait déjà à plus
de cent quarante mille livres. Mais il survint de grands ralentisse-
ments, après l'inondation de 1740, dont les désastres absorbèrent
les ressources municipales : on reconnut alors la nécessité d'exhaus-
ser le terrain du quartier, et de le mettre à l'abri des eaux, qui l'en-
vahirent encore en 1751 et en 1764; puis, sous prétexte du lourd
impôt du don gratuit, qu'un édit du mois d'août 1758 avait établi
pour six ans, et qui fut prolongé pour quatre autres années en 1763,
la Ville discontinua les bâtiments. Ses excuses furent d'abord admises; mais, en 1765, lorsqu'elle voulut les renouveler pour la nouvelle
durée du don gratuit, l'Intendant déclara qu'il ferait supprimer les octrois, si l'on n'en affectait aucune partie aux casernes. Il fallut, en conséquence, remettre la main à l'œuvre; et
la caserne fut terminée en 1771 : mais, dès 1788, l'aile ancienne
avait besoin de grandes réparations, que la Ville était assez embar-
rassée de terminer pour le terme fixé de 1792, lorsqu'elle fut heu-

pour la construction de la caserne de cavalerie : 1° Un ruisseau, avec la
prairie et les jardins attenant, d'environ cent toises de long, sur quarante
de large, pris, tant pour l'emplacement de la caserne que pour la rue qui
règne derrière ladite caserne : de sorte que leur maison, qui étoit autrefois
fermée par ce ruisseau, se trouve aujourd'hui ouverte, etc. » — Autres doléances, lors de l'écurement de la Meuse : « Supplient très-humblement les
chanoines réguliers, etc., disant que l'ancien lit de la grande écluse régnait
le long de leur jardin, et servait de clôture à leur maison ; mais que, par la
nouvelle direction qu'on vient de lui donner, et par un transport de terres
qu'on a rapportées du bord opposé, il s'est formé derrière leurdit jardin un
espace qui leur ôte toute clôture, les expose à toutes sortes de dégradations
et de déprédations, et pourrait devenir le rendez-vous et le théâtre de la
licence la plus effrénée, sous les yeux mêmes des suppliants, etc. » Par lettre
du 17 juillet 1777, le maréchal de Broglie, auquel cette supplique s'adressait, décida que le nouveau terrain (un peu plus de trente pieds de large
entre le jardin de l'abbaye et la rivière), serait abandonné aux religieux, à
charge par eux de le clore latéralement comme ils l'entendraient, et suivant
l'alignement qui leur serait donné.

(1) « Les casernes de cavalerie Saint-Nicolas, nouvellement bâties, seront
fournies de couchettes, par adjudication. *Registre,* 29 *août* 1734. — On cotera
par numéros les chambres de la caserne Saint-Nicolas, afin de savoir dans
laquelle chaque bourgeois a mis sa fourniture. *Ibid,* 6 *novembre suivant.* —
V., pour la suite, 26 juillet 1738, 25 mars 1741, 26 août 1747, 14 août 1751,
18 décembre 1756, 19 décembre 1758, 9 juillet 1763, 18 août 1764, 12 avril
et 17 mai 1765, 2 juin 1771, 10 avril 1788.

reusement déchargée de ce lourd fardeau par la loi qui prescrivit, en 1791, de remettre toutes les casernes à l'administration de la guerre. — En 1782, et années suivantes, le gouvernement fit bâtir les deux magasins aux vivres et aux fourrages : de bel aspect l'un et l'autre, du moins avant l'incendie du dernier, vers 1845; alors il fut recontruit dans son état actuel, en même temps, à peu près, que l'on bâtissait le nouveau manége, et, dans un autre endroit de la ville, le marché couvert : édifices tous fort utiles, sans contredit, mais qui ne nous feront pas accuser par la postérité d'avoir poussé trop loin le goût de l'élégance monumentale. — Avant l'établissement des grands magasins militaires au Pré, c'était encore à la Ville à fournir des locaux pour les grains et fourrages du roi : en 1692, on en remplit les greniers du Chapitre, l'abbatiale de Saint-Paul, la salle capitulaire des Prêcheurs, et autres grands emplacements qu'on put trouver; en 1736, quand on acheta le nouvel Hôtel-de-Ville, il fut dit qu'on bâtirait un maga- sin sur les derrières, au lieu dit alors la Bigognerie; mais ce projet n'ayant pas reçu d'exécution, on continue à trouver, dans les Registres des années suivantes, quantité d'ordres de l'Intendant, enjoignant de fournir des greniers au munitionnaire général des vivres et four- rages. En 1776, la dépense annuelle pour ces locations s'élevait à environ quatre mille livres (1).

Les hôpitaux du Pré. Saint-Hippolyte doit sa création, de date mo- derne, à l'évêque Hippolyte de Béthune, et à divers chanoines de la cathédrale, dénommés en l'acte de fondation, du 6 mai 1716. Il s'aug- menta par des legs et des dons, et eut, jusque à la Révolution, son administration particulière, indépendante de celle de l'hôpital général de Sainte-Catherine : aujourd'hui la même commission administrative régit les trois hôpitaux; et, vers 1840, elle a transféré en celui de Saint-Nicolas le service des hommes malades, Saint- Hippolyte demeurant affecté exclusivement aux femmes, et Sainte- Catherine étant hospice pour les vieillards et les orphelins. — La rue qui va du Pont-Neuf aux casernes fut tracée en 1752, achevée et pavée en 1755. (Reg. 2 juin).

Les Sœurs de Charité s'établirent au Pré, vers la fin du XVIIe siè-

(1) Registres, 25 avril 1692, 16 janvier 1694, 4 août 1696, 16 janvier 1706, 8 février 1756, dix mille sacs; 6 mai 1758, deux mille cinq cents sacs, au- delà des sept mille cinq cents déjà déposés en cette ville; 5 février 1765, 28 septembre 1766, onze mille sacs, indépendamment de ceux déjà logés pour la consommation ordinaire.

cle. L'évêque Desnos leur fit bâtir, en 1786, à l'extrémité de la rue
Saint-Louis, sur la rivière, une nouvelle et fort belle maison, qui lui
coûta 66 mille livres, et qui a gardé le nom des Sœurs-Grises; mais
la Révolution les en expulsa presque sur le champ : elles sont aujour-
d'hui à Saint-Maur où, depuis les premières années de notre siècle,
elles secondent, avec zèle, le bureau de bienfaisance en ses utiles fonctions.

L'hôpital militaire remonte à l'an 1689, où les administrateurs de
Sainte-Catherine, voulant débarrasser leur maison des soldats
malades que le roi y faisait soigner, achetèrent, au prix de 4,800
livres, l'hôtel de M. Duhautois, sur la Place du Marché, et le disposèrent pour le traitement des militaires. On l'appelait autrefois
hôpital du roi; et le docteur Vacquant en parle, avec une satisfaction
des plus médiocres, dans sa Topographie médicale de Verdun, imprimée en janvier 1787, au tome 6 du Journal de médecine militaire.
Ce local ne pouvait contenir aisément que 154 lits, bien qu'il ne fût
pas rare de voir la garnison fournir 200, ou même 250 malades; on
se plaignait en outre de l'humidité du rez-de-chaussée, et de la
distribution incommode des salles. Le gouvernement le supprima en
1799, et chargea Saint-Hippolyte du service des malades militaires;
mais on manqua bientôt de place : et l'administration moderne des
hospices se trouva dans le même embarras que ses prédécesseurs de
1689. Un décret du 15 mai 1806 la remit en possession du ci-devant
hôpital du roi; elle obtint, en 1807, de l'échanger contre les bâtiments de l'abbaye Saint-Nicolas, local sain, bien aéré, et à portée
de l'une des principales casernes; un autre décret lui concéda, en
1808, la portion non aliénée des vergers et des jardins de l'ancien
monastère; elle racheta peu à peu le reste, et même quelques maisons voisines, afin d'isoler l'hôpital; enfin, en 1854, elle fit construire,
à l'ancienne abbatiale, un bâtiment qui permit de transférer à Saint-
Nicolas les hommes malades non militaires, que l'on soignait à Saint-
Hippolyte; dès lors cette dernière maison fut réservée exclusivement
aux femmes.

Autrefois, la ville se partageait en mairies, divisions plus petites que nos sections. Au siècle dernier, on comptait vingt-cinq mairies, y compris celles des faubourgs, au nombre desquels était Haudainville : et chacune d'elles avait son maire et son lieutenant, chargés de fonctions de police, et de tenir rôle des habitants.

On n'a pas de renseignements sur le chiffre de notre population, au moyen-âge : à en croire de vagues traditions, la ville aurait été alors fort peuplée; mais on en dit autant presque partout, même dans les villages. La première indication positive remonte à 1586 : au 17 mai de cette année, le Registre porte « qu'il appert des rôles que le nombre des personnes bourgeoises, le clergé non compris, se monte à huit mille. » Les dénombrements spécifiés et détaillés ne commencèrent qu'au xviiie siècle. Celui de 1730 donne un total de 8405, pour la ville et les faubourgs, le clergé toujours non compris. En contradiction avec ce chiffre, se trouvait celui de 9993, dans un mémoire envoyé, en 1759, au maréchal de Belle-Isle, par l'ancien maire Chambéry, qui comptait, à la vérité, le clergé et les habitants de la citadelle; ce qui toutefois ne suffit pas pour expliquer la différence. (1) Peut-être la Ville avait-elle quelque peu dissimulé, et mis des chiffres faibles, dans la crainte de surcroîts d'impôt ou de logements militaires, charge fort lourde avant la construction et la mise en état des casernes. On a ensuite le dénombrement de 1775 : total 9541 : enfin, au commencement de 1790, le Registre déclare 10,280 habitants. Tous ces dénombrements renferment Haudainville, qui ne fut érigé en commune qu'en 1793. En 1775, il y avait 1569 maisons numérotées : en outre, celles de la citadelle et des faubourgs, qui n'avaient point de numéros.

Au sujet de la voirie, nous trouvons, en 1508, défense d'établir au-

---

(1) Dénombrement de 1730, dans le Registre, 24 février 1731. Hommes mariés, 1668. Veufs, 112. Femmes mariées, 1675. Veuves, 531. Garçons au-dessus de 14 ans, 601. Au-dessous, 883. Filles au-dessus de 12 ans, 983. Au-dessous, 1025. Garçons de boutique et valets, 282. Filles de boutique et servantes, 643. — Chiffres du mémoire de Chambéry, dans D. Cajot. Alman. de 1776, p. 145. Ce Jean de Chambéry, ancien chargé d'affaires de France en Hollande, avait été nommé en 1729, bien que n'étant que le troisième sur la liste des présentés. Cajot s'imagine qu'au xvie siècle, il y avait à Verdun dix mille hommes en état de porter les armes. — *Dénombrement de* 1775, au Registre, 4 février de cette année. Hommes, 1800. Femmes, 2182. Garçons, 2004. Filles, 2196. Valets, 241. Servantes, 456. Ecclésiastiques, 121. Religieux, 126. Religieuses, 154. Hôpitaux, 281. — Chiffre de 1790, sans détails, dans le Registre, 17 et 25 janvier.

dessus de la voie publique, des encorbellements à une hauteur infé-
rieure à douze pieds, comptés du pavé de la rue. « Fut dit par droit,
rapporte Melinon, l'an mil ccc et viii, pour la femme Aubertin, que,
s'aulcun maisonne en Verdun, et il gette saillies ou corbels, il convient qu'il i ait, dès les dessus-dessoubs du pavement, jusques au
dessoubs des saillies ou des corbels, xii pieds du moins : et, se il i avoit
aulcuns qui disent : Je veuil qui soit au point qu'il estoit du devant,
combien qui n'i ait eu xii pieds, convient que il mette les xii pieds,
se il abat et maisonne, por tant que (parce que) pavements et voies
se lèvent adès » (se mesurent de là).(1). En 1592, il fut prescrit
« pour la commodité, bien et beauté de la cité, que, ci-après, partage
ou division ne se pourra faire d'aucune maison, si chacune part ou
portion n'a, sur le front de la rue, 15 ou 16 pieds de large (2). » Au
moyen-âge, loin de tenir à la largeur et à l'alignement des rues, il
semble, au contraire, que les sinuosités et rétrécissements parais-
saient utiles, pour la défense, en cas où quelque ennemi aurait pénétré dans la ville. L'alignement devint obligatoire, au siècle dernier :
l'article 87 du grand règlement de police de 1734 prescrit de le
demander au lieutenant de police du bailliage : l'ensemble de cet alignement fut approuvé par le maréchal de Belle-Isle, lors de sa visite
de la place, en 1759 ; et les Pères Jésuites durent promettre de s'y
conformer, quand ils réédifieraient leur hôtellerie de la Bannière,
l'entrée de leurs classes, et les maisons qui leur appartenaient sur la
rue de la Chaussée (3).

Du passage que nous venons de citer de Melinon, il résulte que,
dès 1308, il y avait un « pavement adès duquel » se mesurait la
hauteur devant rester sans saillies ni corbels sur les façades. Ainsi
la ville est pavée, au moins dans ses rues importantes, depuis une
époque fort ancienne. Les Registres, même les plus vieux, ne parlent
de pavage que pour des réparations. Le 15 mars 1520, il y eut
conclusion capitulaire « de faire paver tout Chastel : » probablement
ceci doit s'entendre également d'un repavage. Pour la Ville, la
charge se bornait aux ponts et aux places, chaque propriétaire
devant l'établissement et l'entretien du pavé en face de sa maison.—
En 1585, commença le service des tombereaux pour la propreté des
rues (4) : auparavant ce nettoyage se faisait par corvées.—En dé-

(1) Manuscrit, p. 90, 91, 180.   (2) Registre, 21 avril 1592.
(3) Registre, 26 septembre 1759.   (4) 31 octobre 1585.

cembre 1756, à l'occasion d'un militaire tombé dans un puits, le
Registre mentionne 24 puits publics. La première pompe fut mise,
en 1607, à l'abattoir de la grande boucherie, à charge d'entretien
par les bouchers (1) : les autres puits n'en reçurent que vers la fin
du siècle dernier; aux places d'Armes et du Gouvernement en 1784,
et partout, en 1786. Pour servir aux occurences des incendies, on
déposa, en 1646, sur le grenier de la Grange au blé, six grandes
échelles, autant de crocs de fer à longs manches de bois, 25 seaux
en bois ou en cuir bouilli, et 25 haches (2) : en 1678, répartition
des seaux dans les mairies des quartiers: première pompe à incendie en 1717 (5); le règlement de police de 1754 en mentionne cinq
(art. 79. 80); et il est dit, au Registre de 1759, qu'on en achètera
deux nouvelles.

LES MOULINS.

Il y avait, au xe siècle, beaucoup de petits moulins sur le ruisseau
d'Escance, où subsistent encore aujourd'hui ceux de Regret et de
Jardin-Fontaine (4). Sur la Meuse, les premiers dont nous trouvions
mention sont ceux du pont que Saint-Paul fit construire, peu après
sa fondation, à l'endroit de son ancienne abbaye : il en est parlé dans
une charte de 984, déjà citée ; et ce sont probablement les moulins
de Saint-Paul-Rue, mentionnés dans les titres des temps suivants (5).
Les moulins de la Madeleine et de Saint-Maur furent établis, dans
la première moitié du xie siècle, près du pont que l'on appela alors
nouveau, et que les eaux emportèrent bientôt, comme celui de
Saint-Paul. En 1050, il y avait un moulin au Brachieul, un ou plu-

(1) 11 avril 1607.

(2) 13 octobre 1646.

(3) « On fournira au fondeur les cuivres de deux ou trois vieux canons
d'arquebuses, qui sont en l'Hôtel-de-Ville, pour servir à la construction
d'une pompe à incendie, que messieurs ont, depuis longtemps, résolu de
faire faire. » 30 mai 1717. Cette pompe coûta 90 livres.

(4) Dedit etiàm eis Berengarius episcopus, qui idem monasterium construxit...,
cursum aquæ Scantiæ, cum novem molendinis. Bulle de 1049, pour Saint-Vanne.
— Prædecessor noster beatæ memoriæ Wilfridus episcopus, fundator monasterii
beati Pauli, fratribus ejusdem loci, ad usum quatuor molendinorum in ter-
ritorio suo, decursum Scantiæ concessit. Charte de Henri de Winchester, p. 147
de la Chronique de Saint-Paul.

(5) Ci-dessus, p. 460. 61.

sieurs à Saint-Airy; et le Chapitre en possédait à Belleville (1).
Les titres du siècle suivant parlent des moulins l'Evêque, bâtis vers
1150, des moulins de Saint-Paul à Wameaux : du Butry, à l'île des
Saules; des moulins seigneur Païen, non loin de Saint-Airy; du
Brocard, que Saint-Paul acheta, vers 1200, de la veuve et des héritiers de sire Brocard, chevalier de Crespy, et qui devint ensuite le
moulin la Ville (2). Voici quelques renseignements au sujet de
ces usines, suivant l'ordre de leur situation sur les deux bras de la
rivière :

Le moulin, ou plutôt les moulins l'Evêque, car il y en eut deux à
l'origine, furent construits par Albéron de Chiny, qui se démit de
l'évêché en 1156. Il en donna un au Chapitre (3); et la Ville les con-
voita : mais, par accord de 1247, avec l'élu Jean, elle renonça à
toute prétention, l'évêché s'engageant, de son côté, à ne jamais rien
construire là qui pût ressembler à une Fermeté, et même à retenir
l'eau aux vannes, quand on aurait besoin de la faire refluer pour la
défense de la ville-basse (4). Dans la suite, par divers arrangements,

(1) *Bellavilla, cum centenâ, molendinis et Malberti monte..... Molendinum
super Bracceolum.* Bulle de 1049, pour la cathédrale. — *In civitate, mansos* II,
curtilia XXXI, *molendinum unum.* Charte de Saint-Airy, en 1040. — *Duo molendina subtùs monasterium sita, et circâ ea allodium, et piscariam à Novo-Ponte
usquè ad vadum Sancti-Pauli.* Charte de la Madeleine, en 1041.

(2) Moulins de Wameaux, en 1156 et 1158, Cartul. de Saint-Paul, p. 101.
Le Butry, en 1176, ibid. p. 102, et cartul. de Saint-Airy, t. I. p. 30. — *Domina Pontia, uxor quondàm Brocardi militis de Crispeio, contulit ecclesiæ Sancti-
Pauli molendina sua, super rectum littus Mosæ, penès muros civitatis, unâ cum
cursu aquæ et piscariâ quæ usquè ad molendinum Sancti-Agerici protenditur,
pro viginti rasis frumenti, annuatim, in perpetuum.* Charte d'Albert de Hirgis,
cartul. de Saint-Paul, p. 98. Cette veuve Poincette Brocard mourut à Saint-
Maur, en 1221, ibid. p. 196. 197. — Raul de La Tour, citain de Verdun, a
vendu à Saint-Ary, pour seizvins livres et deix de fors, et seiz reises de frou-
ment de rentes, la moitiei de tos les molins que on apelle Signour Païen.
1244.

(3) *Dedit etiàm nobis dominus Albero unum de duobus molendinis quæ nova
fecerat, in prato Sanctæ-Mariæ : alterum dedit successoribus episcopi. Nécrologe
de la cathédrale.* — Ce pré Notre-Dame appartenait probablement alors au
Chapitre : et là était l'ancienne porte Aux-Foins, dite porte Notre-Dame.

(4) Nous la communetei de Verdun... avons outroiei et acquelei à nostre
signour Jehan, par la grâce de Deu l'esleu de Verdun, et aux évesques qui
après lui seront, entièrement les vennes qui sont sus Muese, dessous le
jardin l'évesque, entre la porte de Rue et lo mur dou Prei : en teille ma-
nieire, que il les doie retenir de fust (bois) et de pierre, ainsi que nos puis-
siens retenir lawe (l'eau), as vennes devant dites, quant besonsnos iert (sera,
erit) por la forcetei, sans mespenre (mésuser). Et l'évesque de Verdun, il

inutiles à rapporter, le Chapitre devint seul propriétaire; et il l'était de temps immémorial, en 1790, bien qu'on dit toujours, et qu'on dise encore le moulin l'Evêque. En 1742, on abaissa le barrage, qui maintenait l'eau trop haute dans la prairie : et le Chapitre eut, en 1772, une petite guerre, de mémoires à consulter, contre les ingénieurs qui voulaient détruire son moulin. Vers 1840, on creusa, sous la Roche, un souterrain pour déverser les eaux dans les fossés de la porte de France.

Les moulins la Madeleine et St-Maur étaient en face l'un de l'autre, sur les deux rives opposées, le premier à l'extrémité de la rue du Port, l'autre au Puty : un solide barrage, en pierre de taille, les rattachait, à travers la rivière; mais, comme ce barrage augmentait, en temps de grandes eaux, les inondations du Pré, on le supprima en 1775. Trente mille livres d'indemnité furent allouées par le gouvernement, pour chacun de ces deux moulins. A celui de la Madeleine, il y avait six grosses meules, que la Ville acheta (1) : celui de Saint-Maur se composait de quatre tournants, trois pour les grains, un pour broyer des matériaux de ciment.

Sur l'autre bras de la Meuse, ancien Moson, tous les moulins appartenaient à la Ville. Avant 1479, Saint-Airy possédait sur ce bras, d'abord son premier moulin, mentionné dans ses chartes de fondation, en 1040 ; puis un second, acquis par lui, portions par portions, des héritiers d'un seigneur Païen, dans la première moitié du xiiie siècle (2) : et, vers la fin du xive, il avait établi une papeterie, la première dont il soit parlé dans notre histoire. En cet état des choses fut fait, par l'abbé Remiet, que les moines n'appelèrent jamais de bonne mémoire, le traité qui fit tout passer au domaine de la Ville. Par cet acte, daté du 15 novembre 1479, et déguisé sous le nom d'ascense-

---

puet faire molins, et aultres asements, à sa volontei, sans faire forcetei que pousse greveir la forcetei de Verdun... 1247, juedi devant les Bures (1248 avant Pâque). *Cartul. de l'évêché,* n° 56.

(1) 24 août 1776.

(2) Actes de 1244, 1251, 1261, au cartulaire de Saint-Airy. Dame Ouxenne, citaine de Verdun, stipule, dans la vente de sa part, une rente de six anguilles : « et se il advenoit aucunes fois, par adventure, que on ne prist nulles anguilles as molins que on dit Païen, nos paierions à ladite Ouxenne six sols de fors (forts), por les six anguilles. » — Dans un titre de 1396 : « une maison sur la cornée d'Anguille-Rue, près de l'aitrie (*atrium*) Saint-Pierre-le-Chairiel. — En 1270, il y avait une rue près du moulin Saint-Airy : « maison sise en la rue Mueson (Moson) moulin, entre la tour de la Fermetei et la rue de Haut. »

ment perpétuel, parce que l'abbé n'avait pas droit d'aliéner, « les Jureis, citei et communitei de Verdun prennent en ascensement perpétuel et irrévocable, tous les molins, tant à bled comme à papier, que on dit Mossons molins Saint–Ary, avec tous manoirs, meix, piles et pilans, ventilleries, et autres édifices d'iceux, sur Meuse, en la cité, joignant à la grosse tour appelée la Noire–Porte, » l'abbaye se réservant la moutûre gratuite des grains de sa consommation, un droit de pêche, une rente annuelle de 16 francs (de 12 sols); enfin, annuellement, une rame de papier «dou meillour de la façon de ladite papellerie : » mais la Ville dut prendre à sa charge une redevance annuelle de huit rez froment, dont Saint-Airy étoit tenu envers le Chapitre, et que la cité compensa ensuite avec une rente à peu près pareille due par le Chapitre aux Malades. Les moines prétendirent que l'abbé Remiet, qui venait d'être élu, et dont l'élection était contestée, avait fait ce déplorable arrangement pour mettre la Commune de son côté. Calculant, au xviiie siècle, que leur mouture franche ne valait pas plus de 25 livres par an, que les 16 anciens francs ne faisaient guère que dix livres tournois, et la rame de papier pas davantage, ils trouvaient, dans l'acte de 1479, une « lésion énormissime : » mais ils devaient tenir compte de la rente assez considérable des huit rez, ou 128 franchards, dont ils avaient été déchargés; et il est dit, dans un document de 1490, que les usines n'étaient pas en bon état, quand ils les cédèrent. Quoi qu'il en soit, et malgré toutes leurs doléances, la Ville garda le moulin jusqu'au 28 juin 1792, où il fut adjugé, pour une somme de vingt-six mille livres, en vente nationale, par devant les administrateurs du District.

La papeterie de Saint-Airy, devenue propriété municipale par le traité de 1479, fut, par acte du 10 février 1508, laissée à cens perpétuel, à charge par les fabricants concessionnaires d'exploiter et de maintenir cette usine, qui fonctionna en effet pendant tout le xvie siècle. Son papier, tel qu'on le voit dans les anciens actes et registres, était solide et épais, mais raboteux et dur à écrire. Il y eut, le 8 mars 1568, sentence du Siége Sainte-Croix, condamnant « le fermier de la papellerie à fournir la rame de papier de rente annuelle et ancienne, dont ladite papellerie est chargée envers iceulx demandeurs. » (Saint-Airy).

En 1600, cette papeterie fut transformée en moulin à poudre, qui subsista jusqu'à l'explosion épouvantable de 1727. L'établissement se fit malgré la Ville qui, apprenant, au commencement de l'année

1600, que Jacques Durochet, commissaire des poudres et salpêtres de Metz, Toul et Verdun, traitait avec les censitaires de la papellerie, pour l'acquisition de leurs droits, lui fit signifier l'acte de 1508, imposant aux preneurs charge « d'entretenir ledit moulin et papellerie, » avec déclaration que « ne peuvent Messieurs permettre qu'il soit altéré et changé en poudrière, pour les dangers et inconvénients qui pourroient ci-après survenir (1). » On passa outre : dès le 11 août suivant, le moulin à poudre fonctionnait; le gouverneur affecta la tour des Champs au dépôt de ses produits; et Messieurs durent se borner à demander que, du moins, Durochet s'engageât à rétablir la papeterie, à l'expiration de son bail des poudres et salpêtres du roi, qu'il avait pour neuf ans. Il n'en fut rien, comme on pouvait aisément s'y attendre : loin de là, le gouvernement mit le moulin à grains lui-même en servitude de chômage, toutes les fois que la poudrière eut besoin de son eau, pour une fabrication plus active. Ceci arriva assez fréquemment dans le cours du XVIIe siècle : parmi ces chômages, nous remarquons celui de 1654, ordonné par « monseigneur de La Force, le sieur Japin ayant besoin de toute l'eau pour faire travailler plus diligemment aux poudres nécessaires au siége de La Mothe (2). » Il fut question, après que la fortification moderne eût appauvri le Moson, de supprimer le moulin à blé, au profit de l'autre : une estimation, pour les indemnités à accorder à la Ville, fut même faite, en 1685, sur ordre de Louvois, par l'ingénieur Diflot (3).

Les moulins la Ville et Brocard. Cette désignation, habituelle dans

(1) Registre, 4, 11 février, 11 août 1600. — Remontrances à M. de Haussonville sur l'accident du feu, naguère survenu en ladite usine : prière que, si on la rebâtit, elle soit transférée hors de la ville. 19 *février* 1605. — Passage des bateaux près du moulin à poudre. 26 *octobre* 1612. — C'est à ceux qui ont la poudrière à payer les 24 francs et la rame de papier à messieurs de Saint-Airy. 8 *mai* 1649.

(2) 12 juillet 1634. — En 1629, 11 juin, deux mois de chômage, en vertu d'une lettre de la reine. — Japin a reçu mandement du roi de fournir grande quantité de poudres : il a besoin de l'eau entière d'entre la batterie et les moulins Saint-Ary. 21 *avril* 1636. — Plainte du meunier de Saint-Airy que, depuis neuf mois, il ne peut moudre, parce que l'eau n'est suffisante que pour faire tourner la roue de la batterie à poudre, qui est de l'autre côté desdits moulins. 28 *janvier* 1668. — Il y a, à la poudrière, cinq employés, qui doivent jouir de l'exemption. 20 *juillet* 1686. — La poudrière saute. 18 *novembre* 1727. — Adjudication de la place de l'ancienne poudrière. 26 *décembre* 1734.

(3) 14 juillet 1685.

les vieux Registres, semble indiquer, pour origine de ces moulins,
ceux que, vers l'an 1200, Saint-Paul acquit de la veuve et des héritiers du chevalier Brocard de Crespy, par chartes que nous avons
déjà citées (1) ; mais on ignore comment la propriété en arriva de
l'abbaye à la Ville (2) : et aucun document fort ancien ne parle de
moulins dénommés de celle-ci. Il est certain toutefois que, dès une
époque reculée, elle posséda, au Puty, plusieurs usines importantes.
D'abord son moulin la Ville, dont les boulangers étaient banaux (3) :
ensuite le Brocard, toujours mentionné à côté du précédent, mais
non spécialement affecté à la mouture des grains. En 1602, on permit
aux armuriers d'y poser meule et polissoir d'armes : ce moulin avait,
en outre, dans ses dépendances, un pilon à écorces, qui attire à la
Ville, disent les Registres, les moutures des tanneurs, en grand
nombre dans cette cité : enfin là était encore la foulerie à draps,
aussi ancienne que la corporation des drapiers, dont il est parlé dès le
xiiie siècle : cette foulerie subsista, au Brocard, jusqu'à la Révolution.
Par traité du 1er juillet 1519, les drapiers la prirent à cens perpétuel
de 50 francs, s'obligeant à y faire fouler tous les produits de leur
fabrique, et se réservant la préférence sur les fabricants étrangers.
Les choses demeurèrent ainsi jusqu'au 31 mai 1746, où survint « un
vilain fondoir, » pour les réparations duquel il y eut litige, puis transaction, le 2 juillet suivant, la Ville reprenant son usine, déchar-
geant les drapiers du cens de 50 francs, faisant trente livres tournois ;
les autres engagements de la corporation maintenus. On fit alors des

(1) Ci-dessus, p. 512, note 2.

(2) La chronique manuscrite de Saint-Paul, rédigée en 1647, dit, p. 266,
que le moulin Brocard, appartenant à cette abbaye, avait été aliéné et démoli. Cependant on le trouve, longtemps après 1647, mentionné dans les
documents municipaux. « Deux moulins, en ladite ville, appelés les moulins
la Ville et Brocard... Un autre moulin, dit Moson-Saint-Airy, aussi en ladite
ville, » porte la déclaration de 1681, à la chambre royale de Metz. En 1776
encore, lors de l'acquisition des meules du moulin détruit de la Madeleine,
il fut dit qu'elles serviraient aux moulins la Ville, Brocard, et Saint-Airy.

(3) « Il sera fait visite des moulins la Ville, où les boulangers ne veulent
plus être tenus de faire moudre, alléguant qu'ils moulent mal. 28 *novembre*
1581. — Le meunier dit que les boulangers étant banaux aux moulins la
Ville, il n'a presque rien moulu durant la pestilence, et même que ceux du
ban Saint-Vanne ne sont pas venus du tout. 26 *février* 1585. — Défense aux
boulangers d'aller moudre ailleurs qu'aux moulins la Ville, comme il se
pratique de toute ancienneté. 7 *juillet* 1601. — Défense au meunier de la
Ville, et aux autres, d'empêcher la charrette, ou le cheval du meunier de
Glorieux d'aller par la ville, avec clochette, chercher grain pour moudre en
son moulin. 5 *mars* 1594.

baux municipaux : en 1750, canon annuel, cent livres, pour trois, six, ou neuf années; en 1768, 165 livres : de 1774 à 1777, chômage, à cause des travaux d'amélioration de la rivière; puis, les moulins restant à Verdun étant reconnus suffisants pour les grains, la foulerie fut réparée, et louée 212 livres. A la vente nationale, du 28 juin 1792, on adjugea le moulin la Ville, avec le foulon à draps, pour une somme de 54 mille 500 livres.

On vit longtemps, aux moulins la Ville et Saint-Airy, des ouvertures pour le passage de petits bateaux. Elles furent pratiquées, en 1612, à la demande de Son Altesse de Lorraine, pour faciliter le trafic avec ses états : les bateaux entraient par la grille Saint-Airy, passaient devant le moulin à poudre, puis devant la tour des Champs, suivaient la muraille jusqu'au Puty Sainte-Croix, et sortaient au bas des moulins la Ville (1). Aujourd'hui la Meuse n'est considérée comme navigable que depuis Verdun; mais autrefois, des bateaux de petites dimensions partaient de Saint-Mihiel. A Stenay, au sortir du département, la rivière a un volume d'eau plus que double de celui qu'elle avait en entrant vers Vaucouleurs.

Entre les années 1775 et 1780, fut fait le grand travail qu'on appela l'écurement de la Meuse, c'est-à-dire l'amélioration du cours de cette rivière au passage de Verdun, et dans les environs. Dès 1770, commencèrent les études des ingénieurs du gouvernement : en 1774, arrêt du Conseil prescrivant les travaux; l'année suivante, démolition des moulins la Madeleine et Saint-Maur, auxquels on attribuait les fréquentes inondations des quartiers en amont; enfin, en 1779, l'entreprise terminée, il se trouva, au Pré, 129 verges de terrain mis à sec, qu'un nouvel arrêt du Conseil, du 11 janvier 1780, abandonna à la Ville, et dont on profita, peu après, pour la construction du magasin des vivres militaires.—Au xiii⁰ siècle, la disposition des lieux et des eaux était telle que, pour peu qu'on tînt les vannes hautes à Saint-Airy, l'eau submergeait Saint-Nicolas : ce qui amena plusieurs querelles et voies de fait entre les gens des deux maisons (2).

(1) Registre, 13, 16 août, 26 octobre 1612.
(2) « .... D'une escluse, en Muese, des esvantauls, et dou pont au moulin Païen, que li devant dits de Saint-Nicolas, ou lor commandement, avoient despéciés et desrompus... Des xcresiers (cerisiers) coupeis au jardin dou Prei, et des pierres que jeteies furent aus fenestres et sour lou dorteur (dortoir). » *Préambule d'une sentence de* 1278, cartul. Saint-Airy, tom. i. p. 126.

LES FAUBOURGS ACTUELS.

Au moyen-âge, on voyait, vers l'endroit de notre cimetière, la léproserie Saint-Jean-des-Grands-Malades, dont nous parlerons à l'article des lépreux : et, à quelque distance de là, du côté de la ville, était Saint-Urbain, ancienne possession de l'Ordre de Malte, dépendante de Saint-Jean-de-Rhodes-lez-Etain, commanderie de Gilaucourt (1). En 1566, le Chapitre fit saisir cette terre, à défaut de paiement de plusieurs années de rentes foncières : puis, par transaction de 1573, avec frère Guillaume Silvestre, commandeur de Gilaucourt, il la prit en emphytéose ; et, l'unissant à une autre propriété assez considérable, dite Folie-Blanche, il forma du tout son Trescent-Saint-Urbain, qui lui appartenait encore à la Révolution. Frère Guillaume avait stipulé le maintien du service divin : mais le Chapitre ne paraît pas avoir tenu compte toujours très-rigoureux de cette clause : du moins on lit, dans ses papiers de 1755, que, pour le moment, la chapelle servait de grange à son fermier.

Le nom de ce faubourg vient d'un pavé qui existait devant la porte de la Chaussée, et que la Ville fit continuer, par corvées, en 1601, jusqu'à Saint-Urbain (2). Le dessin de Pierre Jacob représente l'ancien état des lieux : dès 1615, le Pavé fut érigé en mairie, avec statuts, renouvelés et confirmés le 26 octobre 1650. La police était difficile à maintenir en cet endroit, à cause des mendiants et vagabonds dont les guerres multipliaient le nombre ; et les troupes qui venaient, chaque année, en quartier d'hiver à Verdun, ressemblaient fort peu, pour la discipline, à notre armée actuelle : en conséquence, la Ville prescrivit « à tous bourgeois et à chacun d'iceux, de donner sur le champ avis au maire présent et futur de tous excès, insolences,

(1) « S'ensuivent les terres appartenantes à la chapelle de Rhodes, de Saint-Jean-de-Jérusalem, dite Saint-Urbain de Verdun... *Papier terrier, de* 1547. — De Saint-Urbain dépendaient environ quinze jours de terre, et quelques prés à Dugny. La Folie-Blanche avait quarante jour de terre à la roie, et vingt-quatre fauchées de pré.

(2) « Messieurs ont résolu de faire paver depuis la porte à la Chaussée jusqu'à Saint-Urbain. — Pour l'achèvement de ce pavé, corvée de huit charrois à tous les charretiers de la ville, et, par l'évêché, à ceux des villages sur la rivière. La toise, cinq francs (de douze sols). 15 *mai et* 19 *octobre* 1601. Dès 1597, 31 juillet, 16 août et 12 septembre, il est parlé de maisons et jardins sur le pavé hors la porte de la Chaussée.

débauches, jurements, blasphèmes, oppressions, mauvais ménages, filles abandonnées, et autres faits scandaleux qui se passeront et se commettront audit faubourg : est ordonné au maire d'y faire promptement le devoir de sa charge, et au voisinage de lui donner aide et assistance à son premier mandement, à ce qu'il en fasse rapport à la justice et au procureur syndic de la cité. » Malgré ces règlements, des maraudeurs dévastèrent les Grands-Malades, en 1637 et 1658; et cet enclos leur servant de repaire, on fut obligé d'en démolir les murailles, en 1640 : la chapelle subsista, en ruine, jusqu'en 1715.— Dans un titre de 1429, est mentionné « le lieu que on dit le Coulemier devant Verdun : » les Jésuites l'acquirent, avec quelques terres voisines, en 1603 : et il appartint au Collège jusqu'à la Révolution ; le nom signifie colombier.

Près de la rivière, à peu près au tournant de la Galavaude actuelle, l'hôtellerie de la Saulx, où les marchands forains apportaient du sel, que l'on achetait, sans regarder s'il provenait des salines de Lorraine, auxquelles la Ville, par traités faits d'assez mauvaise grâce, avait accordé le monopole de son approvisionnement (1). De là, vers Belleville, une longue chaussée, dite Givée, dont on répara, en 1586, six-vingt toises de long, sur cinq pieds de haut, avec muraille en pierre de taille, sur le devant : on y fit, de 1586 à 1589, de grandes réparations, pour lesquelles l'évêché et le Chapitre fournirent des bois (2); il y avait un bac, vers Belleville; et la Givée fut encore réparée, par corvées, en 1664. En 1667 commence à paraître le nom moderne de cette partie du faubourg : il vient de

(1) « L'hôtelier de la Saulx, devant la porte à la Chaussée, ne soutiendra plus aucun marchand ayant sel étranger, pour l'empêchement qu'y fait M. de Haussonville. 6 août 1592. Au 12 juillet précédent, on voit que ce gouverneur avait fait arrêter des marchands de sel, en la maison de la Saulx.

(2) 3 août et 4 novembre 1586. — Pour la Givée devant la porte à la Chaussée, il faut encore douze cents chars de bois, que les dangers et les calamités du temps empêchent d'amener : on demande ce bois à l'évêché et au Chapitre. 18 avril 1587.— La Givée de la chaussée est bien faite et parfaite, suivant le marché, excepté l'isle d'auprès de la muraille de la ville, du côté bas du pont. 6 septembre 1589.— Bail du passage sur la Givée, vers Belleville, à Fr. Baleicourt, vu ses bons services durant la contagion. 2 juillet 1633. — Les habitants du faubourg répareront par corvées le chemin de la Givée. 12 juillet 1664. Au 18 mars 1787, il est dit que les habitants du Pavé sont corvéables pour leurs chemins, à la différence de ceux de Verdun, auxquels l'entretien de leur pavé, et le guet de la garde tiennent lieu de corvées.

« la maison des Galavaux, dont les habitants se disent du finage de Belleville, pour s'exempter des tailles et de l'étape (1). » Il est parlé encore ailleurs de ces Galavaux, famille alors d'une certaine notabilité.

Quelques renseignements, de la fin du siècle dernier, se trouvent dans une pétition faite vers 1775, pour que le faubourg fût érigé en paroisse indépendante de Saint-Sauveur. « Il y a présentement au Pavé, dit cette pièce, 175 chefs de famille, et plus de 500 communiants qui, pendant l'hiver, se trouvent séparés de la ville, par la clôture des portes, quatorze heures chaque nuit : de sorte qu'en cas d'urgence, il leur faut recourir au vicaire de Belleville, avec circuit d'une demi-lieue par la côte, quand la rivière déborde. La chapelle de Saint-Urbain, appartenant à messieurs du Chapitre de la cathédrale, est à pure charge pour eux : ils ne la laissent subsister que pour la dévotion; nous avons lieu d'espérer que, moyennant un cens, ils nous abandonneront, non-seulement cette chapelle, mais encore la maison, et dépendances, pour le logement du vicaire perpétuel : ce considéré, monseigneur, plaise à Votre Excellence nous accorder un prêtre résidant en notre faubourg, aux dépens de qui il appartiendra. » Ces derniers mots étaient aisés à écrire : ils s'adressaient aux décimateurs, qui se montraient généralement peu empressés à faire les fonds de nouvelles paroisses.

Le cimetière actuel a pour date le décret du 7 octobre 1809, autorisant la Ville à acquérir, pour les inhumations, un hectare du terrain appartenant aux Hospices, lieudit Champ-des-Malades. Ce terrain, agrandi en 1825 et 1857, par des échanges et acquisitions, demeura, jusqu'en 1822, clos d'un simple fossé : après l'acquisition de 1857, qui fut de plus d'un hectare, il fallut démolir et reconstruire le mur bâti de ce côté, en 1826. Les anciens cimetières étaient près des églises paroissiales : on voit encore celui de Saint-Victor; et celui de Saint-Médard servit assez longtemps, après la suppression de cette paroisse.

Le faubourg de Glorieux est l'ancienne Escance-Basse, dont le nom actuel vient d'une croix à rayons de gloire, dite Croix de Glorieul, qui, dès le milieu du moyen-âge, fut érigée là, soit pour marquer les limites du ban Saint-Vanne, soit pour quelque station processionelle. La Charte de Paix mentionne cette croix de Glorieul,

(1) 5 décembre 1667.—Leur prétention est rejetée, sauf à eux à se pourvoir par appel.

et une autre, dite Sous-Escance, ou de Fond-Escance, qui devait être du côté de Regret.

On appela, au xvii⁰ siècle, « demeures à Regret » les maisons que se bâtirent hors de la ville les habitants expulsés par les travaux des fortifications. Il y eut, au Pavé, vers 1680, une porte et des maisons à Regret; mais, en ce faubourg, cette dénomination s'oublia bientôt (1), tandis qu'elle resta aux censes à Regret, qui sont le Regret actuel, dont l'origine remonte à 1678, suivant la note déjà citée du curé Vigneron, de Saint-Amant.

Jardin-Fontaine, un peu plus ancien, date vraisemblablement des premières démolitions pour la citadelle, après 1625. Il est mentionné, dès 1644, à propos de réparations que la Ville reconnut devoir être faites au chemin, par corvées des bourgeois, « depuis le Logis du Roi jusqu'aux barrières de la porte neuve (de France); » mais, ajoute cette délibération, « desdites barrières à Jardin-Fontaine, le seigneur évêque a toujours fait entretenir la route, par les sujets de son évêché, à cause de la juridiction qu'il prétend sur ce lieu, comme finage de Thierville, qui est de sa prévôté de Charny (2). » — Le Polygone souterrain est l'œuvre de la compagnie des mineurs, qui tint garnison, et eut une école à Verdun, depuis 1764 (3) jusqu'aux derniers temps de l'ancien régime; la date approximative de ces souterrains est indiquée par un passage du Registre de 1782, ordonnant de niveler et sabler l'avenue de Jardin-Fontaine, sur laquelle les mineurs ont jeté les terres de leurs excavations. En 1797, 18 thermidor, an cinq, vente des bâtiments et effets du polygone des mineurs, par devant le commissaire des guerres.

(1) « Les habitants du Pavé s'assembleront devant la porte à Regret, pour l'élection de leur maire. 6 mars 1680. — D'autant que M. Descrochets (lieutenant de roi), et MM. Diflot et de Villeparre, ingénieurs du roi, ont dit que la porte à Regret, qui est à l'entrée du faubourg du Pavé, est inutile, et embarrasse le passage, et qu'elle tombe en ruine, est ordonné qu'elle sera démolie. 24 avril 1687. — Laix, moyennant cens annuel et perpétuel de trois livres, d'une petite place et sentier où étoit autrefois la porte de Regret, au faubourg du Pavé, servant de sentier pour aller aux jardins démolis pour les fortifications. 18 septembre 1694.

(2) 10 décembre 1644.

(3) 27 octobre, 26 décembre 1764.

ARTICLE III.

L'ancienne banlieue était le territoire sur lequel continuait, hors des murs, la juridiction de la Ville. Il était peu étendu, parce que les constitutions impériales défendaient aux cités de dépasser, dans leurs actes de pouvoir, les limites de leur circuit (1); mais ce circuit allait jusqu'à une certaine distance de leur enceinte, pour que les bourgeois pussent sortir des portes, sans tomber sous la juridiction des seigneurs, et aussi afin que les abords des cités fussent protégés par une police plus forte que celle des prévôts de campagne. On distinguait la grande et la petite banlieue, celle-ci étant la limite de la police municipale, tandis que la justice criminelle de la Ville suivait les bourgeois jusqu'aux extrémités de la grande : et les bornes de l'une et de l'autre sont soigneusement et minutieusement indiquées, en ces termes de la Charte de Paix :

« La petite banleue de ceste Paix de Verdun dure jusqu'au molin
« l'abbei Saint-Venne, qui est sor Muese en la voie de Belmont, et
« d'enqui à l'Ormisel deleis la voie de Saint-Bartremeu, et de ci au
« soverien molin l'abbei Saint-Venne, et de ci à la Creux en Fond-
« Escance, et de ci à la Creux de Glorieul, et de ci à la porte der-
« rière la grainge de Saint-Paul, et de ci à Saint-Urbain, et de ci
« au fosseis de Beguinelle, et de ci au chaulcheur Saint-Maur, qui
« est defuers la porte le Jeu, et de ci à la Creux de pierre, qui
« est defuers la porte Saint-Victour, et de ci au chaulcheur Saint-
« Ari, qui est deleis le jardin signour Gocillon, et de ci à l'Ormisel
« au Trice, qui est desor Saint-Ari-Rue : et ceste banleue doit alleir
« de viseie de l'une borne jusque à l'aultre. »

En traduction moderne, ce texte signifie qu'on faisait le tour de la petite banlieue, en commençant au Breuil Saint-Vanne, (ouest du pré l'Evêque), à l'endroit d'un moulin d'où partait une route vers la côte de Blámont; on rencontrait, sur le circuit, l'orme de Saint-Barthélemy; puis le moulin de Regret (qui est le soverien molin, où moulin d'en

(1) *Item civitates nostræ jurisdictionem suam ultrà civitatis ambitum non extendant.* Constitution de Frédéric II, en 1232, dans Hontheim, I. p. 712. 13.

haut, *superius molendinum* des chartes latines); puis, en allant au nord-est, la Croix de Fond–Escance, celle de Glorieul, enfin la grange de la Vieille-Saint-Paul, près de la rivière. De l'autre côté de l'eau, la limite passait à Saint-Urbain, et au ruisseau du Biguenel, près du Coulmier; de là, vers le sud, au pressoir (chaucheur, *calcatorium*) de Saint-Maur, hors la porte le Jeu; puis, en montant, à une croix de pierre, hors la porte Saint-Victor; de l'autre côté de ce faubourg, le pressoir Saint-Airy, près du jardin d'un seigneur Gocillon; enfin l'orme du Trice, au-dessus de la rue Saint-Airy; orme qui devait être en « viscie » du moulin du breuil Saint–Vanne, point initial du parcours, de l'autre côté du pré (1).

« Et la grande banleue de ceste paix dure jusque Haudainville,
« toute la ville; et de ci à la pierrieire (carrière) de sor Dugnei; et de
« ci à la Creux à weis (croix du gué, ou bac, vers Bellerey); et de ci
« à l'orme de Fremereiville; et de ci à l'orme à Cresille (orme de la
« côte à Gresil); et de ci au Tombois, deleis Charnei (Tombois,
« lieudit au-dessus de Villers-les-Moines); et de ci à Bras; et de ci
« à Fleurei; et de ci au Chaufour de sor le puiset de Meruauls; et
« de ci au rui de Belrui (ruisseau de Belru); et d'enqui à Haudain-
« ville devant dite : et ceste banleue va aussi de viscie de l'une borne
« jusque à l'aultre. »

On remarque, dans ces deux tracés, plusieurs ormes et ormisels servant à marquer les limites. Dans l'acte déjà cité du Huitième de Saint-Mihiel sont encore mentionnés les ormesets de la côte d'Epilou; dans les titres de Saint-Airy, la carrière des ormusettes, à la côte Saint-Martin, etc.

Nous placerons, en cet article de la banlieue, quelques notes sur diverses localités des environs de la ville.

Haudainville fut faubourg jusqu'en 1795, où un décret, du 8 juillet, l'érigea en commune. Dès 1745, une tentative de séparation fut faite par un certain Jean Simon, qui finança l'office de maire royal de Haudainville, en vertu de l'édit de 1733, rétablissant les offices municipaux créés par celui de 1692; mais la Ville protesta contre les lettres « subrepticement et obrepticement obtenues par ledit Simon, attendu que Haudainville est faubourg, comme Regret, Glorieux,

_____

(1) Breuil, dérivé de l'ancien mot breux (barbu), désigne la partie la plus poilue, c'est-à-dire la plus herbeuse du pré : aussi les lieux dits breuils, dans les prairies, étaient ordinairement réserve du seigneur.

Jardin-Fontaine et le Pavé, n'a point de rôle particulier de capitation; et sont les officiers municipaux de Verdun en possession immémoriale de faire procéder annuellement, par devant eux, à l'élection du maire dudit Haudainville» (1). Cette affaire tomba par la suppression, en 1748, des offices municipaux financés. — Au moyen-âge, Melinon dit que Haudainville présentait, chaque année, au doyen de la cité deux prod'hommes convenables; « et le doien en doit nommer l'un pour estre maire, qui lui doit jurer que bonnement il gardera ceux de la ville à leurs anciens droits, et rapportera au doien, ou à son commandement, les bans brisiés, et les pargies des bestes qui iront cins preis et eins bleifs; et les forains que il troveroit en dommaige, il les peut gager (2). » Pour autre beau droit, le seigneur doyen était, en ce faubourg, festoyé, le jour de la fête, en vrai seigneur, avec son homme, son cheval, son chien, son oiseau, ensemble son lieutenant, et son petit doyen, ou greffier de Sainte-Croix (3). L'évèque y avait droit de gite, la veille de son entrée. « Item, porte le texte du cérémonial, la nuit que le lendemain mondit seigneur doit aller en sa cité, il peut aller au giste à Haudainville, se il lui plaist; car les bonnes gens de Haudainville li doivent à souper et à giste, et à toutes ses gens : et a-t-on accoustumé à composer, pour doubte que mondit seigneur n'y vienne à trop grande compaignie. » Cette composition était d'un char de bois pour la communauté, et d'une poule pour chaque famille. Enfin, Messieurs de la Ville avaient encore imposé à leurs bonnes gens la corvée d'amener les échelles, quand on faisait justice au gibet de la côte Saint-Martin, et de charroyer le bois à chauffer messieurs, en leur maison de Ville de Montaubain (4).

Les Registres du temps où la Ville avait la haute justice mentionnent, de temps en temps, le gibet dont nous venons de parler. Ils

(1) Au 3 octobre 1745, élection d'un maire, à la manière accoutumée, sauf les droits du sieur Simon. En 1747, 12 novembre, on élit un syndic, un greffier, un doyen, et des messiers; mais pas de maire, attendu qu'il y a un maire royal. Thiébault et Hacquet, échevins de Verdun, venus pour présider à l'élection, sont insultés : les bangardes élus refusent de prêter serment entre leurs mains. L'Intendant de Metz décide qu'ils le prêteront, et qu'Antoine Lagarde, auteur des insultes, subira prison de quelques jours. — On trouve au Registre de 1736, 10 octobre, le réglement, approuvé par l'Intendant, pour l'élection du maire et des officiers du faubourg de Haudainville, chaque année, le premier dimanche d'octobre.

(2) Manuscrit, p. 99. 100.

(3) Droits de M. le doyen de la cité. ms.

(4) Vingt-cinq cordes de bois, et trois cents fagots : et ce jusqu'au bon plaisir de Messieurs. 30 mai 1609.

l'appellent quelquefois les trois piliers : d'où nous conjecturons que, dans des temps anciens, ce gibet fut à Epilou, et que le nom de cette côte vient « des piloux, » ou piliers des fourches patibulaires. Un titre, de l'an 1040 environ, parle d'une *curtis in piliâ*, qui fut peut-être en cet endroit (1).

On appelait ermitages les trois chapelles Saint-Michel, Saint-Barthélemy, et Saint-Privat, dans des enclos champêtres, aux environs de la ville. Wassebourg (p. 120) dit que l'ermitage Saint-Michel avait été érigé, vers 710, par l'évêque Bertalame, « tout le peuple de Gaule prenant alors grande dévotion à monsieur saint Michel, qui venoit de s'apparoistre, par deux fois, avec les autres anges, près d'Avranche en Normandie : » mais ceci est une légende; car la côte s'appelait encore Maubert-Mont plusieurs siècles après; et les titres de la chapelle rapportaient la fondation et dotation aux Dames de Saint-Maur, décimatrices du lieu. On n'y faisait l'office que deux fois l'an, le jour de la fête patronale, et le lendemain de Pâque : en 1692, les Dames consentirent à ce qu'elle fût unie, avec sa petite dotation, à la cure de Saint-Médard, pour partie de la subsistance du vicaire perpétuel, que l'on établit alors à Belleville : les bâtiments, laissés à la garde de l'ermite, sorte de vieux jardinier, tombèrent en délabrement, et furent démolis, en 1755 (2). — La cha-

(1) « MM. de la justice informeront si c'est à fief à ceux de Haudainville de charroyer l'échelle au gibet de la côte Saint-Martin. *En marge :* Aux Trois-Piliers, pour faire justice. 24 *avril* 1579. — Commandement au maire de Haudainville de faire mener une échelle au gibet de la côte Saint-Martin, pour y garder le corps de Guillaume, assassin du fils Wappy, exécuté en la place de Mazel. 10 *juin* 1606. — Vingt-quatre jours à la côte Saint-Martin, près la Justice. 1681. — Vingt-quatre jours à la côte Saint-Martin, près du gibet, 27 *septembre* 1705. — *Curtis in piliâ,* dans Jean de Sarrebruck, article de l'évêque Richard Ier.

(2) La date d'origine de cette chapelle n'est pas donnée; mais, dans toutes les collations, l'abbesse de Saint-Maur se déclare patronne, à cause de la fondation : et cette qualité lui est reconnue, sans contestation, dans les informations de 1692. — Voici un acte de collation : « Marguerite de Giron-court, humble abbesse de Saint-Maur de Verdun..., savoir faisons que Macel Perin, héremite de Saint-Michel, étant décédé, et nous deument informée des mœurs, bonne vie, et pauvreté de Fiacre Buffereau, bourgeois dudit Verdun, avons iceluy pourvu dudit héremitage, aux charges et commodités accoustumées; et le recommandons aux charités et aulmosnes des fidels. En foi de quoi, avons signé les présentes de notre main, et à icelles apposé notre scel accoustumé, l'an mil six cent trente, le vingt-deuxième febvrier : et icelles fait soubsigner par notre secrétaire. Sœur Marguerite de Giron-court. C. d'Anly. »

pelle Saint-Barthélemy avait aussi sa légende, disant qu'elle était à
la place même où saint Saintin avait fait sa première prière, avant
d'entrer dans la ville qu'il venait évangéliser ; elle appartenait à
Saint-Vanne, dont la chronique en marquait la dédicace à l'an
1064 (1); on y allait aux fêtes de la Pentecôte :'dom Cajot y lut
d'anciennes épitaphes de pestiférés du ban Saint-Vanne, qui avaient
été mis là en loges (2); et il est probable que de pareilles inscriptions existaient aussi à Saint-Michel : car, dans les procès entre la
Ville et le Chapitre, pour les limites du finage de Belleville, il fut
dit que les loges des pestiférés étaient près de l'ermitage. Après
1760, Saint-Vanne fit de sa chapelle Saint-Barthélemy une succursale pour les faubourgs voisins : et l'ermite disparut, comme son
confrère de Saint-Michel, à la satisfaction de Cajot, qui traite ces
pauvres gens de gueux. — Quant à Saint-Privat, c'était l'ancienne
léproserie des Petits-Malades, du domaine de la Ville, à laquelle il
appartenait, en conséquence, de choisir l'ermite, « à charge par lui,
disent habituellement les actes de provision, de raccommoder ledit
ermitage, avec la chapelle, et l'image du saint. » En 1781, cette chapelle ayant été, à la demande de la municipalité, mise en interdit
perpétuel, Saint-Privat fut adjugé, à bail de 99 ans, moyennant
douze franchards de blé par an (5).

Dans les documents les plus anciens, la Côte Saint-Michel est appelée Maubert-Mont : c'était le nom vulgaire, au milieu du xiᵉ siècle;
et des souvenirs s'en conservaient encore au milieu du xvᵉ (4).
Le vignoble est d'ancienneté immémoriale. Les limites de finage,
entre Verdun et Belleville, occasionnèrent de grands débats entre le
Chapitre, seigneur du village, et la Ville, qui prétendait lever sur
toute la Côte, jusqu'aux Croix, son droit de Billon, c'est-à-dire le

(1) Anno MLXIV, *Sancti-Bartholomœi capella, cum atrio, dedicatur; et stella
quæ dicitur cometa apparuit.* — Labbe a passé cette ligne, dans son texte du
Chronicon breve, tom. I. p. 400 de la Nova bibliotheca.

(2) Almanach de 1777, p. 92.

(3) Réparations à Saint-Privé, 23 juillet 1633, 5 juillet 1666. Nominations
d'ermites, 12 février 1661, 29 novembre 1664, 8 août 1665, 7 décembre
1680, 18 juillet 1681, etc. — Interdiction, 16 avril 1781.

(4) *Bellavilla, cum banno, centena, molendinis et Malberti-Monte.* Bulle de
Léon IX, en 1049. — « Dès la porte Saint-Victor, et le chemin d'icelle porte
allant droit aux Ormesets de la côte d'Epilou, jusqu'à la fontaine de Mau-
bermont, au chemin de Fleury, outre la côte Saint-Michel. » *Acte du Huitième de Saint-Mihiel, en 1464.*

40e denier du prix des héritages vendus (1). En 1559, première sentence, rendue par le commissaire royal Layebarton ; autre sentence arbitrale, après enquêtes, en 1582 et 1583 ; en 1752, on trouva dans la rivière, vis-à-vis de la Galavaude, l'ancienne borne de la Haute-Rive, avec cette inscription : « Ici souloit estre la limite entre Verdun et Belleville, 1652 » (2); et cette découverte obligea la Ville à renoncer à ses anticipations dans la plaine ; mais elle les maintint sur la Côte ; et, après un nouveau et long procès, qui commença en 1748, il fut jugé contre elle, en première instance au bailliage, le 23 juin 1759, et, en appel, au parlement de Metz, le 29 juillet 1765, que le ban de Belleville s'étendait jusqu'au lieu dit Boullières. On voit, au Registre de 1765, 10 mars, que la municipalité songea à se pourvoir au Grand-Conseil, en cassation de cet arrêt du parlement; mais elle ne donna pas suite à ce projet.

Il y avait autrefois, sur la Côte, des bornes portant, du côté tourné vers Belleville, les lettres S. M., et, à la face opposée, les lettres S. A. : ce qui signifiait dimage Saint-Maur et dimage Saint-Airy. Ces deux dimages étaient au 22e, tandis qu'au ban Saint-Vanne, on n'était dimé en vin qu'au 50e (3). Comme les décimateurs devaient à leurs contribuables des églises paroissiales, Saint-Airy s'acquittait de cette charge en ouvrant aux siens son église Saint-Sauveur ; ce qui ne souleva aucune réclamation avant l'établissement du faubourg moderne: mais il n'en était pas de même à Belleville, qui se plaignait fort d'être de la paroisse Saint-Médard, des Dames de Saint-Maur, près de leur abbaye. L'incommodité d'une telle situation étant extrême, le Chapitre, bien qu'il ne fût que seigneur temporel, sans aucune part dans les dîmes de Belleville, fit néanmoins construire aux habitants une chapelle, en

(1) « Nous prétendons que le territoire de Belleville finit aux Croix, et que la partie du dimage de Saint-Maur, depuis les Croix jusqu'à Boullières, est finage de Verdun. » *Plaidoyer de maître Langlois, pour la Ville, en* 1753. — Il paraît que les sentences de 1559 et 1583 n'étaient pas favorables à la Ville, car Langlois fait tous ses efforts pour abaisser leur autorité.

(2) Procès-verbal, du 4 mars 1752, par Jean-François Rouyer, lieutenant général d'épée au bailliage, maître échevin de Verdun, et Claude-François Houvet, chanoine, prévôt-receveur de la prévôté de Sivry-sur-Meuse, assistés chacun d'autres personnes de leur corps.

(3) Ainsi reconnu, par arrêts du parlement de Metz des 21 et 27 juillet 1666. On voit, en ces arrêts, qu'avant de tirer de la cuve le vin de goutte, on devait prévenir, une heure d'avance, le fermier ou le commis de la dîme.

reconnaissant, par acte du 1er septembre 1250, qu'elle n'était qu'à titre d'oratoire, sans nul droit parochial, et sans que les révérendes dames, non plus que leur prêtre de Saint-Médard, pussent jamais subir, pour cause dudit oratoire, aucune diminution de dimage, ni être tenues de frais, ou services quelconques. En 1513, 17 juillet, le suffragant Goberti accorda que la chapelle serait « dédiée, consacrée, et érigée en vraie église, perpétuellement annexée, en manière de secoursale, à ladite parochiale de Saint-Médard; » mais la mesquinerie des décimateurs réduisit à peu de chose l'avantage de cette concession. On lit, dans une plainte (non datée) des villageois à l'évêque François de Lorraine, que « le sieur curé de Saint-Médard, leur pasteur, ne faisoit, ni ne faisoit faire, en temps d'hiver, aucun service dans leur église, sinon au jour de la dédicace à saint Sébastien; que ledit sieur, ainsi que la révérende Dame de Saint-Maur, étaient même refusants de payer une redevance annuelle de 18 francs, stipulée par traité du 2 janvier 1576; que cependant ils jouissaient à Belleville, le curé pour un tiers, de dimes valant plus de deux mille francs par an : ce considéré, monseigneur, conclut la requête, plaise à Votre Altesse ordonner qu'ils seront tenus d'entretenir un vicaire résidant audit Belleville. » Cette affaire ne se termina qu'en 1692, par l'union à la nouvelle succursale de la chapelle Saint-Michel, dont le revenu fut alors évalué à cent livres, le reste de la portion congrue, de 500 livres, devant être fait par les décimateurs, « pour la subsistance du vicaire résidant, que nous voulons et ordonnons être établi audit lieu, » porte l'ordonnance de M. de Béthune, du 20 janvier 1693.

D'anciennes chartes, où il est parlé de la Vouerie et de la Haute-Maison de Wamars, ainsi que des moulins de cet endroit, appartenant à l'abbé de Saint-Paul, semblent indiquer que Wameaux fut autrefois une localité de quelque importance (1). On trouve, en 1445, une sommation à messire Cornuel, archidiacre et official de Verdun, de faire reporter en la Haute-Maison de Wamars, un cerf chassé par ses varlets et ses chiens, « au préjudice de la haulteur et seigneurie, en haulte justice, moyenne et basse, de frère Jehan Tardy, à cause de son abbaye de Saint-Paul : » le cerf fut, en effet, reporté, et la seigneurie de frère Jehan reconnue, par lettre de l'officialité. Il

(1) *Dominus Willermus de Wamars, miles.* 1270. — Monsignor Nicole, voci de Wamars. 1284. — Les moulins de Wamars, dans une charte de 1156, déjà citée.

existe d'anciens baux de Wameaux, au nom du cardinal de Tencin, puis de Coetlosquet, évêque de Metz, de Gallard de Terraube, évêque du Puy, les derniers commendataires de Saint-Paul. Villers appartenait au même monastère, dans la mense conventuelle, c'est-à-dire dans la part des moines : de là vient qu'on l'appelle encore Villers-les-Moines. L'évêché eut une forteresse importante à Charny, siége de l'une de ses prévôtés, dont le territoire commençait à Thierville : à cette prévôté, comme fief dominant, se rattachaient, par l'hommage, les seigneuries de Saint-Paul à Wameaux et à Villers.

A l'extrémité opposée de notre campagne, Dugny, ancien fief des Apremont, eut aussi sa maison forte, très-délabrée, dès 1257, où un Gobert la donna à l'abbaye Saint-Nicolas, à charge de services charitables envers les pauvres du lieu, et de Landrecourt (1). En 1502, un Joffroy, celui qui fut, peu après, tué à la bataille de Courtray, fit hommage à Philippe-le-Bel des fiefs de Dugny, Maheron (Mont-Hairon) et Brieulles (2) : on trouve encore, de la même famille, une charte de 1520, d'un autre Gobert, en faveur de son prévôt de Dugny Saintignon, « qui ait fait très-grans services à mon très-chier signour et peire Joffrois, et à ma très-chière dame et meire Yxabel de Queverain, et puet encor en faire à moi, on temps qui est advenir (3) : » mais, soit par le mariage de ce Gobert avec Marie de Bar, fille du comte Thibauld II, soit par quelqu'un des engagements et

(1) Lettre d'abbé et couvent, que nous sommes tenus de nourrir tous les (*le mot suivant est emporté*) de Dugnei et Lendrecourt, à cause que sire Gobert d'Aspremont nous a donné la maison de guerre de Dugnei, et tous les priviléges d'icelle, avec licence d'acquester héritages audit lieu, jusqu'à quatre charruages de terre, et soixante fauchées de pré. 1257. *Inventaire de Saint-Nicolas.*

(2) Charte citée dans D. Calmet, tom. III. p. 29, 2e édit. Cet hommage se rattache à la première extension des frontières de France, lors des affaires de Beaulieu et du Barrois mouvant, sous Philippe-le-Bel. — A propos de la charte de 1502, Calmet dit que les terres qu'elle mentionne venaient sans doute à Joffroy du chef de sa femme : mais il se trompe ; la charte de 1257, citée dans la note précédente, pour Dugny, et celle de 1260, pour l'affranchissement de Brieulles, prouvent que c'étaient d'anciens fiefs des Apremont.

(3) Lionnois, Maison Saintignon, p. CCLXXXVIII. A la page CCLXXV, note, il cite, de l'an 1361, une confirmation de la charte de 1320, par Robert, duc de Bar : il est probable, en conséquence, que ce fut vers 1360 que Dugny fut annexé au Barrois. Le traité du Barrois mouvant, en 1301, ne le mentionne pas parmi les fiefs barrois des Apremont. — En 1388, charte du même duc Robert, ratifiant une vente faite par les maires, échevins, et autres des communautés de Souilliers, Dugnei, Ancemont et Landrecourt. *Ibid.* p. 2.

arrangements qui précédèrent la ruine des Apremont, vers la fin du
XIVe siècle, Dugny fut rattaché à la prévôté barroise de Souilly : et,
dans la suite, les lorrains, profitant de cette annexion, établirent, au
moulin de la Falose, un péage qui subsista jusqu'aux conquêtes de la
France (1). A cette ancienne carrière de la Falose, ou Faloise,
fut rétabli le moulin à poudre, après son explosion à Verdun, en
1727. L'église de Dugny est ancienne : nos archéologues ont signalé
quelques particularités assez remarquables dans cet édifice.

Dans les actes de reprise des abbés de Saint-Airy, sont mentionnées la seigneurie de Bellerey, en tous droits de justice, haute,
moyenne et basse, la juridiction et seigneurie de Belru, et les bois
en dépendants, appelés Saint-Martin et la Haie, en outre la seigneurie
foncière de la côte Saint-Martin, avec la pierrière (carrière) à ladite
côte, aux Ormesettes : toutes choses, disent ces actes, mouvantes du
seigneur évèque, et reprises de lui, en plein fief, foi et hommage (2).
Dès le XVIIe siècle, Saint-Airy remit aux prévôts de l'évêché sa haute
justice, qu'il ne voulut point entretenir, pour de si petits endroits, et
ne garda que la basse, ou foncière, c'est-à-dire celle des délits champêtres et forestiers. A Bellerey, chaque laboureur devait à cette
abbaye un charroi par an, et chaque manœuvre une journée, en
reconnaissance, portent les titres, de la liberté qu'ils ont « de n'estre
main-mortables et de servile condition, comme ils estoient, du
passé. »

Baleicourt fut, jusqu'au commencement du XVe siècle, village, avec
église de Saint-Pierre, et château-fort, que les Verdunois prirent en

(1) Au 23 juillet 1605, les discussions sur le péage de la Falose durant déjà
depuis longtemps, un certain Beaudier exhibe, comme titres, d'anciens décrets du duc Antoine et de la duchesse Chrétienne. Décidé qu'on se retirera
vers Son Altesse, avec supplications et remontrances pour la liberté dudit
passage — 7 septembre suivant : Le sieur de Gorcy, doyen de la Cité, a fait
emprisonner à Montaubain le meunier de la Falose, qui a arrêté un bateau
refusant de payer. Ordonné d'élargir promptement ledit meunier, vu qu'on
a commencé poursuites vers Son Altesse de Lorraine, à ce d'être supprimé
ledit impôt.—12 octobre. MM. écrivent à Son Altesse qu'ils n'ont pas advoué
l'emprisonnement de son meunier, etc.

(2) « Disons et déclarons que notredit souverain seigneur, évesque et
comte, a reçu et reçoit ledit adveu et dénombrement, pour toutes terres,
seigneuries, et autres choses en icelui dénombrées, lesquelles sont tenues
et mouvantes de lui, en plein fief, foi, et hommage, à cause de sa prévosté
de Charny : A sçavoir la seigneurie universelle de Bellerey, etc. » Acte du
conseil de l'évêché, du 3 juillet 1567, recevant le dénombrement de dom
Didier Sarion.

1420, sur Philippe de Norroy et Girard d'Apremont. L'existence de l'ancien village est constatée par une sentence arbitrale de 1297 (1). Après avoir expulsé les seigneurs de Baleicourt, et rasé leur château, la Ville se mit à leur place, pour tous leurs droits; mais les constitutions de l'Empire n'admettant point la possession de fiefs par les cités, ce ne fut qu'après la réunion à la France qu'on lui reconnut la seigneurie féodale de ce lieu, dont elle rendait hommage au roi, en parlement de Metz. Ce fief de Baleicourt consistait, suivant aveu et dénombrement de 1681, en haute, moyenne et basse justice; en maison, moulin, étang, cent arpents, ou jours de bois, et droit de glandée, 200 arpents de terres labourables, et cinquante fauchées de pré : plus un petit gagnage de 16 arpents. L'ancienne Commune faisait exercer sa justice et sa gruerie de ce domaine par ses trois Négociateurs annuels, qui sont, disent les Registres, juges compétents et ordinaires du lieu (2) : l'Hôtel-de-Ville du XVIIIe siècle nommait, habituellement parmi les avocats au bailliage, un juge et gruyer, et un procureur fiscal, révocables, parce qu'ils ne payaient pas finance pour ces charges. On voyait encore, en 1674, des vestiges de la forteresse, sur un terrain vague et inculte, de la contenance d'un jour environ, qui fut emphytéosé, en 1754, pour la construction d'un moulin (3). Saint-Maur possédait sur ce finage quelques terrains et étangs, dont les titres donnent cette indication incidente que l'ancienne chapelle Saint-Pierre dépendait de la pa-

(1) « Ont rapportei lidits arbitres et amiaubles apaisantours que teil dowaire comme li église Saint-Pierre de Baleicourt ait anciennement on bois de Baleicourt, ait de sur en avant, sans nuls débats. Item, as hommes et à communitei de Baleicourt, por l'amendement de lor ville, tout lou bois, après lou dowaire de ladite église. Item que li signor et li prod'hommes penront, chacune partie, un prod'homme, por faire warder li bois et li biens..., et que il i auereit, d'ores en avant, à la ville et aus appartenans de Baleicourt, justice suffisante, teille comme li signours l'i vouront mettre. » Sentence, du mardi après les octaves de la Purification 1296. (1297, avant Pâque).

(2) 1624. 31 août.

(3) Husson, art. Baleicourt, dans son Simple Crayon, imprimé en 1674. Par erreur typographique, cet article donne à la prise du château de Baleicourt la date de 1469, au lieu de 1419. — Registre, 11 juillet 1734. — Le moulin brûlé l'est depuis fort longtemps; car, en 1694, 16 janvier, il y a mention d'un chemin de ce nom. — En 1720, 11 mai : « Les eaux de l'étang de Baleicourt étant plus hautes que la maison, percent et pourrissent les murailles. Délibéré qu'on séchera l'étang, et qu'on détruira le moulin, qui est d'un coûteux entretien, et d'un petit rapport. L'étang desséché sera converti en prairie. »

roisse Saint-Amant. En 1695, M. de Béthune, ayant fait avec la Ville échange de quelques cantons de bois, fit ouvrir, à Baleicourt, des allées pour sa promenade (1) : ce fut peut-être lui qui mit ainsi le lieu en vogue. Les baux de la ferme de la Ville permettent de suivre l'accroissement du revenu des terres pendant tout le siècle dernier : en 1695, on loua cette propriété 520 livres; en 1714, 700; en 1755, 950; en 1774, 1850; en 1785, 2250 : enfin la ferme de Baleicourt, avec tout l'ancien patrimoine de la cité, tomba, le 28 juin 1792, dans le gouffre de la vente nationale, et fut adjugée pour une somme de 66 mille 200 livres.

Telle était l'ancienne ville, avec sa banlieue. Notre description, bien que fort sommaire, est déjà longue : et nous l'arrêtons ici ; mais tant de choses sont oubliées aujourd'hui, sur ce sujet et les autres, qu'on a souvent besoin d'entrer en détails d'explication, pour faire revivre les souvenirs.

(1) Registre, 24 septembre 1695.

FIN DU PREMIER VOLUME.

TABLE DES MATIÈRES

PÉRIODE CARLOVINGIENNE.

L'ANCIENNE VILLE.

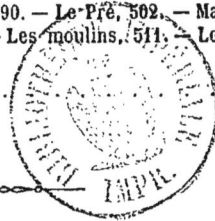

Nous commencerons immédiatement l'impression du tome II. La Liste des Souscripteurs sera imprimée à la fin de l'ouvrage.

VERDUN. — IMPRIMERIE DE CH. LAURENT, RUE DES GROS-DEGRÉS, 1.

www.ingramcontent.com/pod-product-compliance
Lightning Source LLC
Chambersburg PA
CBHW060906220326
41599CB00020B/2857